광란의 오를란도

2

이탈리아어 완역본 결정판 · 귀스타브 도레 삽화 수록본

LUDOVICO
ARIOSTO

ORLANDO FURIOSO

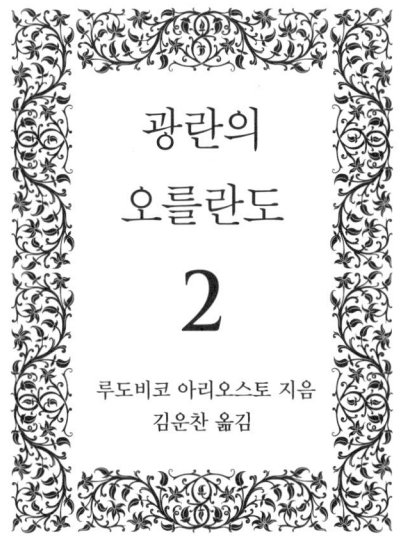

광란의
오를란도

2

루도비코 아리오스토 지음
김운찬 옮김

옮긴이 서문

휴머니스트 출판사에서 루도비코 아리오스토(Ludovico Ariosto, 1474~1533)의 장편 서사시 《광란의 오를란도(Orlando Furioso)》를 새로운 모습으로 선보이게 되어 기쁘게 생각합니다. 《광란의 오를란도》는 유럽 중세와 르네상스 문학, 특히 기사문학에서 절대 빼놓을 수 없는 작품입니다. 하지만 너무 방대한 분량에다 내용이나 문체도 쉽지 않아 국내에서는 2010년대 초까지도 관련된 연구도 별로 없었고 번역은 아예 시도조차 되지 않았습니다.

그런데도 《광란의 오를란도》는 호기심을 자극하며 다가왔습니다. 르네상스 문학의 대표작이라는 명성 외에도 여러 유명한 인물을 열광시켰다는 사실이 참신하게 느껴졌습니다. 예를 들어 현대 이탈리아의 대표적인 소설가 이탈로 칼비노(Italo Calvino, 1923~1985)는 이 작품의 매력을 칭찬하였을 뿐만 아니라 직접적인 소재로 삼아 몇 편의 작품을 집필하기도 했습니다. 또 근대 과학의 선구자 갈릴레오 갈릴레이(Galileo Galilei, 1564~1642)는 일부 구절들을 암송할 정도로 열광적인 애독자였지요. 그런 사실에 자극 받아 작품 여기저기를 읽고 살펴보았어도 번역은 엄두도 내지 못하였습니다. 번역에 동의할 출판사도 없으리라 생각했습니다.

그런 상황에서 한국연구재단의 명저 번역 지원은 용기를 낼 수 있게 해 주었습니다. 그 덕분에 본격적인 번역을 시작하였고, 적잖은 어려움 끝에 2013년 모두 다섯 권으로 출판하게 되었습니다. 그리고 독자 여러분의 호응에 힘입어 초판이 매진되었고 미처 책을 구하지 못한 분들의 요청이 있었지만, 이런저런 이유로 재판은 나오지 못했습니다. 그러던 차에 휴머니스트 출판사로부터 따뜻한 열정과 의욕으로 《광란의 오를란도》를 새롭게 출판하고 싶다는 반가운 소식을 받았습니다. 그에 따라 처음 판본에 대한 수정과 보완 작업을 시작하였고, 결과적으로 더 나은 모습으로 다시 탄생하였다고 생각합니다. 거기에다 폴 귀스타브 도레(Paul Gustave Doré, 1832~1883)의 멋진 삽화를 곁들이고 있으므로 읽는 재미가 더해질 것입니다.

번역은 란프랑코 카레티(Lanfranco Caretti, 1915~1995) 교수가 편집하여 자세한 해설을 함께 실은, 에이나우디(Einaudi) 출판사의 1966년 판본을 기본 텍스트로 삼았습니다. 그리고 더 나은 번역을 위해 영어 번역본들을 참조하였는데, 귀도 월드먼(Guido Waldman)의 산문 번역본(Oxford World's Classics, 1974)과 바버라 레이놀즈(Barbara Reynolds)의 두 권으로 된 두툼한 운문 번역본(Penguin Classics, 1973, 1977)에서 많은 도움을 받았습니다. 레이놀즈의 번역본은 일부 에피소드에 대해 도표와 약도까지 곁들여 설명하고 있습니다.

《광란의 오를란도》는 서사시, 즉 운문으로 되어 있는데 이탈리아어와 한국어의 실질적인 차이 때문에 운문의 특성을 살리기 어려웠습니다. 특히 각운을 온전하게 옮기는 것은 불가능했습니다. 다만 각 행이 11음절로 되어 있는 점을 고려하여 그 길이를 어느 정도 맞추려고 노력했습니다. 그러다 보니 행을 바꾸는 부분에서 연결이 약간 어색해 보이는 부분이 있으리라고 생각합니다. 운문 형식의 맛을 포기하는 대신 내용 면에서는 가능한 한 원문에 충실한 번역을 지향하였습니다.

거의 500년 전의 작품이라 여러모로 접근하기 어려운 부분도 있었습니다. 그럴 때면 다른 해설판이나 영어 번역본을 참조하며 작업하였습니다. 그래도 번역이 풀리지 않으면 해당 구절을 큰 소리로 읽어 보았지요. 몇 번 반복해서 읽다 보면 신기하게도 그 의미가 어렴풋이 드러나기도 하였습니다. 혹시 운문의 음악성이 그 내용과 밀접하게 연결되어 있기 때문이 아닌지 생각합니다.

아리오스토는 《광란의 오를란도》를 이폴리토 데스테(Ippolito d'Este, 1479~1520) 추기경에게 헌정하였고, 마치 추기경을 비롯한 청중 앞에서 직접 낭송하며 이야기를 들려주는 척 서술하고 있습니다. 물론 그것은 이야기를 효과적으로 이끌어 가기 위한 전략적인 서사 장치입니다만, 그런 분위기를 조금이라도 전달하기 위해 높임말로 옮겼습니다. 그래서 어미 처리가 약간 단조롭게 보일 수도 있습니다.

그리고 기사문학에 익숙하지 않은 독자를 위해 등장인물이나 사건에 대해 옮긴이 주를 붙였습니다. 이 작품은 마테오 마리아 보이아르도(Matteo Maria Boiardo, 1441~1494)가 미완성으로 남긴 《사랑에 빠진 오를란도(Orlando Innamorato)》의 후속편으로 집필되었기 때문에 사건의 전후 맥락에 대해 부연 설명이 필요한 구절이 많습니다. 아리오스토가 섬기던 데스테 공작 가문을 비롯하여 이탈리아의 역사적 사건과 인물에 대해서도 마찬가지입니다. 이 모든 것에 대해 체계적으로 정리도 할 겸 역주를 붙였는데 읽기의 흐름을 방해하지 않으면 좋겠습니다. 아울러 독자의 이해를 돕기 위하여 각 칸토(canto), 즉 '곡(노래)'의 앞에다 간략한 요약을 덧붙였습니다.

수정과 보완에도 불구하고 여전히 아쉽고 미흡한 부분이 있을 겁니다. 그래도 이 작업이 아직 우리나라에 알려지지 않은 이탈리아의 고전 작품들을 번역하고 소개하는 데 작은 보탬이 된다면 좋겠습니다. 부족한 원고로 좋은 책을 만들어 준 휴머니스트 출판사 가족 여러분에게 감사를 드립니다.

2025년 봄
김운찬

차례

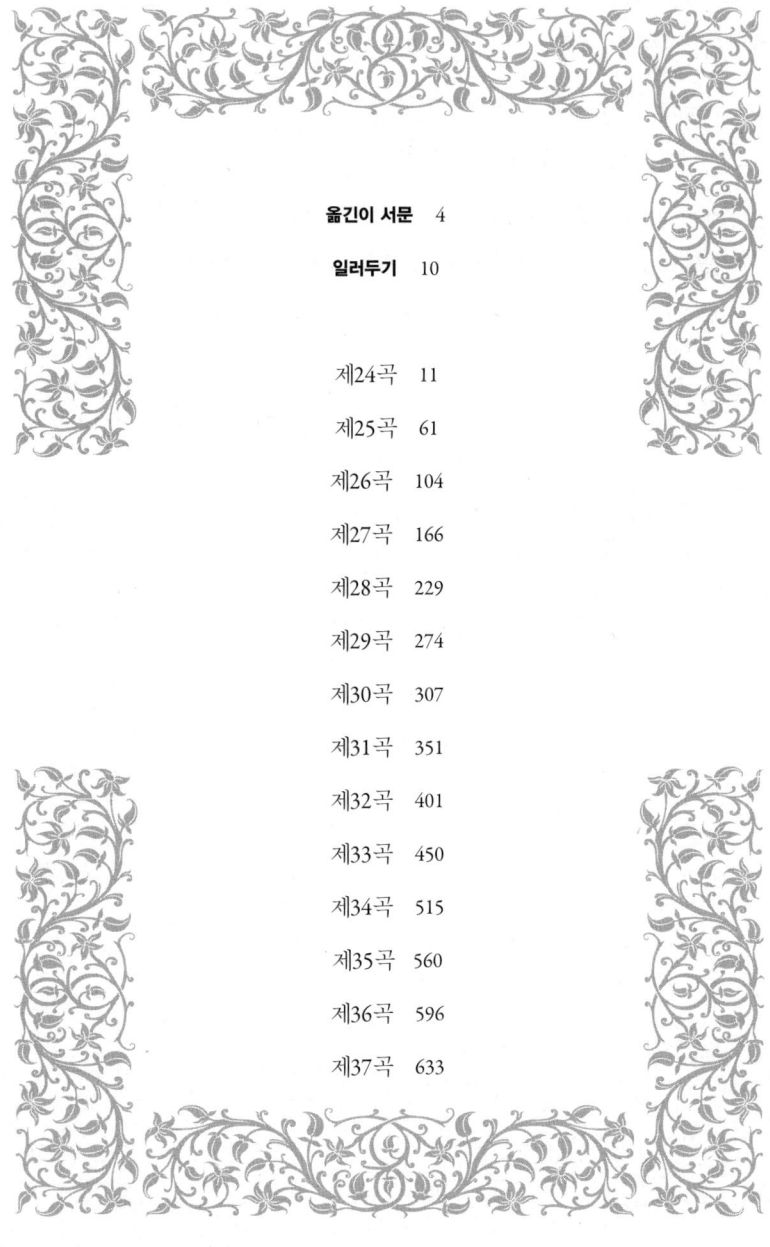

옮긴이 서문　4

일러두기　10

제24곡　11

제25곡　61

제26곡　104

제27곡　166

제28곡　229

제29곡　274

제30곡　307

제31곡　351

제32곡　401

제33곡　450

제34곡　515

제35곡　560

제36곡　596

제37곡　633

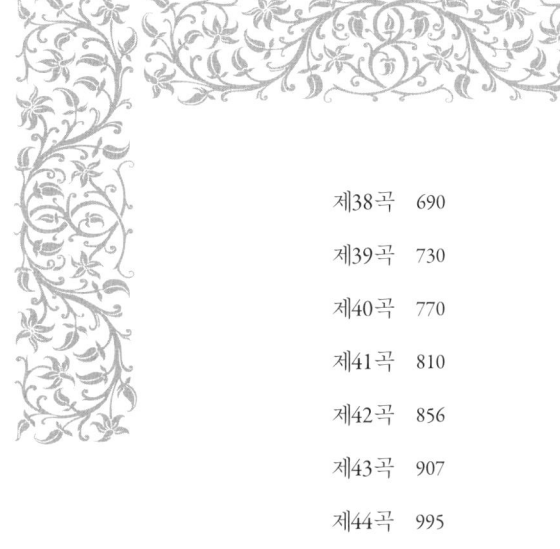

제38곡　690

제39곡　730

제40곡　770

제41곡　810

제42곡　856

제43곡　907

제44곡　995

제45곡　1043

제46곡　1094

옮긴이 해제　1162

저자 아리오스토의 생애·연보　1182

《광란의 오를란도》의 무대(지도)　1186

주인공 오를란도 시대의 인물 관계도　1188

저자 아리오스토 시대의 인물 관계도　1190

찾아보기　1191

일러두기

1. 각 곡 앞의 짤막한 해설은 독자의 이해를 돕기 위하여 옮긴이가 붙인 것이며, 각주도 모두 옮긴이 주이다.
2. 외래어 표기는 국립국어원의 외래어 표기법을 따르되 일부는 관용을 따랐다.
3. 인명은 이탈리아어 표기를 기본으로 하였으나 일부는 해당 언어의 발음에 따랐고, 지명은 해당 언어의 발음을 기본으로 하였으며 필요한 경우 각주로 풀이하였다.
4. 고전 신화의 고유명사는 라틴어 이름을 기준으로 하였지만, 발음 차이가 거의 없거나 사소한 경우 그리스어 이름을 따랐다.
5. 《광란의 오를란도》에는 보통명사를 의인화한 표현들이 다수 등장하는데, 원문에서는 대문자로 표기하고 있으며 한국어판에서는 볼드체로 표기하였다. 별명이나 고유명사처럼 쓰이는 표현은 작은따옴표로 표기하였다.
6. 《성경》에 나오는 고유명사 표기와 번역은 한국천주교주교회의 새 번역 《성경》(2005)을 기준으로 하였고, 교황이나 성인의 이름은 학계의 라틴어 표기 방식에 따랐지만, 일부는 관용을 따랐다.
7. 귀스타브 도레는 《광란의 오를란도》에 총 600여 점에 이르는 삽화를 그렸고, 이 책(1·2권)은 그중 209점을 선별하여 수록하였다.

제24곡

오를란도는 광란의 상태에서 파괴와 살육을 저지른다. 체르비노와 이사벨라는 배신자 오도리코에게 가브리나를 맡긴다. 오를란도의 갑옷을 수습하던 체르비노는 만드리카르도와 싸우다 부상당해 죽는다. 만드리카르도와 로도몬테가 도랄리체를 차지하기 위해 싸운다.

사랑의 끈끈이[1)]에 발을 딛는 사람은 1
날개가 들러붙지 않게 발을 빼십시오.
현명한 사람들의 보편적 판단에 의하면
사랑은 광기에 불과하기 때문이랍니다.
모두가 오를란도처럼 미치지는 않지만,
사랑의 광기는 다른 방식으로 보여 줍니다.
다른 사람을 사랑하다가 미치는[2)] 것보다
더 분명한 광기의 표시가 무엇입니까?

---

1) 일반적으로 새들을 잡기 위한 것인데, 여기에서는 은유적인 의미로 말하고 있다.
2) 원문은 "perdere se stesso", 즉 '자기 자신을 잃는'으로 되어 있다.

결과들은 다양하지만 그런 결과들이   2
나오게 하는 광기는 언제나 하나입니다.
마치 들어가는 사람은 길을 잃을 수밖에
없는 숲속에서 누구는 이쪽, 누구는 저쪽,
누구는 위나 아래로 헤매는 것과 같지요.
결론적으로 저는 이렇게 말하고 싶습니다.
사랑에 머뭇거리는 사람은, 모든 괴로움
외에, 사슬로 묶어 두어야 한다고 말입니다.

누군가 말할 수 있지요. "다른 사람에게   3
설교하면서, 당신의 오류는 보지 못하는군."
제가 대답하자면, 지금 저는 정신이 맑은
휴식기에 있어서 잘 이해하고 있으며,
그러기를 바라듯이, 곤란함에서 벗어나
쉬려고 아주 세심하게 배려하고 있지만,
병이 뼛속까지 침투했기 때문에, 원하는
것처럼 빨리 그럴 수는 없을 것입니다.

나리, 앞의 노래에서 말씀드린 것처럼,   4
미쳐 버리고 광기에 사로잡힌 오를란도는
갑옷을 벗어 숲속 사방에 흩어 놓았고,
옷을 찢어 버렸고, 칼을 내동댕이쳤으며,
나무들을 뽑았고, 산속 동굴들과 우거진
숲속이 울리게 하였고, 그리하여 몇몇

Canto 24:4

오를란도는 갑옷을 벗어 숲속 사방에 흩어 놓았고,
옷을 찢어 버렸고, 칼을 내동댕이쳤으며,

목동들이 나쁜 운명이나 어떤 무거운
죄에 이끌려 그곳으로 가 보았습니다.

그리고 그 미친 사람의 엄청난 힘과   5
놀라운 능력을 가까이에서 목격하고는
몸을 돌려 달아나려 했지만, 갑작스러운
두려움에 그렇듯이 어디로 갈지 몰랐어요.
미치광이는 재빨리 그들을 뒤쫓았으며,
그들 중 하나를 잡아 머리를 떼어 냈는데,
마치 누군가가 나무에서 사과를 따거나,
벚나무에서 멋진 꽃을 따는 것 같았지요.

몸통이 큰 다른 사람의 다리를 잡더니   6
그것을 곤봉처럼 사람들에게 휘둘렀고,
두어 사람이 땅바닥에 쓰러지게 했는데
아마 최후의 심판 날에나 깨어나겠지요.
재빠른 다리를 갖고 있으며 눈치가 빠른
다른 사람들은 곧바로 달아나 버렸어요.
미치광이도 만약 그들의 양 떼로 향하지
않았다면, 곧바로 뒤를 쫓았을 것입니다.

다른 사람들의 사례를 본 농부들은   7
들판에 쟁기와 괭이, 낫을 내버려두고,
누구는 집 위로, 누구는 성당 위로 올라가

(참나무나 버드나무는 안전하지 않았어요)
거기에서 그 무서운 광기를 구경했습니다.
그는 말들과 황소들을 때리고, 부딪치고,
물고, 할퀴고, 차고, 으깨고, 찢었으며,
정말 재빠른 놈만 그에게서 달아났어요.

벌써 가까운 마을들에서 고함 소리들,　　　　　　　　　　8
뿔 나팔, 시골 나팔 소리들, 그리고 다른
무엇보다 격렬하게 울리는 종소리들의
커다란 소음들을 들을 수 있었으며,
몽둥이와 활, 창, 새총 등으로 무장한
수천 명의 농부들이 그 미치광이를
공격하기 위해, 언덕 위에서 내려왔고,
또 그만큼이 아래에서 위로 올라갔어요.

마치 남풍에 밀려 바닷가에 부딪히는　　　　　　　　　　9
파도가 처음에는 장난을 하는 듯하다가
두 번째 파도가 처음보다 더 강해지고,
세 번째 파도가 더욱 강하게 뒤따르고,
그리고 매번 바닷물이 더 많아지면서
모래밭을 더욱 강하게 채찍질하듯이,
오를란도를 향해 가는 군중이 늘어났고
언덕에서 내려오고 마을에서 나왔어요.

오를란도는 무질서하게 옆으로 다가온 10
사람 가운데 열 명, 또 열 명을 죽였고,
그렇게 명백한 실험을 확인한 사람들은
멀리 떨어져 있는 것이 더 안전했지요.
누구도 그를 칼로 찌르거나 자를 수
없고 피를 흘리게 할 수 없었습니다.[3]
하늘의 왕께서는 오를란도가 신성한
믿음을 지키도록 그런 은총을 주셨지요.

만약 오를란도가 죽을 수 있었다면, 11
그 당시 죽을 위험에 처했을 것입니다.
칼을 내버리고, 갑옷을 벗는 대담함이
얼마나 무모한 것인지 배웠을 거예요.
군중은 모든 타격이 쓸모없다는 것을
깨닫고 벌써 물러가고 있었습니다.
아무도 대적하지 않는 것을 보고
오를란도는 어느 마을로 걸어갔지요.

모두들 두려움에 마을을 떠났으므로 12
어른도 아이도 찾아볼 수 없었습니다.
거기에는 목동들의 생활에 적합한
초라한 음식들이 풍성하게 있었어요.

---

3) 제11곡 50연 및 제12곡 49연 참조.

그는 빵과 도토리를 구별하지 않고
배고픔과 충동에 이끌려 돌발적으로
날것이든 익은 것이든, 먼저 본 것을
손으로 잡아 이빨로 가져갔습니다.

그리고 그는 온 마을을 돌아다니면서　　　　　　　　　13
사람들과 가축들을 사냥하기 시작했고,
숲속을 돌아다니면서 때로는 날렵한
염소나 가벼운 새끼 사슴을 잡았어요.
때로는 곰이나 멧돼지와 싸웠으며
맨손으로 그런 짐승을 쓰러뜨렸고,
종종 광폭한 식욕으로 모든 털가죽과
함께 그 고기로 배를 채우곤 했습니다.

이쪽으로, 저쪽으로, 위로, 아래로,　　　　　　　　　14
프랑스 전역을 배회하다가 어느 날
험준한 기슭 사이로 넓고 깊은 강물이
풍부하게 흘러가는 다리에 도착했어요.
곁에는 높다란 탑이 세워져 있었으며,
멀리까지 사방을 둘러볼 수 있었습니다.
그가 거기서 한 일은 나중에 말씀드리고,[4]
지금은 체르비노에 대해 먼저 말하지요.

---

4)　제29곡 11연 이하 참조.

Canto 24:13

때로는 곰이나 멧돼지와 싸웠으며
맨손으로 그런 짐승을 쓰러뜨렸고,

체르비노는 오를란도와 헤어진 다음   15
잠시 더 머물다가 오를란도가 앞서
지나간 오솔길을 따라가기 시작했는데,
느린 걸음걸이로 자기 말을 몰았습니다.
아마 채 2마일도 가지 않았을 때, 그는
어느 기사가 조그마한 말 위에 묶인 채
끌려오는 것을 보았는데, 양쪽 옆에는
각각 무장한 기사가 감시하고 있었어요.

체르비노는 가까이 다가온 그 죄수를   16
곧바로 알아보았고, 이사벨라도 그랬듯이,
바로 어린 양을 지키라고 맡겨 둔 늑대와
같았던 비스카야 사람 오도리코였습니다.
체르비노는 그를 자기 친구들의 대장으로
삼아 이사벨라를 맡겼는데, 다른 일에서
언제나 보여 주었던 믿음을 그 일에서도
그가 보여 줄 것으로 기대했던 것입니다.

바로 그 일이 어떻게 진행된 것인지   17
이사벨라는 이야기하던 참이었습니다.
그녀는 배가 바다에서 부서지기 전에
어떻게 구명정을 타고 살아남았으며,
어떻게 오도리코가 폭력을 행사하였고,
또 어떻게 동굴에 끌려갔는지 말했지요.

그런데 그 이야기가 채 끝나기도 전에
악당이 죄수로 끌려오는 것을 보았어요.

오도리코를 양옆에서 감시하는 두 사람은
이사벨라의 실제 이야기를 알고 있었는데,
그녀를 호위하고 있는 기사가 연인이며
자신들의 주인일 것이라고 짐작하였고,
그의 방패에 그 고귀한 가문의 오래된
문장이 새겨져 있는 것을 발견한 다음,
그의 얼굴을 자세히 살펴보고, 자신들의
짐작이 맞았다는 것을 깨달았습니다.

그들은 말에서 내려 두 팔을 벌리고
체르비노를 향하여 달려갔으며, 투구를
벗고 무릎을 꿇은 다음, 높은 사람을
껴안는 곳[5]을 공손하게 껴안았습니다.
체르비노가 두 사람의 얼굴을 살펴보니,
하나는 비스카야의 코레보, 다른 하나는
알모니오였는데, 바로 오도리코와 함께
무장한 배에 태워 보낸 부하들이었어요.

---

5) 무릎. 중세 유럽에서는 권위 있는 사람이나 높은 사람에게 몸을 숙이고 그의 무릎을 껴안는 것이 예의였다.

알모니오는 그에게 "하느님의 은총으로 20
이사벨라 공주님과 함께 계시니, 제가
지금 나리께 새롭게 전해 드릴 것이
전혀 없다는 것을 잘 알고 있습니다.
보시다시피 이 악당을 제가 이렇게
묶어 놓은 이유를 말씀드리고 싶은데,
그에게서 큰 모욕을 당한 공주님께서
이미 모든 이야기를 해 주셨을 것입니다.

제가 어떻게 이 배신자에게 속아서 21
그의 곁에서 멀리 떠나게 되었는지,
어떻게 코레보가 공주님을 보호하려다
부상을 입게 되었는지 아실 것입니다.
하지만 제가 돌아왔을 때, 무슨 일이
있었는지 공주님은 보거나 듣지 못해서
나리께 말씀드릴 수 없었을 것이므로,
그 부분에 대해 제가 말씀드리겠습니다.

저는 서둘러서 찾아낸 말들을 끌고 22
도시에서 바닷가로 빨리 돌아가면서,
제가 뒤에 남겨 둔 사람들을 발견할까
언제나 주의 깊게 둘러보고 있었어요.
저는 계속해서 그렇게 갔으며, 그들을
남겨 두고 떠난 바닷가에 도착했는데,

거기에서 아무도 발견하지 못하였고,
모래밭에 새로 난 발자국을 보았어요.

발자국을 따라가면서 험준한 숲속으로   23
들어갔는데, 그다지 많이 가지 않아서
제 귀에 들려오는 소리를 따라가 보니
코레보가 땅바닥에 누워 있었습니다.
공주님과 오도리코는 어떻게 되었는지,
누가 그를 공격했는지 제가 물었지요.
저는 어떤 일인지 알고 나서 배신자를
찾기 위해서 그곳 절벽으로 갔습니다.

많은 곳을 돌아다녔는데, 저는 그날   24
다른 어떤 흔적도 발견하지 못했습니다.
결국 코레보가 있는 곳으로 돌아왔는데,
주변의 땅이 완전히 빨갛게 물들었고
만약 조금 더 거기에 머물러 있었다면,
그를 치료하기 위한 의사나 침대 대신에
아마 그를 땅속에 묻기 위한 구덩이와
신부, 수도사가 더 필요했을 것입니다.

저는 그를 숲속에서 도시로 옮겼으며   25
제 친구인 여관 주인의 집으로 데려가서
어느 나이 든 의사의 기술과 치료 덕택에

짧은 시일 안에 건강을 되찾게 했어요.
그런 다음 저와 코레보는 무기와 말을
마련하여 오도리코를 찾아 나섰으며,
비스카야의 알폰소 왕의 궁정에서 그를
발견한 저는 그와 거기에서 결투했어요.

자유롭게 결투할 장소를 제공해 주신 26
올바른 왕의 도움과 정의의 도움으로,
그리고 정의 외에도 종종 원하는 곳에
승리를 안겨 주는 **행운**의 도움으로,
저는 이 배신자를 이길 수 있었으며,
그래서 저의 포로로 삼았던 것입니다.
그의 큰 죄를 들으신 왕께서는 제가
원하는 대로 할 수 있게 허용하셨어요.

저는 그를 죽이거나 놔주지 않았고, 27
이렇게 묶어서 나리께 끌고 왔어요.
죽이든지, 살려서 형벌을 받게 하든지
나리께서 판결하시기를 원했으니까요.
나리께서 카롤루스에게 가셨다는 말을
듣고 나리를 찾으러 가는 길이었어요.
예상하지 못한 곳에서 이렇게 나리를
만나게 해 주신 하느님께 감사드립니다.

또 어찌 된 일인지 모르지만, 이사벨라 28
공주님과 함께 계시니 다시 감사드립니다.
이 악당 때문에 나리께서 공주님 소식도
듣지 못하셨을 것이라고 저는 생각했지요."
체르비노는 알모니오의 말을 듣고, 아무 말
없이 오도리코를 한참 동안 응시하였는데,
증오보다, 자신들의 우정이 그렇게 나쁘게
끝나 버린 것에 대한 후회 때문이었어요.

알모니오가 자기 이야기를 끝마쳤을 때 29
체르비노는 한참 동안 당황해 했는데,
다른 누구보다 그럴 이유가 없었던 자가
그렇게 명백하게 배신을 했기 때문입니다.
하지만 그렇게 한참 동안이나 응시하고
있더니 마침내 그는 한숨을 내쉰 다음,
죄인에게 알모니오가 그에 대하여 말한
것이 정말로 사실인지 물어보았습니다.

그러자 그 배신자는 땅바닥에 무릎을 30
꿇으면서 말하였습니다. "저의 주인님,
세상의 모든 사람은 잘못하고 실수하며,
착한 사람과 악한 사람의 차이는 단지,
하나는 조그마한 욕망에 의해 나타나는
그 모든 갈등에 패배하고, 다른 하나는

무기를 들고 자신을 방어하는 것이지만,
만약 적이 강하면 그도 역시 굴복합니다.

만약 나리께서 저에게 요새의 수비를 31
맡기셨는데, 제가 첫 번째 공격에 대해
아무런 저항도 하지 않고 적의 깃발을
하늘 높이 들어 올리게 방치하였다면,
저의 두 눈 위로 비겁함이나, 더없이
무거운 배신의 오명이 씌워질 거예요.
하지만 싸우다 항복하면, 분명 비난이
아니라 칭찬과 영광을 받을 것입니다.

그러니까 적이 더 강하면 강할수록, 32
패배자에겐 그럴듯한 변명이 있지요.
저는 주위가 완전하게 포위된 요새와
다름없는 제 믿음을 지켜야 했습니다.
그래서 최고의 **신중함**이 저에게 준
최대한의 지혜와 마음으로 그 믿음을
지키려고 노력했지만, 결국 너무 강한
공격에 굴복하지 않을 수 없었습니다."

오도리코는 그렇게 말했고, 거기에다 33
모두 이야기하려면 긴말을 덧붙였으며,
커다란 자극이 그를 찔렀고, 가볍지 않은

채찍에 이끌렸다는 것을 강조했습니다.
간청으로 마음의 분노를 가라앉히고
겸손한 말이 효과를 거둘 수 있다면,
지금 그렇게 해야만 했고, 오도리코는
단단한 마음을 움직일 방도를 찾았지요.

체르비노는 그러한 모욕에 대해 강한   34
복수를 할 것인지 아닌지 망설였어요.
그가 저지른 사악한 죄를 놓고 보면
그 악당의 생명을 끊어 버리고 싶었고,
그렇게 오랫동안 그들 사이에 유지되어
왔던 아주 가까운 우정을 상기해 보면,
연민의 물로 마음속에 뜨겁게 불붙은
분노를 끄고 자비를 베풀고 싶었어요.

그렇게 체르비노가 그를 풀어 줄까,   35
아니면 죄수로 끌고 갈까, 배신자의
눈을 뽑아서 죽일까, 아니면 산 채로
형벌을 받게 할까 망설이는 동안에,
만드리카르도가 고삐를 빼앗아 버린
말[6]이 그곳으로 달려왔고, 얼마 전에
체르비노를 죽음 가까이 몰고 갔던

---

6) 배신자 노파 가브리나가 타고 있는 말이다(제23곡 94연 이하 참조).

노파도 함께 그곳으로 데려왔습니다.

그녀의 말은 멀리에서 다른 말들의 36
소리를 듣고 그들에게로 달려왔는데,
쓸모없이 울부짖으며 도움을 요청하는
노파를 등에 태우고 달려온 것입니다.
그녀를 보자 체르비노는 두 손을 들어
하느님께 감사했으니, 자기가 유일하게
증오하던 두 사람이 자기 심판을 받게
너그러이 인도해 주셨기 때문입니다.

체르비노는 사악한 노파를 붙잡게 했고 37
어떻게 처리해야 할까 생각하였습니다.
그녀의 코와 양쪽 귀를 모두 잘라 버리고
나쁜 자들의 본보기로 만들까 생각했는데,
그보다 그녀의 고기로 독수리들의 식사를
준비하는 것이 더 낫지 않을까 싶었어요.
그는 마음속으로 여러 가지 처벌들을
생각하다가 마침내 결정을 내렸습니다.

그는 동료들을 향해 말했어요. "나는 38
배신자를 살려 두는 것이 좋을 것 같군.
모든 면에서 용서받을 가치는 없지만,
잔인한 형벌도 합당하지 않아 보이니까.

그건 아모르의 잘못 때문인 것 같으니,
풀어 주고 살려 주는 것을 허용하겠네.
아모르에게 잘못이 있을 경우에는
어떠한 잘못도 용서받을 수가 있지.

아모르는 이자보다 확고한 신념을   39
가진 사람도 종종 파멸시키기도 했고,
우리 둘에게 모욕을 가한 이 일보다
더 지나친 일로 인도하기도 하였지.
오도리코를 용서해야 해. 벌은 내가
받아야 해. 그런 임무를 맡긴 내가
눈이 멀었고, 불이 짚 더미에 손쉽게
붙는다는 것을 고려하지 않았으니까."

그리고 오도리코를 보면서 말했어요.   40
"네 죄에 대한 참회로 앞으로 일 년
동안 이 노파와 함께 지내도록 해라.
절대로 그녀 곁을 떠나서는 안 되고,
밤이건 낮이건, 네가 어디로 가든지,
잠시도 그녀에게서 벗어나지 말고,
그녀를 모욕하려는 모든 사람에 대해
죽을 때까지 네가 보호하도록 해라.

만약에 그녀가 너에게 명령을 하면   41

누구에 대해서든 결투를 해야 하며,
그 기간 동안에 너는 프랑스 전역의
모든 지방을 의무적으로 방문해야 한다."
체르비노는 그렇게 말했으니, 죄로 보면
오도리코는 땅속에 파묻혀야 마땅하지만,
그 형벌은 그를 깊은 구덩이 앞에 세웠고,
그걸 피하는 것은 커다란 행운이었어요.[7]

노파는 많은 여자들과 많은 남자들을   42
배신했고, 수많은 사람들을 모욕했으니,
그녀와 함께 있는 사람은 누구든지 방랑
기사들과의 싸움을 피할 수 없었거든요.
그렇게 두 사람 모두 벌을 받게 되었으니,
노파는 전에 저지른 죄들에 대해, 그는
잘못 호위한 것에 대해 벌을 받았는데,
결국 오래지 않아 죽게 될 운명이었어요.

그런 것을 지켜야 한다고 체르비노는   43
오도리코에게 단단히 맹세하게 했고,
만약 그 맹세를 깨뜨리면 운명에 의해
정해진 기간 이전에 붙잡힐 경우에는

---

[7] 그런 형벌은 그를 땅속에 파묻는 것과 다름없다는 뜻이다. 그 이유는 뒤이어 설명된다.

탄원도 듣지 않고, 자비도 베풀지 않고,
곧바로 죽음을 맞이한다는 조건이었어요.
그리고 체르비노는 알모니오와 코레보를
향해 오도리코를 풀어 주라고 했습니다.

결국 코레보는 알모니오의 동의를 얻어 44
배신자를 풀었지만 서두르지 않았으니,
두 사람 모두 그렇게 열망하던 복수를
하지 못하게 되어 못내 아쉬웠습니다.
그리하여 배신자는 떠났는데, 저주받을
그 노파를 데리고 함께 가야 했습니다.
투르피노는 뒷이야기를 하지 않지만,
저는 그것을 쓴 다른 작가를 읽었지요.

이름을 밝히고 싶지 않은 그 작가는 45
이렇게 썼어요. 이후 오래 지나지 않아
어느 날 오도리코는 장애물을 없애려고
모든 맹세와 조건을 무시하고
가브리나의 목에다 밧줄을 걸었으며
어느 느릅나무에다 그녀를 매달았고,
일 년 뒤에(장소는 말하지 않았어요)
알모니오가 그에게 똑같이 했답니다.[8]

---

8) 알모니오가 오도리코의 목을 매달았다는 의미이다.

오를란도의 발자국을 놓치고 싶지   46
않아서 그 뒤를 쫓아간 체르비노는
자신에 대한 소식을 무리[9]에게 전해
너무 많이 걱정하지 않도록 했습니다.
알모니오를 보냈는데, 모두 말하려면
오래 걸릴 많은 것들을 전하게 했고,
알모니오와 함께 코레보도 보냈으며,
이사벨라만 함께 동반하고 갔습니다.

체르비노가 용맹스러운 오를란도에   47
대해 품고 있는 사랑은 너무나 컸고,
이사벨라의 사랑도 그에 못지않았어요.
그를 안장과 함께 말에서 떨어뜨렸던
사라센인 기사를 혹시 그가 만났는지
두 사람은 무척이나 알고 싶었습니다.
오를란도가 칼을 가지고 다니지 않는
그 기사를 기다리겠다고 말한 기한인

셋째 날이 지나기 전에는 자기 부대로   48
돌아가지 않겠다고 말했기 때문이지요.
오를란도가 갔던 장소에 체르비노가

---

[9] 함께 있던 기사들의 무리를 가리키며, 체르비노는 부상당한 메도로를 뒤쫓는 과정에서 그들과 멀어졌다(제19곡 16연 및 제20곡 117연 이하 참조).

직접 가 보지 않은 곳이 없었습니다.
마침내 그는 길에서 벗어나 배은망덕한
여인[10]의 이름이 적힌 나무들을 보았는데,
근처에 있는 샘물이나 바위벽과 함께
완전히 파괴되어 있는 것을 발견했지요.

멀리서 무언가 반짝이는 것을 보았고 49
오를란도의 갑옷이란 것을 발견했으며,
그다음에 투구를 찾았는데, 아프리카의
알몬테가 쓰던 유명한 것은 아니었어요.
보다 깊은 숲속에 가려 있던 말이 우는
소리를 들었고, 그 소리에 고개를 들자
풀을 뜯어먹는 브릴리아도로를 보았는데,
고삐는 그대로 안장에 매달려 있었어요.

그는 숲속에서 두린다나를 찾았는데 50
칼집에서 벗겨져 있는 것을 보았으며,
불쌍한 오를란도가 갈기갈기 찢어서
사방에 흩어 놓은 겉옷도 찾았습니다.
이사벨라와 체르비노는 침통한 얼굴로
바라보았고 무슨 영문인지 몰랐어요.
모든 것을 생각하였지만, 오를란도가

---

10) 안젤리카.

미쳤으리라고는 생각하지 못했습니다.

만약에 한 방울의 피라도 보았다면 51
죽었을 것이라고 믿었을 것입니다.
그러는 동안 개울을 따라 어느 젊은
목동이 창백한 표정으로 다가왔어요.
그 목동은 바로 절벽 위에서 불행한
오를란도의 엄청난 광기를 목격하였고,
무기를 내던지고, 옷을 찢고, 목동들을
죽이고, 많은 피해를 주는 것을 보았지요.

체르비노의 질문을 받고 그는 모든 52
것에 대한 진실한 소식을 전했습니다.
체르비노는 놀랐고 믿을 수 없었지만,
어쨌든 명백한 증거를 갖고 있었어요.
믿든 안 믿든, 그는 말에서 내려왔고,
연민에 넘쳐 눈물을 흘리고 슬퍼했고,
여기저기 돌아다니면서 사방에 흩어진
그의 유물들[11])을 주워 한데 모았어요.

이사벨라도 말에서 내려왔고 그와 53
함께 갑옷 조각들을 주워 모았어요.

---

11) 찢어진 옷과 갑옷, 무기를 가리킨다.

그런데 괴로운 표정에다 종종 깊은
한숨을 내쉬는 어느 여인이 왔어요.
그렇게 괴로워하고 고통에 짓눌린
그녀가 누구냐고 제게 물으신다면,
자기 연인의 흔적을 찾으러 다니는
피오르딜리지[12]라고 대답하겠어요.

브란디마르테가 그녀에게는 한마디 54
말도 없이 카롤루스의 도시[13]를 떠났고,
여섯 달이나 여덟 달을 기다렸는데도[14]
돌아오지 않는 것을 보고, 그녀는 결국
이쪽 바다에서 저쪽 바다로,[15] 피레네와
알프스산맥까지 사방을 찾아보았는데,
마법사 아틀란테의 궁전을 제외하고는
찾아보지 않은 곳이 없을 정도였어요.

만약 아틀란테의 그 궁전에 갔다면, 55
루지에로, 브라다만테, 페라우와 함께,
그리고 오를란도와 함께 그 안에서
방황하고 있는 그를 발견하였겠지요.

---

12) 브란디마르테의 연인(제8곡 88연 이하 참조).
13) 파리.
14) 하지만 앞에서는 겨우 한 달을 기다린 뒤에 떠났다고 말했다(제8곡 90연 참조).
15) 브르타뉴 지방의 바다에서 프로방스 지방의 바다로, 즉 대서양에서 지중해로.

하지만 아스톨포가 끔찍한 뿔 나팔
소리와 방패로 마법사를 쫓아낸 다음
브란디마르테는 파리로 돌아갔는데,
피오르딜리지는 그걸 모르고 있었어요.

제가 방금 말씀드린 것처럼, 아름다운 56
피오르딜리지는 우연히 두 연인과 만났고,
갑옷을 알아보고, 주인도 없이 고삐가
안장에 걸린 브릴리아도로를 보았어요.
그녀는 불쌍한 사건을 눈으로 보았고
또한 그에 대한 소식도 귀로 들었으니,
미쳐서 달려가는 오를란도를 보았던
젊은 목동이 그녀에게 말해 주었어요.

거기에서 체르비노는 모든 갑옷을 57
모아 소나무 위에 멋지게 걸어 두었고,
기사나 그 고장 사람, 또는 이방인이
갑옷을 입는 것을 막고 싶은 생각에,
녹색의 나무 둥치에다 간략하게 '기사
오를란도의 갑옷'이라고 적었습니다.
마치 "오를란도와 겨룰 수 없는 자는
손대지 말라"라고 말하는 것 같았어요.

그런 칭찬을 받을 일을 마무리한 다음 58

그는 다시 자신의 말 위에 올라탔는데,
바로 그 순간 만드리카르도가 왔으며,
그 위엄 있게 치장된 소나무를 보고는
어떻게 된 일인지 알려 달라고 하였고,
그는 아는 대로 진실을 말해 주었어요.
그러자 이교도 왕은 거리낌 없이 즐거운
표정으로 소나무로 다가가 칼을 잡으며

이렇게 말했어요. "누구도 나를 비난하지 59
못하겠지. 이것은 오늘이 아니라 전부터
내 것이었고, 따라서 어느 곳에 있든지
내 것은 정당하게 가져갈 수 있으니까.
오를란도는 이것을 지키기가 두려워서
미친 척하고 여기에다가 내버려둔 거야.
하지만 자기 비겁함을 그렇게 변명해도
내 권리를 행사하는 것을 막지는 못해."

체르비노는 그에게 외쳤어요. "손대지 마! 60
아무런 문제 없이 가져갈 생각은 하지 마.
그렇게 네가 헥토르의 갑옷을 가져갔다면,
네 것이 아니라, 훔쳐 간 것이 분명하구나."
더 이상 말이 필요 없이, 역량과 용기에서
서로 비교되는 두 사람은 달려갔습니다.
수백 번의 타격 소리가 울려 퍼졌는데도,

아직 결투는 충분히 전개되지 않았어요.

체르비노는 마치 불꽃처럼 재빨랐으니　　　　　　　　　61
두린다나가 내리치는 곳에 그는 없었고,
이쪽저쪽으로 자기 말을, 마치 재빠른
사슴처럼, 편한 곳으로 뛰게 했습니다.
조금도 재빠름을 놓치지 않아야 했으니,
만약 갑자기 그 칼에 맞기라도 한다면
빽빽한 은매화들의 숲을 가득히 채운
사랑의 영혼들을 만나러 갈 테니까요.[16]

마치 날렵한 개가, 무리에서 벗어나　　　　　　　　　62
들판에서 방황하는 돼지를 공격할 때,
그 주위를 맴돌고 또 이리저리 뛰면서
돼지가 한 번 비틀거리기를 기다리듯,
체르비노는 칼이 높게 오는지, 낮게
오는지 살펴보면서 그것을 피했으며,
생명과 명예를 동시에 구하려고 계속
주시하고, 적시에 찌르고 피했습니다.

한편 맞추든 못 맞추든, 사라센인이　　　　　　　　　63

---

16) 베르길리우스는 저승에서 사랑의 고통 속에 죽은 영혼들이 은매화들의 숲속에 있는 것으로 묘사하였다(《아이네이스》 제6권 440~444행 참조).

무서운 칼을 휘두르는 곳은 어디든지,
마치 바람 많은 삼월에 두 산 사이의
산골바람이 우거진 숲을 뒤흔들 듯이,
때로는 땅바닥까지 낮게 휘둘렀고
때로는 잘린 나뭇가지를 흩날렸어요.
체르비노는 비록 많은 타격을 피했지만,
결국에는 하나를 피할 수 없었습니다.

결국 그는 자신의 칼과 방패 사이로   64
가슴으로 들어오는 칼을 피하지 못했어요.
가슴막이는 튼튼했고, 갑옷도 마찬가지로
튼튼했으며, 배가리개 역시 완벽했지만,
그 칼에 저항하지 못했고, 모두 똑같이
그 잔인한 칼을 받아들이게 되었어요.
칼은 가슴막이와 갑옷과 안장에까지
중간에 만나는 모든 것을 잘랐습니다.

만약 그 타격이 약간 짧지 않았다면   65
그를 갈대처럼 절반으로 쪼갰겠지만,
다행히도 그의 피부 근처에만 상처를
줄 정도로 살 속으로 뚫고 들어갔어요.
상처는 그리 깊지 않았고, 채 한 뼘도
되지 않을 정도의 길이였을 뿐입니다.
눈부신 갑옷으로 뜨거운 피가 흘렀고,

발에까지 빨간빛으로 길게 흘렀어요.

저는 종종 제 심장을 앗아가는 것 같은 66
설화석고보다 더 새하얀 손에 의하여
멋진 보랏빛 띠가 은빛 천을 그렇게
찢는 것을 이따금 본 적이 있습니다.[17]
체르비노가 싸움의 대가이고 용기와
힘이 많아도 별로 소용이 없었으니,
무기를 다루는 섬세한 능력과 힘에서
타타르 왕이 그를 훨씬 능가했거든요.

이교도의 그 타격은 실제 효과보다 67
겉으로 보기에 훨씬 더 심각하였으니,
이사벨라는 얼음장 같은 가슴 속에서
심장이 쪼개지는 듯한 느낌이었어요.
체르비노는 용기와 대담함에 넘치고
분노와 경멸에 완전히 불타올랐으며,
두 손으로 있는 힘을 다하여 타타르
왕의 투구 한가운데를 내리쳤습니다.

그 격렬한 타격에 오만한 사라센인은 68

---

17) 아리오스토는 생생한 장면 묘사를 위해 자기 개인의 실제 경험을 비유의 대상으로 활용하고 있다.

거의 말의 목에까지 몸이 숙여졌으며,
만약 마법의 투구가 아니었다면, 강한
타격에 그의 머리가 쪼개졌을 거예요.
하지만 그는 지체 없이 바로 복수했고,
"다음은 네 차례야" 말하지도 않았고,
그를 가슴까지 쪼개려는 희망과 함께
그의 투구를 향해 칼을 들어 올렸어요.

눈과 마음을 집중해 있던 체르비노는 69
곧바로 말을 오른쪽으로 돌렸지만, 그
날카로운 칼을 피할 정도로 빠르지
않았고, 칼은 그의 방패를 맞추었어요.
칼은 방패를 완전히 둘로 쪼갰으며,
그 아래의 팔 받침대를 부서뜨렸고,
그의 팔에 상처를 주었으며, 갑옷을
쪼갠 다음 허벅지까지 내려갔습니다.

체르비노는 이쪽저쪽으로 공격했지만 70
원하는 것을 절대로 얻을 수 없었어요.
그가 위에다 타격을 가하는 갑옷은
조금도 흠이 나지 않았기 때문입니다.
그러나 다른 한편으로 타타르의 왕은
체르비노보다 완전히 우위에 있었고,
일곱이나 여덟 군데에 상처를 입혔고,

방패도 쪼갰고, 투구도 절반을 깨뜨렸어요.

그런데 체르비노는 계속 피를 흘렸고 71
힘이 떨어졌지만, 그걸 느끼지 못했어요.
그의 활기찬 심장은 전혀 지치지 않고
약해진 몸을 강하게 뒷받침해 주었지요.
그러는 동안 그의 연인은 두려움으로
창백해져서 도랄리체에게 다가갔으며,
그 격렬하고 무서운 싸움을 말려 달라고
하느님의 이름으로 간청하고 부탁했어요.

아름다운 만큼 친절했던 도랄리체는 72
그 결투가 어떻게 끝날지 불확실했기에
이사벨라가 말하는 대로 기꺼이 했고,
자기 연인이 중단하도록 이끌었지요.
마찬가지로 이사벨라의 간청에 복수의
분노가 체르비노의 가슴에서 사라졌고,
그는 칼의 일을 마무리하지 못한 채
그녀가 이끄는 대로 길을 갔습니다.

피오르딜리지는 불쌍한 오를란도의 73
훌륭한 칼을 지키지 못한 것을 보고
말없이 괴로워했고, 너무 가슴이 아파
분노의 눈물과 함께 자기 이마를 쳤어요.

브란디마르테가 옆에 있기를 원했는데,
혹시 그를 만나 그 이야기를 들려주면,
만드리카르도가 그 칼을 그렇게 오래
갖고 있지는 못할 것이라고 믿었어요.

어쨌든 피오르딜리지는 연인을 찾아　　　　　　　　　　74
밤이건 낮이건 헛되이 돌아다녔고,
벌써 파리로 돌아와 있던 그에게서
더욱더 멀리 떨어진 곳으로 갔어요.
그녀는 산으로 들판으로 돌아다니다가
어느 강을 건너기 위해 도착한 곳에서
불쌍한 오를란도를 보고 알아보았지만,[18]
체르비노에게 일어난 일부터 말하지요.

그는 두린다나를 그렇게 잃은 것이　　　　　　　　　　75
다른 어떤 잘못보다 가슴에 걸렸는데,
너무 많은 피를 흘렸고 또 흘리고 있기
때문에, 말을 타고 있기가 힘들었어요.
얼마 지나지 않아 뜨거웠던 분노가
가라앉고 나니 이제 고통이 커졌고,
고통이 너무나도 격렬하게 커지면서
그는 생명이 꺼져 가는 것을 느꼈어요.

---

18) 그 이후의 일은 제29곡 43연 이하에서 이야기한다.

힘이 없어서 더 이상 갈 수가 없었고, 76
그래서 어느 샘물가에서 멈추었습니다.
상냥한 이사벨라는 그를 돕고 싶지만
무엇을 할지, 무슨 말을 할지 몰랐어요.
그저 죽어 가는 그를 볼 수밖에 없었으니,
그곳은 모든 마을에서 멀리 떨어졌고,
따라서 어떤 자비심이나 보상을 제공할
의사의 도움을 받을 수도 없었습니다.

그녀는 단지 헛되이 괴로워하면서 77
무자비한 운명과 하늘을 불렀습니다.
"아, 세상에! 바다에서 돛을 올렸을 때
왜 나를 빠져 죽게 만들지 않았습니까?"
체르비노는 그녀에게 힘없는 눈을 돌렸고,
이제 자신을 죽음 가까이로 이끌고 간
집요하고도 강렬한 열정보다, 오히려
그녀의 괴로움에 더 마음이 아팠어요.

그녀에게 말했어요. "오, 내 사랑이여, 78
내가 죽은 다음에도 나를 사랑해 주오.
내가 죽는 것보다, 당신을 안내자 없이
여기에다 남겨 두는 것이 더 괴롭다오.
만약 안전한 곳에서 내 마지막 시간을
보내게 되었다면, 바로 당신의 품에

안겨 죽을 것이니, 완전한 행운 속에
나는 기쁘고 행복하게 죽을 것이오.

하지만 힘들고 사악한 나의 운명은 79
당신을 이렇게 남겨 두는 것을 원하니,
내 마음을 사로잡았던 당신의 이 입과
이 눈과 이 머릿결을 걸고 맹세하겠소.
나는 절망과 함께 지옥의 어두운 심연
속으로 내려가야 하니, 그곳에서 당신을
이렇게 남겨 둔 것을 생각하면, 그것은
어떤 고통보다 무거운 고통일 것이오."

그런 말에 너무나도 슬픈 이사벨라는 80
온통 눈물에 젖어 있는 얼굴을 숙이고
체르비노의 입술 위에다 자신의 입술을,
마치 장미처럼 창백한 입술, 좋은 시절에
꺾지 않아서 그늘진 산울타리 위에서
시들어 가는 장미 같은 입술을 포개면서
말했습니다. "내 사랑이여, 나 없이 이
마지막 여행을 하리라 생각하지 말아요.

내 사랑, 그것은 조금도 걱정하지 마오. 81
천국이든 지옥이든, 당신을 따라갈 테니.
우리의 영혼은 함께 육체에서 벗어나서

함께 가고, 영원히 함께 있어야 해요.
당신이 눈을 감는 것을 보자마자 바로
내 가슴속의 고통이 나를 죽이거나,
만약 그렇게 되지 않는다면, 이 칼로
오늘 내 가슴을 찌르겠다고 약속해요.

나는 우리의 육체가 다행히도 살아남는 82
것보다 죽는 것이 더 나을 것 같아요.
혹시 누군가 이곳을 지나가다가 연민의
마음으로 우리를 묻어 줄지도 몰라요."
그렇게 말하며 그녀는 죽음이 앗아가는
생명의 영혼의 마지막 호흡들을 슬픈
입술로 모았으며, 그에게 남아 있는
마지막 최소한의 호흡까지 모았습니다.

체르비노는 약해진 목소리에 힘주어 83
말했습니다. "내 여신이여, 나 때문에
아버지의 땅을 떠났을 때 내게 보여 준
그 사랑의 이름으로 부탁하고 간청하며,
명령할 수 있다면 당신에게 명령하겠소.
하느님께서 원하실 때까지 당신은 살고,
내가 사랑할 수 있는 한 최대한 당신을
사랑했다는 것을 어떤 경우든 잊지 마오.

당신을 산속 동굴에서 끌어내기 위해 84
로마의 원로원 의원[19]을 보내신 것처럼,
아마 하느님께서 모든 사악한 행동에서
벗어나도록 당신을 도와주실 것이오.
마찬가지로 그분의 자비는 바다에서나
사악한 오도리코에게서 당신을 도왔지요.
그런데도 만약 당신이 죽어야 하는 일이
일어난다면, 덜 나쁜 죽음을 선택하시오."

그녀가 잘 알아듣도록 그가 이 마지막 85
말을 할 수 있었다고 저는 믿지 않으니,
그는 마치 밀랍이나 다른 태울 것이 없는
약한 불빛이 꺼지는 것처럼 끝났습니다.
사랑하는 체르비노가 자기 팔에 안긴 채
창백해지고 처지며, 얼음처럼 차가운 것을
바라보는 이사벨라가 얼마나 괴로웠는지
어느 누가 충분하게 말할 수 있을까요?

그녀는 피에 젖은 육체 위에 쓰러져서 86
한없이 많은 눈물로 온통 젖게 하였고,
아주 멀리 떨어진 곳까지 숲과 들판이
울릴 정도로 커다랗게 울부짖었습니다.

---

19) 오를란도(제9곡 88연 참조).

그녀는 자신의 뺨이나 가슴을 용서하지
않았으니 이곳저곳을 때리고 찢었으며,
황금빛 곱슬머리를 부당하게 쥐어뜯으며
헛되이 사랑하는 이름을 계속 불렀어요.

그녀의 괴로움은 너무 커다란 분노와 87
광기 속에 빠지게 했으니, 자기 연인의
마지막 말을 따르지 않고, 아주 손쉽게
칼을 자기 자신에게 돌렸을 것이지만,
거기에서 멀리 떨어지지 않은 움막에서
습관처럼 시원하고 깨끗한 샘물을 자주
찾아가곤 하던 어느 은둔자가 그곳에
왔다가 그녀의 의지를 가로막았습니다.

그 존경할 만한 은둔자는 천성적인 88
신중함에다 매우 착한 마음을 더했고,
완전히 자비심으로 가득했고, 훌륭한
모범들이 넘치고 언변도 유창했는데,
괴로움에 빠진 아가씨에게 효과적인
설교를 통해 참으라고 설득하였으며,
신약과 구약 성경에 나오는 여인들을
거울처럼 그녀 앞에 제시해 주었어요.

그리고 하느님에게서 찾지 않으면 89

Canto 24:88

괴로움에 빠진 아가씨에게 효과적인
설교를 통해 참으라고 설득하였으며,

진정한 행복이란 전혀 없으며, 인간의
모든 희망은 일시적이고 유동적이며
단지 순간에 불과하다고 설명하였고,
그의 효과적인 설득에 이사벨라는
잔인하고 집요한 의도에서 벗어나,
이후의 삶을 모두 하느님의 봉사에
헌신하고 싶은 욕망을 갖게 되었어요.

그녀는 연인에 대한 커다란 사랑이나 90
죽은 유해를 절대 버리고 싶지 않았고,
어디에 있든지, 어디를 가든지, 밤이나
낮이나, 함께 지니고 있어야 했습니다.
그래서 자신의 나이에 비하면 상당히
튼튼하고 강건한 은둔자가 도와주어
체르비노를 그의 말 위에 올려놓았고,
며칠 동안 그 숲속으로 나아갔습니다.

나이 든 신중한 은둔자는 거기에서 91
멀지 않은 야생 동굴 속에 감추어진
외딴 자기 움막으로 아름다운 여인과
함께 단둘이 가려고 하지 않았으니,
'한 손에 짚과 횃불을 들고 가는 것처럼
위험하다'고 스스로에게 말했습니다.
스스로 그런 시험을 시도할 만큼

자기 나이나 신중함을 믿지 않았어요.

그는 그녀를 프로방스로 데려가려고 92
생각했는데, 마르세유에서 멀지 않은
어느 성의 아름다운 건물에 성스러운
여자가 매우 많은 수녀원이 있었지요.
그리고 죽은 기사를 데려가기 위해,
가는 길에 있는 어느 성에서, 길고
널찍하며 역청으로 잘 밀폐된 관을
만들게 하여 그 안에 넣었습니다.

그들은 며칠 동안 상당히 긴 거리를 93
갔는데, 사방에 전쟁이 퍼져 있어서
가능한 한 숨어 가려고 했기 때문에
언제나 인적이 없는 곳으로 갔습니다.
그런데 어느 기사가 길을 가로막고
그들에게 무례한 모욕을 가하였는데,
그에 대해서는 때가 되면 말씀드리고,[20]
지금은 타타르의 왕에게 돌아갑시다.

제가 앞에서 말씀드린 전투를 끝낸 94
다음 그 젊은 왕은 수정처럼 맑은 물과

---

20) 제28곡 95연 참조.

시원한 그늘이 있는 곳에 가서 쉬었고,
안장과 고삐를 풀어 말이 원하는 대로
돌아다니면서 풀밭의 부드러운 풀을
마음대로 뜯어 먹게 내버려두었지요.
하지만 얼마 후에 산에서 들판으로
내려오는 기사를 멀리에서 보았어요.

먼저 고개를 돌린 도랄리체가 그를 95
알아보았고, 만드리카르도에게 가리키며
말했어요. "내 시력이 멀리에서 속이지
않는다면, 저것은 오만한 로도몬테예요.
당신과 결투를 하려고 산을 내려오니까
당신의 용맹함이 유용해야 할 거예요.
자기 신부였던 나를 빼앗긴 것을 커다란
모욕으로 생각하고 복수하러 온 거예요."

마치 훌륭한 매가 오리나 도요새, 96
찌르레기, 비둘기, 또는 다른 비슷한
새가 멀리서 마주 오는 것을 발견하고
머리를 쳐들고 기뻐서 멋지게 보이듯이
만드리카르도가 그랬으니, 로도몬테를
간단하게 처치해 버릴 것으로 확신하고,
기쁨과 자만심에 넘쳐 말에게 다가가
등자에 발을 넣고 손에 고삐를 잡았어요.

서로가 커다란 목소리를 분명하게 97
들을 수 있도록 가까이 다가갔을 때,
알제 왕[21]은 손과 머리로 위협을 하며
커다란 목소리로 외치기 시작했는데,
만드리카르도가 후회하게 만들 것이며,
그가 무모한 자기 쾌락을 추구하려고
아무런 존중심 없이 자신을 도발했으니,
쓰라린 복수를 위해 왔다고 말했지요.

만드리카르도는 대답했습니다. "나를 98
위협하여 겁주려고 하는 것은 쓸모없다!
그런 것은 어린애들이나 여자들, 아니면
무기에 대해 모르는 자나 놀라게 할 뿐,
나는 아니야. 나는 쉬는 것보다 싸움을
더 좋아하니까. 말을 타든, 서서 싸우든,
무장을 하든, 또는 안 하든, 시합장이든,
벌판이든, 나는 모든 준비가 되어 있다!"

그리하여 그들은 서로 모욕하고, 외치고, 99
분노하고, 칼을 뽑고, 칼들을 부딪쳤으니,
마치 처음에는 살랑거리며 불던 바람이
점차 참나무와 물푸레나무를 쓰러뜨리고,

---

21) 로도몬테.

이어서 검은 먼지를 하늘로 치솟게 만들고,
또한 나무들을 뽑고, 집들을 무너뜨리고,
배를 바다에 침몰시키고, 폭풍을 일으키고,
숲속에 흩어진 가축을 죽이는 것 같았어요.

이 세상에 상대가 없는 두 이교도의　　　　　　　　　　100
너무나도 대담한 심장과 엄청난 힘은
각자의 그런 광폭한 핏줄에 어울리는
결투를 벌이고 타격들을 주고받았지요.
칼들이 서로 함께 맞부딪쳤을 때에는
크고 엄청난 소리에 땅이 뒤흔들렸고,
무기들은 하늘 높이까지 불꽃을, 아니,
수천 개의 불붙은 번개들을 튀겼어요.

그 두 왕 사이의 격렬한 결투는 숨을　　　　　　　　　　101
돌리거나 전혀 쉬지도 않고 계속되었고,
때로는 이쪽, 때로는 저쪽으로 갑옷을
찢고 사슬 옷을 뚫으려고 시도했습니다.
둘 다 자기 땅[22]을 잃거나 얻지 못했으니,
마치 주위에 웅덩이나 성벽이 있거나,
또는 그곳 땅이 너무 비싼 것 같았고,
좁고 협소한 원에서 벗어나지 않았어요.

---

22) 각자의 기반이 되는 땅을 가리킨다.

Canto 24:100

무기들은 하늘 높이까지 불꽃을, 아니,
수천 개의 불붙은 번개들을 튀겼어요.

타타르 왕은 수천 번 타격 중에 하나를 102
두 손으로 알제 왕의 이마에 가하였고,
수없이 많은 횃불과 불꽃이 그의 머리
주위로 빙빙 돌아가게 만들었습니다.
로도몬테는 모든 힘을 빼앗긴 것처럼
머리를 떨어뜨려 말의 갈기에 닿았고,
등자를 놓쳤고, 그렇게 사랑하는 여인
앞에서, 안장에서 떨어질 뻔했습니다.

하지만 마치 최고급 강철을 충분히 103
넣어서 아주 잘 만든 훌륭한 활이
더 많이 굽힐수록 더욱 충만해지고,
권양기나 지레로 더 세게 당길수록,
나중에 놓았을 때, 더욱더 강력하게
되돌아오고 그 충격이 더 강해지듯,
로도몬테는 곧바로 다시 일어났고,
적에게 두 배의 타격을 가했습니다.

로도몬테는 아그리카네 왕의 아들에게 104
자기가 맞은 바로 그곳[23]을 맞추었어요.
그렇지만 헥토르의 투구[24]가 보호하고

---

23) 이마.
24) 원문은 "l'arme troiane", 즉 '트로이아의 갑옷'으로 되어 있다.

있어서 그의 얼굴을 해칠 수 없었지만,
타타르 왕을 멍하게 만들었으며, 그는
아침인지 저녁인지 구분할 수 없었어요.
격분한 로도몬테는 조금도 멈추지 않고
다른 타격으로 그의 머리를 겨냥했어요.

하지만 타타르 왕의 말은 쉭 소리를　　　　　　　　　　　　105
내며 위에서 내려오는 칼을 피했는데,
커다란 자기희생으로 주인을 구했으니,
달아나기 위해서 물러서며 뛰어올랐고,
말이 아니라 주인을 겨냥하고 내리친
칼은 말의 머리 한가운데를 맞추었어요.
불쌍한 말은 주인처럼 헥토르의 투구를
쓰고 있지 않았으므로 죽어야 했습니다.

말이 쓰러지자 만드리카르도는 벌떡　　　　　　　　　　　　106
일어나더니 두린다나를 휘둘렀습니다.
말이 죽은 것을 보고 속으로 화가 났고,
밖으로 커다란 분노의 불이 타올랐어요.
로도몬테는 그와 충돌하려고 말을 몰았지만,
만드리카르도는 암초가 파도들에 그러하듯
조금도 물러서지 않았으며, 결국 말은
쓰러졌지만 그는 두 다리로 서 있었어요.

말이 쓰러지는 것을 느낀 아프리카 왕은 107
등자에서 벗어났고 안장 위로 뛰어올라서
가볍게 벗어나 두 다리로 땅에 서 있었고,
그리하여 두 사람은 대등하게 맞섰습니다.
결투는 전보다 더 뜨겁게 끓어올랐으며,
증오와 분노와 오만함은 더욱 커졌으며,
계속해서 그랬을 것이지만, 마침 그곳에
전령이 황급히 도착하여 싸움을 말렸어요.

무어인 군대의 전령 하나가 도착했는데, 108
소속 없는[25] 기사들과 지휘관들을 그들의
깃발 아래로 불러들이기 위하여 프랑스로
보낸 여러 명의 전령들 중 하나였습니다.
왜냐하면 바로 황금 백합 문장의 황제[26]가
그들의 숙영지를 이미 포위하고 있었고,
만약 곧바로 지원병이 도착하지 않으면
그들 모두의 궤멸이 분명했기 때문입니다.

전령은 두 기사를 곧바로 알아보았는데, 109
그들의 문장이나 그들의 갑옷 외에, 다른

---

25) 원문의 "privati"은 '사적인'으로 직역할 수 있다. 어떤 명령도 받지 않고 완전히 자유로운 상태에 있는 것을 가리킨다.
26) 카롤루스 마그누스.

손들은 절대 그럴 수 없게 강력한 타격과
칼을 휘두르는 것을 보고 알았던 것입니다.
하지만 왕이 보낸 전령이므로 그런 분노에
안전한데도, 감히 그들 사이로 들어가지는
못했으니, 전령은 처벌을 받지 않는다는
말만으로는 안심할 수 없었던 것입니다.

그리하여 그는 도랄리체에게로 갔으며, 110
아그라만테, 마르실리오, 스토르딜라노[27]가
소수 병력과 함께 안전하지 않은 방벽 안에
그리스도 군대에 포위되어 있다고 전했어요.
그런 상황을 말한 다음, 그 두 기사에게
모든 것을 잘 설명하여 함께 합의를 하고
사라센 군대를 구하기 위하여 전쟁터로
가게 해 달라고 그녀에게 부탁했습니다.

아가씨는 대단한 용기를 가지고 두 기사 111
사이로 들어가 말했어요. "당신들이 내게
품고 있는 사랑의 이름으로 명령하겠어요.
보다 나은 곳에 쓰기 위해 칼을 간직하고,
곧바로 우리 사라센 군대의 진영으로 가서
도와주도록 하세요. 지금 그들은 숙영지에

---

27) 그라나다의 왕 스토르딜라노는 바로 도랄리체의 아버지이다.

포위되어 있어서 도움이 필요해요. 아니면
커다란 파멸을 기다리고 있어야만 해요."

그러자 전령이 사라센 군대의 커다란　　　　　　　　　　112
위험을 덧붙였고, 모든 상황을 충분하게
설명했고, 트로이아노 왕의 아들[28]의 편지를
울리에노의 아들[29]에게 전달해 주었어요.
그리하여 마침내 합의를 하게 되었으며,
두 기사는 모든 증오를 잠시 내려놓고
무어인들 군대 주위의 포위가 풀리는
날까지 함께 휴전을 하기로 했습니다.

그리고 자기 부대 병사들을 포위에서　　　　　　　　　　113
구해내게 되면, 조금도 지체하지 않고
더 이상 동맹 관계를 갖지 않을 것이며,
누가 합당하게 여인을 차지할 것인지
무기로 정해질 때까지, 잔인한 싸움과
불타는 대결을 하기로 합의했습니다.
여인은 자신의 손에다 맹세하게 했고
두 사람 모두에게 증인이 되었습니다.

---

28) 아그라만테.
29) 로도몬테.

거기에는 모든 협상과 평화의 적인 114
불화가 초조한 표정으로 있었으며,
그런 합의가 지켜지는 것을 원치 않고
허용하지 않는 **오만**도 있었습니다.
하지만 그들보다 강하고, 무엇보다 강한
능력을 가진 아모르도 거기에 있었으며,
화살을 마구 쏘아대며 **오만**과 **불화**가
뒤로 물러나 있도록 만들었습니다.

그리하여 그들 사이에 협상이 이루어졌고, 115
그들보다 강한 자[30]의 마음에 들었습니다.
타타르 왕의 말이 죽어 넘어져 있었기에
그들에게는 말이 한 마리 부족했습니다.
그런데 개울을 따라 신선한 풀을 뜯어먹던
브릴리아도로가 적시에 그곳으로 왔어요.
하지만 이제 노래의 끝에 도착하였으니,
나리의 은총과 함께 이제 끝내야겠습니다.

---

30) 그들에게 권위를 행사할 수 있는 도랄리체, 또는 아모르로 해석되기도 한다.

제25곡

 만드리카르도와 로도몬테는 파리를 향해서 떠난다. 루지에로는 브라다만테의 쌍둥이 형제 리차르데토를 구해 주고, 피오르디스피나와의 사랑 이야기를 듣는다. 두 사람은 알디지에로와 함께 말라지지와 비비아노를 구하기 위해서 떠난다.

오, 젊은이의 생각에서는 명예의 욕망과　　　　　　1
사랑의 열정이 얼마나 크게 갈등하는가!
무엇이 더 가치 있는지 정하기 어려우니,
때로는 이것, 때로는 저것이 우세하지요.
거기에서는 그 두 명의 기사 모두에게
의무와 명예가 커다란 힘을 가졌으며,
그래서 자신들의 진영을 도울 때까지
사랑의 싸움을 중단하기로 하였습니다.

하지만 아모르가 더 우세했으니, 만약　　　　　　2
여인이 그렇게 명령을 하지 않았다면,
한 명이 승리의 월계관을 얻을 때까지

그 잔인한 결투는 끝나지 않았을 것이며,
아그라만테는 자기 부대와 함께 헛되이
그들의 도움을 기다리고 있었을 겁니다.
그러므로 아모르는 종종 해치지만, 항상
나쁘지는 않고 때로는 유용하기도 하지요.

이제 그 두 이교도 기사는 자신들의 3
모든 싸움을 다음 기회로 연기한 다음
아프리카 군대를 구하기 위해 아름다운
여인과 함께 파리를 향해 갔습니다.
그리고 타타르 왕의 발자국을 쫓아갔고
그곳에서 질투하는 로도몬테와 서로
부딪쳐 결국 대결을 하게 만들었던
작은 난쟁이도 그들과 함께 갔습니다.

그들은 어느 개울가의 풀밭 위에서 4
기사들이 쉬고 있는 곳에 이르렀는데,
둘은 무장을 벗었고, 둘은 투구를 썼고,
얼굴이 아름다운 여인이 함께 있었어요.[1]
그들이 누구인지는 다른 곳에서 말하고,
지금은 먼저 루지에로에 대해 말해야
하는데, 그 훌륭한 루지에로는 웅덩이

---

1) 이 이야기는 제26곡 68연 이하에서 계속된다.

안에다 방패를 던졌다고 이야기했지요.

웅덩이에서 1마일도 채 멀어지기 전에   5
그는 황급히 달려오는 전령을 보았는데,
트로이아노의 아들이 도움을 기대하면서
기사들에게 보낸 전령들 중 하나였어요.
그에게서, 카롤루스가 사라센 병사들을
협소한 곳에서 위험에 처하게 만들었고,
곧바로 도움을 주는 자가 없으면 명예나
생명을 버려야 한다는 말을 들었습니다.

수많은 생각들이 루지에로를 한꺼번에   6
공격하여 의혹 속에 빠지게 하였지만,
더 나은 방책을 선택하기 위해 생각할
시간도 없었고 그럴 상황도 아니었어요.
그래서 그는 전령을 보냈고, 그 아가씨가
이끄는 곳으로 말머리를 돌렸고, 이따금
이제 조금도 머뭇거릴 시간이 없다고
아가씨에게 말하면서 서둘러 갔습니다.

그렇게 길을 가던 그들은(벌써 해가   7
기울고 있었습니다) 마르실리오 왕이
전쟁 중에 카롤루스에게 빼앗은, 프랑스
한가운데의 어느 도시에 이르렀습니다.

제25부

해자 주위나 울타리 주위에 아주 많은
무장한 사람들이 지키고 있었는데도,
다리에서나 성문에서 아무도 그의 길을
가로막거나 통행을 거부하지 않았어요.

그와 함께 가고 있는 그 아가씨를 8
사람들이 곧바로 알아보았기 때문에,
그가 자유롭게 지나가도록 놔두었고
어디 가는 길인지 묻지도 않았습니다.
광장에 도착했는데, 그곳에는 불빛이
환하게 비췄고 사람들이 가득했으며,
한가운데에 사형을 선고받은 젊은이가
창백한 얼굴로 있는 것을 보았습니다.

루지에로는 눈물에 젖은 채 땅바닥을 9
향하고 있는 그의 얼굴을 보았을 때,
마치 브라다만테를 보는 것 같았으니,
젊은이는 너무나 그녀와 닮았습니다.
얼굴이나 몸매를 뚫어지게 바라보면
볼수록 바로 그녀인 것처럼 보였고,
혼자 생각했어요. '저건 브라다만테야.
앞에 있는 내가 루지에로이듯이 말이야.

사형 선고를 받은 젊은이를 보호하려고 10

아마 너무 대담하게 달려들었고, 그래서
지금 내가 보는 것처럼, 좋지 않은 일이
그녀에게 일어나 붙잡히게 된 것 같아.
오, 세상에, 이런 일은 나도 함께할 수
있는데, 무엇 때문에 그렇게 서둘렀지?
하지만 지금 내가 와서 아직 도움을 줄
시간이 있으니, 신께 감사를 드려야지.'

그리고 망설이지 않고 칼을 잡았으며, 11
(창은 다른 성에서 이미 부러졌으니까요)
무기력한 군중을 향하여 말을 몰았고,
그들의 가슴과 옆구리, 배를 공격했어요.
그는 칼을 휘둘렀으며, 누구는 이마를,
누구는 목을, 누구는 뺨을 잘랐습니다.
군중은 비명과 함께 달아났고, 머리가
깨지거나 사지가 잘린 무리가 많았어요.

마치 새들의 무리가 저수지 기슭 위로 12
안전하게 날아가며 먹이를 기대하다가
갑자기 하늘에서 매서운 매가 나타나서
그들 가운데 하나를 잡거나 공격하면,
흩어져 달아나는데, 모든 동료를 버리고
오로지 자기 살길만 생각하는 것처럼,
훌륭한 루지에로가 그들의 한가운데로

뛰어들었을 때 그들이 그렇게 했지요.

루지에로는 달아나는 것이 늦은 너덧 13
사람의 목에서 머리를 깨끗하게 잘랐고,
같은 수의 사람을 가슴까지 쪼갰으며,
많은 사람의 눈과 이빨까지 쪼갰습니다.
사실 그들은 투구를 쓰고 있지 않았지만,
쇠로 만든 아주 눈부신 투구나 섬세한
투구를 쓰고 있었다고 하더라도, 별로
어려움 없이 그렇게 쪼갰을 것입니다.

루지에로의 힘은 요즈음의 기사에게는 14
전혀 찾아볼 수도 없는 것이었으며,
이곳이나 다른 곳에 사는 곰이나 사자,
또는 다른 거친 짐승보다 더 강했지요.
아마 지진이나 또는 '큰 악마'가 그것과
비슷할 것인데, 지옥의 악마가 아니라,
불과 함께 하늘, 땅, 바다로 길을 내며
나아가는 우리 주인님의 악마 말입니다.[2]

---

2) 데스테 가문에서 만들어 전쟁에 사용하던 대포들에는 특징적인 별명이 붙어 있었다. "큰 악마(Gran Diavolo)"는 당시에는 엄청난 무게인 17킬로그램의 포탄을 발사하였다. 그리고 원문의 "지진(tremuoto)"은 소문자로 시작되며 따라서 보통명사로 볼 수도 있지만, 당시 궁정인들이 알폰소 공작에게 '지진'이라는 별명을 붙였던 것과 암시적으로 연결되어 있다.

그의 모든 타격에 어김없이 한 사람이   15
땅에 쓰러졌고, 때로는 두 명이 쓰러졌고,
한 번 타격에 너덧 명이 죽기도 했으며,
그리하여 곧바로 백여 명이 죽었습니다.
허리에서 뽑아 든 그의 칼은 단단한
강철도 부드러운 치즈[3]처럼 잘랐어요.
팔레리나[4]가 오를란도를 죽이기 위하여
오르가냐 정원에서 그 칼을 만들었지요.

하지만 칼을 만든 것을 후회하였으니,   16
그것으로 자신의 정원이 파괴되었지요.
그런데 그런 기사의 손에 들려 있으니
얼마나 큰 파멸과 학살을 하겠습니까?
루지에로가 어떤 광기와 분노를 가졌고,
자신의 높은 무훈을 분명 보여 준 적이
있다면, 바로 이곳에서 그랬으니 자기
연인을 도와주고 싶었기 때문이지요.

목줄 풀린 개 앞에 산토끼가 그러듯이   17

---

3) 원문의 "tenero latte"는 '부드러운 우유'로 직역 가능하며, 응고된 우유를 가리킨다.
4) Falerina. 《사랑에 빠진 오를란도》에서 이미 등장한 여자 마법사로, 오르가냐(Orgagna 또는 오르카냐Orcagna)에 마법의 정원을 갖고 있었으며, 오를란도를 죽이기 위하여 마법의 칼 발리사르다(제7곡 76연 참조)를 만들었다. 하지만 오를란도는 오히려 그 칼을 빼앗았고, 그 칼로 마법의 정원을 파괴하였다. 나중에 브루넬로가 오를란도에게서 그 칼을 훔쳐 루지에로에게 주었다.

그 군중이 루지에로 앞에서 그랬어요.
죽어서 쓰러져 있는 사람들이 많았고
수많은 사람들이 정신없이 달아났어요.
그동안에 아가씨는 젊은이의 두 손을
묶고 있던 밧줄을 풀었으며, 가능한 한
빨리 그에게 갑옷을 입게 했고, 손에는
칼을 들고 어깨에 방패를 들게 했지요.

크게 모욕을 당했던 그는 힘이 닿는 18
대로 그 사람들에게 복수하려고 했는데,
그곳에서 그의 힘은 널리 알려져 있었고
용맹함과 무훈으로 명성이 높았습니다.
승리에 넘치는 루지에로가 젊은이와
함께 성에서 밖으로 나갔을 때에는
벌써 태양이 황금빛 수레바퀴를 서쪽
대양 속으로 빠뜨린 다음이었습니다.

루지에로와 함께 성문 밖으로 나가서 19
자기 생명이 안전해진 다음, 젊은이는
고귀한 몸가짐과 신중한 말로 그에게
수없이 많은 감사의 마음을 전했어요.
또한 그가 자기를 모르면서도 도움을
주려고 죽을 위험을 무릅썼기 때문에,
누구에게 은혜를 입었는지 알기 위해

자기에게 이름을 말해 달라 부탁했어요.

루지에로는 생각했습니다. '아름다운 20
얼굴에다 아름다운 몸짓과 멋진 태도는
나의 브라다만테가 분명한데, 그녀의
달콤한 목소리는 들을 수가 없구나.
그리고 이런 감사의 말도 그녀가 자기
충실한 연인에게 하는 것이 아니야.
만약에 브라다만테라면, 어떻게 해서
내 이름을 이렇게 빨리 잊어버렸을까?'

분명한 것을 파악하기 위해 루지에로는 21
조심스럽게 말했습니다. "나는 당신을
다른 곳에서 보았는데, 아무리 생각하고
또 생각해도 어디인지 기억할 수 없군요.
혹시 당신이 생각나면 나에게 말해 주고,
당신 이름도 알려 주면 좋을 것 같군요.
오늘 내가 도와주어 불길에서 생명을
구했으니, 누구인지 알 수 있게 말이오."

젊은이는 대답했어요. "언제, 어디서인지 22
모르지만, 당신이 저를 보았을 수 있어요.
저도 특별한 모험을 찾아서 세상 곳곳을
나름대로 돌아다니고 있기 때문입니다.

혹시 갑옷을 입고 허리에는 칼을 차고
다니는 제 누이를 보았을 수도 있어요.
저와 함께 태어났고, 저와 많이 닮아서
가족도 정확하게 구별할 수 없으니까요.

그런 오류에 빠지는 사람들이 많은데,   23
당신이 첫째나 둘째, 넷째도 아닙니다.
아버지나 형제들, 한 번 출산으로 우리
둘을 낳으신 어머니도 구별하지 못해요.
사실 저는 다른 남자들과 마찬가지로
짧은 머리카락에 가르마를 하고 있고,
그녀는 긴 머리카락을 땋아 감고 있어,
우리 사이에는 커다란 차이가 있어요.

하지만 어느 날 그녀는 머리에 상처를   24
입었는데(그 이야기를 하자면 깁니다),
상처를 치료하기 위해 어느 수도사[5]가
귀 중간쯤에서 머리카락을 잘라 버렸고,
우리 둘 사이에 성과 이름을 제외하면
더 이상 아무런 차이점이 없게 되었지요.
저는 리차르데토, 그녀는 브라다만테이며,
저는 리날도의 형제, 그녀는 자매입니다.

---

5) 원문은 "servo di Iesú", 즉 '예수의 종'으로 되어 있다.

Canto 25:24

상처를 치료하기 위해 어느 수도사가
귀 중간쯤에서 머리카락을 잘라 버렸고,

만약 저의 이야기가 싫지 않으시다면,   25
아마 놀랄 만한 이야기를 들려 드리지요.
제가 그녀와 닮았기에 일어난 일인데,
처음은 즐겁지만 마지막은 괴롭습니다."
루지에로는 자기 여인에 대한 기억을
일깨워 주는 것보다 더 달콤한 이야기나
더 아름다운 시구를 들을 수 없었기에,
이야기해 달라고 그에게 부탁했습니다.

"얼마 전에 제 누이는 여기서 가까운   26
숲을 지나가고 있었는데, 투구를 쓰지
않고 가던 누이를 발견한 한 무리의
사라센 병사들에게 부상을 당하였고,
머리에 커다란 위험을 줄 수도 있는
나쁜 상처를 치료하기 위해 기다란
머리칼을 자를 수밖에 없었고, 그렇게
짧은 머리로 숲속을 돌아다녔습니다.

그러다가 그늘진 샘물가에 도착했고   27
피곤하고 매우 지쳐 있었기 때문에,
말에서 내려 머리에서 투구를 벗었고
부드러운 풀밭 위에서 잠이 들었어요.
이 이야기보다 더 아름다운 이야기가
있을 것이라고 저는 생각하지 않습니다.

그런데 숲속에 사냥하러 온 에스파냐의
피오르디스피나[6]가 그곳에 도착했어요.

그리고 그녀는 저의 누이가 얼굴을   28
제외하고는 완전히 갑옷으로 무장하고
물렛가락 대신에 칼을 찬 것을 보고
남자 기사일 것이라고 생각했습니다.
남성다운 용모와 얼굴을 바라보다가
자기 가슴이 사로잡힌 것을 느꼈고,
누이를 사냥으로 초대하였고, 마침내
우거진 숲속에 둘만 숨게 되었지요.

다른 사람의 방해를 받을 걱정이 없는   29
한적한 장소에 그녀와 함께 있게 되자
그녀는 강렬한 사랑에 찔린 자기 가슴을
말과 행동으로 조금씩 드러내 보였어요.
뜨거운 눈길과 불타는 듯한 한숨과 함께
열망에 소진된 자기 마음을 보여 주었지요.
얼굴이 때로는 창백해지고 때로는 불탔고,
심지어 불시에 입맞춤을 하기도 했어요.

제 누이는 그 아가씨가 자신을 남자로   30

---

6) 에스파냐 마르실리오 왕의 딸로 제22곡 39연에서 이미 언급되었다.

착각하였다는 것을 곧바로 깨달았지만,
그러한 욕망에 도움을 줄 수도 없었고
그래서 아주 난처한 입장에 빠졌습니다.
혼자 생각했지요. '나에 대해 갖고 있는
잘못된 믿음을 거부하고, 또 나를 비겁한
남자로 생각하는 것보다 부드러운 여자임을
보여 주는 것이 그녀에게 더 좋을 거야.'

그런 생각은 옳았어요. 만약 그녀처럼　　　　　　　　　　31
아름답고 사랑의 부드러움과 달콤함으로
가득한 아가씨와 함께 계속 이야기하면서
마치 올빼미처럼 날개를 죽 늘어뜨린 채
석고로 만든 남자처럼 행동을 하였다면,[7]
그것은 분명히 치욕이 되었을 테니까요.
그녀는 신중한 태도로 말을 이끌었으며
자신이 여자임을 그녀가 깨닫게 했고,

자신은 히폴리테나 카밀라[8]처럼 무기로　　　　　　　　32
영광을 찾고 있으며, 아프리카에 있는

---

7) 올빼미는 야행성으로 낮에 자기 때문에 무기력한 모습을 가리키며, 석고로 만들었다는 것은 무감각한 것을 뜻한다.
8) 히폴리테(Hippolyte, 영어로 Hippolyta)는 고전 신화에 나오는 아마존족의 여왕으로 헤르쿨레스, 테세우스(Theseus)와 싸우기도 하였다. 카밀라에 대해서는 제20곡 1연 참조.

아르칠라의 바닷가에서 태어났고, 어렸을
때부터 창과 방패를 사용했다고 말했지요.
그렇다고 사랑에 빠진 여인의 타오르는
불꽃은 쉽게 수그러들지 않았습니다.
게다가 아모르의 화살이 만든 상처가
너무 깊어 그런 처방이 소용없었어요.

그렇다고 해서 얼굴이 덜 아름답거나 33
눈길이나 태도가 덜 아름답지 않았으며,
그렇다고 이미 그녀에게서 벗어나 사랑의
눈길을 즐기는 마음이 돌아오지 않았어요.[9]
그런 차림의 그녀를 보면 자신의 욕망이
스러질 수 있을 것처럼 보였지만, 그녀가
여자라는 생각에 이르자 더욱 커다란
고통에 한숨을 쉬고 눈물을 흘렸습니다.

그날 그녀의 눈물을 보고 그녀의 탄식을 34
들은 사람은 그녀와 함께 울었을 거예요.
그녀는 말했어요. '이 잔인한 내 고통보다
더 잔인한 고통은 지금까지 없었을 거야.
사악하든 신성하든, 다른 모든 사랑에는
바라는 목표를 가질 희망이라도 있으며,

---

[9] 사랑에 빠진 그녀의 마음은 이성의 통제를 벗어나 있다는 뜻이다.

가시 사이에서 장미를 꺾을 수도 있을 텐데,
오로지 나의 욕망에는 가질 목표가 없어.

아모르여, 나의 행복한 상태가 마음에   35
들지 않아 내게 괴로움을 주고 싶다면,
다른 연인들에게 그랬던 것처럼 다른
어떤 고통을 주는 것으로 만족했어야지!
사람들이나 짐승들 사이에서도 여자가
여자를 사랑하는 것은 본 적이 없으니,
여자가 다른 여자들에게, 암컷이 다른
암컷에게 아름다워 보이지 않는 법이야.

땅과 하늘에서, 바다에서 오로지 나만   36
그대에게 이렇게 잔인한 고통을 받는구나!
내 실수가 그대의 왕국에서 마지막 예[10]가
되도록 그대는 이런 것을 마련하였구나.
니누스 왕의 아내[11]는 사악하고 파렴치하게
아들을 사랑하여 욕망을 얻었고, 미르라[12]는

---

10) 사랑과 관련하여 가장 기괴하고 가장 특이한 경우라는 뜻이다.
11) 고대 아시리아 왕 니누스(제7곡 20연 참조)의 아내 세미라미스는 니누스가 죽은 뒤 여왕이 되었는데, 온갖 음란함을 일삼았고 심지어 자기 아들과 근친상간의 죄를 저지르기도 했다.
12) Myrrha. 시리아 왕 테이아스(Theias), 또는 키프로스 왕 키니라스(Cyniras)의 딸로 베누스의 미움을 사서 자기 아버지를 사랑하게 되었고, 아버지를 속인 채 동침했으며, 그 결과 미소년 아도니스가 태어났다.

아버지를, 파시파에[13]는 황소를 얻었지만,
내 사랑은 그 누구보다 어리석은 것이야.

내가 듣기로, 여자는 남자에 대해 계획을   37
세우고 거기서 목표를 원하여 얻게 되었지.
파시파에는 나무로 된 암소 안에 들어갔고,
다른 여자들은 다른 수단과 방법을 썼어.
하지만 다이달로스[14]가 모든 재주와 함께
나에게 날아온다고 해도, 너무나도 근면한
주인, 다른 무엇보다도 강력한 **본성**이
나에게 만든 그 매듭은 풀 수 없을 거야.'

그 아름다운 여인은 그렇게 슬퍼하며   38
괴로워하였고 전혀 진정되지 않았습니다.
때로는 얼굴을 때리고 머리칼을 쥐어뜯고
자기가 자기 자신에게 복수하려 했지요.
제 누이는 연민의 마음에 함께 울었고,
그렇게 힘겨운 고통의 소리를 들었어요.

---

13) Pasiphae. 크레타 왕 미노스(Minos)의 아내로, 넵투누스가 미노스에게 선물한 황소를 사랑하였다. 다이달로스(Daidalos)는 그녀에게 나무로 속이 빈 암소를 만들어 주었고, 그녀는 그 안으로 들어가 황소와 정을 통했고, 그 결과 몸은 사람이고 머리는 소인 괴물 미노타우로스(Minotauros)를 낳았다.

14) Daidalos. 아테네의 유명한 장인(匠人)으로 파시파에게 나무 암소를 만들어 주었고, 미노스 왕을 배신했다가 자신이 만든 미궁 라비린토스에 갇혀 있었는데, 밀랍과 깃털로 날개를 만들어 탈출하였다.

그녀를 어리석고 헛된 욕망에서 구하려
했지만, 아무 성과가 없고 헛일이었어요.

위안이 아니라 도움을 찾았던 그녀는 39
더욱더 슬퍼했고 더욱더 괴로워했어요.
그동안 벌써 날이 저물어 가고 있었고,
태양은 서쪽에서 붉은색으로 물들었고,
숲속에서 밤을 보내고 싶지 않은 사람은
이제 집으로 돌아가야 할 시간이었으며,
따라서 그 여인은 브라다만테를 거기서
멀지 않은 자신의 영토로 초대했습니다.

제 누이는 그 초대를 거절할 수 없었고 40
그래서 두 사람은 함께 갔는데, 그곳은
바로 만약 당신이 없었더라면, 어리석고
사악한 군중이 저를 불태웠을 곳입니다.
피오르디스피나는 제 누이를 그곳으로
데려가서 적잖이 멋지게 치장해 주었고,
아름다운 여자 옷으로 갈아입게 했고,
모두에게 여자라는 것을 알게 했지요.

그 남자 같은 모습에서 어떤 이익도 41
이끌어 낼 수 없다는 걸 알았기 때문에,
그로 인해서 스스로를 비난하는 것이

그녀에게는 정당해 보이지 않았으며,
더 나아가 이제 진실을 알고 있으니
처음에 실수로 남자 같은 차림새를
보고 자신이 범하게 되었던 잘못을
쫓아내려고 시도할 생각도 했습니다.

두 사람은 밤에 함께 침대를 썼는데, 42
휴식을 취하는 것은 전혀 달랐습니다.
하나는 자고, 다른 하나는 울었으니,
그녀의 욕망은 더욱 뜨겁게 불탔어요.
때로는 졸음이 그녀의 눈을 짓누르면
그 짧은 잠은 온통 상상으로 가득했고,
마치 브라다만테가 더 강건한 성으로[15]
바뀌도록 하늘이 허용한 것 같았지요.

마치 엄청난 갈증에 시달리는 환자가 43
물에 대한 강한 욕망 속에 잠들었는데,
그 혼란스럽고 중단되는 휴식 속에서
이전에 본 모든 물을 기억하는 것처럼,
그렇게 잠 속에 나타나는 환상은 그녀의
욕망을 충족시켜 주는 것처럼 보였지요.
그러다 잠에서 깨어 손을 내밀어 보면

---

15) 말하자면 남자로.

여전히 헛된 꿈이라는 것을 발견했어요.

밤이 새도록 그녀는 분명하고도 명백한 44
기적으로 그녀를 남자로 바꾸어 달라고
자신의 무함마드와 모든 신에게 얼마나
많은 기도와 열렬한 서원을 바쳤는지요!
하지만 모든 것이 헛수고가 되어 버렸고
아마 하늘은 그녀를 비웃었을 것입니다.
그렇게 밤이 지났고, 포이부스가 바다에서
금빛 머리를 들고 세상을 비추었습니다.

날이 새고 그들은 침대에서 일어났는데 45
피오르디스피나의 고통은 더욱 커졌으니,
그런 곤경에서 무척이나 벗어나고 싶었던
브라다만테는 떠나겠다고 이미 말했지요.
그 고귀한 여인은 황금 장식이 달려 있는
최고로 멋진 조랑말과, 자기 손으로 직접
풍부하게 자수를 놓은 겉옷을 떠나가는
브라다만테에게 선물로 주고 싶었습니다.

피오르디스피나는 한참 동안 그녀를 46
배웅했고 울면서 자기 성으로 돌아왔어요.
제 누이는 얼마나 서둘러서 길을 갔는지
바로 그날 안에 몽토방에 도착했습니다.

Canto 25:45
날이 새고 그들은 침대에서 일어났는데
피오르디스피나의 고통은 더욱 커졌으니,

우리 형제들과 불쌍한 어머니는 모두
그녀의 주위에 모여 환영을 하였는데,
그녀의 소식을 듣지 못해 혹시 죽었는지
우리는 무척 걱정을 했기 때문입니다.

그녀가 투구를 벗자 예전에 머리를 47
휘감았던 머리칼이 잘린 것이 보였고,
또한 이상스러운 겉옷을 입고 있는
것을 보고 우리는 깜짝 놀랐습니다.
그녀는 제가 당신에게 말한 것처럼
처음부터 끝까지 모두 이야기했지요.
그러니까 숲속에서 부상을 당하였고,
치료하기 위해 멋진 머리칼을 잘랐고,

그런 다음 샘물가에서 잠이 들었고 48
아름다운 여자 사냥꾼이 도착했는데,
그녀가 착각한 자기 모습을 좋아했고
단둘이 무리에서 벗어났다고 말했어요.
또한 그녀의 슬픔에 대해서도 말했고
연민의 마음에 우리 가슴이 아팠지요.
또한 함께 밤을 보내고 성에 돌아올
때까지 있었던 모든 것을 말했습니다.

저는 피오르디스피나를 잘 알았고 49

전에 사라고사와 프랑스에서 보았는데,
그녀의 아름다운 두 눈과 깨끗한
뺨은 무척이나 제 마음에 들었어요.
하지만 제 욕망을 표현할 수 없었고,
희망 없는 사랑은 꿈에 불과하였지요.
그런데 이제 커다란 희망이 생겼고
옛날의 불꽃이 곧바로 다시 불탔어요.

아모르는 그러한 희망으로 올가미를　　　　　　　　　　50
짰으니, 나를 잡을 수 있는 올가미를
만들었고, 내가 그 여인에게서 바라는
것을 얻을 방법도 함께 보여 주었어요.
속임수는 손쉽게 성공할 것이었으니,
저와 제 누이의 닮은 모습은 종종
다른 사람들을 속였기 때문에 아마
그 아가씨도 쉽게 속일 것입니다.

할까? 하지 말까? 제가 보기에는 결국　　　　　　　　51
즐거움을 찾는 것이 언제나 좋았어요.
제 생각을 다른 사람에게 말하지 않았고
거기에 대한 어떤 충고도 원치 않았어요.
밤이 되었고, 저는 제 누이가 벗어 놓은
갑옷이 있는 곳으로 가서 갑옷을 입고,
새벽이 밝아 오는 것을 기다리지도 않고

그녀의 말을 타고 바로 길을 떠났지요.

저는 아름다운 피오르디스피나를 만나기 52
위해 밤에 떠났고(아모르가 안내자였어요)
태양의 밝은 빛살이 아직 바닷속으로
숨지 않았을 때 그곳에 도착했습니다.
다른 사람보다 먼저 공주에게 소식을
전하려고 달려간 자는 행복할 것이니,
그녀에게 좋은 소식을 전해 주고 어떤
선물이나 은총을 기대할 수 있겠지요.

바로 당신이 그랬던 것과 같이, 모든 53
사람이 저를 브라다만테로 생각했어요.
게다가 저는 그녀가 전날 떠났을 때와
똑같은 옷을 입고 똑같은 말을 탔지요.
잠시 후에 피오르디스피나가 달려왔고,
세상에서 더 큰 행복을 찾아볼 수 없을
정도로 기쁜 표정으로 수없이 껴안으며
즐겁고 행복한 얼굴로 저를 맞이했어요.

아름다운 팔을 저의 목에다 두르고 54
부드럽게 껴안으며 입을 맞추었지요.
그 당시 아모르가 제 가슴에 얼마나
강한 화살을 쏘았는지 아실 것입니다.

그녀는 제 손을 잡고 서둘러서 방으로
이끌었으며, 다른 사람에게 맡기지 않고
직접 투구에서 박차까지 갑옷을 벗겼고,
다른 누구의 방해도 받지 않으려 했어요.

그리고 아름답고 화려한 자신의 옷을   55
가져오게 했고, 자기 손으로 직접 펴서
마치 제가 여자인 것처럼 제게 입혔고,
금실로 짠 그물로 제 머리를 묶었습니다.
저는 정숙한 눈길을 유지했고 제 몸짓에서
여자가 아니라는 것을 드러내지 않았어요.
혹시 목소리가 저를 배신할까 주의했고
그래서 아무도 눈치를 채지 못했습니다.

그런 다음 우리는 기사들과 귀부인들,   56
많은 사람들이 모여 있는 홀로 갔으며,
거기에서 왕녀들이나 높은 귀부인들에게
그러는 것처럼 커다란 환대를 받았어요,
거기서 제 치마 아래 강하고 튼튼한 것이
감추어져 있는 사실을 모르고 저에게
음탕한 눈길을 보내던 몇몇 남자들을
보고 저는 여러 번 웃음이 나왔습니다.

그러는 동안에 밤이 아주 깊어졌고,   57

계절에 알맞은 최고의 음식들로 아주
풍성하게 차려져 있던 식탁도 벌써
오래전에 치워져 있었기 때문에,
아름다운 여인은 더 기다리지 않고
제가 다시 돌아온 이유에 대해 물었고,
또한 친절한 배려와 함께 그날 밤에
자기와 함께 잠을 자도록 이끌었어요.

이제 시중을 드는 여인들과 아가씨들,　　　　　　　　　　　58
시종들과 하인들이 물러났기 때문에,
대낮처럼 환하게 켜진 횃불과 함께
우리 둘은 옷을 벗고 침대에 들었고,
제가 말했어요. '여인이여, 내가 다시
당신에게 돌아온 것에 놀라지 말아요.
아마 앞으로 영원히 나를 다시 보지
못할 것이라고 생각하였을 테니까요.

먼저 내가 떠난 이유에 대해 말하고,　　　　　　　　　　　59
다음에 돌아온 이유에 대해 말할게요.
만약에 내가 여기에 남아 있음으로써
당신의 열정을 완화시킬 수 있었다면,
한순간이라도 당신 곁을 떠나지 않고
당신에게 봉사하며 살고 죽었겠지만,
내가 있으면 당신에게 얼마나 괴로운지

아니까 어쩔 수 없이 떠나기로 했지요.

그런데 **행운**이 빽빽하게 우거진　　　　　　　　　　60
숲속 한가운데에서 내 길을 벗어나게
했는데, 가까운 곳에서 도움을 청하는
여자의 비명 소리가 들려온 것입니다.
달려가서는, 수정 같은 호숫가에서
어느 파우누스[16]가 물속에서 낚시로
벌거벗은 아가씨를 붙잡아서 잔인하게
산 채로 잡아먹으려는 것을 발견했어요.

나는 손에 칼을 뽑아 들고 그곳으로　　　　　　　　61
갔고, 달리 도움을 줄 수 없었기 때문에
그 사악한 낚시꾼의 생명을 끊었으며,
그녀는 곧바로 물속으로 뛰어들었지요.
그리고 말했어요. "나를 도와준 대가로
당신이 요구하는 대로 충분히 보상을
받을 것이에요. 왜냐하면 나는 이 맑은
물속에 살고 있는 요정이기 때문이지요.

나는 놀라운 일을 하는 능력이 있고　　　　　　　　62

---

16) Faunus. 로마 신화에 나오는 숲과 전원의 정령들로 목동들과 가까운 관계였다. 일반적으로 그리스 신화의 판(Pan)과 동일시되며, '목신(牧神)'으로 번역되기도 한다.

자연과 요소들을 바꿀 수도 있어요.
내 능력이 닿는 대로 당신이 요구하는
것을 내가 충족시키도록 해 주겠어요.
내 노래에 달이 하늘에서 내려오고,
불이 얼어붙고, 공기가 단단해지며,
때로는 단순한 몇 마디 말로 땅을
움직이고 태양을 멈추기도 했어요."

나는 그녀의 제안에 재물을 늘리거나　　　　　　　　　63
백성과 영토의 지배를 원하지 않았고,
더 많은 덕성과 역량을 갖거나, 모든
싸움에서 명예롭게 이기는 것도 원하지
않았고, 단지 당신의 욕망을 충족시킬
어떤 길을 내게 열어 주기를 원했어요.
나는 다른 어떤 것도 요구하지 않았고,
모든 것을 그녀의 판단에 맡겼습니다.

내가 그런 요구를 말하였더니 곧바로　　　　　　　　64
그녀는 다시 한번 물속으로 들어갔고,
내 말에 다른 어떤 대답도 하지 않고
단지 나를 향해 마법의 물을 뿌렸는데,
그 물이 내 얼굴에 가까이 닿기도 전에
어찌 된 일인지 나는 완전히 바뀌었어요.
나는 그걸 보고 느끼면서도, 사실 같지

않았는데, 여자에서 남자로 바뀌었어요.

그러니 만약 당신이 바로 확인하지 65
않는다면, 아마도 믿지 않을 것입니다.
그리고 이렇게 다른 성으로 바뀌었어도
나는 여전히 당신에게 복종하고 싶어요.
명령만 내린다면, 곧바로 또한 영원히,
당신을 위해 언제나 깨어 있을 거예요.'
저는 그렇게 말하였고, 그녀는 손으로
직접 진실을 명백하게 확인했습니다.

마치 무척 갖고 싶다고 생각하는 것을 66
가질 희망이 이미 완전히 없어진 사람이,
그것이 없다는 것을 슬퍼하며 더욱더
괴로워하고 가슴이 아프고 분노하다가
나중에 그것을 얻으면, 그동안 너무나
많은 시간을 헛되이 보내며 애태우고
절망적인 상태에 너무 익숙해져서, 자기
자신을 믿지 못하고 혼란스러워하듯이,

그렇게 그 여인은 너무나 바라던 것을 67
자기 눈으로 보고 손으로 만지면서도
눈과 촉감, 자기 자신도 믿지 않았고,
꿈인지 생시인지 아직도 의심하였으니,

느낀다고 생각하는 것을 정말로 느끼고
믿기 위해서는 강력한 증거가 필요했지요.
그녀는 말했어요. '오, 신이시여, 이것이
만약 꿈이라면 영원히 자게 해 주소서.'

사랑의 공격이 시작되는 것을 알리는 68
데에는 북소리나 나팔 소리가 아니라,
비둘기들을 모방하는 입맞춤이 때로는
전진하고, 때로는 멈추라는 신호였어요.
우리는 화살이나 새총이 아닌 다른 무기를
사용했고, 저는 사다리도 없이 요새 위로
올라갔고, 갑자기 그곳에 깃발을 꽂았고,
저의 적을 제 몸 아래에 몰아넣었지요.[17]

바로 전날 밤에는 그 침대가 탄식으로 69
가득하고 커다란 괴로움으로 가득했다면,
다음 날 밤에는 그만큼 많은 웃음과 기쁨,
부드러운 놀이와 즐거움으로 가득했어요.
기둥들이나 서까래들을 둘러싸고 있는
구불구불한 아칸서스[18]의 어떤 매듭도

---

17) 사랑의 행위를 전쟁에 비유하여 은유적으로 묘사하고 있다.
18) acanthus. 고대의 건축에서 특히 기둥의 머리 부분을 장식하는 무늬로 널리 사용되었다.

우리가 목과 옆구리, 팔과 다리, 가슴을
묶었던 매듭보다 강하지 않았을 거예요.

그 일은 우리 사이의 비밀로 남았고 70
그 즐거움은 몇 달 동안 지속되었는데,
결국에는 누군가 그것을 알아차렸으며,
나중에는 왕까지 알게 되었던 것입니다.
당신은 광장에서 불을 피웠던 사악한
사람들에게서 저를 구해 주셨으니 이미
나머지를 이해하겠지만, 제가 얼마나 큰
고통 속에 있는지 하느님만 아실 겁니다."

그렇게 리차르데토는 루지에로에게 말했고 71
그리하여 밤길은 별로 지루하지 않았지만,
동굴들이 있는 절벽과 경사면에 둘러싸인
언덕을 향하여 그들은 계속 올라갔어요.
좁고 돌멩이들이 가득한 가파른 길이
아주 험난한 길을 겨우 열어 주었지요.
꼭대기에 아그리스몬테[19]성이 있었는데,
키아라몬테의 알디지에로[20]가 지켰습니다.

---

19) Agrismonte. 부오보의 영지인데, 어디에 있는지 알 수 없다.
20) Aldigiero. 뒤이어 말하듯이 안토나의 부오보의 서자이다.

Canto 25:70

결국에는 누군가 그것을 알아차렸으며,
나중에는 왕까지 알게 되었던 것입니다.

그는 바로 부오보²¹⁾의 서자 아들이었고　　　　　　　　　72
말라지지와 비비아노²²⁾의 형제였는데,
게라르도²³⁾의 아들이라는 사람도 있지만,
그것은 전혀 근거가 없는 거짓입니다.
그것은 어찌 되었든, 그는 강건하였고,
신중하고 너그럽고 친절하고 인자했고,
그곳에서 밤이건 낮이건 세심한 배려와
함께 형제들의 성을 지키고 있었습니다.

그는 루지에로와 사촌 리차르데토를　　　　　　　　　73
예의를 갖추어 친절하게 맞이하였고,
자기 사촌을 형제처럼 사랑하는 만큼
루지에로에게도 커다란 애정을 보였어요.
그렇지만 예전에 그랬던 것처럼 즐겁게
맞이하지 않고 오히려 슬픈 표정이었으니,
바로 그날 받은 소식이 그의 얼굴과
가슴을 슬프게 만들었기 때문입니다.

---

21) 안토나의 부오보(Buovo, 영어로 베비스Bevis, 프랑스어로 뵈브Beuve)는 기사문학의 전설적인 영웅으로 안토나의 영주의 아들이다. 안토나(Antona, 영어로 햄프턴Hampton)는 잉글랜드에 있는 상상의 지명이다.
22) Malagigi(영어와 프랑스어 이름은 Maugris 또는 Maugis)와 Viviano(영어와 프랑스어 이름은 Vivien)는 부오보의 아들이며 리날도의 사촌이다. 특히 말라지지는 어렸을 때부터 요정이 길렀고 위대한 마법사가 되었다(제26곡 128연 참조).
23) Gherardo. 부오보의 형제.

그는 인사를 한 다음 리차르데토에게 74
말했어요. "형제여, 좋지 않은 소식이네.
아주 확실한 전령을 통해 오늘 알았는데,
바욘[24]의 사악한 베르톨라지[25]가 잔인한
란푸사[26]와 합의하였다고 하는데, 그는
그녀에게 귀중한 보상금을 지불하고, 또
그녀는 우리 형제들인 착한 말라지지와
비비아노를 그의 손에 넘기려고 한다네.

그녀는 페라우가 그들을 붙잡은 날부터[27] 75
어둡고 끔찍한 곳에 지금까지 가두었고,
결국에는 지금 내가 이야기하는 놈과
더럽고 추악한 계약을 하게 되었다네.
내일 그들을 바욘과 자기 성 사이의
경계선에서 마간차 놈에게 넘길 거야.
그놈은 프랑스에서 가장 훌륭한 핏줄[28]을
구입하니, 직접 보상금을 주러 올 것이네.

---

24) Bayonne(이탈리아어로 바이오나 Baiona). 프랑스 남서부 가스코뉴 지방의 도시.
25) Bertolagi. 키아라몬테 가문과 적대적인 마간차 가문 출신이다.
26) Lanfusa. 페라우의 어머니로 기사문학에서 잔인한 여인으로 널리 알려졌다.
27) 《사랑에 빠진 오를란도》에서 말라지지와 비비아노는 로도몬테와 페라우에게 붙
    잡혀 마르실리오 왕에게 건네진 것으로 이야기되었다.
28) 말라지지와 비비아노.

우리의 리날도에게 조금 전에야 급히　　　　　　　76
전령을 하나 보내서 알리게 하였는데,
길이 너무나 멀기 때문에, 제시간에
늦지 않게 도착할 수는 없을 것 같네.
나는 함께 데리고 나갈 사람이 없으니,
마음은 준비되었지만 능력이 부족하네.
그 배신자는 분명히 그들을 죽일 텐데,
어떻게, 무엇을 해야 할지 모르겠네."

그 나쁜 소식에 리차르데토는 괴로웠고,　　　　77
그가 괴로워하자 루지에로도 괴로웠는데,
두 사람[29] 모두 침묵하고 있으며, 어떤
결론도 이끌어 내지 못하는 것을 보고
아주 대담하게 말했지요. "걱정 말아요.
나 혼자 그 임무를 모두 맡고 싶어요.
이 내 칼은 천 개의 칼보다 유용하게
당신 형제들을 자유롭게 해 줄 것이오.

나는 다른 사람들이나 도움을 원하지　　　　　78
않아요. 나 혼자도 충분하다고 믿어요.
다만 그런 거래가 이루어질 장소로
나를 안내해 줄 사람 하나만 필요해요.

---

29) 알디지에로와 리차르데토.

나는 그 사악한 거래를 하러 올 놈의
비명을 여기까지 들리게 해 줄 것이오."
그는 그렇게 말했고, 그 증거를 직접 본
둘 중의 하나에게는 맞는 말이었지요.[30]

알디지에로는 마치 말만 많고 능력은 79
없는 사람처럼 귀를 기울이지 않았어요.
하지만 리차르데토가 한쪽에서 어떻게
자신을 화형에서 구했는지 이야기했고,
때가 되면 자기 장담보다 더 큰 결과를
보여 줄 것으로 확신한다고 말했습니다.
그러자 그는 전보다 더 귀를 기울였고,
그를 존경하고 아주 높게 평가했어요.

그리고 **풍요**가 잔을 가득히 채우는 80
식탁에서 그를 주인처럼 받들었습니다.
거기에서 그는 다른 도움 없이 두 명의
형제를 구할 수 있다고 장담했습니다.
그러는 동안 게으른 **잠**이 다가왔고
주인들과 하인들의 눈을 감게 하였는데,
단지 루지에로만 여전히 번잡한 생각에

---

30) 루지에로의 무훈과 능력을 직접 목격한 리차르데토가 듣기에 그의 말은 과장이
아니라는 뜻이다.

가슴이 찔려 자지 않고 깨어 있었어요.

바로 그날 전령에게서 들었던 것처럼 81
아그라만테의 포위가 가슴에 걸렸어요.
그를 도와주는 것을 지체하고 있는 모든
순간이 그에게는 분명히 불명예였습니다.
그런데 자기 주군의 적들과 함께 있으니,
얼마나 큰 치욕이며 부끄러움이겠습니까!
그런데 그때 세례를 받으면, 그가 얼마나
비겁하고 치졸하다고 비난을 받겠습니까!

다른 어떤 때라면 진정한 종교가 그를 82
움직였을 것이라고 믿을 수도 있겠지만,
지금은 아그라만테가 포위에서 풀려나기
위해서는 그의 도움이 필요한 상황이니,
훌륭한 종교적 믿음에 대한 확신보다는
두려움과 비겁함 때문에 그렇게 했다고
모든 사람이 곧바로 믿을 것이며, 그것이
루지에로의 가슴을 괴롭히고 동요시켰어요.

그리고 자기 여인의 허락 없이 떠나야 83
한다는 것도 그의 마음을 괴롭혔습니다.
때로는 이 생각, 때로는 저 생각이 떠올라
불안정한 마음을 서로 다르게 이끌었어요.

제가 이미 말씀드렸듯이, 두 사람이 함께
리차르데토를 구하러 가기로 했던 그곳,
피오르디스피나의 성에서 그녀를 만날
희망은 이제 아주 멀어졌지요.

그리고 그는 그녀와 발롬브로사에서   84
함께 만나기로 한 약속이 생각났습니다.
그녀는 분명히 그곳에 갔을 텐데 자기를
발견하지 못하고 깜짝 놀랄 것입니다.
최소한 편지나 심부름꾼을 보냈더라면
그녀는 그렇게 많이 놀라지 않았을 테니,
그녀의 말을 따르지 않았을 뿐 아니라
아무 말도 없이 떠나 버렸기 때문입니다.

그는 여러 가지 일들을 생각한 다음에   85
마침내 자신에게 일어난 일을 그녀에게
편지로 쓸 생각을 했어요. 비록 편지를
어떻게 보내야 제대로 갈지 몰랐지만,
그대로 있을 수 없었으니, 길을 가다가
충실한 심부름꾼을 찾을 수도 있었지요.
더 이상 지체 없이 침대에서 일어났고,
종이와 잉크, 펜, 등불을 달라고 했어요.

신중하고 사려 깊은 하인들은 요구하는   86

것을 루지에로에게 곧바로 갖다주었어요.
그는 편지를 쓰기 시작했고, 으레 그렇듯
처음 몇 줄에서는 인사말을 전하였고,
이어서 자신에게 도움을 요청하는, 자기
왕에게서 온 소식들에 대해 적었습니다.
만약 자기가 곧바로 가지 않는다면 왕은
적들의 손에 죽거나 붙잡힐 것이라고요.

그리고 계속하여, 왕이 그런 상황에 87
처해서 자신에게 도움을 요청하였으니,
만약 그 시점에서 도움을 주지 않으면
엄청난 비난이 쏟아질 것이라고 말했고,
또 자신은 그녀의 남편이 되고 싶기에
조금도 오점이 없도록 조심해야 하며,
완전히 정숙한 그녀에게는 어떤 나쁜
일도 어울리지 않는다고 말했습니다.

혹시라도 자기가 훌륭한 업적을 통해 88
좋은 명성을 뒤쫓아 얻으려고 노력하고,
또한 나중에 얻는다면, 그것을 소중하게
간직하기 위해 노력해야만 할 것이며,
지금은 더욱 명예를 지키려고 해야 하니,
비록 몸은 둘이지만 완전하게 하나의
영혼이 되어야 할 그녀, 자기 아내와

함께 공유해야 하기 때문이라고 했어요.

그리고 이미 입으로 그녀에게 말했듯이　　　　　　　　　89
이제 이 편지를 통하여 또다시 말하는데,
만약 그 전에 죽지 않는다면, 자기 왕과
신뢰로 묶여 있는 기간이 지난 뒤에는,
언제나 기꺼이 그렇게 하고 싶었듯이
실질적으로 그리스도인이 될 것이며,
그래서 리날도와 아버지, 다른 가족에게
그녀를 아내로 요구할 것이라고 말했어요.

그리고 덧붙였어요. "그대가 원한다면,　　　　　　　　　90
무지한 군중이 침묵하도록, 나는 주군의
포위를 풀어 주고 싶소. 무지한 자들은
나를 조롱하면서 이렇게 말할 것이오.
루지에로는 아그라만테 왕이 순조로울
동안에는 밤낮으로 곁을 떠나지 않다가,
이제 **행운**이 카롤루스에게로 기울자
승리자에게 깃발을 돌렸다고 말이오.

내가 마지막으로 아프리카 병사들의　　　　　　　　　　91
숙영지에 모습을 나타내고, 그 심각한
포위를 풀도록 하는 데에는, 열닷새
아니면 스무날 정도가 필요할 것이오.

그동안에 나는 거기에서 빠져나올
정당하고 합당한 이유를 찾을 것이오.
내 명예를 위해 단지 이것만 요구하고,
내 삶의 나머지는 모두 당신의 것이오."

루지에로는 이와 비슷한 말을 썼는데,   92
저는 그것을 충분하게 말할 수 없습니다.
그리고도 많은 말을 덧붙였으니, 종이가
완전히 빽빽할 때까지 끝나지 않았어요.
그런 다음 편지를 접어 봉투에 넣었고
밀봉하여 자기 가슴 안에 집어넣었어요.
그다음 날 편지를 여인에게 비밀리에
전할 사람을 만날 것으로 기대했지요.

편지를 밀봉하고 나서 침대에서 눈을   93
감았고, 마침내 평온을 찾았으니, 곧이어
잠이 다가왔고, 레테[31]의 강물에 적신
나뭇가지를 그의 피곤한 육체에 뿌렸어요.
그러다가 붉고 빛나는 구름이 눈부신
동방의 아름다운 지역들의 온 사방에다
꽃들을 뿌렸고, 그런 다음 곧이어 낮이

---

31) 고전 신화에서 저승 세계에 흐르는 강들 중 하나로, '망각의 강'으로 일컬어지기
도 한다. 이 강물을 마시면 지상 세계의 과거 기억을 깨끗이 잊는다고 한다.

황금빛 숙소에서 밖으로 나왔습니다.

녹색의 나뭇가지들 사이에서 새들이 94
새로운 날의 빛살을 노래하기 시작하자,
루지에로와 리차르데토의 안내자가 되어
그 사악한 베르톨라지의 손에 자신의
두 형제를 건네주기로 되어 있는 곳으로
그들을 안내하고 싶었던 알디지에로가
가장 먼저 일어났으며, 그 소리를 들은
다른 두 사람도 침대에서 일어났어요.

그들이 옷을 입고 무장을 갖춘 다음에 95
루지에로는 두 사촌과 길을 떠났으니,
그 임무는 완전히 자신에게 맡겨 달라고
그들에게 아무리 부탁해도 소용없었어요.
자기 형제들에 대한 열망과 함께 그것은
옳은 예의가 아닌 것처럼 보였기 때문에,
그들은 바위보다 더 단단하게 거부했고
혼자 가도록 절대로 허용하지 않았어요.

그들은 형제들이 교환되기로 약속된 96
날짜에 바로 그 장소에 도착했습니다.
그곳은 광활하고 널따란 들판이었으며
눈부신 햇살에 완전히 드러나 있었어요.

그곳에는 월계수나 은매화, 측백나무,[32]
물푸레나무, 너도밤나무도 안 보였고,
보습이나 괭이로 전혀 경작되지 않은
초라한 관목과 헐벗은 자갈뿐이었어요.

세 명의 대담한 기사들은 그 들판을   97
가로지르는 오솔길에서 걸음을 멈추었고,
황금으로 장식된 갑옷을 입은 기사가
그곳에 도착하는 것을 보았는데, 녹색
바탕에 백 년도 넘게 사는 희귀하고
아름다운 새[33]가 그려진 문장이었지요.
나리, 이제 이 노래의 끝에 도착했으니,
더 이상 노래하지 않고 쉬고 싶습니다.

---

32) 원문은 "cipressi"로, 측백나뭇과(*Cupressaceae*)의 쿠프레수스속(*Cupressus*)에 속하는 나무들을 가리킨다. 영어로 '사이프러스(cypress)'라고 부른다.
33) 포이닉스(제15곡 36연 참조).

제26곡

　루지에로와 일행은 중간에 마르피사를 만나 함께 가고 마간차 가문 사람들을 물리친다. 마법사 메를리노의 샘물에 새겨진 우의적인 짐승에 대해 말라지지가 설명한다. 양쪽 진영의 여러 기사들이 한자리에 모이고, 여러 가지 이유로 혼란스러운 결투가 벌어진다.

옛날에 살았던 많은 고귀한 여인들은 1
부가 아니라 덕성을 더 사랑하였는데,
우리 시대에는 이익 이외에 다른 것을
귀중하게 여기는 여인들이 드물지요.
하지만 진정한 자신의 선함으로 인해
탐욕스러운 생활을 따르지 않고 사는
여인들은 당연히 행복해야 하고, 죽은
뒤에도 명예롭고 영원히 기억될 겁니다.

브라다만테는 영원히 찬양받을 만하니 2
재물이나 또는 제국을 사랑하지 않고
루지에로의 높은 고귀함을 사랑하였고,

그의 덕성과 뛰어난 정신을 사랑하였고,
그토록 뛰어나고 훌륭한 기사의 연인이
되고, 그가 그녀를 즐겁게 해 주기 위해
미래에 기적으로 평가될 일을 해 주는
것을 즐길 만한 충분한 자격이 있어요.

위에서 제가 말씀드린 대로 루지에로는 3
키아라몬테 가문의 두 기사, 말하자면
알디지에로와 리차르데토와 함께 포로로
잡힌 두 형제를 도와주기 위해 갔습니다.
그리고 세상에 언제나 유일한 존재이며,
죽었다 다시 태어나는 새의 문장을 지닌
오만한 모습의 기사 하나가 오는 것을
보았다고 제가 앞에서 이야기하였지요.

그 기사는 그들이 거기에서 공격하려고 4
준비를 하고 있다는 사실을 깨닫고는,
그들이 정말로 겉모습처럼 훌륭한지
직접 시험해 보려고 생각하였습니다.
그는 말했어요. "혹시 당신들 중에서
창의 타격이나 칼의 타격으로, 하나는
안장에 남고 다른 하나는 떨어질 때까지
누가 더 훌륭한지 시험해 보고 싶은가요?"

알디지에로가 말했어요. "내가 하겠소.	5
칼을 휘두르든, 창으로 달리든 상관없소.
하지만 만약 당신이 여기에 있으면, 다른
결투를 볼 것인데, 그것이 방해하는군요.
당신과 길게 이야기할 시간이 없으니,
결투에 달려갈 시간만 겨우 남아 있소.
오늘 우리와 싸워야 할, 육백 명이 넘는
사람들을 우리는 길에서 기다려야 하오.

포로로 잡혀 있는 우리 형제 두 명을	6
구하려는 사랑과 연민으로 우리가 왔소."
그리고 계속해서 그들이 무장을 갖추고
그곳에 오게 된 이유에 대해 설명했어요.
그러자 기사가 말했어요. "그렇게 올바른
이유가 나를 방해하니 반박할 수 없군요.
내가 판단해 보건대, 당신들은 분명히
상대가 없는 훌륭한 세 명의 기사 같군요.

나는 당신들의 무훈이 어느 정도인지	7
보려고 한두 번 부딪쳐 보고 싶었는데,
다른 자들의 희생으로 그걸 보여 줄 테니
내게는 그것으로 충분하고, 싸우지 않겠소.
그리고 나의 이 투구와 방패를 당신들의
무기에 함께 덧붙여 주기를 부탁합니다.

만약 내가 함께 간다면, 당신들의 무리에
내가 쓸모없지 않다는 것을 보여 주겠소."

그곳에서 루지에로와 동료들과 만나서 8
그 위험한 임무에 무기의 동료가 되기를
자청한 그 기사의 이름이 무엇인지 알고
싶은 분이 여러분[1] 중에 있는 것 같군요.
그녀는(더 이상 '그'라고 부를 수 없군요)
바로 불쌍한 체르비노에게, 모든 악에
너무 익숙하고 사악한 노파 가브리나를
호위하라고 떠맡겼던 마르피사였습니다.

키아라몬테의 두 기사와 훌륭한 루지에로는 9
기꺼이 그녀를 자신들 무리에 받아들였는데,
그녀가 실제로 그렇듯이 아가씨가 아니라
남자 기사라고 분명히 믿었을 것입니다.
그리고 얼마 지나지 않아 알디지에로는
주위의 대기를 떨리게 만드는 깃발과
그 주위에 모여 있는 수많은 사람들을
발견하고 동료들에게 보라고 가리켰어요.

그리고 그들은 더욱 가까이 다가갔고 10

---

1) 이 노래를 듣는 사람들 또는 독자들에게 하는 말이다.

검은 빛깔의 옷을 분명히 알아보았으며,
그들이 사라센인들이라는 것을 알았고,
그들 한가운데에서 마간차 사람들에게
황금과 교환되기 위하여, 조그마한 노새
위에 묶인 채 끌려오는 포로를 보았어요.
마르피사가 말했어요. "이제 여기 왔으니,
잔치[2]를 하는 것 말고 무엇이 남았어요?"

루지에로가 대답했지요. "초대받은 자들이   11
아직 다 오지 않았고, 상당수가 부족해요.
이제 커다란 무도회[3]를 열 준비를 합시다.
엄숙한 것이니 모든 기술을 발휘하겠지만,
이제는 그리 오래 기다리지 않을 것이오."
그렇게 말하는 동안 그들은 한쪽에서
마간차의 배신자들이 오는 것을 보았고,
따라서 무도회의 시작이 임박하였어요.

한쪽에서 마간차 사람들이 도착했는데,   12
황금과 옷들과 다른 화려한 물건들을
가득 실은 노새들을 끌고 왔으며, 다른
한쪽에서는 창과 칼, 활 들의 한가운데서

---

2) 곧 벌어질 싸움을 가리킨다.
3) 앞의 "잔치"와 마찬가지로 싸움을 은유적으로 그렇게 부르고 있다.

붙잡힌 두 형제가 괴로운 표정으로 왔고,
길에서 그들을 기다리는 것을 보았어요.
그리고 사악한 그들의 적 베르톨라지가
무어인 대장과 이야기하는 것을 들었어요.

부오보의 아들이나 아모네의 아들[4]은 13
그 마간차 놈을 보자 지체할 수 없었고,
두 사람 모두 창을 받침대에 겨누었고
두 사람 모두 배신자를 공격하였습니다.
하나는 배와 안장 앞머리를 꿰뚫었고
다른 하나는 뺨 한가운데를 꿰뚫었지요.
그 타격에 베르톨라지가 가 버린 것처럼
모든 사악한 자들이 가 버리면 좋겠어요.

마르피사는 루지에로와 함께 그 신호에 14
움직였고, 나팔 소리를 기다리지 않았어요.
받침대에 대고 겨눈 창이 부러지기 전에
하나하나 세 명을 땅바닥에 쓰러뜨렸지요.
이교도들을 이끌고 온 대장은 합당하게
루지에로의 창에 서둘러 생명이 끊어졌고,
그와 동시에 일어난 죽음을 통해서 다른
두 명이 함께 어두운 왕국[5]으로 갔어요.

---

4) 각각 알디지에로와 리차르데토를 가리킨다.

여기에서 공격받은 자들 사이에 실수가 15
있었고, 마지막 파멸을 초래하였어요.
한편으로는 마간차 사람들이 사라센인
무리에게 배신을 당하였다고 믿었으며,
다른 한편으로는 그렇게 공격을 당한
무어인들이 상대방을 살인자라 불렀고,
그들 사이에 활을 쏘고 칼과 창 들을
휘두르며 잔인한 학살이 시작되었어요.

루지에로는 때로는 이쪽 무리, 때로는 16
저쪽 무리에서 열 명, 스무 명을 죽였고,
또한 아름다운 아가씨의 손에 의해서도
똑같은 숫자가 쓰러지고 죽었습니다.
날카로운 칼날에 닿은 자들은 모두가
죽어 안장에서 떨어지는 것이 보였고,
그들의 투구와 갑옷 들은 마치 숲에서
마른나무들이 불에 타는 것 같았어요.

나리께서 혹시 직접 보신 적이 있는지, 17
아니면 소문으로 들으셨는지 모르지만,
마치 벌 떼 안에 불화가 생겨서 벌들이
허공으로 날아가 서로 싸우고 있을 때,

---

5) 저승.

탐욕스러운 제비가 그들 사이로 들어가
수없이 많이 먹고 죽이고 해치는 것처럼,
그와 비슷하게 루지에로와 마르피사가
그들 사이에서 그랬다고 상상하십시오.

리차르데토와 그의 사촌은 그와 같이 18
두 무리 사이에서 춤을 바꾸지 않았으니,[6]
그들은 사라센 진영을 놔둔 채 오로지
마간차 사람들만 겨냥했기 때문입니다.
기사 리날도의 동생은 커다란 용기와
함께 커다란 능력을 가지고 있었는데,
그곳에서는 마간차 가문에 대한 증오
때문에 그런 능력이 배가되었습니다.

부오보의 서자 아들도 그와 똑같은 19
이유로 광폭한 사자가 된 것 같았고,
쉬거나 머뭇거리지 않고 칼로 투구를
쪼개거나 마치 계란처럼 으깼습니다.
모든 기사들의 가장 선택된 꽃이었던
마르피사와 루지에로가 함께 있는데,
도대체 누가 마치 헥토르가 된 것처럼
더 대담해지거나 용감해지지 않겠어요?

---

6) 앞의 11연에서 말한 "무도회"의 이미지와 관련된 비유이다.

마르피사는 계속하여 싸움을 하면서 20
종종 동료들에게 눈길을 돌리곤 했는데,
그들의 용맹함을 분명하게 확인하고는
놀라움과 함께 그들 모두를 칭찬했지만,
특히 루지에로의 엄청난 무훈은 세상에
전혀 상대가 없는 것처럼 보였습니다.
때로는 마치 마르스가 다섯째 하늘[7]에서
그곳에 내려온 것처럼 보일 정도였어요.

그녀는 그의 엄청난 타격들을 보았는데 21
절대 헛되이 내려오지 않는 것을 보았고,
그의 발리사르다 앞에서는 마치 강철이
금속이 아니라 종이처럼 보였습니다.
칼은 투구와 커다란 갑옷 들을 잘랐고,
말 위에까지 사람들을 쪼갰고, 정확히
절반으로 쪼개진 부분의 하나는 이쪽,
하나는 저쪽의 풀밭으로 떨어졌지요.

계속해서 그는 단 한 번의 타격으로 22

---

7) 프톨레마이오스의 우주관을 토대로 하는 중세 유럽의 천문학 관념에 의하면, 우주는 움직이지 않는 지구를 공통의 중심으로 하여 아홉 개의 하늘, 말하자면 공 모양의 천구(天球)들이 겹겹이 겹친 채 서로 다른 속도로 회전하는 것으로 생각하였다. 각각의 하늘은 매우 크고 투명하며 거기에 고유의 행성이나 붙박이별들이 붙어 있어서 함께 회전하는데, 지구에서 다섯 번째 하늘은 화성, 즉 전쟁의 신 마르스에게 바쳐진 하늘이다.

말과 그 주인을 함께 죽도록 만들었고,
머리들이 어깨에서 멀리 날아가게 했고,
종종 허리에서 몸통을 자르기도 했어요.
때로는 한 번에 다섯 이상을 잘랐는데,
만약 거짓말처럼 보이는 진실을 믿기가
어렵다고 의심하지 않는다면, 더 이상
말하더라도, 덜 말할 수밖에 없습니다.[8]

훌륭한 투르피노는 진실을 말할 줄   23
알았고, 사람들이 좋아하는 것을 믿도록
루지에로의 놀라운 업적을 이야기했는데,
그것을 들으면 거짓이라 말하실 것입니다.
마찬가지로 마르피사 앞에서 모든 기사는
얼음 같았고, 그녀는 불타는 것 같았으며,
그녀가 그의 훌륭한 무훈을 바라보듯이,
그녀도 루지에로의 눈길을 끌었습니다.

그녀가 그를 마르스라고 생각하였다면,   24
만약 그녀가 겉으로 보이는 것과는 달리
여자라는 것을 알았다고 하면, 그는 분명
그녀를 벨로나[9]라고 생각했을 것입니다.

---

8) 루지에로의 무훈은 거짓말처럼 보이는 사실이지만, 그대로 말한다면 거짓말이라고 생각할 것이므로, 사실보다 적게 말할 수밖에 없다는 뜻이다.

혹시 그들 사이에 경쟁심이 생겼다면
그 불쌍한 사람들에게는 운이 없었으니,
그들의 살과 피와 신경과 뼈는, 둘 중에
누가 더 센지 증명하는 수단이 되었어요.

네 명의 정신과 무훈만으로 이쪽저쪽 25
진영을 모두 패주시키기에 충분했습니다.
도망치는 자에게는 자기 몸 아래에 갖고
다니는 것[10]보다 더 좋은 무기가 없었어요.
훌륭한 말을 타는 사람은 행복하였고,
느린 말은 거기서 별로 가치가 없었고,
말이 없는 사람은 그곳에서 두 발로
싸우는 것이 얼마나 슬픈지 실감했지요.

전리품과 싸움터는 승리자들 차지였으니, 26
보병이나 기병은 아무도 남지 않고, 마간차
사람은 저쪽, 무어인은 이쪽으로 달아났고,
이쪽에는 포로가, 저쪽에는 짐이 남았지요.
즐거운 얼굴과 즐거운 마음으로 곧바로
말라지지와 비비아노를 풀어 주었으며,

---

9) Bellona(또는 두엘로나Duellona). 로마 신화에 나오는 전쟁의 여신으로 그리스 신화의 에니오와 동일시되거나, 때로는 마르스의 아내로 간주된다.
10) 타고 다니는 말을 가리킨다.

Canto 26:25
네 명의 정신과 무훈만으로 이쪽저쪽
진영을 모두 패주시키기에 충분했습니다.

시종들도 주인에 못지않게 신속하게
마차의 짐을 풀어 땅에 내려놓았어요.

거기에는 여러 가지 모양으로 주조된　　　　　　　　　　27
상당한 분량의 은 덩어리들 이외에도
아주 아름다운 장식들이 달려 있는
여자들의 화려한 옷가지들이 있었고,
플랑드르에서 금실과 비단으로 만든,
왕실의 방을 장식하는 천[11]들이 있었고,
엄청나게 많은 다른 화려한 물건들과
포도주 병들과 빵, 음식 들이 있었어요.

투구를 벗자 모두들 어느 아가씨가　　　　　　　　　　28
자신들을 도왔다는 것을 깨달았으며,
물결치는 황금빛 머리카락과 섬세하고
아름다운 얼굴로 그녀를 알아보았어요.
모두들 그녀를 높이 칭찬했고, 명예에
합당한 이름을 알려 달라고 부탁하였고,
친구들 사이에서 언제나 친절한 그녀는
감추지 않고 자신에 대해 알려 주었어요.

싸움에서 그토록 뛰어났기에 그들은　　　　　　　　　　29

---

11) 플랑드르 지방, 특히 아라스(Arras)에서 만든 벽걸이용 천들은 유명하였다.

그녀를 바라보는 데 물리지 않았어요.
그녀는 단지 루지에로만 보고 말했고,
다른 남자들은 높게 보지 않았습니다.
그러는 동안 하인들이 그녀에게 와서,
여름 햇살을 막아 주고 있는 샘물가에
멋지게 차려 놓은 식탁에서 동료들과
함께 음식을 즐기도록 이끌었습니다.

그곳은 바로 메를리노가 만들어 놓은 30
프랑스의 샘물 네 개 중의 하나였고,
주위에는 우유보다 더 하얗고, 맑고
깨끗한 대리석이 둘러쳐져 있었어요.
그곳에다 메를리노는 신성한 작업으로
아주 섬세한 그림들을 새겨 놓았는데,
그림들은 단지 목소리만 없을 뿐, 마치
살아서 숨을 쉬는 것처럼 보였습니다.

숲속에서 짐승 한 마리가 나오는 것 31
같았는데, 증오스럽고 흉측하고 잔인한
모습에다 당나귀의 귀, 늑대의 머리와
이빨을 가졌고, 심한 굶주림에 시달리고,
사자의 발톱을 가졌으며, 나머지 모든
부분은 여우였고, 프랑스와 이탈리아,
에스파냐, 잉글랜드, 모든 유럽과 아시아,

온 세상 끝까지 달리는 것 같았습니다.[12]

사방에서 낮은 천민이든 아주 높은 32
귀족이든, 사람들을 죽이거나 해쳤고,
특히 왕이나 영주, 군주, 고관에게는
더욱 강하게 해를 끼치는 것 같았어요.
로마의 궁정에서는 더욱 사악했으니,
거기에서 추기경들과 교황들을 죽였고,
베드로의 아름다운 자리[13]를 오염시켰고
신성한 믿음에 물의를 일으켰습니다.

이 무서운 짐승 앞에서는 건드리는 33
모든 방벽들이 무너지는 것 같았어요.
어떤 도시도 방어하지 못하였고, 그놈
앞에서는 모든 요새와 성이 열렸지요.
심지어 신성한 자리까지 침범하였으니
어리석은 사람들에게 경배를 받았고,
마치 자기 능력 안에 천국과 지옥의
열쇠를 갖고 있는 것처럼 뽐냈습니다.[14]

---

12) 이 흉측한 짐승은 단테가 《신곡》에서 말하는 암늑대(〈지옥〉 제1곡 49행 이하)와 게리온(〈지옥〉 제12곡 1행 이하)을 연상시키며, 무엇보다 탐욕을 상징하고, 거기에다 무지, 잔인함, 교활함, 기만 등 다른 주요 악들이 연결되어 있다.
13) 교황청.

그런데 머리에다 승리의 월계관[15]을	34
두른 기사[16] 한 명이 오는 것 같았고,	
황금 백합을 수놓은 왕실 의상을 입은	
세 젊은이[17]가 함께 오는 것 같았으며,	
그들과 함께 비슷한 문장을 가진 사자[18]	
한 마리가 그 괴물을 향하여 나왔는데,	
그들 이름은 누구는 머리 위에, 누구는	
입고 있는 옷의 옷깃에 적혀 있었어요.	

그 사악한 짐승의 뱃속으로 손잡이까지	35
칼을 깊숙이 찔러 넣은 사람은 프랑스의	
프랑수아 1세라고 이름이 적혀 있었으며,	
그와 함께 오스트리아의 막시밀리안[19]이	
있었고, 또한 황제 카를 5세[20]는 창으로	

---

14) 여기에서 아리오스토는 당시 물의를 일으켰던 면죄부 판매와 성직 매매를 암시하고 있다.

15) 원문의 "imperiale alloro"는 '제국의 월계수'로 직역할 수 있는데, 승리자들의 머리를 장식하는 데 사용되었다.

16) 1515년 1월 25일 왕좌에 오른 프랑스의 프랑수아 1세(François I, 재위 1515~1547)를 가리킨다. 그는 1515년 9월 13~15일에 벌어진 마리냐노(Marignano) 전투에서 스위스 군대에 승리하여 월계관을 썼다.

17) 그들이 누구인지 뒤이어 35연에서 구체적으로 언급한다.

18) 메디치 가문 출신의 교황 레오 10세(제17곡 79연 참조)를 가리킨다. 이전에 프랑스 왕 루이 11세(Louis XI, 재위 1461~1483)는 메디치 가문이 황금 백합을 문장에 덧붙이는 것을 허용하였다.

19) Maximilian I. 합스부르크 가문 출신의 신성로마제국 황제(재위 1486~1519)이다.

짐승의 목을 완전히 꿰뚫었고, 화살로
그 괴물의 가슴을 꿰뚫은 다른 사람은
잉글랜드의 헨리 8세[21]라고 적혀 있었어요.

사자는 등에 레오 10세라고 적혀 있었고 36
그 사악한 짐승의 귀를 이빨로 물었으며,
그놈을 얼마나 세게 뒤흔들고 괴롭혔는지
다른 자들도 달려와 함께 공격했습니다.
세상에서 모든 두려움이 사라진 듯했고,
옛날의 오류들을 보상하듯 아직 많지는
않았지만 고귀한 사람들이 달려왔으며,
그리하여 짐승의 생명이 끊어졌습니다.

마르피사와 기사들은 세상의 많은 곳을 37
너무나 음울하고도 슬프게 만든 사악한
짐승을 자신들의 손으로 그렇게 죽인
사람들이 누구인지 무척 알고 싶었어요.
대리석에 그들의 이름이 적혀 있었지만
누구인지 분명하게 알 수 없었습니다.
혹시 누군가 이야기를 알고 있다면

---

20) Karl V. 막시밀리안 1세(Maximilian I, 재위 1486~1519)의 손자로, 신성로마제국 황제(재위 1519~1556)가 되었다(제15곡 23연 참조).
21) Henry VIII. 잉글랜드 왕(재위 1509~1547)으로, 왕비와의 이혼 문제로 로마 가톨릭교회와 대립하다가 결국 결별하여 독자적으로 영국 국교회를 설립하였다.

다른 사람에게 말해 달라고 부탁했지요.

비비아노가 말을 하지 않으면서 단지 38
듣고 있던 말라지지에게 눈을 돌리더니
말했어요. "이야기를 해 주어야겠어.
내가 보기에는 네가 알고 있을 것 같아.[22]
칼과 화살과 창으로 짐승을 죽음으로
이끌고 간 사람들이 도대체 누구야?"
말라지지는 말했지요. "지금까지 어떤
작가가 기억하고 있는 역사가 아니에요.

여기 이 대리석에 이름이 적힌 사람들은 39
아직 세상에 존재하지 않은 사람들이고,
칠백 년 후에나 존재할 것이며, 미래에
커다란 명예를 얻게 될 사람들입니다.
브리튼의 현명한 마법사 메를리노는
아서 왕의 시대에 이 샘물을 만들었고,
앞으로 미래 세상에서 일어날 일들을
훌륭한 장인들에게 새기도록 했지요.

이 잔인한 짐승이 지옥의 심연에서 40
나온 것은, 바로 들판에 경계선들이

---

[22] 말라지지는 마법사이기 때문에 그 모든 것을 알고 있을 것이라는 말이다.

정해지고, 무게와 길이의 기준들이
정해지고 합의들에 서명한 때입니다.
하지만 처음에는 온 세상으로 가지
않았고 많은 곳을 건드리지 않았어요.
우리 시대에도 여러 곳을 방해하지만,
비천한 군중이나 민중을 해칠 뿐이지요.

처음 나왔을 때부터 우리의 시대까지　　　　　　　　　　41
계속 커졌고, 앞으로도 커질 것입니다.
또한 계속 커지면서 결국 괴물이 되고
그 무엇보다 크고 끔찍한 것이 되지요.
잉크와 종이를 통해 전해지는 것처럼
피톤[23]이 엄청나고 끔찍했다고 하지만,
이놈에 비하면 절반에도 미치지 않고,
그렇게 역겹거나 추악하지도 않아요.

이놈은 잔인한 학살을 하고, 더럽히고　　　　　　　　　　42
해치고 오염시키지 않는 곳이 없으며,
이 조각이 보여 주는 것은 실제 역겹고
추악한 결과를 조금만 보여 줄 뿐이에요.
도움을 외치다가 이미 목이 쉰 세상에,

---

23) Python. 고전 신화에 나오는 거대한 뱀으로 대지의 여신 가이아의 아들이다. 엄청난 크기에다 성질이 난폭하였는데 아폴로의 활에 맞아 죽었다.

우리가 방금 이름을 읽은 이 사람들이
가장 유용한 도움을 주려고 올 것이며
횃불보다 더 눈부시게 빛날 것입니다.

이 잔인한 짐승에게 프랑스 사람들의 43
왕 프랑수아보다 괴로운 사람은 없으니,
그런 일에 있어 다른 사람을 능가하고
예전이나 지금의 누구보다 뛰어나지요.
제왕다운 찬란함과 덕성에 있어 예전에
완벽해 보이던 많은 사람들을 부족해
보이게 만드니, 마치 태양이 나타나면
다른 모든 광채가 물러나는 것과 같지요.

그가 행복한 왕국을 통치하는 첫해에는 44
아직 머리의 왕관이 확고하지 않지만,[24]
정의롭고 또한 고귀한 분노에 이끌려서
알프스를 넘을 것이고, 맞은편에서 산을
점령하려는 자의 계획을 깨뜨릴 것이니,[25]
목초지와 양 떼들에서 나온 분노에 의해
프랑스의 군대가 이전에 겪은 치욕[26]을

---

24) 왕위에 오른 첫해에는 아직 권력을 완전하게 장악하지 못했다는 뜻이다.
25) 프랑수아 1세는 알프스의 몬지네브로(Monginevro, 프랑스어는 Montgenèvre) 고갯길에서 기다리던 프로스페로 콜론나(제15곡 28연 참조)의 계획을 무너뜨리고, 스위스 군대를 패퇴시켰다.

아직까지 복수하지 않았기 때문입니다.

그런 다음 그는 프랑스의 꽃[27]과 함께　　　　　　　　　　45
롬바르디아의 풍부한 평원으로 내려올
것이며, 스위스 군대를 깨뜨려 앞으로
절대 고개를 들 수 없게 만들 것입니다.
가톨릭교회와 에스파냐 진영과 피렌체에게
커다란 부끄러움과 치욕이 되도록, 그는
예전에는 절대 함락될 수 없을 것으로
평가되던 성[28]을 장악하게 될 것입니다.

그 성을 장악하는 데에는 다른 모든　　　　　　　　　　　46
무기보다도, 예전에 이미 온 세상에서
그 타락시키는 짐승의 생명을 빼앗았던
명예로운 무기가 훨씬 유용할 것입니다.
그 칼 앞에서는 모든 깃발이 돌아서서
달아나거나 땅바닥에 쓰러져야만 하니
그 어떤 해자나 방벽, 거대한 성벽도
그 칼로부터 도시를 지킬 수 없습니다.

---

26)　1513년 프랑스 군대는 이탈리아 북부 노바라(Novara)에서 거의 대부분이 목동들과 농부들로 구성되었던 스위스 군대에게 패배하였다.
27)　프랑스 왕가의 문장인 백합(제1곡 46연 참조).
28)　밀라노. 프랑수아 1세는 1515년 스위스 군대를 물리친 다음 교황청의 레오 10세, 에스파냐 왕 페르디난도, 피렌체의 연합군을 물리치고 밀라노를 점령하였다.

그 군주는 어떤 행복한 황제도 절대로 47
갖지 못하였던 탁월함을 가질 것이며,
위대한 카이사르의 정신, 트라시메노와
트레비아에서 한니발이 보여 준 신중함,[29]
알렉산드로스의 행운(그게 없다면 모든
계획이 안개일 것입니다)을 가질 것이오.
내가 보는 바에 의하면, 그는 이곳 누구와
비교할 수도 없이 너그러울 것입니다."

말라지지는 그렇게 말했고, 사람들을 48
죽이는 일에 익숙한 그 지옥의 짐승을
죽일 다른 사람들의 이름을 알고 싶은
욕망을 다른 기사들에게 심어 주었어요.
메를리노가 자기 글에서 높게 평가하는
자들 중에 베르나르도의 이름이 있었어요.
"그를 통해 비비에나가 인근의 피렌체나
시에나만큼 유명해지게 될 것입니다."[30]

누구보다 먼저 거기에 발을 디딘 자는 49

---

[29] 제17곡 4연 참조.
[30] 베르나르도 도비치(Bernardo Dovizi, 1470~1520) 추기경은 너그러운 성품의 소유자이자 문인으로 유명했는데, 피렌체에서 가까운 소읍 비비에나(Bibbiena) 출신으로 일명 '비비에나 추기경'으로 일컬어지기도 했다. 그 덕분에 비비에나가 피렌체나 시에나처럼 유명해졌다고 한다.

시지스몬도 곤차가,[31] 조반니 살비아티,[32]
아라곤의 루도비코[33]인데, 그들은 각자
그 흉측한 괴물에게는 격렬한 적입니다.
또한 프란체스코 곤차가[34]가 있으며, 그의
아들 페데리코도 그의 흔적을 뒤따르고,
그의 처남인 페라라의 공작, 그의 사위인
우르비노의 공작도 거기 함께 있습니다.[35]

그들 중 한 사람의 아들 구이도발도[36]는   50
자기 아버지나 다른 사람을 능가합니다.
오토보노와 시니발도 피에스키 형제[37]는

---

31) Sigismondo Gonzaga(1469~1525). 만토바의 곤차가 가문 출신 추기경.
32) Giovanni Salviati(1490~1553). 교황 레오 10세의 조카로 형제 베르나르도와 함께 추기경이 되었다.
33) 아라곤(이탈리아어로 아라고나Aragona) 왕가의 루도비코(Ludovico, 에스파냐어로 루이스Luis) 추기경을 가리킨다.
34) 곤차가 가문의 프란체스코 2세(1466~1519)는 만토바 후작으로 데스테 가문의 이사벨라와 결혼하였고, 둘 사이에 뒤이어 언급되는 아들 페데리코 2세(Federico II, 1500~1540)가 태어났다.
35) 그는 이사벨라와 결혼했기 때문에 페라라의 공작 알폰소 1세는 처남이 되었고, 딸 엘레오노라(Eleonora Gonzaga, 1493~1550)는 우르비노(Urbino)의 공작 프란체스코 마리아 델라 로베레(Francesco Maria della Rovere, 1490~1538)와 결혼하였다.
36) 프란체스코 마리아의 아들 구이도발도 2세(Guidobaldo II, 1514~1574)이다. 그는 우르비노의 공작이며 뛰어난 용병대장으로 활약하였다.
37) 제노바 피에스키(Fieschi) 가문의 오토보노(Ottobono)와 시니발도(Sinibaldo) 형제를 가리킨다.

어깨를 나란히 달리며 짐승을 쫓지요.
가촐로 출신의 루이지[38]는 마르스가
그의 옆구리에 자기 칼을 주었을 때
포이부스가 그에게 주었던 활과 화살의
뜨거운 쇠로 괴물의 목을 뚫을 것입니다.

데스테의 두 에르콜레, 두 이폴리토,[39]   51
또 곤차가의 다른 에르콜레와 메디치의
다른 이폴리토[40]는 괴물의 발자국들을
뒤쫓고 사냥함으로써 지치게 할 것이오.
줄리아노[41]는 아들에게, 페란테[42]는 형제에게
뒤지지 않을 것이며, 안드레아 도리아[43]도
뒤지지 않으며, 프란체스코 스포르차[44]도
거기에서 다른 사람을 능가할 것입니다.

---

38) 곤차가 가문의 루이지(Luigi, 1500~1532)는 가촐로(Gazolo)의 백작이었다. 그는 군인이자 시인이었고, 따라서 뒤이어 말하듯이 아폴로와 마르스의 후원을 받았다. 그는 놀라운 힘을 갖고 있어서 '로도몬테'라는 별명이 붙었다.
39) 페라라 공작 에르콜레 1세와 에르콜레 2세(Ercole II d'Este, 1508~1559) 그리고 추기경 이폴리토 1세와 알폰소 1세의 아들인 추기경 이폴리토 2세(Ippolito II d'Este, 1509~1572)를 가리킨다.
40) 에르콜레 곤차가(Ercole Gonzaga, 1505~1563) 추기경과 이폴리토 데 메디치(Ippolito de' Medici, 1511~ 1535) 추기경을 가리킨다.
41) 이폴리토 데 메디치 추기경의 아버지 줄리아노 데 메디치(Giuliano de' Medici, 1479~1516).
42) 에르콜레 곤차가 추기경의 형제인 페란테 곤차가(Ferrante, 1484~1519).
43) 제15곡 30연 참조.

다발로스⁴⁵⁾의 찬란하고 뛰어나고 빛나는 52
핏줄에서 두 명이 있는데, 그들의 문장은
사악한 티폰을 머리에서 뱀의 다리까지
아래에다 짓누르고 있는 바위⁴⁶⁾입니다.
끔찍한 괴물의 피를 흘리게 하는 것에서
그들 둘보다 더 뛰어난 사람은 없으니,
하나는 페스카라의 프란체스코, 또 하나는
바스토의 알폰소라고 발에 적혀 있지요.⁴⁷⁾

그런데 말라지지가 그들 무리 중에서 53
그와 비교할 만한 사람이 거의 없다고
그토록 많이 찬양하였던 에스파냐의 영광
콘살보 페란테⁴⁸⁾를 저는 어디에 두었지요?
그 흉측한 짐승을 죽인 사람들 중에는
몬페라토의 굴리엘모⁴⁹⁾가 보이는데, 그
짐승이 죽이거나 해쳤던 수많은 사람들에

---

44) 루도비코 일 모로(제13곡 63연 참조)의 아들 프란체스코 2세(1495~1535). 그는 프랑수아 1세에게 패배함으로써 밀라노의 마지막 공작이 되었다.

45) 다발로스(D'Avalos) 가문은 15세기 후반 에스파냐에서 건너온 가문으로 나폴리 왕국에서 가장 중요한 가문들 중 하나였다.

46) 이스키아섬의 에포메오산을 가리킨다(제16곡 23연 참조). 이스키아는 다발로스 가문의 영지였다. 티폰을 비롯한 기가스들, 즉 거인들은 상체는 인간이지만, 허리 아래는 뱀으로 되어 있는 것으로 묘사된다.

47) 다발로스 가문의 프란체스코와 알폰소에 대해서는 제15곡 28연 참조.

48) Consalvo Ferrante. 에스파냐 코르도바 출신의 뛰어난 용병대장으로 에스파냐 왕 페르디난도를 위해 나폴리왕국을 정복하기도 하였다.

비하면 그들 모두는 소수에 불과합니다.

기사들은 식사를 끝낸 후 샘물 주위의 54
작은 관목들 사이에 깔아 놓은 섬세한
양탄자에 편안하게 누워 순수한 놀이와
즐거운 이야기로 한낮의 더위를 피했어요.
말라지지와 비비아노는 다른 사람들이
편안하게 쉴 수 있도록 주위를 지켰는데,
어느 여인이 동반자도 없이 그들을 향해
서둘러 오고 있는 것을 발견하였습니다.

그녀는 바로 로도몬테에게 훌륭한 말 55
프론티노를 빼앗겼던 이팔카였습니다.
그 전날 그녀는 그를 오래 따라가면서
때로는 부탁하고, 때로는 모욕도 했지만,
아무 소용이 없자 아그리스몬테에 있는
루지에로를 찾기 위해 발걸음을 돌렸지요.
어찌 된 일인지 모르지만, 길에서 거기에
리차르데토와 함께 있다는 말을 들었어요.

그녀는 여러 번 그곳에 가 본 적이 있어 56

---

49) 이탈리아 북서부 피에몬테 지방 몬페라토(Monferrato)의 후작 굴리엘모 3세(Guglielmo III)를 가리킨다.

잘 알고 있었기 때문에 곧바로 샘물로
갔으며, 제가 위에서 말씀드렸던 그런
방식으로 바로 루지에로를 찾아냈습니다.
하지만 말하지 않은 것까지 잘 수행하는
훌륭하고 신중한 심부름꾼이었기 때문에,
그녀는 브라다만테의 형제[50]를 보았을 때
마치 루지에로를 모르는 척하였습니다.

그녀는 곧바로 리차르데토에게 갔던　　　　　　　　　　　57
것처럼 완전히 그에게만 몸을 돌렸고,
또한 그도 역시 그녀를 알아보았으며,
다가가서 어디를 가느냐고 질문했어요.
오래 눈물을 흘려 아직도 붉은 자국이
있었던 그녀는 한숨을 쉬며 말했습니다.
하지만 옆에 있던 루지에로가 자기 말을
알아들을 수 있게 큰 소리로 말했어요.

"나리의 누이가 저에게 명령하신 대로,　　　　　　　　　　58
저는 그녀가 매우 사랑하고 프론티노라고
부르는 경이로울 정도로 훌륭하고 멋진
말의 고삐를 잡아서 끌고 가고 있었어요.
그리고 그녀가 며칠 안에 가야만 하고,

---

50) 리차르데토.

Canto 26:57
오래 눈물을 흘려 아직도 붉은 자국이
있었던 그녀는 한숨을 쉬며 말했습니다.

그녀가 올 때까지 저에게 기다리라고
말하셨던 마르세유를 향하여 아마도
30마일 이상 말을 끌고 갔을 것입니다.

그 말이 리날도의 누이의 것이라고   59
말하면, 제게서 빼앗아 갈 정도로 대담한
마음을 가진 자가 없다고 생각하였는데,
그런 제 믿음이 너무나도 어리석었어요.
제 생각은 바로 어제 헛된 것이 되었는데,
어느 대담한 사라센인이 말을 빼앗았고,
프론티노가 누구의 것인지 듣고도 제게
돌려주려고 조금도 생각하지 않았어요.

어제와 오늘 내내 저는 부탁하였는데,   60
간청이나 협박이 소용없는 것을 보고,
저는 그에게 많은 저주와 욕을 퍼붓고
여기서 멀지 않는 곳에서 그를 떠났어요.
거기에서 그는 제가 복수를 해 주기를
기대할 정도로 그를 곤경에 빠뜨리는
어느 기사에 대항하여, 손에 무기를 들고
싸웠고, 따라서 말도 함께 피곤해졌지요."

루지에로는 비록 그 말을 모두 들을 수   61
없었지만, 두 다리로 벌떡 일어섰으며,

리차르데토에게 몸을 돌려 좋은 봉사[51]에
대한 보상과 대가와 혜택으로(거기에다
끝없이 많은 부탁을 덧붙였지요) 자기가
그 아가씨와 단둘이 가서, 그녀의 손에서
그 훌륭한 말을 빼앗아 간 사라센인에게
데려다주게 해 달라고 부탁을 했습니다.

리차르데토는 마땅히 자기가 끝내야 할 62
임무를 다른 사람에게 양도하는 것이
너무 예의가 아닌 것 같다고 느꼈지만,
루지에로의 의지에 양보를 하였습니다.
루지에로는 동료들의 허락을 받은 뒤에
이팔카와 함께 다시 길을 돌아갔는데,
남아 있는 사람들에게 자신의 무훈에
대한 경탄과 경이로움을 남겨 두었어요.

다른 사람들에게서 멀리 떨어진 다음 63
이팔카는 루지에로에게, 그의 무훈을
가슴 깊이 간직하고 있는 그녀가 바로
자신을 그에게 보냈다고 말했습니다.
그리고 떠날 때 그 여인이 자신에게
부탁한 것을 숨김없이 이야기하였고,

---

51) 그를 화형에서 구해 준 것을 말한다.

조금 전에 리차르데토가 있었기 때문에
그와 다르게 이야기했다고 말했습니다.

그리고 말을 빼앗아 간 사람이 아주 64
오만하게 이렇게 말했다고 전했습니다.
"이 말이 루지에로의 것이라는 것을
알기 때문에, 나는 기꺼이 빼앗겠다.
만약 그가 다시 되찾을 생각이 있다면,
나는 전혀 숨을 생각이 없으니까, 내가
로도몬테이고, 나의 무훈은 온 세상에
찬란히 빛난다는 것을 그에게 알려라."

그 말을 듣고 루지에로는 얼마나 분노가 65
자기 가슴에 불탔는지 얼굴에 드러냈으니,
프론티노를 너무 소중히 아꼈기 때문이고,
그것은 바로 그녀의 선물이었기 때문이고,
그것을 빼앗긴 것은 모욕이었기 때문이며,
따라서 서둘러 로도몬테에게서 말을 되찾고
그에게 정당한 복수를 하지 않는다면, 그건
자신에게 불명예이자 치욕처럼 보였습니다.

이팔카는 루지에로가 그 이교도와 맞서는 66
것을 열망하였기에 지체 없이 안내하였고,
길이 두 갈래로 갈라진 곳에 도착했습니다.

하나는 아래 들판으로, 또 하나는 산 위로
향했고, 두 길은 계곡에서 다시 만나는데,
바로 그녀가 로도몬테를 떠난 곳이었어요.
산 위의 길은 거칠지만 보다 짧은 길이고,
다른 길은 더 길지만 평탄하고 쉬웠지요.

프론티노를 되찾고 모욕에 복수하려는 67
욕망에 이끌려 그를 안내하는 이팔카는
산 위로 향하는 오솔길을 선택하였으니
그곳의 길이 훨씬 짧았기 때문입니다.
그런데 알제 왕과 타타르 왕[52]은 제가
말한 다른 사람들과 함께 그동안에
아래 들판으로 난 편안한 길로 갔고
따라서 루지에로와 만나지 못했어요.

나리께서 알고 계시듯이, 아그라만테를 68
도와줄 때까지 그들은 싸움을 연기하기로
합의하였고, 그들 사이의 모든 싸움의
원인이 된 도랄리체도 함께 있었습니다.
이제 그다음 이야기를 들어 보십시오.
그들이 가는 길은 알디지에로, 마르피사,
리차르데토, 말라지지, 비비아노가 즐겁게

---

52) 로도몬테와 만드리카르도.

쉬고 있는 샘물로 곧바로 인도했어요.

마르피사는 동료들의 간절한 부탁에 69
마간차 가문의 배신자가 란푸사에게
보내려고 준비하였던 물건들 중에서
여자 옷을 입고 장신구를 달았어요.
비록 그녀는 가슴막이나 다른 훌륭한
갑옷을 입지 않는 경우가 드물었지만,
그날은 그들의 부탁에 갑옷을 벗었고
여자로서 치마 입은 모습을 보였지요.

그런데 타타르 왕은 마르피사의 모습을 70
보자 그녀를 빼앗아서, 도랄리체에 대한
보상이자 또한 그녀와 동등한 교환으로
로도몬테에게 주려고 생각하였습니다.
마치 아모르의 지배 법칙이 그런 것처럼,
연인은 자기 여인을 팔거나 교환할 수
있고, 만약 한 여인을 잃고 다른 여인을
얻으면 슬퍼하지 않는 것처럼 말입니다.

그러니까 도랄리체를 자기가 갖기 위해 71
그에게 다른 아가씨를 제공하려 했는데,
마르피사가 아름답고 우아하며, 모든
기사에게 합당한 여인처럼 보였기에,

로도몬테에게 그녀를 준다면 곧바로
도랄리체처럼 사랑할 거라 생각했고,
그녀와 함께 있는 모든 기사들을 보고
자기와 결투를 하자고 도전했습니다.

다른 사람들의 안전과 수비를 위해서 72
무장하고 있던 말라지지와 비비아노는
그들이 앉아 있던 장소에서 움직였고
둘 다 곧바로 결투할 준비를 하였으니,
둘과 결투할 것으로 생각했기 때문이지요.
하지만 로도몬테는 결투를 원치 않았고,
어떤 움직임이나 신호도 하지 않았기에
결투는 하나에게 둘이 하게 되었습니다.

비비아노가 먼저 용감하게 움직였고 73
달려가면서 커다란 창을 겨누었으며,
많은 공훈들로 유명한 만드리카르도는
엄청난 힘으로 맞은편에서 왔습니다.
두 사람 모두 격렬한 타격을 정확히
맞추리라고 생각한 곳을 겨누었어요.
비비아노는 그의 투구를 헛되이 맞췄고
그는 떨어지거나 몸을 숙이지도 않았어요.

더욱 단단한 창을 가진 이교도 왕은 74

비비아노의 방패를 얼음처럼 깨뜨렸고,
안장에서 풀밭 한가운데로 떨어뜨려서
풀과 꽃 들의 품 안에 안기게 했습니다.
말라지지가 달려왔고, 곧바로 형제의
복수를 하기 위해 위험을 무릅썼지만,
너무나도 성급하게 그에게 달려갔으며
복수보다 형제의 동반자가 되었어요.

다른 형제[53]가 자신의 사촌[54]보다 먼저 75
갑옷을 갖춰 입고 말 위로 올라탔으며,
만드리카르도에게 도전한 다음 완전히
고삐를 풀고 담대하게 마주 달려갔어요.
그 이교도의 섬세한 투구 한가운데에서,
눈가리개 바로 아래에서 타격이 울렸고
창은 네 조각으로 부러져 날아갔지만,
그 타격에 이교도는 꿈쩍도 안 했어요.

이교도는 그의 왼쪽을 가격하였는데, 76
너무나도 강한 힘으로 타격을 가했기에
그의 방패나 갑옷은 아무런 소용도 없이
마치 나무껍질처럼 쪼개져 버렸습니다.

---

53) 알디지에로.
54) 리차르데토.

잔인한 쇠는 새하얀 어깨를 꿰뚫었고,
부상당한 알디지에로는 이쪽저쪽으로
흔들리다가 풀과 꽃 사이로 떨어졌으며,
갑옷은 빨갛게, 얼굴은 하얗게 변했어요.

뒤이어 리차르데토가 아주 용감하게   77
오면서, 종종 증명했던 것처럼 프랑스의
기사에서 합당하게 훌륭해 보일 정도로
커다란 창을 받침대에다 겨누었으며,
만약 저울처럼 대등한 상대였더라면
이교도에게 그 증거를 보여 주었겠지만,
그의 잘못이 아니라, 타고 있던 말이
쓰러졌기 때문에 거꾸로 곤두박질했어요.

다른 기사가 만드리카르도에게 결투를   78
하려고 머리를 돌리지 않았기 때문에,
그는 결투에서 마르피사를 얻었다고
생각하였고, 샘물가의 그녀에게로 가서
말했어요. "아가씨, 당신을 위해 안장에
오르는 자가 없으니, 당신은 우리 것이오.
결투의 관례가 그러한 것이기 때문에
그것을 거부하거나 변명할 수 없소."

마르피사는 도도하게 얼굴을 들면서   79

Canto 26:77
그의 잘못이 아니라, 타고 있던 말이
쓰러졌기 때문에 거꾸로 곤두박질했어요.

말했지요. "당신 생각은 완전히 틀렸어요.
만약 당신이 쓰러뜨린 이 사람들 중의
누군가가 제 기사이거나 주인이었다면,
결투의 관례에 따라 내가 당신 것이라고
말하는 것은 사실이라고 인정하겠어요.
그렇지만 나는 나 자신만이 주인이며,
따라서 나를 원하면 내게서 빼앗아야지요.

그리고 나도 창과 방패를 쓸 줄 알고 80
벌써 여러 명을 쓰러뜨린 적이 있지요."
그런 다음 "내 갑옷과 말을 가져와요."
그러자 시종들은 곧바로 복종했어요.
그녀는 치마를 벗었고, 코르셋 차림을
보였는데, 얼굴을 제외하고 그녀의
모든 부분은 마르스를 닮아 멋지고
훌륭하게 균형이 잡힌 모습이었어요.

그녀는 갑옷을 입고 칼을 찬 다음에 81
아주 날렵하게 말 위로 뛰어올랐고,
이쪽저쪽으로 서너 번 말을 몰았고,
여기저기에서 뒷발로 일어서게 했고,
그런 다음 사라센인에게 도전하여
커다란 창을 잡고 공격을 했습니다.
트로이아 전장에서 펜테실레이아[55]가

아킬레스에게 그렇게 했을 것입니다.

그 엄청난 충돌에서 두 사람의 창은 82
마치 유리처럼 손잡이까지 부러졌지만,
마주쳐 달려간 사람들은 조금이라도
뒤로 물러나는 모습을 보이지 않았어요.
마르피사는 그 용맹한 이교도와 더욱
가까운 근접전에서도 비슷할 것인지
분명하게 알고 싶었기 때문에, 손에
칼을 들고 그에게 몸을 돌렸습니다.

난폭한 이교도는 그녀가 안장 위에 83
남아 있는 것을 보고 하늘을 저주했고,
그의 방패를 깨뜨리려 생각한 그녀도
똑같이 화가 나서 하늘을 욕했습니다.
두 사람은 이미 칼을 빼 들고 있었고,
마법의 갑옷들에 타격을 가하였는데,
둘은 똑같이 마법의 갑옷을 입었고
그날보다 더 필요한 날은 없었어요.

그들의 가슴막이와 사슬 옷은 창이나 84

---

55) 고전 신화에서 아마존족의 여왕으로 트로이아 사람들을 도와주러 왔는데, 아킬레스와 싸우다가 패배하여 죽임을 당하였다.

칼이 찢거나 뚫지 못할 정도로 훌륭했고,
따라서 그 격렬한 싸움은 그날 하루와
그다음 날까지도 계속될 수 있었지요.
하지만 로도몬테가 그들 사이로 뛰어들어
경쟁자에게 지체되는 것을 비난하면서
말했습니다. "만약 네가 싸우고 싶다면,
오늘 우리가 시작한 싸움부터 끝내자.

네가 알다시피, 우리는 우리 군대를 85
도와준다는 조건으로 휴전을 하였다.
그 임무를 먼저 완수하기 전에는 다른
싸움이나 결투를 시작하지 않아야 해."
그리고 마르피사에게 존경하는 태도로
몸을 돌려 전령을 그녀에게 보여 주었고,
그가 아그라만테를 위한 도움을 청하러
그들에게 오게 되었다고 이야기했어요.

그런 다음 그 결투를 중단하거나 또는 86
연기해 준다면 좋겠으며, 또한 원한다면
트로이아노 왕의 아들을 도와주기 위해
자신들과 함께 가 달라고 부탁하였어요.
그러니 별로 중요하지 않은 싸움 때문에
그런 중요한 계획을 방해하는 것보다
거기에서 그녀의 명성은 더욱 멋지게

날아올라 하늘에 닿을 것이라고 했어요.

언제나 카롤루스의 기사들과 창이나 87
칼로 겨뤄 보기를 열망했던 마르피사는,
다른 무엇보다도 그들의 유명한 명성이
정말인지 아니면 거짓인지, 확인해 보고
싶은 욕망에 이끌려서, 그렇게 머나먼
고장에서 프랑스로 가고 있었기 때문에,
아그라만테의 도움 요청에 대해 듣고
곧바로 그들과 함께 가기로 결정했어요.

그러는 동안 루지에로는 산 위의 길로 88
이팔카를 따라갔지만 헛수고였으니,
그곳에 이르러 로도몬테가 다른 길로
이미 떠나 버린 것을 발견하였으며,
곧바로 샘물로 이르는 오솔길을 따라
그리 멀리 가지 못하였다고 생각하여,
길 위에 새로 난 발자국들을 따라서
서둘러 그의 뒤를 쫓아 달려갔습니다.

그는 이팔카에게 하룻길 거리 정도 89
가까이 있는 몽토방으로 가게 했는데,
만약 샘물로 되돌아가면 곧바로 가는
길에서 너무 멀어지기 때문이었어요.

그리고 그녀에게 프론티노를 되찾을까
더 이상 걱정하지 말라고 말했으며,
몽토방이나 그녀가 있는 곳으로 바로
소식을 전해 줄 것이라고 말했습니다.

그리고 아그리스몬테에서 써서 품에 90
간직하고 있던 편지를 그녀에게 주었고,
또한 많은 것을 입으로 전했고, 충분히
그녀에게 변명을 해 달라고 부탁했어요.
이팔카는 그 모든 것을 기억에 담았고
인사를 한 다음 말머리를 돌렸습니다.
그 훌륭한 심부름꾼은 쉬지 않고 달려
바로 그날 저녁 몽토방에 도착했어요.

루지에로는 평탄한 길 위에 나타난 91
발자국을 따라 로도몬테를 뒤쫓았고,
마침내 만드리카르도와 함께 샘물
가까이에 있는 로도몬테를 보았어요.
그들은 카롤루스가 승리를 준비하고
있는 자신들 진영에 도움을 줄 때까지,
가는 도중에 서로 상대방에게 이상한
일을 하지 않기로 이미 약속하였지요.

루지에로는 도착하여 프론티노를 보았고, 92

말을 통해 타고 있는 자를 알아보았고,[56]
바로 창 위로 어깨를 구부정히 웅크리고
커다란 목소리로 로도몬테에게 도전했어요.
로도몬테는 그날 자신의 난폭한 오만함을
억눌렀으니, 욥[57]보다 더 인내심이 많았고,
다른 때 같으면 언제라도 아주 집요하게
찾아다녔던 싸움을 그때는 거부했어요.

그렇게 알제 왕이 싸움을 거부한 것은   93
그날이 처음이자 마지막 날이 되었으니,
자신의 왕을 도와주러 가고 싶은 욕망은
그에게 너무나도 당연해 보였기 때문에,
비록 날렵하고 재빠른 표범이 붙잡은
산토끼처럼 루지에로를 움켜잡고 있다고
해도, 그와 함께 멈추어 한두 번 칼의
타격을 주고받으려고 하지 않았습니다.

더구나 프론티노 때문에 자신과 함께   94
결투를 하려는 사람은, 바로 다른 어떤
기사의 영광과 비교할 수 없을 정도로

---

56) 앞의 64연에서 말했듯이, 프론티노를 빼앗아 간 자의 이름이 로도몬테라는 것을 이미 알고 있었기 때문이다.
57) 〈욥기〉의 주인공으로 온갖 시련에도 커다란 인내심을 갖고 하느님을 섬기고 믿음을 굳게 지켰다.

유명한 루지에로이며, 무훈이 얼마나
뛰어난지 자기가 직접 시험해 보기를
열망하던 사람이라는 것을 알면서도,
그와의 결투를 받아들이지 않을 정도로
자기 왕의 포위는 그에게 부담이었어요.

그것만 아니었다면, 그런 결투를 위해 95
삼백 마일, 천 마일이라도 갔을 것이지만,
오늘은 비록 아킬레스가 도전했더라도
지금 들으신 것 이상 하지 않았을 것이며,
바로 그 정도로 로도몬테는 자기 분노의
불꽃을 타오르지 않게 잠재우고 있었어요.
그는 루지에로에게 싸움을 거부한 이유를
말했고, 그 임무를 도와 달라고 부탁했고,

그렇게 하는 것은 충실한 기사가 자기 96
주군에게 해야 하는 것이라고 말했어요.
그리고 포위가 풀린 다음에는 언제든지
싸움을 끝낼 충분한 시간이 있었으니까요.
루지에로는 대답했습니다. "카롤루스의
군대로부터 아그라만테 왕을 구할 때까지
이 싸움을 연기하는 것은 나에게 간단하지.
내 프론티노를 먼저 돌려준다면 말이야.

만약에 우리가 숙영지에 도착할 때까지, 97
네가 큰 잘못을 하였고, 강력한 사람에게
부당한 일을 저질렀고, 여자에게서 내 말을
빼앗은 것에 대한 결투를 연기하고 싶다면,
내가 마음대로 하게 프론티노를 내놓아라.
그렇지 않으면, 지금 우리가 결투를 하지
않거나, 단 한 시간이라도 휴전하는 것을
내가 용납할 것이라고 생각도 하지 마라!"

루지에로가 프론티노를 내놓거나 당장 98
결투하자고 로도몬테에게 요구하는 동안,
로도몬테는 두 가지를 모두 회피하였고
말을 주거나 지체하기를 원하지 않았어요.
그런데 만드리카르도가 다른 쪽에서 왔고
또 다른 싸움을 싸움터에다 내놓았으니,
루지에로가 다른 새들을 지배하는 새[58]를
문장으로 가진 것을 보았기 때문입니다.

트로이아 사람들의 아름다운 문장이던 99
새하얀 독수리가 파란 바탕에 있었는데,
루지에로의 핏줄은 아주 강한 헥토르를
이어받았기 때문에 그 문장을 가졌지요.

---

58) 독수리.

하지만 만드리카르도는 그것을 몰랐고,
다른 사람이 방패에 그 유명한 헥토르의
새하얀 독수리를 문장으로 가진 것을
참지 못하고 커다란 모욕이라고 했어요.

만드리카르도도 비슷하게 이데산에서　　　　　　　　　　　　**100**
가니메데스[59]를 납치한 새를 갖고 다녔지요.
그가 위험한 성에서 승리를 거둔 날
어떻게 그것을 얻게 되었는지, 그리고
어떻게 그 마녀가 예전에 불카누스가
트로이아 기사에게 만들어 준 그 모든
아름다운 갑옷과 함께 그것을 주었는지[60]
나리께서는 이미 알고 계실 것입니다.

예전에도 루지에로와 만드리카르도는　　　　　　　　　　　　**101**
단지 그것 때문에 싸운 적이 있었는데,
어떻게 싸움이 중단되었는지 나리께서
이미 알고 계시므로 말하지 않겠습니다.[61]

---

59) 제4곡 47연 참조.
60) 만드리카르도는 시리아의 마녀에게서 헥토르의 갑옷을 얻었다(제14곡 31연 참조).
61) 《사랑에 빠진 오를란도》(제3권 제6곡 39연 이하)에서 루지에로와 만드리카르도는 독수리 문장 때문에 싸웠는데, 그라다소가 중간에 개입하여 중단되었다. 당시 그라다소는 두린다나의 소유권 문제를 둘러싸고 만드리카르도에게 항의하였다.

이후 둘은 전혀 부딪친 적이 없었는데,
이때 만드리카르도가 방패를 보자마자
오만스러운 고함과 함께 위협을 하면서
루지에로에게 말했어요. "네게 도전한다!

네가 겁 없이 내 문장을 갖고 다니다니! 102
내가 너에게 오늘 처음 말한 것이 아니야.
그런데 미친놈아, 내가 전에 너를 존중한
적이 있다고 지금도 인정한다고 생각하느냐?
위협해 보거나 달래 보아도 네 가슴에서
그런 광기를 없앨 수 없는 것 같으니,
그때 네가 바로 내 말에 복종하였다면
얼마나 좋았을지 너에게 보여 주겠다."

마치 메마른 나무가 잘 달구어졌다가 103
가벼운 입김에 곧바로 불이 붙는 것처럼,
그렇게 만드리카르도의 그런 말을 듣자
루지에로의 분노는 곧바로 불타올랐어요.
"내가 이 다른 놈과 함께 싸우고 있으니
나를 복종시킬 수 있다고 생각하느냐?
하지만 이놈에게서 프론티노를 빼앗고,
너에게서는 헥토르의 방패를 빼앗겠다!

예전에도 한 번 그 문제 때문에 너와 104

싸운 적이 있고 그리 오래되지 않았다.
하지만 그때 내가 너를 죽이지 않은 것은
네가 칼을 갖고 있지 않았기 때문이다.[62]
전에 위협만 했다면 오늘은 진짜 결투다.
그 하얀 새가 너에게는 불행이 되리니,
내 조상의 오래된 문장이었는데, 네가
강탈하였고, 나는 정당하게 갖고 있다!"

"아니, 네가 내 문장을 강탈한 것이야!" 105
만드리카르도는 대답했고 칼을 뽑았으니,
바로 조금 전에 오를란도가 광기 때문에
숲속에 내버려두었던 그 칼이었습니다.
자신의 기사도를 언제나 기억할 수 없는
훌륭한 루지에로는 그렇게 이교도가
칼을 뽑아 드는 것을 보자마자 곧바로
들고 있던 창을 길바닥에 떨어뜨렸어요.[63]

그러면서 동시에 방패를 잘 깨뜨리는 106
훌륭한 칼 발리사르다를 뽑아 들었는데,
로도몬테가 그 한가운데로 말을 몰았고

---

62) 예전에 싸웠을 때 만드리카르도는 두린다나를 찾고 있었기 때문에 칼을 갖고 있지 않았다. 그래서 루지에로는 기사도 정신에 따라 무기가 없는 적을 공격하려고 하지 않았다.
63) 대등하게 칼로 싸우기 위해 창을 내던졌기 때문이다.

마르피사도 그와 함께 중간에 끼어들었고,
하나는 이쪽, 또 하나는 저쪽을 밀치며
두 사람에게 싸우지 말라고 부탁했어요.
로도몬테는 만드리카르도가 두 번이나
약속을 깨뜨린 것에 가슴이 아팠습니다.

처음에는 마르피사를 빼앗을 생각에 107
멈추어서 여러 번의 결투를 하였고,
이번에는 루지에로에게서 문장을 뺏기
위해 아그라만테를 생각하지 않았어요.
그는 말했지요. "이런 식으로 하려면,
먼저 우리 사이의 싸움을 끝장내자!
네가 벌인 이런 싸움들보다 그것이
훨씬 더 합당하고 필요한 것이니까.

그런 조건으로 우리 사이에 이러한 108
합의와 이러한 협정이 정해진 것이야.
너와의 싸움을 먼저 끝낸 다음, 말과
관련하여 저놈[64]에게 상대해 줄 거야.
너는 만약 살아남는다면 방패에 대해
저놈과의 싸움을 끝내야 할 것이야.
하지만 내가 너를 끝장낼 것이니까

---

64) 루지에로.

루지에로에게 남는 것이 없을 거야."

"네가 생각하는 힘보다 강할 것이야. 109
(만드리카르도가 로도몬테에게 대답했어요.)
나는 네가 원하는 것보다 더 줄 것이니,
너에게 줄 것이 아주 많이 남아 있어서[65]
마치 샘물에서 절대 물이 마르지 않듯이
네 머리에서 발끝까지 땀이 나게 할 거야.
루지에로나 다른 수천 명, 나와 겨루고
싶은 온 세상에게도 그렇게 할 것이야."

때로는 이쪽에서, 또 때로는 저쪽에서 110
분노와 모욕 들이 더욱 많이 늘어났으며,
격노한 만드리카르도는 로도몬테와 동시에
루지에로와 싸움을 벌이려고 했습니다.
모욕을 참는 데 익숙하지 않은 루지에로는
합의가 아니라, 싸움과 결투를 원했어요.
마르피사는 때로는 이쪽, 때로는 저쪽을
막으려 했지만 혼자서는 역부족이었어요.

마치 높다란 강둑에서 강물이 밖으로 111
새어 나오고 다른 길을 찾으면, 농부가

---

[65] 여기에서 줄 것이란 바로 결투에서 로도몬테에게 가할 힘을 뜻한다.

푸르른 목초지와 수확해야 할 곡물에
물이 넘치는 것을 막기 위해 서둘러서
이쪽 길과 저쪽 길을 막으며 혼동되고,
이쪽에서 무너지지 않도록 막으면
저쪽에서 약한 강둑이 무너지며 여러
줄기로 물이 새는 것을 보는 것처럼,

그와 같이 루지에로와 만드리카르도, 112
로도몬테가 모두 한꺼번에 뒤엉켜서
각자 자신이 강하다는 것을 증명하고
동료들보다 우위에 서려고 다투는 동안,
마르피사는 그들을 진정시키기 위하여
노력하고 시간과 임무를 낭비하였으니,
그중에 하나를 떼어 내 물러서게 하면
다른 두 명이 분노하는 것을 보았어요.

그들을 화해시키기 위해 마르피사는 113
말했어요. "여러분, 내 말을 들으세요!
아그라만테가 위험에서 벗어날 때까지
모든 싸움을 연기해야 해요. 만약에
각자가 자기 일에만 욕심을 부린다면,
나도 만드리카르도와 다시 겨루겠어요!
그가 말한 것처럼 무기의 힘으로 나를
얻을 정도로 용맹한지 직접 보고 싶어요.

하지만 만약 아그라만테에게 도움을 114
주어야 한다면 우리 서로 싸우지 마요."
그러자 루지에로가 말했어요. "나는
말을 돌려줄 때까지 절대 안 갈 거야!
한마디로 말하면, 내 말을 돌려주든지,
아니면 나에게서 말을 지켜내야 해.
나는 죽어서 여기에 남든지, 아니면
내 말을 타고 전쟁터로 돌아가야 해!"

로도몬테가 대답했어요. "죽는 것은 115
쉽겠지만, 말을 갖는 건 그렇지 않아."[66]
그리고 계속해서 말했습니다. "만약에
우리의 왕이 어떤 피해를 당한다면
그건 네 잘못이야. 나로서는 해야 할
일을 제시간에 하는 일만 남아 있어."
루지에로는 그 항의에 신경 쓰지 않고
분노에 칼을 단단히 움켜잡았습니다.

그리고 알제의 왕에게 멧돼지처럼 116
돌진하여 방패와 어깨로 부딪쳤으며,
얼마나 강하고 세찬 충격을 주었는지
그의 한쪽 발이 등자에서 빠졌어요.

---

66) 원문은 '전자만큼 후자를 얻는 것은 그렇게 가볍지 않아'로 되어 있다.

만드리카르도가 외쳤어요. "루지에로,
싸움을 연기하든지, 아니면 나하고 해!"
그렇게 말하면서 어느 때보다 잔인하고
강하게 루지에로의 투구를 가격했어요.

루지에로는 말의 목까지 몸을 숙였고, 117
다시 일어나려 해도 그럴 수 없었으니,
거기에다 격노한 울리에노의 아들[67]의
타격이 그에게 덧붙여졌기 때문입니다.
만약 그의 투구가 금강석처럼 단련되지
않았더라면, 뺨까지 쪼개졌을 것입니다.
고통스러움에 루지에로는 손을 펼쳤고,
한 손은 고삐를, 한 손은 칼을 놓쳤어요.

말은 그를 태우고 들판으로 달려갔고 118
뒤의 땅바닥에는 발리사르다가 남았어요.
바로 그날 그의 무기의 동료가 되었던
마르피사는 그렇게 두 사람 사이에서
혼자 남게 되니 분노에 불타올랐으며,
너무나도 담대하고 강력한 기사답게
만드리카르도를 향하였고, 갖고 있던
최대한의 힘으로 머리를 가격하였어요.

---

67) 로도몬테.

로도몬테는 루지에로의 뒤를 쫓았는데,　　　　　　　　　　119
또 가격했다면 프론티노를 얻었겠지만,
리차르데토가 비비아노와 함께 왔으며
루지에로와 로도몬테 사이로 들어갔어요.
그는 로도몬테와 부딪쳐서 밀쳐냈으며
루지에로에게서 멀리 떨어지게 했고,
그동안에 비비아노는 정신을 되찾은
루지에로의 손에 자기 칼을 건넸어요.

훌륭한 루지에로는 정신을 되찾았고　　　　　　　　　　120
비비아노가 그에게 칼을 건네주었으니,
지체하지 않고 모욕에 복수하기 위해
알제 왕을 향하여 재빨리 달려갔고,
마치 황소의 뿔에 들이받힌 사자가
그 고통을 느끼지 못한 채, 분노와
울분과 충동에 이끌려 복수를 하기
위하여 돌진하는 것과 같았습니다.

루지에로는 로도몬테의 머리 위에　　　　　　　　　　121
타격 폭풍을 가했고, 제가 말했듯이,
만약 조금 전에 커다란 속임수 공격에
손에서 떨어뜨린 자기 칼을 가졌다면,
로도몬테의 투구가 바로 바벨의 왕[68]이
하늘에서 전쟁을 하려고 생각했을 때

만들었던 투구이기는 했지만, 충분히
그의 머리를 보호하지 못했을 겁니다.

그러자 **불화**는 이제 그곳에 오로지　　　　　　　　　　122
싸움들과 분쟁들만 있으며, 더 이상
평화나 휴식을 위한 장소가 없다고
생각하였고, 그래서 자매[69]에게 이제는
안심하고 자신들의 수도자들[70]을
만나러 함께 돌아가자고 말했습니다.
그녀들은 가게 놔두고, 우리는 루지에로가
로도몬테를 가격한 곳에 남아 있읍시다.

루지에로의 타격은 너무나도 강력하여　　　　　　　　　　123
프론티노의 안장 위에서 그 사라센인의
등을 보호하고 있는 그 단단한 가죽[71]과
투구를 뒤흔들리게 만들었으며, 그는
이쪽으로 저쪽으로 두세 번 흔들렸고,
머리를 아래로 땅에 떨어질 뻔했으며,
만약 손에다 묶어 놓지 않았다면 그는
들고 있던 칼까지 잃어버렸을 것입니다.

---

68) 바빌로니아 왕 니므롯(제14곡 118연 참조).
69) **오만**을 가리킨다.
70) **불화**는 수도원에 거주하고 있었다(제14곡 81연 이하 참조).
71) 로도몬테의 갑옷은 단단한 드래곤 가죽으로 만들어졌다(제14곡 118연 참조).

Canto 26:122
안심하고 자신들의 수도자들을
만나러 함께 돌아가자고 말했습니다.

그동안 마르피사는 만드리카르도에게　　　　　　　　124
이마와 얼굴과 가슴에 땀을 흘리게 했고,
그도 그녀에게 그와 똑같이 하였지만,
두 사람의 갑옷은 너무나도 완벽하여
어느 곳도 도저히 깨뜨릴 수 없었고,
여기까지는 둘이 실제로 대등하였지만,
자기 말이 몸을 돌리는 순간 마르피사는
루지에로의 도움이 필요해졌습니다.

마르피사의 말은 풀밭의 지반이 약한　　　　　　　　125
곳에서 아주 협소하게 몸을 돌리다가
미끄러졌으며, 그리하여 오른쪽으로
완전히 쓰러지는 것을 피할 수 없었고,
별로 친절하지 않은 이교도가 타고 온
브릴리아도로에게 비스듬히 부딪친 후
성급하게 다시 일어서려고 하였다가
또다시 쓰러질 수밖에 없었습니다.

루지에로는 마르피사가 쓰러진 것을　　　　　　　　126
보고 지체하지 않고 도움을 주었는데,
이제는 다른 '적[72]'을 정신이 없게 멀리
떨어지게 했으니 아주 편안하게 했어요.

---

72) 로도몬테.

그는 만드리카르도의 투구를 가격했는데,
만약 루지에로가 발리사르다를 가졌고
만드리카르도가 다른 투구를 썼더라면,[73]
그 타격에 그의 머리가 깨졌을 것입니다.

그러는 동안 알제 왕은 정신을 차렸고, 127
주위를 둘러보다 리차르데토를 보았고,
조금 전 그가 루지에로를 도와주면서
자기를 방해한 것을 기억하였습니다.
그는 리차르데토를 향하였고 곧바로
가혹한 대가를 치르게 했을 것이지만,
말라지지가 놀라운 기술과 새로운
마법을 써서 그것을 방해하였습니다.

말라지지는 탁월한 마법사가 알고 있는 128
모든 마법들을 아주 잘 알고 있었으며,
비록 태양을 멈추게 할 정도로 강력한
마법의 책을 지니고 있지는 않았지만,
그래도 악령들에게 명령을 내리는
주문은 머릿속에 기억하고 있었으며,
곧바로 도랄리체의 말 속으로 악령

---

73) 루지에로의 명검 발리사르다는 마법을 깨뜨릴 수 있는 칼이었으며, 반면에 만드리카르도의 투구는 마법의 투구였기 때문이다.

하나를 보내 광분하게 만들었습니다.

비비아노의 형제[74]는 몇 마디의 말로,   129
등 위에다 스토르딜라노 왕의 공주를
태운 유순한 말의 몸 안으로 미노스[75]의
천사들 중에서 하나가 들어가게 했어요.
그러자 고삐를 잡은 손길에만 복종하고
지금까지 전혀 움직이지 않았던 말이
이제는 갑자기 허공으로 뛰어올랐으며,
옆으로 30피트, 위로 16피트를 뛰었지요.

그렇게 엄청나게 뛰었지만 안장에서   130
누군가를 떨어뜨릴 정도는 아니었어요.
높이 뛰어오르는 것을 보고 아가씨는
죽었다고 생각하고 큰 비명을 질렀어요.
그 말은 높이 뛰어오른 다음, 악령이
이끄는 대로, 도와 달라고 고함을 치는
도랄리체를 싣고 가 버렸는데, 화살도
뒤쫓을 수 없이 빠르게 달렸습니다.

---

74) 말라지지.
75) 고전 신화에 나오는 크레타의 왕 미노스는 죽은 뒤에 지옥의 심판관이 되었다고 한다(《아이네이스》 제6권 432~433행 참조). 여기에서는 지옥을 가리킨다. 그리고 지옥의 천사들이란 하느님에게 반역한 천사들로 그들은 지옥으로 떨어져 악마가 되었다.

울리에노의 아들[76]은 도랄리체의 처음 131
목소리에 자기 싸움에서 몸을 돌렸고,
그녀의 말이 미친 듯이 달리는 곳으로
그녀를 도와주기 위해 빠르게 달렸어요.
만드리카르도도 그에 뒤지지 않았으니,
루지에로나 마르피사를 상대하지 않고
그들에게 화해나 휴전의 요청도 없이
로도몬테와 도랄리체를 뒤따랐습니다.

그동안 마르피사는 땅에서 일어났고, 132
분노와 모욕감에 완전히 불타올랐으며
복수를 하려고 생각했지만 틀렸으니,
그녀의 적은 너무 멀리에 있었습니다.
루지에로는 싸움이 그렇게 끝나게 되자
한숨을 쉬고 사자처럼 울부짖었습니다.
그들의 말로 프론티노와 브릴리아도로를
따라잡을 수 없다는 걸 잘 알았으니까요.

루지에로는 알제의 왕과 말의 문제를 133
결론짓지 않고는 끝내고 싶지 않았으며,
마르피사는 아직 충분히 끝내지 않았는데
타타르 왕을 편히 보내고 싶지 않았어요.

---

76) 로도몬테.

그런 식으로 싸움을 그만둔다는 것은
두 사람에게 커다란 모욕 같았습니다.
그래서 공통의 의견으로 모욕을 가한
자들의 뒤를 쫓아가기로 결정하였지요.

만약 그들을 찾지 못하더라도 분명히   134
사라센 진영에서 만날 수 있을 것이니,
프랑스의 왕이 모두를 짓누르기 전에
포위를 풀러 그곳으로 갔을 테니까요.
그렇게 틀림없이 그들을 찾을 거라고
생각하는 곳으로 곧바로 출발했습니다.
하지만 루지에로는 자신의 동료들에게
말도 없이 갑자기 떠나지 않았습니다.

루지에로는 자기 아름다운 여인의   135
형제[77]가 있는 곳으로 되돌아왔고,
그에게 행복할 때나 어려울 때, 어느
순간에도 친구라는 것을 맹세했어요.
그리고 교묘한 말로 그의 누이에게
자기 이름으로 인사를 전하였는데,
그나 다른 사람이 조금도 눈치채지
못하게 그런 말을 그에게 했습니다.

---

77) 리차르데토.

그리고 그와 함께 비비아노, 말라지지,   **136**
부상당한 알디지에로와 작별했습니다.
그들도 어디에서든지 언제나 그의
도움을 잊지 않겠다고 말했습니다.
마르피사는 빨리 파리로 가고 싶어
친구들에게 인사하는 것도 잊었어요.
하지만 말라지지는 비비아노와 함께
멀리서나마 그녀에게 인사를 했지요.

리차르데토도 그랬는데, 알디지에로는   **137**
비록 서운했지만 누워 있어야 했어요.
파리를 향해 앞서 둘[78]이 먼저 떠났고,
이제는 그들 둘[79]이 길을 떠났습니다.
나리, 다음 노래에서는, 지금 제가
말씀드리는 그들 두 쌍의 사람들이
카롤루스의 병사들에게 피해를 주는
경이롭고 놀라운 무훈을 노래하겠어요.

---

78) 로도몬테와 만드리카르도.
79) 루지에로와 마르피사.

제27곡

이슬람 진영의 기사들이 파리에서 카롤루스 황제의 군대를 공격한다. 불화가 이슬람 진영의 기사들 사이에 혼란스러운 분쟁과 싸움을 일으킨다. 만드리카르도에게 도랄리체를 빼앗긴 로도몬테는 이슬람 진영을 떠나 프로방스 지방으로 간다.

여자들의 충고는 대부분 깊이 생각한 1
것보다 즉흥적인 것이 훨씬 더 좋은데,
그것은 하늘에서 여자들에게 부여한
수많은 선물들 중에 특별한 것입니다.
하지만 남자들의 충고는, 아주 상당한
시간과 많은 노력과 노고를 기울여서
심사숙고하고 성숙한 생각이 아니라면,
훌륭한 경우를 찾아보기 어렵습니다.

말라지지의 전략은, 제가 말씀드렸듯이, 2
비록 그 덕분에 자기 사촌 리차르데토를
아주 커다란 위험에서 구하기는 했지만,

겉보기만큼 훌륭한 전략은 아니었습니다.
거기에서 로도몬테와 아그리카네 왕의
아들[1]을 데려가도록 악령에게 시켰는데,
그들을 그리스도교 군대를 패배시킬
곳으로 데려갈 줄은 몰랐기 때문입니다.

만약 충분히 생각할 시간을 가졌다면,   3
자기 사촌에게 합당한 도움을 주면서
또 동시에 그리스도교 군대에 피해를
주지 않았을 수도 있었을 것입니다.
동쪽이나 또는 서쪽의 길로 아가씨를
데리고 가서 더 이상 프랑스 소식을
듣지 못할 정도로 멀리 가 버리도록
악령에게 명령할 수 있었을 것입니다.

그러면 그녀의 연인들도 파리가 아닌   4
다른 어떤 곳으로 따라갔을 것이지만,
말라지지는 깊이 생각하지 않았기에
그런 상황을 미처 깨닫지 못했습니다.
그리하여 하늘에서 쫓겨난 **악의**[2]는
언제나 피와 학살과 불길을 원하듯이,

---

1) 만드리카르도.
2) 여기에서는 말라지지가 도랄리체의 말에게 보낸 악령을 가리킨다.

주인이 어떤 길도 정해 주지 않았기에
카롤루스가 공격하는 곳으로 향했지요.

몸 안에 악령이 들어간 그녀의 말은　　　　　　　　　　　　　5
깜짝 놀란 도랄리체를 싣고 달렸으니,
강도 그를 멈춰 세우지 못하고, 숲과
웅덩이, 늪, 낭떠러지, 절벽도 그랬어요.
그러나 마침내 잉글랜드와 프랑스 진영,
그리스도의 깃발을 뒤따르는 다른 많은
사람들을 가로질러 달렸고, 그라나다의
왕인 아버지에게 그녀를 데려다주었지요.

로도몬테는 아그리카네의 아들과 함께　　　　　　　　　　　6
첫째 날 그녀를 한참 동안 뒤쫓았는데,
멀리에서 단지 그녀의 어깨만 보였다가
결국에는 시야에서 그녀를 놓쳤으며,
마치 산토끼나 노루를 찾아내는 데
익숙한 사냥개처럼 흔적을 뒤쫓아,
그녀가 아버지에게 갔다는 소식을
들을 때까지 쉬지 않고 달렸습니다.

카롤루스여, 광분한 그가 당신에게　　　　　　　　　　　　7
오니 조심하오, 달아날 길이 없으니!
단지 그뿐만 아니라, 그라다소 왕과

Canto 27:5
몸 안에 악령이 들어간 그녀의 말은
깜짝 놀란 도랄리체를 싣고 달렸으니,

사크리판테가 당신 진영을 공격한다오.
운명은 당신을 뼛속까지 해치려고
당신과 함께 있던, 번개 같은 힘과
지혜의 두 기사를 동시에 데려갔으니,
당신은 어둠 속에 장님으로 남았구려!

오를란도와 리날도를 말하는 것인데, 8
그중 하나는 완전히 미치고 광분하여
맑거나, 비가 오거나, 춥거나, 덥거나
벌거벗고 산과 들판을 달리고 있으며,
또 하나는 너무나도 분명한 정신으로
정말로 필요할 때 당신 곁을 떠났으니,
안젤리카가 파리에 없는 것을 발견하고
그녀의 흔적을 찾으러 떠나 버렸군요.

서두에서 나리께 말씀드렸던 것처럼, 9
어느 사기꾼 같은 늙은 마법사[3]가
마법의 속임수를 통하여 안젤리카가
오를란도와 함께 갔다고 믿게 하였고,
그리하여 그는, 연인이 느낄 수 있는
최대한의 질투심이 가슴을 찔렀기에

---

3) 리날도와 사크리판테에게 안젤리카가 오를란도와 함께 파리로 갔다고 믿게 만들었던 거짓 은둔자를 가리킨다(제2곡 12연 이하 참조).

파리로 갔고, 궁정에 모습을 드러내자
브리튼으로 가야 하는 운명이었습니다.

이제 그는 아그라만테를 포위하게 된　　　　　　　　　　10
영광을 얻은 전투를 마무리 지은 다음
파리로 돌아가서 그 모든 수녀원들과
집들과 요새들을 돌아다니며 찾았지요.
만약 그녀가 기둥 속에 숨지 않았다면
그 근면한 연인이 찾아냈을 것입니다.
그녀도 오를란도도 거기 없다는 것을
알고 열심히 둘을 찾으러 다녔습니다.

그는 앙글란테나 아니면 브라바[4]에서　　　　　　　　　　11
오를란도가 그녀와 즐기고 있을 것으로
생각했고, 이곳저곳으로 찾으러 갔지만,
이곳이나 저곳에서 발견하지 못했어요.
그래서 그는 다시 파리로 돌아왔는데,
오를란도가 자리를 비운 데 대한 비난이
없지 않으니 얼마 지나지 않아 파리로
돌아올 것이라고 생각했기 때문입니다.

---

4) 앙글란테(제1곡 57연 참조)와 브라바(제6곡 34연 참조)는 모두 오를란도의 영지이다. 따라서 그는 종종 '앙글란테의 기사' 또는 '브라바의 기사'로 일컬어진다.

리날도는 하루 또는 이틀 동안 파리에　　　　　　　　　　12
머물렀는데, 오를란도가 돌아오지 않자,
때로는 앙글란테, 때로는 브라바로 갔고,
그에 대한 소식이 있는지 찾아보았어요.
때로는 낮에, 때로는 밤에 말을 몰았고,
시원한 새벽이나, 여름의 뜨거운 시간에,
햇살을 받으면서, 또는 달빛을 받으면서,
이백 번이나 넘게 그 길을 달렸습니다.

그런데 하와에게 금지된 열매에 손을　　　　　　　　　　13
펼치게 만들었던 아주 오래된 적[5]은
어느 날 카롤루스에게 악의의 눈길을
돌려 리날도가 멀어지게 만들었으니,
바로 그 순간 그리스도교 사람들에게
가해질 수 있는 패배를 예상하며, 모든
사라센인들 중 세상에서 가장 뛰어난
기사들을 그곳으로 모이게 인도했지요.

아틀란테의 오류로 가득한 궁전에서　　　　　　　　　　14
함께 동료가 되어 밖으로 나오게 된
그라다소 왕과 훌륭한 사크리판테에게,[6]
아그라만테의 포위된 사람들을 돕고

---

5) 악마.

카롤루스 황제를 파멸시키기 위하여
가고 싶은 욕망을 가슴에 심어 주었고,
또한 그는 알려지지 않은 지역들을
거쳐 쉬운 길로 그들을 안내했습니다.

그리고 다른 동료[7]가 도랄리체를 서둘러 15
인도하는 곳으로, 그녀의 흔적을 따라가는
로도몬테와 만드리카르도를 재촉하는
임무를 또 다른 동료에게 맡겼습니다.
거기에다 또 하나를 보내 마르피사와
용맹한 루지에로가 늦지 않게 했지만,
이 마지막 둘을 인도하는 자는 속도를
늦추어 다른 사람들 뒤에 오게 했어요.

마르피사와 루지에로, 그 두 사람이 16
반 시간 정도 늦어지도록 인도하였으며,
그 검은 천사[8]는 그리스도교 사람들에게
피해를 주고 싶었는데, 명마[9]를 둘러싼

---

6) 하지만 그라다소와 사크리판테가 아틀란테의 궁전에서 함께 나온 것은 아니다. 사크리판테는 안젤리카를 뒤쫓아 오를란도와 함께 나갔고(제12곡 33연 이하 참조), 그라다소는 나중에 아스톨포의 뿔 나팔 소리에 놀라 달아났다(제22곡 20연 이하 참조).
7) 다른 악마 또는 악령.
8) 악마.
9) 프론티노.

싸움이 자신의 그런 욕망을 방해하지
않도록 교활하게 조치를 한 것입니다.
만약 루지에로와 로도몬테가 동시에
도착하면 다시 싸움이 벌어질 테니까요.

처음의 네 명의 기사[10]는 위협을 당하는   17
군대의 숙영지와, 위협을 가하는 군대의
숙영지, 바람에 나부끼고 있는 깃발들이
보이는 곳에 함께 도착하게 되었습니다.
그들은 잠시 논의를 하였는데, 논의의
최종적인 결론은, 카롤루스가 있는데도
불구하고, 아그라만테 왕에게 도움을
주어 포위에서 끌어내자는 것이었어요.

그들은 함께 밀착하였고, 그리스도교   18
병사들의 숙영지 한가운데로 달리면서,
계속해서 아프리카와 에스파냐를 외쳤고
자신들이 이교도임을 완전히 드러냈어요.
진영에 경보를 외치는 소리가 들렸지만,
그보다 먼저 싸우는 소리가 들려왔으며,
후위의 커다란 부대는 공격당했을 뿐만
아니라, 벌써 패주해 달아나고 있었어요.

---

10) 말하자면 로도몬테, 만드리카르도, 그라다소, 사크리판테.

그리스도교 군대는 그 사실도 모른 채   19
혼란스럽게 우왕좌왕하며 달렸습니다.
누군가는 스위스와 가스코뉴 용병들이
벌이는 의례적인 싸움이라 생각했어요.
어쨌든 대부분이 사실을 몰랐기 때문에,
모든 나라의 병사들이 함께 모였으며,
누구는 북소리로, 누구는 나팔 소리로
커다란 소음이 하늘까지 울려 퍼졌어요.

머리 외에는 완전하게 무장을 하였고,   20
곁에 기사들과 함께 있던 위대한 황제는
도대체 무슨 일이 있었기에 부대들이
그렇게 무질서한지 가서 물어보았고,
위협을 하면서 이들 저들을 세웠는데,
많은 자의 얼굴이나 가슴이 갈라졌고,
일부는 머리와 목에서 피를 흘렸으며,
일부는 손이나 발이 잘려 있었습니다.

더 앞으로 나아가자 수많은 병사들이   21
땅에 쓰러져 있었고, 불그스레한 자신의
피 웅덩이에 끔찍하게 잠겨 있었으며,
의사나 마법사도 그들에게 소용없었고,
몸통에서 머리가 잘려 나가고, 팔이나
다리가 잘린 끔찍한 모습을 보았으며,

처음 숙영지에서 마지막 숙영지까지
온통 병사들이 죽은 것을 발견했어요.

영원하게 뚜렷한 명성을 남길 만한   22
그 소규모의 무리가 지나간 곳에는
이 세상에서 영원하게 기억될 만한
증거가 기다란 줄로 남아 있었습니다.
카롤루스는 그 잔인한 학살을 보고
깜짝 놀랐고 분노와 울분에 넘쳤으니,
벼락의 피해를 당한 사람이, 벼락이
지나간 곳에서 집을 찾는 것 같았어요.

그 첫 번째의 도움이 아프리카 왕의   23
방벽에 아직 도착하지 않았을 무렵에
다른 한쪽에서 용맹스러운 루지에로가
마르피사와 함께 도착하게 되었습니다.
그 훌륭한 두 사람은 한두 번 주위를
둘러보고 나서, 포위를 당한 주군에게
도움을 주기 위해서는 어느 길이 가장
짧은지 정확히 보고 재빨리 움직였어요.

마치 광산에서 검은 화약을 뿌려 놓은   24
기다란 줄에다 불을 붙이면, 격렬하게
불꽃이 타오르면서, 눈으로 그 뒤를

Canto 27:22
카롤루스는 그 잔인한 학살을 보고
깜짝 놀랐고 분노와 울분에 넘쳤으니,

따라가기 어렵게 불길이 빨리 달리고,
이어서 단단한 바위와 커다란 벽이
무너지는 큰 굉음이 들리는 것처럼,
그렇게 루지에로와 마르피사는 왔고
싸움터에 그런 소리가 들려왔습니다.

그들은 이쪽으로 아니면 저쪽으로   25
자신들에게 재빠르게 길을 내주거나
비키지 못한 병사들의 머리를 쪼개고
팔과 어깨를 자르기 시작하였습니다.
폭풍우가 지나가면서 산이나 계곡의
한쪽에 피해를 주고, 다른 쪽은 놔둔
것을 본 사람은, 병사들 사이로 그들
두 사람이 낸 길을 상상해 보십시오.

로도몬테와 함께 처음에 도착한 다른   26
기사들에게서 달아난 많은 사람들은
그렇게 빠른 다리와 그렇게 능숙한
발을 주신 하느님께 감사하였는데,
나중에 마르피사와 루지에로에게
가슴과 이마를 부딪쳐 조롱당했으니,
남아 있든 아니면 달아나든, 그들은
정해진 운명을 피할 수는 없습니다.

한 위험을 피한 자는 다른 위험에 27
빠졌고, 뼈와 살의 대가를 지불했어요.
마치 자신을 수없이 많이 괴롭히던
가까운 마을의 사람이 신중하게 불과
연기로 안전한 곳을 방해하고 오래된
소굴에서 쫓아내자, 소심한 여우는
달아나려고 하였지만, 새끼들과 함께
사냥개 입으로 들어간 것과 같았어요.

마르피사와 루지에로는 사라센인들의 28
방벽 안으로 안전하게 들어갔습니다.
거기에서 모두 하늘로 눈길을 돌리고
훌륭한 성과에 대해 신에게 감사했어요.
이제 프랑스 기사들이 두렵지 않았으니
가장 천한 병사가 백 명에게 도전했고,
쉬지 않고 다시 돌아가 유혈이 낭자한
싸움터를 만들기로 결론을 내렸습니다.

무어인들의 뿔 나팔, 풍적, 북 소리가 29
가공할 만한 굉음으로 하늘을 채웠고,
허공에서는 신선한 바람에 깃발들과
휘장들이 펄럭이는 것이 보였습니다.
다른 쪽에서는 카롤루스의 지휘관들이
게르마니아, 브리튼, 프랑스, 이탈리아,

잉글랜드의 지휘관들과 결속하였고,
격렬하고 잔인한 싸움이 시작되었어요.

무시무시한 로도몬테의 힘과, 분노에   30
넘치는 만드리카르도의 힘, 역량들의
최고 원천인 훌륭한 루지에로의 힘,
세상에서 유명한 그라다소 왕의 힘,
전혀 두려움을 모르는 마르피사의 힘,
누구에게도 뒤지지 않는 사크리판테의
힘에 밀려, 프랑스의 왕은 성 요한과
성 드니[11]를 불렀고 파리로 퇴각했어요.

이들 기사들과 마르피사의 불굴의   31
대담함과 경이로울 정도의 능력은,
나리, 상상할 수 있는 것도 아니고,
설명할 수 있는 것도 아니었습니다.
그러므로 그날 얼마나 많은 사람이
죽었고, 카롤루스가 얼마나 타격을
입었는지 알 수 있고, 게다가 유명한
다른 무어인과 페라우도 있었습니다.

---

11) 성 요한은 구체적으로 어느 성인을 가리키는지 알 수 없으나, 파리의 수호성인으로 짐작된다. 성 드니(Saint-Denis, 또는 디오니시우스Dionysius)는 그리스도교 순교자이며 성인으로 파리의 주교를 역임하였고, 250년경에 순교하였다. 파리에는 그의 이름을 딴 생드니 성문이 있다(제16곡 30연 참조).

많은 사람들이 센강에 빠져 죽었고,　　　　　　　　　　32
(다리가 모두에게 충분하지 않았어요)
앞에도 뒤에도 죽음이 있었기 때문에
그들은 이카로스[12]처럼 날개를 원했어요.
오지에르와 빈의 후작[13]을 제외하고는
모든 기사들이 사로잡히게 되었습니다.
올리비에로는 오른쪽 어깨를 다쳤고
오지에르는 머리가 깨져서 돌아왔어요.

만약에 리날도나 또는 오를란도처럼　　　　　　　　　33
브란디마르테[14]도 전쟁터를 떠났더라면,
카롤루스는 그 커다란 불길에서 살아
나왔어도 파리로 가지 못했을 겁니다.
브란디마르테는 할 수 있는 것을 했고,
결국 나중에는 적의 분노에 굴복했지요.
그렇게 **행운**은 아그라만테에게 미소를
지었고, 카롤루스는 또다시 포위되었어요.

---

12) Icaros. 고전 신화에 나오는 다이달로스의 아들로, 아버지와 함께 미궁 라비린토스에 갇혀 있다가 새의 깃털과 밀랍으로 날개를 만들어 하늘로 날아서 탈출하였다. 그런데 이카로스는 아버지의 경고를 잊고 너무 높이 올라갔고, 태양에 날개의 밀랍이 녹는 바람에 바다에 떨어져 죽었다.

13) '덴마크 사람' 오지에르와 빈의 후작 올리비에로에 대해서는, 각각 제15곡 8연과 제15곡 67연 참조.

14) 브란디마르테는 오를란도를 찾으러 갔다가 아틀란테의 마법의 궁전에 갇혔는데, 아스톨포의 개입으로 거기서 벗어났다(제22곡 20연 이하 참조).

과부들과 나이 어린 고아들, 자식 잃은 34
노인들이 내는 비명과 탄식 소리들이
혼탁한 대기 밖으로 솟아올라 미카엘
천사가 있는 영원한 하늘에 닿았으며,
프랑스, 잉글랜드, 게르마니아의 믿음을
가진 백성들의 시체가 어떻게 사방의
들판을 뒤덮고 늑대들과 까마귀들의
먹이가 되었는지 분명히 보여 주었어요.

축복받은 천사[15]는 창조주님의 의지에 35
제대로 복종하지 못한 것 같아 얼굴이
붉어졌으며, 뻔뻔스러운 **불화**에게
속고 배신을 당했다고 생각했습니다.
이교도들 사이에 싸움을 불붙이라는
임무를 받았지만 제대로 하지 않았고,
결과만 보자면, 오히려 그의 계획과
정반대의 일을 한 것처럼 보였지요.

기억력보다 사랑이 넘치는 충실한 36
종으로서 그는, 생명이나 영혼만큼
가슴속에 소중하게 간직해야 할 것을
잊어버렸다는 사실을 분명히 깨닫고

---

15) 뒤이어 말하듯이 미카엘 천사를 가리킨다.

서둘러 실수를 만회하려고 궁리했고,
주님께서 먼저 보시지 않기를 원했으며,
따라서 미카엘은 자기 의무를 완수하기
전에는 하느님께 올라가고 싶지 않았어요.

미카엘은 예전에 **불화**를 본 적이 있는 37
수도원¹⁶⁾으로 곧바로 날갯짓을 했습니다.
그녀가 바로 새로운 성직자들을 선출하는
회의실에 앉아 있으면서 수도사들이 머리
위로 성무일도서¹⁷⁾를 던지는 것을 즐겁게
구경하고 있는 것을 천사는 발견했어요.
천사는 그녀의 머리칼을 손으로 잡고서
주먹질과 발길질을 끝없이 가했습니다.

그리고 십자가로 그녀의 머리와 등과 38
팔을 때렸는데, 손잡이¹⁸⁾가 부러졌지요.
불쌍한 그녀는 큰 소리로 자비를 외쳤고
하느님의 심부름꾼의 무릎을 껴안았어요.
미카엘은 놔두지 않고 곧바로 아프리카

---

16) 제14곡 79연 이하 참조.
17) 聖務日禱書. 가톨릭교회의 전례서로 매일 정해진 시간에 하느님을 찬미하는 공적(公的)이고 공통적인 기도 시간과 함께 찬미가와 시편, 전례 독서, 교부들의 설교, 기도 등을 담고 있다.
18) 십자가의 가장 긴 축을 가리킨다.

Canto 27:37
성무일도서를 던지는 것을 즐겁게
구경하고 있는 것을 천사는 발견했어요.

왕의 진영으로 그녀를 쫓아 보내면서
말했습니다. "만약 또다시 이 진영에서
나온다면, 더 심한 것을 각오해야 해."

불화는 등과 팔이 완전히 망가진   39
상태인데도, 혹시라도 다음에 또다시
그렇게 엄청난 매질과 그렇게 무서운
분노를 받지 않을까 두려웠기 때문에,
서둘러 달려가 부채질을 시작하였고,
타오른 불길에 미끼를 던지고 거기에
다른 불들을 붙이며 수많은 마음에서
분노의 불길이 높이 치솟게 했습니다.

로도몬테와 만드리카르도, 루지에로는   40
그렇게 불타올랐고, 아그라만테 왕에게
모두 갔으니, 지금은 카롤루스가 압박하지
않고 오히려 그들이 유리했기 때문이지요.
그들은 의견 차이를 이야기했고, 싸움을
유발한 근본적인 원인을 알려 주었으며,
그런 다음 그들 중 누가 먼저 결투장에
나갈지 왕의 의견에 맡기기로 했습니다.

마르피사도 자기 상황을 이야기하였고,   41
만드리카르도와 시작된 싸움을 끝내고

싶다고 말했어요. 그녀는 그의 도발에
싸움을 하게 되었기 때문입니다. 또한
다른 싸움들을 위해, 하루는 고사하고
한 시간도 연기하려고 하지 않았으며,
자신이 타타르 왕과 맨 먼저 결투하고
싶다고 아주 집요하게 요구하였습니다.

그에 못지않게 로도몬테도 아프리카 42
진영에 도움을 주기 위하여 지금까지
중단하였던 싸움을 자신의 경쟁자와
맨 먼저 결투장에서 끝내고 싶었어요.
루지에로도 자기주장을 내놓았는데,
로도몬테가 자기 말을 갖고 있는 것이
너무나도 괴로워 견디기 어렵고 그와
맨 먼저 결투를 하고 싶다고 말했어요.

더욱 복잡하게도 만드리카르도 역시 43
앞으로 나서 루지에로가 어떻게든 하얀
날개의 독수리를 갖는 것을 거부했고,
너무나도 분노와 울분에 미친 나머지
만약 다른 세 명이 거부하지 않는다면,
모든 결투를 동시에 하겠다고 했어요.[19]

---

19) 말하자면 마르피사, 로도몬테, 루지에로와 동시에 결투를 하겠다는 말이다.

다른 사람들도 만약 그가 동의한다면,
거기에 반대하지 않으려 하였습니다.

그러자 아그라만테 왕이 부탁하였고 44
평화를 따르도록 좋은 충고를 했는데,
결국에는 그들 모두 귀머거리가 되어
평화나 휴전을 거부하는 것을 보고,
어떻게 하면 최소한 그들이 차례대로
결투를 하게 할 것인가 생각하였으며,
결국 최선의 방책으로 각자 추첨으로
결투의 순서를 정하기로 결정했어요.

그는 네 개의 표를 만들어서, 하나에 45
만드리카르도와 로도몬테를 함께 적었고,
또 하나에는 루지에로와 만드리카르도,
다른 하나에 마르피사와 만드리카르도,
마지막에 로도몬테와 루지에로를 썼어요.
그러고는 불안정한 여신[20]의 변덕으로
표를 뽑게 했는데, 첫 번째로 사르차의
왕[21]이 만드리카르도와 나가야 했어요.

---

20) 포르투나(Fortuna), 즉 **행운** 또는 **운명**의 여신을 가리킨다.
21) 로도몬테.

만드리카르도와 루지에로는 두 번째, 46
세 번째는 루지에로와 로도몬테였으며,
마지막은 마르피사와 만드리카르도였고,
그 결과에 마르피사는 화가 났습니다.
루지에로도 그녀보다 즐겁지 않았으니,
결투가 끝날 때, 첫 번째 두 사람에게
자신이나 마르피사와 싸울 힘이 남아
있지 않으리라는 것을 알았으니까요.

파리에서 멀지 않은 곳에 그 둘레가 47
1마일이 되지 않는 장소가 있었는데,
주위에는 별로 높지 않은 둔덕이 마치
극장처럼 완전히 둘러싸고 있었습니다.
예전에는 거기에 성이 하나 있었는데,
전쟁과 화재로 벽과 지붕이 무너졌지요.
파르마 사람이 보르고[22)]를 향해 간다면
길가에서 비슷한 것을 볼 수 있습니다.

바로 그곳에 결투장이 만들어졌는데, 48
짤막한 나무들로 필요에 맞게 정확한
사각형 공간으로 온 사방을 둘러쌌고,

---

22) 파르마 북서쪽에 있는 작은 도시 보르고 산 도니노(Borgo San Donnino, 현대의 피덴차Fidenza)를 가리킨다. 아리오스토는 두 도시 중간에 있던 성 카스텔 궬포(Castel Guelfo)를 암시하고 있다.

관례대로 큼직한 문 두 개가 있었어요.
왕이 보기에, 기사들이 변명거리[23] 없이
결투를 하기에 적합한 날이 되었을 때
양쪽 끝에 있는 출입문 옆의 방책들과
맞닿게 커다란 천막들이 세워졌습니다.

동쪽으로 향하고 있는 천막 안에는 49
거인 같은 몸매의 로도몬테가 있었고,
용맹한 페라우가 사크리판테와 함께
드래곤 가죽 갑옷을 입혀 주고 있었어요.
강력한 그라다소 왕과 팔시로네[24]는
서쪽에 세워진 천막 안에 있었으며,
아그리카네 왕의 후계자[25]에게 자기
손으로 헥토르의 갑옷을 입혔습니다.

높고 널찍한 중앙 단상에는 아프리카 50
왕이 에스파냐 왕과 앉아 있었으며,
또 스토르딜라노 왕과, 이교도 군대가
존경하는 다른 높은 사람들도 있었어요.
평원보다 높게 솟아 있는 둔덕이나

---

23) 결투를 연기할 변명거리를 말한다.
24) 팔시로네(Falsirone)는 마르실리오 왕의 동생이다(제14곡 12연 참조).
25) 만드리카르도.

나무 꼭대기에 앉은 사람은 행복하구나!
군중들은 엄청났고, 온 사방에서 넘쳐
거대한 울타리 주위에 물결을 쳤지요.

카스티야의 왕비와 함께 그라나다와　　　　　　　　　　　51
아라곤, 세비야, 그리고 헤르쿨레스의
기둥[26]에 가까운 지역의 왕비와 공주,
고귀한 귀부인 들이 자리하고 있었어요.
그중에 스토르딜라노의 딸[27]이 있었고
빨간색 천과 녹색 천으로 이루어진
화려한 치마를 입었는데, 빨간색은 잘못
염색되어 거의 하얗게 퇴색이 되었어요.[28]

마르피사는 여자 전사들에게 편리한　　　　　　　　　　52
차림새로 옷을 걷어 올리고 있었어요.
테르모돈강[29]은 아마 히폴리테와 그녀의
부대가 그렇게 장식한 것을 보았겠지요.
아그라만테 왕의 문장이 새겨진 상의를
입은 통고자가 이미 결투장에 나왔으며,

---

26) 지브롤터해협.
27) 도랄리체.
28) 퇴색한 빨간색은 로도몬테에 대한 사랑이 지속되지 않은 것을 상징하고, 녹색은 만드리카르도에 대한 사랑을 곧바로 받아들인 것을 상징하는 것으로 해석된다.
29) 아마존족이 그 강 근처에 살았다고 한다.

결투의 규칙을 공표하였고, 행동이든
말이든, 어떠한 개입도 금지하였습니다.

빽빽이 모여든 군중은 결투를 보려고 53
기다리고 있었으며, 이따금 유명한
두 기사가 늦어지는 것을 비난했는데,
그때 만드리카르도의 천막에서 커다란
소음이 들려왔고 점점 더 커졌습니다.
나리, 바로 세리카나의 용맹한 왕[30]과
강력한 만드리카르도가 소란을 피우는
그 고함 소리가 들려왔던 것입니다.

세리카나의 왕은 자기 손으로 직접 54
만드리카르도의 갑옷을 모두 입혔고,
예전에 오를란도의 것이었던 고귀한
칼을 옆구리에 채우려고 다가왔는데,
그때 손잡이에 두린다나라고 쓰였고,
예전에 알몬테 왕이 갖고 다녔는데
아스프로몬테에 있는 샘물가에서 젊은
오를란도에게 빼앗긴 문장을 보았어요.[31]

---

30) 그라다소.
31) 제18곡 147연 참조.

그것을 보자 그는 앙글란테의 영주의 55
유명한 칼이라는 것을 확신하였는데,
그 칼 때문에 그는 예전에 동방에서
가장 크고 멋진 군대와 함께 떠났고,
불과 몇 년 전에는 카스티야[32]왕국을
점령하고 프랑스 지역을 정복했는데,[33]
지금 어떻게 만드리카르도가 그것을
갖고 있는지 상상할 수 없었습니다.

그는 언제, 어디서, 무력이나 협상으로 56
오를란도에게서 얻었는지 물었습니다.
그러자 만드리카르도는 오를란도와의
커다란 결투에서 얻었다고 대답했고,
오를란도가 나중에는 자신과 결투를
계속해야 하는 두려움을 감추기 위해
미친 척했으며, 따라서 그 훌륭한 칼을
자기가 갖게 되었다고 대답했습니다.

그리고 사냥꾼이 뒤에서 쫓아오는 것을 57
본 비버가, 사냥꾼이 단지 자기 성기만

---

32) 여기에서는 에스파냐를 가리킨다.
33) 《사랑에 빠진 오를란도》의 여러 곳에서 이야기하는 바에 의하면, 그라다소는 두린다나와 바이아르도를 얻기 위해 전쟁을 일으켰다.

찾는 것을 알고 성기를 떼어내는[34] 것을
오를란도가 모방하였다고 말했습니다.
그라다소는 그 이야기를 다 듣기 전에
말했어요. "이것은 너나 누구에게도 주고
싶지 않아. 수많은 황금과 사람과 노력을
쏟았으니, 이 칼은 당연하게 내 것이야.

내가 이 칼을 원하니, 너는 다른 것을　　　　　　　　　　58
찾아봐. 그건 새로운 일이 아닐 테니까.
오를란도가 미쳤든, 아니면 제 정신이든,
어디에서 찾든 이것은 내가 가질 거야.
너는 길에서 증인도 없이 이 칼을
빼앗았지만, 여기에서 내가 도전한다.
내 주장은 내 언월도가 말할 것이고,
결투장에서 판결을 내리도록 하자.

로도몬테에게 대항해 사용하기 전에　　　　　　　　　　59
정당하게 이 칼을 얻을 준비를 해라.
싸움터에 나가는 기사가 먼저 무기를
준비하는 것은 아주 오래된 관례야."
만드리카르도는 고개 들고 대답했어요.

---

[34] 사냥꾼에게 쫓기는 비버가 스스로 자기 성기를 떼어 낸다는 이야기는 오래전부터 널리 알려져 있었다고 한다. 비버의 성기는 의학적 약효 때문에 많이 찾았던 것으로 짐작된다.

"누군가 나에게 결투를 신청할 때보다
내 귀에 감미롭게 들리는 소리는 없지.
하지만 로도몬테의 허락부터 받아라.

너와 맨 처음에 싸우고, 로도몬테는   60
물러나서 그다음에 싸우도록 하여라.
내가 응대하지 않을까 염려하지 마라.
너나 다른 누구와도 나는 싸울 테니까."
그러자 루지에로가 외쳤어요. "협정을
깨뜨리거나, 추첨 순서를 뒤섞지 마라.
로도몬테가 먼저 결투장에 나가거나,
아니면 내 결투 다음에 싸우도록 해라.

만약 그라다소의 주장에 따라 무기를   61
사용하기 전에 먼저 획득해야 한다면,
너는 나에게서 빼앗기 전에는 하얀
날개의 독수리를 사용하지 않아야 해.
하지만 내가 그렇게 원하였으니까
내 결정을 바꾸고 싶지는 않아.
로도몬테가 첫 번째로 결투할 때만
내 결투는 두 번째가 되어야 해.

너희들이 일부 순서를 뒤섞는다면   62
나는 완전하게 모두 뒤섞어 버릴 거야.

만약 지금 당장 나와 싸우지 않으면,
내 문장을 너에게 놔두고 싶지 않아."
그러자 화난 만드리카르도가 말했어요.
"너희들 중 하나가 마르스라고 해도
이 훌륭한 칼이나 이 고귀한 문장을
쓰지 못하게 나를 막을 수는 없어!"

그러고는 분노에 못 이겨서 주먹을   63
움켜쥐고 세리카나 왕을 공격하였고,
오른손으로 얼마나 세게 가격했는지
그가 두린다나를 떨어뜨리게 했지요.
그라다소는 그가 그렇게 미친 듯이
대담할 것이라고 생각하지 않았기에
주의하지 않았다가 갑자기 맞았고,
훌륭한 칼을 떨어뜨리게 되었어요.

그렇게 조롱거리가 되자 부끄러움과   64
분노에 얼굴이 불탔고 불을 뿜었으며,
공개적인 곳에서 그런 일이 있었기에
그것은 더욱 괴롭고 고통스러웠어요.
복수를 하기 위하여 그는 언월도를
빼 들려고 잠시 뒤로 물러났습니다.
만드리카르도는 너무나 자신만만하여
이제는 루지에로에게 싸움을 걸었어요.

"이제 두 사람이 함께 앞으로 나오고, 65
로도몬테는 세 번째로 나오도록 해라.
아프리카, 에스파냐, 인간 종족이 모두
덤벼라. 내가 언제나 대적해 줄 테니까."
두려운 것이 없는 그는 그렇게 말하며
알몬테의 칼을 사방으로 휘둘렀으며,
그라다소와 훌륭한 루지에로를 향해
경멸하듯이 방패를 움켜잡았습니다.

그라다소가 말했어요. "나에게 맡겨. 66
내가 저놈 광기를 치료해 줄 테니까."
루지에로가 말했어요. "천만에, 네게
양보 안 해. 이 싸움은 내 것이니까."
"네가 물러나!" "네가 꺼지라니까!"
둘은 물러서지 않고 계속 외쳤으며,
그렇게 또 다른 싸움이 벌어졌고,
이상한 결과가 나오려고 하는 순간,

많은 사람들이 그런 광기의 중간에 67
끼어들었지만, 신중한 것이 아니었으니,
타인을 구하려고 위험을 무릅쓰는 것이
어떤 대가인지 자기 체험으로 배웠어요.
만약 모두가 크게 존경하고 떠받드는
유명한 트로이아노 왕의 아들이 에스파냐

왕과 함께 나서지 않았다면, 누구도
그들을 무마하지 못하였을 것입니다.

아그라만테 왕은 그렇게 뜨거운 그 68
새로운 싸움의 원인을 설명하게 했고,
무척이나 노력을 기울여, 오로지 그날
하루만 그라다소가 만드리카르도에게
헥토르의 칼을 사용하도록 친절하게
허용할 수 있게 조정했고, 그리하여
로도몬테와 이미 하기로 되어 있는
격렬한 싸움을 끝내도록 했습니다.

아그라만테 왕이 그들을 달래려고 69
때로는 이쪽, 때로는 저쪽과 말하는
동안에, 다른 천막에서 사크리판테와
로도몬테 사이에 싸움이 벌어졌어요.
앞에서 말씀드렸듯이 치르카시아 왕은
로도몬테의 무장을 도와주고 있었고,
그와 페라우는 그의 조상 니므롯의
갑옷을 직접 그에게 입혀 주었습니다.

그리고 그들은 말이 화려한 고삐를 70
깨물어 거품을 내는 곳으로 갔습니다.
말하자면 루지에로가 그 어느 때보다

엄청나게 격노하게 만든 프론티노였지요.
그 기사를 결투장에 보내려고 준비하던
사크리판테는, 좋은 말에 당연히 그래야
하듯이, 멋지게 편자를 박고 훌륭하게
장식된 말을 자세하게 살펴보았습니다.

그리고 가까이에서 날렵하고 유연한   71
모습과 표시들을 자세히 관찰하였으며,
의심할 여지도 없이 그 말이 자신의
프론탈라테[35]라는 것을 확인했습니다.
자신이 너무나도 아끼던 말이었는데,
도둑을 맞은 다음 그는 말할 수 없이
괴로워하였고, 한때는 언제나 두 발로
걸어 다니고만 싶을 정도로 괴로웠어요.

그러니까 알브라카에서 브루넬로가   72
안젤리카에게 마법의 반지를 훔치고,
오를란도에게 발리사르다와 뿔 나팔을,
마르피사에게 칼을 훔쳤던 바로 그날
그에게서 몰래 그 말도 훔쳐 갔는데,
그런 다음 그는 아프리카로 돌아가서

---

35) Frontalatte. '우유 이마'라는 뜻으로 이마에 우유처럼 하얀 반점이 있었기 때문에 그런 이름이 붙었는데, 프론티노의 원래 이름이었다.

발리사르다와 함께 루지에로에게 주었고,
그가 후에 프론티노라는 이름을 붙였어요.[36]

조금도 틀림없이 분명하게 확인을 한   73
사크리판테는 로도몬테에게 말했지요.
"이것은 내가 알브라카에서 도둑맞았던
내 말이라는 것을 분명히 알아야 해.
그것을 증명할 증인들도 분명 있지만,
우리에게서 아주 멀리 떨어져 있으니,
누군가 부정한다면, 나는 손에 무기를
들고 내 진실한 말을 주장할 것이야.

하지만 이 며칠 동안에 우리 사이에   74
만들어진 동료애를 고려하여 오늘 네게
이 말을 기꺼이 빌려주도록 하겠어.
네게 말이 없으면 안 될 것 같으니까.
하지만 내 것을 내게서 빌렸다는 것을
네가 인정한다는 조건으로 말이야.
그렇지 않으면 탈 생각도 하지 마.
아니면 나와 먼저 결투를 하든지."

---

36) 여기에서 간략하게 요약된 사건은 《사랑에 빠진 오를란도》 제2권 제5곡 33~41
연, 제11곡 6연, 제16곡 56연에서 이야기되었다.

무기를 전문으로 다루는 세상에서
누구보다도 가장 오만하고, 강인함과
용기에 있어서는 옛날의 어느 누구도
견줄 수 없는 것처럼 보이는 로도몬테가
대답했습니다. "사크리판테, 너 이외에
다른 누군가 감히 내게 그렇게 말했다면,
불행히도 차라리 벙어리로 태어난 것이
나았다는 것을 깨닫게 되었을 것이야.

하지만 네가 말했듯이 최근에 우리가
함께 지낸 동료애를 생각하여, 그 결투를
연기해 주겠다고 네게 미리 경고하겠어.
이 정도면 너에 대한 존중으로 충분해.
나와 만드리카르도 사이에 이미 시작된
이 결투의 결과를 네가 볼 때까지인데,
그 결과를 보게 되면, 아마 너는 나에게
'말을 가지십시오' 하고 감사해 할 거야."

사크리판테는 분노와 울분에 말했어요.
"너에게는 비열한 것이 기사도로구나.
하지만 지금 너에게 분명히 밝히는데,
너는 그 말을 탈 생각을 하지 마라.
내가 막을 테니까. 지금 내 손에 이
복수의 칼을 갖고 있으니까 말이야!

만약 달리 막아내지 못하게 된다면
이빨과 손톱으로라도 막아 낼 거야."

그들은 말에서 다툼으로, 고함으로, 78
위협으로, 그리고 싸움으로 번졌으니,
너무나 빨리 수많은 분노가 불붙어서
짚에 붙은 불처럼 재빨리 타올랐지요.
로도몬테는 가슴막이와 갑옷을 입었고,
사크리판테는 갑옷이나 사슬 옷을 입지
않았지만, 검술에 아주 유능하였기에
칼로 모든 것을 막을 것 같았습니다.

로도몬테의 힘과 용맹스러움은 비록 79
무한하였지만, 사크리판테가 싸우면서
활용하는 놀라운 신속함과 신중함을
그리 쉽게 넘어서지는 못하였습니다.
물레방아가 곡식을 찧는 큰 맷돌을
아무리 빨리 돌려도, 사크리판테가
여기저기 필요한 곳에 손이나 발로
움직이는 것보다 빠르지는 않았어요.

그렇지만 페라우와 세르펜티노가 80
용감하게 칼을 빼 들고 중간에 막았고,
그란도니오 왕과 이솔리에로,[37] 그리고

무어인들의 다른 영주들이 뒤따랐어요.
그들의 그런 소음은, 만드리카르도와
루지에로, 그라다소 사이에 중재를
하기 위하여 헛되이 다른 천막으로
달려갔던 사람들[38]에게도 들렸습니다.

누군가가 아그라만테 왕에게로 가서　　　　　　　　　　81
어떻게 해서 말 때문에 사크리판테가
로도몬테와 격렬하고 잔인한 싸움을
시작했는지 자세하게 보고했습니다.
그 수많은 불화들에 혼란해진 왕은
마르실리오에게 "이 기사들 사이가
더 악화되지 않게 당신이 막으시오.
나는 다른 혼란을 조처할 테니까요."

로도몬테는 자기 주군인 왕을 보고　　　　　　　　　　82
오만함을 억누르고 뒤로 물러났으며,
아그라만테가 온 것에 사크리판테도
똑같은 존경심을 보이며 물러났어요.
엄숙한 얼굴에 낮고 무거운 목소리로

---

37) 이솔리에로는 제14곡 11연, 그란도니오는 제12곡 2연, 세르펜티노는 제13곡 8연 참조.
38) 그러니까 아그라만테 왕과 마르실리오 왕 그리고 그들을 뒤따라간 사람들을 가리킨다.

왕은 분노의 원인에 대해서 물었으며,
모든 것을 이해한 다음 화해시키려고
노력했지만, 아무런 효과가 없었어요.

사크리판테는 만약 로도몬테가 말을   83
빌려 달라고 자신에게 와서 겸손하게
부탁하지 않는다면, 그에게 더 이상
오래 말을 놔두려고 하지 않았습니다.
언제나 그렇듯이 오만한 로도몬테는
대답했지요. "내가 힘으로 얻은 것을
다른 사람이 나에게 양보한 것처럼,
너나 하늘도 인정하게 만들 수 없어."

왕은 사크리판테에게 그 말에 대한   84
권리와 도둑맞은 과정을 물었으며,
그는 자세하게 모든 것을 설명하였고,
그가 깊은 생각에 잠겨 있는 동안에
그 교활한 도둑이 훔쳐 갔는데, 막대기
네 개로 그의 안장을 들어 올린 다음
그 아래에서 헐벗은 말을 훔쳐 갔다고[39]
이야기할 때에는 얼굴이 빨개졌어요.

---

39) 보이아르도는 《사랑에 빠진 오를란도》 제2권 제5곡 39~40연에서 훔치는 과정을 자세히 이야기하였다.

마르피사는 소음에 달려온 사람들 85
사이에 있다가 말을 훔친 이야기에
바로 얼굴색이 변했으니, 바로 그날
자기 칼을 잃어버렸기 때문입니다.
그리고 날개가 달린 듯 자기에게서
달아나던 그 말을 거기서 알아보았고,
조금 전까지 알아보지 못했던 훌륭한
사크리판테 왕도 이제 알아보았어요.

브루넬로가 그 도둑질에 대해 자랑하는 86
말을 들었던 사람들이 그곳에 있었는데,
브루넬로에게 얼굴을 돌리기 시작했고
바로 그[40]라고 분명하게 눈짓을 했어요.
의심스러워진 마르피사는 곁에 있던
이 사람 저 사람에게 묻기 시작했고,
마침내 그가 바로 자기 칼을 훔쳐 간
브루넬로라는 사실을 알게 되었어요.

그리고 그런 도둑질을 한 브루넬로의 87
목에 밧줄을 걸어 매달아야 마땅한데,
아그라만테 왕은 이례적인 일의 대가로
그를 탕혜르[41]왕국의 왕으로 삼았지요.[42]

---

40) 브루넬로.

마르피사는 오래된 분노를 되살리면서
그 자리에서 그에 대한 복수를 하고,
길에서 자신의 칼을 빼앗아 간 조롱과
경멸을 처벌해야겠다고 생각했습니다.

그녀는 시종에게 투구를 묶게 했고　　　　　　　　　　88
나머지 갑옷은 이미 입고 있었습니다.
그녀는 믿을 수 없이 대담할 뿐 아니라,
자신의 몸이 갑옷에 익숙해진 날부터
갑옷 없이 나타난 것은 평생에 열 번도
안 된다는 사실을 저는 알게 되었어요.[43]
머리에 투구를 쓴 그녀는 높은 둔덕에
고관들 사이에 앉은 브루넬로에게 갔어요.

그에게 도착하자 먼저 그녀는 그의　　　　　　　　　　89
가슴을 움켜잡아 땅에서 들어 올렸으니,
이따금 매서운 독수리가 굽은 발톱으로
닭을 낚아채 올리는 것과 같았습니다.
그리고 싸움이 벌어진 곳의 트로이아노
왕의 아들 앞으로 그를 데려갔습니다.

---

41) 모로코 북부 지브롤터해협에 있는 도시이다.
42) 《사랑에 빠진 오를란도》(제2권 제16곡 14연 참조)에서 이야기하는 바에 의하면, 안젤리카에게서 마법의 반지를 훔쳐 온 대가로 그렇게 했다.
43) 마르피사에 대해 이야기하는 글들에서 그런 사실을 발견했다는 뜻이다.

무서운 손에 끌려 도착한 브루넬로는
쉬지 않고 울면서 도움을 청했습니다.

거의 온 사방의 결투장을 가득 채운 90
모든 소음들과 시끄러움, 고함들 위로
브루넬로는 때로는 자비를, 또 때로는
도움을 청하면서 끌려왔으니, 그러한
그의 울음소리와 비명 소리를 듣고
모든 사람이 그의 주위로 몰려들었어요.
아프리카 왕 앞에 도착하자 마르피사는
도도한 얼굴로 이렇게 그에게 말했어요.

"나는 당신의 신하인 이 도둑놈을 91
내 손으로 직접 목매달고 싶습니다.
저자[44]에게 말을 훔쳐 갔던 바로 그날
나에게서 칼을 훔쳐 갔기 때문입니다.
만약 누군가가 내가 틀렸다고 말하고
싶다면, 나와서 한마디 하라고 하지요.
당신 앞에서 나는, 그가 거짓말한다고
주장하고 내 의무를 다할 것입니다.

그렇지만 이 유명한 기사들이 모두 92

---

44) 사크리판테.

다른 많은 싸움에서 방해받고 있는데,
그 많은 싸움 도중에 그렇게 한다는
비난을 혹시라도 내게 할 수 있으니,
목매다는 것을 사흘 동안 연기하겠소.
그동안 돕고 싶은 자는 오도록 하고,
그 이후에 나를 막는 사람이 없다면,
이놈으로 많은 새를 기쁘게 해 주겠소.[45]

여기에서 3레가[46] 정도 떨어진 곳의 93
조그마한 숲 앞에 있는 탑으로 나는
갈 것인데, 시녀 한 명과 시종 한 명
외에는 아무도 데려가지 않을 것이오.
누군가 감히 이 도둑놈을 빼앗아 가고
싶다면 오시오. 내가 기다릴 테니까."
그녀는 그렇게 말했고, 대답도 기다리지
않고 말한 곳으로 곧바로 길을 갔어요.

그녀는 여전히 머리칼을 움켜잡은 채 94
말의 앞에다 브루넬로를 올려놓았어요.
불쌍한 그는 울고 소리치며 사람들의
이름을 부르면서 도움을 청했습니다.

---

45) 브루넬로의 시체를 까마귀들에게 먹이로 주겠다는 뜻이다.
46) 레가에 대해서는 제16곡 29연 참조.

아그라만테는 그 혼란스러운 싸움들
사이에서 어떻게 풀어야 할지 몰랐는데,
마르피사가 그렇게 브루넬로를 데려간
것이 그에게는 가장 심각해 보였어요.

그를 높게 평가하거나 사랑한 것이 95
아니라 오히려 며칠 전부터 증오했고,
그가 마법의 반지를 빼앗긴 다음부터[47]
종종 그를 목매달고 싶은 생각이었어요.
하지만 그것은 자기 명예에 도전하는 것
같았고, 부끄러움에 얼굴이 달아올랐어요.
자기가 직접 서둘러 그녀를 뒤쫓아 가서
자기 마음대로 복수를 하고 싶었습니다.

하지만 그의 옆에 있던 소브리노 왕이 96
그러한 그의 생각을 무척이나 말렸으며,
비록 그가 이긴다는 것이 아주 확실하고
확고한 희망과 분명한 안전이 보장되어도,
그것은 바로 그의 높은 위엄에 어울리지
않는다 말했으며, 힘들여서 여자 하나를
이겼다고 사람들이 말하게 되면, 그것은
명예가 아니라 비난이 된다고 말했지요.

---

[47] 브루넬로는 브라다만테에게 마법의 반지를 빼앗겼다(제4곡 14연 이하 참조).

마르피사와는 어떠한 싸움을 하든지 97
거기에 명예는 없고 위험이 더 많으며,
그래서 브루넬로를 교수대에 매달게
놔두라고 가장 좋은 충고를 하였고,
눈썹을 치켜뜨는 것만으로 그에게서
충분히 밧줄을 거두게 할 수 있겠지만
정의가 실현되는 것을 막기 위해서는
그렇게 해서는 안 된다고 말했습니다.

그는 말했어요. "마르피사에게 사람을 98
보내, 그녀가 만족하도록 그 도둑놈의
목에다 밧줄을 걸겠다는 약속과 함께,
폐하가 심판하겠다고 할 수는 있지요.
그래도 그녀가 집요하게 거부한다면,
모든 것을 마음대로 하도록 놔두세요.
폐하와의 우호 관계가 깨지지 않도록
브루넬로와 다른 도둑도 매달게 하세요."

아그라만테 왕은 신중하고 현명한 99
소브리노의 견해를 기꺼이 따랐으니,
마르피사를 놔두고 따라가지 않았으며,
다른 사람이 가서 그녀에게 도전하거나
부탁을 하는 것도 허용하지 않았는데,
무슨 마음인지 하느님만 아시겠지만,

커다란 싸움을 무마시키고, 진영에서
많은 소음을 없애기 위해 그랬습니다.

거기에 **불화**는 미친 듯이 웃었으니,   100
이제 평화나 협상이 두렵지 않았어요.
그녀는 여기저기 모든 곳을 돌아다녔고,
즐거움을 위한 장소를 찾지 못했습니다.
그녀와 함께 **오만**이 날뛰었으며
불길에다 나무와 미끼를 보탰고, 높은
왕국에까지 미카엘에게 승리의 신호를
보내기 위해 커다란 고함을 질렀지요.

그 커다란 목소리와 끔찍한 고함에   101
파리가 떨렸고, 센강이 뒤흔들렸으며,
아르덴 숲까지 그 커다란 소리가 울려
모든 짐승들이 보금자리를 떠났어요.
알프스산맥과 세벤[48]산맥, 블레이,
아를, 루앙[49]의 해안에서도 들렸고,
론강, 손강, 가론강, 라인강에도 들려
어머니는 자식을 꼭 껴안았어요.[50]

---

48) Cévennes. 프랑스 남부의 산맥.
49) 블레이(Blaye)는 프랑스 남서부 지방에 있고(제6곡 34연 참조), 아를(Arles)은 남부 프로방스 지방에, 루앙은 노르망디 지방에 있다(제12곡 10연 참조).
50) 여기에서 말하는 산과 강, 도시 들은 대략 프랑스의 경계선에 해당한다.

Canto 27:100
높은 왕국에까지 미카엘에게 승리의 신호를
보내기 위해 커다란 고함을 질렀지요.

다섯 명의 기사가 먼저 자신의 싸움을　　　　　　　　　　102
끝내야 한다고 집요하게 요구하였으며,
각각의 싸움은 다른 싸움과 뒤엉켜서
아폴로의 지혜도 풀지 못할 것입니다.
아그라만테 왕은 자기가 들었던 최초
싸움들의 매듭을 풀기 시작하였는데,
스트로딜라노 왕의 공주 때문에 벌어진
만드리카르도와 로도몬테의 싸움이었지요.

아그라만테 왕은 화해시키려고 여러 번　　　　　　　　　103
이쪽저쪽으로 이 사람, 저 사람에게 갔고,
이 사람, 저 사람에게 정당한 주군이자
충실한 형제로서[51] 여러 번 충고했는데,
두 사람 모두 똑같이 귀머거리 같았고,
두 사람 모두 그들의 싸움을 유발시킨
여인을 빼앗기고 혼자 남지 않으려고
격렬하게 거부하고 반발하는 것을 보고,

마침내 두 연인이 모두 만족할 수 있는　　　　　　　　　104
최선의 방책으로서, 두 사람 중에서 그
아름다운 여인이 더 좋아하는 사람이

---

51) 자기 신하인 로도몬테에게는 주군이고, 독자적인 왕인 만드리카르도에게는 형제라는 뜻이다.

그녀의 남편이 되어야 하고, 또 그녀에
의해 결정된 것에 대해서는 더 이상
문제 삼을 수 없다[52]고 결정했습니다.
두 사람 모두 자신에게 유리할 것으로
생각하여 그 협상안이 마음에 들었어요.

사르차의 왕은 만드리카르도보다 훨씬　　　　　　　　　　105
오래전부터 도랄리체를 사랑하였으며,
그녀도 정숙한 여인에게 합당한 모든
호의들의 꼭대기에다 그를 올려놓았고,
그것이 자신을 행복하게 해 줄 위대한
판결에서 유익할 것이라고 생각했는데,
그 혼자만 그렇게 생각한 것이 아니라
모든 야만인 부대가 같은 생각이었어요.

모든 사람이 그가 시합과 결투, 경기에서　　　　　　　　　　106
그녀를 위해 보여 준 것을 알고 있었고,
만드리카르도가 협상안을 받아들인 것은
어리석은 실수라고 모두들 말했습니다.
하지만 태양이 바다 너머에 있는 동안
여러 번 은밀하게 그녀와 함께 있었고,
확실한 사랑의 증거를 알고 있던 그[53]는

---

52) 원문은 '더 이상 앞으로나 뒤로 갈 수 없다'로 되어 있다.

사람들의 헛된 판단을 웃고 있었습니다.

그 두 유명한 구혼자는 왕의 앞에서 107
그러한 합의를 엄숙하게 확인한 다음,
바로 아름다운 여인 앞으로 갔습니다.
그녀는 부끄러운 듯이 눈을 내리깔고
만드리카르도를 더 좋아한다고 말했고,
그 말에 모든 사람이 깜짝 놀랐어요.
로도몬테는 너무나 놀라고 당황하여
대담한 얼굴을 감히 들지 못했습니다.

하지만 예전의 분노가 그의 얼굴을 108
붉게 물들였던 부끄러움을 몰아냈고,
부당하고 잘못된 판결이라고 외쳤고,
허리에 차고 있던 칼을 움켜잡으면서
말했고, 왕과 다른 사람들이 들었어요.
언제나 하지 않아야 할 것으로 기우는
가벼운 여자의 판단이 아니라, 그 칼이
승리나 패배를 결정하리라고 말입니다.

만드리카르도는 다시 자리에서 일어나 109
말했어요. "네가 원하는 대로 해 보자."

---

53) 밤에 도랄리체와 사랑의 즐거움을 나눈 만드리카르도.

그리하여 배가 항구에 들어가기 전에
넓은 바다를 가로질러야 하였는데,[54]
그때 아그라만테 왕이 로도몬테에게
잘못이라고 말했고, 만드리카르도를
싸움에 다시 부를 수 없다고 했으며,
그렇게 그 분노의 돛을 떨어뜨렸어요.

이제 로도몬테는 그 영주들 앞에서   110
이중으로 조롱당한 것을 깨달았는데,
존경심 때문에 굴복하는 왕에 의해,
또 여인에 의해 모두 하루에 그랬으니,
더 이상 그곳에 머물고 싶지 않았고,
주위에 있는 수많은 군중들 중에서
단지 두 명의 하인만 함께 데리고
사라센인들의 숙영지를 떠났어요.

마치 승리자에게 아름다운 암소를   111
빼앗기고 나서 괴로워하는 황소가
목초지에서 멀리 떨어진 아주 외로운
강변이나 숲속, 황량한 모래밭을 찾아,
밤이나 낮이나 끊임없이 울부짖지만

---

54) 문제를 완전히 해결하려면 아직도 많은 일이 남아 있다는 것을 비유적으로 표현하고 있다.

사랑의 분노는 줄어들지 않는 것처럼,
그렇게 로도몬테는 자기 여인에게서
버림받고 커다란 괴로움에 떠났어요.

벌써 오래전부터 갑옷을 입고 있던   112
루지에로는 훌륭한 말을 되찾기 위해
움직였는데, 잠시 후 만드리카르도와
결투를 해야 한다는 사실을 기억했고,
그래서 로도몬테를 뒤따르지 않았고,
두린다나를 둘러싼 다른 싸움을 위해
그라다소가 들어오기 전에 결투장으로
만드리카르도와 들어가려고 돌아왔어요.

눈앞에서 프론티노가 떠나는데 그것을   113
막을 수 없는 것이 너무나 괴로웠어요.
그렇지만 그 결투를 먼저 끝낸 다음에
말을 되찾겠다는 확고한 의지를 가졌어요.
그러나 루지에로처럼 다시 돌아오게 할
다른 어떤 싸움이 없었던 사크리판테는
그러는 것 외에 달리 할 일도 없었기에,
곧바로 로도몬테의 발자국을 뒤쫓았어요.

그리고 바로 그를 따라잡았을 테지만   114
가는 도중에 만난 이상한 상황 때문에

저녁까지 지체하게 되었고 그를
뒤쫓을 흔적을 잃어버리게 되었습니다.
도중에 그는 센강에 빠진 어느 여인을
발견했는데, 바로 도움을 주지 않으면
죽을 상황이었고, 그래서 그는 물속에
뛰어들어 그녀를 기슭으로 끌어냈지요.

그런 다음 다시 안장 위로 올라타려고   115
했을 때 그의 말이 기다려 주지 않았고,
그렇다고 쉽게 붙잡히지도 않고 저녁이
될 때까지 그가 뒤쫓도록 만들었습니다.
마침내 말을 잡았을 때, 길에서 벗어난
지점이 어디인지 돌아갈 수가 없었으며,
이백 마일이 넘게 그는 산과 들판을
헤맨 다음에야 로도몬테를 만났습니다.

어디에서 만났고, 어떻게 결투를 하여   116
사크리판테에게 심각하게 불리해졌는지,
어떻게 말을 잃었고 붙잡히게 되었는지
나중에 말하지요. 먼저 숙영지에서 떠난
로도몬테가 여자와 아그라만테 왕에 대해
얼마나 커다란 분노와 얼마나 커다란
울분에 사로잡혔는지, 그 둘에 대하여
무슨 말을 했는지 이야기할 것입니다.

괴로워하는 로도몬테가 어디를 가든지 117
대기는 불타는 한숨으로 뜨거워졌으며,
에코[55]는 그를 불쌍하게 생각하였는지
동굴들에서 종종 그에게 대답했습니다.
그는 말했지요. "오, 여자의 본성이여,
믿음의 진정한 대상과는 정반대로
너는 얼마나 쉽게 바뀌고 변하는지!
널 믿는 자는 불쌍하고 초라하구나!

무수한 증거로 너에게 명백히 보여 준 118
그 커다란 사랑도, 그 오래된 봉사도,
네 마음이 그렇게 빨리 변하는 것을
억제할 최소한의 힘을 갖고 있지 않구나.
내가 만드리카르도보다 열등해 보였기
때문에 너를 빼앗긴 것이 아닌데,
내 경우에는 단지 네가 여자라는 것
말고는 다른 이유를 찾을 수 없구나!

오, 뻔뻔스러운 여자여, **자연**과 119
신이 너를 세상에 만든 것 같은데,
남자에게는 짐이요, 커다란 형벌이니,
네가 없으면 차라리 행복할 것이야.

---

55) 고전 신화에 나오는 숲과 샘의 요정으로 메아리를 가리킨다.

Canto 27:117

에코는 그를 불쌍하게 생각하였는지
동굴들에서 종종 그에게 대답했습니다.

마치 사악한 뱀과 늑대와 곰을 만든
것과 같고, 허공에다 많은 파리, 말벌,
등에를 만든 것과 같고, 곡물 사이에
가라지와 잡초가 나게 한 것과 같구나!

무엇 때문에 고귀한 **자연**은 너 없이   120
인간이 태어날 수 있게 만들지 않았을까?
마치 인간의 기술로 다른 나무에 배나무,
마가목, 사과나무를 접붙이듯이 말이야.
하지만 **자연**은 항상 완벽할 수 없고,
오히려 그 이름에서 알 수 있는 것처럼
자연을 여성으로 부르기 때문에
완벽한 것을 할 수는 없는 것 같구나![56]

그렇지만 여자들이여, 인간이 너희들의   121
자식이며, 또한 가시들 사이에서도 장미가
태어나고, 더러운 잡초 사이에서도 백합이
태어난다고 말하며 오만하지 않도록 해라!
골칫덩어리이며, 거만하고, 뻔뻔스럽고,
사랑도 없고, 믿음이나 신뢰성도 없고,
무모하고, 잔인하고, 사악하고, 불쾌하고,

---

56) 이탈리아어로 '자연(natura)'은 여성명사이며, 따라서 **자연** 그 자체가 여성이기 때문에 완벽하지 않다는 주장이다.

세상의 영원한 악으로 태어난 여자들이여!"

이런 말과 다른 수없이 많은 말을 하며 122
고통에 넘치는 로도몬테는 가고 있었는데,
때로는 나지막한 목소리로 중얼거렸고,
때로는 멀리에서도 들릴 만한 목소리로
여성을 모욕하고 헐뜯는 말을 하였으니,
분명히 그는 이성에서 멀어져 있었어요.
한두 명 나쁜 여자를 발견했다고, 착한
백 명도 그렇다고 믿을 수는 없습니다.

지금까지 제가 사랑한 모든 여자 중에서 123
비록 충실한 여자가 한 명도 없다고 해도,
저는 모두 사악하다고 말하고 싶지 않고,
저의 잔인한 운명 탓으로 돌리고 싶어요.
남자를 괴로워하게 만들지 않는 여자는
옛날에도 많았으며, 또 지금도 많습니다.
하지만 제 운명이, 백 명 중에 나쁜 여자
하나의 희생자가 되기를 원한 것이지요.

그렇지만 저는 제가 죽기 전에, 아니, 124
제 머리가 하얗게 변하기 전에 찾아보고,
저에게도 자신의 믿음을 저버리지 않는
여자가 있다고 언젠가 말하고 싶습니다.

만약 그런 일이 있다면(희망은 아직 없지
않아요), 저는 저의 능력이 닿는 한
말과 글을 통해, 또 산문과 운문으로
그녀를 영광스럽게 만들 것입니다.[57]

로도몬테는 여인에게 그랬듯이, 자기   125
주군에게도 똑같이 분노하고 있었으며,
그래서 그의 이성은 한계를 넘어서서
그녀를 비난하듯이 주군도 비난했어요.
그의 왕국에 수많은 재난과 폭풍우가
몰아쳐서 아프리카에 있는 모든 집이
무너지고, 돌 위에 다른 돌이 하나도
남아 있지 않은[58] 것을 보고 싶었으며,

아그라만테가 자기 왕국에서 쫓겨나   126
고통스럽고 불쌍하게 거지로 살아가고,
자신[59]이 나중에 모든 것을 복원시키고,
그[60]를 다시 옛날의 왕좌로 복위시키고,

---

57) 이것은 아리오스토가 사랑한 과부 알레산드라 베누치(제1곡 2연 참조)를 염두에 둔 것으로 해석된다.
58) "네 안에 돌 하나도 다른 돌 위에 남아 있지 않게 만들어 버릴 것이다."(〈루카 복음서〉 19장 44절).
59) 로도몬테.
60) 아그라만테.

자신의 신뢰가 결실을 보도록 만들고,
진정한 친구란, 온 세상이 자신에게
반대하더라도, 옳든 그르든 확고해야
한다는 것을 그에게 보여 주고 싶었어요.

그렇게 때로는 왕에게, 때로는 여인에게 127
혼란스러운 마음을 돌리면서 로도몬테는
잠도 자지 않고 하루 종일 말을 탔고,
프론티노를 별로 쉬게 하지 않았어요.
다음 날이나 그다음 날에 그는 손강에
도착했으니, 아프리카의 자기 왕국으로
건너갈 생각으로, 프로방스의 바다를
향하여 똑바로 길을 갔기 때문이지요.

그런데 강의 이쪽저쪽 기슭이 온통 128
작은 배들과 날렵한 배들로 가득했는데,
군대에 사용하기 위해 많은 곳들에서
많은 군수품들을 운반하고 있었습니다.
파리에서 에그모르트[61]의 아늑한 해안에
이르기까지, 또 에스파냐 쪽으로 돌아서면
오른쪽으로 보이는 모든 들판이 이제
무어인들의 손에 떨어졌기 때문이지요.

---

61) 제2곡 63연 참조.

군수품들을 모두 배에서 내린 다음   129
마차와 말 등에다가 옮겨 실었으며,
사람들의 호위를 받으면서, 배로는
닿을 수 없는 곳으로 싣고 갔습니다.
강변에는 여러 지역들에서 그곳으로
데려온 살찐 가축들이 가득하였으며,
가축을 끌고 온 사람들은 강 주위의
여러 집들에서 저녁에 숙박했습니다.

로도몬테는 그곳에서 검고 어두운   130
대기와 함께 밤이 엄습했기 때문에,
자기 집에서 머물라고 부탁하는 시골
여관 주인의 권유를 받아들였습니다.
말을 쉬게 한 다음, 다양한 음식과
멋진 포도주와 함께 식사가 나왔는데,
나머지는 무어인식으로 하였지만,
포도주는 프랑스식으로 원했어요.[62]

여관 주인은 좋은 식사와 친절한   131
얼굴로 로도몬테를 정중히 대했는데,
그의 모습에서 매우 높고 가치 있는

---

[62] 로도몬테는 종교적 관례에 따라 다른 음식은 이슬람식으로 먹었지만, 포도주는 율법을 어기고 프랑스식으로 마셨다는 뜻이다.

사람이라는 것을 분명히 알았습니다.
하지만 완전히 정신이 나가 있던 그는
그날 저녁도 자기 가슴이 아니었기에
(그런데도 그의 가슴은 자기 여인에게
돌아가 있었어요) 말을 하지 않았어요.

여관 주인은 프랑스가 기억할 만한 132
아주 근면한 사람들 중의 하나였으며,
이상하고 적대적인 사람들 사이에서도
여관과 자기 재산을 그대로 간직했고,
그런 일에 적합한 자신의 일부 친척을
그곳으로 불러들여 봉사하게 하였는데,
그들 중에서 누구도 말없이 생각에 잠긴
로도몬테를 보고 감히 말하지 못했어요.

로도몬테는 이런저런 생각에 방황하며 133
자기 자신에게서 멀리 떨어져 있었고,
땅으로 고개를 숙이고, 눈도 들지 않고,
다른 사람의 얼굴을 보지도 않았어요.
한참 동안 말없이 있다가 한숨을 쉬며
마치 그때서야 깊은 잠에서 깬 것처럼,
온몸을 흔들고 동시에 눈을 들었으며
여관 주인과 식솔에게 눈을 돌렸어요.

그러고는 침묵을 깨고 보다 부드러운 134
표정에다 약간 덜 혼란스러운 얼굴로
여관 주인과 주위에 있던 사람들에게
혹시 아내를 데리고 있냐고 물었어요.
여관 주인과 다른 사람들 모두 아내가
있었고, 그래서 그렇다고 대답했지요.
그는 그들에게 각자 자신의 여자가
자신에게 충실하다고 믿는지 물었어요.

여관 주인 외에 모두 아내가 착하고 135
정숙하다고 믿고 있다고 대답했습니다.
그런데 여관 주인은 "각자 원하는 대로
믿겠지만, 당신들의 견해는 틀렸어요.
그런 어리석은 믿음으로 인해 당신들
모두가 이성이 없다고 말하고 싶어요.
여기 이 나리께서도 검은 것을 희다고
말하지 않는다면, 그렇게 믿으실 거예요.

왜냐하면 마치 포이닉스는 유일하게 136
하나이고, 세상에 단 하나만 살고 있듯이,
아내로부터 배신당하지 않은 남자는
오로지 한 명이라고 말하기 때문인데,
각자 자기가 그 유일한 남자이고 그런
승리에 유일하게 도달했다고 생각하지요.

만약 세상에 단 한 명만 그렇다면 어떻게
모든 사람이 그렇게 말할 수 있겠어요?

나도 전에는 당신들과 똑같이 정숙한　　　　　　　　　　137
여자가 많이 있다는 오류에 빠졌어요.
그런데 나에게 커다란 행운으로 예전에
여기 오게 된 어느 베네치아 신사분이
자기가 알고 있는 진실한 사례들로 나를
그러한 오류에서 벗어나게 해 주었지요.
그의 이름은 잔프란체스코 발레리오[63]였고,
나는 그의 이름을 절대로 잊지 않았어요.

아내들과 여자들이 으레 사용하는 온갖　　　　　　　　　　138
속임수들을 그는 자세하게 알고 있었고,
거기에 대한 옛날과 요즈음의 이야기들,
개인적인 경험을 그는 많이 알고 있어서,
가난하든 지위가 높든, 정숙한 여자들은
전혀 찾아볼 수 없으며, 혹시라도 다른
여자보다 정숙해 보이는 것은 신중하게
잘 감추기 때문이라는 것을 증명했지요.

---

63) Gianfrancesco Valerio. 뒤에서 아리오스토는 그를 자기 친구라고 밝혔는데(제46
곡 16연 참조), 일부에서는 그가 사제였으며 베네치아의 적들과 비밀 관계를 유
지했다는 죄명으로 1539년 산마르코 광장에서 교수형을 당한 인물로 보고 있다.

그는 많은 이야기를 해 주었지만 나는 139
삼 분의 일도 기억 못하는데, 그중에서
하나의 이야기가 바위 위에 확고히 새긴
것보다 뚜렷하게 내 기억에 남아 있어요.
그 이야기를 들으면 나쁜 여자들에 대해
나와 똑같은 생각을 하게 될 것입니다.
나리, 만약 나리께서 듣기를 원하신다면,
제가 그 이야기를 해 드리고 싶습니다."

로도몬테는 말했어요. "이야기해도 좋소. 140
지금 이 자리에서, 내 의견과 정확하게
어울리는 멋진 사례나 이야기를 들려주는
것보다 더 즐거운 것이 무엇이 있겠소?
내가 당신 이야기를 잘 들으려면 당신
얼굴을 봐야 하니 여기 마주 앉으시오."
하지만 여관 주인이 로도몬테에게 들려준
이야기는 다음 노래에서 말하겠습니다.

제28곡

여관 주인이 로도몬테에게 여자들의 부정과 경박함을 비난하는 이야기를 해 주고, 어느 노인이 거기에 대해 반박한다. 로도몬테는 은둔 수도사와 함께 체르비노의 시신을 말에 싣고 가던 이사벨라를 만나고, 그녀의 아름다움에 이끌린다.

여인들이여, 여인들을 존중하는 분들이여, 1
여관 주인이 당신들에게 비난과 불명예를
안기기 위해 준비하고 있는 이 이야기에,
부탁하건대, 제발 귀를 기울이지 마십시오.
물론 그런 천박한 혀에는 칭찬이나 비난을
할 수 없고, 무식한 민중이 모두를 헐뜯고
자기가 이해하지 못하는 것에 대해 더욱
많이 말하는 것은 벌써 오래된 풍습이지요.

이 노래는 건너뛰십시오. 그래도 이야기는 2
잘 유지되고, 전혀 모호해지지 않으니까요.
투르피노가 이 이야기를 넣었기에 저도

넣지만, 악의나 적대감 때문이 아닙니다.
저는 여러분을 사랑하고 찬양하는 데에
인색하지 않았다고 말로만 하지 않고
수많은 증거를 제시했고, 저는 오로지
여러분의 것이라는 사실을 증명했지요.

원하는 사람은 서너 장을 건너뛰면서 3
이 시구를 읽지 마시고, 그래도 읽고 싶은
사람은 마치 허구나 우화들에 부여하는
것 정도의 신뢰성을 부여하기 바랍니다.
하지만 우리 이야기로 돌아오자면, 자기
이야기를 들을 청중들이 준비되어 있고
기사[1]의 앞에 자기 자리가 마련된 다음
여관 주인은 이야기[2]를 시작하였습니다.

"수도사 형으로부터 왕국을 물려받은 4
롬바르드족의 왕 아스톨포[3]는 한창
젊었을 때 너무나도 아름다워서 그와
비교될 만한 사람이 거의 없었답니다.

---

1) 로도몬테.
2) 이 이야기의 출전은 《천일야화》에서 이끌어 낸 것으로 해석되는데, 《천일야화》가 유럽에서 인기를 끈 것은 18세기에 번역본이 나온 이후였다. 그렇지만 당시 아라비아 세계와 교류가 많았던 베네치아에는 다양한 경로로 일부 일화들이 소개되었을 것으로 짐작되며, 아리오스토가 잔프란체스코 발레리오에게서 직접 들었을 개연성이 높다.

아펠레스나 제욱시스,[4] 더 뛰어난 누구도
붓으로 그렇게 그리기 어려웠을 것입니다.
정말 아름다웠고 모두 그렇게 생각했지만,
그 자신은 훨씬 더 그렇게 생각하였지요.

그는 다른 모든 사람보다도 고귀한   5
자리에 있는 자신의 그 높은 신분보다,
인근의 모든 왕들을 훨씬 능가하는 더
많은 부와 백성을 가진 것보다, 용모와
아름다움에 있어 온 세상에서 최고의
명예를 가진 것을 더 높게 평가했어요.
다른 무엇보다 자신의 칭찬에 기꺼이
귀를 기울이며 그것을 즐기고 있었지요.

그의 궁정에 있는 사람들 중에서 특히   6
로마의 기사 파우스토 라티니를 총애했고,
그에게서 종종 아름다운 얼굴이나, 또는
아름다운 손에 대한 칭찬을 들었어요.

---

3) 아스톨포(Astolfo)는 749년부터 756년까지 롬바르드족 왕이자 이탈리아 왕이었다. 그의 형 라키스(Rachis 또는 Ratchis 또는 Rachi)는 롬바르드족 왕으로 744년에서 749년까지 통치하다가 동생에게 왕위를 물려주고 몬테카시노 수도원으로 들어갔는데, 756년 동생이 사망하자 다시 왕위에 올라 그 이듬해까지 통치하였다.

4) 아펠레스(Apelles)는 기원전 4세기에 활동한 그리스의 화가로, 현존하는 작품은 없지만 고전 시대의 가장 위대한 화가로 꼽힌다. 또 다른 고대 그리스의 화가 제욱시스에 대해서는 제11곡 71연 참조.

그런데 어느 날 그에게 가까운 곳이나
멀리 떨어진 곳에서 그렇게 아름답게
생긴 사람을 본 적이 있느냐고 물었고,
그러자 예상을 뒤엎고 그는 대답했어요.

파우스토는 말했습니다. '제가 직접   7
보고 다른 사람에게 들은 말에 의하면,
아름다움에서 폐하의 상대는 소수인데,
저는 그 소수를 한 명으로 제한합니다.
그 한 명은 바로 제 동생 요콘도입니다.
그를 제외하면, 아름다움에 있어 모두
폐하보다 한참 떨어진다고 생각하지만,
단지 그는 비교될 수 있다고 믿습니다.'

왕은 그때까지 승리[5]는 자기 것이라고   8
생각했으니까 그 말을 믿을 수 없었고,
그가 그렇게 칭찬하는 젊은이를 한번
만나 보고 싶은 강한 욕망이 생겼지요.
그래서 파우스토에게 동생을 그곳으로
데려오도록 해 보겠다는 약속을 받았는데,
그를 그곳으로 오라고 설득하기가 매우

---

5) 원문은 "palma", 즉 '야자수'로 되어 있는데, 고대부터 야자수 가지는 승리의 상징이었다.

어려울 것이라 했고 그 이유를 말했어요.

그러니까 그의 동생은 자신의 생애에서　　　　　　　　9
로마 밖으로 한 번도 나가 본 적이 없으며,
행운이 자기에게 허용한 재산을 갖고
어려움 없이 편안하게 살고 있었습니다.
아버지가 그에게 유산으로 물려준 것은
전혀 더 늘어나거나 줄어들지 않았으며,
그에게 파비아[6]는 다른 사람이 돈강[7]에
가는 것보다 멀게 보일 것이라고 했어요.

거기에다 더 큰 어려움은 아내에게서　　　　　　　　10
그를 떼어내는 것인데, 아내가 원하지
않는 것은 그도 원하지 않을 정도로
강한 사랑으로 연결되어 있었으니까요.
그래도 자기 주군의 말을 따르기 위해
그는 가서 노력해 보겠다고 말했어요.
왕은 부탁과 함께 합당하게 거부하기
어려울 만한 선물과 대가를 덧붙였지요.

---

6) Pavia. 이탈리아 북부 롬바르디아 지방의 도시로, 서로마제국이 몰락한 후 롬바르드족의 왕국이 성립하면서 그 수도가 되었다.

7) Don River. 동유럽과 러시아를 가로질러 아조프(Azov)해로 흘러드는 강이다.

그는 떠났고 며칠 만에 로마에 있는 11
자기 아버지의 집에 도착하게 되었어요.
거기에서 많은 부탁으로 동생을 움직여
왕에게 가도록 설득하였으며, 그것보다
훨씬 더 어려운 일이었지만, 제수씨가
아무 말 없이 남아 있도록 하기 위해,
그가 언제나 갖고 있을 고마움 이외에
거기서 나올 이익을 제시하기도 했어요.

요콘도는 출발 날짜를 확정하였으며 12
그동안 말들과 하인들을 준비하였고,
멋진 옷이 아름다움을 더해 줄 것이니
멋지게 보일 옷들을 준비하게 했어요.
밤이면 그의 옆에, 낮에는 주위에 있는
아내는 때때로 눈물이 넘치는 눈으로,
그렇게 멀리 떨어지는 것을 어떻게
죽지 않고 견딜지 모르겠다고 말했고,

생각만 해도, 왼쪽 가슴에서 심장이 13
뿌리까지 뽑히는 것 같다고 말했어요.
'오, 내 사랑, 울지 말아요. (요콘도는
그녀 못지않게 혼자 울면서 말했어요.)
늦어도 두 달 이내에는 돌아올 테니
편안히 이 길을 갈 수 있게 해 주오.

Canto 28:13

오, 내 사랑, 울지 말아요.

왕이 자기 왕국의 절반을 선물하여도
나는 단 하루도 넘기지 않을 것이오.'

그래도 아내는 위로를 받지 못하였고　　　　　　　　　　14
너무 많은 시간이 걸린다고 말했으며,
돌아왔을 때 자기가 죽어 있지 않으면
정말 기적일 것이라고 말하였습니다.
밤이건 낮이건 괴로움은 떠나지 않았고
음식도 못 먹고, 눈도 붙이지 못했으며,
너무나도 측은해서 요콘도는 여러 번
형에게 약속한 것을 후회하였답니다.

그녀는 목에서 목걸이를 벗었는데,　　　　　　　　　　15
어느 보헤미아 순례자가 여러 곳에서
모은 여러 가지의 신성한 유물들과
화려한 보석들이 박힌 작은 십자가로,
그 순례자가 예루살렘에서 돌아오다가
병든 자신을 받아 준 그녀의 아버지에게
죽으면서 유산으로 남겨 준 것이었는데,
그 목걸이를 벗어서 남편에게 주었어요.

그리고 사랑을 위해 목에 걸고 다니면서　　　　　　　　16
언제나 자신을 기억해 달라고 부탁했어요.
남편은 선물이 마음에 들어 받아들였는데,

기억을 일깨워야 해서가 아니었어요.
아내에게 언제나 갖고 있고 죽은 후에도
간직할 정도로 확고하고 단단한 기억은
시간이나 먼 거리도 무너뜨릴 수 없고,
행운이나 불운도 깨뜨리지 못했으니까요.

최종적으로 출발하는 날 새벽이 오기 17
전까지의 밤 동안 요콘도의 아내는 이제
곧 그녀의 곁을 떠나게 될 남편의 팔에
안겨 있으면서 거의 죽을 지경이었어요.
잠도 자지 않았고, 날이 새기 한 시간
전에 남편은 마지막 작별을 고했지요.
그는 말에 올라탔고 마침내 떠났으며,
아내는 다시 침대 안으로 돌아갔지요.

요콘도는 채 2마일도 가지 않았는데, 18
갑자기 십자가가 머릿속에 떠올랐으니,
전날 저녁 베개 아래에다 넣어 두었다가
깜박 잊고 그대로 두고 왔던 것입니다.
'세상에! (그는 생각했어요.) 어떻게 해야
납득할 만한 변명을 찾아낼 수 있을까?
내가 끝없는 자기 사랑을 대수롭지 않게
생각했다고 아내가 믿지 않도록 말이야.'

그는 변명을 생각했는데, 자기가 직접 19
가지 않고, 하인이나 다른 어떤 사람을
대신 보내는 것은 납득할 만하지 않고
좋지도 않다는 생각이 들어서 걸음을
멈추고 형에게 말했어요. '바카노[8]'에
있는 첫 번째 여관까지 천천히 가세요.
나는 로마로 다시 돌아가야 하니까요.
그래도 길에서 형을 따라잡을 거예요.

다른 사람이 할 수 없는 일이니까요. 20
걱정 말아요, 내가 곧 따라잡을 테니까.'
그는 말머리를 돌렸고 작별을 했는데,
전혀 하인을 데려가려고 하지 않았어요.
강[9]을 건넜을 때는 벌써 눈먼 하늘[10]이
태양 앞에서 달아나기 시작하였지요.
집에서 말에서 내렸고, 침대로 갔으며,
깊이 잠들어 있는 아내를 발견했지요.

그는 아무 말 없이 커튼을 걷었는데, 21
전혀 예상하지 못한 것을 보았답니다.

---

8) Baccano. 로마 북쪽의 카시아 가도 옆에 있는 마을이었다.
9) 로마를 가로지르는 테베레(Tevere, 라틴어로 티베리스Tiberis)강을 가리킨다.
10) 별빛이 보이지 않는 어두운 하늘.

이불 아래에서 그의 정숙하고 충실한
아내는 어느 젊은이 팔에 안겨 있었어요.
그는 곧바로 그 정부를 알아보았는데,
오랫동안 잘 알고 지냈기 때문이지요.
바로 자기 하인들 가운데 한 젊은이로
비천한 출신의 그를 자신이 키웠지요.

그가 얼마나 깜짝 놀라고 실망했는지, 22
다른 사람의 말을 믿거나 상상하는 것이
낫지, 그가 큰 고통 속에 그랬던 것처럼
직접 체험해 볼 것은 절대로 아닙니다.
타오르는 분노에 그는 칼을 뽑아서
둘 다 죽이고 싶은 충동을 느꼈지만,
그럼에도 불구하고 파렴치한 아내에
대한 사랑이 그것을 가로막았답니다.

또한 뻔뻔스러운 아모르는 얼마나 23
그를 고분고분한 부하로 만들었는지,
그 커다란 잘못을 들켜 괴로워하지
않도록 그녀를 깨우는 것도 막았어요.
그는 가능한 한 조용히 밖으로 나가
계단을 내려갔고, 말 위에 올라탔으며,
자기가 사랑에 찔렸듯이 말을 찔렀고,[11]
여관에 가기 전에 형을 따라잡았어요.

모두 그의 표정이 바뀐 것을 보았고 24
모두 그의 마음이 슬픈 것을 보았지만,
그의 비밀을 꿰뚫어 보거나 조금이라도
짐작할 수 있는 사람은 아무도 없었어요.
모두들 그가 로마로 가기 위하여 그들을
떠났는데, 코르네토[12]로 갔다고 믿었지요.
사랑이 원인이라는 것을 모두 눈치챘지만
어떤 방식으로 그랬는지 아무도 몰랐어요.

그의 형은 아내를 홀로 남겨 둔 것에 25
대한 고통 때문일 것이라고 생각했는데,
오히려 정반대로 그녀가 너무나도 멋진
동반자와 있어서 화가 났던 것이지요.
불쌍한 그는 물결치는 머리와 부루퉁한
입술과 함께 오로지 땅만 바라보았어요.
파우스토는 위로하기 위해 온갖 노력을
했지만 이유를 몰랐으니 소용없었어요.

그의 상처에다 잘못된 약을 발랐기에, 26
줄여 주어야 하는 고통이 오히려 커졌고

---

11) 말에 박차를 가했다는 뜻이다.
12) Corneto. 로마 북서쪽에 있는 작은 소읍으로 오늘날의 타르퀴니아(Tarquinia)이다. 그렇지만 여기에서는 교묘한 말장난을 암시하고 있다. 이 지명과 비슷한 이탈리아어 코르누토(cornuto)는 '오쟁이 진 남자'를 뜻한다.

아물어야 하는 곳을 더 열고 찔렀으니,
아내를 더 생각나게 하였기 때문이지요.
밤낮으로 쉬지 않았고, 입맛과 함께 잠도
멀리 달아났고, 조금도 억제할 수 없었고,
전에는 그렇게 아름답던 얼굴이 너무나
변해서 이제는 그가 아닌 것 같았어요.

눈은 마치 머리 안에 숨은 것 같았고, 27
코는 야윈 얼굴에서 더 커진 것 같았고,
이제 아름다움은 거의 남아 있지 않아
누구와도 비교할 수 없을 것 같았어요.
고통과 함께 열병이 그를 괴롭혔기에
아르비아와 아르노[13]에서 머물렀는데,
아름다운 것을 아직 간직하고 있다면
곧바로 한낮에 꺾은 장미[14] 같았지요.

파우스토는 자기 동생이 그렇게 변한 28
모습을 보는 것이 괴로울 뿐만 아니라,
왕 앞에서 그렇게 칭찬했는데, 완전히
거짓말쟁이로 보일까 더 걱정되었어요.

---

13) 아르비아(Arbia)강과 아르노(Arno)강은 토스카나 지방을 흐르는 강으로, 여기에서는 그 곁에 있는 도시 시에나와 피렌체를 가리킨다.
14) 햇볕에 곧바로 말라 버리는 장미를 가리킨다.

가장 멋진 사람을 보여 주겠다고 했는데,
가장 추한 자를 보여 주게 되었으니까요.
하지만 그래도 계속해서 길을 갔으며
마침내 그와 함께 파비아에 도착했어요.

왕은 분별없는 것처럼 보이지 않기 위해 29
서둘러서 그와 만나기를 원하지 않았고,
그래서 편지로 자기 동생이 겨우 살아서
도착했다고 미리 왕에게 알려 주었어요.
그러니까 너무나도 해로운 가슴속의
괴로움에다 악성 열병이 수반되어서
아름다운 얼굴의 모습이 예전과는
완전히 다르게 보인다고 전하였지요.

왕은 요콘도가 온 것을 마치 친구가 30
온 것보다도 더 기분 좋게 맞이했고,
그를 만나 보는 것보다 세상에서 더
바람직한 것은 없는 것처럼 보였어요.
그가 아름다움에 있어 자기보다 약간
뒤지는 것을 보는 것이 싫지 않았으니,
병만 아니었다면, 자기보다 뛰어나거나
비슷하다는 것을 잘 알았기 때문이지요.

도착한 요콘도를 자기 왕궁에 묵게 했고, 31

매일 그를 방문하여 그의 말을 들었고,
편안하게 머물 수 있도록 잘 배려했고,
잘 환대하려고 노력했고 또 즐겼지요.
요콘도는 뻔뻔한 아내에 대한 사악한
생각에 계속 괴로웠고 야위어 갔으며,
놀이를 보는 것도, 음악을 듣는 것도,
그 고통을 조금도 줄여 주지 못했어요.

그의 방은 맨 위층의 지붕 아래였고, 32
맞은편에는 아주 오래된 홀이 있었어요.
모든 즐거움, 모든 동반자가 적대적으로
보였기 때문에, 종종 혼자서 그곳으로
물러났는데, 언제나 무거운 생각들이
가득한 가슴에 새로운 번민을 더했지요.
그런데(그걸 누가 믿겠습니까?) 거기서
자기 상처를 치유해 줄 것을 발견했어요.

창문을 전혀 열어 놓지 않았기 때문에 33
아주 어두운 곳인 홀의 한쪽 끝에는
바닥과 벽이 잘 맞지 않아 아주 맑은
대기 사이로 빛이 새 나오고 있었어요.
그는 거기에다 눈을 대 보았는데, 말로
들었다면 믿기 어려운 것을 보았지요.
말로 들은 것이 아니라 직접 보았는데,

그래도 자기 눈을 믿을 수 없었어요.

거기에서 그는 왕비의 가장 아름답고　　　　　　　　　　34
가장 비밀스러운 방을 보게 되었는데,
왕비가 가장 신뢰하는 사람 이외에는
누구도 들어갈 수 없는 곳이었어요.
거기에서는 어느 난쟁이가 왕비와
뒤엉켜 이상한 싸움을 하고 있었는데,
그 난쟁이가 얼마나 날래고 노련한지
왕비를 자기 몸 아래로 몰아넣었어요.[15]

너무 깜짝 놀라고 경악한 요콘도는　　　　　　　　　　35
꿈이라 생각하고 잠시 동안 있었는데,
그것은 꿈이 아니라 바로 사실이라는
것을 깨달았고, 자기 자신을 믿었어요.
'그러니까 세상에서 가장 멋지고 가장
친절한 왕을 남편으로 갖고 있는데,
그렇게 흉측하고 못생긴 괴물 밑에
깔리는가? 오, 이게 무슨 욕망인가!'

그리고 그 누구보다도 그렇게 자주　　　　　　　　　　36
비난하였던 자기 아내가 생각났어요.

---

15) 사랑의 행위를 씨름("이상한 싸움")에 비유하고 있다.

자기에게서 아내를 빼앗은 젊은이는
그래도 변명의 여지가 있었으니까요.
한 남자로만 만족하지 못하는 것은
그녀의 잘못보다 여성의 본능이었고,
모든 여자가 똑같은 오점을 가졌어도
최소한 아내는 괴물을 취하지 않았어요.

그리고 그다음 날 똑같은 시간에 37
똑같은 장소로 그는 돌아가 보았고,
다시 한번 왕비와 난쟁이가 똑같은
모욕을 왕에게 가하는 것을 보았어요.
그다음 날도, 또 다음 날도 똑같이
보았으니, 하루도 쉬는 날이 없었고,
왕비는(정말 이상해 보였는데) 언제나
난쟁이가 덜 사랑한다고 괴로워했어요.

그가 훔쳐보던 어느 날에는 왕비가 38
매우 울적하고 당황한 표정이었는데,
난쟁이를 부르려고 두 번이나 하녀를
보냈는데, 아직도 안 왔기 때문이지요.
세 번째로 보냈는데, 하녀는 돌아와
말했습니다. '마마, 그 불한당은 지금
노름을 하고 있는데, 돈 한 푼 잃지
않으려고 오는 것을 거부하고 있어요.'

Canto 28:38

난쟁이를 부르려고 두 번이나 하녀를
보냈는데, 아직도 안 왔기 때문이지요.

그렇게 이상스러운 광경에 요콘도의　　　　　　　　　　39
머리와 눈과 얼굴이 함께 맑아졌으며,
그의 이름이 그러하듯이,[16] 실제로 그는
즐거워졌고 눈물이 웃음으로 바뀌었어요.
그는 다시 즐겁고 살찌고 밝아졌으며
천국에서 내려온 천사처럼 보였으니,
왕과 그의 형, 그리고 모든 하인들이
그러한 변화를 보고 깜짝 놀랐습니다.

왕은 요콘도에게 갑작스러운 위안이　　　　　　　　　40
어디에서 왔는지 듣고 싶어 안달했고
요콘도도 왕에게 말해 주고 싶고, 그런
모욕을 알려 주고 싶어서 안달했지만,
왕이 자기 이상으로 그런 잘못에 대해
아내를 처벌하는 것을 원하지 않았고,
그래서 왕비를 해치지 않도록 하려고
왕에게 하느님께 맹세하게 하였어요.

그러니까 그가 왕에게 말하는 것이나　　　　　　　　41
보여 주는 것이 아무리 싫더라도, 또한
심지어 왕으로서의 위엄에 직접적으로
피해가 되는 것을 알게 된다고 하더라도,

---

16)　그의 이름 요콘도(Iocondo)는 '즐겁다'는 뜻이다.

그때나 나중에도 복수하지 않을 것이며,
게다가 왕이 안다는 것을 죄인이 말이나
행동으로 눈치채지 못하게 그것에 대해
침묵하겠다는 맹세까지 하게 했습니다.

그것 이외에 다른 모든 것을 믿었을   42
왕은 그에게 너그러이 맹세를 했지요.
요콘도는 자기가 그렇게 오랫동안
괴로워했던 이유를 왕에게 설명했어요.
부정한 아내가 천박한 자기 하인의
팔에 안긴 것을 발견했기 때문이며,
위안이 더 늦었다면 아마도 자기는
고통에 죽었을 것이라고 말했지요.

그렇지만 폐하의 궁전에서 자신의   43
고통을 많이 줄여 준 것을 보았으며,
완전히 잊은 것은 아니지만, 최소한
혼자가 아님을 확신했다고 말입니다.
그렇게 말하면서 틈새에 이르렀고,
그 흉측한 난쟁이가 다른 사람의
암말을 타고 등허리를 들썩거리며
박차를 가하는 것을 보여 주었지요.

그것이 왕에게 얼마나 모욕적으로   44

느껴졌을지 말을 안 해도 아시겠지요.
왕은 화가 치밀어 미칠 지경이었고,
머리로 사방의 벽을 찧고 싶었으며,
고함을 지르고 약속을 깨고 싶었지만,
신성한 성물에 대고 맹세했기 때문에
결국 억지로 자신의 입을 틀어막았고,
쓰고 신랄한 분노를 억지로 삼켰지요.

왕은 요콘도에게 말했답니다. '형제여, 45
내가 어떻게 해야 할지 충고를 해 주오.
이 정당한 분노를 합당하고 잔인하게
복수하는 것을 그대가 가로막았으니까.'
요콘도는 '이 뻔뻔한 여자들을 떠나서
다른 여자들도 그런지 시험해 봅시다.
다른 남자들이 우리 여자에게 그랬듯이
우리도 다른 남자의 여자에게 그럽시다.

우리는 모두 젊고, 아름다움에 있어 46
비교할 만한 사람을 찾기 어렵습니다.
못생긴 남자들도 막아내지 못하는데
어떤 여자가 우리를 거부하겠습니까?
젊음이나 아름다움이 효과가 없다면
최소한 우리의 돈이 유효할 것입니다.
저는 다른 아내 천 명의 전리품을

얻기 전에는 돌아오고 싶지 않아요.

오래 떠나 있고, 다양한 곳들을 보고, 47
바깥의 다른 여자들을 체험하는 것은,
종종 우리의 가슴에서 사랑의 열정을
완화하고 풀어 주는 것처럼 보입니다.'
왕은 그런 생각을 칭찬하였고, 출발을
잠시라도 지체하려고 하지 않았으며,
몇 시간 뒤에 두 명의 시종만 데리고
요콘도와 함께 곧바로 길을 떠났지요.

그들은 변장을 하고 프랑스, 이탈리아, 48
플랑드르와 잉글랜드 땅들을 찾았는데,
얼굴이 아름다운 모든 그곳 여자들이
그들의 부탁에 친절한 것을 발견했어요.
종종 돈을 주거나 또는 받기도 했고
때로는 지불한 돈을 되찾기도 했어요.
많은 여자들이 그들의 부탁을 받았고,
그만큼 많은 여자들이 부탁을 했어요.

이 땅에서 한 달, 또 저 땅에서 두 달 49
머물면서, 그들은 자신들의 여자들뿐만
아니라, 다른 여자들에게 믿음과 정절이
있는지 진정한 증거로 확인해 보았지요.

얼마 지난 후에는 두 사람 모두 계속
새로운 모험을 하는 것이 두려워졌으니,
다른 사람의 집 안으로 들어갈 때마다
생명의 위험을 무릅써야 했으니까요.

그들에게는 얼굴이나 몸가짐이 그들 50
모두의 마음에 드는 여자를 찾아내서
공동으로 만족하면서 절대로 서로가
질투를 하지 않는 것이 더 나았어요.
왕이 말했어요. '왜 내가 다른 사람보다
그대와 공유하는 것을 싫어해야 하지?
알다시피 모든 여자들 중에서 한 남자에
만족하는 여자는 하나도 없는데 말이야.

여자 한 명으로, 우리가 노력할 필요 51
없이, 자연스러운 욕구가 생길 때마다
우리가 함께 축제와 쾌락을 즐기면서
전혀 싸움이나 갈등이 없으면 될 거야.
그녀도 괴로울 필요가 없다고 생각해.
모든 여자에게 두 명의 남편이 있으니,
한 명보다 두 명에게 더 충실할 것이고
아마도 많은 불평을 듣지 않을 것이야.'

왕이 그렇게 말한 것에 대하여 로마의 52

젊은이는 무척이나 만족한 것 같았어요.
그러니까 그런 제안에 동의를 한 다음
그들은 많은 산과 많은 들판을 찾았고,
마침내 그들의 의도에 따라 발렌시아의
항구에서 여관을 운영하는 한 에스파냐
여관 주인의 딸을 발견했는데, 그녀는
용모도 아름답고 태도도 아름다웠어요.

그녀는 부드럽고 아직은 거의 설익은   53
나이에 봄날에 피어나는 꽃과 같았어요.
아버지는 많은 자식들에 짓눌려 있었고
치명적인 가난의 적에게 쫓기고 있어서
자기 딸을 그들에게 주어 원하는 대로,
아무 곳에나 그녀를 데려갈 수 있도록
그를 설득하기는 아주 쉬운 일이었으니,
잘 대해 주겠다고 약속했기 때문이지요.

그들은 아가씨를 데려갔으며, 서로가   54
합의나 양보를 통해 즐거움을 얻었으니,
마치 두 개의 풀무가 서로 번갈아가며
용광로에 풀무질을 하는 것과 같았지요.
그리고 에스파냐 전역을 구경하고 나서
시곽스[17]의 왕국으로 건너가려고 했고,
발렌시아에서 떠나는 날 하티바[18]로

Canto 28:53

그녀는 부드럽고 아직은 거의 설익은
나이에 봄날에 피어나는 꽃과 같았어요.

가서 그곳의 여관에서 묵었습니다.

주인들[19]은 여행하러 가는 모든 곳에서 55
그런 즐거움을 얻는 것이 관례이듯이,
그곳의 거리들과 궁전들, 공공건물들과
신성한 장소들을 구경하기 위해 갔고,
아가씨는 시종들과 함께 남아 있었어요.
누구는 침대를, 누구는 말들을 보살피고,
누구는 자기 주인들이 돌아올 때 식사가
차려져 있도록 준비를 하고 있었어요.

여관에는 젊은 시종이 하나 있었는데, 56
그는 예전에 아가씨의 집에서 묵으면서
아버지의 일을 도와주었고, 그녀의 최초
연인으로서 그녀와 사랑을 즐겼었지요.
그들은 서로 알아보았지만, 혹시라도
발각이 될까 두려워 모르는 척했는데,
주인들과 하인들이 자리를 마련해 주자
곧바로 서로 눈을 들고 마주 보았어요.

---

17) Syphax(이탈리아어로 시파체Siface). 기원전 3세기 제2차 포에니 전쟁 당시 누미디아의 왕이었다. 여기에서 "시팍스"의 왕국은 아프리카를 가리킨다.
18) Játiva. 에스파냐 발렌시아 지방에 있는 도시.
19) 아스톨포 왕과 요콘도.

시종은 그녀에게 어디로 가고 있으며,   57
두 주인 중 누구와 가느냐고 물었지요.
피암메타는 사실대로 말했어요. (그것이
그녀 이름이었고, 시종은 그레코였어요.)
그레코가 말했어요. '세상에! 너와 함께
살 때가 오기를 내가 얼마나 기다렸는데!
피암메타, 내 사랑, 만약 네가 가 버리면,
우리가 언제 다시 보게 될지 모르겠구나!

네가 다른 사람들과 멀리 가 버리면   58
내 달콤한 계획이 물거품이 되겠구나.
나는 나의 봉급에서 쓰고 남는 것과
손님들에게 받는 팁이 조금 있으니까,
많은 땀과 많은 노고를 들여 얼마간의
돈을 모으게 되면, 발렌시아로 돌아가
네 아버지에게 널 아내로 달라고 하여
너와 결혼할 계획을 세우고 있었어.'

아가씨는 어깨를 움찔하였으며, 이제   59
너무 늦어 버렸다고 그에게 대답했어요.
그레코는 울고 한숨을 쉬면서 말했지요.
'나를 이렇게 죽도록 내버려두고 싶어?
최소한 너의 팔로 나를 한번 안아 주고
나의 많은 욕망을 조금이라도 풀어줘.

네가 떠나기 전에 너와 함께 있는 모든
순간이 내게 행복한 죽음이 되게 말이야.'

연민에 넘치는 아가씨는 대답하였지요. 60
'너에게 못지않게 나도 그렇게 하고 싶어.
하지만 시간이나 장소가 허용하지 않아.
여기 수많은 눈들 한가운데에 있으니까.'
그레코는 덧붙였어요. '분명히 말하지만,
내 사랑의 삼 분의 일만 나를 사랑한다면,
오늘 밤에 최소한 우리가 조금이라도
함께 즐길 수 있을 곳을 찾아내야 해.'

아가씨는 말했습니다. '그렇지만 밤에 61
언제나 둘 사이에 누워 있는데 어떻게
하겠어? 둘 중의 하나는 나와 즐기고
둘 중의 하나는 나를 안고 있는데?'
그레코가 말했어요. '그것은 상관없어.
네가 원하기만 한다면, 그런 곤경에서
벗어나 빠져나올 방법을 알게 될 거야.
나를 생각한다면 그렇게 해야만 해.'

그녀는 잠시 동안 생각하더니 모두 62
잠들었다고 생각될 때 오라고 했어요.
그리고 오고 나서 돌아갈 때 어떻게

해야 할지 분명하게 설명해 주었어요.
그레코는 그녀가 가르쳐 준 것처럼
모두가 잠들었다고 생각되었을 때
문으로 와서 밀었고, 문이 열렸어요.
천천히 들어갔고, 발로 더듬거렸지요.

그는 다리를 길게 뻗었으며, 언제나　　　　　　　　　　63
뒤쪽 다리를 고정하고 다른 쪽 다리를
움직여,[20] 유리에 부딪칠까 두려워하고,
바닥이 아니라 달걀을 밟는 것 같았고,
그와 비슷하게 손을 앞으로 내밀었고,
비틀거리면서 마침내 침대에 닿았고,
다른 사람들의 발바닥이 있는 곳에서
조용히 머리부터 앞으로 밀어 넣었어요.

그는 반듯하게 누워 있는 피암메타의　　　　　　　　　64
두 다리 사이로 곧장 들어가게 되었고,
그녀와 마주 보게 되자 세게 껴안았으며
날이 샐 때까지 그녀의 위에 있었어요.
그는 갈아타지도 않고 세게 말을 탔으니,
말을 갈아탈 필요가 없었기 때문이지요.

---

20) 한쪽 다리에 모든 체중을 지탱하도록 단단히 유지하고, 다른 한쪽 다리를 들어 어디에 디딜까 찾아본다는 뜻이다.

그에게는 그 말이 너무나도 잘 달려서
밤새도록 거기서 내리고 싶지 않았어요.

요콘도와 왕은 계속 침대를 요란하게 65
뒤흔든 그런 말발굽 소리를 들었는데,
두 사람 모두가 하나의 오류에 속아서,
자기 동료가 그러는 것이라고 믿었지요.
그레코는 자신의 목적지에 도착하였기
때문에 이제 다시 돌아갔어요. 태양이
수평선에서 빛살들을 쏠 때 피암메타는
일어났으며, 시종들을 들어오게 했어요.

왕은 요콘도에게 농담하면서 말했어요. 66
'형제여, 아주 많은 길을 달린 모양이군.
밤이 샐 때까지 말을 탔으니까, 이제는
아마도 휴식을 취해야 할 시간이겠군.'
그러자 요콘도는 왕에게 대꾸하였지요.
'제가 말해야 할 것을 말씀하시는군요.
밤이 새도록 말을 타고 사냥을 했으니,
이제 쉬어야 할 겁니다. 잘해 보십시오.'

그러자 왕이 덧붙였어요. '나도 분명히 67
내 사냥개를 풀어서 달리게 했을 거야.
내 욕구를 풀 수 있도록 그대가 나에게

잠시 동안 말을 빌려주었다면 말이야.'
요콘도는 반박했지요. '저는 신하이고,
폐하는 저에게 마음대로 할 수 있으니,
그렇게 돌려서 말할 필요가 없습니다.
제게 말하셨으면 바로 넘겼을 겁니다.'

한쪽은 그렇게 반박하고 다른 한쪽은 68
덧붙였으니, 함께 말다툼이 되었어요.
농담에서 서로를 찌르는 말이 되었고
두 사람 모두 조롱당했다고 생각했어요.
그들은 가까이 있던 피암메타를 불렀고,
서로에게 거짓말처럼 보였던 것을 바로
두 사람 앞에서 말하게 했어요. 그녀는
그 속임수를 감추려고 하지 않았지요.

왕은 준엄한 눈길로 말했어요. '말해 봐. 69
나나 이 사람을 두려워하지 말고 말해.
밤새도록 양보하지도 않고, 그렇게
강력하게 너와 즐긴 사람이 누구야?'
두 사람은 서로 상대방이 거짓말쟁이로
드러난다고 생각하고 대답을 기다렸어요.
피암메타는 이제 발각됐으니, 살아남기
어렵다고 생각하면서 무릎을 꿇었어요.

그녀는 용서를 구했으며, 자기가 어느 70
젊은이에게 갖고 있던 사랑에 이끌렸고,
그녀 때문에 무척이나 괴로워했던 그의
마음에 대한 연민에 이끌려서 그날 밤
그런 잘못을 범하게 되었다고 말했어요.
그리고 두 사람이 동료로 믿을 것이라는
희망과 함께, 어떻게 그들 사이로 그를
인도했는지 거짓 없이 모두 말했어요.

왕과 요콘도는 너무나도 깜짝 놀라고 71
경악하여 서로의 얼굴을 바라보았는데,
다른 두 사람이 그렇게 속았다는 말을
지금까지 전혀 듣지 못했기 때문이지요.
그러고는 똑같이 폭소를 터뜨렸는데,
입을 벌리고 두 눈을 감은 채 얼마나
웃었는지 가슴으로 숨쉬기가 힘들었고,
침대 위에서 뒤로 넘어질 정도였어요.

두 눈에 눈물이 나고, 가슴에 통증을 72
느낄 정도로 많이 웃고 난 다음, 그들은
자기들끼리 말했어요. '서로 닿을 정도로
단단히 둘 사이에 여자를 껴안고 있어도
소용이 없다면, 아내들이 속이는 것을
우리가 대체 어떻게 감시할 수 있을까?

남편이 머리칼보다 많은 눈을 가졌어도
배신당하는 것을 막을 수는 없을 거야.

우리는 수없이 많은 아름다운 여자를   73
시험했는데, 한 명도 거절하지 않았어.
다른 여자들을 시험해도 비슷할 텐데
마지막 시험으로는 이 여자로 충분해.
그러니 우리 아내들이 다른 여자보다
더 나쁘거나 덜 정숙한 것이 아니야.
만약에 다른 모든 여자들과 똑같다면,
돌아가서 즐기는 편이 더 나을 거야.'

그렇게 결론을 내린 다음, 두 사람은   74
피암메타에게 연인을 불러오게 했고,
수많은 사람들 앞에서 그녀를 아내로
주었고, 또 충분한 지참금도 주었어요.
그리고 그들은 말을 탔고, 서쪽으로
향하였던 길을 동쪽으로 바꾸었으며,
각자 자신의 아내에게로 돌아갔고,
더 이상 전혀 괴로워하지 않았답니다."

여기에서 여관 주인은 청중의 많은   75
관심을 끌었던 이야기를 끝냈습니다.
로도몬테는 이야기를 들었고, 모두

끝날 때까지 한마디도 하지 않았어요.
마침내 말했어요. "여자들의 감추어진
속임수들은 엄청나게 많은 것 같구려.
그중에서 아주 작은 한 부분이라도
모든 종이에 적어 놓지 못할 것이야."

거기에 어느 나이 든 남자가 있었는데,　　　　　76
올바른 견해에 지혜와 용기가 있었어요.
그는 모든 여자들을 그렇게 비난하는
것을 더 이상 참지 못하였고, 그러한
이야기를 한 사람을 향해 몸을 돌리고
말했습니다. "우리는 그 안에 아무런
진실도 없는 이야기들을 많이 듣지요.
당신 이야기도 그런 것 중의 하나요.

당신에게 말해 준 사람이 다른 것에서　　　　　77
복음사가라고 해도 나는 믿지 않아요.
여자들에 대한 경험보다 자기 견해로
그는 그런 이야기를 하게 된 것이오.
한두 여자에 대해 가진 악의 때문에
정숙한 여자들을 증오하고 비난하지요.
하지만 분노가 지난 뒤 다시 들어 보면
이제 비난보다 칭찬을 많이 할 것이오.

Canto 28:76
거기에 어느 나이 든 남자가 있었는데,
올바른 견해에 지혜와 용기가 있었어요.

그리고 칭찬하려고 한다면, 비난했을 78
때보다 훨씬 많은 것을 발견할 것이고,
비난해야 할 나쁜 여자가 한 명이라면,
명예로운 여자는 천 명을 찾을 것이오.
모든 여자들을 비난하지 말고, 수많은
여자들의 선함을 간직해야 할 것이오.
발레리오가 그렇게 말한 것은, 자기가
느낀 것이 아니라, 분노 때문이라오.

한번 말해 보십시오. 자기 아내에게 79
충실함을 간직한 남자가 혹시 있어요?
기회가 있을 때 다른 여자에게 가서
선물도 주는 걸 거부한 남자가 있어요?
세상에 한 명이라도 있을까요? 그러면
거짓말이고, 그것을 믿으면 바보지요.
당신들을 부르는 여자가 어디 있어요?
(나쁜 여자나 창녀를 말하는 게 아닙니다.)

여러분 중에 혹시 짧은 시간에 손쉽게 80
얻을 희망이 있다면, 다른 여자를 뒤쫓기
위해, 아무리 아름다워도 아내를 혼자
내버려두지 않을 남자를 알고 있어요?
만약 어느 여자가 자기에게 부탁하거나
선물을 준다면 그 남자는 어떻게 할까요?

이 여자, 저 여자를 기쁘게 해 주기 위해
우리 모두 자기 피부까지 벗어 줄 겁니다.

자기 남편을 버리고 떠난 여자들은 81
대부분의 경우 그 이유를 갖고 있지요.
남편이 부부의 애정을 게을리하고
밖에서 다른 여자를 찾기 때문이지요.
사랑받기를 원한다면, 사랑해야 하며
그녀들에게 주는 만큼 받아야 해요.
나에게 만약 그런 능력이 주어진다면
남자가 거부하지 못할 법을 만들겠어요.

그 법에 의하면, 간통하다가 들킨 82
모든 여자는 바로 자신의 배우자가
한 번이라도 간통한 것을 증명하지
못하면 사형에 처해야 하고, 만약에
증명하면 풀려나고, 남편이나 법원을
두려워할 필요가 없게 하는 것이지요.
그리스도께서는 자기가 원치 않는 것을
남에게 하지 말라는 계율을 남기셨어요.

부정은 처벌받아야 할 악이지만, 83
여자들 모두에게 그런 것은 아니에요.
그리고 그런 면에서 누가 더 나쁜가요?

정숙한 남자는 한 명도 없을 겁니다.
더구나 욕하고, 도둑질하고, 사기 치고,
강탈하고, 살인하는 것을 생각하면
얼굴을 붉혀야 마땅한데, 더 나쁘게
그것은 대부분 남자들이 저지르지요."

그 진지하고 정의로운 노인은 그러한　　　　　　　　　　84
주장에다가, 행동이나 생각에 있어서
자신들의 정조를 절대 훼손하지 않은
여자들의 몇 가지 예를 갖고 있었어요.
하지만 로도몬테가 진실을 듣는 것을
거부하여 사나운 얼굴로 위협하였기에,
그는 두려움 때문에 입을 다물었지만,
자신의 견해까지 바꾸지는 않았습니다.

로도몬테는 그러한 논쟁과 말다툼을　　　　　　　　　　85
마무리 지은 다음에 식탁을 떠났으며,
곧바로 침대에 길게 누워 검고 어두운
대기가 물러날 때까지 자려고 했으나,
잠을 자는 것보다 자기 여인의 모욕에
한숨을 쉬느라고 밤을 지새웠습니다.
그리고 새로운 햇살이 나올 때 떠났고,
배를 타고 자신의 길을 가려고 했지요.

그는 훌륭한 기사가 훌륭한 말에게　　　　　　86
가져야 하는 그 모든 존중심을, 바로
사크리판테와 루지에로에게서 빼앗은
멋지고 훌륭한 말에게 갖고 있었기에,
그런 좋은 말에게 그러면 안 되는데
이틀 동안 달리게 강요한 것을 깨닫고,
말을 배에다 실어 쉬도록 조치했고
보다 더 빨리 가기 위해 서둘렀어요.

지체 없이 사공에게 배를 띄우도록　　　　　　87
뱃전에서 노를 물속에 잠기게 했어요.
그리 크지 않고 적은 짐을 실은 배는
가볍게 손강을 따라 내려갔습니다.
땅 위에서나 물 위에서도 로도몬테의
생각은 그에게서 떠나지 않았으며,
이물이나 고물에서도 함께 있었고
말을 타면 등 위에서 따라왔습니다.

아니, 그의 머리와 가슴속에 자리를　　　　　　88
잡고 모든 위안을 밖으로 내쫓았지요.
적들이 이미 자신의 내부에 있었으니
불쌍한 그는 방어할 방법을 몰랐어요.
자기 내부의 생각들이 싸우고 있으니
누구에게 도움을 바랄 수도 없었으며,

도움을 주어야 할 그 잔인한 생각들에
밤낮으로 계속하여 괴로움을 당했어요.

로도몬테는 번민으로 가득한 가슴과   89
함께 그날 밤까지 배를 타고 갔는데,
그 여인과 그녀의 연인[21]에게서 받은
모욕을 마음에서 씻어 낼 수 없었어요.
그리고 말을 타며 느꼈던 것과 똑같은
고통과 번민을 배 위에서도 느꼈으며,
물에 있으면서도 그 불을 끌 수 없었고,
그 상태나 위치를 바꿀 수도 없었어요.

마치 뜨거운 열병에 시달리고 지친   90
환자가 몸을 돌리면 상태가 좋아질까
하는 희망에 이쪽으로 또는 저쪽으로
돌아눕고, 또 장소를 바꾸어 보지만,
오른쪽을 돌리거나 왼쪽으로 돌리거나
완전히 똑같이 고통을 느끼는 것처럼,
그렇게 로도몬테는 병든 악에 대하여
땅에서나 물에서도 막을 수 없었어요.

배 위에서 있는 것을 더 이상 참지   91

---

21) 만드리카르도.

못한 로도몬테는 땅으로 내렸습니다.
그는 리옹, 비엔,[22] 발렌시아를 지났고
아비뇽에서 화려한 다리[23]를 보았어요.
론강과 피레네산맥[24] 사이에 자리하고
있는 이 도시들과 다른 땅들은 모두
아그라만테와 마르실리오가 그 지역의
주인이 된 날부터 그들에게 복종했지요.

서둘러서 알제로 건너가려는 생각에   92
에그모르트를 향하여 오른쪽으로 갔고,
강가에 있는 어느 마을에 이르렀는데,
바쿠스와 케레스[25]가 사랑하던 그 땅은
병사들에 의해 자행되는 잦은 약탈들
때문에 황폐해지고 텅 비어 있었어요.
한쪽은 거대한 바다, 한쪽은 양지바른
계곡에 황금 이삭이 물결치고 있었지요.

---

22) 리옹(Lyon)은 프랑스 남동부 론강과 손강의 합류 지점에 있으며, 비엔(Vienne)은 리옹 남쪽 론강 옆에 있는 도시이다.

23) 아비뇽(Avignon)은 프랑스 남동부 론강 옆에 있는 도시인데, 그곳에 있던 유명한 다리는 12세기에 건설되어 17세기에 파괴되었다. 이 역시 아리오스토의 역사적 착오들 중 하나이다.

24) 원문은 "celtibero monte", 즉 '켈티베리아산'으로 되어 있는데, 켈티베리아(Celtiberia)는 에스파냐 타라고나와 아라곤 지방을 가리키는 옛 이름이었다.

25) 바쿠스(Bacchus, 그리스 신화에서는 디오니소스Dionysos)는 포도주의 신이고, 케레스(Ceres)는 곡물의 여신으로, 그들의 사랑을 받았다는 것은 곡물과 포도주가 풍부하게 생산되었음을 뜻한다.

거기에서 그는 얼마 전에 언덕 위에　　　　　　　　　　93
세워진 작은 성당 하나를 발견했는데,
그 주위에서 전쟁이 벌어졌기 때문에
성직자들이 떠나 텅 비어 있었습니다.
로도몬테는 그곳에 머무르기로 했는데,
소식도 듣기 싫은 진영에서 멀리 떨어져
있었기 때문에 그곳이 마음에 들었고,
따라서 알제 대신 거기에 정착했어요.

아프리카로 가려는 생각을 바꿀 정도로　　　　　　　94
그곳은 편리하고 멋진 장소로 보였어요.
데려온 시종들과 짐들과 자신의 말까지
바로 같은 건물 안에 묵도록 했습니다.
몇 레가 떨어진 가까운 곳에 몽펠리에와
다른 몇몇 풍부하고 훌륭한 성이 있었고,
또한 강가에는 마을이 세워져 있었기에
거기에 모든 편리함이 갖추어져 있었어요.

거기 머물던 어느 날, 대부분의 시간을　　　　　　　95
그렇게 보냈듯이, 생각에 잠긴 로도몬테는,
조그마한 오솔길이 하나 길게 뻗어 있는
푸른 풀밭 한가운데로, 얼굴이 아름다운
어느 아가씨가 오고 있는 것을 보았는데,
수염이 무성한 한 수도사가 함께 왔으며,

뒤에는 검은 천으로 덮여 있는 짐을 실은
커다란 말을 한 마리 끌고 오고 있었어요.

아가씨가 누구이고, 수도사가 누구인지, 96
무엇을 싣고 가는지 바로 말씀드리지요.
바로 이사벨라가 사랑하는 자신의 연인
체르비노의 시신을 싣고 가고 있었어요.
그녀는 순수한 자기 삶의 나머지를 모두
하느님께 바치도록 그녀를 설득하였던
그 나이 든 수도사의 호위를 받으면서
프로방스를 향해 가고 있었던 것입니다.

그녀의 얼굴은 창백하고 혼란스러워 97
보였으며, 머리칼은 헝클어져 있었고,
뜨거운 가슴에서는 계속하여 한숨들이
나왔고, 눈은 두 개의 샘물이 되었고,
또 다른 증거들이 그녀의 슬프고도
힘겨운 삶을 분명하게 보여 주었지만,
아직도 아름다움이 넘쳐서 아모르가
그라티아[26]들과 함께 그녀에게 있었어요.

---

26) 로마 신화에서 그라티아(Gratia, 복수형은 그라티아이Gratiae)들은 인생의 아름다움과 우아함을 나타내는 여신들로 보통 세 자매로 표현된다. 그리스 신화의 카리스(Charis, 복수형은 카리테스Charites)에 해당한다.

로도몬테는 아름다운 여인이 나타나는 98
모습을 보자, 세상을 아름답게 장식하는
부드러운 여성들을 언제나 비난하고
증오하던 생각을 한쪽으로 밀쳤지요.
아사벨라는 자신의 두 번째 사랑을
바치기에 아주 적합한 여자로 보였고,
나무에 박힌 못을 다른 못으로 빼듯이
첫째 사랑을 완전히 꺼 줄 것 같았어요.

그는 그녀에게로 갔으며, 가능한 한 99
부드러운 말과 친절한 모습과 함께
그녀의 상황에 대하여 질문하였고,
그녀는 모든 생각을 설명해 주었으니,
이 미친 세상을 떠나 신성한 일로
하느님께 헌신하고 싶다고 했어요.
하느님을 믿지 않고, 율법과 믿음을
믿지 않는 오만한 그는 웃었습니다.

그것은 가볍고 잘못된 의도라고 했고, 100
그녀가 분명 실수하는 것이라고 했고,
마치 수전노가 자기 재물을 땅속에다
묻는 것과 똑같이 자신에게도 아무런
이득이 없고, 다른 사람들이 사용하는
것도 막는 것과 같다고 비난했습니다.

사자나 곰, 뱀을 가둬야지, 아름답고
순수한 것을 가두지는 않는다고 했어요.

옆에서 말을 듣고 있던 수도사는 101
순진한 아가씨가 옛날의 길로 다시
되돌아가지 않도록 도와주기 위해
노련한 키잡이처럼 키를 잡았으며,
거기서 곧바로 화려하고 사치스러운
식탁에 정신적인 음식[27]을 준비했어요.
하지만 나쁜 입맛으로 태어난 로도몬테는
자기가 싫어하는 것을 맛보지 않았으며,

수도사를 막으려고 했지만 헛일이었고 102
전혀 그의 입을 다물게 할 수 없었기에,
결국에는 인내심의 고삐를 깨뜨려 버렸고
분노와 함께 그를 손으로 움켜잡았어요.
하지만 제가 더 길게 말하면, 저의 말이
나리께 장황하게 보일 수 있기 때문에,
이 노래를 끝내고, 너무 말이 많아서 늙은
수도사에게 생긴 일을 거울로 삼으렵니다.

---

27) 설교.

제29곡

이사벨라는 체르비노에 대한 정절을 지키기 위해 속임수로 로도몬테가 자신을 죽이도록 한다. 로도몬테는 이사벨라를 위해 영묘를 세우고 그 곁의 다리를 지나가는 모든 기사와 결투를 한다. 미친 오를란도가 도착하여 함께 싸우다 강물 속으로 떨어진다. 오를란도의 미친 행동이 계속된다.

1
오, 약하고 불안정한 인간의 마음이여!
얼마나 빠르게 계획과 생각을 바꾸는가!
사람들은 모든 생각들을, 특히 사랑의
분노에서 나온 생각들을 쉽게 바꾸지요.
조금 전 저는 로도몬테가 한계를 넘어설
정도로 여자들을 증오하는 것을 보았고,
그러한 증오가 꺼지는 것은 고사하고,
줄어들 것이라고 상상도 하지 못했지요.

2
고귀한 여인들이여, 그가 이유 없이
당신들을 비난한 것에, 저는 너무나도
화가 나서, 얼마나 잘못했는지 증명할

때까지 그를 용서하지 않으려고 했어요.
저는 펜과 잉크를 통해, 그가 당신들을
욕하는 것보다 차라리 침묵하고, 그보다
먼저 자기 혀를 깨무는 것이 유용했다는
것을 모두가 알 수 있게 해 줄 것입니다.

하지만 무식한 멍청이처럼 말했다는 건 3
명백한 경험이 증명해 주고 있습니다.
그는 무차별적으로 모든 여자들에게
반대하여 분노의 칼을 뽑아 들었는데,
이사벨라의 시선이 그에게 닿자마자
곧바로 그의 생각이 바뀌게 되었지요.
그녀를 보자마자 아직 누군지도 모르고
벌써 도랄리체 대신 그녀를 원했어요.

새로운 사랑이 그를 찌르고 달구었으니, 4
그녀가 모든 것의 창조주를 향해 결정한
순수하고 확고한 생각을 깨뜨리기 위해
그는 별로 소득이 없는 주장을 했습니다.
하지만 그녀의 방패이자 갑옷인 은둔자는
그녀의 정숙한 생각이 파괴되지 않도록,
아주 타당하고 확고한 설교로 가능한 한
그녀의 방벽이 되고 보호막이 되었어요.

로도몬테는 그 대담한 수도사의 길고   5
지겨운 설교를 한참 동안 참아 낸 뒤,
그녀 없이 원하는 대로 자신의 황량한
숙소로 돌아가라고 했지만 헛수고였고,
그가 타협이나 협상도 원하지 않으며
정면으로 자신에게 해로운 것을 보고,
격노하여 그의 턱을 손으로 잡았으며
잡히는 대로 수염을 한 움큼 뽑았어요.

그리고 더욱 분노가 커지자 손으로   6
마치 집게처럼 그의 목을 붙잡았으며,
한두 바퀴 그를 빙빙 돌린 다음 바다
쪽을 향해 허공으로 멀리 내던졌어요.
그가 어떻게 되었는지 저는 모르는데,
그에 대해 서로 다른 이야기가 있어요.
누군가는 그가 바위에 부딪쳐서 머리와
발이 구별되지 않게 깨졌다고 말하지요.

또한 누구는 그가 거기에서 3마일이   7
넘는 곳으로 날아가 바다에 떨어졌고,
헤엄칠 줄 몰라 많은 기도와 탄원을
했는데도 헛되이 죽었다고 말합니다.
또 누구는 어느 성인이 와서 도왔고
그를 바닷가로 끌어냈다고 말합니다.

그중 하나가 사실이겠지만, 그에 대해
제 이야기는 더 이상 말하지 않습니다.

그렇게 잔인한 로도몬테는 수다쟁이   8
은둔자를 자기 옆에서 없애 버린 다음,
덜 혼란스러운 표정으로, 깜짝 놀라고
슬픈 이사벨라를 향해 돌아왔습니다.
그리고 연인들 사이에 으레 하는 말로
그녀는 자신의 심장이고 생명이며,
자신의 위안이고 사랑스러운 희망이며,
그와 비슷한 다른 무엇이라고 했어요.

그리고 너무나도 정중하게 보여서   9
폭력을 쓰려는 어떤 표시도 없었어요.
사랑에 빠지게 한 그녀의 고귀한 모습이
그의 오만함을 완화시키고 꺼뜨렸으며,
비록 강제로 열매를 딸 수도 있었지만,
껍질을 깨뜨리려고 하지는 않았으니,
만약 그녀에게 선물로 받지 않는다면
그렇게 좋아 보이지 않았기 때문입니다.

그리고 조금씩 이사벨라를 자신의   10
즐거움에 복종시킬 것으로 믿었어요.
그녀는 그렇게 이상하고 외딴곳에서

고양이의 발에 잡힌 생쥐와 같았으니,
당장 불 속에라도 뛰어들고 싶었으며,
거기에서 아무런 흠도 없이 깨끗하게
빠져나올 어떤 방법이나 어떤 길이
있는지 혼자서 곰곰이 생각했습니다.

그 잔인한 야만인이 자신의 욕망을   11
채우고, 따라서 그녀가 자신의 순결을
영원히 바치리라 마음속으로 경건하게
맹세했던, 가혹하고 잔인한 운명으로
그녀의 품 안에서 죽어간 기사[1]에게
너무나 쓰라린 잘못을 저지르기 전에,
그녀는 차라리 자신의 손으로 죽음을
맞이하겠다고 마음속으로 다짐했어요.

로도몬테의 맹목적인 욕망은 더욱   12
커졌고, 어떻게 해야 할지 몰랐어요.
그는 음흉한 행위를 하려 할 것이며
그녀의 거부는 헛수고가 될 거예요.
속으로 많은 것을 생각하던 그녀는
마침내 방어할 방법을 찾았고, 제가
말씀드리겠지만, 오랜 명성과 함께

---

1) 체르비노.

자기 정조를 구할 방법을 찾았어요.

처음에 말할 때 그녀에게 보이던 13
그런 모든 친절함이 벌써 사라지고,
말과 행동으로 그녀를 향해 가까이
다가온 추악한 사라센인에게 그녀는
말했어요. "내가 의심하지 않도록
내 명예를 안전하게 지키게 한다면,
내 명예를 빼앗는 것보다 훨씬 더
가치 있는 것을 보답으로 주겠어요.

온 세상에 너무나도 풍부하게 있는 14
그렇게 덧없는 즐거움을 얻기 위해
무엇보다도 값지고 진정한 즐거움,
영원히 만족할 것을 경멸하지 말아요.
아름다운 얼굴을 가진 여자들은 수천
명이라도 찾아낼 수 있을 것이지만,
이러한 내 선물을 줄 수 있는 사람은
세상에 전혀 없거나 단 몇 명뿐이에요.

나는 어느 풀을 아는데, 여기 오면서 15
보았고 가까이에서 찾아낼 수도 있어요.
그 풀을 담쟁이덩굴과 운향[2]과 함께
측백나무로 피운 불에다 서서히 끓이고,

그런 다음에 순수한 손으로 짜내면
액체가 나오는데, 그 액체로 세 번
몸을 씻은 사람은 너무나 단단해져
칼이나 불에도 안전해지게 됩니다.

말하자면 세 번 그 액체에 적시면, 16
한 달 동안 상처를 받지 않게 됩니다.
그러니까 매달 다시 목욕을 해야만
그 효능이 더 이상 없어지지 않아요.
나는 그 액체를 만들 줄 알고, 오늘도
만들 것인데, 그 증거를 직접 보세요.
내가 틀리지 않다면, 오늘 유럽 전체를
얻는 것보다 더 고마워할 것입니다.

그에 대한 보상으로 요구하는 것은, 17
당신이 말이나 행동으로 나의 정조에
더 이상 귀찮게 하지 않겠다고 당신의
믿음을 걸고 내게 맹세하라는 거예요."
그렇게 말하자, 로도몬테는 존중하는
태도로 돌아왔는데, 상처를 받지 않는
몸이 되고 싶은 강한 욕망에, 그녀가

---

2) 원문은 "ruta"인데, 운향과(芸香科, *Rutaceae*)의 여러해살이풀로 유럽에서 약초로 사용되었다.

말한 것 이상으로 약속을 했습니다.

그 경이로운 액체에 대한 경험을　　　　　　　　　　18
확인할 때까지 약속을 지키려 했고,
그동안에는 어떤 행동도 하지 않고
폭력의 기미도 보이지 않으려 했어요.[3]
하지만 나중에 약속을 지키지 않으려
했으니, 신이나 성인을 두려워하거나
존중하지 않고, 그가 믿음 없는 것은
모든 아프리카가 항복할 정도였지요.

로도몬테는 이사벨라에게 괴롭히지　　　　　　　　　19
않겠다고 수천 번이나 약속했으니,
자신을 키크누스[4]나 아킬레스처럼 만들
액체를 그녀가 제조하도록 놔두었어요.
그녀는 도시와 마을에서 멀리 떨어진
어두운 계곡과 절벽을 돌아다니면서
많은 풀들을 뜯어 모았고, 로도몬테는
그녀의 곁에서 계속 가까이 있었어요.

---

3) 말하자면 진정한 의도를 갖고 약속한 것이 아니라, 말로만 약속했다는 뜻이다.

4) 고전 신화에서 키크누스(Cycnus, 그리스어 이름은 키크노스Cycnos)는 여럿인데, 여기에서 말하는 키크누스는 넵투누스의 아들로 어떤 공격에도 상처를 입지 않았는데, 발뒤꿈치를 제외하고는 역시 상처를 입지 않는 아킬레스가 그를 죽이려고 목을 졸랐으며, 그 순간 넵투누스가 그를 백조로 만들었다고 한다(《변신 이야기》제12권 64~167행 참조).

그들은 여러 곳에서 충분하게 많은 20
풀들을, 뿌리가 있거나 뿌리가 없이,
모아서 아주 늦게 숙소로 돌아왔어요.
그리고 그 절제의 모범인 이사벨라는
그날 밤 남아 있는 모든 시간 동안
세심한 주의를 기울여 풀들을 끓였고,
그 모든 작업과 신비스러운 과정을
로도몬테는 계속해서 지켜보았지요.

그날 밤 그는 데리고 있던 하인들 21
몇 명과 함께 작업을 지켜보느라고,
그 협소한 장소 안에 갇혀 있으면서
불 가까이에 있었기 때문에 갈증을
느꼈고, 하루나 이틀 전에 시종들이
지나가는 사람들에게서 빼앗아 온
그리스 포도주를 조금씩 또는 많이
마시다 보니 두 통이나 비웠습니다.

그의 율법이 금지하고 있기 때문에 22
로도몬테는 포도주에 그리 익숙하지
않았는데, 그 신성한 음료를 맛보니
넥타르나 만나[5]보다 훌륭해 보여서,
사라센 율법을 무시하고 커다란 잔과
가득한 술병을 통째로 들이켰어요.

자주 마신 훌륭한 포도주에 모두의
머리가 마치 팽이처럼 돌았습니다.

그러는 동안에 이사벨라는 약초를 23
끓이던 커다란 솥을 불에서 내렸고
로도몬테에게 말했습니다. "내 말이
허황한 거짓말처럼 보이지 않도록,
진실과 거짓을 구별해 주고, 멍청한
사람들을 현명하게 해 줄 수 있도록,
지금 바로 다른 사람이 아니라, 나의
몸에다 직접 실험을 해 보이겠어요.

혹시라도 거기에 치명적인 독약이 24
있는지 당신이 의심을 하지 않도록,
내가 먼저 효능이 가득한 이 행복의
액체를 직접 실험하도록 하겠어요.
내가 이 액체로 머리끝에서 목과
가슴과 발끝까지 목욕을 할 테니,
효능이 있는지, 당신의 칼로 벨 수
있는지 당신의 힘으로 시험하세요."

---

5) 넥타르(nektar)는 고전 신화에서 신들이 마시는 음료였고, 만나(manna)는 광야에서 굶주린 이스라엘 백성에게 하늘에서 내려준 신비로운 양식을 가리킨다.

그렇게 말하고 목욕을 한 뒤, 경솔한　　　　　　　　　　　25
이교도에게 기꺼이 목을 내밀었는데,
그는 경솔한 데다가, 투구도 방패도
소용이 없는 포도주에 취해 있었어요.
짐승 같은 그는 그녀의 말을 믿었고,
잔인한 칼과 자신의 손을 사용했으니,
예전에 아모르가 머물렀던 아름다운
머리가 그녀의 몸통에서 떨어졌지요.

머리는 세 번 튀었고 "체르비노" 하고　　　　　　　　26
부르는 분명한 목소리가 들려왔으니,
로도몬테의 손을 벗어나 그를 뒤따르기
위해 그녀는 희귀한 길을 선택했지요.
오, 영혼이여, 그대는 그대의 생명과
젊은 시절보다, 우리 시대에는 거의
알려지지 않은 희귀한 명성과 함께,
고귀한 믿음을 더 소중히 여겼으니,

평화롭게 가시오, 축복받은 영혼이여!　　　　　　27
만약 내 시구들에 그런 능력이 있다면,
말을 아름답게 꾸미고 장식하는 모든
기술을 다 동원하여, 수천 년이 지난
뒤에도 당신의 분명한 이름을 세상이
들을 수 있도록 나는 노력할 것이오.

Canto 29:25

예전에 아모르가 머물렀던 아름다운
머리가 그녀의 몸통에서 떨어졌지요.

그대 믿음의 예를 다른 여자들에게
남기고 최고의 하늘로 평화롭게 가시오.

그 놀랍고 비교할 수 없는 행위에 28
하늘에서 창조주께서 눈을 돌리시고
말하셨지요. "타르퀴니우스[6]에게 왕국을
빼앗은 죽음보다 너를 더 칭찬하노라.
그러므로 나는 세월도 절대 깨뜨리지
못할 율법을 제정하려고 생각하는데,
범할 수 없는 강물[7]에 대고 맹세하지만
그 율법은 미래에도 변치 않을 것이다.

앞으로 너의 이름을 갖게 되는 모든 29
여자는 아주 뛰어난 재능에다 아름답고,
고귀하고, 친절하고, 현명하고, 또한
진정한 덕성의 목표에 도달할 것이고,
따라서 탁월하고 가치 있는 이름을
찬양할 소재를 작가들에게 제공하여,
파르나소스, 핀도스, 헬리콘[8]이 언제나

---

6) '오만한 왕' 루키우스 타르퀴니우스 수페르부스(Lucius Tarquinius Superbus)는 기원전 6세기 왕정 시대 로마의 마지막 왕이었다. 그의 아들 섹스투스(Sextus)는 친척 루크레티아(Lucretia)를 겁탈하였는데, 그녀는 그 사실을 알리고 자결하였다. 그 사건을 계기로 타르퀴니우스가 쫓겨나고 로마에 공화정이 들어섰다.
7) 고전 신화에서 저승에 흐르는 스틱스(제2곡 42연 참조)강물을 보증으로 맹세하면, 유피테르를 비롯하여 누구도 그것을 깨뜨릴 수 없었다.

'이사벨라, 이사벨라' 하고 울릴 것이다."

그렇게 말씀하신 다음 주위의 공기를　　　　　　　　　　30
맑게 하시고 바다를 평온하게 하셨으며,
그 정숙한 영혼이 셋째 하늘로 돌아가[9]
체르비노의 품에 안기도록 하셨습니다.
지상에는 그 무자비한 새로운 브레후스[10]가
부끄러움과 경멸 속에 남아 있었는데,
너무 많은 포도주를 마셨기 때문에 저지른
자기 실수를 비난했고 슬픔에 젖었어요.

어떻게 하면 이사벨라의 축복받은 영혼을　　　　　　　31
위로하거나 달랠 수 있을까 생각했으며,
자신이 그녀를 죽음으로 이끌었으므로,
최소한 그녀의 기억을 살리고 싶었어요.

---

8) 그리스의 산들로 고전 신화에서 시인들과 문인들에게 영감을 주는 산들로 간주되었다. 파르나소스(Parnassos)산은 그리스 중부의 산으로 아폴로와 무사 여신들에게 바쳐진 신성한 산이었고, 핀도스(Pindhos)산맥은 테살리아 지방에 있고, 헬리콘(helicon)산은 보이오티아 지방에 있으며 무사 여신들에게 바쳐진 두 개의 샘으로 유명하다.

9) 중세의 우주관(제26곡 20연 참조)에서 셋째 하늘은 금성, 즉 사랑의 여신 베누스에게 바쳐진 하늘이다. 따라서 사랑의 모범을 보인 축복받은 영혼은 셋째 하늘로 가는 것으로 생각하였다. 또한 중세의 관념에서 영혼의 원래 고향은 하늘이며, 지상의 삶을 마친 다음 다시 고향으로 돌아가는 것으로 생각하였다.

10) Brehus. 브리튼 소재 기사문학 작품들에 나오는 인물로 여자들에 대한 경멸로 유명하였다. 여기에는 로도몬테를 가리킨다.

그렇게 하기 위한 구체적인 수단으로서
그는, 자기가 거주했고 그녀를 죽였던
그 성당을 하나의 무덤으로 바꾸려고
생각했는데, 어떻게 했는지 말씀드리지요.

그는 주변의 모든 곳에서 벽돌공들을, 32
일부는 회유로, 일부는 협박으로 모아서
무려 육천 명이 넘게 모이게 하였으며,
가까운 산에서 커다란 돌들을 가져왔고,
아주 거대한 구조물을 세우게 하였는데,
꼭대기에서 밑바닥까지 무려 팔십 완척[11]이
되었으며, 한가운데에 두 연인[12]이 잠들어
있는 성당이 그 안에 들어가게 했습니다.

하드리아누스[13] 황제가 테베레강변에다 33
세운 그 거대한 영묘를 모방한 것입니다.
무덤 옆에는 높다란 탑을 세우게 하여
거기에서 얼마 동안 살려고 계획했지요.
그리고 가까운 곳에 흐르는 강 위에다

---

11) 제2곡 49연 참조.
12) 이사벨라와 체르비노.
13) 로마 황제 하드리아누스(Publius Aelius Hadrianus, 재위 117~138)는 테베레강변에다 자신의 거대한 영묘를 세웠는데, 현재는 산탄젤로(Sant'Angelo)성으로 일컬어진다.

두 완척 너비의 좁은 다리를 세웠습니다.
다리는 길었지만 너무나도 폭이 좁아서
두 마리 말이 어깨를 나란히 하고 오든,

아니면 마주쳐 와서 부딪치든, 어쨌든   34
두 마리의 말이 지나가기가 어려웠으며,
어떠한 난간이나 방벽도 없었기 때문에
양쪽 모두에서 떨어질 수 있었습니다.
그리고 이교도든 세례를 받았든, 그곳을
지나는 기사는 비싼 대가를 치르게 했고,
그들에게서 노획한 수많은 전리품으로
그녀의 무덤을 장식하겠다고 약속했어요.

열흘이 채 지나지 않아서, 강을 건너는   35
다리를 놓는 작업은 이미 완성되었지만,
무덤은 그렇게 빨리 완성되지 않았으며
탑도 그 꼭대기에까지 이르지 않았어요.
하지만 어쨌든 세워졌고, 그곳 망루에는
언제나 보초 한 명이 지키게 하였으며,
다리로 오는 기사가 있으면 뿔 나팔로
로도몬테에게 신호를 보내 알렸습니다.

그러면 그는 무장했고, 때로는 이쪽,   36
때로는 저쪽 강가에서 대적하였으니,

만약 기사가 탑이 있는 쪽에서 오면
로도몬테는 맞은편 강변에서 왔어요.
좁은 다리는 부딪치는 결투장이었고,
만약에 말이 조금만 옆으로 벗어나도
높은 곳에서 깊은 강물로 떨어졌으며,
세상에 그보다 위험한 곳은 없었어요.

로도몬테는 이렇게 생각했던 것입니다. 37
다리에서 머리를 아래로 하여 강물 속에
떨어지고, 그러면 많은 물을 마셔야 하는
그런 위험을 무릅쓰려고 자주 나감으로써,
포도주를 너무 많이 마셔 저지른 잘못을
씻어내고 깨끗해지고 싶었고, 포도주뿐만
아니라, 포도주로 인해 손과 말로 범하는
잘못을 강물이 씻어 줄 거라 생각했지요.

며칠 사이에 많은 기사가 그곳에 왔으니, 38
이탈리아나 에스파냐로 가는 사람들에게는
거기보다 왕래가 많은 길이 없었기 때문에
일부는 일상적인 노정에 따라서 왔으며,
또 생명보다 명예를 소중히 여기는 일부는
대담하게 자신을 시험하기 위해 왔습니다.
그리고 모두 승리를 거두리라 생각했는데
무장을 버렸고, 일부는 생명도 버렸지요.

Canto 29:36

만약에 말이 조금만 옆으로 벗어나도
높은 곳에서 깊은 강물로 떨어졌으며,

그가 떨어뜨린 자들이 만약 이교도이면　　　　　　　　39
갑옷과 전리품을 빼앗는 것으로 만족했고,
그것이 누구의 것이었는지 위에다 이름을
새겨 무덤의 대리석 위에 걸어 두었으며,
그리스도교들은 모두 감옥에 가두었는데,
알제로 보내려고 생각했던 모양입니다.
그런데 아직 무덤이 완성되지 않았을 때,
미친 오를란도가 그곳으로 오게 되었어요.

미쳐 버린 오를란도는 그야말로 우연하게　　　　　　40
그 거대한 강으로 가게 되었던 것입니다.
제가 말씀드렸듯이, 거기에서 로도몬테는
빨리 하도록 서둘렀지만 아직 무덤이나
탑을 완성하지 못하고 다리만 완성했지요.
오를란도가 그 다리와 강에 도착했을 때,
때마침 로도몬테는 단지 투구를 제외하고
완전히 갑옷을 입은 상태로 있었습니다.

오를란도는 자신의 광기가 이끄는 대로　　　　　　41
울타리[14]를 뛰어넘어 다리 위로 달려왔어요.
그러자 거대한 탑 앞에 서 있던 로도몬테는
당황스러운 얼굴로 멀리에서 그를 향하여

---

14) 다리에 접근하지 못하도록 쳐 놓은 울타리.

고함을 질렀고 위협을 하였는데, 그에게
칼로 대적할 가치가 없다고 생각했습니다.
"야, 무식한 시골뜨기야, 걸음을 멈춰라!
이런 겁도 없고, 건방지고, 멍청한 놈아!

이 다리는 너 같은 짐승이 아니라, 단지 42
영주들이나 기사들을 위해 만든 거야!"
아주 깊은 생각에 잠겨 있던 오를란도는
그래도 귀머거리처럼 계속해서 왔어요.
"이 미친놈에게 내가 처벌을 내리겠다."
로도몬테는 말했고, 그를 강물 속에다
내던지려는 강렬한 욕망과 함께 갔는데,
상대가 누구인지 생각하지도 않았어요.

그 무렵 어느 고귀한 아가씨가 다리를 43
건너가기 위하여 강가에 도착하였는데,
그녀는 아름다운 얼굴에 곱게 장식했고,
신중하게 수줍어하는 태도를 가졌어요.
나리, 기억하실지 모르겠으나, 그녀는
자기 연인 브란디마르테의 흔적들을
찾으러 다녔는데, 그가 있는 파리를
제외하고 다른 모든 곳을 찾았습니다.

피오르딜리지(그것이 바로 그 아가씨의 44

이름이었어요.)[15]가 다리에 도착했을 때,
오를란도는 자신을 강물에 집어던지려는
로도몬테와 함께 벌써 맞붙고 있었어요.
오를란도를 잘 알고 있었던 그녀는 그의
진정한 모습을 바로 정확히 알아보았고,
그렇게 벌거벗은 그를 이끄는 광기에
너무나도 깜짝 놀라고 경악하였습니다.

그렇게 강력한 두 사람의 분노가 어떤   45
결과에 도달할지 그녀는 지켜보았어요.
서로 상대방을 다리에서 떨어뜨리려고
각자의 모든 힘을 기울이고 있었습니다.
"저 미친놈은 어쩌면 저렇게 강할까?"
사악한 로도몬테는 이빨 사이로 말하며,
분노와 울분과 경멸에 가득한 상태에서
이쪽저쪽으로 몸을 돌리고 비틀었어요.

이쪽 손이나 저쪽 손으로 유리하다고   46
생각되는 곳을 움켜잡으려고 노력하였고,
때로는 다리 사이로, 때로는 밖으로 잡고,
때로는 왼발, 때로는 오른발을 잡았으며,
오를란도를 움켜잡고 있는 로도몬테는

---

15) 그녀의 이름은 제8곡 88연에서 이미 언급되었다.

마치 멍청한 곰이 자기가 떨어진 나무를
뽑을 생각을 하며, 나무에게 모든 잘못이
있는 듯 증오하고 분노하는 것 같았어요.

어딘지 모르는 곳에다 제정신을 잃은 47
오를란도는 오로지 힘만 사용하였는데,
온 세상에서 그 누구도 비교할 수 없을
만큼 엄청나고 대단한 힘이지만, 결국
서로 움켜잡고 있던 로도몬테와 함께
다리에서 거꾸로 떨어지게 되었습니다.
강물 속에 떨어져 함께 바닥까지 갔고,
허공으로 파도가 치고 강변이 울렸어요.

두 사람은 강물에서 서로 떨어졌는데, 48
벌거벗은 오를란도는 마치 물고기처럼
팔은 이쪽, 발은 저쪽으로 헤엄을 쳐서
강변에 닿았으며, 강에서 밖으로 나와
달려가 버렸는데, 그것[16]이 비난이 될지
칭찬이 될지 뒤돌아보지도 않았습니다.
하지만 갑옷의 방해를 받은 로도몬테는
더욱 힘들게 늦게야 강변에 닿았어요.

---

16) 싸움을 끝내지도 않고 그냥 가 버리는 것.

그렇게 싸우는 동안에 피오르딜리지는 49
안전하게 다리를 지나 강을 건너갔으며,
혹시 연인 브란디마르테의 흔적이 있는지
무덤의 온 사방을 자세히 살펴보았지만,
그의 갑옷이나 겉옷을 발견하지 못하여
다른 곳에서 찾을 것으로 생각했습니다.
하지만 우리는 강과 다리와 탑을 뒤에
남기고 떠난 오를란도에게 돌아가지요.

만약 오를란도의 미친 짓들을 하나하나 50
이야기하겠다고 약속하는 것은 미친 짓일
것이니, 너무 많아 언제 끝내야 할지 모를
테니까요. 하지만 그것들 중에서 몇 가지
중요하고 또 노래할 만한 가치가 있거나,
이야기와 어울릴 만한 것들만 이야기하고,
툴루즈 위쪽의 피레네산맥에서 있었던
놀라운 사건에 대해서도 이야기하지요.

오를란도는 자신의 그 심각한 광기가 51
이끄는 대로 많은 고장을 돌아다녔으며,
마침내 프랑스와 타라고나[17]를 구분하고

---

17) Tarragona. 에스파냐 동부 피레네산맥 옆에 있는 지방으로 여기에서는 에스파냐를 가리킨다.

있는 그 산들 너머로 가게 되었습니다.
그는 계속하여 태양이 숨어드는 지점[18]을
향하여 얼굴을 돌리고 갔으며, 거기에서
어느 아주 깊숙한 계곡 위로 나 있는
협소한 오솔길에 도착하게 되었습니다.

오솔길에서 그는 젊은 나무꾼 두 명과　　　　52
마주쳤는데, 그 두 사람은 앞에 나무를
가득 실은 나귀를 몰고 가고 있었지요.
그들은 오를란도의 모습을 보고 그의
머리에 제정신이 없다는 것을 깨닫고,
그에게 위협적인 소리로 고함을 질러
뒤로 돌아가거나 옆의 한쪽으로 물러나
길의 한가운데에서 비키라고 했습니다.

오를란도는 그 말에 아무 대답도 없이　　　　53
단지 광폭하게 한쪽 발을 쳐들었고, 바로
다른 모든 힘을 능가하는 엄청난 힘으로
나귀의 가슴 한가운데를 정확하게 찼고,
높이 날아가게 만들었으니, 그것은 마치
새가 허공으로 날아가는 것 같았습니다.
나귀는 계곡을 건너 1마일이나 떨어진

---

18) 그러니까 서쪽.

어느 언덕의 꼭대기 위에 떨어졌지요.

그런 다음 두 나무꾼을 공격하였는데, 54
보다 현명한 한 명은 행운이 있었으니,
그는 두려움에 삼십 완척의 두 배나 되는
높이의 절벽에서 자기 몸을 던졌지요.
그렇지만 떨어지는 중간에 부드럽고
탄력 있는 풀과 가시덤불을 만났고,
거기에 얼굴을 약간 긁혔을 뿐이며
나머지는 아무 일 없이 온전하였어요.

다른 하나는 절벽에서 돌출되어 나온 55
바위에 매달려 기어 올라가려고 했는데,
그 꼭대기에 도착하면 미치광이에게서
달아날 길을 찾을 것으로 희망했지요.
하지만 올라가려는 동안, 살려 보내고
싶지 않은 오를란도가 발을 붙잡았으며,
두 팔을 벌릴 수 있는 이상으로 벌리게
세게 잡아당겨 두 조각으로 찢었어요.

때로는 백로[19]나 또는 닭을 그렇게 56

---

19) 원문은 "aeron"으로, 백로과(*Ardeidae*)에 속하는 새들을 가리킨다. 왜가리, 백로, 해오라기 등이 여기에 포함된다.

잡아 찢는 것을 볼 수 있는데, 그것은
매나 참매[20]에게 따뜻한 내장을 배불리
먹이려고 할 때 가끔 그렇게 하지요.
목이 부러질 위험을 무릅썼던 동료가
죽지 않은 것은 얼마나 큰 행운입니까!
그는 이 기적을 다른 사람에게 말했고
그걸 듣고 투르피노가 우리에게 썼지요.

그런 일과 다른 매우 엄청난 일들을 57
그는 산맥을 넘는 과정에서 했습니다.
오랫동안 헤맨 끝에 오를란도는 마침내
남쪽을 향해 에스파냐 땅으로 내려갔으며,
타라고나의 주변 지역들에서 바닷가를
적시고 있는 해변을 따라 계속 갔지요.
광기가 원하는 대로 이끌려 가는 그는
모래밭을 숙소로 삼으려고 생각했으니,

가늘고 메마른 모래 속으로 들어갔고, 58
거기에서 어느 정도 햇살을 피했습니다.
그렇게 하고 있는 동안 우연히 아름다운
안젤리카와 그녀의 남편이 거기 왔는데,
위에서 제가 이야기했던 것처럼, 그들은

---

20) 참매(학명은 *Astur gentilis*)는 수릿과에 속하는 수리매의 일종이다.

산에서 에스파냐의 해변으로 내려왔지요.[21]
그가 거기 있는지 몰랐기 때문에 그녀는
그에게 아주 가깝게[22] 가게 되었습니다.

예전 모습과 너무나도 달랐기에 그가   59
오를란도라고 전혀 생각하지 못했어요.
광기가 그를 사로잡은 그날 이후 그는
밝거나 어둡거나 언제나 벌거벗었으니,
뜨거운 태양의 아스완,[23] 가라만테스
사람이 아몬[24]을 섬기는 곳, 나일강이
발원하는 산[25]에서 태어난 사람처럼,
그보다 검게 탄 피부는 없을 것입니다.

눈은 거의 머리 안으로 숨은 것 같았고,   60
얼굴은 마치 메마른 뼈처럼 야위었으며,
머리는 뒤엉키고 뻣뻣하고 헝클어졌고,
수염은 빽빽하고 흉측하고 험악했어요.

---

21) 제19곡 41~42연 참조.
22) 원문은 "a meno d'un braccio", 즉 '한 팔 길이도 되지 않는 곳에'로 되어 있다.
23) 이집트 남동부의 도시로, 원문은 "시에네(Siene)"로 되어 있으며, 라틴어 지명은 Syene였다.
24) 아몬(Ammon)은 고대 이집트의 태양신이며, 가라만테스에 대해서는 제14곡 17연 참조.
25) '달의 산'이라 일컬어지는 상상의 산으로 나일강이 발원한다고 믿었다.

그를 보자마자 안젤리카는 재빠르게
몸을 돌려 완전히 떨면서 돌아왔는데,
너무 무서워 허공을 비명으로 채우며
몸을 돌려 남편에게 도움을 청했어요.

미쳐 버린 오를란도는 그녀임을 깨닫자 61
그녀를 잡으려고 갑자기 일어났는데,
섬세한 얼굴이 너무나 마음에 들었고,
곧바로 붙잡고 싶은 욕망이 생겼어요.
그녀를 사랑했고 무척이나 존경하였던
그의 모든 기억이 망가지고 부서졌으니,
마치 사냥개가 짐승을 뒤쫓는 것처럼
그는 그녀의 뒤를 쫓았던 것입니다.

미치광이가 자기 아내를 뒤쫓는 것을 62
본 젊은이는 말로 그에게 부딪쳤으며,
그가 등을 돌리고 있는 것을 발견하고
동시에 온 힘을 다해 타격을 가했지요.
몸통에서 머리가 떨어지리라 생각했는데,
피부가 마치 뼈처럼, 아니, 강철보다 더
단단하다는 것을 깨달았으니, 오를란도는
마법으로 상처 입지 않게 태어났지요.

오를란도는 등을 때리는 것을 느끼고 63

몸을 돌렸는데, 돌리면서 주먹을 쥐었고,
모든 한계를 넘어서는 엄청난 힘으로
메도로가 몰고 온 말을 가격하였으며
머리를 맞추었는데, 유리로 된 것처럼
깨졌고 그 말은 숨이 끊어져 버렸어요.
그러면서 동시에 다시 몸을 돌렸으며
앞에서 달아나는 그녀를 쫓았습니다.

안젤리카는 황급히 암말[26]을 몰았고 64
채찍과 박차를 가하고 또 가하였으며,
비록 시위를 떠난 화살처럼 날아가도
그런 필요에는 느린 것처럼 보였지요.
그러다가 손가락의 반지가 생각났고,
그녀를 구해 줄 반지를 입안에다 넣자
고유의 효력을 절대 잃지 않는 반지는
입김에 등불이 꺼지듯 사라지게 했어요.

두려움 때문이었는지, 반지를 옮길 때 65
자리가 불안정해졌기 때문인지, 아니면
말이 넘어졌기 때문인지, 저로서는 무엇
때문이라고 주장할 수 없지만, 그녀가

---

26) 안젤리카가 루지에로의 손에서 벗어난 다음 어느 늙은 목동에게서 몰래 데려간 암말이다(제11곡 10연 이하 참조).

반지를 입안에 넣고 아름다운 얼굴을
감추었던 바로 그 순간에 안젤리카는
두 다리를 들고 안장에서 벗어났으며,
모래 속에 거꾸로 처박히게 되었어요.

그런 곤두박질이 2인치만 짧았다면 66
그녀는 오를란도와 뒤엉켰을 것이며,
그 충돌로 생명이 끊어졌을 것이지만,
커다란 행운이 그 순간 도와주었지요.
그녀는 예전에 그랬던 것처럼 다른
말을 훔쳐 도움을 받아야 할 것이니,
오를란도 앞에서 모래밭을 밟고 있는
그 암말을 다시 갖지 못할 테니까요.

그녀가 혹시 다른 말을 찾지 못할까 67
걱정하지 말고, 오를란도를 쫓아갑시다.
안젤리카가 눈앞에서 사라졌다고 해도
그의 충동과 분노는 멈추지 않았지요.
그는 헐벗은 모래밭으로 말을 쫓았고
더욱더 말에게 가까이 다가갔으며,
거의 닿아서 마침내 갈기를 잡았고,
그런 다음 고삐를 잡아 세웠습니다.

다른 사람은 아가씨를 잡고 그랬겠지만 68

그는 말을 잡고서 즐거워했습니다.
그는 말의 고삐와 재갈을 다시 채웠고,
훌쩍 뛰어올라 안장 위에 올라탔으며,
이곳으로 또 저곳으로 아주 오랫동안
쉬지도 않고 세게 몰아서 달려갔으며,
안장이나 고삐도 절대로 풀지 않았고
풀이나 건초도 맛보게 하지 않았어요.

그리고 어느 웅덩이를 건너뛰려다가 69
암말과 함께 거꾸로 곤두박질했습니다.
그는 괜찮았고 부딪친 느낌도 없었지만,
불쌍한 말은 바닥에 어깨를 부딪쳤어요.
오를란도는 말을 어떻게 끌어낼지 몰랐고
마침내 말을 어깨에 둘러메고 나왔으며,
길로 돌아왔고, 화살이 날아갈 거리의
세 배만큼 계속해서 짐을 지고 갔어요.

그런 다음 너무 무거워진 것을 느끼고 70
땅바닥에 내려놓고 끌고 가려고 했어요.
암말은 절룩거리며 느리게 뒤따라갔고
오를란도는 "걸어가!" 하고 말했습니다.
설령 암말이 뛰어서 그를 따라갔더라도
그의 미친 욕망을 채우지 못했을 겁니다.
마침내 말의 머리에서 고삐를 풀었고

그걸 오른쪽 뒷다리 위에다 묶었어요.

그리고 끌고 가면서 그러면 편안하게   71
따라올 수 있을 거라고 말을 위로했어요.
험난한 길에 놓인 돌멩이들에 때로는
말의 피부가, 때로는 가죽이 벗겨졌고,
그렇게 심하게 끌려가던 말은 마침내
고통과 불편함 속에서 죽고 말았어요.
오를란도는 생각하거나 보지도 않았고,
서둘러 자기 길을 달려서 가 버렸어요.

말이 죽었는데도 그는 여전히 끌고   72
서쪽을 향하여 계속해서 길을 갔으며,
그러는 동안 음식이 필요하다고 느낄
때에는 마을들과 집들을 약탈하였는데,
과일과 고기와 빵을 닥치는 대로 빼앗아
삼켰으며, 모든 사람에게 폭력을 썼고,
누구는 죽였고, 누구는 불구로 만들었고,
별로 멈추지도 않고 계속 앞으로 갔어요.

만약 숨지 않았다면, 자기 여인에게도   73
그와 똑같거나 비슷하게 했을 것입니다.
왜냐하면 하양과 검정을 구별하지 못하고
해치면서 유용하다고 믿었기 때문이지요.

아! 그 마법의 반지와 그것을 그녀에게
주었던 기사는 저주받아야 할 것입니다!
만약 그렇지 않았다면, 오를란도는 자신과
다른 많은 사람의 복수를 했을 것입니다.

단지 그녀뿐만 아니라, 어떤 식으로든 74
뻔뻔스럽기만 하고 좋은 것이라곤 전혀
없는, 오늘날 살아가는 모든 여자들이
오를란도의 손에 있어야 했을 것입니다.
하지만 느슨해진 내 현들이 이 노래에
어울리지도 않는 소리를 내기 전에
듣는 사람들에게 지겨워지지 않도록
다음번으로 연기하는 것이 좋겠군요.

제30곡

오를란도는 바다를 건너 아프리카로 간다. 이슬람 기사들 사이의 혼란스러운 다툼 속에 루지에로는 만드리카르도와 결투하여 그를 죽이지만 심한 부상으로 브라다만테와의 약속을 지키지 못한다. 그동안 브라다만테는 초조한 심정으로 루지에로를 기다린다.

이성이 충동이나 분노에 굴복하도록 1
그대로 놔두고, 또한 방어도 하지 않고,
맹목적인 분노가 앞에서 손이나 혀를
이끌어 친구들에게 모욕을 주게 되면,
나중에는 아무리 울고 한숨을 쉬어도
그렇다고 실수를 만회할 수 없습니다.
세상에! 저는 앞 노래에서 분노로 인해
말한 것 때문에 괴로워해도 헛일입니다.

저는 마치 많고 많은 인내심을 가진 2
다음에 더 이상 고통을 막아 낼 방도가
없게 되었을 때, 분노에 굴복하고 몸을

돌려 욕을 퍼부은 환자와 똑같았습니다.
그러다 고통이 줄고, 욕을 하도록 혀를
풀어 주었던 충동이 점차 줄어들게 되면,
정신을 차린 뒤 후회하고 괴로워하지만,
이미 말한 것은 절대 되돌릴 수 없지요.

여인들이여, 제가 여러분께 부탁하니,   3
친절을 베풀어 용서해 주기 바랍니다.
격렬한 열정에 사로잡힌 광기 때문에
제가 헛소리한 것을 용서해 주십시오.
잘못은 저의 적[1]에게 있으니, 저를
최악의 상태에 빠뜨렸고, 괴로워하는
것을 말하게 했습니다. 제가 사랑하는
그녀의 잘못임을 하느님께서 아십니다.

저도 오를란도처럼 제정신이 나갔고,   4
그에 못지않게 변명의 여지가 있지요.
그는 때로는 산으로, 때로는 해변으로
방황하며 마르실리오왕국의 대부분을
거쳐 지나갔고, 아무런 거리낌도 없이
며칠 동안 죽은 암말을 끌고 갔지만,
바다로 들어가는 커다란 강에 이르러

---

1) 사랑하고 있지만 괴롭게 만들기 때문에 적이 되어 버린 여인을 가리킨다.

Canto 30:4

아무런 거리낌도 없이
며칠 동안 죽은 암말을 끌고 갔지만,

어쩔 수 없이 말의 시체를 버렸습니다.

그는 수달처럼 헤엄칠 줄 알았기에　　　　　　　　　　　5
강물로 들어가 맞은편에서 나왔어요.
그리고 말을 탄 어느 목동을 만났는데,
말에게 물을 먹이러 강에 온 것이었어요.
그는 오를란도를 보았지만, 혼자인 데다
벌거벗었기 때문에 피하지 않았습니다.
오를란도는 그에게 "네 말을 갖고 싶어.
그러니까 내가 가진 말과 바꾸도록 하자.

원하면 여기에서 내 말을 보여 줄 거야.　　　　　　　　6
저쪽 맞은편에 죽어서 지금 누워 있거든.
나중에 치료를 조금 받으면 될 것이야.
그 외에 다른 흠은 별로 나쁘지 않아.
약간 잘 맞추어서 네 말을 나한테 줘.
말이 마음에 드니까, 미안하지만 내려."
목동은 웃었고, 다른 대답도 하지 않고
강가로 내려가 미치광이와 멀어졌지요.

"너의 말을 가지고 싶어! 이봐, 안 들려?"　　　　　　7
오를란도는 말했고 화가 나 움직였어요.
목동은 매듭이 빽빽하고 단단한 몽둥이를
갖고 있었고, 그걸로 오를란도를 때렸어요.

오를란도의 분노와 울분은 모든 한계를
넘어섰고, 어느 때보다 난폭해 보였어요.
그는 목동의 머리에 주먹을 날렸으며,
뼈가 깨진 그는 죽어 땅에 떨어졌어요.

그리고 말에 올라탔으며, 여러 길들을   8
달려가면서 많은 사람들을 약탈했어요.
말은 건초나 곡물을 전혀 맛보지 못했고
그리하여 며칠 만에 아주 허약해졌지만,
그래도 오를란도는 걸어가지 않았으니,
계속해서 말을 타고 가려고 하였고,
말이 눈에 뜨이는 대로, 그 주인을 죽인
다음 자기가 마음대로 사용하였습니다.

마침내 말라가[2]에 이른 그는 거기에서   9
다른 곳들보다 더 많은 피해를 끼쳤으니,
단지 그곳의 주민들을 약탈하였을 뿐만
아니라, 완전히 황폐하게 만들었기에
그 해나 다음 해에도 복구할 수 없었고,
또 그 위험한 미치광이는 많이 죽이고
수많은 집들을 무너뜨리고 불태워서
마을의 삼 분의 일 이상을 파괴했어요.

---

2) Malaga. 에스파냐 남부의 도시.

Canto 30:8

그리고 말에 올라탔으며, 여러 길들을
달려가면서 많은 사람들을 약탈했어요.

그리고 그곳을 떠나 알헤시라스[3]라는 10
곳에 이르렀는데, 그곳은 치벨타로 또는
때로는 치벨테라[4]라고, 경우에 따라서는
다른 이름으로 부르는 해협에 있었어요.
거기에서 그는 배 한 척이 떠나는 것을
보았는데, 아침의 시원한 미풍을 맞으며
아주 평화스러운 바다 위로 달리는 것을
즐기는 관광객들이 가득 타고 있었어요.

오를란도는 크게 소리쳤어요. "기다려!" 11
자기도 배를 타고 싶었기 때문입니다.
하지만 그 외침과 고함은 헛일이었으니,
그런 화물은 실으려고 하지 않았습니다.
배는 바다 위로 마치 허공을 날아가는
제비들처럼 빠르게 나아가고 있었어요.
오를란도는 말을 때리며 세게 몰았고,
채찍질을 하여 물속으로 몰고 갔지요.

결국 말은 억지로 물속으로 들어갔고 12
반발해도 소용없고 헛수고가 되었으니,
무릎이 젖었고, 이어 배와 등이 젖었고,

---

[3] Algeciras. 에스파냐 남서부 지브롤터해협 근처의 도시.
[4] 치벨타로(Zibeltarro) 또는 치벨테라(Zibelterra)는 모두 지브롤터를 뜻하는 이탈리아어이다.

그다음에 머리만 겨우 밖으로 나왔어요.
뒤로 돌아갈 희망도 없었고, 그동안
두 귀 사이를 회초리로 세게 맞았어요.
불쌍한 말이여! 중간에 빠져 죽거나,
아프리카 해안으로 건너가야 했지요.

마른 땅으로부터 바다로 나간 배는 13
너무 멀리 떨어져 있었고, 높은 파도가
낮은[5] 눈을 가렸기 때문에, 오를란도는
배의 이물이나 뱃전도 보지 못했는데,
그래도 파도 속에서 말을 몰았으니
바다를 건너려고 확고하게 작정했어요.
말은 물을 가득 먹고 영혼이 나갔으니
결국에는 생명이 끊어지고 멈추었지요.

말은 바다으로 내려갔고, 오를란도가 14
팔을 움직이지 않았으면 함께 갔겠지요.
그는 다리와 이쪽저쪽 손을 움직였고,
숨을 쉬며 얼굴로 파도를 밀었습니다.
대기는 부드럽고 바다는 잔잔하였으니,
순풍보다 그것이 더 절실히 필요했지요.
만약 바다가 조금만 더 동요하였다면,

---

5) 지금 오를란도는 물속에 잠겨 있기 때문에, 그의 눈은 낮아서 멀리 볼 수 없다.

오를란도는 물속에서 죽었을 것입니다.

하지만 미치광이들을 보살피는 **행운**은 15
그를 바다에서 세우타[6] 해변으로 이끌었고,
성벽에서 화살이 날아갈 거리의 두 배
거리에 있는 바닷가에 닿게 하였어요.
그는 바다를 따라 며칠 동안 동쪽을
향해 무턱대고 재빠르게 달려갔으며,
바닷가에 무수히 많은 검은 사람들의
군대가 펼쳐진 것을 마침내 보았어요.

오를란도는 방황하게 그냥 내버려두고 16
시간이 되면 다시 그에 대해 말하지요.
그리고 나리, 안젤리카는 오를란도의
손에서 적시에 빠져나온 다음, 훌륭한
배를 찾아내고 바람직한 날씨를 만나
자신의 고향으로 돌아갈 수 있었으며,
인디아의 왕홀을 메도로에게 주었으니,
혹시 누군가가 더 멋지게 노래하겠지요.[7]

---

6) 제14곡 22연 참조.
7) 실제로 페라라 출신의 작가 빈첸초 브루산티니(Vincenzo Brusantini)는 《광란의 오를란도》의 후속편으로 1550년 《사랑에 빠진 안젤리카(Angelica innamorata)》를 베네치아에서 출판하기도 하였다. 하지만 아리오스토가 바란 대로 더 훌륭한 작품이 되지는 못하였다.

저는 다른 많은 것을 이야기해야 하니 17
이제 더 이상 그녀를 따르지 않겠습니다.
멋진 이야기는 만드리카르도에게 돌려야
하는데, 그가 자기 경쟁자를 물리친 다음
이제 안젤리카도 고향으로 떠나 버렸고,
정숙한 이사벨라는 천국에 올라갔으니,
유럽 전체에서 누구와 비교할 수 없이
아름다운 아가씨를 만족하게 즐겼지요.

그런데 아름다운 여인이 그를 선호하여 18
내린 판결[8]을 오만한 만드리카르도는
그 즐거움을 온전히 누릴 수 없었으니,
그에게 다른 결투들이 남아 있었습니다.
하나는 젊은 루지에로가 하얀 독수리를
허용하고 싶지 않아서 제기한 싸움이고,
다른 하나는 그에게서 명검 두린다나를
원하는 세리카나 왕[9]이 제기한 것이지요.

아그라만테 왕은 마르실리오 왕과 함께 19
고심했지만 이 분규를 해결할 수 없었고,

---

8) 아그라만테 왕의 질문에 도랄리체가 로도몬테보다 만드리카르도를 더 사랑한다고 선언한 판결을 가리킨다(제27곡 107연 참조).
9) 그라다소.

그들이 다시 서로의 친구로 돌아가도록
그들을 화해시킬 수 없었을 뿐만 아니라,
루지에로가 만드리카르도에게 헥토르의
옛 방패를 양보하도록 설득할 수 없었고,
그라다소가 이런저런 싸움이 끝날 때까지
칼을 양보하도록 설득하지도 못했습니다.

루지에로는 자기 방패로 다른 싸움을 하기를   20
원하지 않았고, 그라다소는 오를란도가
사용하던 영광의 칼을 자기 이외의 다른
사람이 사용하는 것을 원하지 않았어요.
아그라만테는 말했어요. "누구에게 운명이
떨어지는지 보고 더 이상 논쟁하지 맙시다.
행운이 결정하는 것을 봅시다. 그녀가
선호하는 사람이 우선권을 갖도록 하시오.

그대들이 나를 흡족하게 하고 언제나   21
그에 합당한 의무를 인정하려 한다면,
그대들 중 누가 싸울지 추첨을 하시오.
다만 조건이 있는데, 먼저 뽑힌 사람은
두 개의 싸움을 모두 책임져야 하오.
그러니까 자신을 위해 이기면, 동료를
위해서도 이기고, 만약에 지게 된다면,
두 개의 싸움 모두를 지게 되는 것이오.

그라다소와 루지에로 사이에 무훈의 22
차이는 적거나 없다고 나는 믿고 있소.
두 사람 중 누가 먼저 나온다고 해도
무훈에서 탁월하다는 것을 알고 있소.
그리고 승리가 어느 쪽에 있든지, 바로
신성한 섭리가 원하는 대로 될 것이오.
기사에게는 아무 잘못이 없을 것이고,
모든 것은 **행운**의 탓이 될 것이오."

아그라만테의 그런 말에 루지에로와 23
그라다소는 말이 없었으며, 둘 중에서
누가 먼저 나오든지, 그가 이쪽 싸움과
저쪽 싸움을 모두 하도록 합의했습니다.
그래서 똑같은 크기로 똑같이 만들어진
두 개의 쪽지에 그들의 이름을 적었고,
항아리 안에다 그것을 넣고 닫았으며,
많이 뒤흔들어 완전히 섞이게 했어요.

그리고 한 순진한 소년이 항아리에다 24
손을 넣어 쪽지 하나를 집었고, 우연히
거기에는 루지에로의 이름이 있었으며,
그라다소의 쪽지는 안에 남아 있었어요.
루지에로가 항아리에서 뽑히는 걸 듣고
얼마나 즐거워했고, 한편으로 그라다소가

얼마나 슬퍼하였는지 말할 수 없는데,
하늘이 보내는 것은 받아들여야 하지요.

이제 그라다소는 루지에로가 결투에서 25
승리하도록 이끌기 위하여, 자신의 모든
노력을 기울이고 도우려고 노력하였어요.
자신이 이미 경험하였던, 그에게 도움이
될 것들이 하나하나 머릿속에 떠올랐는데,
어떻게 칼이나 또는 방패로 막을 것인지,
어떤 타격이 잘못되거나 정확한 것인지,
언제 시도하고 피할 것인지 충고했어요.

그날 서로 합의를 하고 제비를 추첨한 26
이후에 남아 있는 시간들을, 친구들은
온통 충고하는 데 보냈는데, 관례대로
누구는 이쪽, 누구는 저쪽을 충고했어요.
결투를 보고 싶어 안달하는 민중들은
좋은 자리를 잡으려고 서로 경쟁했고,
많은 사람들은 새벽에 가는 것보다
밤새도록 거기서 기다리려고 했어요.

바로 눈앞에 있는 것을 이해하지도 27
못하고 그 너머 멀리 보지도 못하는
어리석은 군중들은 그들 두 훌륭한

기사의 싸움을 보고 싶어 안달했어요.
하지만 소브리노와 마르실리오, 또한
해로운 것과 유익한 것을 보는 사람은
그 싸움과, 그 싸움이 진행되는 것을
원하는 아그라만테를 비난했습니다.

루지에로든, 아니면 타타르의 왕이든, 28
가혹한 자기 운명에 의해 정해진 자가
죽을 경우, 사라센 백성이 당하게 될
심각한 피해를 계속해서 상기시켰지요.
피핀의 아들[10]에게 대적하기 위해서는,
훌륭한 병사를 한 명이라도 찾아보기
어려운 일만 명이 넘는 병사들보다도,
둘 중의 하나가 더 필요하다고 했어요.

아그라만테는 그게 사실이라는 것을 29
알았지만, 약속을 부정할 수 없었어요.
그래도 만드리카르도와 루지에로에게
자신의 허락[11]을 거부하라고 부탁했고,
그들의 싸움은 무기로 증명할 가치가
없는 하찮은 것이라고 설득하였으며,

---

10) 카롤루스 마그누스(제14곡 107연 참조).
11) 앞에서 결투를 허락한 것을 말한다.

만약 거기에 복종하고 싶지 않다면,
최소한 싸움을 연기하라고 하였어요.

카롤루스를 그의 왕국에서 쫓아내고 30
왕홀과 왕관과 외투를 빼앗을 때까지,
대략 다섯 달이나 또는 여섯 달 동안
결투를 연기해 달라고 부탁하였지요.
그러나 둘 다 왕에게 복종하는 것을
원하고 열망하면서도 단호하였으니,
그런 합의에 먼저 동의하는 사람은
치욕스럽다고 판단했기 때문입니다.

하지만 왕보다, 또 다른 누구보다도 31
만드리카르도를 달래려고 했던 사람은
스토르딜라노의 아름다운 딸이었으니,
그에게 부탁하며 울고 괴로워했어요.
아프리카 왕의 충고를 따르고, 모든
진영이 원하는 대로 하라고 부탁했고,
그 때문에 자기가 언제나 괴로워하고
고통받고 있다고 탄식하고 슬퍼했어요.

그녀는 말했어요. "오, 세상에! 나에게 32
평온을 갖다줄 처방을 어떻게 찾을까요?
언제나 이 사람, 저 사람과 싸우기 위해

갑옷과 사슬 옷을 입으려 하니 말이에요.
나 때문에 당신이 다른 사람[12]과 치른
싸움이 끝나서 즐거워했는데, 이제 또
다시 다른 커다란 싸움이 불붙었으니,
그게 내 가슴에 무슨 소용이 있어요?

아, 세상에! 훌륭한 왕이, 아주 강력한   33
기사가 나를 위하여 위험하고 격렬한
싸움에서 죽음의 위험을 무릅썼다고
그렇게 자랑했는데, 이제 헛일이군요.
이제 아주 하찮은 이유 때문에 다시
똑같은 운명 앞에 섰으니 말이에요.
당신은 내 사랑보다, 당신 가슴속의
선천적인 난폭함에 더 이끌리는군요.

하지만 만약 당신이 언제나 나에게   34
보여 주려고 하는 사랑이 진심이라면,
그 사랑과, 내 영혼과 가슴을 흔드는
커다란 채찍의 이름으로 부탁합니다.
루지에로가 하얀 독수리를 방패에다
아직 갖고 있어도 신경 쓰지 말아요.
그 문장을 버리든 갖고 있든, 당신에게

---

12) 로도몬테.

도대체 어떤 이익이나 피해가 있겠어요?

당신이 하려고 하는 이 싸움에서는　　　　　　　　　　　35
이익은 없고, 많은 손실만 나올 거예요.
루지에로에게서 독수리를 빼앗는다 해도
커다란 노고에 보상은 초라할 뿐이에요.
하지만 만약에 **행운**이 어깨를 돌리면
(아직 그의 머리칼을 잡지 않았으니까요)[13]
큰일이 일어날 것이니, 생각만 해도
내 가슴은 고통으로 찢어지는 것 같아요.

비록 당신 생명이 당신에게 소중하지　　　　　　　　　36
않고, 그보다 독수리를 더 사랑하더라도,
최소한 내 생명에게는 아주 소중하니,
한 생명이 없으면 다른 생명도 사라져요.
당신과 함께 죽는 것은 두렵지 않아요.
삶과 죽음에서 당신을 따를 거니까요.
그렇지만 당신이 죽은 다음에 죽으면서
이렇게 불만족스럽게 죽고 싶지는 않아요."

그런 말과 그와 비슷한 다른 말에다　　　　　　　　　37
눈물과 한숨 들이 함께 동반되었으며,

---

13) **행운**의 머리칼에 대해서는 제18곡 161연 참조.

자신의 연인이 평화롭게 물러나도록
밤새도록 쉬지 않고 부탁하였습니다.
그러자 그는 그녀의 젖은 두 눈에서
달콤한 눈물을 빨고, 장미보다 빨간
입술에서 그 달콤한 한숨을 삼키며
자신도 함께 울면서 이렇게 말했어요.

"오, 내 생명, 제발 부탁인데, 그렇게　　　　　　　　　　38
가벼운 것 때문에 괴로워하지 말아요.
카롤루스나 아그라만테, 그들이 여기에
가진 모든 무어인과 프랑스인 군대가
나 하나에 대항하여 깃발들을 올려도
그대는 조금도 걱정할 것이 없다오.
루지에로 때문에 당신이 두려워하니
정말로 나를 믿지 못하는 모양이군요.

예전에 내가 칼이나 언월도도 없이　　　　　　　　　　　39
부러진 창 자루 하나로, 한 무리의
무장한 기사들을 혼자서 물리치고
울타리를 걷어 낸 것을 생각해 봐요.[14]
그라다소는 아직도 부끄러움과 고통
속에 질문하는 사람에게 말을 하는데,

---

14) 도랄리체를 호위하던 병사들을 물리친 것을 가리킨다(제14곡 39연 이하 참조).

루지에로보다 더 큰 명성을 자랑했지만,
시리아의 어느 성에서 나의 포로였소.

그라다소 자신이 그걸 부정하지 않고,　　　　　　　　　40
이솔리에로와 사크리판테 왕, 그러니까
치르카시아의 왕 사크리판테도 알듯이,
유명한 그리포네와 아퀼란테, 그 외에도
이슬람교도이든 세례를 받은 사람이든,
수없이 많은 다른 사람들도 마찬가지로
얼마 전에 그곳에 포로로 잡혀 있었는데,
내가 바로 같은 날 모두 풀어 준 것이오.[15]

그날 내가 보여 준 커다란 무훈에 대해　　　　　　　　41
아직도 그들은 놀라움을 그치지 않아요.
무어인 군대나 프랑스인 적들이 모두
주위에 있는 것보다 뛰어났기 때문이오.
그런데 젊은 애송이 루지에로가 지금
일대일로 나에게 피해나 경멸을 줄까요?
게다가 두린다나와 헥토르의 갑옷을
갖고 있는데, 왜 루지에로를 겁내오?

---

15) 만드리카르도는 결투에서 그라다소를 이기고 헥토르의 갑옷을 차지하였으며, 시리아의 마녀에게 포로로 잡혀 있던 그라다소, 이솔리에로, 사크리판테, 아퀼란테와 그리포네를 풀어 주었다(제14곡 31연 참조). 이 이야기는 《사랑에 빠진 오를란도》 제3권 제1곡 39연 이하에 나온다.

세상에, 무기로 그대를 얻을 수 있었는데 42
저번에 왜 결투[16]를 하지 않았는지 모르겠소.
내 무훈을 그대에게 충분히 보여 주었으니
루지에로의 종말을 예상할 수 있을 거요.
그러니 제발, 눈물을 닦고 나에 대해
그렇게 불길한 생각을 하지 말아요.
방패에 그려진 하얀 독수리가 아니라
명예가 나를 이끈다는 것을 명심해요."

그는 그렇게 말했지만, 슬픔에 잠긴 43
그의 여인은, 단지 그의 의도를 바꿀
뿐만 아니라, 기둥이라도 옮길 정도로,
그에게 설득력 있게 잘 대답했습니다.
그녀는 치마를 입었지만, 갑옷을 입은
그를 완전하게 이길 정도가 되었으니,
만약에 왕이 다시 합의에 대해 말하면
따르겠다고 말하도록 그를 설득했지요.

그리고 정말 그랬을 것인데, 희미한 44
아우로라가 태양을 안내하자 곧바로
활력 있는 루지에로는 멋진 독수리를
정당하게 갖고 있다는 것을 보여 주고,

---

16) 로도몬테와의 결투를 말한다.

연기하라는 말이나 명령을 듣지 않고
간단하게 결투를 하고 싶은 욕심에,
군중들이 울타리를 둘러싼 곳으로
뿔 나팔을 울리며 무장하고 나갔어요.

결투하자고 도전하는 그 높은 소리를 45
듣자마자 오만한 만드리카르도는 이제
합의에 대한 말을 듣고 싶지 않았으며,
침대에서 나와 갑옷을 가져오라고 했고,
얼굴에 얼마나 난폭한 모습을 보였는지
도랄리체 그녀도 화평이나 휴전에 대해
감히 그에게 말도 꺼내지 못했고, 결국
결투를 하지 않을 수 없게 되었습니다.

그는 바로 갑옷을 입었는데, 시종들의 46
당연한 도움도 기다리기 어려웠으며,
파리의 위대한 보호자[17]가 전에 타던
훌륭한 말[18] 위에 서둘러 올라탔으며,
무기로 그 커다란 싸움을 결정짓도록
선택된 광장을 향하여 달려갔습니다.

---

17) 오를란도.
18) 브릴리아도로. 오를란도는 그 말을 목동의 집에 놔두었는데, 만드리카르도가 두 린다나와 함께 타고 갔다(제24곡 115연 참조).

Canto 30:45

오만한 만드리카르도는 이제
합의에 대한 말을 듣고 싶지 않았으며,

아그라만테와 수행원들이 방금 왔고,
그래서 곧 결투가 벌어질 참이었어요.

각자의 머리에 빛나는 투구를 쓰고 47
끈을 묶었으며, 각자의 창을 들었어요.
곧이어 시작을 알리는 나팔이 울렸고
수천 명의 얼굴을 창백하게 하였지요.
기사들은 창을 받침대에다 겨누었고,
각자 말의 옆구리에다 박차를 가했고,
하늘이 무너지고, 땅이 열리는 것처럼
강렬하게 서로를 향하여 달렸습니다.

유피테르를 태우고 허공을 날던 하얀 48
독수리[19]가 이쪽저쪽에서 달려왔으니,
다른 모습이지만,[20] 테살리아 지방에
여러 번 갔던 때와 같은 모습이었어요.[21]

---

19) 유피테르는 종종 독수리를 타고 다니거나 독수리들이 끄는 수레를 탄 모습으로 묘사되었다.
20) 원문은 "ma con altre penne", 즉 '다른 깃털이지만'으로 되어 있다.
21) "다른 모습"의 독수리, 즉 로마 군단의 독수리 문장이 그리스 테살리아 지방에 자주 갔다는 뜻이다. 파르살라(Farsala)에서 카이사르와 폼페이우스 사이에 전투가 벌어졌고, 필리피(Philippi)에서 옥타비아누스와 브루투스 사이에 전투가 벌어졌던 것을 가리키는데, 필리피는 테살리아가 아니라 마케도니아 지방에 있다. 하지만 아리오스토는 필리피도 테살리아에 있는 것으로 보았던 고전 작가들의 견해를 따르고 있다.

두 사람 모두 얼마나 강하고 대담한지
들고 있는 엄청난 창에서 드러났으며,
또한 그들의 강렬한 충돌은 바람이 탑에,
파도가 바위에 부딪치는 것 같았어요.

부러진 창은 하늘까지 높이 날아갔는데, 49
여기에서 진실한 투르피노의 말에 의하면,
화염권[22])까지 높이 날아 올라간 한두 개
조각들은 불붙은 채 떨어졌다고 합니다.
두 기사는 각자의 칼을 뽑아 들었으며,
조금도 서로를 두려워하지 않는 것처럼
다시 돌아와 맞부딪쳤고, 처음 충돌에서
모두 투구의 눈가리개를 공격했습니다.

첫 번째 충돌에 눈가리개를 공격했고, 50
말을 죽여 땅에 떨어뜨리려고 겨냥하지
않았으니, 말은 싸움에 아무런 잘못이
없기 때문에 그건 비겁한 행동이었어요.
그들 사이에 합의가 있었다고 생각하는
사람은 옛날 풍습을 전혀 모르는 거예요.
아무런 합의도 없었지만, 말을 해치는

---

22) 중세 유럽의 우주관(제26곡 20연 참조)에 의하면, 지구의 대기와 달의 하늘 사이에는 둥글게 지구를 에워싸고 있는 일종의 불의 하늘, 또는 화염권(火焰圈)이 있다고 믿었다.

자는 영원한 비난과 치욕을 받았어요.

공격당한 눈가리개는 두 겹이었지만 51
그런 공격에 견디기 어려웠을 거예요.
타격에 다른 타격이 바로 이어졌으니,
잎사귀, 가지, 곡물, 그루터기를 망치고
기대한 수확을 헛수고로 만드는 그런
우박들보다 더 빽빽한 타격들이었어요.
두린다나와 발리사르다가 얼마나 잘
베고, 얼마나 훌륭한지 잘 아실 겁니다.

하지만 아직 유효한 타격은 없었으니, 52
서로가 서로를 잘 경계하고 있었습니다.
만드리카르도가 첫 번째 피해를 입혔고,
훌륭한 루지에로는 거의 죽을 뻔했는데,
그들이 가하는 엄청난 타격 중 하나가
그의 방패 한가운데를 쪼개 놓았으며,
그 아래에 있는 갑옷을 열어 놓았고,
잔인한 칼은 생생한 살까지 닿았어요.

그 강한 타격은 주위에서 루지에로를 53
걱정하는 많은 사람의 가슴을 서늘하게
했는데, 비록 모두는 아니지만, 대다수
사람이 그에게 호감을 갖고 있었지요.

만약 대부분의 사람들이 원하는 것을
행운이 실제로 실현시켜 주었다면,
만드리카르도는 이미 죽거나 붙잡혔을
정도로 그 타격은 모두를 놀라게 했어요.

루지에로를 그 타격에서 구하기 위해 54
어느 천사가 개입했다고 저는 믿습니다.
하지만 루지에로는 지체하지 않고 바로
어느 때보다 무섭게 반격을 가했지요.
칼로 만드리카르도의 머리를 쳤는데,
격렬하고 즉각적인 분노로 너무나도
재빨리 가격했기에, 그 타격이 자르지
못했어도 저는 비난하고 싶지 않습니다.

만약 발리사르다에 똑바로 맞았다면 55
헥토르의 마법 투구도 소용없었겠지요.
만드리카르도는 그 타격의 충격을 받아
자신의 손에서 고삐를 놓치고 말았지요.
서너 번 머리가 거꾸로 떨어질 뻔했고,
그동안 이름을 아시는 브릴리아도로는
바뀐 짐 때문에[23] 여전히 괴로워하며
결투장의 주변을 돌아다니고 있었어요.

---

23) 타고 있는 주인이 바뀐 것 때문에.

어떤 짓밟힌 뱀이나 상처 입은 사자도　　　　56
그렇게 정신을 잃게 만든 타격을 맞은
다음에 만드리카르도가 그랬던 것처럼
강하게 격노하고 분노하지 않을 겁니다.
그리고 분노와 오만함이 커지는 만큼
그에게는 힘과 무훈이 더욱 커졌으며,
그는 루지에로를 향해 브릴리아도로를
몰았고, 머리 위로 칼을 휘둘렀습니다.

그는 등자 위에서 일어섰고, 그의　　　　57
투구를 겨냥하고 이번에는 정말로
가슴까지 쪼갤 것이라고 믿었지만,
루지에로가 그보다 훨씬 재빨랐어요.
그의 팔이 강렬하게 내려오기 전에
그 아래로 날카로운 칼을 찔렀으며,
아래에 오른쪽 겨드랑이를 보호하는
사슬 옷에 널찍한 틈을 만들었어요.

그리고 발리사르다는 따뜻하고 붉은　　　　58
피와 함께 밖으로 다시 빠져나왔으며,
커다란 위험과 함께 너무나 격렬하게
내려오는 두린다나를 막아냈습니다.
하지만 루지에로는 말의 등까지 몸을
숙이며 고통 때문에 눈을 찌푸렸고,

머리에 좋지 않은 투구를 썼더라면
영원히 기억할 타격이 되었을 겁니다.

루지에로는 지체 없이 말을 몰았고,　　　　　　　　　　　　59
만드리카르도의 오른쪽 옆구리를 향해
공격했고, 거기에서 섬세하게 선택되고
훌륭하게 단련된 금속도 정확하게
내려오는 칼에 별로 소용이 없었어요.
다른 목적에는 마법의 갑옷이었지만,
그 칼의 타격은 마법의 갑옷과 마법의
사슬 옷도 아무 소용없게 만들었지요.[24]

그 칼은 닿는 것마다 모두 잘랐고　　　　　　　　　　　　60
만드리카르도의 옆구리를 찔렀으며,
그는 폭풍 치는 바다보다 더 무섭게
하늘을 저주하였고 분노에 떨었어요.
이제 최후의 힘을 쓰려고 준비했으니,
분노에 넘쳐 푸른 바탕에 하얀 새[25]가
그려진 방패를 멀리에 내동댕이치고
이쪽저쪽 두 손으로 칼을 잡았어요.

---

24) 만드리카르도가 입고 있는 헥토르의 갑옷은 마법의 갑옷이지만, 루지에로의 칼 발리사르다는 모든 마법을 깨뜨리는 칼이다.
25) 독수리.

루지에로가 그에게 "아하, 그 문장에　　　　　　　　　61
네가 합당하지 않다는 것을 보이려고,
조금 전에 잘랐고,[26] 이제는 버리는구나.
너로서는 더 이상 말할 수 없을 거야."
그렇게 말하는 동안 그는 두린다나가
얼마나 광폭하게 오는지 맛보았으니,
칼은 산이 떨어지는 것보다 더 무겁고
강렬하게 그의 이마를 내리쳤습니다.

그리고 눈가리개 가운데를 잘랐으나　　　　　　　　62
그의 얼굴에는 닿지 않아 다행이었고,
그런 다음 쇠로 만든 안장에 닿았는데,
두 겹의 금속판도 그 칼을 막지 못했고,
마침내 허벅지 갑옷에 닿아 두 겹으로
덧댄 금속판을 마치 밀랍처럼 쪼갰고,
루지에로의 허벅지에 심한 부상을 입혀
나중에 치료하는 데 오래 걸렸습니다.

두 사람 모두의 갑옷에는 빨간 피가　　　　　　　　63
두 줄기로 흘러내려 붉게 물들었으니,
그 결투에서 둘 중 누가 더 우세한지

---

26) 앞의 52연에서 말했듯이, 만드리카르도는 하얀 독수리 문장이 있는 루지에로의 방패를 칼로 쪼갰다.

그에 대한 견해들이 서로 달랐습니다.
하지만 루지에로가 곧바로 많은 사람을
처벌한 칼로 그러한 의혹을 없앴으니,
칼을 똑바로 겨누어 바로 그가 방패를
내던졌던 그곳을 잔인하게 찔렀습니다.

칼은 그의 갑옷 왼쪽을 꿰뚫었으며 64
그의 옆구리보다 한 뼘 위로 들어가
곧바로 심장을 향하여 길을 찾았고,
그리하여 결국 만드리카르도는 하얀
독수리에 대한 자신의 모든 주장과
유명한 칼[27]에 대한 주장을 버려야 했고,
동시에 칼이나 방패보다 더 귀중하고
중요한 생명도 함께 버려야 했습니다.

그 악당은 복수 없이 죽지 않았으니, 65
자기가 칼에 찔리는 바로 같은 순간에
자기 것이 아닌 칼을 황급히 휘둘렀고
루지에로의 얼굴을 쪼갰을 것이지만,
그 전에 먼저 루지에로가 그의 힘을
빠지게 했고 활력을 빼앗아 버렸으니,
먼저 오른쪽 팔 아래를 찔러 너무나

---

27) 두린다나.

많은 힘과 활력을 빼앗아 버렸습니다.

루지에로는 만드리카르도에게 바로 66
그의 생명을 빼앗은 순간에 맞았으며,
비록 두꺼웠지만 투구의 쇠 테두리와
강철 투구가 그 타격에 쪼개졌습니다.
두린다나는 루지에로의 피부와 뼈를
갈랐고 머리에 2인치 정도 들어갔어요.
루지에로는 정신을 잃고 땅에 쓰러졌고
머리에서 한 줄기 피가 흘러나왔지요.

루지에로가 먼저 땅바닥에 떨어졌고 67
그다음에 만드리카르도가 떨어졌으며,
그래서 만드리카르도가 그 결투에서
이겼다고 거의 모든 사람이 믿었어요.
도랄리체도 다른 사람들처럼 믿었으니,
그날 여러 번이나 웃고 또 울었는데,
마침내 두 손을 하늘로 향하고 결투가
그렇게 끝난 것에 신에게 감사했어요.

그렇지만 산 자는 살고, 죽은 자는 68
죽었다는 분명한 증거가 나타났기에,
응원자들의 가슴속에서는 슬픔과
기쁨이 서로 자리를 바꾸게 되었어요.

Canto 30:67

루지에로가 먼저 땅바닥에 떨어졌고
그다음에 만드리카르도가 떨어졌으며,

왕들과 영주들과 탁월한 기사들은
힘들게 다시 일어난 루지에로와 함께
기뻐하였고, 서로 달려가 껴안았으며
끝없는 영광과 명예를 주었습니다.

모두들 루지에로와 즐거워했고 입과   69
가슴으로 똑같은 즐거움을 느꼈어요.
다만 그라다소는 혀가 밖으로 내뱉는
말과 전혀 다른 생각을 하고 있었으니,
얼굴로는 즐거워했지만, 마음속으로는
그가 얻은 영광에 질투심을 느꼈고,
루지에로가 항아리에서 먼저 뽑히게
만든 운명이나 우연을 저주했습니다.

아그라만테 왕이 루지에로에게 보낸   70
애정과 진심이 넘치는 수많은 칭찬과
환호를 제가 어떻게 다 말하겠습니까?
그가 없었다면, 아프리카에서 깃발을
올리거나 전혀 움직이지 못했을 것이며,
그 많은 부대도 믿지 못했을 것입니다.[28]

---

28) 점성술사들의 예언에 의하면, 만약 루지에로가 참전하지 않는다면, 카롤루스 마그누스와의 전쟁은 승리하지 못할 것이라고 하였다. 그래서 아그라만테 왕은 루지에로가 참가할 때까지 아프리카에서 움직이려 하지 않았다(《사랑에 빠진 오를란도》 제2권 제1곡 69연 이하 참조).

이제 아그리카네 왕의 후손[29]을 죽였으니,
세상 전체보다 그를 더 높이 평가했어요.

루지에로에 대한 그러한 애정은 단지   71
남자들뿐만 아니라 여자들도 그랬는데,
바로 아프리카와 에스파냐에서 군인들과
함께 프랑스의 땅에 온 여자들이었지요.
하얗고 창백해진 자기 연인의 죽음을
고통스럽게 슬퍼하던 도랄리체 그녀도
만약 부끄러움의 강한 억제가 없었다면
아마 다른 여자들의 무리와 같았겠지요.

저는 '아마'라고 했는데, 제가 확인한   72
것이 아니라, 루지에로의 모습과 태도,
공훈이 너무나 멋지고 너무나 뛰어났기
때문에 쉽게 그랬을 수 있다는 말입니다.
우리가 이미 알고 있는 것처럼 그녀는
너무나도 쉽게 자기 생각을 바꾸었기에,[30]
이제 사랑이 없는 것을 보지 않으려고
루지에로에게 마음을 두었을 수 있지요.

---

29) 만드리카르도.
30) 도랄리체가 이미 로도몬테와 약혼했는데도, 만드리카르도를 사랑하여 마음을 바꾼 것을 가리킨다.

그녀에게는 만드리카르도가 살았다면 73
좋지만, 죽은 뒤에 무슨 소용 있겠어요?
밤이건 낮이건, 그녀의 욕구에 강건하고
튼튼한 남자가 있는 것으로 충분했어요.
그러는 동안에 왕실에서 가장 노련한
의사가 그다지 늦지 않게 도착하였고,
루지에로의 모든 상처를 살펴보았으며
이미 그의 생명을 안전하게 했습니다.

아주 세심한 배려로 아그라만테 왕은 74
루지에로를 자기 천막에 눕게 하였고,
밤낮으로 자기 눈앞에 있기를 원했을
정도로 그를 사랑하고 배려하였습니다.
또한 만드리카르도가 갖고 있던 방패와
모든 갑옷을 그의 옆에다 걸어 두었는데,
세리카나의 왕[31]에게 건네준 두린다나를
제외하고는 모든 것을 다 걸어 두었어요.

또한 갑옷과 함께 만드리카르도의 다른 75
전리품도 루지에로에게 주었으며, 동시에
오를란도가 광기 때문에 내버려두었던
그 훌륭한 말 브릴리아도로도 주었어요.

---

31) 그라다소.

그런데 루지에로는 왕이 얼마나 좋아할지
눈치채고 그 말을 왕에게 선물했습니다.
그렇지만 루지에로를 기다리면서 헛되이
한숨짓는 여인에게로 돌아가야 합니다.

브라다만테가 그를 기다리면서 견디는 76
사랑의 고통을 이제 나리께 말씀드리지요.[32]
이팔카는 몽토방의 그녀에게 돌아갔고,
그녀가 열망하고 있던 소식을 전했어요.
먼저 로도몬테가 그녀에게 프론티노를
빼앗아 갔다는 것을 이야기하였으며,[33]
샘물가에 리차르데토와 아그리스몬테의
형제들과 함께 있던 루지에로를 만났고,[34]

로도몬테를 다시 만나 여자에게서 자기 77
프론티노를 빼앗은 잘못을 저지른 것에
대하여 그에게 복수하고 싶다는 희망에
루지에로와 함께 자기가 다시 떠났는데,
서로 다른 길이 어긋나게 했기 때문에
그 계획이 성공하지 못했다고 말했어요.[35]

---

32) 이어서 아리오스토는 앞에서 일어난 사건을 간략하게 요약한다.
33) 제23곡 33~38연 참조.
34) 제26곡 54연 이하 참조.
35) 제26곡 65~67연, 88연 참조.

또한 루지에로가 몽토방에 오지 못한
이유도 그녀에게 모두 이야기했으며,

루지에로가 자기에게 부탁한 변명의 78
말들도 충분히 그녀에게 이야기했어요.
그리고 가슴에서 루지에로가 주었던
편지를 꺼내 브라다만테에게 건넸어요.
브라다만테는 평온하기보다 혼란스러운
표정으로 편지를 받아 읽어 보았는데,
루지에로를 직접 만날 거라 기대하지
않았다면, 훨씬 더 반가웠을 것입니다.

루지에로를 만날 것으로 기대하였는데, 79
그 대신 이제 편지로 만족해야 했으니,
그녀의 아름다운 얼굴 모습이 두려움과
슬픔과 고통에 떨리고 혼란스러워졌어요.
온 가슴을 루지에로에게로 향하고 있는
그녀는 수십 번 편지에 입을 맞췄어요.
불타는 한숨에 그 편지가 불타는 것을
편지 위에 번진 눈물이 막아 주었지요.

그녀는 편지를 네 번, 여섯 번이나 80
읽었고, 그곳으로 이런저런 소식들을
가져온 이팔카에게도 그만큼 여러 번

전하는 말을 반복해 주기를 원했어요.
그동안에 계속 울었으니, 루지에로를
곧바로 다시 만날 것이라는 위로의
마음을 갖고 있지 않았다면, 아마도
진정되지 않았을 것이라고 믿습니다.

루지에로는 15일이나 20일 안에는 81
돌아오겠다고 기한을 정했고, 또한
이팔카에게 절대 어기지 않을 테니
조금도 걱정하지 말라고 맹세했지요.
브라다만테는 말했어요. "오, 세상에!
온 사방에 힘을 갖고 있는 사고들이,
특히 전쟁 동안에, 루지에로가 오는
것을 막지 않는다고 누가 보장할까?

오, 세상에! 루지에로, 세상에! 나는 82
당신을 나 자신보다도 더 사랑했지만,
당신이 나보다, 다른 사람보다, 명백한
적을 사랑했다고 대체 누가 믿겠어요?
당신은 억압해야 할 사람을 도와주고,
도와줘야 할 사람을 억누르고 있어요.
당신은 보상이나 처벌에 신경을 쓰지
않으니, 칭찬인지 비난인지 모르겠군요.

당신은 알지 모르나, 돌멩이도 알듯이　　　　　　　　83
당신의 아버지는 트로이아노에게 죽었는데,[36]
당신은 트로이아노의 아들이 어떤 피해나
불명예를 받지 않도록 보살피고 있군요.
루지에로, 이게 당신이 하는 복수인가요?
복수해야 할 사람들에게 당신이 그렇게
보상하는 동안, 그들의 피 때문에 나를
이렇게 괴로움과 슬픔에 죽게 하는가요?"

브라다만테는 곁에 없는 루지에로에게　　　　　　　84
울면서 이런 말과 또 다른 말을 했는데,
단 한 번뿐이 아니라 여러 번 그랬어요.
그러자 이팔카는 그녀를 위로하였으며,
루지에로가 틀림없이 자신의 약속을
지킬 것이며, 다른 것을 할 수 없으니,
루지에로가 돌아오겠다고 예정한 바로
그날까지 기다리라고 설득을 하였어요.

이팔카의 그런 위안과, 으레 연인들의　　　　　　　85
동반자가 되기도 하는 희망이 두려움과
고통을 완화시켜, 브라다만테가 계속하여

---

[36] 루지에로의 아버지 루지에로 2세는 아그라만테 왕의 아버지 트로이아노에게 죽임을 당했다(《사랑에 빠진 오를란도》, 제2권 제1곡 70연 이하 참조).

눈물을 흘리게 만드는 힘을 빼앗았어요.
그녀는 거처를 바꾸지 않고 몽토방에서
정해진 날까지, 그가 맹세하고 약속한
날짜까지 기다리기로 했는데, 나중에
루지에로는 약속을 지킬 수 없었어요.

하지만 그가 약속을 지키지 않았다고   86
전적으로 그가 잘못했다고 할 수 없으니,
이런저런 여러 가지 이유 때문에, 그는
어쩔 수 없이 약속을 못 지켰으니까요.
그는 한 달 이상 동안이나 꼼짝없이
침대에 누워 있어야만 했으니, 죽음을
걱정할 정도로, 만드리카르도와 치렀던
결투 이후에 고통이 심해졌던 것입니다.

사랑에 빠진 브라다만테는 그날 하루   87
종일 기다리고 열망했지만 헛일이었고,
처음에 이팔카에게, 또 리차르데토에게
루지에로가 자신을 구해 주었으며, 또한
말라지지와 비비아노를 구한 이야기를
들은 것 외에는 아무것도 몰랐습니다.
그 소식을 듣고 그녀는 기뻐하였지만,
약간 쓰라리고 혼란스럽기도 하였어요.

그의 이야기에서 마르피사가 훌륭한 88
무훈과 아름다움을 갖고 있다고 들었고,
또한 루지에로가 그녀와 함께 떠났는데,
아그라만테가 취약한 곳에서 불안하고
안전하지 않은 상태로 지키는 곳으로
간다고 했다는 말을 들었기 때문이지요.
그녀는 훌륭한 동반자를 칭찬하였지만,
기뻐하거나 즐거워할 것은 아니었어요.

짓누르는 의혹은 결코 작지 않았으니, 89
만약에 마르피사가 명성만큼 아름다우며,
그날까지 그들이 함께 갔다면, 루지에로가
그녀를 사랑하지 않는 것이 놀랍겠지요.
그것을 믿고 싶지 않았지만 걱정되었고,
불쌍한 그녀는 자신을 즐겁거나 슬프게
만들 그날을 기다렸으며, 한숨을 쉬면서
몽토방에서 한 발짝도 움직이지 않았어요.

그녀가 거기에 있는 동안, 그 아름다운 90
성의 영주이자 군주, 형제들 중 첫째이며,
(나이가 아니라 명예의 첫째라는 말입니다.
두 형제가 그보다 먼저 태어났으니까요)[37]

---

37) 제23곡 20연 참조.

태양이 별들을 비추듯, 영광과 명성으로
그들을 환하게 빛나게 해 주었던 리날도가
어느 날 아홉째 시간[38]에 성에 도착했는데,
오로지 시종 한 명만 데리고 왔습니다.

그가 오게 된 이유는 이랬습니다. 그는　　　　　　　　　　　91
어느 날 브라바에서 파리로 돌아가다가
(앞에서 말씀드렸듯이, 그는 안젤리카의
흔적을 찾으려고 종종 왔다 갔다 했어요)
자신의 사촌들인 비비아노와 말라지지에
대한 나쁜 소식을 듣게 되었는데, 바로
마간차의 손에 넘겨지게 된다는 것이고,
그래서 아그리스몬테로 가게 되었지요.

그런데 거기에서 그들이 풀려났으며,　　　　　　　　　　92
적들은 죽거나 궤멸되었는데, 루지에로와
마르피사가 거기에 함께 있으면서 그런
결과를 가져오게 하였다는 말을 들었고,
또한 자신의 형제들[39]과 사촌들이 함께
몽토방으로 돌아갔다는 말을 들었기에,

---

38) 대략 정오부터 오후 세 시 사이이다(제8곡 19연 참조).
39) 원문은 복수로 되어 있지만 형제는 리차르데토 하나뿐이고, 나머지 세 명은 사촌이다.

갑자기 지체 없이 거기에서 그들과 함께
만나 서로 껴안아 보고 싶었던 것입니다.

그렇게 리날도는 몽토방에 왔고, 거기서　　　　　　　　93
어머니와 아내,⁴⁰⁾ 자식들, 형제를 껴안았고,
포로로 붙잡혀 있던 사촌들을 껴안어요.
그가 그들 사이에 그렇게 오게 된 것은
제비가 오랜 배고픔 뒤에 입에 음식을
물고 어린 새끼들에게 온 것 같았지요.
그리고 하루나 이틀 동안 머무른 뒤에
그는 다른 사람들과 함께 떠났습니다.

리차르도,⁴¹⁾ 알라르도, 리차르데토, 또　　　　　　　　94
아모네의 아들들 중 큰아들 구이차르도,⁴²⁾
말라지지와 비비아노가 그 용맹스러운
기사를 따르기 위해 갑옷을 입었어요.
브라다만테는 자기 열망에 너무 늦게
오는 그날이 오는 것을 기다리기 위해

---

40) 리날도의 아내는 가스코뉴 왕의 딸 클라리체(Clarice)로 《사랑에 빠진 오를란도》 제1권 제1곡 22연에서 이미 언급되었다. 이 작품에서는 제43곡 66연에서 언급된다.

41) 다른 곳에서는 리날도의 이 형제에 대한 언급을 찾을 수 없다. 일반적으로 아모네의 아들은 네 명으로 알려져 있다(제23곡 20연 참조).

42) Guicciardo(또는 구이스카르도Guiscardo). 아리오스토는 그가 아모네의 큰아들이라고 하지만, 다른 작가들은 셋째 아들로 보기도 한다.

형제들에게 자기는 아프다고 말했으며,
그들과 함께 가려고 하지 않았습니다.

그 말은 사실이었으니, 육체적 고통과　　　　　　　　95
열에 의한 것은 아니지만 아팠으니까요.
열망이 그녀의 영혼을 아프게 하였고,
사랑의 고통스러운 혼란을 겪게 했지요.
리날도는 몽토방에 더 머물지 않았고,
자기 핏줄의 꽃들을 이끌고 떠났어요.
어떻게 파리에 갔고, 어떻게 카롤루스를
도왔는지 다음 노래에서 이야기하지요.

제31곡

리날도가 구이도네와 만나고, 다른 훌륭한 기사들과 함께 카롤루스 황제를 도와 이슬람 진영을 공격한다. 브란디마르테는 로도몬테와 다리에서 겨루다가 붙잡힌다. 이슬람 진영이 프랑스 남부로 퇴각한다. 그라다소와 리날도가 오래된 갈등 때문에 결투한다.

사랑에 빠진 마음보다 더 달콤하고 1
그보다 더 즐거운 상태가 무엇일까요?
아모르에게 봉사하며 살아가는 것보다
더 행복하고 편안한 삶이 있을까요?
만약에 인간이 질투라고 일컬어지는
그러한 분노, 그러한 광기, 그러한 고통,
그러한 두려움, 그렇게 사악한 의혹에
언제나 자극받지 않는다면 말입니다.

그런 가장 부드럽고 감미로운 곳에 2
들어가는 다른 모든 쓰라린 것[1]은
사랑을 가장 섬세한 것으로 인도하고,

더욱 증대시켜 주고, 완성시켜 줍니다.
갈증에는 물이 가장 맛있고 달콤하며,
배고픔에는 음식이 가장 좋은 것이며,
이전에 전쟁을 경험하지 못한 사람은
평화를 모르고 높게 평가하지 않지요.

마음이 보는 것을 눈은 보지 못해도,   3
그것은 평온하게 참을 수가 있습니다.
멀리 떨어져 있어도 나중에 다시 가면,
오래 떨어진 만큼 많은 위로를 받지요.
희망이 죽지 않고 살아남아 있는 한,
보상이 없지만 사랑에 봉사하는 것은
견딜 수 있으며, 비록 늦게 올지라도
좋은 봉사에 대한 보상은 결국 옵니다.

사랑의 모든 괴로움들, 모든 고통들,   4
울분들, 거부감들은, 자신들의 기억을
통해, 마침내 즐거움이 올 때 최대한
맛있게 느낄 수 있도록 만들어 줍니다.
하지만 그 지옥의 전염병[2]이 허약한
마음에 전염되어 병들게 하고 더럽히면,

---

1) 질투에 의해 유발되지 않는 다른 모든 사랑의 괴로움을 가리킨다.
2) 질투.

나중에 즐거움과 잔치가 뒤따르더라도
사랑하는 자는 그것을 즐기지 못합니다.

그렇게 잔인하고 독약 같은 상처에는 5
약물도 소용없고 연고도 소용없으며,
마법 주문이나 마법의 그림, 호의적인
별[3]을 오래 관찰하는 것도 소용없고,
창시자 조로아스터[4]가 직접 시도했던
모든 마법의 실험도 소용이 없습니다.
그 잔인한 상처는 모든 고통 너머로
인간을 이끌고 절망하여 죽게 합니다.

오, 사랑하는 사람의 가슴에, 진정한 6
의혹이나 거짓 의혹을 통하여 너무나도
쉽게 각인되는, 치유할 수 없는 상처여!
오, 너무나도 잔인하게 인간을 억눌러서
그의 이성과 지성을 흐릿하게 만들고,
모습까지 못 알아보게 만드는 상처여!
오, 그렇게 부당하게 브라다만테의 모든
위안을 빼앗아가 버린 사악한 질투여!

---

3) 점성술에서 말하는 상서로운 별의 징조.
4) 페르시아에서는 조로아스터교를 세운 조로아스터를 모든 마법의 창시자라고 믿었다.

이팔카와 그녀의 형제[5]가 쓰라리게 7
그녀의 가슴속에 심어 준 것이 아니라,
며칠 뒤에 그녀에게 전해진 잔인하고
사악한 소식에 대해 말하는 것입니다.
약간 이탈한 뒤에 제가 말씀드릴 것에
비교하면, 그것은 아무것도 아닙니다.
저는 자기 사람들과 함께 파리를 향해
가는 리날도에 대해 먼저 말하렵니다.

그들은 그다음 날 저녁 무렵에 곁에 8
한 여인을 데려가는 기사를 만났는데,[6]
사선으로 장식된 하얀 줄무늬 외에는
방패와 겉옷이 온통 검은색이었어요.
그는 리차르데토가 맨 앞에서 겁 없는
표정으로 오는 것을 보고 도전하였고,
리차르데토는 조금도 거절하지 않고
고삐를 돌려 달려가 거리를 띄웠어요.

다른 말도 없고 서로의 신분에 대해서 9
전혀 모른 채 그들은 서로 충돌했지요.
리날도와 다른 기사들은 결투의 결과가

---

5) 리차르데토.
6) 그들이 누구인지 나중에 29연에서 밝혀진다.

어떻게 될까 보려고 걸음을 멈추었어요.
'확고하게 내 방식대로 부딪치게 되면
저자는 곧바로 땅바닥에 떨어지겠지.'
리차르데토 자신도 그렇게 생각했는데,
그 결과는 생각과 정반대가 되었어요.

그 이방인 기사는 너무나도 강하게 10
그의 눈가리개 아랫부분을 맞추었고,
그를 안장에서 떨어뜨렸으며, 말로부터
창 두 개의 거리에 떨어지게 했습니다.
그에 대한 복수를 하려고 알라르도가
곧바로 공격했지만, 그가 정신을 잃고
볼품없이 땅에 떨어질 정도로 충돌은
격렬했고, 그의 방패도 쪼개졌습니다.

두 형제가 땅바닥에 떨어진 것을 본 11
구이차르도가 곧바로 창을 겨누었는데,
리날도가 소리쳤어요. "기다려, 기다려!
세 번째 결투는 내가 맡아서 해야겠어."
하지만 아직 투구를 머리에 매지 않아
구이차르도가 말을 몰아서 돌진했는데,
두 형제들 이상으로 버틸 수 없었고,
곧바로 땅바닥에 떨어지게 되었어요.

리차르도, 비비아노, 말라지지가 서로   12
누구보다 먼저 결투하기를 원하였지만,
리날도가 그들의 싸움을 종결시키면서
무장을 갖추고 모두의 앞으로 나서면서
말했어요. '지금은 파리로 가야 할 때야.
만약 내가 너희들 모두가 차례차례로
바닥에 떨어지는 것을 기다려야 한다면,
우리가 가는 것이 너무 늦어질 것이야.'

하지만 들리지 않게 속으로 말했으니,   13
다른 사람에게 모욕과 경멸이 되겠지요.
이미 서로의 거리는 충분히 벌려졌고,
두 사람은 돌아와 격렬하게 마주쳤어요.
주위의 모든 기사를 합친 것만큼 뛰어난
리날도는 땅바닥에 떨어지지 않았으며,
창들은 마치 유리처럼 부러져 버렸지만
기사들은 조금도 뒤로 숙이지 않았어요.

그들의 말은 얼마나 세게 부딪쳤는지   14
등허리가 땅바닥에 부딪칠 정도였어요.
바이아르도는 곧바로 다시 일어섰으며,
달리는 것을 거의 멈추지도 않았습니다.
다른 말은 너무나도 불운하게 쓰러졌고,
등과 어깨가 동시에 부러질 정도였어요.

자기 말이 죽은 것을 본 기사는 바로
등자에서 벗어나 두 다리로 섰습니다.

그리고 벌써 말을 돌려서 빈손으로　　　　　　　　　　15
돌아오는 아모네의 아들에게 말했어요.
"기사님, 당신이 죽게 한 훌륭한 말은
살아 있을 때 나에게 너무 소중했기에,
복수를 하지 않은 채 그렇게 죽는다면
나의 의무를 소홀히 한 것이 되겠지요.
그러니 우리 사이에 싸움이 이루어지게
당신이 할 수 있는 것을 하고 오시오."

리날도는 그에게 말했습니다. "만약에　　　　　　　　16
말이 죽어 결투를 계속할 말이 없다면,
내 말들 중 하나를 줄 테니 안심하시오.
당신 말 못지않게 훌륭한 말일 것이오."
그러자 그는 "나에게 말이 중요하다고
생각했다면, 내 말을 잘못 이해했군요.
내가 말하고 싶은 것을 잘못 이해하니,
내가 더욱 분명하게 상황을 설명하지요.

그러니까 만약 내가 당신과 칼로 다시　　　　　　　　17
겨루지 않고, 이 다른 결투[7]에서 당신이
나와 대등한지, 뛰어난지, 또는 부족한지

모른다면, 잘못을 하는 것 같다는 말이오.
말을 타고 있든 내리든, 마음대로 하시오.
다만 빈손을 허리에 대고 있지만 마시오.[8]
나는 당신과 칼로 겨루기만 바랄 뿐이고
모든 유리함을 당신에게 주어도 좋소."

리날도는 그가 오래 기다리도록 놔두지   18
않고 말했어요. "결투를 하기로 약속하오.
내 주위에 있는 사람들이 당신에게 어떤
의혹을 주지 않고, 대담하게 싸울 수 있게
이들은 먼저 가고, 내가 뒤따라갈 것이오.
내 말을 보살펴 줄 시종 하나만 나와 함께
남아 있을 것이오." 그렇게 리날도는 함께
가고 있던 자기 동료들에게 말했습니다.

그러자 그 이방인 기사는 용맹스러운   19
리날도의 친절한 기사도를 칭찬했어요.
리날도는 말에서 내렸고, 바이아르도의
고삐를 시종의 손에다 넘겨주었습니다.
그리고 자신의 깃발이 아주 먼 곳으로
멀어져 더 이상 보이지 않게 되었을 때,

---

7) 칼로 다시 겨루는 결투.
8) 빈손으로 가만히 있지 말고, 어서 칼을 잡고 결투를 계속하자는 뜻이다.

방패를 들었고 힘차게 칼을 잡았으며,
이방인 기사에게 결투를 도전하였어요.

그리고 그 어느 결투보다도 더 격렬해 20
보이는 결투가 거기에서 시작되었어요.
서로 상대방이 그렇게 훌륭한지 믿지
못할 정도로 너무나 오래 저항했어요.
하지만 결투가 너무 서로 대등했기에
누구도 더 즐겁거나 더 슬프지 않았고,
모두 자부심과 분노를 한쪽에 놔두고
유리하기 위해 온갖 기술을 사용했지요.

무자비하고 잔인한 그들의 타격들이 21
끔찍한 소리와 함께 주위에 울렸으며,
때로는 두꺼운 방패의 모서리를 깼고,
때로는 갑옷이나 사슬 옷을 찢었어요.
여기서는 잘 공격하려고 하는 것보다,
서로가 대등하도록 잘 막아 낼 필요가
있었으니, 자칫하면 한 번의 실수가
영원한 피해를 줄 수 있었으니까요.

싸움은 한 시간 반 이상 지속되었고, 22
태양은 벌써 파도 아래로 들어갔으며,
차가운 밤의 그림자들이 온 사방으로

이쪽 지평선에서 저쪽까지 퍼졌어요.
두 기사들은 그 무자비한 타격들에
휴식을 취하거나 잠시라도 중단하지
않았는데, 어떤 분노나 원한이 아니라
명예의 욕망에 이끌려 가고 있었어요.

그러는 동안에 리날도는, 그렇게 강한 23
이방인 기사가 대체 누구기에 자신에게
그렇게 대담하고 확고하게 대적할 뿐만
아니라 생명까지 위협하는지 생각했어요.
그는 이미 많은 땀과 노고를 흘렸으며,
결투의 결과에 대하여 의심하게 되었고,
만약에 자신의 명예를 지킬 수 있다면,
기꺼이 그 결투를 연기하고 싶었습니다.

그리고 다른 한편으로 이방인 기사도 24
그와 비슷하게, 그가 바로 모든 기사들
세계에서는 너무나도 유명한 몽토방의
영주라는 것을 전혀 모르고 있었는데,
그가 그렇게 별로 적대감 없이 손에
칼을 들고 자신과 싸우는 것을 보고,
기사들의 세계에서 찾아보기 어려운
가장 탁월한 기사라고 확신했습니다.

Canto 31:22
싸움은 한 시간 반 이상 지속되었고,
태양은 벌써 파도 아래로 들어갔으며,

만약에 다른 어떤 비난을 받지 않고 25
그 위험한 궁지에서 나올 수 있다면,
그는 자신의 죽은 말을 복수하겠다는
그런 임무를 이제 중단하고 싶었어요.
세상은 이미 너무 어두워졌기 때문에
거의 모든 타격들이 빗나가게 되었고,
손에 든 칼이 거의 보이지 않았으니
공격도 방어도 제대로 할 수 없었어요.

마침내 몽토방의 영주가 먼저 어둠 26
속에서 더 이상 결투를 할 수 없으니,
게으른 아르크투루스[9]가 질 때까지,[10]
결투를 늦추거나 연기하자고 했어요.
그리고 그동안 자기 천막으로 가면,
자기 못지않게 안전하게 있을 것이며
그 어느 다른 곳으로 가는 것보다도
좋은 대접을 받을 것이라고 말했어요.

리날도가 오래 부탁할 필요도 없이 27
친절한 기사는 초대를 받아들였어요.

---

9) Arcturus. 목동자리에서 가장 밝은 별이며 큰곰자리의 꼬리 부분. 말하자면 북극성에 가깝게 있기 때문에 가장 느리게 회전하며, 따라서 "게으르다"라고 말한다.
10) 별자리가 사라질 때까지, 말하자면 날이 밝을 때까지.

그리하여 두 사람은 함께 몽토방의
천막을 쳐 놓은 안전한 곳으로 갔지요.
리날도는 자기 시종에게 아주 멋지고,
창과 칼, 다른 모든 시험에 훌륭하며,
잘 장식된 말을 한 필 데려오게 했고,
그것을 그 기사에게 선물로 주었어요.

그 이방인 기사는 자기와 함께 가는   28
그가 바로 리날도라는 것을 알았으니,
그들이 숙소에 도착하기 전에 우연히
그가 자기 이름을 말했기 때문입니다.
그런데 두 사람은 바로 형제였기 때문에
가슴속을 짓누르는 달콤함을 느꼈으며,
심장에 와 닿는 부드러운 애정과 함께
즐거움과 사랑의 눈물을 흘렸습니다.

그 기사는 바로, 제가 말씀드렸듯이,   29
예전에 마르피사와 산소네토, 그리고
올리비에로의 아들들과 함께 바다로
오래 여행한 '야생인' 구이도네였어요.[11]
그리고 사악한 피나벨로가 그를 잡아
나중에 자신의 사악한 맹세를 지키도록

---

11) 구이도네의 이야기에 대해서는 제20곡 5연 이하 참조.

강요함으로써, 그가 자신의 친척들을
보다 빨리 만나는 것을 방해하였지요.

구이도네는 그가 다른 모든 유명한   30
영주보다 유명한 리날도라는 말을 듣고,
장님이 잃어버린 빛을 열망하는 것보다
더 열렬하게 그를 만나 보고 싶었기에,
너무 기쁨에 넘쳐 말했어요. "오, 나리,
어떤 행운이, 오랫동안 사랑했고 지금도
사랑하며, 온 세상보다 공경하고 싶었던
당신과 함께 싸우도록 저를 이끌었나요?

코스탄차께서 흑해의 머나먼 기슭에서   31
저를 낳으셨으니, 저는 구이도네입니다.
당신과 마찬가지로 너그러우신 아모네의
탁월하고 뛰어난 씨앗으로 잉태되었지요.
당신과 다른 우리 가족을 모두 함께
보고 싶은 욕망에 저는 여기 왔으며,
제 의도는 당신을 공경하려는 것인데,
오히려 당신을 모욕하게 되었습니다.

하지만 당신과 다른 사람을 몰랐기에   32
제가 저지른 큰 실수를 용서하십시오.
속죄할 수 있다면, 말씀하시는 대로

아무것도 거부하지 않고 하겠습니다."
이쪽에서 또 저쪽에서 서로 반복하여
주고받는 포옹들이 마침내 끝난 뒤에
리날도가 그에게 말했어요. "더 이상
결투에 대해 용서해 달라고 하지 마오.

그대가 우리의 오랜 진정한 혈통에서 33
나왔다는 것을 분명히 증명하기 위해
우리가 검증해 본 그 훌륭한 무훈보다
더 나은 증거를 제시할 수 없을 거야.
만약 보다 평화롭고 평온한 방식으로
그대가 말했다면 아마 덜 믿었을 거야.
영양은 절대 사자를 낳지 않는 법이고,
비둘기는 독수리나 매를 낳지 않으니까."

그들은 가면서 이야기를 쉬지 않았고, 34
이야기하면서 가는 것을 쉬지 않았으니,
그들은 마침내 천막에 이르렀고, 거기서
훌륭한 리날도는 자기 동료들에게, 그가
바로 아주 오랫동안 기다린 끝에, 보고
싶은 욕망에 찾아온 구이도네라고 말해
그들에게 많은 즐거움을 주었는데, 그는
모두에게 아버지를 많이 닮아 보였어요.

알라르도, 리차르데토, 다른 두 형제가 35
그를 환대한 것과, 비비아노와 말라지지,
알디지에로, 다른 그의 형제들과 사촌들,
그곳에 있던 모든 기사들이 환대한 것,
그가 그들에게, 그들이 그에게 말한 것에
대하여 제가 말씀드릴 필요는 없겠지요.
하지만 결론적으로 말씀드리자면 마침내
그는 모든 사람들에게 환대를 받았어요.

다른 언제였더라도 구이도네는 자신의 36
형제들에게 커다란 환대를 받았겠지만,
지금은 다른 어느 때보다 더 절실하게
필요한 때였기에 더욱 환대를 받았어요.
새로운 태양이 눈부신 빛살의 왕관을
쓰고 바다에서 다시 솟아 나온 다음에,
구이도네는 형제들과 친척들과 함께
그들의 깃발 아래에서 같이 갔습니다.

그들은 그날과 다음 날까지 갔으며, 37
포위당한 파리의 성문들에서 10마일도
채 떨어져 있지 않은 센강의 기슭에
도착하였고, 거기서 좋은 행운 덕택에
강력하게 무장되어 있는 두 명의 기사
그리포네와 아퀼란테를 다시 만났는데,

지스몬다가 올리비에로에게 낳아 준
하양 그리포네와 검정 아퀼란테였어요.

그들과 함께 한 아가씨[12]가 있었는데,　　　　　　　　　　38
모습이 천한 출신 같아 보이지 않았고,
주위에 황금 실로 멋지게 자수를 놓은
하얀색 비단 치마를 입고 있었습니다.
눈물에 젖었고 상당히 슬퍼 보였지만,
그녀의 모습은 아름답고 고귀하였으며,
몸짓과 태도로 볼 때 매우 중요한 것을
이야기하고 있는 것처럼 보였습니다.

며칠 전 그들은 함께 있었기 때문에　　　　　　　　　　39
구이도네와 그들은 바로 알아보았어요.
구이도네는 리날도에게 "이 두 사람은
무훈에서 누구에게도 뒤지지 않아요.
카롤루스를 위해 우리와 함께 간다면,
사라센인들은 버티지 못할 것입니다."
리날도는 두 사람이 완벽한 기사라는
구이도네의 말을 확인할 수 있었어요.

리날도 역시 그들을 잘 알아보았으니,　　　　　　　　　　40

---

12) 피오르딜리지.

그들 둘은 언제나 그렇게 했던 것처럼
하나는 완전히 검정, 다른 하나는 하얀
갑옷에다 많이 장식을 했기 때문이지요.
다른 한편으로 그들도 역시 구이도네,
리날도와 형제들을 알아보고 인사했고,
오래된 그들의 증오를 한쪽에 놔두고
리날도를 마치 친구처럼 껴안았습니다.

이야기하자면 길 텐데, 예전에 그들은 41
트루팔디노[13] 때문에 서로 충돌했는데,
여기에서는 모든 분노를 잊고 형제의
애정과 함께 서로 껴안게 되었습니다.
그런 다음에 리날도는 약간 더 늦게
도착한 산소네토에게 몸을 돌렸으며,
그의 위대한 무훈을 충분하게 알고
있었기에 합당한 명예로 환영했어요.

잠시 후 아가씨는 더욱 가까이에서 42
리날도를 보고 곧바로 알아보았는데,
(그녀는 모든 기사들을 잘 알았어요)

---

13) Truffaldino. 바빌로니아의 왕으로 알브라카 요새(원문 다른 곳에서는 '성'으로 표현)에서 그리포네와 아퀼로네는 그를 보호하였고 따라서 리날도와 대적하였다. 그렇지만 결국에는 리날도가 그를 죽이게 되었다(《사랑에 빠진 오를란도》 제1권 제26곡 13연 이하 참조).

그에게 가슴 아픈 소식을 전하면서
말했습니다. "나리, 교회와 위대한
제국이 많은 빚을 진 당신의 사촌,
그렇게 현명하고 명예롭던 오를란도가
미쳐서 온 세상을 방황하고 있어요.

어떤 이유로 그렇게 이상하고 나쁜 43
일이 일어났는지 이야기할 수 없어요.
제가 본 것은, 칼과 다른 모든 갑옷을
사방의 들판에 내버리고 흩어 놓았는데,
어느 친절하고 경건한 기사가 그것을
온 사방을 돌아다니면서 모아 놓았고,
조그마한 나무에 그 모든 것을 걸어
멋지고 화려한 전리품으로 만들었어요.

하지만 바로 같은 날 아그리카네의 44
아들[14]이 그 귀한 칼을 가져가 버렸어요.
두린다나가 이제 또다시 이교도들의
손에 넘어가게 되었으니, 세례를 받은
사람들에게 얼마나 큰 손실이 될지
당신은 충분히 고려할 수 있겠지요.
브릴리아도로도 갑옷 주위를 맴돌고

---

14) 만드리카르도.

있었는데, 그 이교도가 끌고 갔어요.

바로 며칠 전에 보았는데, 오를란도는　　　　　　　　　45
벌거벗고 제정신이나 부끄러움도 없이
놀랄 만한 고함을 지르며 달려갔어요.
결론적으로 간단히 말해 미쳐 버렸어요.
이 믿음직한 제 눈이 아니라면, 그렇게
슬프고 쓰라린 일을 믿지 못할 겁니다."
그리고 로도몬테와 껴안은 채 다리에서
떨어지는 것을 보았다고 이야기했어요.

그리고 덧붙였습니다. "적이 아닌 모든　　　　　　　　46
사람에게 저는 오를란도 이야기를 해요.
제가 말하는 많은 사람들 중 누군가가
그 이상하고 나쁜 사건에 연민을 갖고,
파리나 다른 바람직한 곳으로 그분을
데려가서 뇌를 씻어 주도록 말이에요.
만약 브란디마르테가 그 소식을 들으면
모든 가능한 시도를 할 것으로 믿어요."

그녀는 바로 브란디마르테가 자신보다　　　　　　　　47
더 사랑하는 아름다운 피오르딜리지였고,
그를 찾기 위해 파리로 왔던 것입니다.
뒤이어서 그녀는 덧붙여 이야기했는데,

그 칼 때문에 그라다소와 만드리카르도
사이에 커다란 분쟁과 싸움이 벌어졌고,
만드리카르도의 생명이 끊어진 뒤, 결국
그라다소가 칼을 갖게 되었다고 했어요.

그렇게 이상하고 불쌍한 사건에 대해 48
리날도는 끝없이 괴로워하고 슬퍼했고,
마치 얼음이 태양 앞에서 녹아내리듯이
가슴이 부드럽게 녹는 것을 느꼈어요.
그리고 변함이 없고 확고한 마음으로,
오를란도가 어디에 있든 꼭 찾아내고
싶었는데, 찾아낸 다음 그러한 광기를
분명히 치유해 주고 싶었기 때문입니다.

그렇지만 하늘의 뜻이었는지, 아니면 49
우연인지, 이미 무리가 모이게 되었으니,
먼저 사라센인 부대를 달아나게 만들고
파리의 성벽을 해방시키고 싶었습니다.
하지만 공격이 훨씬 더 유리해지도록,
잠이 레테의 강물을 사방에 뿌리는
늦은 밤 셋째 시간이나 넷째 시간까지
공격을 연기하도록 리날도는 충고했어요.

그는 모든 사람들이 숲속에 숙영하게 50

하였고 하루 종일 거기서 쉬게 했습니다.
하지만 태양이 세상을 어둠 속에 남기고
옛날의 나이 든 유모[15]에게 돌아간 다음,
낮 동안 더 강렬한 빛에 숨어 있었던
곰들과 양들과 독이 없는 뱀들[16]과 다른
짐승들이 하늘을 아름답게 치장한 뒤,
리날도는 소리 없이 부대를 움직였어요.

그리고 그리포네, 아퀼란테, 비비아노, 51
알라르도, 구이도네, 산소네토와 함께
다른 사람들보다 1마일이나 앞서서
말없이 조용한 발자국으로 나갔어요.
아그라만테의 전초 부대가 잠든 것을
보고 한 명도 잡지 않고 모두 죽였어요.
그런 다음 아직 보지도 못하고 듣지도
못한 무어인들 사이로 들어갔습니다.

처음에 도착한 이교도들의 진영에서 52
리날도는 보초들을 갑자기 공격했고,
그들을 완전히 파괴하고 궤멸시켜서

---

15) 바다의 여신 테티스(제17곡 129연 참조).
16) 밤하늘의 수많은 별자리를 구성하는 동물들을 가리킨다. 뱀의 경우 별자리이기 때문에 "독이 없다"고 표현하였다.

한 명도 남기지 않고 모두 죽였어요.
맨 앞의 보초들이 완전히 무너졌으니
사라센인들은 너무나 정신이 없었고,[17)]
잠에 취하고 소심하고 무기력한 상태로
그 기사들을 거의 막아내지 못했어요.

리날도는 갑작스러운 공격을 감행하여 53
사라센인들을 너무나도 놀라게 하였고,
곧바로 나팔과 뿔 나팔을 크게 울렸고,
그의 이름을 외쳐 울려 퍼지게 했어요.
그리고 바이아르도를 몰았으며, 재빠른
말은 높은 방벽을 훌쩍 넘어 들어갔고,
기병들을 쓰러뜨리고 보병들을 짓밟고
천막과 휘장 들을 땅바닥에 쓰러뜨렸어요.

이교도 병사들 중에는 허공에 울리는 54
그 가공할 만한 "리날도"와 "몽토방"의
이름을 들었을 때, 머리카락이 곤두서지
않을 정도로 대담한 자가 전혀 없었어요.
아프리카와 에스파냐 진영이 함께 달아났고,
짐들을 싣느라고 시간을 잃지 않았으니,

---

17) 원문의 "non l'avevano piú da riso"는 '더 이상 웃을 일이 아니었다'로 직역할 수 있다.

예전의 경험으로 아직도 괴롭고 두려운
그 분노를 다시 기다리고 싶지 않았어요.

구이도네가 뒤따르며 그에 못지않았고, 55
올리비에로의 두 쌍둥이 아들, 알라르도,
리차르데토, 다른 두 형제들도 그랬으며,
산소네토는 칼로 돌파구를 열어 주었고,
알디지에로와 비비아노는 무술에 있어
자신들이 얼마나 강한지 보여 주었어요.
그렇게 키아라몬테의 깃발을 뒤따르는
모두가 용맹스러운 기사로서 그랬어요.

리날도는 몽토방과 그 인근 지역들에 56
칠백 명의 무사들을 거느리고 있었는데,
덥든 춥든 언제나 무기에 익숙한 그들은
아킬레스의 미르미도네스족[18] 못지않게
용맹했고, 각자 아주 강력하여, 필요하면
백 명이 천 명 앞에서도 달아나지 않았고,
그들 중에서 선발된 많은 사람은 다른
어떤 유명한 기사보다 더 훌륭했습니다.

---

18) Mirmydones. 그리스 테살리아 지방에 사는 부족으로 트로이아 전쟁 때 아킬레스가 그들을 이끌고 참전하였다(《일리아스》 제2권 681~685행 참조).

그리고 리날도는 소유지나 재물에 있어 57
아주 커다란 부자가 아닌데도, 훌륭한
태도와 언변을 갖고 있었으며, 언제나
가진 것을 그들과 골고루 나누었기에,
다른 사람이 더 많은 황금을 제공해도
그들 중에서 한 명도 떠나지 않았어요.
다른 곳의 급박한 경우 말고는 절대로
몽토방에서 그들을 움직이지 않았어요.

지금은 카롤루스에게 도움이 필요해서 58
자기 성에 소수의 수비만 남겨 두었어요.
그리고 제가 그 무훈을 이야기하고 있는
깃발이 아프리카 사람들 사이로 왔으며,
마치 팔란토의 갈레소강[19]의 기슭에서
사악한 늑대가 양 떼에게 그러는 것처럼,
야만적인 키니프스[20]강가에서 사자가
종종 양 떼에게 그러는 것처럼 했어요.

카롤루스는 리날도에게서 파리 근처에 59

---

19) 갈레소(Galeso)강은 이탈리아 남부 타란토 곁에 흐르는 강인데, 타란토는 팔란토(제20곡 8연 이하 참조)에 의해 세워진 도시라고 생각했기에 그렇게 불렀다. 또한 타란토는 양 떼들로 유명하였다.

20) Cinyps(이탈리아어로 키니피오Cinifio). 리비아에 흐르는 강이라고 생각했는데, 오늘날의 와디 캄(Wadi Qaam)으로 알려져 있다. 아프리카에 있기 때문에 "야만적"이라고 불렀다.

이미 도착하였으며, 밤에 사라센 진영이
방심하고 있는 동안에 공격하려 한다는
소식을 들었으며, 갑옷을 입고 완전히
준비하고 있다가 필요할 때 무사들과
함께 도우러 갔어요. 풍요한 모노단테의
아들이며, 피오르딜리지의 믿음직하고
현명한 연인[21]도 무사들에 포함시켰는데,

그녀는 오랫동안 기나긴 길을 통하여   60
온 프랑스를 헤매면서 그를 찾았지요.
그런데 그녀는 거기에서 그가 가지고
다니던 깃발을 멀리에서 알아보았어요.
또한 브란디마르테는 그녀를 보자마자
전쟁을 떠나 완전히 다시 순진해졌고,
달려가 그녀를 껴안았고, 사랑에 넘쳐
천 번 가까이 그녀에게 입을 맞췄어요.

그 옛날 시대에는 남자들이 자신들의   61
여인과 아가씨 들을 훨씬 더 믿었어요.
자기 여인들이 호위도 없이 산과 들과
머나먼 지역들로 가도록 내버려두었고,
돌아오면 아름답고 착하게 받아들였고,

---

21) 브란디마르테.

그들 사이에 어떤 의심도 없었습니다.
피오르딜리지는 거기서 자기 연인에게
앙글란테의 영주가 미쳤다고 말했어요.

브란디마르테는 다른 사람이라면 그런 62
이상하고 나쁜 소식을 믿지 않았겠지만,
아름다운 피오르딜리지의 말을 믿었고,
아마 더 엄청난 것도 믿었을 것입니다.
그녀는 단지 들었을 뿐만 아니라, 직접
자기 눈으로 보았고(그녀는 누구보다
오를란도를 정확히 잘 알고 있었어요),
언제 또 어디서 그를 보았는지 말했어요.

또한 로도몬테가 기사들로부터 지키고 63
있는 위험한 다리에 대해 말했고, 붙잡힌
사람의 갑옷과 옷으로 화려하게 꾸미고
장식하는 무덤에 대해서도 이야기했어요.
거기서 미친 오를란도가 무섭고 놀라운
일들을 하는 것을 보았다고 이야기했고,
로도몬테를 강으로 거꾸로 처박았으며,
빠져 죽을 위험에 빠뜨렸다고 말했어요.

브란디마르테는 동료나 형제, 아들을 64
사랑하는 만큼 오를란도를 사랑했기에,

어떤 위험이나 어려움도 피하지 않고
그를 찾아내, 의사나 마법의 도움으로
그런 광기에 어떤 처방을 할 수 있도록
모든 노력을 하기로 굳게 작정했어요.
그래서 무장을 하고 말에 탄 그대로
아름다운 여인과 함께 길을 떠났어요.

그들은 여인이 오를란도를 본 곳을 65
향하여 똑바로 길을 가기 시작하였고,
며칠 동안 가다가 마침내 로도몬테가
지키고 있는 다리에 도착하였습니다.
경비병은 로도몬테에게 바로 알렸고,
시종들은 동시에 그에게 말과 갑옷을
갖다주었고, 그가 무장을 갖추었을 때
브란디마르테가 다리에 이르렀습니다.

로도몬테는 자신의 분노에 어울리는 66
목소리로 브란디마르테에게 외쳤어요.
"네가 누구든지, 길을 실수했든, 정신이
나갔든, 네 운명이 여기로 안내했구나.
내가 죽이기 전에, 말에서 내려 갑옷을
벗고, 위대한 무덤에 경의를 표해라.
내가 너를 영혼들에게 제물로 바치면,
너에게 아무런 이익도 없을 것이다."

브란디마르테는 그 오만스러운 자에게　　　　　　　　　　67
오로지 창으로만 대답하려고 하였어요.
자신의 훌륭한 말 바톨도[22]를 몰았고,
그자를 향해 아주 대담하게 돌진했으며,
세상의 누구와도 대등하게 겨룰 정도로
용감한 정신을 갖고 있음을 보여 주었고,
로도몬테 역시 창을 받침대에 겨누면서
전속력으로 좁은 다리 위를 달려왔어요.

그의 말은 다리 위로 자주 달렸기에　　　　　　　　　　68
익숙하였으며, 때때로 이런저런 사람을
아래로 떨어뜨리는 데 익숙했기 때문에,
확고하게 결투를 향하여 달려갔습니다.
반면에 다른 말은 이상한 길에 혼란해져
소심하고 불안해 하고 떨며 달려왔어요.
또한 다리도 떨렸고, 좁은 데다 난간도
없기 때문에 강에 떨어질 것 같았어요.

두 기사는 둘 다 결투의 대가들로서　　　　　　　　　　69
마치 서까래처럼 굵은 창을 들었는데,
숲속에 있는 거대한 통나무와 같았고,

---

22) Batoldo. 브란디마르테의 말로, 《사랑에 빠진 오를란도》 제2권 제19곡 47연에서 이미 언급되었다.

결코 달콤하지 않은 타격을 가했어요.
그들의 말이 아무리 강하고 민첩해도
그 격렬한 충돌에는 별 소용이 없었고,
둘 다 다리 위에서 동시에 나뒹굴었고
주인들과 함께 한 덩어리가 되었어요.

서로 성급하게 일어나고 싶은 마음에 70
말의 옆구리에 계속 박차를 가했는데,
다리의 폭이 그들에게 너무나 좁아서
확고히 발을 디딜 곳을 찾지 못했어요.
그리하여 동일한 운명이 그들을 강물에
던졌으며, 커다란 굉음이 하늘까지 갔고,
마치 미숙한 태양 마차꾼이 우리 강[23]에
떨어졌을 때 나온 굉음과 비슷했습니다.

두 말은 안장에 확고하게 앉아 있는 71
기사들의 모든 무게를 등에 짊어진 채,
강의 바닥까지 내려가서 혹시 아름다운
어느 요정이 숨어 있는지 찾아보았지요.
로도몬테는 자신의 용감한 말과 함께
다리에서 그 강물 속으로 떨어진 것이

---

23) 페라라 근처의 포강을 가리킨다. "미숙한 태양 마차꾼" 파에톤이 포강에 떨어졌다는 믿음에 대해서는 제3곡 34연 참조.

Canto 31:70
그리하여 동일한 운명이 그들을 강물에
던졌으며, 커다란 굉음이 하늘까지 갔고,

이번이 첫 번째나 두 번째도 아니었기에,
그 바닥이 어떤지 아주 잘 알고 있었고,

어디가 단단하고 어디가 무른지 알았고, 72
어디가 깊고 어디가 얕은지 알았으니,
머리와 가슴, 옆구리를 물 위로 내밀고
유리하게 브란디마르테를 공격했어요.
브란디마르테는 물살에 휩쓸려 굴렀고,
바닥에 닿은 그의 말은 모래밭 속에
완전히 틀어박혀 벗어나지 못했으니,
둘 다 빠져 죽을 위험에 부딪쳤습니다.

파도가 일어 둘을 거꾸로 뒤집었고 73
더욱더 깊은 곳으로 이끌고 갔으며,
브란디마르테는 말 아래에 깔렸어요.
피오르딜리지는 다리에서 창백해졌고
눈물과 함께 서원과 부탁을 했습니다.
"아, 로도몬테 님, 당신이 존경하는
죽은 여인을 위해서라도, 무자비하게
저런 기사가 빠져 죽게 놔두지 마세요!

친절한 기사님, 당신도 사랑을 했다면, 74
제가 사랑하는 분에게 자비를 베푸세요.
그를 포로로 잡는 것으로 충분할 겁니다.

그의 문장으로 당신의 무덤을 장식하면,
당신이 지금까지 가져온 모든 전리품보다
그것이 더 멋지고 가치 있을 것입니다."
그녀가 너무나 말을 잘했기에, 아무리
잔인한 이교도 왕일지라도 감동받았고,

자기 연인을 바로 도와주게 하였으니, 75
그는 강물 속에서 말의 밑에 깔린 채
생명이 위태로울 지경에 이르렀으며
목마르지도 않은데 많은 물을 마셨지요.
하지만 곧바로 그를 도와주지 않았고,
먼저 그의 칼과 투구를 빼앗았습니다.
그는 반쯤 죽은 그를 물에서 끌어냈고,
다른 많은 사람과 함께 탑에 가두었어요.

자기 연인이 포로가 되는 것을 보자 76
여인의 마음에서는 즐거움이 꺼졌지만,
강물에 빠져 죽는 것을 보는 것보다는
그래도 그것이 훨씬 낫다고 만족했어요.
다른 사람보다 그녀 자신을 한탄했으니,
바로 자신이 위험한 다리에서 로도몬테를
알아보았다고 그에게 이야기해 주었으며,
거기에 오게 한 원인이었기 때문이지요.

그리고 그녀는 이미 작정을 하고 떠났고, 77
기사 리날도를 그곳으로 데려오거나, 또는
'야생인' 구이도네, 산소네토, 또는 피핀의
궁전[24]에서 다른 기사를 데려오려 했는데,
로도몬테와 충분히 대적할 정도로 땅과
물에서 완벽한 기사이거나, 만약 강하지
않다면, 최소한 자신의 브란디마르테보다
행운이 있는 기사를 데려오고 싶었어요.

로도몬테와 싸워서 이기고, 자기 연인을 78
풀어 줄 수 있을 정도로 훌륭한 무훈을
갖추고 있을 것으로 보이는 기사를 찾기
위하여 그녀는 며칠 동안 계속 갔습니다.
오랫동안 자신의 필요에 적합한 사람을
찾아본 다음 그녀는 한 사람과 만났는데,
측백나무 둥치의 자수가 놓인 화려하고
풍요로운 겉옷을 입은 사람이었습니다.[25]

그가 누구인지는 다음에 말씀드리고, 79

---

24) 피핀은 카롤루스 마그누스 아버지이다. 따라서 여기에서는 카롤루스의 궁전을 가리킨다.
25) 그 기사는 브라다만테이고, 그녀와 피오르딜리지의 만남에 대한 이야기는 제35곡 33연 이하에서 이어진다. 브라다만테가 입은 겉옷의 측백나무 둥치 자수에 대해서는 제32곡 47연 이하 참조.

저는 먼저 파리로 돌아가서 리날도와
말라지지가 무어인들에게 가한 패배에
대하여 이어서 이야기하고 싶습니다.
달아난 자들과 스틱스강으로 쫓겨난
자들[26]이 얼마인지 저는 셀 수 없어요.
투르피노가 그 수를 헤아리려 했지만,
어두운 대기가 그런 일을 가로막았지요.

아그라만테는 자기 천막에서 이제 막   80
잠이 들었는데, 어느 기사가 깨웠으며,
만약 빨리 서둘러 달아나지 않는다면
포로로 붙잡힐 것이라고 말했습니다.
왕은 주위를 둘러보았으며, 병사들이
정신을 차리지 못하고 벌거벗은 채
방패를 들 시간도 없이, 무기력하게
이쪽저쪽으로 달아나는 것을 보았어요.

완전히 혼란스러워서 결정도 내리지   81
못하고 그는 서둘러 갑옷을 입었는데,
그때 팔시로네가 아들[27]과 함께 왔고,

---

26) 죽어서 스틱스강이 흐르는 저승으로 간 사람들.
27) 페라우를 가리킨다. 팔시로네, 그란도니오, 발루간테에 대해서는 제14곡 12연 참조.

그란도니오와 발루간테도 왔습니다.
그들은 아그라만테에게 그 자리에서
죽거나 포로가 될 위험을 설명했고,
만약 **행운**이 너그럽고 친절하다면
목숨을 구할 수 있다고 말했습니다.

마르실리오 왕과 훌륭한 소브리노 왕, 82
다른 사람들도 한목소리로 말했으니,
리날도가 빠르게 다가오는 만큼 그의
파멸도 너무나 가깝게 다가와 있으며,
너무나도 용맹한 그와 그의 부하들이
도착할 때까지 머뭇거리면, 그와 그의
친구들이 죽거나 적들의 손에 포로로
붙잡힐 것이 분명하다고 말했습니다.

하지만 아를이나 나르본으로 주위의 83
소수 사람들과 함께 퇴각할 수 있으며,
두 곳 모두 튼튼하게 요새화되어 있어
하루 이상 전쟁을 유지할 수 있으며,
만약 그의 목숨을 구하게 되면, 빠른
시일 내에 군대를 다시 조직하여, 그런
모욕에 대해 복수할 수 있고, 마침내
카롤루스를 무찌를 것이라고 말했어요.

아그라만테는 비록 그 방법이 괴롭고 84
힘들었지만 그들의 의견을 따랐습니다.
그는 아를을 향해 떠났고, 보다 안전한
길에서는 마치 날개를 단 것 같았어요.
안내자들 외에도 밤의 어두운 대기가
그들의 출발에 커다란 도움이 되었어요.
리날도의 손아귀에서 벗어난 아프리카와
에스파냐 병사는 이만 명 정도였습니다.

리날도와 그의 형제들이 죽인 자들과, 85
빈의 영주[28]의 두 쌍둥이가 죽인 자들,
리날도의 명령을 받는 칠백 명의 사람이
얼마나 잔인하고 무서운지 체험한 자들,
산소네토가 죽음을 안겨 준 자들, 그리고
달아나는 도중에 센강에 빠져 죽은 자들을
셀 수 있는 사람은, 사월에 파보니우스[29]와
플로라가 뿌리는 꽃잎들도 셀 것입니다.

누군가의 평가에 의하면, 말라지지가 86
그날 밤의 승리에서 큰 역할을 했는데,

---

28) 그리포네와 아퀼란테 쌍둥이 형제의 아버지 올리비에로.(제15연 67연 참조).

29) Favonius. 로마 신화에 나오는 서풍의 신으로 그리스 신화의 제피로스에 해당한다. 봄이 되면 그의 입김에 꽃들이 피어나고, 그 꽃들은 파보니우스의 아내 플로라(제15곡 57연 참조)가 다스린다.

Canto 31:84
리날도의 손아귀에서 벗어난 아프리카와
에스파냐 병사는 이만 명 정도였습니다.

그에 의해 사방의 벌판에 피를 뿌리고,

그에 의해 머리들이 깨졌을 뿐만 아니라,

마법을 통해 타르타로스[30)]의 동굴들에서

지옥의 천사들[31)]이 수없이 많은 깃발과

수많은 창들을 들고 나오게 만들었는데,[32)]

프랑스 두 개를 합한 것보다 더 많았고,

또한 수없이 많은 나팔들의 소리와,   87

수많은 북들과 다른 다양한 소리들과,

수많은 말들이 히힝 거리는 소리들과,

수많은 보병들의 소란스러운 외침들이

들판과 산과 계곡 들에 울려 퍼지고

머나먼 지역에까지 들리게 하였으며,

그리하여 무어인들을 두렵게 하였고,

몸을 돌려서 달아나게 만들었습니다.

아그라만테는 부상을 당하여 아직도   88

심각한 루지에로를 잊지 않았습니다.

---

30) Tartaros. 고전 신화에서 하늘의 신 아이테르(Aether)와 대지의 신 가이아 사이에서 태어난 아들이며 저승 세계를 관장하는 신이다. 여기에서는 저승 그 자체를 가리킨다.
31) 악마들.
32) 《사랑에 빠진 오를란도》(제2권 제22곡 44연 이하 참조)에서도 말라지지는 로도몬테와 페라우에 대항하여 지옥의 악마들을 불러낸 적이 있다.

가능한 한 편안하게 그를 말 위에
태웠고, 부드럽게 가도록 하였으며,
길이 보다 안전해진 지역에 도착한
다음에는 그를 배에 태우게 하였고,
모든 사람들이 모이도록 정해 놓은
아를로 편안하게 데려가게 했어요.

리날도와 카롤루스 왕에게서 도망친 89
자들은 십만이 되지 않으리라 믿는데,
들판으로, 숲으로, 산으로, 계곡으로
프랑스 사람들의 손에서 벗어나려고
하였지만, 대부분의 경우 길이 막혔고,
푸르거나 하얀 곳을 붉게 물들였어요.
그런데 가장 먼 쪽에 천막이 있었던
그라다소는 그렇게 하지 않았습니다.

그는 자신들을 공격하는 자가 바로 90
몽토방의 영주라는 말을 들었을 때,
가슴속에 너무나도 넘치는 기쁨으로
즐거워하며 이리저리 뛸 정도였어요.
그는 그 비교할 수 없이 훌륭한 말
바이아르도를 얻을 수 있는 드물고
너무 소중한 기회를 그날 밤 제공한
최고 창조주를 칭송하고 찬양했어요.

나리께서 다른 곳에서 읽으셨겠지만, 91
그라다소는 벌써 오래전부터 훌륭한
두린다나를 옆구리에 차고 그 완벽한
말을 타려고 무척이나 열망했습니다.[33]
그래서 그 목적을 위하여 십만 명이
넘는 군대와 함께 프랑스에 왔었으며,
바이아르도를 위해 이미 리날도에게
격렬한 결투를 하자고 도전하였고,

그리하여 그는 그 결투가 벌어져야 92
하는 바닷가로[34] 나갔지만, 말라지지가
모든 것을 망치기 위해 거기에 왔으며,
자기 사촌에게 물어보지도 않고 그가
배를 타고 바다로 가게 만들었지요.
그걸 모두 이야기하려면 길 테지만,
그 이후로 그라다소는 항상 리날도가
소심하고 비겁하다고 비난했습니다.

---

33) 아리오스토는 다음 연까지 《사랑에 빠진 오를란도》 제1권 제5곡 32~55연에서 이미 이야기된 사건을 간단하게 요약한다. 보이아르도에 의하면, 그라다소와 리날도는 결투를 하기로 약속했는데, 말라지지가 마법으로 개입하여 결투가 이루어지지 않게 하였다. 말라지지는 악마에게 그라다소의 모습으로 배를 타고 달아나게 만들었고, 그것을 본 리날도는 배를 타고 뒤쫓았다. 그리하여 그라다소는 리날도가 비열하게 도망쳤다고 비난하였다.

34) 보이아르도에 의하면, 그 결투는 바르셀로나 근처의 바닷가에서 벌어질 예정이었다.

이제 그라다소는 진영을 공격하는 자가　　　　　　　　93
리날도라는 것을 알고는 기뻐했습니다.
그는 갑옷을 입고 자기의 말을 탔으며,
어두운 대기 속으로 그를 찾아 나섰고,
만나는 자들마다 모두 땅에 쓰러뜨렸고,
그의 훌륭한 창은, 아프리카[35] 병사든
프랑스 병사든, 모두 똑같이 꿰뚫었고,
아무 구별 없이 고통 속에 빠뜨렸어요.

이쪽저쪽으로 무척이나 그를 찾았고　　　　　　　　94
종종 가능한 한 큰 목소리로 불렀으며,
그러면서 죽은 사람들이 더욱 빽빽하게
쌓여 있는 곳으로 가게 되었고, 마침내
그와 만나서 칼을 맞부딪치게 되었는데,
그들 각자의 창이 하나의 같은 운명으로
수천 조각으로 부러져 별들이 박혀 있는
밤의 마차[36]까지 올라간 뒤였습니다.

그라다소가 용맹스러운 리날도를 알아본　　　　　　95
것은 깃발을 보았기 때문이 아니라, 바로
혼자서 싸움터를 지배하는 것처럼 보이는

---

35) 원문에는 "리비아"로 되어 있다.
36) 고대인들은 **밤**의 마차를 열두 시간들이 끌고 가는 것으로 상상하였다.

바이아르도와 무서운 타격을 통해서였어요.
그는 곧바로 큰 소리로 외치며, 부당하게
그가 결투에 오지 않았다고, 둘 사이에
결투하기로 정한 날짜에 약속한 장소에
나타나지 않았다고 그를 비난하였어요.

그리고 덧붙였습니다. "혹시 너는 만약 96
그 당시 숨을 수 있었다면, 우리가 다시
세상에서 만나지 않을 거라 생각했는지
모르나, 보다시피 내가 너를 쫓아왔다!
네가 그 말을 갖고 있는 한, 비록 네가
스틱스의 끝으로 가든, 아니면 하늘로
올라가든, 나는 분명히 높은 하늘이든
어두운 세계이든, 너를 따라갈 것이다!

만약 나와 결투를 할 용기가 없거나 97
나에게 감히 맞설 수 없다고 생각하고,
명예보다 생명을 귀중하게 생각한다면,
그래서 평화롭게 그 말을 내게 넘기면
너는 위험 없이 대책을 마련할 수 있고,
사는 것이 중요하다면 살 수 있겠지만,
기사도에 그런 커다란 결례를 했으니,
말을 탈 자격이 없고 걸어 다녀야 해!"

그가 그렇게 말했을 때 리차르데토와　　　　　　98
구이도네가 함께 그 가까이에 있었으며
두 사람 모두 신중하지 못한 그라다소와
싸우기 위해 똑같이 칼을 뽑아 들었어요.
하지만 리날도가 즉각 그들을 막았으며,
그를 공격하는 것을 용납하지 않고서
말했어요. "그러니까 너희들이 없으면
모욕하는 자를 내가 막지 못하겠느냐?"

그러고는 그라다소를 향해 돌아와서　　　　　99
말했습니다. "이봐, 그라다소, 내 말을
듣는다면, 내가 너를 만나러 바닷가에
갔었다는 것을 분명히 밝혀 주고 싶다.
그런 다음 내가 진실을 말했다는 것을
손에 무기를 들고 네게 주장할 것이다.
그래서 내가 기사도를 어겼다고 말하면
너는 영원히 거짓말을 하게 될 것이야.

하지만 우리 두 사람이 결투하기 전에,　　　100
더 이상 나를 그릇되게 비난하지 않도록,
그야말로 정당하고 진정한 나의 변명을
분명히 이해해 주기를 진심으로 부탁한다.
그리고 예전의 조건으로 바이아르도를
내걸고 우리 두 사람이 결투를 할 텐데,

바로 예전에 네가 정했던 바와 똑같이
외딴곳에서 일대일로 겨루기로 하자."

세리카나 왕은 언제나 그랬던 것처럼　　　　　　　　　　101
너그러운 마음에다 상당히 친절하였고,
리날도가 사과하기를 원했기 때문에
분명한 것을 듣는 것에 만족하였어요.
그와 함께 강[37]의 기슭에 이르렀으며,
거기에서 리날도는 단순 명료한 말로
진실한 자기 이야기의 베일을 걷었고,
거기에 대한 증인으로 하늘을 불렀어요.

그리고 그 일을 충분하게 알고 있는　　　　　　　　　　　102
부오보의 아들[38]을 불러오게 했고, 그는
자신의 마법에 대하여 덧붙이거나 빼지
않고 또다시 자세하게 말해 주었습니다.
그리고 리날도가 덧붙였어요. "증인으로
내가 증명하는 것을 무기로 확인하겠다.
언제든지 네가 원하는 시간에 무기들이
가장 진정한 진실을 증명해 줄 것이다."

---

37) 센강.
38) 말라지지.

그라다소 왕은 두 번째 싸움 때문에   103
첫 번째 싸움을 포기하고 싶지 않았고,
리날도의 사과를 편안히 받아들였지만,
그게 사실인지에 대한 의혹은 남았어요.
그들은 처음에 그랬듯이 바르셀로나의
부드러운 해변에서 결투를 하지 않고,
다음 날 아침에 그곳에서 가까운 샘물
곁에서 만나기로 합의를 하였습니다.

리날도는 그곳으로 말을 데리고 갔고   104
두 사람 사이의 한가운데에다 두었고,
만약 왕이 리날도를 죽이거나 포로로
붙잡으면 지체 없이 말을 가져가지만,
반대로 만약 그라다소가 실수를 하여
마지막 전율[39]을 하는 상황이 되거나
더 이상 싸울 수 없어 항복하게 되면,
리날도가 두린다나를 갖기로 했어요.

앞에서 제가 말씀드렸듯이, 리날도는   105
아주 놀랍고도 고통스럽게, 아름다운
피오르딜리지에게서 사촌 오를란도가
제정신을 잃었다는 말을 들었습니다.

---

39) 죽음의 전율을 뜻한다.

그리고 두린다나를 둘러싸고 싸움이
벌어졌으며, 간단히 말해 그라다소가
오를란도의 수많은 승리들로 장식된
그 칼을 가져갔다는 말도 들었지요.

그들이 합의를 한 다음, 그라다소는
리날도가 자신의 숙소로 함께 가자고
초대를 하였는데도 거절하였고, 자기
하인들이 있는 곳으로 돌아갔습니다.
날이 밝자 그라다소는 갑옷을 입었고,
리날도 역시 그랬고, 두 사람은 모두
바이아르도와 두린다나를 두고 겨루기
위해 샘에서 가까운 곳에 도착했어요.

리날도가 그라다소와 일대일 결투를
해야 한다는 소식을 듣고, 그의 모든
친구들은 두려움에 사로잡힌 듯했고,
그런 상황 앞에서 걱정이 되었어요.
그라다소가 훨씬 더 강하고 대담하고
뛰어난 데다 위대한 밀로네의 아들[40]의
칼을 옆구리에 차고 있었기 때문에
리날도를 걱정하여 모두 창백해졌지요.

---

40) 오를란도. 오를란도의 아버지 밀로네(Milone)는 브르타뉴 지방 총독이었다.

그리고 다른 사람들보다 비비아노의　　　　　　　108
형제[41]가 이번 결투를 더 걱정했으며,
이번에도 물거품이 되도록 하기 위해
기꺼이 거기에다 손을 쓰고 싶었지만,
몽토방의 영주가 자신에게 극단적인
적대감을 갖는 것을 원하지 않았어요.
저번에 그를 배에 태워 방해한 것에
대해 아직도 용서하지 않았으니까요.

그렇지만 그들이 걱정하고 염려하여도　　　　　109
리날도는 자신 있고 편안하게 갔으니,
비록 잘못된 것이지만 그에게 힘들었던
비난을 이제 벗어날 것이라고 생각했고
그래서 퐁티외와 알타폴리오 사람들[42]이
예전보다 조용히 침묵하기를 바랐어요.
그는 승리의 명예를 가져올 수 있다는
자신감과 대담함을 마음속에 갖고 갔어요.

하나는 이쪽에서 또 하나는 저쪽에서　　　　　110
거의 동시에 맑은 샘물가에 도착하였고,

---

41) 말라지지.
42) 마간차 가문의 사람들을 가리킨다. 그들의 근거지 퐁티외에 대해서는 제3곡 24연 참조. 다른 근거지로 언급되는 알타폴리오(Altafolio)는 구체적으로 어느 곳인지 확인되지 않았다.

서로 인사를 하였는데, 마치 그라다소가
키아라몬테 사람이며, 혈연과 우정으로
서로 연결된 사람처럼, 너무 평온하고
애정 어린 표정으로 인사를 했습니다.
하지만 이후 결투가 어떻게 되었는지는
다음으로 연기해서 이야기하겠습니다.

제32곡

 브라다만테는 초조하게 루지에로를 기다리다가 루지에로가 자신을 배신했을 것이라고 생각하고 혼자 파리를 향해 떠난다. 가는 도중 아이슬란드 여왕의 사절단을 만나고, 트리스탄의 요새에서 사절단의 기사들과 겨루어 말에서 떨어뜨린다.

루지에로의 아름다운 여인을 괴롭게   1
만든 의혹[1]을 노래했어야 한다는 것이
이제야 생각나는군요. (제가 약속했는데
그것이 제 기억에서 빠져나갔습니다.)
의혹은 바로 아주 날카롭고 독이 있는
이빨보다 더 사악하고 역겨운 것으로,
리차르데토에게서 들었던 것[2]보다 더
그녀의 가슴에서 심장을 갉아먹었어요.

---

1) 또는 질투.
2) 루지에로가 아름다운 마르피사와 함께 갔다는 것(제30곡 87연 이하 참조).

그것에 대해 이야기해야 하는데, 중간에　　　　　　　　　2
리날도가 끼어들었기에 다른 말을 했고,
그다음에 구이도네가 한참 동안 다른
이야기를 하도록 많은 일을 주었지요.
그래서 이 일, 저 일로 들어가다 보니,
브라다만테의 일이 생각나지 않았다가
이제야 생각나니, 리날도와 그라다소의
이야기보다 먼저 그 이야기를 하지요.

하지만 그 이야기를 하기 전에 먼저　　　　　　　　　　3
아그라만테에 대해 잠시 말해야 하는데,
그는 엄청난 밤의 전투에서 살아남은
나머지 사람들을 아를로 이끌고 갔으니,
그곳은 흩어진 부대를 다시 한데 모아
도움과 식량을 주기에 적합한 곳이었고,
아프리카를 마주 보고 에스파냐에 가깝고
또 바닷가와 강가에 자리하고 있었어요.

마르실리오는 왕국 전역에서 훌륭하든　　　　　　　　　4
아니든, 기병들과 보병들을 징집하였어요.
바르셀로나에서는 어떻게 해서든지 모든
배들이 전투에 적합하도록 무장했습니다.
아그라만테는 매일 참모 회의를 소집했고,
전혀 비용이나 노고를 아끼지 않았어요.

Canto 32:4

아그라만테는 매일 참모 회의를 소집했고,
전혀 비용이나 노고를 아끼지 않았어요.

그러는 동안에 빈번하고 무거운 세금이
아프리카의 모든 도시들을 짓눌렀지요.

그는 부탁을 해도 소용없었기 때문에   5
로도몬테가 돌아오도록 만들기 위하여,
멋진 오랑왕국³⁾을 지참금으로, 자신의
사촌이자 알몬테의 딸을 주도록 했어요.
오만한 로도몬테는 다리에서 움직이려
하지 않았는데, 다리를 건너기 위하여
거기에 온 기사들에게서 많은 갑옷들과
안장들을 빼앗아 무덤을 장식하였지요.

하지만 마르피사는 로도몬테의 행동을   6
모방하지 않았으니, 아그라만테 왕이
카롤루스에게 패배했고, 그의 병사들이
죽고 약탈당하고 붙잡혔고, 소수와 함께
아를로 퇴각하였다는 소식을 듣자마자,
권유를 기다리지도 않고 길을 떠났고,
자신의 왕을 도와주려고 왔고, 자신의
재산과 자기 능력을 그에게 제공했어요.

---

3) 아프리카의 오랑왕국은 마르발루스토 왕이 죽은 뒤 현재 왕위가 비어 있다(제14
    곡 17연, 제16곡 41연 참조).

그리고 브루넬로를 데려와서 왕에게 7
선물했는데, 그에게 아무 형벌도 내리지
않고 언제나 목을 매달겠다고 겁을 주며
열흘 낮, 열흘 밤 동안 데리고 있었지만,
어느 누구도 무력이나 간청으로 그를
보호하려고 하는 사람이 없는 것을 보고,
그렇게 경멸스러운 피로 손을 더럽히고
싶지 않아서 그를 풀어 주었던 것입니다.

그의 모든 옛날 모욕들을 용서하였고 8
아를로 데려와 아그라만테에게 주었어요.
그녀가 도와주기 위해 온 것을 보고 왕이
얼마나 즐거웠는지 한번 생각해 보세요.
왕은 브루넬로를 증거로, 그것에 대하여
큰 고마움의 표시를 보여 주려고 했으니,
그녀가 그의 목을 매달고 싶다는 의도만
보였는데, 그것을 실제로 집행하였지요.

망나니는 황량하고 거친 곳에서 그를 9
까마귀와 독수리의 먹이로 주었습니다.
예전에는 루지에로가 그를 보호하였고
그의 목에서 밧줄을 벗기게 해 주었는데,
하느님의 정의는, 그가 지금 부상당해
누워 있어서 도와줄 수 없게 했습니다.

Canto 32:9
망나니는 황량하고 거친 곳에서 그를
까마귀와 독수리의 먹이로 주었습니다.

나중에 알았을 때에는 이미 일이 끝났고,
따라서 브루넬로는 도움을 받지 못했어요.

그러는 동안 브라다만테는 그 이십 일이   10
너무나도 길다고 한탄하고 있었습니다.
그 기간이 지나면 루지에로가 그녀에게 또
믿음⁴⁾으로 돌아오는 순간이 올 거예요.
감옥이나 유배에서 나오기를 기다리는
사람에게는, 자유를 누리거나 사랑하고
열망하던 행복한 고향을 보도록 해 줄
시간이 너무나 느리게 가는 것 같지요.

그렇게 힘겨운 기다림 속에서 그녀는   11
종종 아이톤과 피로이스⁵⁾가 절름발이가
되었거나, 바퀴가 망가져서 다른 때보다
너무 늦게 저무는 것이라고 생각했어요.
그녀에겐 모든 낮이 정의로운 유대인⁶⁾이
많은 믿음으로 태양을 하늘에 고정시킨

---

4) 그리스도교 믿음.
5) 아이톤(Aethon), 피로이스(Pyrois)는 아폴로의 태양 마차를 모는 네 마리 말들 중에서 두 마리 말의 이름이다. 다른 두 마리의 이름은 에오우스(Euos), 플레곤(Phlegon)이다.
6) 여호수아. 그는 적을 완전히 이길 수 있는 시간을 얻기 위해 태양을 멈추게 하였다(《여호수아》 10장 12~13절 참조).

날보다 길고, 모든 밤이 헤르쿨레스를
잉태한 밤[7])보다 더 긴 것처럼 보였어요.

오, 그녀는 잠꾸러기 곰이나 다람쥐,　　　　　　　　　　12
오소리를 얼마나 많이 부러워했던가!
그 필요한 기간 동안 줄곧 잠만 자고,
그동안 전혀 깨어나지도 않고, 아무런
소리도 못 듣다가, 마침내 루지에로가
게으른 잠에서 깨워 주기를 원했어요.
하지만 그렇게 할 수 없을 뿐 아니라
밤새도록 한 시간도 잘 수 없었어요.

이쪽으로 저쪽으로 지겨운 베개를　　　　　　　　　　13
돌려 보아도 전혀 잘 수가 없었어요.
종종 그녀는 습관적으로 창문을 열고,
티토노스의 신부[8])가 아침의 빛살이
아직 비추기 전에 새하얀 백합과
붉은 장미를 뿌리지 않는가 보았고,
또한 낮이 밝아온 다음에는 하늘이
별들로 장식되는 것을 보고 싶었어요.

---

7) 유피테르는 헤르쿨레스의 어머니 알크메네(Alcmene)와 동침하던 날 그녀와 사랑을 즐기기 위해 밤을 더 길어지도록 했다고 한다.
8) 새벽의 여신 아우로라.

정해진 기한이 사흘이나 닷새 정도 14
남았을 때에는, 희망에 넘쳐서 그녀는
"저기 루지에로 님이 와요!" 심부름꾼이
알려 주기를 이제나저제나 기다렸어요.
종종 그녀는 주위에 펼쳐진 아늑한
들판과 빽빽한 숲, 그리고 파리[9]에서
몽토방으로 오는 길의 일부도 보이는
높다란 탑 위로 올라가곤 했습니다.

혹시 멀리서 갑옷이 빛나는 것이나 15
또는 기사처럼 보이는 것을 보게 되면,
열망하던 자기 루지에로라고 생각하고
아름다운 두 눈과 눈썹이 밝아졌으며,
무장하지 않았거나 걸어가는 여행자를
보면, 그의 전령이라는 희망을 가졌고,
나중에 틀렸다는 것이 드러나게 되면
이런저런 새로운 희망을 찾아냈어요.

그를 만날 생각에 때로는 무장하고 16
산에서 내려가 아래 들판까지 나갔고,
만나지 못하면, 다른 길로 몽토방에
이미 도착했을 것이라고 생각했으며,

---

9) 원문에는 "프랑스"로 되어 있다.

성 밖으로 나가게 만들었던 열망과
함께 헛되이 다시 안으로 들어갔어요.
여기서도 저기서도 만나지 못했고,
그동안 기다리던 기간이 흘렀어요.

그리고 기한이 넘어서 하루, 이틀, 17
사흘, 엿새, 여드레, 스무날이 지나도
자기 연인은 보이지 않았고, 그에 대한
소식도 듣지 못하자, 어두운 왕국[10]에
있는 뱀 머리카락의 푸리아[11]들까지
감동시킬 정도로 탄식을 시작하였고,
신성하게 아름다운 눈과, 하얀 가슴,
황금빛 곱슬머리에 화풀이를 했어요.

그녀는 말했어요. "그러니까 내게서 18
달아나고 숨는 사람을 찾아야 하는가?
날 경멸하는 사람을 존중해야 하는가?
대답 없는 사람에게 부탁해야 하는가?
날 증오하고, 내 마음을 가진 사람을
참아야 하는가? 자신을 높게 평가하여
마음에 사랑을 불붙이려면, 하늘에서

---

10) 지옥.
11) 제21곡 57연 참조.

내려온 불멸의 여신이라도 필요한가?

그 도도한 사람은 내 사랑을 알면서   19
나를 연인이나 하녀로도 원하지 않아.
잔인한 사람은 내가 죽는 것을 알면서
죽은 뒤에나 나를 도우려는 모양이야.
그의 오만한 마음을 굽힐 내 고통을
자신에게 이야기하지 않도록 내게서
숨는 것이야. 마치 사악한 독사들이
노래를 듣지 않으려는 것처럼 말이야.

오, 아모르여, 나의 느린 걸음 앞에서   20
그렇게 빠르게 달리는 그를 세워 주오!
아니면 당신이나 누구에게도 종속되지
않았던, 내 빼앗긴 상태로 되돌려주오!
오, 당신에게 애원하면 자비를 베풀까
기대했던 내가 얼마나 어리석었던지!
당신은 내 눈에서 눈물의 강이 흐르는
모습을 즐기고, 그것을 먹고 사는군요!

하지만 아, 불쌍하다! 내 분별 없는   21
욕망 이외에 내가 무엇을 비난할까?
내가 높이 날아올라서 허공을 날고,
그러다 날개가 불타는 곳에 이르고,

그래서 더 지탱할 수 없어 하늘에서
떨어지게 하는데, 거기서 끝나지 않고,
날개가 다시 돋아나고, 또다시 불타서
나는 다시 끝없는 추락으로 떨어지지.

아니, 그런 욕망보다 오히려 거기에 22
가슴을 열어 준 나를 비난해야 하니,
내 이성을 제자리에서 쫓아내 버리고
내 능력이 그것을 이길 수 없게 했어.
그 욕망이 나를 더 나쁜 곳으로 끌고
가도, 고삐가 없으니 세울 수도 없어.
기다릴수록 그 병은 더욱 심해지니,
분명히 나를 죽음으로 몰고 갈 거야.

오, 왜 아직도 나를 비난해야 하지? 23
당신을 사랑한 것이 무슨 잘못이야?
약하고 무기력한 여자의 감각이 바로
굴복당했다고 무슨 놀라운 일일까?
무엇 때문에 나는 최고의 아름다움과
너무 고귀한 용모와 현명한 말솜씨를
좋아하지 않게 피했어야 한단 말인가?
태양을 보기를 피하는 것은 불쌍해!

그리고 내 운명 외에도 믿을 만한 24

다른 사람의 말에 나는 이끌린 거야.
이 사랑의 결실은 최고의 행복함이
되어야 한다고 나에게 보여 주었어.
메를리노가 내게 해 준 충고가 만약
속임수라면, 오 세상에! 그의 설득이
거짓이라면, 당연히 그를 비난해야지,
내가 루지에로의 사랑을 거둘 수 없어.

나는 메를리노와 멜리사를 동시에   25
비난할 수 있고 영원히 비난할 거야.[12]
그들이 지옥에서 정령들을 불러내서
내 씨앗의 결실들을 내게 보여 준 것은,
단지 그 거짓 희망으로 나를 예속하기
위한 것이었어. 내 달콤하고 안전하고
평온한 행복을 질투하여 그런 것이
아니라면, 다른 이유를 찾을 수 없어."

그렇게 고통이 그녀를 사로잡았으니,   26
위로를 받아들일 만한 여지가 없었어요.
하지만 그럼에도 불구하고 희망이 생겨
그녀의 가슴 한가운데에 자리를 잡았고,

---

12) 메를리노와 멜리사가 루지에로와의 결혼과 그에 따른 영광스러운 후손들에 대해 예언해 준 것을 가리킨다(제3곡 12연 이하 참조).

루지에로가 떠날 때 그녀에게 한 말[13]을
다시 새롭게 마음속에서 떠올린 그녀는,
다른 애정에 대한 견해와는 달리 그가
이제나저제나 돌아오기를 기다렸어요.

그러니까 그런 희망이 스무날이 지난   27
뒤에 한 달 가까이 그녀를 지탱했고,
그래서 그렇게 강렬한 고통이 그녀의
영혼을 약간 덜 억누르게 해 주었어요.
그런데 어느 날 루지에로를 마중하기
위해 종종 가던 길에서 불쌍한 그녀는
다른 상실감에 뒤이어 그런 희망까지
달아나게 하는 소식을 듣게 되었지요.

그녀는 가스코뉴 기사 한 명을 만났는데,   28
그는 파리 앞에서 커다란 전투가 벌어진
그날부터 포로로 붙잡혀 있던 아프리카
진영에서 곧바로 오고 있던 중이었어요.
그녀는 그를 붙잡고 한참 이야기하였고,
마침내 원하던 것을 질문하게 되었어요.

---

13) 하지만 루지에로는 브라다만테와 예상치 못하게 헤어졌기 때문에 실제로는 그녀에게 아무 말도 하지 않았다. 아마 루지에로가 그 전에 약속한 것이나, 나중에 이팔카를 통해 전한 말이나 편지로 쓴 것을 염두에 두고 이렇게 표현한 것으로 짐작된다.

그녀는 루지에로에 대하여 질문했는데,
그녀의 목적은 오로지 그것뿐이었어요.

그 기사는 자세한 정보를 제공했는데, 29
그곳의 궁정에 대해 잘 알고 있었지요.
그는 루지에로가 강한 만드리카르도와
일대일로 결투를 했다고 이야기하였고,
결국 그를 죽였지만, 부상을 당해 한 달
이상 죽을 위험에 처해 있었다고 했고,
거기서 이야기가 끝났다면 루지에로에
대한 진정한 변명이 되었을 것입니다.

하지만 다음에 덧붙여 이야기했지요. 30
마르피사라는 아가씨가 진영에 있는데,
그녀는 단지 용맹할 뿐 아니라, 무기에
노련한 만큼 모든 면에서 아름다우며,
루지에로를 사랑하고 루지에로도 그녀를
사랑하며, 둘이 서로 떨어져 있는 모습을
보기 힘들고, 그곳 사람들은 모두 그들이
약혼한 것으로 믿고 있다고 말했습니다.

그리고 루지에로가 건강을 되찾게 되면 31
바로 결혼식을 거행할 것이라고 믿었으며,
모든 이교도 왕들과 모든 이교도 군주들이

그것을 크게 기뻐하고 즐겁게 생각하는데,
그 두 사람 각자의 초인적인 무훈을 알고
있기 때문에, 얼마 지나지 않아서 그들이
이 세상에서 누구보다 가장 용맹스러운
무사들을 낳을 것으로 기대한다고 했어요.

(가스코뉴 기사는 정말 그렇게 믿었는데, 32
이유가 있었으니, 무어인들의 부대 안에서
그것이 보편적인 견해이며 믿음이었고,
부대 밖에서도 공공연히 그렇게 말했지요.
그들 사이에서 나타나는 수많은 호의의
표시들이 그런 소문이 생기게 하였고,
좋든 나쁘든 소문이란 누군가의 입에서
일단 나오면 무한하게 커지는 법이지요.

그녀는 루지에로와 함께 무어인들을 33
돕기 위하여 왔으며, 언제나 그와 함께
나타나는 것이 그런 믿음을 강화했고,
제가 이야기하였듯이, 나중에 그녀는
브루넬로를 데리고 부대에서 떠났다가
누구도 그녀를 부르지 않았는데, 단지
루지에로를 보기 위하여 돌아온 것이
그런 믿음을 더욱 강하게 만들었지요.

오로지 부상당해 심각한 상태에 있는 34
그를 만나기 위해 진영으로 돌아왔으며,
단지 한 번이 아니라 여러 번에 걸쳐
낮에 함께 있다가 저녁이 되어 떠났고,
마치 온 세상을 하찮게 여기는 것처럼
그렇게 도도하다고 알려진 그녀가 단지
루지에로에게는 너그럽고 소박하다는
여러 이야깃거리를 사람들에게 주었지요.)

가스코뉴 기사가 그게 사실인 것처럼 35
말하자, 브라다만테는 너무나도 강렬한
고통에 격렬하게 사로잡혔고, 하마터면
그 자리에서 땅에 쓰러질 뻔했습니다.
그녀는 말도 없이 자신의 말을 돌렸고,
모든 희망이 자신에게서 사라진 데다
너무 질투심과 분노와 울분에 넘쳐서
광폭하게 자신의 방으로 돌아왔습니다.

그리고 갑옷도 벗지 않고 침대 위에 36
머리를 아래로 하여 털썩 엎드렸으며,
자신을 의심하지 않도록 고함을 지르지
않으려고 입으로 시트를 깨물었어요.
가스코뉴 기사가 자신에게 해 준 말을
되새기면서, 더 견딜 수 없을 정도로

강한 고통이 엄습하여 그걸 토로하지
않을 수 없었고, 이렇게 말했습니다.

"불쌍하다! 이제 누구를 믿어야 하나? 37
루지에로, 그렇게 자비롭고 믿음직했던
당신이 잔인하고 뻔뻔하다면, 모두가
잔인하고 뻔뻔하다고 말하고 싶어요!
만약에 당신이 나의 합당함과 당신의
부당함을 생각해 본다면, 비극들[14]의
한탄에서 들은 어떤 사악한 배신과
잔인함도 이보다는 못할 것이에요!

루지에로, 어떤 기사도 당신보다 38
더 대담하고 더 아름답지는 않으며,
당신의 높은 무훈과 당신의 고귀함,
당신의 교양에는 한참 미치지 않는데,
왜 당신의 그 탁월한 덕성들 사이에
확고한 지조가 없다는 말을 들어요?
왜 다른 모든 덕성이 고개를 숙이는
불변의 믿음이 없다는 말을 들어요?

만약 믿음이 없으면, 모든 무훈, 모든 39

---

14) 당시 유행하던 비극 공연들을 가리킨다.

고귀한 풍습이 없다는 것을 모르나요?
빛이 빛나지 않는 곳에서는 아무것도
볼 수 없고, 전혀 아름답지도 않아요.
당신을 주인이자 빛, 우상으로 믿으며,
또한 만약에 태양이 어둡고 차갑다고
당신이 말하면, 그대로 믿는 아가씨를
당신이 속이는 것은 쉬운 일이었겠지요.

잔인한 사람, 당신을 사랑하는 자를   40
죽이는 것 이외에 무엇을 후회하나요?
당신의 믿음을 그렇게 가벼이 버린다면,
가슴에 다른 무엇을 무겁게 느끼나요?
어떻게 당신을 사랑하는 나에게 이런
고통을 주고 마치 적처럼 다루나요?
만약 곧바로 내 복수를 보지 못한다면,
하늘에 정의가 없다고 나는 말하겠어요.

만약 사악한 배은망덕함이 다른 모든   41
죄보다 인간을 가장 강하게 짓누른다면,
또 그것 때문에 하늘에서 가장 아름다운
천사[15]가 어두운 동굴 속으로 떨어졌다면,

---

15) 지옥의 마왕 루키페르. 그는 원래 아름다운 용모를 자랑하는 천사였으나, 하느님에게 반역하여 지구의 어두운 땅속에 떨어져 추악한 모습이 되었다.

만약 합당한 속죄로 가슴을 씻지 않을 때
커다란 잘못에 커다란 형벌이 기다린다면,
나를 배신하고도 속죄하려 하지 않는다면,
무서운 형벌이 내릴 테니까 조심하세요!

잔인한 사람, 다른 모든 사악한 죄보다   42
당신의 도둑질을 나는 비난해야 할 것이오!
내 마음을 가져간 것은 말하지 않겠어요.
그것에 대해서는 당신을 용서하겠어요.
하지만 당신은 내 것이 되었는데, 나중에
내 의지와 달리 나에게서 빼앗아 갔어요.
나쁜 사람, 돌려줘요. 잘 알고 있잖아요.
다른 사람에게 속한 자는 살 수 없어요.

루지에로, 당신은 나를 떠났지만, 나는   43
떠나고 싶지 않고 또 그럴 수도 없어요.
하지만 고통과 괴로움에서 벗어나기 위해
나는 삶을 끝낼 수 있고, 그러고 싶어요.
당신의 호의 없이 죽는 것이 괴로울 뿐,
당신의 사랑을 받는 동안 내가 죽도록
만약 신들께서 나에게 허용해 주셨다면,
나는 너무나 행복하게 죽었을 테니까요."

그렇게 말하면서 죽으려고 결심하고   44

그녀는 침대에서 뛰어 내려왔고, 분노에
불타올라 칼을 왼쪽 가슴에 갖다 댔지만,
완전히 갑옷을 입고 있음을 깨달았지요.
그 순간 착한 정령이 그녀에게 다가갔고
가슴속에 이야기했어요. "오, 아주 귀한
가문에서 태어난 여인이여, 그렇게 큰
비난 속에 당신의 삶을 끝내려 합니까?

언제라도 영광과 함께 죽을 수 있는 45
진영으로 가는 것이 더 낫지 않을까요?
거기에서 루지에로 앞에서 죽게 된다면,
아마 당신의 죽음을 괴로워할 것입니다.
또 혹시 그의 칼에 당신이 죽게 된다면,
누가 그보다 더 행복한 죽음을 맞을까요?
당신을 고통 속에 살게 한 원인은 그이니,
그가 당신의 삶을 빼앗아야 당연하지요.

그리고 혹시 당신이 죽기 전에 바로 46
그 마르피사에게 복수할 수도 있지요.
속임수와 거짓 사랑으로 루지에로를
당신에게서 빼앗은 그녀를 말이에요."
그런 생각이 브라다만테에게 더 좋게
보였습니다. 그리하여 그녀는 곧바로
갑옷 위에다 표시를 했는데, 절망과

죽음의 의욕을 표현하는 것이었어요.

그것은 색깔이 있는 겉옷이었는데,　　　　　　　　　　　　　47
거기에는 가지에서 떨어졌거나, 나무에
생명을 주는 수액이 말랐을 때, 색깔이
변색하는 나뭇잎이 수놓아져 있었어요.
그 외에도 단단한 양날 도끼에 찍힌
다음부터 더 이상 생기를 찾지 못하는
측백나무 둥치가 수놓아져 있었으니,
그 옷은 그녀의 고통과 잘 어울렸어요.

그리고 아스톨포가 타던 말을 꺼냈고,　　　　　　　　　　　48
단지 닿기만 해도 기사들을 안장에서
떨어뜨리는 그 황금 창도 꺼냈습니다.[16]
언제 어디서 아스톨포가 그것을 주었고,
또 그가 누구에게서 그것을 얻었는지,
다시 반복해서 말할 필요는 없겠지요.
그녀는 그 창을 꺼냈지만, 그 가치가
얼마나 엄청난지 아직은 몰랐습니다.

그녀는 시종도 없고 동반자도 없이　　　　　　　　　　　　49

---

16) 아스톨포가 맡긴 말은 라비카노이며, 마법의 황금 창에 대해서는 제23곡 15연 참조.

산에서 내려갔으며, 파리를 향해 가장
똑바로 나 있는 길로 곧바로 떠났는데,
사라센 진영 앞으로 가는 길이었어요.
왜냐하면 그녀는 무사 리날도와
말라지지가 카롤루스 왕을 도와서
파리의 포위를 풀었다는 소식을
아직 듣지 못했기 때문이었습니다.

그녀는 카두르키[17] 사람들과 카오르,   50
그리고 도르도뉴[18]강이 발원하는 모든
산을 등 뒤에다 남겨 두었고, 몽페랑과
클레르몽[19]의 지역들을 지났을 무렵에,
그녀의 길과 똑같은 길로 오고 있는
너그러운 표정의 여인[20]을 보았는데,
안장에 방패가 하나 걸려 있었으며,
세 명의 기사가 옆에서 함께 왔어요.

---

17) 카두르키(Cadurci)인은 고대 갈리아 종족으로 프랑스 남부 케르시(Quercy) 지방, 특히 그 중심지인 카오르(Cahors)에 거주하였으며, 로마의 카이사르에게 정복당하였다.

18) 도르도뉴(Dordogne)강은 프랑스 중부 오베르뉴(Auvergne) 고원 지대에서 발원하여 남서쪽으로 흐른다.

19) 몽페랑(Monferrand)과 클레르몽(Clermont)은 프랑스 오베르뉴 지방에 가까이 인접한 두 도시였다가 나중에 하나로 합쳐져 현재의 클레르몽페랑(Clermont-Ferrand)이 되었다.

20) 뒤에서 말하듯이, 아이슬란드 여왕이 카롤루스 왕에게 보낸 여자 사절 울라니아(Ullania)이다. 하지만 그녀의 이름은 제33곡 68연에서야 구체적으로 언급된다.

다른 여자들과 시종들이 함께 왔으며　　　　　　　　　51
앞과 뒤에서 기다란 행렬을 이루었어요.
아모네의 딸은 자기 옆으로 지나가는
사람에게 그 여자가 누구인지 물었고,
그는 대답했습니다. "저 여인은 북극에
가까운 곳에서 프랑스 백성의 왕에게
사절로 가는 분인데, '잃어버린 섬'에서
아주 멀리 있는 바다를 통해 왔습니다.

누구는 '잃어버린 섬', 다른 누구는　　　　　　　　　52
아이슬란드라고 부르는 섬의 여왕은
모든 아름다움을 능가할 만큼 놀라운
아름다움을 하늘에서 부여받았는데,
저 방패를 카롤루스 왕에게 보내면서
한 가지 명백한 조건을 붙였답니다.
오늘날 이 세상에서 가장 뛰어나다고
생각하는 기사에게 주라는 것이지요.

실제로 그렇듯이 평판에 있어서도　　　　　　　　　53
이 세상에서 가장 아름다운 여왕은
그렇게 용기나 무훈에서 누구보다도
뛰어난 기사를 찾으시려는 것입니다.
아무리 흔들어도 절대 무너지지 않을,
확고한 생각을 갖고 있기 때문이지요.

무훈에서 최고의 명예를 가진 자만이
자기 연인이 될 수 있다고 말입니다.

프랑스와 카롤루스 마그누스의 유명한 54
궁정 안에서 다른 누구보다 용감하고
강하다는 것을 수많은 증거로 보여 준
기사를 찾을 것으로 기대하고 계시지요.
저 여인을 호위하고 가는 세 기사는
모두 왕인데, 하나는 스웨덴, 하나는
고티아,[21] 하나는 노르웨이의 왕이며,
무훈에 있어 거의 상대가 없답니다.[22]

'잃어버린 섬'은 그곳의 해안을 아는 55
뱃사람이 거의 없기 때문에, 사람들이
그렇게 부르는데, 거기에서 가깝지도
않고 멀지도 않은 땅의 저 세 왕들은
모두 여왕의 연인들이고, 서로 그녀를
아내로 맞이하려고 경쟁하고 있으며,
여왕의 마음에 들기 위하여, 하늘이
도는 한[23] 회자될 일을 많이 했지요.

---

[21] Gotia. 아마 스웨덴 남서쪽의 도시 예테보리(Göteborg)를 가리키는 것으로 짐작된다.
[22] 이 스칸디나비아의 세 왕은 《사랑에 빠진 오를란도》(제1권 제10곡 12연)에서 이미 등장하였다.

그렇지만 여왕은 저들이나, 세상에서 56
무훈의 최고가 아닌 자를 원치 않으세요.
저들에게 말했지요. '당신들이 여기에서
보여 준 증거를 나는 높게 평가 안 해요.
당신들 중 하나가 별들 사이의 태양처럼
다른 둘보다 뛰어나면 높게 평가할 텐데,
오늘날 무훈에 있어 최고의 기사라고
자랑할 만한 것처럼 보이지는 않아요.

이 세상에서 가장 현명한 군주라고 57
생각하고 존경하는 카롤루스 왕에게
이 화려한 황금 방패를 보내려고 해요.
기사들 중에서 용맹함에 있어 최고의
영광과 명예를 갖고 있는 기사에게
방패를 주라는 조건과 함께 말이에요.
그 기사가 그의 신하이든 아니든, 왕의
견해가 나에게 도움이 되었으면 해요.

만약 카롤루스가 그 방패를 받은 다음 58
다른 누구보다 뛰어나다고 믿을 정도로
용감하고 강력한 기사에게 그것을 주면,
그가 그의 궁정에 있는 사람이든 아니든,

---

23) 말하자면 이 세상이 지속되는 한.

당신들 중 하나가 자기 자신의 역량으로
그 방패를 되찾아서 나에게 돌려주면,
나는 그에게 모든 사랑과 욕망을 주고,
그는 나의 연인이자 주군이 될 것이오.'

바로 그런 말을 듣고서, 저 세 왕들은 59
아주 먼 바다에서 여기까지 왔답니다.
방패를 되찾든지, 아니면 방패를 가진
기사의 손에 죽을 각오를 하고 왔지요."
브라다만테는 시종이 자신에게 들려준
그 이야기를 아주 주의 깊게 들었어요.
그리고 시종은 재빨리 말을 몰아 앞으로
달려 나갔고, 동료들을 따라잡았어요.

그녀는 그를 뒤쫓아 달리지 않았고, 60
자신의 걸음걸이를 천천히 유지했어요.
그러면서 앞으로 일어날 많은 것들에
대해 곰곰이 생각했는데, 간단히 말해
만약 카롤루스가 누가 최고의 기사인지
밝히고 방패를 주려고 하면, 그 방패가
프랑스의 모든 기사들 사이에 엄청난
불화와 싸움, 적대감을 줄 것 같았어요.

그런 생각이 그녀의 가슴을 눌렀지만, 61

그 전에 갖고 있던 생각, 즉 자기 사랑을
빼앗아 마르피사에게 준 루지에로에 대한
생각이 더 나쁘게 짓누르고 괴롭혔어요.
그녀의 모든 감각은 그 안에 파묻혔기에
가는 길도 둘러보지 않았고, 지금 어디로
가고 있는지, 밤을 보낼 편안한 숙소를
어디서 찾을 것인지도 생각하지 않았어요.

마치 배가 바람에 의해서나, 다른 어떤   62
사고로 인해 강가에서 풀려 나온 다음,
키잡이도 없고 또 통제할 사람도 없이
강물이 흘러가는 대로 흘러가는 것처럼,
그와 마찬가지로 젊은 연인 브라다만테는
루지에로에 대한 생각에 완전히 빠져서,
라비카노가 가는 대로, 고삐를 돌리려는
생각도 하지 않고 아주 먼 길을 갔지요.

마침내 그녀는 눈을 들었는데, 태양은   63
벌써 보쿠스[24]의 도시에 뒷모습을 보였고,
곧이어 마치 물총새처럼 모로코 너머로

---

24) 기원전 2세기 말 아프리카 마우레타니아(Mauretania)의 왕이었던 보쿠스 1세(Bocchus I)를 가리킨다. 그는 로마인들과의 싸움이 벌어졌을 때, 사위 유구르타(Jugurtha)를 로마인들의 손에 넘겨주었다. 여기에서 보쿠스의 도시는 마우레타니아를 가리킨다.

나이 든 유모[25]의 품 안으로 뛰어들었어요.
그런데 만약 들판의 나뭇잎이 숙소를
제공하리라 생각했다면[26] 어리석었으니,
차가운 바람이 불었고, 무거운 대기는
밤에 비나 눈이 내릴 것처럼 위협했어요.

그녀는 말에게 아주 서둘러서 걸음을   64
옮기게 하였으며, 그리 멀리 가지 않아
한 목동이 자신의 양 떼를 앞에다 몰고
가며 들판에서 돌아오는 것을 보았어요.
여인은 그에게 좋든 나쁘든 상관없이,
숙소를 찾을 만한 곳을 가르쳐 달라고
진지하게 물었으니, 아무리 나쁘더라도
밖에서 비를 맞는 것보다는 낫겠지요.

목동은 대답했습니다. "나는 당신에게   65
가르쳐 줄 만한 곳을 모르겠어요. 다만
여기서 4레가나 6레가 이상 되는 곳에
트리스탄[27]의 요새라는 곳이 있어요.
하지만 누구나 거기서 잘 수는 없어요.
왜냐하면 만약 창을 손에 들고 숙소를

---

25) 테티스(제17곡 129연 참조).
26) 말하자면 야외에서 밤을 보내려고 생각했다면.

얻게 되면, 거기에서 숙박하려고 하는
다른 기사를 막아내야 하기 때문이지요.

만약 어느 기사가 도착하였을 때 방이   66
비어 있으면, 성주는 그를 받아들이지요.
하지만 나중에 다른 사람이 오면 밖에
나가 결투를 하겠다고 약속을 해야 해요.
만약 오지 않으면 움직일 필요가 없지만,
만약에 오면, 어쩔 수 없이 갑옷을 입고
그와 결투를 하고, 그들 중에 지는 사람은
숙소를 내주고 하늘 아래로 나가야 해요.

만약 둘이나 셋, 넷, 많은 기사가 동시에   67
먼저 도착하면 모두 평화롭게 숙소를 얻고,
뒤에 오는 한 명에게는 나쁜 상황이지요.
혼자서 그 많은 사람과 겨루어야 하니까요.
마찬가지로 만약 처음에 한 사람이 거기에
숙박하게 되면, 그는 나중에 오는 둘이나
셋, 넷, 또는 더 많은 사람과 겨뤄야 하고,

---

27) 소위 《트리스탄과 이졸드(Tristan und Isolde)》로 널리 알려진 중세 유럽의 유명한 사랑 이야기에 나오는 인물이다. 트리스탄은 콘월의 왕인 백부 마르크의 휘하에서 훌륭한 기사로 성장했으나, 마르크가 마셔야 할 사랑의 음료를 잘못 마시고, 마르크의 아내 이졸드(또는 이죄Iseut. 하지만 우리나라에는 바그너의 오페라 제목 때문인지 독일어 발음에 따라 '이졸데'로 널리 알려져 있다)를 사랑하게 되었고, 그로 인해 두 사람은 불행한 죽음을 맞이하였다.

그래서 커다란 무훈을 갖고 있어야 하지요.

이 요새에 함께 오든, 아니면 혼자 오든,   68
여자든 아가씨의 경우든 다르지 않아요.
나중에 다른 여자가 오면, 더 아름다운
여자에게 숙소를 주고 밖에 있어야 해요."
브라다만테는 요새가 어디 있는지 물었고,
착한 목동은 단지 입으로만 말하지 않고
거기에서 5마일이나 6마일 정도 떨어진
그곳을 손으로 자세히 가르쳐 주었어요.

라비카노는 무척이나 빠른 말이었지만,   69
그녀는 빨리 달리게 할 수가 없었으니,
상당히 많은 비가 내리는 계절이어서
길이 온통 망가지고 진흙투성이였어요.
그래서 도착하기 전에 칠흑 같은 밤은
온 세상을 완전히 캄캄하게 만들었어요.
성문은 닫혀 있었고, 수비하는 자에게
그녀는 숙소를 얻고 싶다고 말했지요.

그는 먼저 도착한 기사들과 여자들이   70
이미 방을 차지하고 있으며, 그들은
불 옆에 앉아 있으면서 저녁 식사가
나오기를 기다리고 있다고 대답했어요.

여인은 말했어요. "아직도 먹지 않고
거기 있다면, 요리사가 아직 준비 중인
모양이군요. 가서 내가 기다린다고 해요.
나는 풍습을 알고 있으며 지키고 싶어요."

수비대원은 떠났고, 기사들이 편안히   71
쉬고 있는 곳으로 그 전갈을 전했는데,
그것은 별로 유쾌한 것이 아니었으니,
아주 엄청난 비가 내리기 시작한 데다
춥고 궂은 밖으로 나가야 했으니까요.
그래도 일어나 천천히 갑옷을 입었고,
다른 사람들은 남고, 그들은 서두르지
않고 여인이 기다리는 곳으로 나갔어요.

그들은 세상에 더 뛰어난 자가 거의   72
없을 정도로 용맹한 세 명의 기사였고,
바로 그날 그 여자 사절의 곁에서 함께
가고 있는 것을 보았던 자들, 프랑스에서
황금 방패를 다시 되찾아 아이슬란드로
돌아가겠다고 장담했던 기사들이었는데,
아주 빠르게 말을 몰아 달렸기 때문에
브라다만테보다 먼저 도착한 것입니다.

그들보다 무훈이 뛰어난 자들은 소수에   73

불과하지만, 그녀는 소수 중의 하나였어요.
그날 밤 비에 젖고 배고픈 그녀는 어떻게
해서든지 밖에 남아 있고 싶지 않았어요.
성안의 창가와 복도에 남아 있는 자들은
엄청난 비가 내리고 있음에도 불구하고,
구름들 사이로 간간이 내비치는 달빛에
그들의 결투를 바라보고 있었습니다.

마치 열정에 불타는 연인이 감미로운　　　　　　　　74
도둑질을 위해 안에 들어가려 하는데,
한참 동안 기다린 후에 마침내 빗장이
소리 없이 움직일 때 기뻐하는 것처럼,
그렇게 기사들과 함께 겨루어 보려고
의욕에 불타오른 브라다만테는, 성문이
열리고, 도개교가 내려지고, 기사들이
밖으로 나오는 소리를 듣고 기뻐했어요.

기사들이 함께 다리 밖으로 나오는　　　　　　　　75
것을 보자마자, 그녀는 지체하지 않고
몸을 돌려 거리를 띄웠고, 그런 다음
전속력으로 훌륭한 말을 몰아 달렸고,
사촌 아스톨포가 준 창을 겨누었는데,
전혀 실수하지 않는 그 창은 건드리는
모든 기사를, 비록 그가 마르스라 해도,

안장에서 땅으로 떨어지게 만들었지요.

스웨덴의 왕이 맨 먼저 움직였으며　　　　　　　　　　76
또한 맨 먼저 땅바닥에 떨어졌으니,
절대로 실수 없이 겨냥하는 그 창은
아주 강하게 그의 투구를 맞추었어요.
그다음에 고티아의 왕이 달려갔는데,
다리를 허공으로 말에서 멀리 떨어졌고,
셋째 왕은 거꾸로 뒤집힌 채 떨어져
웅덩이의 물속에 반쯤 파묻혔습니다.

세 번의 타격에 그들 모두가 다리를　　　　　　　　　77
위로, 머리를 아래로 떨어지고 난 뒤
그녀는 그날 밤을 보내게 될 요새로
갔는데, 다리를 통과하기 전에, 만약
밖에서 다른 사람들이 도전을 하면
언제나 나가겠다고 맹세해야 했어요.
성안에서 그녀의 무훈을 잘 보았던
성주는 그녀를 크게 환영하였습니다.

그날 저녁 그 세 기사와 함께 그곳에　　　　　　　　78
도착한 여인, 제가 앞서 말씀드린 것처럼,
'잃어버린 섬'의 사절로 프랑스 왕에게
가는 여인도 역시 그녀를 환영하였어요.

Canto 32:76

그다음에 고티아의 왕이 달려갔는데,
다리를 허공으로 말에서 멀리 떨어졌고,

그녀는 아주 우아하고 상냥한 태도로
친절하게 그녀에게 인사를 하였고,
밝은 표정으로 일어나서 맞이하면서
손을 잡고 불 옆으로 안내했습니다.

브라다만테는 갑옷을 벗기 시작하여 79
방패를 벗고 다음에 투구를 벗었는데,
으레 기다란 머리카락을 감추고 있던
투구와 함께 오래 짓눌려 있던 황금빛
머리 타래가 나왔고, 그녀의 어깨 위로
흘러내리면서, 갑자기 그녀가 무기에서
용감할 뿐만 아니라, 얼굴도 아름다운
아가씨라는 것을 드러내 보였습니다.

마치 장막들이 내려지면서[28] 수많은 80
등불들 사이에서 무대 위에, 아치들과
엄청나게 거대한 건물들과 동상들과
그림들과 금박들이 드러나는 것처럼,
마치 구름 밖으로 태양이 투명하고
맑은 얼굴을 드러내 보이는 것처럼,
그렇게 머리에서 투구를 벗으면서

---

28) 당시의 연극 공연에서는 무대와 객석 사이에 쳐진 장막이 위에서 아래로 내려졌다.

그녀는 천국을 열어 보여 주었습니다.

수도사가 잘랐던 아름다운 머리카락은 81
이제 상당히 많이 자랐고, 비록 처음과
똑같은 것은 아니었지만, 머리 뒤쪽에
매듭을 만들 수 있을 정도로 길었어요.
요새의 성주는 전에도 몇 번 본 적이
있었기 때문에, 그녀가 브라다만테라는
사실을 확인한 다음, 전보다 더 그녀를
환영하였고 더욱 정중하게 맞이했어요.

그들은 함께 불 옆에 앉았고, 즐겁고 82
진지한 대화로 귀에 음식을 제공했고,
그동안 신체의 다른 부분에 활력을
북돋울 다른 음식이 준비되었습니다.
그녀는 성주에게 그러한 숙박 풍습이
오래된 것인지 또는 최근에 생겼는지,
언제 시작되었고, 또 누가 만들었는지
질문했고, 그는 이렇게 대답했습니다.

"피에라몬테[29] 왕이 통치하던 시절 83

---

29) Fieramonte(또는 파라몬도Faramondo. 프랑스어로 Pharamond 또는 Faramond).
  프랑크족의 왕으로 420년경 라인강 왼쪽으로 건너간 최초의 왕으로 평가되기
  도 한다.

그의 아들 클로디오네[30]는 그 시대의
누구보다 아름답고 우아하며 정숙한
태도의 연인을 데리고 있었습니다.
그녀를 얼마나 사랑했던지, 이오[31]를
그 목자가 지켜보는 것 그 이상으로
그녀에게서 눈을 돌리지 못하였으니,
사랑에 못지않은 질투심을 가졌지요.

그는 아버지에게 선물로 받은 이곳에 84
그녀를 데리고 있었는데, 거의 나가지
않았고, 프랑스 전역에서 가장 뛰어난
열 명의 기사들도 함께 여기 있었어요.
그가 머무는 동안 훌륭한 트리스탄이
여기에 왔는데, 어느 잔인한 거인이
억지로 붙잡고 있던 여인을 얼마 전에
구출해서 함께 동반하고 있었습니다.

트리스탄이 도착했을 때 태양은 이미 85
세비야의 해안에 어깨를 돌린 뒤였고,

---

30) Clodione(프랑스어로 Clodion. 390?~450?). 아버지의 뒤를 이어 프랑크족의 왕이 되었다.
31) Io. 고전 신화에서 유피테르의 사랑을 받은 여인으로, 유피테르는 질투하는 유노의 눈을 피하기 위해 암소로 변신시켰다. 하지만 유노는 그 암소를 선물로 달라고 했고, 백 개의 눈을 가진 거인 아르고스("목자")에게 감시를 맡겼다.

주위 10마일 안에 다른 방이 없었기에
이곳 안에서 받아 달라고 요구했지요.
하지만 너무 사랑하고 너무 질투하는
클로디오네는, 간단히 말해, 아름다운
여인이 있는 동안에는, 그가 누구이든
이방인은 여기 들어오지 못하게 했어요.

오랫동안 반복해서 부탁해도 여기에서　　　　　　　86
숙소를 구할 수 없게 되자 트리스탄은
말했어요. '내가 부탁으로 얻지 못하는
것을 당신이 반대해도 하게 만들겠소.'
그리고 클로디오네와 데리고 있는 기사
열 명 모두에게 도전했고, 큰 목소리로
손에 창과 칼을 들고 그가 불친절하고
무례하다는 것을 증명하자고 했습니다.

만약 클로디오네가 자기 무리와 함께　　　　　　　87
땅에 떨어지고, 그는 안장에 남게 되면,
요새 안에서 자기 혼자만 숙박하고 다른
사람은 문밖에 있게 하는 조건이었지요.
그런 모욕을 참지 못하고 프랑스 왕의
아들은 죽음의 위험을 무릅쓰게 됐는데,
격렬한 타격에 땅에 떨어졌고, 기사들도
떨어졌고, 트리스탄은 밖으로 내쫓았어요.

요새 안으로 들어간 트리스탄은 제가 88
말씀드린 클로디오네가 사랑하는 여인을
발견했는데, 아름다움에 인색한 **자연**이
누구보다도 아름답게 만든 여인이었어요.
그녀와 이야기하는 동안 밖에서는 쓰라린
열정에 불타는 연인이 문을 두드렸으며,
망설이지 않고 트리스탄에게 간청하여
그녀를 자신에게 보내 달라고 했습니다.

트리스탄은 그녀를 높이 보지도 않고 89
이졸드 외에 누구도 소중하지 않았지만,
(그가 마신 마법의 약 때문에, 그는 다른
여자에게 어떤 사랑이나 애정도 없었어요)
클로디오네가 자신에게 보여 준 냉정함에
대해 복수를 하고 싶었기 때문에 그에게
이렇게 말했어요. '이렇게 아름다운 여인이
밖으로 나가는 것은 커다란 잘못 같구려.

만약에 클로디오네에게 혼자 야외에서 90
잠자는 것이 억울하여 동료를 원한다면,
그렇게 대단한 아름다움은 아닐지라도
나에게 아름답고 신선한 아가씨가 있소.
그녀가 밖으로 나가 그의 모든 명령에
복종하는 것에는 나도 만족할 것이오.

하지만 가장 아름다운 여인은 우리 중에
가장 강한 사람과 함께 있어야 하겠지요.'

성에서 쫓겨난 클로디오네는 밤새도록 91
불만스럽게 씩씩데며 주위를 맴돌았고,
마치 안에서 편안하게 잠을 자고 있는
그들을 위해 보초를 서는 것 같았어요.
추위와 바람보다도 그는 빼앗겨 버린
여인 때문에 더욱더 괴로워하였지요.
아침에 그를 불쌍히 여긴 트리스탄은
그녀를 돌려주었고, 고통은 끝났어요.

그녀를 처음 그대로 돌려주겠다고 92
그에게 분명하게 말하였으니까요.
그가 보여 주었던 불친절함에 대해서는
모든 모욕을 당하는 것이 마땅하지만,
밤새도록 그렇게 성 밖에서 지내도록
하는 것으로 만족하겠다고 말했어요.
그는 아모르 때문에 커다란 잘못을
저질렀다는 변명을 들어 주지 않았어요.

아모르는 천한 마음을 고귀하게 만들지, 93
고귀한 마음을 반대로 만들지는 않지요.
트리스탄이 여기에서 떠나고 난 뒤에

클로디오네는 곧이어 집을 바꾸었지만,
그 전에 이 요새를 자기와 아주 가까운
기사의 손에 넘겨주면서, 그나 이후에
오는 사람은 언제나 이런 숙박 풍습을
지켜야 한다는 조건을 제시하였지요.

언제든지 가장 능력 있는 기사와 가장
아름다운 여인이 숙박하며, 지는 사람은
방을 비워 주고 야외에서 잠을 자거나
다른 곳으로 가야 한다는 조건이지요.
그렇게 해서 보시다시피 오늘날까지
지속된 풍습이 생기게 된 것입니다."
성주가 그런 이야기를 하는 동안에
집사는 저녁 식사를 준비해 두었어요.

식사는 이 세상에서 가장 아름다운
커다란 홀에다 준비해 두었고, 집사는
거기에서 횃불을 들고 와서 아름다운
여인들을 데리고 그 홀로 안내했어요.
들어가면서 브라다만테는 둘러보았고,
다른 여인도 마찬가지로 둘러보았는데,
휘황찬란한 벽들이 모두 아주 고귀한
그림들로 가득 차 있는 것을 보았어요.

Canto 32:95
휘황찬란한 벽들이 모두 아주 고귀한
그림들로 가득 차 있는 것을 보았어요.

그곳을 장식하는 너무나도 아름다운　　　　　　　　　　96
그림을 보느라 거의 식사를 잊었어요.
그날 하루의 노고로 매우 지친 육체가
적잖이 식사를 요구하는데도 말입니다.
음식들이 접시에서 식어가고 있었기에,
집사는 괴로웠고 요리사도 괴로웠어요.
결국 이렇게 말했어요. "먼저 배를 채운
뒤에 눈을 채우는 것이 좋을 것입니다."

그들은 자리에 앉았고, 음식에다 손을　　　　　　　　　　97
대려는 순간 성주가 말했어요. 두 여인이
숙박하는 것은 커다란 잘못이며, 한 명은
남고, 한 명은 나가야 한다고 말입니다.
가장 아름다운 자가 남고 다른 여인은
바람 불고 비 오는 곳으로 가야 했어요.
둘이 동시에 도착하지 않았기 때문에,
하나는 떠나고, 하나는 남아야 했어요.

성주는 성의 두 노인을 불렀고, 그런　　　　　　　　　　98
판단을 잘하는 몇몇 여인을 불렀으며,
두 여인을 바라보고, 둘 중에서 누가
더 아름다운지 비교하게 하였습니다.
마침내 그들 모두의 견해는 아모네의
딸이 더 아름답다는 것이었으니, 단지

아름다움에서 그녀를 이겼을 뿐 아니라,
무훈에서도 기사들을 이겼던 것입니다.

그러한 상황에 적지 않게 많은 의혹을 99
갖고 있는 아이슬란드의 여인을 향해
성주는 말했습니다. "이 풍습을 지키는
것에 불명예스러운 것은 전혀 없습니다.
가꾸지 않았어도 그녀가 아름다움이나
용모에 있어 당신보다 뛰어나다는 것이
우리 모두에게 명백하고 확실하므로
당신은 숙소에서 쫓겨나야 합니다."

마치 습기 찬 계곡에서 검은 구름이 100
순식간에 하늘을 향해 올라가서, 조금
전까지 환하게 빛나던 태양의 얼굴을
어두운 베일로 뒤덮어 버리는 것처럼,
비가 내리고 추운 바깥으로 쫓아내는
그런 쓰라린 판결에 그 여인은 바로
얼굴이 바뀌어, 조금 전까지 즐겁고
아름다운 표정이 이제는 사라졌어요.

그런 판결을 듣는 것이 즐겁지 않아서 101
창백해지고 표정이 완전히 바뀌었지요.
하지만 브라다만테는 연민에 그녀가 가는

것을 원하지 않았고, 현명한 통찰력으로
대답했습니다. "만약 당사자의 의견들을
듣지 않고, 긍정이나 부정을 듣지 않고,
어떤 판단을 내리는 것은 정당하지 않고,
또 정확한 결정이라고 생각하지 않아요.

나는 그녀의 주장을 옹호하여 이렇게 102
말하고 싶어요. 내가 그녀보다 아름답든
아니든, 나는 여자로 여기 오지 않았고,
지금 여자로서의 성공도 원하지 않아요.
만약 내가 완전히 벗지 않으면, 여자인지
아니면 아닌지 누가 말할 수 있을까요?
그리고 모르는 것은 말하지 않아야 하고,
다른 사람에게 해로운 것은 더욱 그래요.

나는 나처럼 긴 머리칼을 갖고 있지만 103
그렇다고 여자가 아닌 사람들을 알아요.
만약 내가 이 방을 기사로서 얻었는지,
아니면 여자로서 얻었는지 명백하다면,
그렇다면 나의 모든 행동이 남자인데,
왜 나에게 여자의 이름을 주려고 해요?
당신의 법칙은 여자가 기사에게 진 것이
아니라, 여자에게 쫓겨나는 것을 원해요.

그리고 만약 당신에게 보이는 것처럼 104
내가 여자인데(나는 인정하지 않지만),
내 아름다움이 저 여인의 아름다움에
미치지 못했다면, 내가 아름다움에서
졌다고 해서 내 능력으로 얻은 보상을
당신이 빼앗았을 거라 생각하지 않아요.
내가 무기의 능력을 가지고 얻은 것을,
덜 아름답다고 잃는 것은 옳지 않아요.

그리고 어쨌든 그런 규칙으로 인해서 105
아름다움에 진 사람이 나가야 한다면,
나는 내 고집에서 좋은 결과가 나오든,
나쁜 결과가 나오든, 남아 있고 싶어요.
그렇기 때문에 나와 저 여인 사이의
경쟁은 불평등하고, 결론적으로 말해
저 여인은 아름다움의 경쟁에서 크게
손해이며, 절대로 나를 이기지 못해요.

만약에 이기고 지는 것이 완전하게 106
공평하지 않으면 모든 결정이 부당해요.
따라서 권리로나 또는 특별한 선물로서
그녀에게 숙박을 금지할 수는 없어요.
만약 누군가가 내 판단이 올바르거나
좋지 않다고 감히 말하려고 한다면,

그가 원하면, 언제나 나는 내가 옳고,
그의 생각이 잘못이라고 주장하겠어요."

그렇게 아모네의 딸은 연민의 정에   107
사로잡혔기에, 그 고귀한 여인이 비가
내리는 곳으로, 지붕도 없고 처마도
없는 곳으로 부당하게 쫓겨나는 일이
없도록, 아주 합리적인 주장과 신중한
말로써 요새의 성주를 설득하였으며,
특히 마지막 결론으로 한 말을 통해
말없이 그녀의 변호를 받아들였지요.

마치 여름의 가장 뜨거운 열기 아래   108
풀이 물 마시기를 무척이나 열망하고,
꽃이 생명을 유지하게 해 주는 수액이
완전히 고갈되어 버릴 지경에 있다가
사랑하던 비를 느끼고 생생해지듯이,
그렇게 당당한 변호가 펼쳐지는 것을
본 그 여자 사절은 예전과 마찬가지로
다시 즐겁고 아름다운 모습이 되었어요.

오래전부터 차려져 있던 식사를 손도   109
대지 않았다가 마침내 즐기기 시작했고,
더 이상 어떤 방랑 기사가 새롭게 와서

그들을 귀찮게 하는 일도 없었습니다.
사람들은 식사를 즐겼지만, 브라다만테는
예전처럼 여전히 괴로워하고 슬펐으니,
가슴에 지니고 있는 그 부당한 의혹과
걱정이 그녀의 입맛을 빼앗아 갔지요.

식사가 끝난 다음(만약 눈의 음식을   110
즐기고 싶은 욕망이 없었다면, 아마 더
길었을 테지만) 브라다만테는 일어났고,
그녀의 뒤를 따라 사절도 일어났습니다.
성주는 하인에게 눈짓을 하였고, 그는
달려가 재빨리 많은 촛불들을 밝혀서
홀을 사방에서 환하게 빛나게 했습니다.
그 뒤는 다음 노래에서 말하겠습니다.

제33곡

요새의 홀에 그려진 벽화가 미래에 벌어질 이탈리아와 프랑스의 갈등과 싸움에 대해 예언한다. 리날도와 그라다소의 결투는 말라지지의 마법으로 무산된다. 아스톨포는 이포그리포를 타고 여러 곳을 여행한 다음 에티오피아의 세나포 왕을 하르피아들에게서 구해 준다.

1

티마고라스, 파라시오스, 폴리그노토스,
프로토게네스, 티만테스, 아폴로도로스,
그들 모두보다 더 뛰어났던 아펠레스,
제욱시스와 다른 자들이 당시에 있었고,[1]
그들의 명성은, 비록 클로토[2]가 그들 몸과
나중에 그들의 작품을 사라지게 했지만,
글을 읽고 쓰는 동안에는 작가들 덕택에

---

1) 티마고라스(Timagoras), 파라시오스(Parrhasios), 폴리그노토스(Polygnotos), 프로토게네스(Protogenes), 티만테스(Timanthes), 아폴로도로스(Apollodoros), 아펠레스, 제욱시스는 모두 기원전 5세기에서 기원전 4세기 사이에 그리스에서 활동한 화가들이다. 아펠레스와 제욱시스는 제28곡 4연에서 이미 언급되었다.
2) 제10곡 56연 참조.

영원히 이 세상에 살아 있을 것입니다.

또한 우리 시대에 있었고 지금도 있는 2
레오나르도, 안드레아 만테냐, 벨리니,
두 명의 도시,³⁾ 그리고 조각이나 그림에
있어 인간보다 신에 가까운 미켈란젤로,⁴⁾
카도레, 베네치아, 우르비노에서 존경을
받는 티치아노, 바스티아노, 라파엘로,⁵⁾
글과 명성으로 알려지고, 옛날 화가들과
경쟁할 작품을 남긴 화가들이 있지요.

우리가 지금 보는 화가들이나, 이미 3
수천 년 전에 명성을 떨친 화가들은,
일부는 화폭에다, 일부는 벽에다 이미
일어난 사건들을 붓으로 그렸습니다.
하지만 옛날이나 현대 화가가 미래를

---

3) 모두 르네상스 시대에 이탈리아에서 활동했던 화가로, 레오나르도 다빈치(Leonardo da Vinci, 1452~1519), 안드레아 만테냐(Andrea Mantegna, 1431~1506), 조반니 벨리니(Giovanni Bellini, 1430~1516), 그리고 도소 도시(Dosso Dossi, 1490?~1542)와 바티스타 도시(Battista Dossi, 1490?~1548)를 가리킨다.
4) 르네상스 시대 최고의 예술가로 꼽히는 미켈란젤로 부오나로티(Michelangelo Buonarroti, 1475~1564).
5) 이탈리아 북부의 소읍 피에베 디 카도레(Pieve di Cadore)에서 태어난 티치아노 베첼리오(Tiziano Vecellio, 1490?~1576), 베네치아에서 태어난 세바스티아노 델 피옴보(Sebastiano del Piombo, 1485?~1547), 우르비노(Urbino)에서 태어난 산치오 라파엘로(Sanzio Raffaello, 1483~1520)를 가리킨다.

그랬다는 말은 듣지 못하셨을 겁니다.
그리고 실제로 사건이 발생하기 전에
그려진 그림들이 발견되지도 않았지요.[6]

하지만 옛날 화가든 현대 화가든, 그런   4
일을 할 줄 안다고 자랑하지 말 것이며,
그런 기술도 지옥의 영혼들을 떨게 하는
단순한 마법에 굴복해야 할 것입니다.
앞의 노래에서 제가 말씀드린 큰 홀은,
메를리노가 아베르누스호수[7]나 아니면
노르차[8]의 동굴에서 신성해진 책[9]으로
불러낸 악령들이 하룻밤에 그린 거예요.

옛 선조들이 놀라운 증거들을 보여 준   5
그런 기술은 우리 시대에는 사라졌어요.
하지만 홀의 그림을 보기 위해 그들이
저를 기다리고 있는 곳으로 돌아갑시다.
그러니까 성주의 눈짓에 어느 하인이

---

6) 하지만 앞에서 루지에로와 마르피사, 다른 동료들은 마법사 메를리노의 샘물가에서 미래의 모습을 그린 조각 작품들을 감상하였다(제26곡 30연 이하 참조).
7) 저승 입구가 있다고 믿었던 아베르누스호수(제14곡 82연 참조) 옆에 쿠마이의 시빌라(제7곡 73연 참조)가 사는 동굴이 있었다고 한다.
8) Norcia. 이탈리아 중부의 도시로 그곳의 산비토레(San Vittore)산에는 쿠마이의 시빌라가 마녀들의 회합을 주재하던 장소가 있다고 믿었다.
9) 시빌라가 있던 곳에서 신성하게 만들어진 책이란 바로 마법의 책을 가리킨다.

횃불들을 밝혔고, 그러자 환하고 밝은
불빛에 굴복한 밤이 주위에서 물러났고,
마치 낮처럼 환하게 볼 수 있었습니다.

성주가 그들에게 말했습니다. "여기에 6
그려져 있는 전쟁들은 오늘날까지 전혀
일어나지 않았고, 실제로 일어나기 전에
그림으로 그려졌다는 것을 아서야 해요.
그것을 그린 사람은 미리 예견하였지요.
여기에서 여러분이 보는 것은, 우리[10]의
군대가 이탈리아에서 때로는 승리하고,
때로는 패배하는 것을 보여 주고 있어요.[11]

그 결과가 좋든 나쁘든, 프랑스인들이 7
알프스 너머[12]에서 치러야 하는 전쟁들을,
마법사 메를리노는 자기 시대부터 이후
천 년 후까지를 이 홀에다 그린 것입니다.
그는 브리튼 왕[13]이 마르코미르[14]의 뒤를

---

10) 프랑스.
11) 이어서 아리오스토는 미래를 보여 주는 그림들을 통해 프랑스의 이탈리아 침략의 역사를 길게 이야기한다. 이탈리아는 특히 15~16세기에 프랑스를 비롯한 에스파냐, 오스트리아 등 외세의 침략에 시달렸으며, 동시에 이탈리아반도는 여러 군소 국가로 분열되어 있으면서 교황청이 개입한 끊임없는 내분과 전쟁에 시달리고 있었다.
12) 프랑스에서 보면 이탈리아반도는 알프스 너머에 있다.

이은 프랑스 왕에게 보냈는데, 왜 그를
보냈는지, 그리고 왜 메를리노에게 그런
일을 하게 했는지 동시에 이야기하지요.

피에라몬테 왕은 프랑크 군대와 함께 8
처음으로 라인강을 건너 갈리아로 갔고,
그 땅을 점령한 후 오만한 이탈리아에게
고삐를 매야겠다는 생각을 하였습니다.
그 당시 로마제국이 나날이 약해지는
것을 보고 그는 그런 생각을 하였으며,
그런 목적을 위하여, 같은 시대에 살던
브리튼의 아서 왕과 동맹하려고 했지요.

아서 왕은 예언자 메를리노의 조언이 9
없으면 어떤 일도 하지 않으려 했는데,
제가 말하는 메를리노는 바로 악마의
아들로 미래를 아주 잘 예견했습니다.
그를 통하여 그는, 피에라몬테가 만약
알프스와 바다가 가로막고, 아펜니노가
시작되는 땅[15)]으로 들어가면, 군대가

---

13) 5~6세기경 브리튼의 전설적인 아서 왕.
14) Marcomir(또는 마르코메르Marcomer). 4세기 후반 프랑크족의 우두머리로 그의 아들 피에라몬테(제32곡 83연 참조)가 최초의 프랑크족 왕이 되었다.

Canto 33:9
제가 말하는 메를리노는 바로 악마의
아들로 미래를 아주 잘 예견했습니다.

곤경에 처할 것이라고 알려 주었어요.

나중에 프랑스의 왕홀을 갖게 될 왕은 10
자기 군대가 거의 모두 무기와 굶주림,
전염병으로 파괴되는 것을 볼 것이고,
이탈리아에서 가져오게 될 것은, 짧은
즐거움과 긴 슬픔이고, 적은 이익과
끝없는 피해이며, 백합[16])이 그 땅에서
뿌리내리는 것은 합당하지 않다는 것을
메를리노는 그에게 보여 주었습니다.

피에라몬테 왕은 그를 매우 신뢰하여 11
군대를 다른 곳으로 돌리려고 계획했고,
미래에 일어날 일을 마치 이미 일어난
것처럼 그대로 볼 수 있는 메를리노는
왕의 부탁을 받고 그 모든 이야기를
마법으로 이 홀에다 그림으로 그렸고,
프랑스 사람들의 모든 미래를, 과거에
있었던 것처럼 명백히 보여 주었어요.

---

15) 이탈리아반도는 삼면이 바다로 둘러싸여 있고, 북쪽에는 알프스산맥이 가로막고 있다. 또한 반도의 남북으로 길게 뻗어 있는 아펜니노산맥은 알프스산맥에서 출발한다.
16) 프랑스 왕가의 문장으로 여기에서는 프랑스 자체를 가리킨다.

그리하여 만약 다른 모든 야만적인 12
침입에 대항하여 이탈리아를 보호하기
위해 노력한다면 승리와 영광을 얻을
것이지만, 만약 이탈리아를 해치려고
내려가거나, 거기에 족쇄를 채우거나,
주인 노릇을 하려고 하면, 산 너머에
무덤이 열려 있다는 것을, 뒤를 이을
사람이 분명하게 깨닫도록 했습니다."

그렇게 말하면서 여인들을 이야기의 13
시작 부분으로 안내했고, 시제베르[17)]가
마우리키우스 황제가 제공한 황금
때문에 움직이는 것을 보여 주었어요.
"저기 생베르나르고개[18)]에서 롬브로와
티치노강의 평원[19)]으로 내려가는데,

---

17) 아리오스토는 아우스트라시아(Austrasia)의 메로빙거 왕 시제베르 1세(Sigebert I, 535?~575?)와 그의 아들 칠데베르 2세(Childebert II, 570~595)를 혼동하고 있다. 칠데베르 2세는 비잔티움제국 황제 마우리키우스(Flavius Mauricius Tiberius Augustus, 재위 582~602)와 연합하여 이탈리아의 롬바르드족을 공격하였으나 크게 성공하지 못하였다.

18) 생베르나르고개(프랑스어로 Col du Grand-Saint-Bernard, 이탈리아어로 Colle del Gran San Bernardo)는 스위스와 이탈리아를 연결하는 알프스의 유명한 고개이다.

19) 롬바르디아평원을 가리킨다. 롬브로(Lombro, 판본에 따라 Ambra 또는 Lambra)는 롬바르디아 북동쪽의 지명이고, 티치노(Ticino)강은 밀라노 서쪽으로 지나 포강으로 흘러든다.

아우타리[20]에게 밀려났을 뿐만 아니라,
패배하고 궤멸되어 달아나고 있어요.

보세요, 클로타르[21]는 십만이 넘는 14
병사들과 함께 알프스를 넘고 있는데,
저기 보세요, 베네벤토의 공작이 아주
적은 숫자로 그들과 대적하러 오지요.
그리고 마치 숙영지를 떠나는 척하고
매복을 하는군요. 저기 프랑스 군대가
롬바르디아 포도주에 죽고 부상당해
미끼를 문 물고기처럼 달아나는군요.

저기, 저 칠데베르[22]는 수많은 프랑스 15
병사와 지휘관을 이탈리아에 보내지만,
클로타르 이상으로 롬바르디아를 이기고
약탈했다고 자랑하지 못하고 있습니다.
하늘에서 내려온 칼이 그의 병사들을
무수하게 학살하여 길을 가득 채우고,

---

20) Authari(540?~590). 584년부터 죽을 때까지 롬바르드족의 왕이었다.
21) 원문에는 클로도베오(Clodoveo, 프랑스어 이름은 Clovis)로 되어 있지만, 클로타르 3세(Clothar III, 656?~670)를 가리킨다. 그는 이탈리아로 내려와 베네벤토(Benevento) 공작 그리모알도(Grimoaldo)를 공격하였다. 그리모알도는 속임수로 승리했는데, 퇴각하는 척하면서 숙영지에 많은 포도주를 남겨 두었고, 그것을 마시고 취한 프랑스인들을 밤에 공격하여 학살하였다.
22) 앞의 13연에서 말하는 칠데베르 2세.

또한 뜨거운 더위와 이질로 죽었으니,

열 명에 한 명도 살아남지 못하지요."

그는 피핀과 카롤루스가 이탈리아에　　　　　　　　　　16

차례로 내려오는 것을 보여 주었어요.[23]

그들 둘은 이탈리아를 해치기 위하여

내려오지 않아서 행복한 성공을 했으니,

하나는 억압된 목자 스테파누스, 다른

하나는 하드리아누스와 레오를 도왔고,

하나는 아스톨포, 다른 하나는 그의

후계자를 눌러 교황의 권위를 찾았지요.

또한 곁의 젊은 피핀[24]을 보여 주었는데,　　　　　　　17

그는 자기 군대와 함께 포강 어귀에서

팔레스트리나 해안까지 완전히 뒤덮고,

---

23) 카롤루스의 아버지 피핀 3세는 롬바르드족의 왕 아스톨포(제28곡 4연 참조)에 대항하여 교황 스테파누스 2세(Stephanus II, 재위 752~757)를 돕기 위해 이탈리아에 내려왔다. 카롤루스는 두 번 이탈리아에 내려왔는데, 한 번은 아스톨포의 뒤를 이어 롬바르드족의 왕이 된 데시데리오(제3곡 25연 참조)에 대항하여 교황 하드리아누스 1세(Hadrianus I, 재위 772~795)를 돕기 위해서였고, 또 한 번은 로마의 파벌들에 대항하여 교황 레오 3세(Leo III, 재위 795~816)를 돕기 위해서였다.

24) 카롤루스 마그누스의 둘째 아들 피핀(Pipin, 재위 781~810)으로 나중에 이탈리아 왕이 되었다. 그가 이끄는 베네치아 공격은 실패로 끝났지만, 포강의 어귀에서 키오자(Chioggia)와 말라모코(Malamocco) 사이에 있는 팔레스트리나(Palestrina) 해안까지 점령하였다. 또한 말라모코에 다리를 만들고 리알토(Rialto)를 공격했지만, 폭풍우에 다리가 파괴되어 실패하였다.

많은 비용과 함께 오랜 작업을 통하여
말라모코에 다리를 만들고, 리알토에
가까이 접근하고 그 위에서 싸우지요.
그러나 그는 도망치고, 폭풍에 다리가
무너져 병사들이 바다에 빠져 죽습니다.

"저기에 부르고뉴의 루이[25]가 있는데,   18
이탈리아에 내려가 패배하여 붙잡히고
그를 잡은 자는 더 이상 자기 군대로
공격하지 않겠다고 맹세하게 하는군요.
그렇지만 그는 그런 맹세를 깨뜨리고,
그리고 또다시 올가미 안에 떨어지고
두더지처럼 거기에 두 눈을 남겨 두고
병사들에 의해 이곳으로 돌아옵니다.

보세요, 아를의 위그[26]가 큰일을 하고,   19
이탈리아에서 베렝가리오를 쫓아내고,

---

25) 부르고뉴의 루이(재위 887~923. 라틴어로 Ludovicus III)는 이탈리아에 내려와 베렝가리오 1세(제3곡 25연 참조)에게 승리했지만, 곧이어 패배하고 포로로 잡혔다가 다시는 이탈리아를 침입하지 않겠다는 조건으로 풀려났다. 하지만 맹세를 어기고 다시 침입했다가 패배하였고, 결국 장님이 되어 부르고뉴로 돌아갔다.

26) 프로방스의 백작 위그(Hugues, 880~948)는 이탈리아에 내려와, 게르만 황제의 도움("훈족과 바이에른 사람들")을 받은 베렝가리오 2세(Berengario II, 900~966)를 물리쳤다. 그 후 프로방스로 돌아와 얼마 후에 죽었고, 그의 후계자 로테르(Lothaire, 이탈리아어로 로타리오Lotario) 2세 역시 곧이어 죽었으며, 따라서 이탈리아왕국은 다시 베렝가리오 2세에게 돌아가게 되었다.

훈족과 바이에른 사람들에 의해 복원된
그를 두세 번 다시 파괴하고 물리칩니다.
그러나 여러 힘들에 눌려 적과 협정을
할 수밖에 없고, 이어 오래 살지 못하고,
그의 다음 후계자도 오래 살지 못하여
왕국 전체를 베렝가리오에게 넘깁니다.

저기 보세요, 카를로[27]는 훌륭한 목자를　　　　　　　　　　20
돕기 위해 이탈리아에서 전쟁을 벌이고,
두 번의 치열한 전투에서 먼저 만프레디,
이어서 코라디노 두 왕을 죽게 만들지요.
그러나 그의 병사들은 수많은 잘못으로
새로운 왕국을 억누르는 것처럼 보이는데,
여기저기의 도시들에 흩어진 채 저녁기도
종소리에 모두 죽게 되는 것을 보십시오."

---

27) 원문은 "un altro Carlo", 즉 '다른 카를로'로 되어 있는데, 카롤루스 마그누스의 이탈리아어 이름도 카를로이기 때문에 그렇게 불렀다. 여기에서는 나폴리와 시칠리아의 왕이었던 카를로 단조(Carlo d'Angiò, 프랑스어 이름은 앙주Anjou의 샤를) 1세(재위 1266~1285)를 가리킨다. 그는 교황 클레멘스 4세("훌륭한 목자")의 요청으로 이탈리아에서 전쟁을 일으켰고, 황제 페데리코 2세(제3곡 33연 참조)의 아들로 나폴리와 시칠리아 왕국을 통치하던 만프레디(Manfredi, 1232~1266)와, 그의 어린 아들 코라디노(Corradino, 1252~1268)를 죽게 하였다. 그러나 병사들의 극심한 악행 때문에 시칠리아에서 1282년 소위 '시칠리아의 저녁기도 사건(Vespri siciliani)'으로 일컬어지는 폭동이 일어났다('저녁기도' 대신 '만종(晚鐘)' 또는 '만과경(晚課經)'으로 옮기기도 하지만, 우리말로 풀어서 옮기는 것이 원활한 소통을 위하여 바람직하다고 생각한다.).

그리고 단지 몇 년이 아니라, 상당히 21
많은 세월이 흘러간 것처럼 보였는데,
프랑스의 어느 지휘관[28]이 산에서 내려와
탁월한 비스콘티 가문과 전쟁을 하고,
프랑스 군대의 보병과 기병 들과 함께
알레산드리아를 포위하고 공격하지만,
공작[29]은 도시 안에 수비대를 배치하고
밖에 약간 떨어져 매복하는 것이 보였어요.

그런데 프랑스 병사들은 깨닫지 못하고 22
아르마냐크 백작과 함께 교묘히 그물이
쳐진 곳으로 이끌리고, 백작이 불행한
모험으로 이끌고 온 수많은 병사들은
들판의 온 사방에 죽어 쓰러져 있고,
일부는 알레산드리아에서 붙잡히고,
강물과 피가 넘쳐흐르는 타나로강이
포강을 붉게 물들이는 것이 보입니다.

---

28) 아르마냐크(Armagnac) 백작 장 3세(Jean III, 1359?~1391)를 가리킨다. 그는 1391년 이탈리아에 내려와 잔 갈레아초 비스콘티(Gian Galeazzo Visconti, 1351~1402)와 싸웠고, 밀라노 남서쪽의 도시 알레산드리아(Alessandria)를 공격하고 포위하였다. 그렇지만 잔 갈레아초가 등 뒤에서 공격하여 그를 포로로 붙잡았고, 프랑스 군인들을 학살하여 포강으로 흘러드는 타나로(Tanaro)강을 붉게 물들였다.

29) 잔 갈레아초 비스콘티. 하지만 그가 공작이 된 것은 그 이후인 1395년의 일이다.

그는 마르케의 백작[30]과 단조 가문의 23
세 사람을 차례로 보여 주며 말했습니다.
"칼라브리아, 풀리아, 아브루초, 오트란토
사람들을 자주 괴롭히는 자들을 보세요.
그렇지만 프랑스와 이탈리아 사람들의
도움에도 그들 중 아무도 남지 못하고
알폰소 그리고 다음에는 페란테에 의해
여러 번 왕국에서 쫓겨나고 있습니다.

보세요, 샤를 8세[31]는 알프스를 넘어 24
모든 프랑스의 꽃들을 데리고 가는데,
칼을 휘두르거나 창을 겨누지도 않고
리리강 건너 모든 왕국을 장악하지만,
훌륭한 다발로스 핏줄의 바스토 후작
이니코의 역량 있는 저항에 부딪쳐서

---

30) 부르봉 가문 출신으로 이탈리아 중동부 마르케(Marche) 지방의 백작이 된 자크(Jacques, 이탈리아어로 자크 2세(Jacques II, 1370~1438, 이탈리아어로 자코모 2세Giacomo II)를 가리킨다. 그는 단조 가문의 루이지 3세, 레나토, 조반니와 함께 나폴리왕국을 차지하기 위해 전쟁을 벌였고, 그 결과 이탈리아 남부의 칼라브리아, 풀리아, 아브루초(Abruzzo), 오트란토(Otranto) 사람들에게 슬픔을 안겨 주었다. 하지만 프랑스와 이탈리아의 여러 도움을 받고도 아라곤의 알폰소와 페르디난도(또는 페란테) 2세에게 패배하였다.

31) 프랑스 왕 샤를 8세는 1494년 이탈리아에 내려와 별다른 싸움 없이 로마 남동쪽에 흐르는 리리(Liri)강 너머까지 갔지만, 알폰소 다발로스(제15곡 28연 참조)의 형제인 바스토의 후작 이니코(Inico)의 저항에 부딪쳐 이스키아섬을 정복하지 못하였다.

티폰의 두 팔과 가슴, 배 위로 펼쳐져
있는 산[32]은 정복하지 못하고 있어요."

요새의 성주는 이스키아섬을 보여 준 25
다음 브라다만테에게 그 모든 이야기를
설명하면서 이렇게 말했어요. "다른 것을
보기 위하여 더 앞으로 안내하기 전에,
내가 아직 어렸을 때, 나의 증조부께서
이야기해 주신 것을 이야기하고 싶은데,
바로 증조부께서도 당신의 아버지에게서
들으신 이야기라고 나에게 말씀하셨지요.

그리고 또다시 그분은 당신 아버지나 26
할아버지에게서 들으셨고, 그런 식으로
위로 거슬러 올라가서 한참 위의 선조는
바로 여기에 붓도 없이 하얗고 파랗고
빨간 그림을 그린 사람에게서 들었는데,
그는 내가 지금 여러분에게 보여 주는
저 높은 산의 성을 왕에게 보여 주면서,[33]
내가 지금 말하려는 것을 말했답니다.

---

32) 이스키아섬의 에포메오산(제16곡 23연 참조).
33) 말하자면 마법사 메를리노가 피에라몬테 왕에게 다발로스 가문의 성을 보여 주면서.

그분이 듣기로는 저 훌륭한 기사[34]가,   27
파로[35]까지 온 사방을 불태우는 불을
경멸하듯이, 너무나 용감하게 지키고
있는 이 성안에서, 바로 저 무렵이나
그 직후에(물론 연도와 달까지 그에게
말해 주었지요) 그때까지 이 세상에서
누구에게 뒤지지 않을 정도로 훌륭한
기사가 태어날 것이라고 말했답니다.

그는 니레우스[36]보다도 더 아름답고,   28
아킬레스보다 힘세고, 울릭세스보다
대담하고, 라다스[37]보다 더 빠르고, 많이
알고 오래 산 네스토르[38]보다 신중하고,
오래된 명성이 말하는 카이사르보다
훨씬 더 너그럽고, 훨씬 자비로우며,
따라서 이스키아에서 태어날 그 사람에
비하면 그들의 자랑은 가벼울 것입니다.

---

34) 바스토의 후작 이니코.
35) Faro. 시칠리아섬의 동북부 끝에 이탈리아반도와 거의 맞닿을 듯이 가까운 곳에 위치한 곳.
36) Nireus. 트로이아를 공격한 그리스 군대에서 가장 아름다웠다고 한다(《일리아스》 제2권 673~674행 참조).
37) Ladas. 알렉산드로스 대왕의 가장 빠른 전령이었다고 한다.
38) Nestor. 필로스의 왕으로 예순이 넘은 나이에 트로이아 전쟁에 참전하였고, 뛰어난 지략과 현명함으로 그리스 군대에 많은 도움을 주었다.

옛날의 크레타가 그 안에서 카일루스[39]의 29
손자가 태어났을 때 자랑스러워했다면,
테베가 헤르쿨레스와 박코스 때문에,
델로스가 쌍둥이[40] 때문에 즐거워한다면,
이스키아섬도 조용히 있지 않을 것이니,
너그러운 하늘의 은총을 많이 받은 그
위대한 후작이 그 안에서 태어날 때,
하늘 높이까지 찬양이 올라갈 테니까요.

메를리노는 자주 반복해서 말했답니다. 30
로마제국[41]이 가장 어려워지게 될 때에,
그를 통해 다시 자유를 되찾을 수 있게
그가 태어나도록 정해졌다는 것입니다.
하지만 그의 위업들은, 내가 곧 보여 줄
것이니, 미리 말할 필요가 없을 겁니다."
그렇게 말하고 성주는 샤를 8세의 뛰어난
업적이 보이는 이야기로 다시 돌아가서

말했습니다. "저기 샤를을 이탈리아에 31
오게 한 루도비코[42]가 후회하고 있군요.

---

39) 로마 신화의 카일루스(Caelus)는 그리스 신화의 우라노스를 라틴어로 옮긴 것이다. 여기에서 카일루스의 손자는 바로 유피테르이다.
40) 델로스섬에서 태어난 쌍둥이 남매 아폴로와 디아나.
41) 여기에서는 신성로마제국을 가리킨다.

그는 옛날 경쟁자를 쫓아내지 않고, 단지
괴롭히기 위해 그를 불러들였을 뿐인데,
샤를은 돌아오면서, 베네치아 사람들과
그가 연합하여 가로막는 것을 발견합니다.
저기 용감한 왕은 창을 겨누고, 그들이
가로막고 있어도 길을 열고 지나갑니다.[43]

하지만 새로운 왕국을 지키기 위해 남은 32
그의 군대는 정반대의 운명을 맞이하니,
만토바의 영주[44]가 제공한 도움과 함께
페란테가 너무나도 강력하게 되돌아오고,
몇 달 안에 땅이나 바다에서 죽지 않고
살아남은 사람이 아무도 없게 되겠지만,
속임수로 죽음을 맞이할 사람[45] 때문에,
승리했다는 즐거움은 느끼지 못합니다."

---

42) 스포르차 가문의 루도비코 일 모로(제13곡 63연 참조). 그는 샤를 8세를 이탈리아로 불러들여 아라곤의 페르디난도 2세를 공격하게 하였다.
43) 루도비코 일 모로는 교황과 베네치아와 연합하여, 샤를 8세가 나폴리에서 돌아올 때 프랑스로 가는 길을 가로막았지만, 샤를 8세는 그들을 뚫고 프랑스로 돌아갔다.
44) 만토바의 후작 잔 프란체스코 곤차가(Gian Francesco Gonzaga, 1395~1444).
45) 알폰소 다발로스. 그는 나폴리의 성안으로 아라곤 군대를 들여보내 기습하기 위해 프랑스 군대의 흑인 노예를 매수하였는데, 그 노예는 오히려 프랑스 군대와 짜고 알폰소를 배신하였고 활로 그를 죽였다.

그렇게 말하면서 성주는 페스카라의   33
알폰소를 가리키면서 말했어요. "그가
수많은 과업에서 보석보다 더 찬란하게
빛나는 모습을 보여 준 다음, 여기에서
사악한 흑인이 이중적인 배신을 통해
그에게 몰래 함정을 펼치게 될 것이며,
따라서 저 시대의 가장 뛰어난 기사는
목에 화살을 맞고 쓰러질 것입니다."

그리고 그는 루이 12세가 이탈리아의   34
연합군과 함께 산을 넘어가 비스콘티가
소유하던 풍요로운 땅에서 '일 모로'를
뽑고 백합을 심는 것을 보여 주었어요.[46]
거기에서 그의 부대는 샤를 8세가 갔던
길을 따라 가릴리아노[47] 위의 다리로
가지만, 그 옆에서 패배하고 흩어지며
강물 속에 빠져 죽는 것이 보였습니다.

"그와 마찬가지로 풀리아에서 패주하여   35
달아나는 프랑스 군대의 학살을 보세요.

---

46) 루이 12세는 밀라노의 루도비코 스포르차를 패배시키고 그를 포로로 잡아 프랑스로 끌고 갔다(제13곡 62연 이하 참조). '뽕나무'를 뜻하는 "일 모로"(제13곡 63연 참조)는 루도비코의 별명이며, 백합은 프랑스 왕가의 문장이다.
47) Garigliano. 나폴리 위쪽에 있는 강이다.

저자가 바로 두 번이나 그들을 함정에
빠뜨린 에스파냐의 콘살보 페란테[48]입니다.
그리고 **행운**은 여기에서 루이 왕에게
얼굴을 찡그린 것처럼, 아드리아해안까지
포강이 아펜니노와 알프스 사이를 나누는
풍부한 평원[49]에서 그에게 미소 짓는군요."

그렇게 말하면서 성주는 먼저 말했어야 36
하는 것을 빠뜨렸다고 자신을 질책하였고,
뒤로 돌아가, 자기 영주가 자신에게 맡긴
성을 팔아먹고 있는 사람[50]을 보여 주었고,
배은망덕한 스위스 군인들이 돈을 주고
보호를 맡긴 자를 잡는 것을 보여 주었고,[51]
그 두 사건 때문에 창을 겨누지도 않고,
프랑스의 왕은 승리를 얻는다고 말했어요.

그런 다음 체사레 보르자[52]가 루이 왕의 37
도움을 받아 이탈리아에서 위대해지고,

---

48) 코르도바의 콘살보 페란테(제26곡 53연 참조)는 가릴리아노강 근처에서 루이 12세의 프랑스 군대를 패배시켰다.
49) 롬바르디아평원.
50) 파비아 출신의 베르나르디노 다 코르테(Bernardino da Corte)는 프랑스 군대에 매수되어 밀라노의 성을 넘겨주었다.
51) 루도비코 일 모로는 자신을 보호하기 위해 돈을 지불하고 스위스 용병들을 고용하였는데, 오히려 그들이 배신하여 그를 프랑스 군인들에게 넘겼다.

로마의 모든 귀족과 거기 복속된 모든
영주를 귀양 보내는 것을 보여 주었어요.
그런 다음 루이 왕이 볼로냐에서 톱을
쫓아내고 대신 도토리가 들어오게 하고,
반역한 제노바 사람들을 달아나게 하고
도시를 복속시키는 것을 보여 주었어요.[53]

그리고 말했어요. "제라다다[54]의 들판을

38

뒤덮고 있는 저 죽은 사람들을 보십시오.
모든 도시가 루이 왕에게 성문을 열고,
베네치아만 겨우 남아 있는 것 같아요.
또한 교황에게 로마냐의 경계선을 넘는
것을 허용하지 않고, 페라라 공작에게서
모데나를 빼앗는데, 교황은 여기서 멈추지
않고 나머지도 빼앗으려는 것을 보세요.

---

52) Cesare Borgia(1475/1476~1507). 교황 알렉산데르 6세의 아들로 교황군의 총사령관이 되어 당시 이탈리아의 정치 판도에 커다란 영향을 끼쳤다.
53) 그 당시 교황령에 속했던 볼로냐는 벤티볼리오(Bentivoglio) 가문이 지배하고 있었는데, 톱이 가문의 문장이었다. 루이 12세는 벤티볼리오 가문을 쫓아내고 교황의 권력을 복원시켰다. 당시의 교황 율리우스 2세의 델라 로베레 가문은 도토리가 달린 참나무 가지를 문장으로 삼았다. 그리고 루이 12세는 1507년에 파올로 다 노비(Paolo da Novi)가 주도한 제노바의 반란을 진압하였다.
54) Gera d'Adda. 롬바르디아 지방의 아다강과 올리오(Oglio)강 사이의 지역으로, 그곳의 아냐델로에서 1509년 루이 12세는 베네치아 군대를 격퇴하였다.

그렇지만 교황에게서 볼로냐를 빼앗아,　　　　　　　　　39
벤티볼리오 가문이 들어가게 하는군요.
보세요, 프랑스 군대가 브레시아를 다시
빼앗은 다음 그곳을 약탈하고 있습니다.[55]
그리고 거의 동시에 볼로냐를 도와주고,
교황청 군대의 진영이 달아나게 하는데,
나중에 그들 두 진영은 키아시[56] 해안의
낮은 곳에서 다시 만나는 것 같습니다.[57]

이쪽에는 프랑스, 저쪽에서는 교황군이　　　　　　　40
에스파냐인들로 늘어나[58] 전투는 커지고,
양쪽 진영 모두에서 군인들이 쓰러지고
땅바닥이 빨갛게 물드는 것이 보입니다.
모든 구덩이가 사람의 피로 가득하군요.
마르스는 어디로 승리를 보낼지 망설이고,
마침내 알폰소[59]의 도움으로 프랑스가

---

55) 루이 12세의 브레시아 약탈에 대해서는 제14곡 9연 참조.
56) Chiassi(현재 이름은 클라세Classe). 이탈리아 북동부의 작은 항구. 단테는 그곳의 우거진 소나무 숲을 모델로 연옥의 지상 천국을 묘사하였다(《신곡》〈연옥〉 제28곡 1~21행 참조).
57) 1512년 4월 11일 프랑스 군대와 교황청 군대는 클라세에서 만나 격렬한 전투를 치렀다. 그 결과로 일어난 프랑스 군인들에 의한 라벤나 약탈에 대해서는 제14곡 2연 참조.
58) 교황청 군대는 에스파냐와 연합하였다.
59) 데스테 가문의 알폰소 1세. 그의 도움으로 프랑스 군대는 에스파냐와 교황청의 연합군을 물리쳤다.

남고, 에스파냐가 굴복하고, 그 결과

라벤나가 약탈당하는 것이 보입니다.   41
교황은 괴로움 때문에 입술을 깨물며,
폭풍우가 내려오듯 게르마니아의 분노[60]가
황급히 산으로부터 내려오게 만듭니다.
프랑스 사람들은 저항도 하지 못하고
알프스 너머에서 이쪽으로 쫓겨 나오고,
황금 백합을 뽑아낸 정원 안에다 그는
모로의 어린 싹 하나를 심어 놓습니다.[61]

저기 프랑스가 돌아오는데, 젊은 그는   42
너무 커다란 위험을 무릅쓰고, 자신의
아버지를 붙잡아서 팔아넘긴, 믿지 못할
스위스 사람들로 프랑스를 물리칩니다.[62]
그런데 **운명**의 수레바퀴 밑바닥으로
떨어진 프랑스 군대는, 새로운 국왕[63]이
등극한 다음, 노바라에서 받은 치욕을

---

60) 게르만 용병들을 가리키는데, 사실은 스위스인들이다.
61) 교황청의 연합군은 루이 12세의 프랑스 군대를 쫓아낸 다음 루도비코 일 모로의 아들 마시밀리아노(Massimiliano Sforza, 1493~1530)를 밀라노의 영주로 앉혔다.
62) 프랑스 군대가 다시 침입하자, 젊은 마시밀리아노는 아버지를 배신했던 스위스 용병들을 이끌고 1513년 노바라(Novara)에서 프랑스 군대와 싸워 물리쳤다.
63) 프랑수아 1세.

복수하려고 준비를 하고, 좋은 전조와

함께 돌아오는 것이 저기 보입니다.　　　　　　　　　　43
모두의 앞에 있는 프랑스 왕을 보세요.
그는 스위스 사람들의 뿔을 부서뜨려
파괴되지 않은 것이 거의 없게 되고,
그들 추한 시골뜨기들이 찬탈하였던,
'군주들을 길들이는 자', '그리스도교
교회의 보호자'라고 부르던 칭호는
이제 그들을 장식하지 않을 것입니다.[64]

동맹[65]에도 불구하고, 그는 밀라노를　　　　　　　　　　44
장악하고 젊은 스포르차와 협정을 맺고,
저기 부르봉 사람이 프랑스 왕을 위해
게르만의 광기에서 밀라노를 보호합니다.[66]
그런 다음 프랑스 왕이 다른 곳에서

---

64) 마시밀리아노와 함께 싸운 스위스 용병들은 대부분 목동이나 농민 출신이었으며, 그들의 깃발에는 군주들을 길들이고 그리스도 교회를 보호하는 자라는 라틴어 구절이 들어 있었다.
65) 오스트리아의 막시밀리안 1세, 에스파냐 국왕, 피렌체, 교황 레오 10세 사이의 동맹이다.
66) 부르봉의 샤를은 1516년 오스트리아의 막시밀리안 1세가 이끄는 게르만 군대에 대항하여 밀라노를 지킨다. 하지만 프랑수아 1세가 신성로마제국 황제 카를 5세와 전쟁을 시작하면서, 동맹군의 병사들이 다시 밀라노를 점령하였고, 1521년 루도비코의 둘째 아들 프란체스코 2세(Francesco II)가 권력을 잡았다.

다른 커다란 과업에 몰두하는 동안,
그의 병사들은 오만함과 잔인함을
자행하고, 도시는 다시 빼앗깁니다.

그리하여 다른 프란체스코가 단지   45
이름뿐만 아니라 역량에 있어 조상을
닮아 프랑스인들을 쫓아내고, 교회의
도움으로 고향 땅을 다시 되찾습니다.
프랑스는 다시 돌아오지만, 억제되어
예전처럼 이탈리아를 휩쓸지 못하니,
만토바의 훌륭한 공작이 티치노에서
길을 가로막고 통로를 차단합니다.[67]

페데리코[68]는 뺨에서 첫 꽃봉오리가   46
아직 사라지지도 않았는데, 창뿐만
아니라 무엇보다 근면함과 재능으로
영원한 영광에 합당한 일을 합니다.
프랑스의 광기에서 파비아를 막고,
바다의 사자[69]의 계획을 깨뜨립니다.
보세요, 저 두 후작[70]은 우리 프랑스의

---

67) 만토바의 공작 페데리코 곤차가 2세(제26곡 49연 참조)는 1525년 파비아 전투에서 프랑스 군대와 베네치아 군대의 공격으로부터 파비아를 지켜냈다.
68) 곤차가 가문의 페데리코 2세.
69) 성 마르코의 사자를 문장으로 삼은 베네치아.

공포이자 동시에 이탈리아의 명예이며,

한 핏줄이자 한 둥지에서 태어납니다. 47
첫째는 아까 여러분이 보았듯이, 흑인의
속임수에 이끌려 피로 땅바닥을 빨갛게
물들였던 그 알폰소 후작의 아들입니다.
그의 충고로 인해 프랑스인들이 얼마나
많이 이탈리아에서 쫓겨나는지 보세요.
너무 멋지고 너그러운 표정의 둘째는
바스토를 다스리고, 알폰소라 하지요.

그는 바로 이스키아섬을 보여 줄 때 48
내가 이야기했던 그 훌륭한 기사로서,
메를리노가 피에라몬테 왕에게 그에
대해 이미 많은 것을 예언하였지요.
그는 고통받는 이탈리아와 교회와
제국이 야만인들의 모욕에 대항하여
그 어느 때보다 많은 도움이 필요할
때에야 태어나도록 정해져 있답니다.

그는 페스카라의 자기 사촌 후작과 49

---

70) 페스카라의 후작 프란체스코 다발로스와 바스토의 후작 알폰소 다발로스(제15곡 28연, 제26곡 52연 참조).

프로스페로 콜론나의 도움과 함께,
스위스 사람과 특히 프랑스 사람에게
비코카가 얼마나 소중한지 보여 줍니다.[71]
그런데 프랑스는 성공하지 못했던
일을 또다시 벌이기 위해 준비하고,
왕은 한 부대와 롬바르디아로 가고
다른 한 부대는 나폴리로 보냅니다:

하지만 마치 바람이 메마른 먼지를   50
날리고 휩쓸어 가서 하늘까지 보내고,
순식간에 다시 땅으로 내동댕이쳤다가
또다시 날리듯이, 우리를 그렇게 하는
운명에 의해, 왕은 파비아에서 십만의
병사들을 모았다고 믿고 있는데, 자기
손에서 빠져나간 것만 보고, 병사들이
줄어드는지 늘어나는지 보지 않습니다.[72]

따라서 탐욕스러운 관리들의 잘못과   51
그들을 믿는 왕의 너그러움으로 인해,

---

71) 프로스페로 콜론나(제15곡 28연 참조)는 1522년 밀라노 위쪽의 비코카(Bicocca)에서 교황군과 에스파냐 부대를 지휘하여 프랑스 군대와 스위스 용병들을 물리쳤다.
72) 프랑수아 1세는 병사들을 모집하기 위해 사용한 경비("자기 손에서 빠져나간 것")만 보고 10만의 병사를 모았다고 생각했는데, 관리들의 타락으로 실제 병사 수는 훨씬 적었다고 한다.

한밤중에 진영에서 경보가 울릴 때에
깃발 아래 소수의 병사들만 모이는데,
다발로스 핏줄 두 명의 안내를 받으며
현명한 에스파냐 왕[73]이 방벽 안에 들어와
공격하는 것을 보고, 천국이든 지옥이든,
과감하게 돌파구를 열려고 시도합니다.

저기, 프랑스 전역에서 가장 훌륭한   52
귀족들이 벌판에서 죽은 것을 보세요.
얼마나 많은 창과 얼마나 많은 칼이
활기찬 왕을 둘러싸고 있는지 보세요.
보세요, 몸 아래에서 말이 쓰러지는데,
그래도 항복하거나 졌다고 하지 않고,
적의 무리는 오로지 그에게만 달려가고
그만 공격하는데, 도와주는 자가 없어요.

용맹스러운 왕은 선 채로 방어하고   53
적들의 피로 그의 온몸이 젖어 있지만,
결국 너무 많은 힘에 굴복하고 맙니다.
저기 왕이 붙잡혀서 에스파냐로 가고,
저기 페스카라의 후작과 또한 언제나

---

73) 에스파냐의 왕이자 신성로마제국의 황제 카를 5세. 그는 다발로스 가문의 프란체스코와 알폰소의 도움을 받아 1525년 파비아 전투에서 프랑수아 1세의 프랑스 군대를 격파하였다.

그와 함께 움직이는 바스토의 후작은
프랑스 군대를 물리치고 왕을 포로로
잡은 것에 대해 최고 명예를 받습니다.[74]

한 부대가 파비아에서 패하지만, 다른   54
부대는 나폴리를 괴롭히기 위해 가는데,
밀랍과 기름이 부족한데도, 저기 작은
불빛이 아직 남아 있는 것이 보입니다.
저기 왕은 에스파냐의 감옥에 아들들을
남겨 두고 자신의 영토로 되돌아가고,
이탈리아에서 전쟁을 하면서 동시에
자기 땅에서 다른 전쟁을 하는군요.[75]

보세요, 저기 무서운 살육과 강탈이   55
로마의 온 사방을 괴롭게 만들고 있고,
신성한 것과 속된 것을 가리지 않고
똑같이 불태우고 강간하고 있습니다.[76]

---

74) 파비아 전투에서 패배한 프랑수아 1세는 포로가 되어 에스파냐로 끌려가고, 공훈을 세운 페스카라의 프란체스코와 바스토의 알폰소는 최고의 영광과 명예를 얻었다.
75) 프랑수아 1세는 자기 아들들을 볼모로 잡히고 프랑스로 돌아갔다. 그리고 1526년 합의를 깨고 다시 이탈리아를 침입하였는데, 그가 없는 동안 적들이 프랑스 본토를 위협하였다.
76) 카를 5세는 게르만 용병들을 이탈리아에 보냈는데 그들은 1527년 무자비하고 야만적인 '로마 약탈'을 저질렀다.

동맹군의 군대[77]는 사방에서 폐허들을
보고, 엄청난 탄식과 비명 소리를 듣고,
앞으로 나아가야 하는데 뒤로 돌아오며
베드로의 후계자를 붙잡히게 놔둡니다.[78]

왕은 새로운 부대들과 함께 로트레크[79]를　　　　　　　　　56
보내는데, 이제는 롬바르디아로 가지 않고,
불경한 도둑들의 손에서 교회의 수장과
다른 사람들을 구하기 위해서 갑니다.
그렇지만 너무 늦어서 교황이 자유를
속박당하지 않은 것을 발견하게 되지요.
그래서 그는 세이렌이 묻혀 있는 도시[80]를
포위하고 왕국 전체를 괴롭히게 됩니다.

저기 제국의 함대가 포위된 도시를　　　　　　　　　　　　　57

---

77) 카를 5세에 대항하여, 프랑스, 교황, 밀라노, 베네치아, 피렌체가 동맹하였다.

78) 카를 5세의 게르만 용병들에게 로마가 약탈당하는 동안 동맹군 군대는 제대로 대적하지 못하였고, 교황 클레멘스 7세(Clemens VII, 재위 1523~1534)는 산탄젤로성에 피신하였으나 결국 붙잡혔다.

79) 로트레크(Lautrec)의 자작 오데 드 푸아(Odet de Foix, 1485~1528). 프랑수아 1세는 교황을 구하기 위해 그를 보냈지만, 교황은 이미 에스파냐와 협상을 하였다. 따라서 그는 나폴리를 정복하기 위해 방향을 돌렸다.

80) 나폴리는 원래 그리스의 식민지로 건설되었으며, 처음의 이름은 파르테노페(Parthenope)였다. 세이렌(Seiren)은 고전 신화에서 여자의 얼굴에 독수리의 몸을 가진 상상의 동물로 아름다운 노랫소리로 뱃사람들을 유혹하여 난파당하게 하였다. 그 세이렌 중의 하나인 파르테노페가 나폴리에 묻혀 있다고 한다.

도와주기 위해 닻을 올리고 출항하는데,
도리아가 길을 가로막고, 그들을 바다에
빠뜨려 죽이고 불태우고 파괴하는군요.[81]
지금까지 프랑스에게 그렇게 우호적이던
행운이 이제는 마음을 바꾸고, 그래서
창이 아니라 열병으로 죽여, 천 명 중에
한 명도 프랑스로 돌아가지 못하는군요."

모두 이야기하려고 하면 오랜 시간이   58
걸릴 그런 수많은 이야기들이 다양하고
아름다운 색깔로 홀에 그려져 있었으니,
그것이 모두 들어갈 정도로 넓었습니다.
그들은 두세 번 돌아와 다시 보았으며,
거기에서 떠날 줄 모르는 것 같았으며,
그 아름다운 작품 아래에 황금 글씨로
써진 것을 여러 번 다시 읽었습니다.

거기에 있던 아름다운 여인들과 다른   59
사람들은 한참 바라보고 이야기하였으며,
자기 손님들을 대접하는 데 아주 익숙한
성주의 안내를 받아 휴식을 취하러 갔어요.

---

81) 에스파냐 함대가 나폴리로 가기 위해 출항하였는데, 필리피노 도리아(Filippino Doria)가 중간에 가로막아 격퇴하였다.

다른 사람들은 이미 모두 잠이 들었는데,
브라다만테는 오래전에 침대에 누웠지만,
때로는 이쪽, 때로는 저쪽으로 돌아누워도
오른쪽으로나 왼쪽으로도 잠들지 못했어요.

그래도 새벽녘에 잠시 눈을 감았는데,   60
자신의 루지에로가 눈에 보였으며, 그는
이렇게 말했어요. "당신은 왜 사실이 아닌
것을 믿으면서 그렇게 괴로워하는 것이오?
내가 당신 이외에 다른 사람을 생각하는
것보다, 차라리 강물이 위로 흐를 것이오.
만약 당신을 사랑하지 않는다면, 내 눈의
눈동자와 내 마음도 사랑하지 않을 거요."

그리고 이렇게 덧붙였어요. "나는 세례를   61
받고 또 내가 약속한 것을 하러 여기 왔소.
내가 이렇게 늦은 것은 사랑의 상처가 아닌,
다른 상처가 나를 잡아 두었기 때문이라오."
그 순간 잠이 달아났고, 그와 함께 가 버린
루지에로도 더 이상 보이지 않았습니다.
그러자 브라다만테는 다시 눈물을 흘렸고
자기 마음속으로 이렇게 이야기했습니다.

"나를 위로하는 것은 헛된 꿈이고, 나를   62

괴롭히는 것은, 오, 세상에! 현실이구나.
그 아름다웠던 꿈은 곧바로 사라져 버리고,
쓰라리고 힘겨운 이 고통은 꿈이 아니구나.
생각 속에서 내가 듣고 보았던 것을, 이제
깨어난 감각은 왜 듣거나 보지 못하는가?
무엇 때문에 나의 두 눈은, 감고 있으면
좋은 것을 보고, 뜨면 나쁜 것을 보는가?

달콤한 꿈은 나에게 평화를 약속하는데, 63
쓰라린 깨어남은 나에게 고통을 주는구나.
달콤한 꿈은 분명 나를 속였지만, 쓰라린
깨어남은, 오, 세상에! 거짓이 아니구나.
만약 진실이 괴롭고 거짓이 너무 좋다면,
절대 땅에서 진실을 듣거나 보지 말고,
잠이 즐거움을 주고 깨어남이 괴롭다면,
나는 영원히 깨지 않고 잠자고 싶구나.

오, 여섯 달 동안이나 절대 눈을 뜨지 64
않고 깊은 잠을 자는 동물은 행복하구나!
그런 잠은 죽음을 닮았고, 그런 깨어남은
바로 삶을 닮았다고 나는 말하고 싶구나.
다른 운명들과는 정반대로 내 운명에서는
깨어남이 마치 죽음 같고, 잠이 삶 같아.
하지만 만약 그런 잠이 죽음과 닮았다면,

오, **죽음**이여, 이제 내 눈을 감겨 다오."

태양은 지평선의 끝부분을 붉은색으로　　　　　　65
물들이며 주위에 있던 구름을 사방으로
흩어 버렸고, 이제 새롭게 시작된 하루는
다른 날과는 전혀 다른 날처럼 보였어요.
잠에서 깨어난 브라다만테는 늦지 않게
자신의 길을 가기 위해 갑옷을 입었고,
훌륭한 숙박과 좋은 환대를 받은 것에
대해 성주에게 합당한 감사를 했습니다.

그리고 여자 사절은 자신이 데려온　　　　　　66
하녀들과 시종들을 모두 다 거느리고
벌써 요새 밖으로 나갔고, 그 세 명의
기사들이 기다리는 곳으로 갔습니다.
전날 저녁 브라다만테가 황금 창으로
말에서 거꾸로 떨어지게 만든 그들은
밤새도록 비와 바람과 나쁜 날씨에
커다란 불편함으로 많이 고생했지요.

거기에다 더욱 불행하게도 세 사람의　　　　　　67
몸과 그들의 말들은 굶주려 있었으며,
이빨을 덜덜 떨며 진흙탕에 있었지요.
하지만 그들을 더욱 화나게 만든 것은,

여자 사절이 나중에 그들의 여왕에게
다른 사건들과 함께 보고를 하겠지만,
그들이 프랑스 땅에 들어와서 첫 번째
창에 그렇게 떨어졌다는 것이었습니다.

그래서 아모네의 딸이 다리 밖으로   68
모습을 드러내자마자 그들은 도전했고,
자신들이 받은 모욕에 대하여 곧바로
복수를 하거나 죽기를 각오하였습니다.
그리하여 제가 아직 이름을 말하지 않은
여자 사절 울라니아[82]가 혹시 그들에
대해 갖고 있을지도 모를 나쁜 견해를
그녀의 가슴에서 지울 수 있게 말입니다.

그렇지만 브라다만테가 여자의 몸짓을   69
보이지 않아 여자라고 생각하지 않았어요.
브라다만테는 서둘러서 가고 있었고 또한
지체하고 싶지 않아 도전을 거절했습니다.
하지만 너무나도 졸라댔기 때문에 그녀는
비난받지 않고는 도전을 거부할 수 없었고,
그래서 창을 겨누었고, 세 번의 타격으로
모두 땅에 떨어뜨렸고, 결투는 끝났습니다.

---

82) 아이슬란드 여왕의 여자 사절 이름을 이제야 밝힌다.

그녀는 뒤도 돌아보지 않고 그들에게 70
등을 돌렸고, 곧바로 멀리 사라졌지요.
황금 방패를 얻기 위하여 그렇게 멀리
떨어진 나라에서 온 세 명의 기사들은
아무 말도 없이 땅에서 다시 일어났고,
자신들의 모든 대담함을 잃을 정도로
그들은 놀라움에 멍해진 것 같았으며,
울라니아를 향해 눈도 들지 못했어요.

그녀와 함께 오는 동안 여러 번이나 71
그들은 세 명 중에서 가장 약한 사람과
겨룰 만한 기사도 없고 무사도 없다고
너무나도 많이 자랑을 했기 때문이지요.
울라니아는 그들이 더 이상 오만하지
않고 더욱 고개를 숙이고 길을 가도록,
그들을 안장에서 떨어뜨린 사람은, 남자
기사가 아니라 여자라고 알려 주었어요.

그녀는 말했어요. "한번 생각해 보세요. 72
여자가 당신들을 그렇게 떨어뜨렸는데,
커다란 명예를 갖고 있는 오를란도나
리날도였다면, 대체 어떻게 되었을까요?
만약 그들 중 하나가 방패를 갖는다면,
당신들이 여자 하나에 대항하여 그랬던

것보다 더 낫게 대항할 수 있겠어요?
당신들도 그렇지 않을 거라고 믿겠지요.

당신들의 무훈에 대한 분명한 증거는   73
이것으로 충분할 것이고 더 필요 없어요.
당신들 중 누군가가 겁 없이 프랑스에서
자신에 대한 새로운 경험을 하려고 하면,
어제와 오늘 두 번이나 받은 부끄러움에
다시 새로운 피해를 덧붙이게 될 것이며,
만약 그런 기사들의 손에 죽게 된다면,
혹시 약간의 명예와 유용함을 얻겠지요."

전에는 그렇게 아름답던 그들의 명성을   74
역청보다 더 검게 먹칠하게 만든 사람이
바로 여자였다는 것을, 울라니아는 그들
기사들이 분명하게 알도록 해 주었습니다.
그리고 한 명으로도 족한데, 열 명이 넘는
사람들이 그런 사실을 확인해 주었어요.
기사들은 너무나 괴롭고 너무나 분노에
사로잡혀 자신에게 칼을 돌리고 싶었어요.

그리고 분노와 울분에 이끌린 그들은   75
입고 있던 갑옷을 모조리 다 벗었으며,
옆구리에 차고 있던 칼도 놔두지 않고

성의 해자 안에다 모두 던져 넣었어요.
그리고 여자에게 패배하여 그들이 땅에
떨어지게 되었기 때문에, 그렇게 심각한
패배를 정화하기 위해, 앞으로 일 년간
절대로 갑옷을 입지 않기로 맹세했어요.

또한 그사이에 평탄한 길이건, 올라가고 76
내려가는 길이건, 줄곧 걸어서 다니기로
맹세했고, 그 일 년이 지난 뒤에도 만약
결투의 시험을 통해 다른 사람들에게서
새로운 말과 갑옷을 얻지 못하면, 말을
타거나 사슬 옷을 입지 않겠다고 했어요.
그렇게 자기 잘못을 벌하기 위하여 갑옷
없이 걸어갔고, 다른 이들은 말을 탔어요.

그날 저녁 브라다만테는 파리로 가는 77
길목에 있는 어느 성에서 카롤루스와
자기 오빠 리날도가 아그라만테 왕을
격퇴하였다는 소식을 듣게 되었습니다.
성에서 좋은 숙소와 식사를 받았지만
그런 편안함이 전혀 소용이 없었으니,
그녀는 조금만 먹고 조금 잤으며, 단지
조금만 쉬었고, 평온을 찾지 못했어요.

하지만 저는 이제 그녀에 대해 말하지   78
않고, 외딴 샘물 옆의 한쪽에 자신들의
말을 묶어 두기로 서로 합의를 하였던
두 명의 기사들[83]에게 돌아가고 싶어요.
제가 잠시 이야기하려는 그들의 결투는
땅이나 제국을 얻기 위한 것이 아니라,
더 강한 사람이 두린다나를 갖고, 또한
바이아르도를 타기 위한 싸움이었어요.

시작을 알리는 나팔이나 다른 신호도   79
없었고, 공격과 방어 규칙을 그들에게
상기시켜 주고 그들의 가슴에다 용기를
북돋아 주는 심판관[84]도 없이, 두 사람은
움직이기 시작하였으며, 칼을 뽑아 들고
유연하고 민첩하게 서로 맞부딪쳤어요.
강렬하고 무거운 타격 소리들이 들리기
시작했고, 분노가 달아오르기 시작했어요.

시험을 거쳐 선택되어 그런 세 번의   80
타격을 견딜 수 있게 강하고 견고하고

---

83) 리날도와 그라다소.
84) 결투를 주재하는 심판관으로, 결투자들에게 정당한 공격과 방어 규칙을 설명하고 용기를 북돋아 주었다.

튼튼하며, 모든 한계들을 넘어서는 다른
두 개의 칼이 있는지 저는 모르겠습니다.
하지만 그들의 칼은 너무나도 완벽하게
단련되고, 많은 경험으로 너무 확고하여,
수천 번의 타격에도 전혀 부러지지 않고
계속해서 서로 맞부딪칠 수 있었습니다.

리날도는 이쪽저쪽으로 걸음을 옮기며, 81
수많은 기술과 경험으로 아주 신속하게
두린다나의 엄청난 타격을 피하였으니,
그 칼이 얼마나 대단한지 잘 알았지요.
그라다소는 엄청나게 세게 휘둘렀지만,
거의 모두가 허공만 갈랐을 뿐입니다.
이따금 맞추는 경우에도 별로 심각하게
피해를 주지 않는 곳을 맞출 뿐이었어요.

리날도는 더욱 노련하게 칼을 휘둘렀고, 82
종종 그라다소의 팔을 무감각하게 했고,
때로는 옆구리를 찌르고, 때로는 갑옷과
투구가 만나는 곳으로 칼을 휘둘렀지만,
그의 갑옷은 금강석과 같았고, 사슬 옷은
부서지거나 올이 풀어지지도 않았습니다.
갑옷이 그렇게 강하고 단단한 것은 바로
그것이 마법의 갑옷이었기 때문입니다.

그들은 휴식을 취하지도 못하고 한참 83
동안 그렇게 결투에 몰두해 있었으며,
서로의 혼란스러운 얼굴 이외에 다른
곳으로 전혀 눈을 돌리지도 않았어요.
그런데 또 다른 싸움이 그들의 관심을
끌었고, 강한 열기도 약간 가라앉았어요.
그들이 커다란 소음에 눈을 돌려 보니
바이아르도가 큰 위험에 처해 있었어요.

바이아르도는 자기보다 훨씬 더 커다란 84
괴물과 싸우고 있었는데, 커다란 새였어요.
부리가 세 완척이 넘을 정도로 큰 데다
다른 모습은 완전히 박쥐와 비슷하였고,
깃털은 마치 잉크처럼 까만 색깔이었고,
크고 날카롭고 사악한 발톱을 가졌으며,
눈은 불과 같았고, 시선은 잔인해 보였고,
커다란 날개는 마치 두 개의 돛 같았어요.

아마도 진짜 새였을 것인데, 그런 새가 85
언제 어디에 있었는지 저는 모르겠어요.
그렇게 생긴 새에 대해 투르피노 이외에
다른 곳에서 읽거나 본 적이 없습니다.
그에 대한 존경 때문에 저는, 아마도 그
새가, 결투를 훼방하기 위해 말라지지가

지옥의 어느 악마 하나를 끌어내서 그런
형상으로 만든 것이라고 믿게 되었어요.

리날도도 그렇게 믿었고, 그래서 나중에 86
말라지지에게 크고 작은 욕을 퍼부었지요.
하지만 그는 그에게 고백하려 하지 않았고,
그런 잘못의 오명에서 벗어나기 위하여
태양에게 빛을 주는 빛[85]의 이름을 걸고
자기가 그런 것이 아니라고 맹세했어요.
그것이 새였든 또는 악마였든, 그 괴물은
내려와 바이아르도를 발톱으로 잡았어요.

말은 아주 튼튼했던 고삐를 순식간에 87
끊어 버렸고, 분노와 울분에 넘친 것처럼
새에게 발길질을 하고 이빨로 물었지만,
그 새는 재빨리 허공으로 돌아갔습니다.
그리고 되돌아왔고 날카로운 발톱으로
말을 공격하면서 그 주위를 맴돌았어요.
공격당한 바이아르도는 어떻게 하여도
방어할 수 없어서 달아나기 시작했어요.

바이아르도는 가까운 숲으로 달아났고 88

---

85) 일부 학자들은 하느님을 그렇게 표현한 것으로 해석하기도 한다.

Canto 33:86
그것이 새였든 또는 악마였든, 그 괴물은
내려와 바이아르도를 발톱으로 잡았어요.

숲이 빽빽하게 우거진 곳을 찾았습니다.
깃털 달린 괴물은 그 위에서 뒤쫓았고
매서운 눈으로 어디로 갔는지 보았지만,
훌륭한 말은 숲속으로 깊이 들어갔고
마침내 어느 동굴 속에 숨어 버렸어요.
날개 달린 짐승은 그 흔적을 놓쳤고,
하늘로 돌아가 다른 사냥감을 찾았어요.

리날도와 그라다소 왕은 그들 결투의 89
원인이었던 말이 달아나는 것을 보고,
어두운 숲속으로 달아나게 만든 새의
발톱에서 바이아르도를 구할 때까지
결투를 연기하기로 서로 합의했는데,
둘 중 누구라도 말을 되찾으면 샘가로
데리고 돌아오고, 그런 다음 그들의
결투를 끝내자는 조건으로 말입니다.

그들은 함께 샘물에서 떠났고, 풀밭 90
위로 새롭게 난 발자국을 쫓아갔어요.
바이아르도는 그들이 두 발로 재빨리
뒤쫓을 수 없었기에 아주 멀어졌지요.
그라다소는 멀지 않은 곳에 있던 자기
말 위에 올라타고 숲으로 달려갔으며,
리날도를 그 어느 때보다 불만스럽고

슬픈 상태로 아주 멀리 남겨 두었어요.

리날도는 얼마 가지 않아서 이상한 91
길을 간 자기 말의 발자국을 잃었어요.
말은 하늘에서 내려와 자신을 공격한
그 발톱으로부터 자신을 숨기기 위해,
개울과 나무들과 바위를 찾아 가장
가시가 많고 우거진 곳을 찾아갔지요.
리날도는 헛되이 많은 고생을 한 뒤에
샘물가로 되돌아와 기다리기로 했어요.

조금 전에 그들 사이에 합의한 대로 92
그라다소가 말을 데려왔는지 보았어요.
하지만 기다려도 별 소용이 없었기에
괴로워하며 걸어서 진영으로 갔어요.
이제는 리날도와는 전혀 다른 상황에
부딪친 그라다소에게 돌아가 봅시다.
그는 정당함보다는 커다란 행운으로
그 좋은 말의 울음소리를 들었습니다.

그리고 동굴에서 말을 발견하였는데, 93
아직도 두려움에 사로잡혀 있는 말은
조금도 밖으로 나오려고 하지 않았고,
그렇게 그라다소는 말을 갖게 되었어요.

그는 말과 함께 샘물가로 돌아가기로
서로 합의한 약속을 상기하였는데도,
더 이상 약속을 지킬 마음이 없었고,
자기 마음속으로 이렇게 생각했어요.

"결투로 얻고 싶은 사람은 그렇게   94
하겠지만, 나는 평화롭게 얻고 싶어.
이 세상의 한쪽 끝에서 다른 끝으로
나는 단지 바이아르도를 위해서 왔어.
이제 내 손안에 있는데, 내가 다시
내놓을 것이라고 생각하면 오산이야.
만약 리날도가 원하면, 내가 프랑스로
온 것처럼 그가 인디아로 와야 해.

내가 두 번이나 프랑스에서 그랬던
것처럼 그도 인디아[86]에서 안전할 거야."   95
그렇게 말하면서 그는 더 편안한 길로
아를로 갔으며, 거기서 부대를 찾았고,
그 뒤에 두린다나와 바이아르도와 함께
역청을 잘 칠한 갤리선을 타고 떠났어요.
하지만 그것은 다음에 말하고, 이제 저는

---

86) 원문에서 아리오스토는 "세리카나(Sericana)"를 썼다. 아마 운율을 맞추기 위해 그렇게 한 것으로 보이는데, 세리카나 역시 인디아처럼 아시아에 있는 나라였기 때문이다.

리날도, 그라다소, 프랑스를 떠날 겁니다.

저는 아스톨포를 뒤따르려 하는데, 그는　　　　　　　　　　　96
안장과 고삐를 잘 사용해 매나 독수리가
날아가는 것보다도 빠르게, 이포그리포를
허공으로 날아가게 할 줄 알았습니다.
그는 이 바다에서 저 바다로, 피레네에서
라인강까지 골 사람들의 고장을 지난 뒤,
다시 서쪽을 향하여 프랑스와 에스파냐를
나누고 있는 산으로 다시 돌아왔습니다.

그는 나바라를 지나 아라곤으로 갔고,　　　　　　　　　　　97
바라보는 사람을 깜짝 놀라게 하였어요.[87]
왼쪽에는 타라고나, 오른쪽에 비스카야가
있었고, 그는 카스티야에 도착했어요.
갈리시아와 리스본왕국을 보았으며,
이어서 코르도바와 세비야로 향하였고,
에스파냐 전역의 바닷가나 들판 가운데서
그가 보지 않은 도시는 전혀 없었어요.

또한 카디스와 불굴의 헤르쿨레스가　　　　　　　　　　　98

---

87) 뒤이어 언급되는 에스파냐와 아프리카의 지명들은 앞에서 거의 다 언급된 곳들이다. 따라서 새로운 곳들에 대해서만 간략한 역주를 붙이고자 한다.

Canto 33:96
다시 서쪽을 향하여 프랑스와 에스파냐를
나누고 있는 산으로 다시 돌아왔습니다.

최초의 선원들에게 세운 표지를 보았고,
그런 다음 대서양에서 이집트 끝까지
아프리카를 돌아보려고 결심하였어요.
유명한 발레아레스제도[88]를 보았고,
똑바른 길에서 이비사섬을 보았어요.
그리고 고삐를 돌려 에스파냐와 나누고
있는 바다 위의 아르칠라를 향했어요.

그리고 모로코, 페스, 오랑, 안나바,[89]
알제, 베자이아[90]를 보았는데, 모두가
오만한 도시로, 다른 도시의 왕관, 풀이나
나뭇가지가 아닌 황금 왕관을 가졌지요.
이어 비제르테와 튀니스를 향해 날았고,
그리하여 가베스, 제르바[91] 섬을 보았고,
트리폴리, 벵가지, 톨로메타를 보았으며,
아시아로 나일강을 건너는 곳까지 갔어요.

---

88) 발레아레스(Baleares)제도는 이베리아반도 동부의 마요르카(Mallorca)섬을 중심으로 하는 섬들로 이루어져 있으며, 뒤이어 언급되는 이비사(Ibiza)섬도 그중 하나이다.
89) 안나바(Annaba) 또는 보네(Bône)는 알제리의 도시로 고대 로마 시대에 히포 레기우스(Hippo Regius)로 불리던 곳이다.
90) 베자이아(Béjaïa)는 알제리 북부 알제 동쪽에 있는 해안 도시이다.
91) 가베스(Gabès)는 튀니지 중동부 해안의 도시이다. 제르바(Djerba)섬(제18곡 46연 참조)은 가베스 동쪽에 있다.

그는 험준한 아틀라스산맥의 우거진 **100**
등성이와 해안 사이의 모든 곳을 보았고,
그런 다음 그는 카레나산을 향해 등을
돌리고 키레나이카[92] 위로 곧장 날아갔고,
모래 들판을 가로질러 누비아 경계선에
있는 알바가다[93]성에 도착하였습니다.
그의 뒤에는 바투스[94]의 무덤과 지금은
파괴된 암몬의 위대한 신전이 남았어요.

그리고 거기에서 무함마드의 종교를 **101**
따르는 다른 틀렘센[95]에 도착했습니다.
그런 다음 이들과 달리 나일강 저쪽에
있는 다른 에티오피아인들을 향했어요.[96]
도바다와 코알레[97] 사이 허공을 지나서

---

92) 키레나이카(Cyrenaica)는 리비아 동부의 지방이다.
93) Albagada(영어로 Abyed). 누비아 북부 나일강의 서쪽에 있는 성으로 아리오스토는 이슬람 도시로 설정하고 있다.
94) 바투스(Battus)는 고전 신화에서 리비아에 식민시 키레네를 건설한 인물이다.
95) 알제리의 틀렘센(제12곡 69연 참조)과 다른 곳으로, 아리오스토는 나일강 서쪽의 누비아에 있는 곳으로 보고 있다.
96) 아리오스토는 나일강 서쪽에 이슬람교도들이 거주하고, 동쪽에는 그리스도교도들이 거주하는 것으로 보고 있다.
97) 도바다(Dobada)와 코알레(Coalle)는 누비아에 있는 지명으로, 일부 학자는 당시 데스테 가문의 도서관에 있던 에스파냐의 지도에 나오는 도바야(Dobaya)와 쿠오드(Cuoad)에 해당하는 것으로 보기도 한다. 물론 그것도 실제 지명과는 상응하지 않는다.

그는 누비아의 도시로 방향을 잡았어요.
저쪽은 사라센, 이쪽은 그리스도교도였고,
경계선에는 언제나 무기를 들고 있었어요.

에티오피아의 황제 세나포[98]는 손안에 102
왕홀을 잡는 대신 십자가를 잡고 있으며,
이곳으로부터 홍해의 어귀에 이르기까지
풍부한 백성과 도시와 황금을 갖고 있고,
우리의 믿음을 거의 고유하게 간직하니,
쓰라린 추방에서 구원받을 수 있습니다.
제가 만약 틀리지 않다면, 이곳에서는
그들의 세례에 불을 사용하고 있습니다.[99]

---

98) 아리오스토는 12세기부터 유럽에서 확산한 전설에 나오는 사제왕 요한(Presbyter Johannes 또는 Prester John)을 여기에서 등장시킨다. 사제왕 요한은 인구가 많고 풍요로운 그리스도교 나라의 군주인데, 처음에는 그 나라가 마르코 폴로(《동방견문록》 제64~68장 참조)에 의해 아시아에 있는 것으로 전해졌다가, 나중에는 아프리카의 나일강 수원지 근처에 있으며, 이교도들에 둘러싸여 있는 것으로 이야기되었다. 아리오스토는 그를 에티오피아 또는 누비아의 황제로 보고 있으며, 또한 그를 세나포(Senapo)라 부르는데, 그가 고안한 이름이 아니라 어떤 근거가 있을 것으로 추정되지만, 구체적으로 확인된 것은 없다. 사제왕 요한은 이전부터 기사문학에서 등장하기 시작하였는데, 아리오스토는 중세적 요소에다 고전의 요소들을 한데 융합하고 있다. 세나포는 지상 천국에 올라가려고 시도하다가 벌을 받아 장님이 되었고, 하르피아들에게 괴롭힘을 당하고 있다. 고전 신화에서 트라케의 피네우스(Phineus)는 신들의 비밀을 인간에게 드러낸 죄로 장님이 되었고 하르피아들에게 고통을 당하고 있었는데, 보레아스의 아들 제테스(Zetes)와 칼라이스(Calais)의 도움으로 고통에서 벗어나게 되었다.

아스톨포 공작은 누비아에 있는 커다란　　　　　　　　　103
궁전에 내려앉았고, 세나포를 방문했어요.
에티오피아 황제가 거주하고 있는 그곳의
성은 튼튼하기보다 매우 풍부했습니다.
도개교의 사슬들과, 바닥에서 꼭대기에
이르기까지 모든 문의 경첩들과 빗장들,
간단히 말해 우리가 쇠로 만들어 사용하는
모든 것을 거기서는 황금으로 만들었어요.

섬세하고 고귀한 금속이 그렇게 넘치고　　　　　　　　　104
풍부해도 여전히 귀중히 사용되었어요.
왕궁의 거대한 홀들은 투명한 수정으로
만들어진 기둥들로 장식되어 있었어요.
아름다운 천장들 아래에서는 에메랄드,
루비, 사파이어, 토파즈 등이 조화롭게
나뉜 공간들 안에서 빨강, 하양, 초록,
파랑, 노랑으로 눈부시게 빛났습니다.

벽과 지붕, 바닥에는 풍부한 보석들과　　　　　　　　　105
진주들이 여기저기 흩어져 있었습니다.
여기서 발삼 향료가 생산되는데, 그것에

---

99) 마르코 폴로도 《동방견문록》(제193장 참조)에서 물로 세례를 줄 뿐만 아니라 불로 세례를 주는 백성에 대해 이야기한다. 세례의 증거로 뜨겁게 달군 쇠로 얼굴에 흔적을 남긴다는 것이다.

Canto 33:104

왕궁의 거대한 홀들은 투명한 수정으로
만들어진 기둥들로 장식되어 있었어요.

비해 예루살렘의 생산량은 소량이었어요.
우리에게 오는 사향도 거기에서 나오고,
거기에서 나는 호박도 다른 곳으로 가고,
간단히 말해서 우리가 귀중히 여기는
많은 것들이 그곳에서 생산되었지요.

이집트의 왕인 술탄이 그 황제에게 106
조공을 바치고 예속되어 있다고 하는데,
나일강의 강물을 돌려 다른 곳으로 가게
만들 수 있는 힘이 그에게 있고, 따라서
카이로와 그 주변 모든 구역을, 굶주림에
시달리도록 만들 수 있었기 때문이지요.
그의 신하들은 그를 세나포라고 부르고,
우리는 그를 사제왕 요한이라고 불러요.

그는 에티오피아를 다스린 모든 왕들 107
중에서 가장 부자이고 가장 강력하지만,
그의 모든 보물과 능력에도 불구하고
비참하게도 그는 두 눈을 잃었습니다.
하지만 그것은 모든 고통들 중에서 가장
작은 것이고, 더욱 힘들고 비참한 것은,
아무리 커다란 부자라고 하지만, 영원한
굶주림에 시달리고 있다는 것이었어요.

그 불쌍한 왕이 커다란 욕구에 쫓겨서 **108**
무엇인가 먹거나 또는 마시려고 하면,
바로 지옥의 복수자들 무리인, 추하고
역겨운 괴물 하르피이아[100]들이 나타났고,
그 괴물들은 부리와 날카로운 발톱으로
접시들을 뒤엎고 음식을 강탈하였으며,
탐욕스러운 그들의 뱃속을 채우지 않은
음식은 더럽고 오염된 상태로 남았어요.

그렇게 되었던 이유는, 그가 아직 젊은 **109**
나이일 때 커다란 명예를 갖게 되었고,
엄청난 재물 외에 다른 모든 사람보다
가장 강력하고 강한 용기를 가졌으니,
마치 루키페르처럼 오만해지게 되었고,
자기 창조주께 전쟁을 하려고 생각했고,
자신의 부대와 함께 이집트의 큰 강이
시작되는 산을 향하여 길을 떠났어요.

구름 너머로 하늘 가까이까지 높게 **110**
솟아오른 그 험준한 산꼭대기에 바로
예전에 아담과 하와가 살았다고 하는

---

100) Harpyia(복수는 하르피이아이Harpyiai). '약탈하는 여자'라는 뜻으로 타우마스(Taumas)와 엘렉트라의 딸들이며, 여자의 얼굴에다 새의 몸체, 날개와 날카로운 발톱이 달린 모습으로 묘사된다.

Canto 33:108

그 괴물들은 부리와 날카로운 발톱으로
접시들을 뒤엎고 음식을 강탈하였으며,

지상 천국이 있다는 말을 들었지요.
낙타들과 코끼리들, 그리고 보병들과
함께 그는 오만하게 길을 떠났으며,
만약 거기 사람이 있으면 자신의 법에
복종시키려는 커다란 욕망을 품었어요.

하느님께서는 그의 무모한 대담함을   111
벌하시려고 그들에게 천사를 보내셨으니,
그들 중에서 십만 명이 죽게 하셨고
그에게는 영원한 밤을 주신 것입니다.
그리고 그의 식탁에 지옥의 동굴에서
나온 그 끔찍한 괴물들을 보내, 그의
음식을 강탈하거나 더럽게 오염시켜서
먹거나 맛볼 수도 없도록 하셨습니다.

그리고 그에게 예언한 어떤 사람이   112
그를 끝없는 절망에 빠지게 하였으니,
하늘에서 어느 기사가 날개 달린 말을
타고 내려오는 것을 보게 될 때에야
그의 식탁은 강탈되지 않고, 역겨운
냄새에서 벗어날 것이라고 말했어요.
하지만 그것은 불가능해 보였기 때문에,
아무 희망 없이 슬프게 살고 있었어요.

그런데 모든 벽들과 모든 탑들 위로 113
아스톨포가 날아오는 것을 사람들이
큰 놀라움과 함께 보게 되었고, 즉각
누비아의 왕에게 달려가 보고했지요.
그러자 그 예언이 머릿속에 떠올랐고,
왕은 즐거워서 충실한 자기 지팡이를
잡는 것도 잊고, 손을 앞으로 내밀고
비틀거리며 날아오는 기사에게 갔어요.

아스톨포는 널찍하게 원을 그리면서 114
성의 광장 바닥에 가볍게 내려왔지요.
그 앞으로 안내된 왕은 무릎을 꿇고
두 손을 맞잡아 내밀면서 말했습니다.
"하느님의 천사여, 새로운 메시아여!
수많은 모욕에 저는 용서받을 자격이
없지만, 우리는 종종 죄를 짓고, 당신은
참회하는 자를 언제나 용서하십니다.

제 죄를 잘 알고 있으니, 감히 옛날의 115
빛을 돌려 달라고 부탁하지 않겠습니다.
당신은 하느님의 사랑스러운 빛이시니,
물론 그렇게 하실 수 있다고 믿습니다.
단지 앞을 못 보는 고통만으로 충분하고,
제가 언제나 배고픔에 시달리지 않도록

최소한 역겨운 하르피이아들을 쫓아서
제 음식을 강탈하지 않도록 해 주십시오.

저의 높다란 왕궁으로 커다란 대리석 116
성전을 세우겠다고 당신께 약속합니다.
문들과 지붕은 모두 황금으로 장식하고
안과 밖을 모두 보석들로 장식할 것이며,
당신의 신성한 이름으로 부를 것이며,
당신의 놀라운 기적을 새겨 둘 것입니다."
아무것도 못 보는 왕은 그렇게 말했고,
공작의 발에 입을 맞추려고 노력했어요.

아스톨포는 대답했지요. "저는 하느님의 117
천사도, 새로운 메시아도 아니고, 하늘에서
온 것도 아니고, 저도 죄인에 불과하므로,
그렇게 많은 은총을 받을 자격이 없어요.
사악한 괴물을 죽이거나, 당신의 왕국에서
쫓아내도록 제가 모든 노력을 하겠습니다.
만약 그래도, 제가 아니라, 당신을 돕도록
저를 여기 보내신 하느님만 찬양하십시오.

그런 서원은 하느님께 하시고, 하느님께 118
교회와 제단을 세우고 감사를 드리십시오."
그렇게 말하면서 두 사람은 높은 귀족들

사이에서 궁전을 향하여 걸어갔습니다.
왕은 자기 하인들에게 곧바로 식사를
준비하라고 명령을 내렸는데, 이번에는
더 이상 자신의 손에서 음식을 빼앗지
못할 것이라는 희망을 갖고 있었습니다.

그리하여 왕궁의 한 풍요로운 홀 안에 119
위엄 있는 식사가 곧바로 준비되었어요.
아스톨포 공작은 세나포 왕과 단둘이서
식탁에 앉았고, 이어서 음식이 나왔어요.
그런데 허공에서 끔찍스러운 깃털들이
주위에 부딪치는 소리들이 들려왔으며,
곧이어 추악하고 역겨운 하르피이아들이
음식물 냄새에 이끌려 하늘에서 왔어요.

한 무리에 모두 일곱 마리였고, 모두가 120
창백하고 핏기 없는 여자의 얼굴이었고,
오랜 굶주림에 메마르고 야윈 모습으로,
보기에 죽음보다 더 끔찍해 보였습니다.
날개는 커다랗고 비틀리고 추악했으며,
손은 사나웠고, 발톱은 구부정하였으며,
커다란 배에서는 악취가 났고, 기다란
꼬리는 마치 뱀처럼 둥글게 휘감겼어요.

공중에서 그들이 오는 소리를 들었는데, 121
거의 동시에 모두들 식탁 위에 앉았으며,
음식들을 강탈하고 접시들을 뒤엎었고,
그들의 배는 엄청나게 많은 똥을 쌌고,
콧구멍을 틀어막을 수밖에 없을 정도로
엄청난 악취는 견딜 수가 없었습니다.
아스톨포는 화가 치밀어서 탐욕스러운
괴물들에 대항하여 칼을 움켜잡았어요.

하나는 목을, 하나는 등허리를 찔렀고, 122
누구는 가슴을, 누구는 날개를 찔렀지만,
마치 솜뭉치 자루 위를 때리는 것처럼
타격은 힘이 없어지고 효과가 없었어요.
그들은 아무렇지도 않다는 듯 접시나
잔 위에 있으면서 홀에서 떠나지 않고
위엄 있는 식사를 완전히 강탈하였고,
하나도 남김없이 망치고 오염시켰어요.

세나포 왕은 공작이 하르피이아들을 123
쫓아낼 것으로 확고하게 희망했는데,
이제 아무런 희망이 남아 있지 않았고,
한숨을 쉬고 탄식하며 절망했습니다.
그러자 아스톨포는 위험한 고비마다
그를 도와주었던 뿔 나팔이 생각났고,

그것이 괴물들을 쫓아내는 데 최고의
방법이라고 속으로 결론을 내렸어요.

그리고 먼저 왕과 그의 귀족들에게
뿔 나팔 소리가 울릴 때, 모두들 겁에
질려 도시의 밖으로 달아나지 않도록,
뜨거운 밀랍으로 귀를 막게 하였어요.
이어서 고삐를 잡고 이포그리포의 안장
위로 올라탔고, 멋진 뿔 나팔을 잡았고,
그런 다음 집사에게 신호를 하여 음식과
음료를 다시 차리도록 명령하게 했어요.

그리하여 그들은 커다란 홀에다 다른
식탁과 다른 새로운 음식을 차렸습니다.
그러자 하르피아들이 전처럼 돌아왔고,
아스톨포는 곧바로 뿔 나팔을 불었어요.
귀를 막고 있지 않은 괴물 새들은 나팔
소리를 듣고 도저히 견딜 수 없었으니,
두려움에 가득하여 달아나기 시작했고,
음식이나 다른 것에 신경 쓰지 않았어요.

곧바로 아스톨포는 그들 뒤를 쫓았고,
이포그리포를 몰아 홀 밖으로 날아갔고,
궁전과 함께 그 커다란 도시를 떠났고,

Canto 33:125

귀를 막고 있지 않은 괴물 새들은 나팔
소리를 듣고 도저히 견딜 수 없었으니,

허공으로 괴물 새들을 뒤쫓아 날아가며
계속해서 뿔 나팔을 힘차게 불어댔어요.
하르피이아들은 뜨거운 곳[101]으로 달아났고,
나일강의 원천이 있다면, 바로 그곳에
있는 아주 높은 산의 발치에 이르렀어요.

그 높은 산의 거의 뿌리 부분에 있는 127
깊숙한 지하 동굴 안으로 들어갔는데,
지옥으로 들어가는 입구가 틀림없이
그곳에 있다고 말하는 곳이었습니다.
그 약탈자 새들은 그곳 안으로, 마치
안전한 숙소나 되는 것처럼 들어갔고,
코키토스[102]의 기슭까지 뿔 나팔 소리가
들리지 않는 곳으로 깊이 내려갔어요.

빛을 버리는 자[103]에게 길을 열어 주는 128
그 지옥의 어둡고 검은 구멍 입구에서
아스톨포는 끔찍한 나팔 소리를 멈췄고,
자기 말에게 깃털을 모으게 했습니다.
하지만 더 이상 그를 안내하기 전에

---

101) 지옥.
102) Kokytos. 고전 신화에서 저승 세계에 흐르는 강들 중의 하나인데, 단테는 《신곡》에서 지옥의 가장 밑바닥에 있는 얼어붙은 호수로 묘사한다.
103) 삶을 떠나 죽는 사람.

저는 저의 습관에서 벗어나지 않도록,
이제 종이의 온 사방을 가득 채웠으니
이번 노래를 끝마치고, 쉬고 싶습니다.

제34곡

아스톨포는 지옥을 방문하여 리디아의 이야기를 들은 다음 지상 천국으로 가서 성 요한과 만난다. 오를란도의 제정신을 찾아오기 위해 아스톨포는 엘리야의 불 마차를 타고 달로 올라가고, 지상에서 잃어버린 것들이 보관된 곳에서 오를란도의 제정신을 발견하여 약병에 담는다.

오, 굶주리고 사악한 하르피이아들이여,   1
눈멀고 오류들로 가득한 이탈리아에게
아마도 옛날의 사악한 죄들을 벌하려고
모든 식탁에다 높은 심판을 내리는구나!
순진한 어린아이들과 경건한 어머니들이
굶주림에 쓰러지고, 그들이 살아가도록
유지해야 할 것들을 그 사악한 괴물들이
모두 먹어 치우는 것을 보아야 하는구나!

오랫동안 닫혀 있던 그 동굴을 연 자[1]는   2
너무나도 커다란 잘못을 저질렀으니,
거기에서 악취와 탐욕스러움이 몰려나와

이탈리아가 병들게 널리 확산하였지요.
옛날의 아름다운 삶은 이미 사라졌고,
평온함은 멀리 쫓겨났고, 이제 전쟁과
영원한 가난과 괴로움 속에 시달리고
또한 앞으로도 한참 동안 그럴 것이며,

그러다가 어느 날 이탈리아는 게으른 3
아들들의 머리를 흔들어 레테의 잠에서
깨어나게 외칠 것입니다. "칼라이스와
제테스[2]의 역량을 닮은 자가 없느냐?
예전에 피네우스를 도왔고, 아스톨포가
에티오피아의 왕을 도와주었던 것처럼,
식탁을 악취와 발톱들에서 해방시키고
세속의 즐거움을 돌려줄 자가 없느냐?"

아스톨포는 끔찍스러운 소리와 함께 4
추악한 하르피이아들을 뒤쫓아 갔으며,
그것들이 안으로 들어간 동굴이 있는
어느 높은 산의 발치에 이르렀습니다.

---

1) 15세기 말에서 16세기 초에 특히 루도비코 스포르차를 비롯하여 외국 세력에 도움을 청함으로써 이탈리아를 전쟁의 와중에 몰아넣은 이탈리아의 군주들을 암시한다.
2) 고전 신화에서 보레아스의 아들들로 하르피이아들에게 고통을 당하던 피네우스를 도와주었다.

그는 동굴 입구에서 귀를 기울였으며,
허공에 부딪치는 소리를 들어 보았는데,
영원한 눈물과 탄식과 비명 소리들이,
거기 지옥이 있다는 명백한 증거였어요.

그는 안으로 들어가 보려고 생각했으니, 5
거기에서 빛을 잃어버린 자들을 만나고
지구의 중심까지 내려가 보고 싶었으며,
또한 지옥의 원들을 둘러보고 싶었어요.[3]
그는 말했어요. "언제나 뿔 나팔의 도움을
받을 수 있는데, 들어가도 무엇이 두려워?
플루토[4]와 사탄도 달아나게 하고, 머리가
세 개 달린 개[5]도 달아나게 만들 거야."

그는 날개 달린 말에서 바로 내려왔고 6
말을 어느 자그마한 나무에 묶어 두었어요.
그리고 동굴로 들어갔는데, 먼저 뿔 나팔을

---

3) 단테가 《신곡》에서 묘사한 바에 의하면, 지옥은 땅속에 있으며, 마치 깔때기와 같은 형상으로 되어 있고, 그 끝은 지구의 중심에 닿아 있다. 그리고 죄를 지은 영혼들은 각자 정해진 원형의 구역에서 죄에 합당한 벌을 받고 있다.
4) 로마 신화에서 플루토(Pluto)는 지하 세계의 신으로 그리스 신화에 나오는 플루톤(Pluton) 또는 하데스에 해당한다. 그는 죽은 자들의 왕국을 지배하며, 동시에 지하의 부를 인간에게 가져다주기도 한다.
5) 고전 신화에 나오는 머리가 세 개 달린 괴물 개 케르베로스(Kerberos)를 가리킨다. 케르베로스는 저승 세계를 지키는 것으로 묘사된다.

들고 거기에다 모든 희망을 걸었습니다.
그리 멀리 나아가지 않아서 검고 사악한
연기가 그의 코와 눈을 아프게 하였는데,
연기는 역청보다 검고 유황보다 강렬하여
아스톨포는 앞으로 나아갈 수 없었어요.

하지만 가능한 한 앞으로 갔고, 연기는 7
더욱 빽빽해지고 칠흑처럼 어두워졌으며,
더 이상 멀리까지 나가지 못하고, 어쩔 수
없이 뒤로 돌아와야 할 것 같았습니다.
그런데 어찌 된 일인지 모르나 머리 위의
허공에서, 마치 목을 매단 시체가 비와
태양에 오랫동안 노출되어 있다가 바람에
흔들리는 것처럼 움직이는 것을 보았어요.

그 연기가 가득하고 새까만 길에서는 8
빛이 거의 전혀 없거나 조금만 있었기에,
공작은 그렇게 허공에 움직이는 그것을
볼 수도 없었고 무엇인지 알 수 없었으며,
그래서 그것이 무엇인지 알아보기 위해
그곳으로 칼을 한두 번 휘둘러 보았어요.
그리고 마치 허공을 자르는 것 같아서
분명 어떤 영혼일 것이라고 생각했어요.

그리고 슬픈 목소리의 말을 들었어요. 9
"오, 다른 자를 해치지 말고 칼을 내려요!
지옥의 불에서 여기까지 온통 올라오는
검은 연기만으로도 나는 너무 괴로워요."
아스톨포는 깜짝 놀라서 걸음을 멈추고
그림자에게 말했어요. "이 검은 연기가
당신에게 다가갈 수 없게 가로막으니,
괜찮다면 당신의 상태를 알려 주십시오.

만약 당신의 소식을 저 위의 세상에 10
전하고 싶다면, 내가 그렇게 해 주겠소."
그림자는 대답했어요. "아름다운 빛으로
이름으로나마 돌아가는 것은 내게 너무
멋져 보이니, 그것은 내 말을 끌어내는
힘이고, 그런 선물을 갖고 싶은 욕망이
커서, 비록 말하기가 힘들고 어렵지만,
내 이름과 상태를 당신에게 말하겠어요."

그리고 말했지요. "내 이름은 리디아,[6] 11
리디아 왕의 딸로 고귀하게 태어났지요.
내가 살아 있었을 때 충실한 구혼자에게
배은망덕하고 사악하게 대했기 때문에,
하느님의 높으신 심판에 의해 여기에서
영원하게 이 연기의 벌을 받고 있어요.

Canto 34:9
지옥의 불에서 여기까지 온통 올라오는
검은 연기만으로도 나는 너무 괴로워요.

이 동굴에는 그와 비슷한 죄로 비슷한
형벌을 받는 수많은 영혼들이 가득해요.

잔인한 아낙사레테는 연기가 더 많고　　　　　　　　　　12
더 고통스러운 저 아래쪽에 있답니다.
그녀의 몸은 세상에서 돌로 변하였고,
영혼은 이곳 아래에 와서 벌을 받는데,
자기 때문에 괴로워하다가 지친 연인이
목을 매는 것을 방치했기 때문이지요.
이 옆에는 다프네[7]가 있는데, 아폴로를
많이 달리게 한 잘못을 깨닫고 있어요.

여기 함께 있는 배은망덕한 여자들의　　　　　　　　　　13
불행한 영혼들을 하나하나 당신에게
이야기하려면, 무한할 정도로 너무나도

---

6) 여기에서 이야기하는 리디아 왕의 딸 리디아의 이야기는, 고전 신화에 나오는 키프로스의 아름다운 처녀 아낙사레테(Anaxarete)와 천민 출신 청년 이피스(Iphis)의 사랑 이야기에서 일부 모티브를 이끌어 내고 있다. 이피스는 아낙사레테를 사랑하여 그 마음을 전하려고 노력했으나, 아낙사레테는 거들떠보지 않았고, 절망한 이피스는 목을 매 자살했다. 그런데 이피스를 비웃고 그의 장례 행렬을 바라보던 아낙사레테는 분노한 사랑의 여신 베누스의 벌로 돌이 되었다(《변신 이야기》 제14권 698~758행 참조). 여기에서는 아낙사레테도 리디아와 함께 있는 것으로 이야기된다.

7) Daphne. 고전 신화에 나오는 요정으로 아폴로의 사랑을 거부하고 쫓기다가 붙잡히려는 순간 강의 신인 아버지에게 부탁하여 월계수로 변했다. 그리하여 아폴로에게 봉헌된 월계수는 승리와 영광을 상징한다.

많기 때문에 아주 오래 걸릴 것입니다.
또 마찬가지로 배은망덕한 죄를 지은
남자들 이야기를 하려면 더 길 것인데,
그들은 더 큰 벌을 받아서 연기에 눈이
멀 뿐 아니라, 불에 구워지고 있답니다.

여자들은 더 쉽게 믿는 경향이 있기 14
때문에, 그들을 속이는 자는 더 커다란
벌을 받아야 하지요. 테세우스와 이아손,
라티누스의 옛 왕국을 빼앗은 자도 알고,[8)]
타마르 때문에 형제 압살롬에게 피의
보복을 받은 자도 그것을 알고 있으며,[9)]
자기 남편과 자기 아내를 버린 수없이
많은 여자들과 남자들도 알고 있어요.

하지만 누구보다 나에 대하여 말하고, 15
내가 여기 온 잘못을 분명히 밝히자면,
나는 살아 있을 때 아름다웠지만, 다른
누구와도 비교할 수 없이 오만하였어요.

---

8) 고전 신화에서 테세우스는 아리아드네(Ariadne)를 버리고 떠났고, 이아손(Iason)은 힙시필레(Hypsipyle)와 메데아를 버렸으며, 라티누스(Latinus)의 왕국에 침입한 아이네아스는 카르타고의 디도를 버리고 떠났다.

9) 다윗의 아들 암논(Amnon)은 이복남매 타마르(Tamar)를 욕보였고, 그리하여 타마르의 오빠 압살롬(Absalom)이 암논을 죽이고 도망쳤다(〈사무엘기 하권〉 13장 이하 참조).

오만함과 아름다움 둘 중에서 무엇이
더 강했는지 정확히 말할 수는 없어요.
어쨌든 오만함과 허영은 모두의 눈이
좋아하는 바로 아름다움에서 나오지요.

당시 트라키아에 무기에 있어 세상에서　　　　　　　　　　16
최고라고 평가받는 무사가 있었습니다.
그는 한 명 이상의 진실한 증인에게서
나의 특별한 아름다움에 대해 들었으며,
자연스럽게 자신의 모든 사랑을 나에게
선물하고 싶은 생각을 하게 되었습니다.
내가 그의 무훈을 높이 평가하여 그를
사랑하는 마음을 가질 것으로 생각했지요.

그는 리디아에 왔고, 나를 보고 나서　　　　　　　　　　17
더욱 강한 올가미에 걸리게 되었어요.
다른 무사들과 함께 그는 내 아버지의
궁전에서 봉사했고, 더 명성이 커졌어요.
그가 여러 번에 걸쳐 보여 준 용맹함과
뛰어난 무훈을 이야기하려면 길 것이며,
만약 보다 훌륭한 사람에게 봉사했다면,
그의 공훈은 정말로 무한했을 것입니다.

그의 활약 덕택에 아버지는 팜필리아,　　　　　　　　　　18

카리아, 킬리키아[10] 왕국에 승리하였고,
만약 그가 원하지 않으면 절대로 군대를
적에게 이끌고 가지 않았을 정도입니다.
그는 자신의 공훈이 충분히 그런 가치가
있다고 생각하였고, 어느 날 아버지에게
그 수많은 전리품들에 대한 보상으로
나를 자신의 아내로 달라고 요구했어요.

하지만 아버지는 거절했습니다. 그처럼 19
무훈 이외에는 다른 것이 없는 단순한
무사가 아니라, 훨씬 더 대단한 사람과
나를 결혼시키려고 계획했기 때문이지요.
내 아버지는 모든 악의 원천인 탐욕과
이익에 너무나도 몰두해 있었고, 마치
당나귀가 리라 소리에 춤추듯이, 덕성을
찬양하고 우아함을 찬양할 뿐이었어요.

내가 당신에게 말하는 기사의 이름은 20
알체스테[11]였는데, 그는 자신에게 가장
많이 감사해야 할 사람에게 거절당하자

---

10) 팜필리아(Pamphylia), 카리아(Caria), 킬리키아(Cilicia)는 모두 소아시아에 있는 지역이다.
11) Alceste. 굳이 그리스어 이름으로 바꾸자면 알케스테스(Alcestes) 정도일 것이다.

내 아버지에게서 떠나겠다고 말하였고,
떠나면서 딸을 자신에게 주지 않은 것을
후회하게 하겠다고 아버지를 위협했어요.
그는 리디아 왕의 오랜 숙적이며 최고의
적이었던 아르메니아 왕에게로 갔습니다.

그리고 무척이나 자극하여 무기를 들고 21
내 아버지와 전쟁을 하도록 만들었어요.
그는 자신의 유명하고 명백한 업적으로
아르메니아 군대의 지휘관이 되었지요.
자기가 얻게 될 모든 것을 아르메니아
왕에게 주겠다고 했고, 만약 모든 것을
얻게 되면, 자기 공훈의 보상으로 단지
내 아름답고 즐거운 육체만을 원했어요.

그 전쟁에서 알체스테가 아버지에게 22
가한 엄청난 피해는 말할 수가 없어요.
네 개의 부대를 파괴했고, 일 년 안에
아버지는 모든 땅을 다 잃었고, 단지
높은 절벽 위에 아주 강한 성 하나만
남아 있었으며, 당신에게 가장 가까운
식솔과 함께 황급히 가져갈 수 있는
보물만 가지고 그 안에 숨어 있었어요.

알체스테는 그곳을 포위하였고, 짧은 23
기간 안에 내 아버지를 너무 절망적인
상황에 빠뜨렸기에, 왕국 절반과 함께
나까지 아내나 하녀로 그에게 넘기고,
다른 아무런 피해 없이 풀려나는 것만
해도 좋은 협상이라 여길 정도였어요.
아니면 곧이어 나머지도 뺏기고 나서
포로가 되어 죽었을 것이 분명했어요.

그런 일이 발생하기 전에 가능한 한 24
모든 대책을 세워 보려고 결심하였고,
그 모든 불행의 원인인 나를 요새 밖에
알체스테가 기다리는 곳으로 보냈어요.
나는 내 몸을 먹이로 그에게 제공하고,
우리 왕국의 원하는 부분을 차지하고
분노를 평화롭게 풀어 달라고 부탁할
의도를 간직하고 그에게로 갔습니다.

알체스테는 내가 만나러 온다는 말을 25
듣고 창백하고 떨리는 표정으로 왔는데,
자세히 보면 승리자의 모습이 아니라
패배한 포로의 모습처럼 보였습니다.
그가 아직 불타는 것을 보고 나는, 미리
계획한 대로 그에게 말하지 않았으며,

그 기회를 이용해 나는 내가 처한 상황에
가장 적합한 새로운 생각을 하였습니다.

나는 그의 사랑을 저주하기 시작하였고, 26
부당하게 내 아버지를 억압하고 억지로
나를 갖기 위하여 노력함으로써, 나에게
괴로움을 준 그의 잔인함을 비난했어요.
만약 왕과 우리 모두가 감사해 하도록,
그가 처음의 태도를 계속 유지하였다면,
그때부터 며칠 지나지 않아서 부드럽게
원하는 대로 성공했을 것이라고 했어요.

그리고 나의 아버지가 처음에 그에게 27
그런 솔직한 요구를 거부했다고 해서,
(아버지는 성격상 약간 퉁명하고 절대
처음 요구에 따르지 않기 때문이지요)
그렇게 바로 좋은 봉사를 거부하거나,
곧바로 분노에 불붙지 않았어야 하며,
오히려 더 잘했으면 분명히 곧바로
원하는 것을 얻었을 것이라고 했어요.

혹시 아버지가 계속 거부하였더라도, 28
내가 아버지에게 부탁하여 내 연인과
남편으로 맞이했을 것이라고 말했지요.

그래도 계속 아버지가 완고하였다면,
내가 몰래 작업을 하여 알체스테가
내 칭찬을 받았을 것이라고 했어요.
하지만 그가 다른 방식을 시도했으니,
절대 그를 사랑하지 않겠다고 했어요.

그리고 내가 아버지에 대한 연민의 29
마음에 움직여 그에게 오기는 했지만,
내가 마지못해 그에게 주는 즐거움은
분명히 그다지 즐겁지 않을 것이니,
그가 모든 무력을 동원하여 나의 이
육체로 자신의 그런 타락한 욕망을
채우게 된다면, 곧바로 나는 내 피로
땅을 빨갛게 적실 것이라고 말했어요.

그에 대한 내 능력을 확인한 다음 30
나는 이런 말과 다른 말을 하였고,
황량한 사막에 있는 은둔자보다도
더 많이 그가 후회하게 만들었어요.
그는 내 발치에 쓰러졌고, 허리에서
단검을 뽑아 들더니, 어떻게 해서든
내 손에 쥐어 주려고 했고, 자신의
잘못을 복수해 달라고 애원했어요.

나는 그런 그를 바라보면서 커다란　　　　　　　　31
승리를 끝까지 따르려고 계획했어요.
만약 자기 잘못을 참회하고, 옛날의
왕국을 나의 아버지에게 되돌려주고,
앞으로 절대 무기를 통해서가 아니라
사랑과 봉사로 나를 얻으려 한다면,
아직 내 육체의 즐거움을 향유할 수
있다는 희망을 그에게 심어 주었지요.

그는 그렇게 약속했고, 그에게 왔던　　　　　　　32
그대로 나를 요새로 돌려보냈으니,
입을 맞추려는 시도도 하지 않았어요.
그렇게 나는 그의 목에 멍에를 맸고,
아모르는 나를 위해 그를 쏘았으니,
더 이상 화살을 쏠 필요도 없었어요.
그는 약속한 대로 얻은 것을 주어야
하는 아르메니아 왕에게로 갔답니다.

그리고 가능한 모든 노력을 기울여　　　　　　　33
내 아버지에게 왕국을 되돌려 주고,
약탈하고 빼앗은 땅을 되돌려 주고,
옛날 아르메니아로 돌아가라고 했어요.
왕은 화가 나서 양쪽 뺨이 부풀었고,
아버지의 땅이 남아 있는 한 절대로

전쟁을 멈추지 않을 테니, 그런 생각을
하지도 말라고 알체스테에게 말했어요.

알체스테가 한 비천한 여인의 말에　　　　　　　　　　34
그렇게 바뀌었다면 정말 불행이었어요.
그의 부탁에도 왕은 일 년 내내 고생해
힘겹게 얻은 것을 잃고 싶지 않았어요.
알체스테는 또다시 부탁했고, 자신의
부탁이 아무 소용이 없자 괴로웠으며,
결국 그는 격분했고, 무력이든 합의든,
원하는 대로 하겠다고 위협했습니다.

분노는 더욱 커졌고, 그들은 험악한　　　　　　　　　　35
말에서 더 나쁜 행동으로 이어졌어요.
알체스테는 왕에게 칼을 뽑아 들었고
수천 명이 왕을 도와주려고 왔지만,
그들 모두에도 불구하고 왕을 죽였고,
돈을 지불한 킬리키아와 트라키아
사람들과 자기 추종자들의 도움으로
그날 아르메니아 군대를 격파했어요.

그는 승리를 얻었고, 아버지의 어떤　　　　　　　　　　36
경비 지출도 없이 자신의 비용만으로
한 달 안에 모든 왕국을 돌려주었어요.

또한 커다란 피해를 보상하기 위하여
전리품을 주었을 뿐만 아니라, 인접한
아르메니아와 카파도키아의 일부를
점령하고 무거운 조공을 부과했으며,
히르카니아의 바닷가까지 약탈했어요.[12]

그런데 그가 돌아올 때 개선식 대신   37
우리는 그에게 죽음을 안기려고 했어요.
하지만 그의 친구들이 너무 강한 것을
보고 더 악화되지 않도록 중단했어요.
나는 그를 사랑하는 척했고, 매일같이
그의 배우자가 된다는 희망을 주었지만,
그 전에 다른 우리의 적들에게 그의
역량을 보여 주기 원한다고 말했지요.

그리고 때로는 혼자, 때로는 소수와   38
함께 위험하고 이상한 임무들에 보내
그가 쉽게 죽기를 원하였지만, 그는
그 모든 임무의 달성에 성공했어요.
그는 승리와 함께 돌아왔는데, 종종
무섭고 괴물 같은 사람들과 싸웠고,

---

12) 카파도키아(Cappadocia)는 튀르키예 중부 아나톨리아 중동부 지역의 옛 이름이고, 히르카니아에 대해서는 제10곡 71연 참조.

거인들과 결투를 하였고, 우리 땅에
침입한 식인종들¹³⁾과 싸우기도 했어요.

헤르쿨레스는 에우리스테우스와 자기   39
계모인 유노에 의하여, 레르나와 네메아,
트라키아, 에리만토스, 아이톨리아계곡,
누미디아, 테베레, 이베리아, 그리고 다른
곳으로 갔지만,¹⁴⁾ 내가 거짓 부탁들에다
죽이려는 의도와 함께, 그를 내 앞에서
제거하기 위해 내 연인에게 부과했던
임무들보다 더 심하지 않았을 겁니다.

첫 번째 의도를 이룰 수 없었으므로   40
나는 그에 못지않은 효과를 겨냥했고,
그와 가깝다고 생각한 모든 사람들을

---

13) 원문은 "Lestrigoni"로,《일리아스》제10권 81행 이하에 나오는 라이스트리고네스(Laestrygones)족을 가리킨다. 그들은 식인 거인족으로 시칠리아 또는 이탈리아의 라티움 지역에 살았다고 한다.

14) 에우리스테우스(Eurystheus)는 헤르쿨레스의 경쟁자로, 유노의 부추김을 받아 헤르쿨레스에게 열두 가지 과업을 부과하였다. 그러한 과업으로 헤르쿨레스는 레르나(Lerna)에서 괴물 히드라(hydra)를 죽였고, 네메아(Nemea)에서 무서운 사자를 죽였고, 트라키아에서 디오메데스(Diomedes) 왕의 인육을 먹는 암말들을 물리쳤고, 에리만토스(Erymanthos)산에서 괴물 멧돼지를 잡았고, 아이톨리아(Aetōlia)에서는 강의 신 아켈로오스(Acheloos)와 싸워 이겼고, 아프리카("누미디아")에서는 거인 안타이오스(Antaios)를 물리쳤고, 테베레강이 흐르는 이탈리아 라티움 지역에서는 카쿠스(Cacus)를 죽였고, 이베리아반도의 에스파냐에서 게리오네우스(Geryoneus)의 소들을 끌고 왔다.

Canto 34:38
거인들과 결투를 하였고, 우리 땅에
침입한 식인종들과 싸우기도 했어요.

모욕하여 그를 증오하게 만들었지요.
그는 다른 것에 신경 쓰지 않고 내게
복종하는 것에만 최대한 만족하였고,
언제나 내 손짓에 따를 준비가 되어
다른 것을 조금도 돌보지 않았어요.

그런 방법을 통하여 나는 아버지의 41
모든 적이 사라진 것을 확인하였고,
알체스테 스스로 우리에게 정복되어
아무 친구도 없는 것을 확인한 다음,
그때까지 위장된 얼굴과 함께 그에게
감추었던 것을 명백하게 드러냈지요.
심각하고 치명적인 증오를 드러내고
게다가 그를 죽이려고 했던 것입니다.

하지만 만약에 내가 그렇게 한다면 42
공개적인 치욕을 당하리라 생각하여,
(내가 그에게 많이 빚진 것을 사람들이
알고 있어 잔인하다고 말할 것입니다)
그가 내 눈 앞에 절대 나타나지 않게
하는 것으로 충분할 것 같아 보였어요.
그를 보지도 않고 말도 하지 않고 또
편지나 전갈도 받지 않는 것이었어요.

그러한 나의 배은망덕함은 그에게   43
큰 고통이 되었고, 결국 그는 고통에
굴복했고, 오랫동안 용서를 구하다가
병들어 쓰러져서 결국 죽게 되었어요.
내 잘못에 대한 형벌로 지금 내 눈에
눈물이 흐르고, 얼굴은 검은 연기에
물들어야 하고, 영원히 그럴 것이니,
지옥에는 구원이 없기 때문입니다."

불행한 리디아가 더 말하지 않아서   44
공작은 다른 누가 거기에 있는지 보고
싶었지만, 배은망덕함을 벌주는 어두운
연기가 앞에서 너무나 빽빽해졌기에,
한 치도 앞으로 더 나아갈 수 없었고,
연기에 자기 생명이 끊어지지 않도록
어쩔 수 없이 뒤로 돌아와야만 했고,
서둘러서 발걸음을 재촉해야 했어요.

발걸음을 자주 옮기는 그의 모습은   45
전혀 산책이 아니라 뛰는 것 같았어요.
가파른 길을 향해 한참 동안 올라가니
마침내 동굴의 열린 입구가 보였고,
그렇게 어둡고 음침하던 연기는 차츰
빛에 의해서 깨지기 시작하였습니다.

마침내 커다란 노고와 함께 힘들게
연기를 남겨 두고 동굴에서 나왔지요.

그리고 그는 탐욕스러운 배를 가진 46
하르피이아들이 돌아오는 길을 막기
위해 거기 있는 후추나무와 생강나무
같은 많은 관목들과 돌들을 모아서
최대한 동굴의 앞에다 쌓아 두었고,
자기 손으로 울타리를 만들었습니다.
그는 그런 작업을 아주 멋지게 해서
하르피이아들은 다시 나오지 못했어요.

그가 어두운 동굴 안에 있는 동안 47
시커먼 역청과 같은 그 검은 연기는
단지 그의 겉만 더럽히지 않고, 그의
옷 안에까지 뚫고 들어와 더럽혔기에,
공작은 잠시 동안 물을 찾기 위하여
돌아다녔으며, 마침내 숲속에서 어느
바위에서 샘물이 솟아나는 것을 보고
그 샘물로 머리에서 발끝까지 씻었어요.

그리고 날아가는 말을 탔고, 허공으로 48
날아올라 그 산의 꼭대기로 향했는데,
가장 높은 꼭대기는 달의 하늘[15]에서

Canto 34:47
어느 바위에서 샘물이 솟아나는 것을 보고
그 샘물로 머리에서 발끝까지 씻었어요.

멀지 않을 거라고 사람들은 생각했지요.
보고 싶은 욕망이 너무나 강렬했기에
하늘을 바라보며 땅은 보지도 않았어요.
계속 더욱더 높은 곳으로 올라갈수록
산의 꼭대기에 가까이 다가갔습니다.

그곳 즐거운 기슭 주위를 장식하고 49
있는 다채로운 꽃들은 사파이어, 루비,
토파즈, 진주, 금강석, 감람석,
히아신스석과 비슷하다고 할 수 있고,
풀잎의 녹색은 만약 여기 이 아래에
있다면 에메랄드를 능가할 것이며,
언제나 꽃과 열매가 풍성한 나무의
가지들도 마찬가지로 아름다웠어요.

나뭇가지들 사이에서는 파랑, 하양, 50
초록, 빨강, 노랑 새들이 노래하였고,
속삭이는 개울들과 잔잔한 호수들은
수정보다 맑을 정도로 투명했습니다.
조금도 변함없이 언제나 잔잔하게
불어오는 것처럼 부드러운 미풍은
주위의 대기를 조용히 떨리게 하여

---

15) 당시의 우주관(제26곡 20연 참조)으로는 지구에서 가장 가까운 첫째 하늘이다.

한낮의 열기가 귀찮지 않게 했어요.

그리고 꽃들과 열매들과 녹음의 51
다양한 향기를 흩날리면서 불어왔고,
그 모든 향기가 뒤섞인 달콤함으로
영혼에 자양분을 공급해 주었습니다.
들판 한가운데에 궁전이 솟아 있는데,
마치 생생한 불꽃에 불타는 듯하였고,
인간의 모든 상상력을 넘어서는 많은
광채와 많은 빛을 주위에 발산했어요.

아스톨포는 주위가 30마일이 넘는 52
궁전을 향하여 이포그리포를 몰았고,
느리고도 편안하게 움직이게 하면서
여기저기 아름다운 풍경을 감상했어요.
그곳과 비교한다면, 하늘과 자연을
증오할 정도로, 우리가 살아가는 이
역겨운 세상은 추악하고 흉측했으며,
그곳은 달콤하고 맑고 즐거웠습니다.

눈부시게 빛나는 지붕으로 다가간 53
그는 깜짝 놀라 멍해질 정도였으니,
벽이 온통 하나의 순수한 보석이었고,
루비보다 더 눈부시고 붉게 빛났어요.

Canto 34:53
눈부시게 빛나는 지붕으로 다가간
그는 깜짝 놀라 멍해질 정도였으니,

오, 놀라운 작품이여, 뛰어난[16] 건축가여!
우리의 어느 건물이 그와 닮았을까요?
그런 영광을 세상의 7대 불가사의[17]에
비교하려는 자는 입을 다물기 바라오.

그 행복한 궁전의 눈부신 현관에서   54
어느 노인이 아스톨포를 향해 왔는데,
옷은 연단(鍊丹)에 비교할 만큼 빨갛고
망토는 우유에 비교할 만큼 하얬어요.
하얀 머리칼에 하얗고 빽빽한 수염은
가슴까지 길게 흘러내리고 있었으며,
너무나도 존경할 만한 얼굴에다 마치
천국의 선택을 받은 사람 같았습니다.

노인은 즐거운 표정으로 안장에서   55
내려와 경의를 표하는 아스톨포에게
이렇게 말했어요. "오, 하느님의 뜻에
의해 지상 천국에 올라온 사람이여,
너는 네 여행의 원인이나, 네 욕망의
목적을 아직 모르고 있을 테지만,

---

16) 원문의 "dedalo"는 '다이달로스 같은'으로 직역할 수 있다.
17) 이집트의 피라미드, 바빌론의 공중 정원, 올림피아의 유피테르 동상, 에페소스의 디아나 신전, 할리카르나소스의 마우솔로스 영묘, 로도스의 거대한 크로이소스 동상, 알렉산드리아의 파로스 등대 등을 가리킨다.

네가 북반구에서 여기까지 올라온 것은
높으신 신비[18] 덕택이라는 것을 믿어라.

너는 카롤루스를 돕고 신성한 믿음을　　　　　　　　56
위험에서 구할 방법을 배우기 위하여,
나와 상의하기 위하여, 너도 모른 채
그렇게 먼 길을 통해 여기 온 것이다.
아들아, 네 지혜나 또는 네 역량으로
여기에 왔다고 생각하지 말기 바란다.
하느님께서 너에게 주시지 않았다면,
날개 달린 말이나 뿔 나팔도 소용없다.

나중에 더 편안하게 이야기하겠지만,　　　　　　　　57
네가 어떻게 해야 할지 말해 줄 것이다.
하지만 오랜 배고픔으로 괴로울 테니
먼저 우리와 함께 가서 원기를 채워라."
노인은 계속해서 이야기를 하였는데,
자신의 이름을 말하면서 자기가 바로
복음서를 쓴 사람이라고 말하였을 때,
아스톨포는 너무나 깜짝 놀랐습니다.

바로 주님께서 많이 사랑하신 요한,[19]　　　　　　　　58

---

18) 말하자면 하느님의 섭리.

그 때문에 형제들 사이에서 그가 죽지
않을 것이라는 이야기가 퍼져나갔으며,
그래서 하느님의 아드님께서 베드로에게
말하셨지요. "내가 올 때까지 그가 살아
있기를 바란다고, 너와 무슨 상관이냐?"
그가 죽지 않으리라는 말은 아니지만,
그렇게 원하셨다는 것을 알 수 있지요.

그는 그곳에 들려 올라갔고, 거기에는 59
동료들로 먼저 온 족장 에녹이 있었으며,
위대한 예언자 엘리야도 함께 있었는데,
모두 아직 마지막 저녁을 보지 않았고,[20]
천사의 나팔 소리가 그리스도께서 하얀
구름을 타고 돌아오심을 알릴 때까지,[21]
유독하고 사악한 대기 밖으로 올라가
영원한 봄을 즐기고 있을 것입니다.

아스톨포는 성인들의 친절한 환대를 60
받으면서 어느 방으로 안내되어 갔고,

---

19) 이 연에서는 〈요한의 복음서〉 21장 20~23절의 내용을 요약하고 있다. 뒤이어 말하듯이 아리오스토는 복음사가 요한이 족장 에녹(Henoch), 예언자 엘리야와 마찬가지로 죽지 않고 육신과 함께 하늘로 들려 올라갔다고 믿고 있는 듯하다.
20) 아직 죽지 않았다는 뜻이다.
21) 최후의 심판이 이루어지는 날까지.

이포그리포는 훌륭한 곡물이 풍성하게
차려져 있는 다른 방으로 안내되었어요.
그들은 천국의 열매들을 제공하였는데,
그의 판단에 의하면, 최초의 두 조상[22])이
그 열매 때문에 약간 덜 복종했더라도
용서될 수 있을 정도로 맛이 있었어요.

모험적인 아스톨포는 음식들과 함께　　　　　　　　　　　　61
휴식에 있어서도 자연에 필요한 만큼
충분하게 충족되었으니, 그곳에는
온갖 편안함이 모두 있었기 때문이지요.
아우로라가 그렇게 많은 나이에도
싫지 않은 늙은 신랑 곁을 떠났을 무렵
그도 침대에서 나왔으며, 하느님께서
많이 사랑하시는 사도를 발견했어요.

사도는 그의 손을 잡고 침묵하는 것이　　　　　　　　　　　　62
마땅한 많은 것들에 대해 이야기한 다음
말했습니다. "아들아, 너는 프랑스에서
왔지만, 거기서 일어난 일을 모를 것이다.
너희 오를란도는 위임받은 깃발을 올바른
길에서 벗어나게 했기 때문에 하느님의

---

22) 아담과 하와.

벌을 받았으니, 그분께서는 사랑하시는
자에게 화나시면 더 무섭게 분노하신다.

오를란도가 태어날 때 하느님께서는 63
어떠한 무기도 그에게 상처를 줄 수
없도록, 보통 사람의 능력을 벗어나는
최고의 능력과 최고의 용기를 주셨으니,
마치 삼손이 필리스티아인들에 대항해
유대인들의 보호막이 되었던 것처럼,
그가 당신의 신성한 믿음을 보호하는
도구로 삼으려고 하셨기 때문이란다.

그런데도 오를란도는 주님께서 베푸신 64
수많은 은혜에 사악한 보답을 했으니,
충실한 백성을 위하여 노력해야 하는데,
그들을 생각하지 않고 방치해 두었구나.
그는 한 이교도 여인의 부정한 사랑에
눈이 멀어 버렸으니, 벌써 두 번이 넘게
잔인하고 사악한 상태가 되어 자신의
충실한 사촌[23]을 죽이려 하기도 했다.

그 때문에 하느님께서는 그가 미쳐서 65

---

23) 리날도.

벌거벗은 배와 가슴과 옆구리를 보이고,
이성이 흐릿해지고 사라져 다른 사람과
자기 자신도 알아보지 못하게 하셨단다.
그것과 똑같은 방식으로 하느님께서는
네부카드네자르를 벌하려고 하셨으니,
어리석은 그를 일곱 해 동안 내쫓아
소처럼 풀과 건초를 뜯어먹게 하셨다.[24]

그렇지만 오를란도가 저지른 잘못은 66
네부카드네자르보다 훨씬 적기 때문에,
하느님의 의지는 그런 잘못을 씻어내는
기간을 단지 석 달 동안으로 정하셨다.
주님께서 네가 그 많은 길을 통하여
이 위로 올라오게 하신 목적은, 어떻게
오를란도에게 제정신을 돌려줄 것인가
네가 여기서 배우도록 하기 위해서다.

사실 너는 나와 함께 지구를 완전히 67
떠나서 다른 여행을 할 필요가 있단다.
나는 행성들 중 우리에게 가장 가까이
도는 달의 하늘로 너를 안내할 것이니,

---

24) 바빌론의 왕 네부카드네자르는 하느님의 벌을 받아 칠 년 동안 왕국을 빼앗기고 야생 동물처럼 살아야 했다(《다니엘서》 4장 29~30절 참조).

오를란도를 제정신으로 되돌릴 수 있는
약은 바로 그 안에 있기 때문이란다.
바로 오늘 밤 달이 우리의 머리 위에
오게 될 때, 우리는 길을 떠날 것이다."

이런 이야기와 다른 것들에 대하여 68
요한은 그날 그에게 이야기했습니다.
하지만 태양이 바닷속으로 들어가고
그들 위로 달이 뾰족한 뿔[25]을 드러내자,
둥글게 돌아가는 하늘들로 올라가는 데
사용되는 마차가 한 대 준비되었는데,
유대의 산 위에서 사람들의 눈앞에서
엘리야[26]를 들어 올렸던 그 마차였어요.

불꽃보다 더 빨간 네 마리의 말들을 69
복음사가 요한은 마차의 채에 맸으며,
아스톨포와 함께 자리에 앉은 다음에,
고삐를 잡고 하늘을 향해 몰았습니다.
마차를 몰아 허공으로 날아 올라가더니
바로 영원한 불[27] 가운데에 도착했는데,

---

25) 초승달의 뾰족한 양쪽 끝을 가리킨다.
26) 구약 성경에 나오는 예언자로, 불 말이 끄는 불 마차를 타고 하늘로 올라갔다 (《열왕기 하권》 2장 11절 참조).
27) 지구와 달의 하늘 사이에 있는 화염권(제30곡 49연 참조).

요한이 어떤 기적을 보였는지, 그곳을
통과했는데도 전혀 뜨겁지 않았어요.

불의 하늘을 완전히 넘어서자, 그들은   70
거기에서 바로 달의 하늘로 들어갔어요.
그리고 그들이 보기에 달의 대부분은
조그만 흠도 없는 강철처럼 보였으며,
이 우리의 지구, 그러니까 육지 주위를
둘러싸고 있는 바다까지 포함하여 이곳
가장 먼[28] 지구의 크기보다 약간 작거나
또는 거의 비슷한 크기로 보였습니다.

그곳에 올라간 아스톨포는 이중으로   71
놀랐는데, 우리가 이쪽 아래에서 보면
조그마한 둥근 공과 비슷하게 보이는
그곳이 가까이에서 보니 아주 컸으며,
그곳에서 육지와 주위에 펼쳐진 바다를
구분해 보고자 한다면, 자기 양쪽 눈을
찡그려야 했으니, 지구가 빛나지 않아
그 모습이 멀리 가지 않았기 때문이지요.

---

28) 중세의 우주관에서 지구는 하느님이 있는 최고의 하늘에서 가장 멀리 떨어져
   있다.

Canto 34:70
불의 하늘을 완전히 넘어서자, 그들은
거기에서 바로 달의 하늘로 들어갔어요.

그 위에는 이곳의 우리와는 전혀 다른 72
강들, 다른 호수들과 들판들이 있었고,
다른 벌판들과 계곡들과 산들이 있었고,
도시들도 있고, 그들의 마을도 있었어요.
그곳의 집들은 아스톨포가 그 이전이나
이후에도 보지 못할 정도로 아주 멋졌고,
거기에는 넓고 한적한 숲들도 있었으며,
요정들이 짐승들을 뒤쫓고 있었습니다.

공작은 모든 것을 구경하지 않았으니, 73
그런 목적으로 올라간 것이 아니었어요.
그는 거룩한 사도에게 안내되어 두 개의
산 사이에 있는 좁은 계곡으로 갔는데,
그곳에는 놀랍게도 우리의 잘못에 의해,
또는 시간이나 행운의 잘못으로 인하여
잃어버린 것들, 이곳 아래에서[29] 우리가
잃어버린 것들이 모두 모여 있었습니다.

지칠 줄 모르는 수레바퀴[30]가 그곳에 74
작용하는 재산이나 영토[31]뿐만 아니라,

---

29) 그러니까 지구에서.
30) 뒤이어 말하는 **행운** 또는 **운명**의 수레바퀴를 가리킨다.
31) 원문은 "regni", 즉 '왕국들'로 되어 있다.

행운이 주거나 또는 빼앗을 수 없는
것들도 있다는 것을 저는 말하고 싶군요.
이 아래에서 시간의 오랜 흐름이 마치
좀처럼 갉아먹는 수많은 명성이 거기에
있었고, 우리 죄인들이 하느님께 드리는
수많은 기도들과 서원들도 있었습니다.

연인들이 흘리는 수많은 눈물과 한숨, 75
도박하는 데에 낭비되는 쓸모없는 시간,
무지한 사람들이 빠져든 기나긴 게으름,
조금도 이루어지지 않은 헛된 계획들,
그리고 무수하게 많은 헛된 욕망들이
그 계곡의 대부분을 차지하고 있었으니,
간단히 말해 혹시 여기에서 잃는 것은
거기 올라가면 찾을 수 있을 것입니다.

아스톨포는 그런 것들의 더미 사이를 76
지나가며 안내자에게 이것저것 물었어요.
그는 부푼 방광들의 산을 보았는데,
그 안에 소란스러움과 비명이 들어 있는
것 같았고, 그것들이 옛날에 유명했지만
지금은 거의 이름마저 어둠 속에 잊힌
아시리아와 리디아, 페르시아, 그리스
사람들의 옛 왕관이라는 것을 알았어요.

바로 그 옆에 황금과 은으로 만들어진 77
낚시들의 더미를 보았는데, 그것은 바로
탐욕스러운 군주들이나 왕들, 주인들에게
어떤 보상을 바라고 주는 선물들이었어요.
꽃다발 속에 감추어진 밧줄들을 보았는데,
그건 모두 아첨들이라는 말을 들었어요.
주인들을 찬양하는 시구들은 배가 터진
매미와 비슷한 모습을 하고 있었습니다.

불행하게 끝난 사랑들은 황금 올가미와 78
보석이 박힌 족쇄 형상을 하고 있었어요.
독수리 발톱들도 있었는데, 주인이 자기
하인들에게 부리는 권위라고 들었어요.
절벽 주위를 가득 채운 풀무들은 바로
군주들이 한때 총애하는 신하들에게
주었지만, 나중에 세월의 꽃들과 함께
사라진 혜택들과 헛된 영광들이었어요.

도시들과 성들의 폐허가 그곳에서는 79
커다란 보물과 한데 뒤섞여 있었어요.
그는 질문했고, 그것이 감춰지지 않은
음모와 협상이라는 대답을 들었어요.[32]
여자의 얼굴을 한 뱀들을 보았는데,
화폐 위조자와 도둑의 작업이었으며,

Canto 34:79
도시들과 성들의 폐허가 그곳에서는
커다란 보물과 한데 뒤섞여 있었어요.

다채롭고 깨진 유리 공들을 보았는데,

그것은 초라한 궁정의 봉사들이었어요.[33]

그는 엄청나게 많이 쏟아진 국물을 80

보고 안내자에게 물었고, 그는 이렇게

대답했어요. "누군가가 남긴 자선인데

죽은 다음에 이루어지지 않는 것이지."[34]

예전에 향기가 좋았지만, 지금은 썩은

다양한 꽃들의 거대한 산을 지나갔는데,

(이런 말이 합당하다면) 콘스탄티누스가

착한 실베스테르에게 한 선물이었어요.[35]

그리고 아주 많은 끈끈이를 보았는데, 81

여인들이여, 그건 당신들의 아름다움이오.

거기에서 그의 앞에 나타난 것들을 모두

시구로 엮어야 한다면 매우 길 것이며,

우리의 필요한 것들은 모두 거기 있으니,

무수하게 말해도 끝나지 않을 것입니다.

---

32) 음모들이 발각되어 실패하고 협상을 지키지 않음으로써 성들과 도시들이 폐허로 변했다는 뜻이다.
33) 궁정의 영주들이 마치 깨져서 쓸모없어진 유리 공을 버리듯이 자기 궁정인들을 버린다는 뜻이다.
34) 유언으로 자선을 베풀었는데 상속자들이 실천하지 않았거나, 죽기 직전에 지옥이 두려워 자선을 베풀었지만 거짓으로 끝난 것을 가리킨다.
35) 소위 《콘스탄티누스의 기증서》를 가리킨다(제17곡 78연 참조).

다만 광기는 거기에 거의 없었으니, 여기
이 아래에 있으며 절대 떠나지 않거든요.[36]

거기에서 그는 자신이 예전에 잃어버린 82
날들과 자신의 행동들을 찾아보았는데,
함께 있던 안내자가 없었다면, 완전히
다른 형태를 구별하지 못했을 것입니다.
그리고 우리가 갖고 있다고 생각하여
하느님께 달라고 기도하지 않는 것,
즉 제정신을 보았는데, 이야기한 다른
것들보다 훨씬 커다란 산을 이루었어요.

그것은 섬세하고 아주 가벼운 액체로 83
잘 막아 두지 않으면 쉽게 증발했으며,
그런 용도에 알맞게 더 크거나 더 작은
다양한 약병들 안에 담겨 있었습니다.
그중에서 가장 큰 약병 안에 미쳐 버린
오를란도의 커다란 제정신이 있었는데,
약병 바깥에 "오를란도의 제정신"이라는
글이 적혀 있어 다른 것과 구별되었어요.

---

36) 지상에 살고 있는 자들은 거의 모두가 미치광이라는 냉소적인 표현이다. 간단히 말해 우리의 제정신은 달에 있고, 광기는 지상에 있다는 것이다.

그렇게 다른 모든 약병에 제정신을 84
잃은 사람들의 이름이 적혀 있었어요.
아스톨포는 자기 자신의 상당 부분을
발견했고, 그보다 훨씬 더 놀라운 것은,
조금도 잃지 않았을 것이라고 생각한
많은 사람이 제정신을 조금밖에 갖고
있지 않으며, 아주 많은 양이 그곳에
있다는 명백한 증거를 본 것입니다.

누구는 사랑에, 누구는 명예에 잃었고, 85
누구는 바다를 달리며 부를 찾는 것에,
누구는 주인에 대한 희망에 잃었으며,
누구는 어리석은 마법을 뒤쫓는 데에,
누구는 보석에, 누구는 화가의 작업에,
다른 중요하다고 생각한 것에 잃었지요.
철학자들, 점성술사들, 그리고 시인들의
제정신도 거기에 많이 모여 있었습니다.

아스톨포는 모호한 묵시록의 작가[37]가 86
허용해 주었기에 자기 것을 꺼냈어요.
그것이 담긴 약병을 코에 갖다 대자

---

37) 성 요한. 일반적으로 사도 요한과 복음사가 요한, 〈요한의 묵시록〉의 작가 요한을 동일 인물로 보고 있다.

자기 자리를 찾아서 가는 것 같았고,
투르피노의 기록에 의하면, 그날 이후
아스톨포는 현명하게 오래 살았지만,
나중에 한 번의 실수로 인해 또다시
자기 제정신을 잃게 되었다고 합니다.

아스톨포는 오를란도를 현명하게 해 줄 87
제정신이 들어 있는 크고 가득한 약병을
꺼냈는데, 다른 약병들과 함께 있을 때
생각한 만큼 그렇게 가볍지 않았어요.
빛으로 가득한 그 하늘에서 더 아래의
하늘들로 내려오기 전에 아스톨포는
거룩한 사도의 안내를 받으면서, 어느
강 옆에 있는 궁전으로 가 보았습니다.

궁전의 모든 방에는 아마, 비단, 면, 88
양모 섬유들이 가득했는데, 추하거나
아름다운 다양한 색깔들로 물들었어요.
첫 번째 회랑에서는 한 백발의 노파가
그것들로 실패에 실을 잣고 있었는데,
마치 여름날에 시골 여인이 새로운
비단실을 짤 때, 젖은 누에고치에서
실을 뽑는 것을 보는 것 같았습니다.

누구는 하나가 끝나면 다른 섬유를   89
가져오고, 누구는 다른 곳으로 옮겼고,
다른 노파는 앞의 노파가 뒤섞어 놓은
아름다운 실과 추한 실을 구분했어요.
"제가 모르겠는데, 무슨 일을 하지요?"
아스톨포가 묻자 요한이 대답했어요.
"노파들은 운명의 여신들이고, 저런
실로 너희 인간의 생명을 짜고 있지.

실이 지속되는 만큼만 인간의 삶이   90
지속되고, 한순간도 더 넘지 않는다.
죽음과 **자연**은 누가 언제 죽어야
하는지 알기 위해 이곳을 바라본단다.
둘째 노파는 아름다운 실을 고르는데,
나중에 천국을 장식하기 위한 천을 짜기
위해서이며, 추한 실들에서는 저주받은
자들을 위한 거친 매듭들이 만들어지지."

이미 실패에 감겨 있고 다른 작업을   91
위하여 선별되어 있는 모든 섬유들로
조그만 판들에 이름이 새겨져 있었는데,[38]
일부는 쇠로, 일부는 금이나 은으로 된
그 판들은 아주 빽빽하고 거대한 더미를
형성하였으며, 전혀 피곤해 보이지 않는

한 노인[39]이 조금도 쉬지 않고 일부를
가져갔다가 또다시 돌아오곤 했습니다.

그 노인은 마치 달리기 위해 태어난   92
것처럼 아주 날렵하고 또 재빨랐으며,
그 더미에서 이름들이 새겨진 판들을
외투 자락에 가득 담아서 옮겼습니다.
어디로 가고, 또 왜 그런 일을 하는지,
언제나 그러셨듯이 너그러운 아량으로
나리께서 들으실 의향이 있으시다면,
다음 노래에서 이야기해 드리겠습니다.

---

38) 섬유들로 금속판에 이름이 새겨졌다는 표현이 이상하다고 생각했는지, 레이놀즈Barbara Reynolds는 실이 감긴 물레에 이름이 새겨진 금속판이 붙어 있는 것으로("Were tagged with little disks") 옮겼다(*The Frenzy of Orlando, Part Two*, Penguin Books, 1977, p. 334).
39) **시간**을 상징하는 노인이다(제35곡 18연 참조).

제35곡

 아스톨포는 이름 판들을 레테강에 버리는 노인과 이름 판들을 건지려는 새들을 본다. 브라다만테는 마법 창으로 로도몬테를 다리에서 떨어뜨린 다음 이슬람 진영 기사들에게 도전하여 물리치고, 자신을 배신했다고 생각하는 루지에로와 겨루려고 한다.

여인[1]이여, 나의 잃어버린 제정신을 1
되찾아 주려고 누가 하늘로 올라갈까요?
당신의 아름다운 눈에서 쏜 화살이 가슴에
꽂힌 이후 계속 내게서 빠져나가고 있어요.
지금의 상태보다 더 나빠지지 않는다면,
나는 그런 상실을 별로 슬퍼하지 않지만,
혹시 더 빠져나가면, 내가 오를란도를
묘사한 것처럼 되지 않을까 두렵습니다.

나의 제정신을 되찾기 위하여, 내가 2

---

1) 아리오스토가 사랑한 알레산드라 베누치(제1곡 2연 참조)를 암시한다.

하늘로 날아 올라가서 달의 하늘이나
천국으로 갈 필요는 없을 것 같으니,
내 것은 그리 높이 있지 않을 겁니다.
만약에 내가 당신의 아름다운 눈이나
맑은 얼굴로, 당신의 상앗빛 가슴과
설화석고 둔덕[2]으로 가서 방황한다면,
이 입술로 다시 되찾게 될 것입니다.

아스톨포는 운명의 물레 위에서 이미   3
시작된 실들이 돌아가는 것을 본 다음,
아주 널찍한 궁전 안을 돌아다니면서
미래의 모든 삶들을 구경해 보았는데,
한 섬유가 황금보다도 더 섬세하게
빛나는 것 같았고, 보석을 다져 매우
정교하게 실로 뽑아 놓아도 그것에는
조금도 비교될 수 없을 것 같았어요.

무수한 것들 중에서 비교할 수 없는,   4
놀랍게 아름다운 그 실이 마음에 들어서
그 삶이 언제 누구에게서 나올 것인지,
알고 싶은 커다란 욕망이 생겼습니다.
복음사가[3]는 아무것도 감추지 않았으니,

---

2) 하얗게 솟은 젖가슴.

그것은 육화된 '말씀' 이후에 흐르는
세월들이 M과 D로 표시되는 것보다
이십 년 전에 시작될 삶이라고 했어요.[4)]

그리고 그 실이 찬란함과 아름다움에   5
있어서 비슷하거나 비교될 것이 없듯이,
거기에서 세상에 태어날 삶은 유일하게
행운에 넘치는 삶이 될 것이라고 했으며,
고귀한 **자연**이나 자신의 고유한 노력,
너그러운 **행운**이 인간에게 줄 수 있는
모든 탁월하고 진귀한 우아함을 영원하고
분명한 자질로 갖게 될 것이라고 말했어요.

"강들의 왕[5)]"이 고귀하게 갈라진 곳에   6
지금은 소박하고 작은 마을이 있는데,
그 앞에는 포강이 있고, 뒤에는 깊은
늪의 소용돌이가 머물고 있으며, 세월이
흐름에 따라, 이탈리아의 모든 도시들

---

3) 성 요한.
4) 그리스도의 육화가 일어난 다음 로마 숫자 MD로 표시되는 세월, 말하자면 1500년이 되기 이십 년 전에 태어날 것이라는 뜻이다. 아리오스토가 섬기던 이폴리토 데스테는 바로 1479년에 태어났다.
5) 이탈리아에서 가장 큰 강인 포강. 페라라는 포강이 하류의 어귀에서 갈라지는 곳에 자리하고 있다. "강들의 왕"이기 때문에 "고귀"하다고 하였다.

중에 찬란한 건물과 성벽뿐만 아니라
고귀한 풍습과 멋진 학문에 있어서도
가장 아름다운 도시로 성장할 것이다.

그렇게 위대하면서도 신속한 성장은   7
어떤 돌발적인 우연에 의한 것이 아니라,
내가 말하는 사람이 태어나기에 합당한
곳이 되도록 하늘에 의해 마련된 것이며,
그 열매가 나올 곳에 가지를 접붙여서
잘 자라도록 세심하게 돌보고 있으니,
마치 장인이 귀중한 보석을 고정하기
위하여 황금을 가공하는 것과 같구나.

지상의 왕국에서 어떤 영혼도 그렇게   8
아름답고 멋진 옷[6]을 입지 못하였으니,
이 높은 하늘들[7]에서 그렇게 가치 있는
영혼이 내려간 적이 거의 없을 정도로,
영원하신 마음은 이폴리토 데스테를
만드시려는 고귀한 계획을 세우셨단다.
하느님께서 그렇게 풍부한 선물을 주실

---

6) 육체.
7) 별들의 하늘을 가리킨다. 플라톤의 이론에 의하면, 인간의 영혼은 별들에서 지상으로 내려간다고 한다.

자는 이폴리토 데스테라고 불릴 것이다.

여러 개로 나뉘어 많은 사람을 완전히 9
장식하기에 충분한 그러한 장식물들을,
내가 지금 말해 주기를 바라는 그자는,
한꺼번에 모아 자신을 장식할 것이다.
그를 통해 덕성들과 학문들이 번창할
것이며, 그의 높은 업적들을 모두 다
이야기하려고 하면, 오를란도는 헛되이
자기 제정신을 기다려야만 할 것이야."

그리스도를 따르는 분은 공작과 함께 10
걸어가며 그렇게 이야기를 나누었고,
인간의 삶들이 만들어지는 그 커다란
궁전의 모든 방들을 다 구경한 다음,
혼탁하고 지저분한 강물이 모래들과
뒤섞여서 흘러가는 강으로 나왔는데,
강변에서 이름이 새겨진 판들을 들고
그곳으로 온 그 노인을 발견했습니다.

혹시 기억하시는지 모르겠으나, 앞의 11
노래 마지막 부분에서 제가 말했듯이,
얼굴은 노인이지만, 몸은 어떤 영양보다
훨씬 더 날렵하고 재빠른 노인 말입니다.

그는 끝없이 많이 쌓여 있는 이름 판들의
산더미에서 외투 자락에 가득 담아 왔고,
레테[8]라고 부르는 그 강물 안에다 마치
무거운 짐을 부려 놓듯이 던져 넣었어요.

말하자면 그 경이로운 노인은 강의   12
기슭에 도착하면 가득 담긴 외투 자락을
흔들었으며, 이름이 새겨진 판들을
모두 혼탁한 강물 안에다 떨어뜨렸어요.
수없이 많은 판들이 바닥에 가라앉아
최소한의 유용함도 남을 수 없었으니,
수없이 많은 판들이 바닥에서 모래 속에
파묻혀서 하나도 살아남지 못했습니다.

그 강을 따라서 주위의 온 사방에는   13
탐욕스러운 매들과 까마귀들, 그리고
갈까마귀들과 다른 새들이 날아다니며
시끄럽고 거슬리는 소리들을 냈습니다.
그리고 그 수많은 보물들[9]이 뿌려지는
것을 보면, 모두들 먹이로 달려들었고,
누구는 부리로, 누구는 굽은 발톱으로

---

8) 제25곡 93연 참조.
9) 이름이 적힌 금속판들.

잡았지만 멀리 가져가지 못했습니다.

새들은 허공으로 날아오르려고 했지만,   14
그 무게를 들어 올릴 만한 힘이 없었고,
그래서 레테의 강은 기억할 가치가 있는
풍요로운 이름들을 휩쓸어 가야 했어요.
많은 새들 중에, 나리, 당신의 문장[10]처럼
새하얀 백조[11]가 오직 두 마리 있었는데,
자기들에게 오는 이름 판을 확실하게
부리에 물고 즐거운 표정으로 왔어요.

따라서 모두 강물 속에 던져 넣으려는   15
노인의 악의적인 생각과는 반대로,
너그러운 백조들은 그 일부를 구했고,
나머지는 모두 망각 속에 잊혔습니다.
신성한 백조들은 때로는 헤엄을 치고
또 때로는 허공으로 날갯짓을 하면서,
사악한 강물의 기슭으로 갔으며, 위에
신전이 있는 어느 언덕으로 향했어요.

---

10) 데스테 가문의 문장은 파란 바탕에 하얀 독수리가 그려져 있다.

11) 뒤이어 22~23연에서 말하듯이, 가치 있는 사람들의 명성을 망각에서 구할 수 있는 진정한 시인들을 암시한다.

Canto 35:15

너그러운 백조들은 그 일부를 구했고,
나머지는 모두 망각 속에 잊혔습니다.

그곳은 바로 **불멸**에 바쳐진 곳으로,　　　　　　　　　　　16
어느 아름다운 요정[12]이 그 언덕에서
아래로 레테의 강기슭으로 내려갔으며,
백조의 부리에서 이름들을 받아 들었고,
그것들을 신전 한가운데 높은 기둥 위에
세워진 동상의 주위에다 걸었으며,
거기서 모든 이름을 신성하게 만들어
영원히 볼 수 있도록 잘 관리했습니다.

그 노인이 누구인지, 왜 아무 이득 없이　　　　　　　　　17
아름다운 이름들을 강에다 버리는지,
그리고 새들과, 아름다운 요정이 경건한
장소에서 강기슭으로 내려가는 커다란
신비들과 알 수 없는 의미들에 대하여
알고 싶은 욕망을 아스톨포는 가졌으며,
그 모든 것에 대해 하느님의 사람에게
물어 보았고, 그는 이렇게 대답했습니다.

"이곳의 신호 없이는 저 아래에서 잎사귀　　　　　　　18
하나 움직이지 않는다는 것을 알아야 한다.
비록 서로 모습은 다르지만, 모든 사건은
땅과 하늘에서 서로 상응해야만 한단다.

---

12) 명성을 상징한다.

수염이 가슴에 물결치고 있는 저 노인은
너무나 빨라 아무것도 가로막지 못하고,
저 아래에서 **시간**이 하는 것과 똑같은
작업과 똑같은 활동을 이 위에서 한다.

실이 실패 위에서 전부 감기게 되면, 19
저 아래에서 인간의 삶이 끝나게 된다.
만약 여기에서 수염이 난 노인이, 또 저
아래에서 **시간**이 계속 빼앗지 않으면,
모두 신성하고 불멸의 것이 되어, 저기에는
명성이, 여기에는 이름 판이 남게 된다.
네가 보듯이, 노인은 강물 속에 던지고,
시간은 영원한 망각 속에 빠뜨리지.

그리고 이 위에서 까마귀들과 매들과 20
갈까마귀들과 다른 다양한 새들이 모두,
아주 아름답게 보이는 이름을 강물에서
밖으로 이끌어 내려고 노력하는 것처럼,
저 아래서는 뚜쟁이들, 아첨꾼들, 광대들,
방탕한 젊은이들, 첩자들, 또한 궁정에
살며 덕성 있고 훌륭한 사람보다 훨씬
더 환대를 받는 자들이 그렇게 하는데,

당나귀와 돼지를 모방할 줄 알기 때문에 21

그들은 고귀한 궁정인들이라고 불리지.
정당한 **운명**, 아니, 베누스와 바쿠스[13]가
자기 주인의 실을 모두 다 감아 버리면,
내가 말하는 자들, 무능하고 비천하며,
뱃속에 음식만 채울 줄 아는 그들은
며칠 동안 주인의 이름을 입에 담지만,
잠시 후 그 짐을 망각 속에 떨어뜨린다.

그렇지만 즐겁게 노래하는 백조들이 22
이름 판들을 신전에다 구해 놓게 되면,
합당한 사람들은 시인들의 손에 의해
죽음보다 사악한 망각에서 벗어난단다.
오, 아주 신중하고 영민한 군주들이여,
아우구스투스[14]의 예를 따르도록 해라!
시인들을 너희들의 친한 친구로 삼아
레테의 강물을 두려워하지 않도록 해라!

그렇지만 시인이라는 이름에 합당한 23
시인은 백조들처럼 아주 드물 뿐이니,

---

13) 로마 신화에서 아름다움의 신과 포도주의 신으로, 인간의 주요 악덕인 호색과 탐식을 가리킨다.
14) 원문은 "Cesare", 즉 '카이사르'로 되어 있는데, 보통명사로 황제를 가리키기도 한다. 아우구스투스 황제는 베르길리우스 같은 뛰어난 문인들의 작품 활동을 적극적으로 후원하였다(제3곡 56연 참조).

하늘은 탁월한 사람들이 너무나 많이
통치하는 것을 허용하지 않기 때문이고,
탐욕스러운 영주들이 신성한 재능들이
구걸하도록 방치하고, 덕성을 억누르고
악습을 부추기고, 또 훌륭한 기술들을
밖으로 추방하는 커다란 잘못 때문이지.

하느님께서는 그 무지한 자들의 지성을 24
빼앗고 그들의 이성을 흐리게 만드시며,
죽음이 그들의 모든 것을 없애 버리도록
그들이 시에 무관심하게 만드시는 거야.
만약 키라[15]를 친구로 만들 줄 알았다면,
비록 완전히 사악한 악습들에 젖었어도
무덤에서 살아 나올 뿐만 아니라, 그 향은
감송이나 몰약보다도 훨씬 좋을 것이다.

아이네아스는 명성처럼 자비롭지 않았고, 25
아킬레스는 강력하지 않았고, 헥토르는
용감하지 않았으며, 진실로 그들보다 훨씬
뛰어난 자들이 무수하게 많이 있었지만,
그들의 후손들이 거대한 궁전과 저택을

---

15) 그리스의 파르나소스산에는 두 개의 봉우리가 솟아 있는데, 그중에서 키라는 아폴로에게 바쳐진 봉우리이다.

선물한 덕택에, 아주 뛰어난 시인들의
명예로운 손에 의하여, 그들에게 끝없이
높고 고귀한 명예가 부여되었을 뿐이다.

베르길리우스의 나팔[16]이 울리는 것처럼 26
아우구스투스는 존엄하지 않고 너그럽지
않지만, 시에 좋은 취향을 가졌기 때문에
사악한 추방들[17]에 대하여 용서를 받았다.
네로가 사악했는지 아무도 모를 것인데,
만약 시인들을 친구로 삼을 줄 알았다면,
땅과 하늘에 적들을 많이 갖고 있더라도
아마 보다 나은 명성을 남겼을 것이다.

호메로스는 아가멤논을 승리자로 삼고 27
트로이아 사람들을 초라하게 만들었으며,
페넬로페가 남편에게 충실하고 구혼자들의
수많은 모욕들을 견디는 것으로 만들었지.
만약 네가 진실을 분명하게 알고 싶다면,
모든 역사를 정반대로 뒤집어야 하는데,
그러면 그리스는 패배하고, 트로이아가

---

16) 베르길리우스의 작품, 특히 《아이네이스》를 가리킨다.
17) 아우구스투스는 안토니우스, 레피두스와의 삼두정치 시절에 많은 로마 시민들에게 가혹한 추방령을 선고하였다.

승리하고, 페넬로페는 창녀가 될 것이다.

다른 한편으로 너무나 정숙한 마음을 28
가진 디도가 어떤 명성을 남겼는지 봐라.
단순히 베르길리우스의 친구가 아니었기
때문에 매춘부처럼 평가되었던 것이다.
내가 그런 것에 대해 길게 이야기하고,
그런 것에 괴로워한다고 놀라지 마라.
나는 시인을 사랑하고 그건 내 의무다.
너희들 세상에서 나도 시인이었으니까.

그리고 다른 누구보다 나는 시간이나 29
죽음이 빼앗아 갈 수 없을 것을 얻었고,
내가 찬양하는 그리스도께서는 이렇게
큰 운명을 나에게 보상으로 주셨단다.
호의가 모든 문들을 닫아 버린, 슬픈
시대의 시인들 때문에 나는 괴로우니,
창백하고 야위고 메마른 얼굴과 함께
밤낮으로 문을 두드려도 소용없구나.

그러니 처음 했던 말을 계속하자면, 30
시인들과 학자들이 너무나 적은 것은,
심지어 짐승들마저 제자리가 있는데,
그들에게 음식도 숙소도 없기 때문이다."

그렇게 말하면서 그 축복받은 노인의
두 눈은 마치 불과 같이 타올랐으며,
현명한 미소와 함께 아스톨포를 향해
혼란스럽던 얼굴이 다시 맑아졌어요.

저는 더 이상 위에서 날 수 없으니, 31
이제 아스톨포는 복음사가와 함께
내버려두고, 하늘에서 아래의 땅
위로 훌쩍 뛰어내려 오고 싶습니다.
질투심의 잔인한 공격을 당해 커다란
창과 함께 떠난 여인[18])에게 돌아갑니다.
제가 떠났을 때, 그녀는 짧은 결투에서
세 명의 왕을 차례로 땅에 떨어뜨렸고,

바로 그날 저녁 파리로 가는 길목에 32
있는 어느 성에 도착하였으며, 자신의
오빠[19])에게 패배한 아그라만테가 아를로
퇴각하였다는 소식을 듣게 되었습니다.
자기 루지에로가 그와 함께 있을 거라고
확신한 그녀는 하늘이 밝아 오자 곧바로
프로방스를 향해 길을 떠났는데, 또한

---

18) 마법의 황금 창을 갖고 떠난 브라다만테.
19) 리날도.

카롤루스도 뒤쫓아 오는 것을 알았어요.

프로방스를 향해 곧장 가는 길을 통해 33
가는 동안 그녀는 한 여인을 만났는데,
비록 눈물에 젖어 있고 괴로워하였지만
아름다운 얼굴에 태도도 아름다웠어요.
그녀는 바로 모노단테의 아들[20]에 대한
사랑에 꿰뚫린 여인, 그러니까 자신의
연인을 다리 옆에 있는 로도몬테의
감옥에 남겨 둔 고귀한 여인이었지요.

그녀는 마치 수달처럼 땅 위에서나 34
물속에서 싸움을 하는 데에 익숙하고,
또 로도몬테와 대적할 수 있을 정도로
용맹한 기사를 찾으면서 가고 있었어요.
루지에로의 위로를 받지 못한 여인은,
다른 위로받지 못한 여인을 만났을 때,
친절하게 그녀에게 인사를 건넨 다음
그녀가 괴로워하는 이유를 물었습니다.

피오르딜리지는 그녀를 보고 자신이 35
필요로 하는 기사처럼 보였기 때문에,

---

20) 브란디마르테. 그러니까 이 여인은 피오르딜리지이다.

로도몬테가 길을 가로막고 방해하는
다리에 대해 이야기하기 시작했어요.
그리고 자기 연인이 죽게 될 상황에
이르렀는데, 그 사라센 왕이 강력했던
것보다, 교묘하게 좁은 다리와 강의
도움을 이용했기 때문이라고 했어요.

그녀는 이야기했어요. "당신이 겉으로 36
보이는 만큼 친절하고 또 용맹하다면,
제발, 내게서 연인을 빼앗아 가고 나를
이렇게 슬프게 만든 자를 복수해 주세요.
아니면 최소한 그 이교도에게 다리와
강이 별 소용없도록, 무기와 결투에서
유능하고 그에게 저항할 수 있는 자를
어디에서 찾을 수 있을지 말해 주세요.

당신은 방랑 기사와 친절한 사람에게 37
어울리는 일을 하게 될 뿐만 아니라,
모든 충실한 연인보다 충실한 사람을
당신의 무훈으로 도와주게 될 거예요.
그의 다른 덕성들에 대해서는 내가
이야기할 수 없을 정도로 아주 많아
그 소식을 듣지 못한 사람은 보거나
듣는 능력이 없다고 말할 수 있어요."

영광과 칭찬으로 부를 만한 가치가 38
있다고 판단되는 모든 임무를 언제나
기꺼이 받아들이는 너그러운 여인은
곧바로 다리로 가려고 결심하였으니,
절망에 빠져 죽음에 이를 수도 있는
지금 더욱더 기꺼이 가려고 했는데,
불쌍하구나! 루지에로를 잃었다고 믿은
그녀는 살아 있는 것을 증오했습니다.

브라다만테는 대답했습니다. "사랑에 39
빠진 여인이여, 힘들고 위험한 임무를
하기 위하여 나의 능력을 제공하겠어요.
내가 말하지 않는 다른 이유도 있지만,
그보다도 당신의 연인이 남자들에게서
찾기 힘든 것, 즉 사랑에 충실하다고
이야기하기 때문인데, 내가 맹세하지만,
그것에 있어서는 모두 거짓일 것이오."

그녀는 한숨과 함께 그런 말을 끝냈고, 40
가슴속에서 나오는 한숨과 함께 이렇게
말했어요. "갑시다." 그리고 그다음 날
그들은 공포로 가득한 강에 도착했어요.
자기 주인에게 뿔 나팔로 신호를 하기
위하여 지키고 있던 수비대원이 알리자,

Canto 35:40

자기 주인에게 뿔 나팔로 신호를 하기
위하여 지키고 있던 수비대원이 알리자,

로도몬테는 습관처럼 갑옷을 입었으며
강기슭에서 다리를 향해 나아갔습니다.

브라다만테가 그곳에 나타나자, 그는 41
그녀가 타고 있는 말과 무기를 위대한
무덤에다 바치지 않으면, 곧바로 죽일
것이라고 그녀에게 위협을 가했습니다.
피오르딜리지가 그녀에게 말해 주어서
이사벨라가 어떻게 죽어 누워 있는지
진실한 이야기를 잘 아는 브라다만테는
오만한 로도몬테에게 대답하였습니다.

"이 짐승아, 너는 왜 네 잘못에 대한 42
참회를 순진한 사람들이 하게 하느냐?
네가 죽인 그녀를 너의 피로 위로해야
한다는 것을 온 세상이 다 알고 있다.
그러니 네가 말에서 떨어뜨린 수많은
사람들의 그 모든 무기와 갑옷보다,
그녀가 더욱 좋아할 제물과 봉헌은
내가 너를 죽여 복수하는 것이리라.

내 손의 선물을 더 좋아할 것이니, 43
그녀처럼 나도 여자이기 때문이다.
나는 단지 그녀의 복수를 하기 위해

여기 왔으며 단지 그것만 원하노라.
하지만 네 무훈이 나와 비슷하다면
먼저 협정을 맺는 것이 좋을 것이다.
만약 내가 떨어지면, 네가 포로들에게
했던 것과 똑같이 나에게 할 것이나,

만약 내가 원하듯이 너를 떨어뜨리면,　　　　　　　　　　44
나는 너의 말과 갑옷을 가져갈 것이고,
오로지 그것만 무덤에 바칠 것이며,
다른 갑옷들을 대리석에서 떼어내고,
네가 모든 기사를 풀어 주기 바란다."
로도몬테는 대답했어요. "네가 말하는
것은 정당해 보인다. 하지만 포로들은
지금 여기에 없으니, 네게 줄 수 없다.

아프리카의 내 왕국으로 보냈으니까.　　　　　　　　　45
그렇지만 내 명예를 걸고 약속하겠다.
만약 불행한 일로 네가 안장 위에 남고,
내가 안장에서 떨어지는 일이 일어나면,
모든 포로들을 풀어 주도록 할 것이다.
다만 내가 질 경우, 네가 명령하는 것을
하도록 서둘러 심부름꾼을 보내는 데
필요한 시간이 지난 뒤에 그럴 것이다.

하지만 분명히 그렇게 될 것이라고 46
생각하는데, 만약 네가 떨어지게 되면,
나는 네 갑옷을 남기거나, 패배자로 네
이름을 대리석에 새기는 것을 원치 않고,
모든 남자들에게 사랑과 즐거움을 주는
네 얼굴과 아름다운 눈, 머리카락에게
승리를 바치고 싶으니, 나를 증오하지
말고 사랑하도록 노력해 주기를 바란다.

내 무훈과 힘은 너무나 강하니, 네가 47
땅에 떨어져도 실망하지 말기 바란다."
그는 약간 미소 지었지만, 어느 때보다
분노에 서려 있는 쓰라린 미소였어요.
브라다만테는 그에게 대답도 하지 않고
좁은 나무다리의 한쪽 끝으로 갔으며,
말에 박차를 가하고 황금 창을 겨누며
오만한 로도몬테를 향해 달려갔습니다.

로도몬테 역시 결투할 준비를 한 다음 48
전속력으로 달려왔으며, 다리는 커다란
소음을 내기 시작했으니, 아마 멀리 있는
사람들의 귀까지 먹먹할 정도였습니다.
황금 창은 오래 익숙한 효과를 냈으니,
그토록 결투에 능숙하였던 로도몬테는

안장에서 허공으로 날아 올라갔으며
다리에서 머리를 거꾸로 떨어졌어요.

스쳐 지나가면서 브라다만테는 말과   49
함께 아주 협소한 공간만 발견했으니,
하마터면 그녀가 강물 속으로 떨어져
커다란 위험과 직면할 뻔하였지만,
바람과 불이 잉태시켰던 라비카노는
너무나 유연하고 너무나 재빨랐으며
칼날 위로도 갈 수 있을 정도였기에,
좁은 가장자리에서도 길을 찾았어요.

그녀는 돌아섰고, 떨어진 로도몬테를   50
향하여 돌아왔으며, 가볍게 이런 말을
했어요. "이제 누가 졌는지, 우리 중에
누가 아래에 있어야 하는지 잘 알겠지."
로도몬테는 여자가 자신을 떨어지게
만든 것에 너무나 놀라 말이 없었으며,
너무나 놀라움과 분노에 넘쳐 대답할
수도 없고 대답하고 싶지도 않았어요.

침울하고 말없이 바닥에서 일어났고,   51
네 걸음이나 여섯 걸음 걸어간 다음,
방패와 투구, 나머지 다른 갑옷들을

모두 벗어서 자갈밭에다 내던졌어요.
그리고 혼자 걸어서 바로 사라졌는데,
그는 사라지기 전에, 앞서 한 약속을
잊지 않고, 자기 시종 하나에게 가서
자신의 포로를 풀어 주라고 명령했어요.

그는 떠났고, 어느 어두운 동굴 안에 52
있다는 것 외에는 알려지지 않았어요.
그동안에 브라다만테는 그의 갑옷을
그 높다란 무덤에다 걸어 두었으며,
거기에 새겨진 이름을 보고, 카롤루스
진영에 속하는 기사들의 갑옷을 모두
떼어냈고, 나머지는 그대로 놔두었고
아무도 손대지 못하도록 하였습니다.

모노단테의 아들[21]의 갑옷 이외에도 53
산소네토와 올리비에로의 갑옷도 거기
있었는데, 그들은 오를란도를 찾으러
가장 빠른 길로 그곳으로 갔었습니다.
그들은 거기서 잡혔고, 바로 전날에
오만한 로도몬테가 보냈던 것입니다.
브라다만테는 그 갑옷들을 모두 높은

---

21) 브란디마르테.

무덤에서 떼어 내 탑 안에다 넣었어요.

이교도 기사들에게서 빼앗은 다른 54
갑옷은 모두 무덤에 걸어 두었습니다.
거기에는 프론탈라테[22]를 위해 헛된
걸음을 하였던 왕의 갑옷도 있었는데,
말하자면 치르카시아 왕[23]의 갑옷으로,
그는 언덕들과 들판들을 오래 방황한
끝에 거기에 왔고, 결국 다른 말까지
두고 갑옷도 없이 가볍게 가 버렸지요.

로도몬테가 자기와 종교가 같은 자들은 55
그곳에서 떠나도록 허용하였기 때문에,
그 이교도 왕은 위험스러운 다리에서
갑옷도 없이 두 다리로 걸어서 떠났어요.
하지만 자기 진영으로 돌아갈 용기가
없었고, 거기 나타날 면목이 없었으니,
너무 허풍을 떨었기에, 그런 모습으로
돌아가면 커다란 조롱을 받을 겁니다.

그렇지만 유일하게 그의 가슴에 남은 56

---

22) 사크리판테가 갖고 있었을 때 프론티노의 이름이다(제27곡 71연 참조).
23) 사크리판테.

여인[24]을 찾고 싶은 욕망에 이끌렸어요.
우연하게 그는 그녀가 자기 왕국으로
돌아갔다는 소식을 접하게 되었으며,
(누가 말해 주었는지 저는 모르겠어요)
그래서 아모르가 이끌고 뒤쫓는 대로
그는 곧바로 그녀의 흔적을 쫓았어요.
하지만 아모네의 딸에게 돌아가 봅시다.

그녀는 어떻게 그곳을 해방시켰는지　　　　　　　　　　57
새로운 글귀에 적어 이야기로 남긴 뒤,
고통스러운 가슴을 안고, 눈물에 젖은
얼굴을 숙이고 있는 피오르딜리지에게
친절하게 거기에서 떠나면 어느 곳으로
걸음을 옮기고 싶은지 물어보았습니다.
피오르딜리지는 대답했어요. "사라센인
진영이 있는 아를로 나는 가고 싶어요.

거기에서 훌륭한 동료와 배를 찾아서　　　　　　　　　58
맞은편 해안으로 갈 수 있기를 원해요.
내 주인이자 내 남편에게 갈 때까지,
나는 절대 걸음을 멈추지 않을 거예요.
감옥에 갇혀 있지 않도록 모든 방법을

---

[24] 안젤리카.

시도할 것이고, 로도몬테가 당신에게
약속한 것이 혹시 실패하더라도, 나는
온갖 방법을 모두 시도해 보고 싶어요."

브라다만테가 말했습니다. "아를이   59
당신 앞에 보이는 곳에 이를 때까지
나도 당신과 함께 길을 가고 싶어요.
거기에서 나를 위하여 당신은 모든
거리에서 그의 이름을 들을 수 있는
아그라만테 왕의 루지에로를 찾아서,
오만한 로도몬테를 쓰러뜨리고 얻은
이 좋은 말을 그에게 갖다주세요.

그리고 정확하게 이렇게 전하세요.   60
'어느 기사가 도전을 하려고 하면서,
당신이 그의 믿음을 저버렸다는 것을
온 세상에 분명히 밝히고 싶어 해요.
그러니까 당신이 곧바로 준비하도록
이 말을 당신에게 주라고 하였어요.
당신과 결투하기 위해 기다릴 테니,
당신의 갑옷과 사슬 옷을 입으랍니다.'

단지 이 말만 하고, 내가 누구인지를   61
당신에게 물어보면, 모른다고 하세요."

그녀는 친절하게 이렇게 대답했어요.
"당신이 나를 위해 그렇게 하였는데,
나는 당신에게 봉사하는 데 말뿐만
아니라 평생이라도 보낼 것입니다."
브라다만테는 그녀에게 감사하였고,
프론티노의 고삐를 건네주었습니다.

강을 따라 그 두 아름다운 아가씨는 62
거의 쉬지 않고 함께 길을 달렸으며,
아를이 보이는 곳에 이르자, 가까운
바닷가에서 파도 소리가 들려왔어요.
말을 루지에로에게 건넬 만한 충분한
시간을 피오르딜리지에게 주기 위해
브라다만테는 마을 경계선 가까이에
있는 방벽 근처에서 멈추어 섰습니다.

피오르딜리지는 방벽 안으로 들어가 63
도개교와 성문으로 갔고, 안내를 하는
사람과 함께 루지에로가 머물고 있는
숙소로 갔으며, 거기에서 말에서 내려,
부탁받은 대로 어느 시종에게 전해야
할 말과 함께 프론티노를 건네주었고,
대답을 기다리지도 않고, 자기가 해야
할 일을 하기 위해 서둘러 떠났어요.

루지에로는 당황하여 생각에 잠겼고,　　　　　　　　64
누가 도전을 하는 것인지, 누가 모욕의
말을 전하면서 동시에 친절을 베푸는지,
도대체 실마리를 찾을 수 없었습니다.
자기가 믿음이 없다고 하는 자가 대체
누군지 보거나 상상할 수 없었고, 또한
누군지 물어 볼 수도 없었는데, 어쨌든
브라다만테일 거라고는 생각도 못했어요.

다른 누구보다 로도몬테일 것이라는　　　　　　　　65
생각이 가장 먼저 머리에 떠올랐는데,
그에게서 왜 그런 말을 들어야 하는지
생각해도, 그 이유를 알 수 없었어요.
그 외에는 이 세상 모두에서 누구와
싸움과 갈등이 있는지 알 수 없었어요.
그러는 동안에 도르도뉴의 아가씨[25]는
결투를 요구하고 뿔 나팔을 울렸어요.

마르실리오와 아그라만테도 한 기사가　　　　　　　　66
밖에서 결투를 원한다는 소식을 들었어요.
우연히 세르펜티노가 그 앞에 있었는데,
갑옷과 사슬 옷을 입게 해 달라고 청했고,

---

25) 브라다만테.

그 오만한 기사를 잡겠다고 약속했어요.
사람들은 모두 성벽 위로 몰려나왔고,
누가 결투에서 더 뛰어난지 보기 위하여
어린아이나 노인도 남아 있지 않았어요.

에스테야의 세르펜티노는 화려하고 멋진   67
사슬 옷과 갑옷을 입고 결투장에 나왔는데,
첫 번째 충돌에서 땅바닥에 길게 누웠고,
말은 날개가 달린 것처럼 달아났어요.
브라다만테는 친절하게 그 뒤를 쫓아가
고삐를 붙잡았고, 세르펜티노에게 가서
말했어요. "타세요. 당신 주군에게 가서
더 뛰어난 기사를 내게 보내라고 해요."

수많은 군중들과 함께 성벽 위에서   68
결투를 바라보고 있던 아프리카 왕은
브라다만테가 세르펜티노에게 보여 준
그런 친절한 행동에 깜짝 놀랐습니다.
"포로로 잡을 수 있는데 잡지 않는군."
그는 말했고, 사라센 백성은 들었지요.
세르펜티노가 와서 그녀의 명령대로
보다 나은 기사를 왕에게 요구했어요.

에스파냐에서 가장 오만한 기사였던   69

볼테르나의 그란도니오가 격분하여
왕에게 부탁했고, 따라서 두 번째로
위협을 가하며 결투장에 나갔습니다.
"네 친절함은 세상에 아무 소용없다!
만약 네가 나에게 패배하게 된다면,
너를 우리 주군께 끌고 가고 싶지만,
내가 으레 그러하듯, 너는 죽을 거야!"

브라다만테는 말했어요. "네 천박함이 70
내 친절함을 줄이는 것을 원치 않는다.
단단한 땅바닥에 네 뼈가 아프기 전에
돌아가라고 말해 주고 싶지 않으니까.
돌아가서 너의 왕에게 전해라. 나는
너 같은 자 때문에 온 것이 아니라,
명예의 가치가 있는 기사를 만나서
결투를 요청하려고 이곳에 왔으니까."

그런 거칠고 날카롭고 쓰라린 말에 71
그란도니오의 가슴은 크게 불붙었고,
따라서 더 이상 대꾸도 하지 못하고
분노하고 격분하여 말머리를 돌렸어요.
그녀도 돌아서서 그 거만한 자를 향해
황금 창을 겨누고 라비카노를 몰았고,
그 치명적인 창이 방패에 닿자, 그는

Canto 35:71
그 치명적인 창이 방패에 닿자, 그는
다리를 거꾸로 하늘로 날아갔습니다.

다리를 거꾸로 하늘로 날아갔습니다.

너그러운 아가씨는 그의 말을 붙잡아서　　　　　　　　　　72
그에게 주며 말했어요. "내가 말했잖아요.
결투를 하려고 그렇게 열망하는 것보다
내 말을 전달하는 것이 훨씬 낫다고요.
자, 이제 왕에게 전해요. 나와 겨룰 만한
기사를 부대에서 내보내라고 말이에요.
당신처럼 결투 경험이 별로 없는 다른
사람에게 힘을 낭비하고 싶지 않아요."

성벽 위의 사람들은 그렇게 안장에　　　　　　　　　　　　73
확고히 앉은 기사가 누군지 몰랐으며,
종종 뜨거운 날에도 덜덜 떨게 만드는
유명한 기사들의 이름을 꼽아 보았어요.
많은 사람들이 브란디마르테라고 했고,
대부분은 리날도라는 데 동의하였으며,
많은 사람이 오를란도를 생각했지만,
그의 상황이 불쌍하다는 것을 알았어요.

란푸사의 아들[26]이 세 번째의 결투를　　　　　　　　　　74
요청하며 말했어요. "승리하기를 바라는

---

26) 페라우. 란푸사에 대해서는 제25곡 74연 참조.

것은 아니지만, 만약 나도 떨어진다면,
저 기사들도 변명할 수 있을 것입니다."[27]
그러고는 결투에 필요한 모든 것을 다
갖춘 다음, 마구간에 데리고 있던 수백
마리 말 중에서 아주 빨리 달리는 데
능숙한 말을 한 마리 선택하였습니다.

그는 여인과 결투하려고 준비했지만 75
먼저 인사를 하였고, 그녀도 그랬어요.
여인이 말했어요. "만약 내가 알아도
괜찮다면, 당신이 누군지 말해 주시오."
다른 사람들에게 자신을 감추지 않는
페라우는 그런 요구를 들어주었어요.
그녀는 덧붙였어요. "당신을 거부하지
않지만, 나는 다른 사람을 더 원해요."

"누구요?" 페라우가 묻자 대답했습니다. 76
"루지에로예요." 그 이름을 꺼내는 순간
그녀의 너무나도 아름다운 얼굴은 바로
장미처럼 붉은 색깔로 온통 물들었어요.
그리고 덧붙여 말했어요. "그의 유명한

---

27) 만약 자신도 안장에서 떨어지면, 앞의 두 기사도 변명의 여지가 있을 것이며, 바로 그것을 위해서라도 도전한다는 뜻이다.

명성이 나를 이 결투에 오게 만들었어요.
그가 싸움에 얼마나 유능한지 시험하는
것만 원할 뿐, 다른 것은 원하지 않아요."

단순히 그런 말을 하였는데, 누군가는 77
혹시 다른 뜻으로 들을 수도 있었어요.[28]
페라우는 대답했지요. "먼저 우리 중에
누가 더 싸움에 유능한지 시험해 봅시다.
만약 내게도 똑같은 일이 일어난다면,
당신이 그렇게 함께 겨루어 보는 것을
열망하는 그 고귀하고 뛰어난 기사가
나와서 나의 슬픔을 보상해 줄 것이오."

그렇게 말하는 동안 브라다만테는 78
얼굴에서 눈가리개를 올리고 있었지요.
페라우는 그 아름다운 얼굴을 보면서
벌써 절반은 패배한 듯한 느낌이었고,
말없이 속으로 혼자서 말했습니다.
'저자는 천국에서 온 천사 같구나.
창으로 나를 건드리기도 전에 이미
아름다운 눈에 내가 떨어진 것 같아.'

---

28) 앞의 76연 7~8행의 말을 다른 비유적인 의미로 해석할 수도 있다는 뜻이다. 이 경우에도 싸움은 사랑의 행위와 연관될 수 있다.

그들은 으레 그렇듯이 거리를 띄웠고, 79
페라우는 안장에서 깨끗이 떨어졌어요.
브라다만테는 그의 말을 붙잡아 주면서
말했어요. "돌아가서 말한 대로 해요."
페라우는 부끄러움과 함께 돌아왔으며,
아그라만테 왕 앞에 있는 루지에로를
발견하고 그에게 말했어요. 그 기사가
그와 결투하고 싶어 한다고 말했어요.

루지에로는 자신에게 결투를 청하는 80
사람이 누구인지 전혀 모르면서도 마치
승리를 확신한 것처럼 즐거워했으며,
갑옷과 사슬 옷을 가져오라고 하였고
다른 기사들이 강한 타격에 떨어지는
것을 보고도 전혀 망설이지 않았어요.
그가 어떻게 무장하고 나갔으며, 어떤
일이 있었는지 다음 노래에서 말하지요.

제36곡

브라다만테와 마르피사가 격렬하게 싸우고 루지에로가 개입하여 싸움이 복잡하게 뒤엉킨다. 마법사 아틀란테의 영혼이 나타나서 루지에로와 마르피사가 쌍둥이 남매이며 원래 그리스도교 기사의 자식이라고 말해 준다.

고귀한 마음은 어디에 있든지 항상 1
친절하고, 그러지 않을 수가 없으니,
본성과 습관에서 나오는 그런 성격은
나중에 변하기가 어려운 것입니다.
마찬가지로 저속한 마음은 어디에
있든지 언제나 명백하게 드러나니,
자연이 악으로 기울게 하고, 그러한
습관은 나중에 바뀌기 어려우니까요.

옛날의 기사들 사이에서는 친절함과 2
고귀함의 예들을 많이 찾아볼 수 있고
요즈음에는 별로 없지만, 이폴리토 님,

그래도 적들에게서 뺏은 전리품으로
성당을 장식하고, 전리품으로 노획한
갤리선들을 고향의 강기슭으로 끌고
오셨던 그 전투[1]에서는, 경건한 예를
상당히 많이 보고 들을 수 있었어요.

타타르나 투르크, 무어 인들이 사용한 3
그 모든 잔인하고 비인간적인 행위들을,
(언제나 정의의 훌륭한 모범이 되었던
베네치아 사람들의 의지는 아니었지만)
그들의 용병이었던 사악한 병사들의
불경하고 역겨운 손들이 저질렀지요.
우리의 사랑스러운 장소들과 마을들을
태운 많은 불들은 말하지 않겠습니다.

그것은 특히나 당신에 대한 잔인한 4
복수[2]였지만, 그 당시 당신은 황제의
옆에서 파도바를 포위하고 계셨는데,[3]

---

1) 1509년 12월 22일 데스테 가문의 군대가 이폴리토 추기경의 전략 덕택에 베네치아 군대에 승리했던 폴레셀라 전투(제3곡 57연 참조)를 가리킨다. 이 전투에서 승리한 이폴리토 추기경은 적들에게서 빼앗은 문장들을 페라라 성당에 매달아 두었다.
2) 제라다다(제33곡 38연 참조)에서 당한 패배에 대한 복수였다.
3) 파도바를 포위하였을 때, 이폴리토 추기경은 신성로마제국 황제 막시밀리안과 함께 있었다.

널리 알려졌듯이,[4] 당신은 당신과 함께
태어난 고귀한 기사도가 원하는 대로,
마을들과 성당들에 불이 붙은 다음에
곧바로 불을 끄도록 하셨으며, 또한
불이 번지는 것을 막도록 하셨습니다.

저는 이것이나 다른 수많은 잔인하고　　　　　　　　　　5
비인간적인 행위들에 대해 말하지 않고,
단지 그 이야기를 들으면 돌멩이마저
눈물을 흘릴 한 가지만 말하겠습니다.
나리, 바로 그날 당신은, 적들이 불행한
전조와 함께 자신들의 배에서 내려와
요새 안으로 들어간[5] 바로 그 앞으로
당신의 가족 수비대원들을 보내셨지요.

마치 헥토르와 아이네아스가 그리스　　　　　　　　　　6
함선을 불태우기 위해 바다로 갔듯이,[6]
에르콜레와 알레산드로[7]가 큰 대담함에

---

4) 뒤이어 이야기하는 것처럼, 이폴리토가 너그럽다는 것을 베네치아인들이 잘 알고 있었다는 뜻이다.
5) 1509년 11월 30일 베네치아 병사들은 데스테 가문에게 쫓겨 배에서 내렸고, 포강 기슭에 있는 요새 두 곳으로 퇴각하였다. 나중에 그들은 거기에서 패하였기 때문에 "불행한 전조와 함께" 하였다.
6) 《일리아스》 제15권 참조.

이끌려 어깨를 나란히 떠났고, 말들에
박차를 가해 모두를 앞질렀고, 방벽의
안에까지 적들을 혼란시켰으며, 너무나
앞서다 하나는 죽고, 다른 하나는 아주
힘들게 돌아오는 것을 저는 보았어요.[8]

칸텔모는 죽고, 페루피노는 살았어요. 7
소라 공작[9]이여, 당신의 너그러운 아들이
수많은 칼들 사이에서 투구가 벗긴 채
배로 끌려가고, 뱃전에서 머리가 잘리는
모습을 보았을 때, 어떤 심정이었고, 어떤
생각을 했습니까? 칼이 당신의 아들을
죽였듯이, 그런 광경만 보고도 당신이
죽지 않은 것이 저로서는 놀랍습니다.

슬라보니아인들[10]이여, 어디에서 전쟁의 8

---

7) 에르콜레 칸텔모(Ercole Cantelmo)와 알레산드로 페루피노(Alessandro Feruffino)를 가리킨다. 그들은 이폴리토의 명령을 받고 다른 사람들보다 앞서 용감하게 적들의 방벽 안에까지 들어가 위협하였다. 칸텔모는 포로가 되어 목이 잘렸고, 페루피노는 겨우 목숨을 건졌다.
8) 그러니까 아리오스토는 직접 그 전투 현장에 있었다.
9) 에르콜레의 아버지이며 소라(Sora)의 공작인 시지스몬도 칸텔모(Sigismondo Cantelmo).
10) 이탈리아어로 스키아보니(Schiavoni). 그들은 베네치아의 용병들이었는데, 아리오스토는 다른 많은 광폭함과 잔인함을 그들의 탓으로 돌리고 있다.

방법을 배웠는가? 스키티아[11] 어느 곳에서
무기를 버리고 붙잡혀 자신을 방어하지
못하는 사람을 죽였다는 말을 들었는가?
그러니까 자기 땅을 지켰기 때문에 그를
죽였는가? 태양이여, 오늘날 티에스테스,
아트레우스, 탄탈로스[12] 같은 자들이 가득한
잔인한 시대를 부당하게 비추고 있구나!

잔인한 야만인들이여, 너희는 한 극에서   9
다른 극에 이르기까지, 그리고 인디아의
머나먼 해변에서 태양이 지는 해변까지,
가장 용감한 젊은이의 목을 잘랐구나!
안트로포파고와 폴리페모스[13]도 그의
아름다움과 젊음을 불쌍히 여길 텐데,
너희들은 모든 라이스트리네고스보다,
모든 키클롭스보다 잔인하고 사악하구나!

---

11) 스키티아(제8곡 15연 참조)에 거주하는 스키타이족은 잔인한 야만인들이라고 생각했다.
12) 고전 신화에 나오는 티에스테스(Thyestes)와 아트레우스(Atreus)는 형제간인데, 티에스테스는 아트레우스의 아내를 유혹하였고, 아트레우스는 속임수로 그를 불러들였으며, 그의 아들을 죽여서 요리하여 먹게 하였다. 또한 탄탈로스(Tantalos)는 신들을 시험하기 위해 자기 아들을 죽여 요리해서 대접하였고, 그 대가로 유피테르에 의해 영원한 굶주림과 갈증에 시달리는 벌을 받게 되었다.
13) 안트로포파고(Antropofago)는 식인 거인족인 라이스트리고네스족의 왕으로 《사랑에 빠진 오를란도》(제2권 제18곡 37연)에서 이미 등장하였다. 폴리페모스(Polyphemos)는 외눈박이 거인들인 키클롭스 중의 하나이다.

무엇보다도 고귀함과 친절함을 위해 10
노력하였던 옛날의 기사들 사이에서는
그런 예가 없었으며, 승리를 한 후에도
잔인하지 않았다고 저는 믿고 있습니다.
브라다만테는 창으로 방패를 가격하여
안장에서 떨어지게 만든 기사들에게
사악하지 않았을 뿐만 아니라, 그들의
말을 잡아 다시 올라타게 해 주었지요.

제가 위에서 말씀드렸던 것처럼, 그 11
아름답고 용맹한 아가씨는 에스테야의
세르펜티노, 볼테르나의 그란도니오,
페라우를 땅바닥에 떨어뜨렸고, 다시
각자의 안장 위에 올라타게 하였으며,
세 번째 기사를 왕에게로 보냈고, 남자
기사로 생각하는 자기에게 도전하도록
루지에로를 보내라고 전하게 했습니다.

루지에로는 도전을 기쁘게 받아들였고, 12
자신의 갑옷을 가져오도록 명령했어요.
그가 왕 앞에서 갑옷을 입고 있는 동안
영주들은 그렇게 멋지게 창을 겨냥할
줄 아는 그 탁월한 기사가 누구인지
또다시 이야기를 하기 시작하였는데,

그와 이야기를 나누었던 페라우에게
혹시 그를 알고 있느냐고 질문했어요.

페라우는 대답하였어요. "당신들이 말한   13
기사들 중의 누구도 아닌 것은 분명해요.
나는 드러난 그의 얼굴을 보았는데, 내가
보기에는 리날도의 젊은 동생 같았어요.
하지만 나는 그의 무훈을 잘 알고 있기
때문에 리차르데토는 분명히 아니에요.
그의 누이라고 생각하는데, 내가 듣기로
그와 얼굴이 아주 비슷하다고 합니다.

그녀는 다른 어떤 무사나 자기 오빠   14
리날도처럼 강력하다는 소문이 있는데,
내가 오늘 직접 본 바에 의하면, 자기
오빠나 사촌[14])보다 뛰어난 것 같아요."
루지에로는 그녀에 대한 말을 들으면서
새벽 여명이 허공에 뿌리는 불그스레한
색깔로 얼굴이 물들었고, 그의 가슴이
떨렸고, 어떻게 해야 할지 몰랐습니다.

그러한 소식에 그는 사랑의 화살에   15

---

14) 오를란도.

찔리고 자극되어 가슴이 불타올랐고,
완전히 순식간에 두려움이 퍼뜨리는
얼음이 뼛속에 흐르는 것을 느꼈으니,
새로운 분노가 예전에 불타던 커다란
사랑을 꺼뜨렸으리라는 두려움이었어요.
혼란스러운 그는 그녀를 만나러 밖으로
나갈지, 안에 있어야 할지 몰랐어요.

그런데 마침 그곳에 있던 마르피사가 16
결투하러 나가고 싶은 큰 욕망에 불탔고,
밤이건 낮이건, 언제 보아도 다른 모습은
보기 어렵게, 무장을 갖추고 있었는데,
루지에로가 갑옷을 걸치는 것을 보고,
만약 그가 먼저 밖으로 나가게 놔두면
그 승리를 빼앗기게 된다고 생각하여,
먼저 나가 영광을 차지하고 싶었어요.

그녀는 말에 올라탔고, 아모네의 딸이 17
있는 결투장으로 서둘러 몰고 갔는데,
브라다만테는 루지에로를 잡고 싶어서
떨리는 가슴으로 기다리고 있었으며,
타격이 최소한의 상처를 줄 수 있게
오직 창을 어디로 겨눌까 생각했어요.
마르피사는 성문 밖으로 나왔는데,

Canto 36:17

그녀는 말에 올라탔고, 아모네의 딸이
있는 결투장으로 서둘러 몰고 갔는데,

투구에 포이닉스가 그려져 있었어요.

아마도 그녀의 오만함으로, 세상에서　　　　　　18
유일하게 자신만이 강하다는 뜻이거나,
또는 정숙한 의도로, 평생 동안 배우자
없이 사는 것을 칭찬하는 것 같았어요.
그 모습을 본 아모네의 딸은 사랑하는
사람의 모습을 발견하지 못하게 되자,
그녀의 이름을 물었고, 자신의 사랑을
즐기는 여자, 아니, 정확하게 말하면,

자신의 사랑을 즐긴다고 자기 혼자서　　　　　　19
믿는 여자, 너무나 증오하고 분노하는
여자, 그녀에게 자기 눈물을 복수하지
못하면 죽고 싶은 여자임을 알았어요.
그녀는 말을 돌려 격노하여 달렸으니,
땅에 떨어뜨리고 싶은 욕망이 아니라,
그녀의 가슴 가운데를 창으로 꿰뚫고,
모든 의혹에서 벗어나고 싶었습니다.

당연히 마르피사는 그러한 타격에　　　　　　20
땅이 단단한지 무른지 직접 느꼈는데,
그녀에게 너무나 이례적인 일이어서
그녀는 분노하여 죽을 지경이었어요.

땅에 닿자마자 그녀는 칼을 뽑았고,
그런 떨어짐을 복수하려고 하였지요.
아모네의 딸은 마찬가지로 오만하게
외쳤어요. "뭐야? 넌 이제 내 포로야!"[15]

다른 기사에게는 친절함을 베풀었지만, 21
마르피사, 너에게는 그러고 싶지 않아.
너는 모든 오만함과 모든 비천함으로
가득하다는 말을 들었으니까 말이야!"
마르피사는 바닷바람이 암초에 부딪치는
것처럼 그 말이 떨리는 것을 들었어요.
그녀는 외쳤지만, 분노와 뒤섞였기에
대답하고 싶은 것이 나오지 않았어요.

그녀는 브라다만테뿐만 아니라 말의 22
가슴과 배를 향해 칼을 휘둘렀습니다.
하지만 브라다만테는 말고삐를 돌렸고,
분노와 울분에 완전히 휩싸여 곧바로
그녀를 향하여 창을 겨누어 찔렀어요.
아모네의 딸은 그녀에게 창을 찔렀고,
그녀의 창이 마르피사에게 닿자마자

---

15) 전쟁이 아니라 결투에서는 두 사람 중 하나가 말에서 떨어지면 결투가 끝난 것으로 간주하였다.

그녀는 땅바닥에 거꾸로 떨어졌어요.

땅에 넘어진 그녀는 바로 일어나서 23
칼로 실수를 만회하려고 하였지만,
또다시 브라다만테의 창이 닿았고
마르피사는 또다시 뒤집어졌지요.
비록 브라다만테가 강하기는 했지만
마르피사보다 우위에 있지 않았는데,
타격마다 그녀를 쓰러뜨릴 정도로
마법의 창은 위력이 대단하였습니다.

그러는 동안에 몇 명의 기사들이, 24
말하자면 그리스도교 진영의 기사들
몇 명이, 겨우 1마일 반 정도 떨어져
있는 두 진영 사이의 한가운데에서
벌어지는 그 결투를 보려고 왔으며,
자기편이 보여 주는 무훈을 보았지만,
자기들 진영의 기사라는 것 외에는
그에 대해 아무것도 알지 못했어요.

트로이아노의 너그러운 아들은, 그들이 25
성벽에 가까이 다가온 것을 발견하고,
어떠한 경우든 모든 위험에 대비하고
있지 않는 것을 원하지 않았기 때문에,

많은 기사들에게 경보를 내려 방벽의
바깥으로 나가라고 명령을 내렸어요.
그 기사들 중에 성급한 마르피사에게
결투를 가로채인 루지에로가 있었어요.

사랑에 빠진 젊은이는 그런 과정을   26
지켜보면서 자신의 가슴이 떨렸으니,
마르피사의 무훈을 잘 알고 있었기에
사랑하는 자기 연인이 걱정되었어요.
말하자면 처음에 두 여인이 격노하여
서로 돌진했을 때 그는 걱정하였지만,
나중에 실제로 일어난 일을 보고는
깜짝 놀랐으며 어리둥절해 있었어요.

그리고 다른 결투처럼 처음 충돌에서   27
그들의 결투가 끝나지 않은 것을 보고,
그의 가슴 깊은 곳에서 어딘가 이상한
그런 만남에 대한 의혹이 커졌습니다.
그는 두 여인 모두를 좋아했고, 둘 다
사랑했지만, 두 사랑을 서로 비교할 수
없었으니, 하나는 불꽃이자 격정이었고,
다른 하나는 사랑보다 애정이었습니다.

자신의 명예와 함께 할 수 있다면   28

그 싸움을 기꺼이 말렸을 것입니다.
하지만 동료로서 함께 있는 자들은,
벌써 더 우위에 있는 것처럼 보이는
카롤루스의 기사가 이기지 못하도록
진영에서 날뛰며 방해하려고 했어요.
다른 한편으로 그리스도교 기사들은
앞으로 나와 거기 가까이 있었어요.

거의 매일 일상적으로 그러하듯이 29
곳곳에서 경보를 외치고 있었지요.
모두 말에 올라타고, 무장을 갖추고,
각자 자기 깃발로 돌아가도록 해라!
주변을 달리는 여러 나팔 소리들이
분명하고 호전적인 곡조로 외쳤고,
나팔들이 기사들을 깨우는 것처럼,
크고 작은 북들이 보병을 깨웠어요.

상상할 수 있는 격렬하고 유혈적인 30
충돌들이 여기저기에서 뒤섞였어요.
그 용맹스러운 도르도뉴의 아가씨는
마르피사를 죽이고 싶은 강한 욕망에
사로잡혀 있었지만 성공하지 못하자,
놀라울 정도로 화가 나고 격분하였고,
열망하는 루지에로를 볼 수 있을까

이쪽저쪽으로 몸을 돌려 둘러보았어요.

그녀는 파란색 방패에다 가지고 있는 31
은빛 독수리로 루지에로를 알아보았어요.
그녀는 걸음을 멈추고, 그의 어깨, 가슴,
그의 멋진 용모, 우아함에 가득한 그의
움직임을 눈과 생각으로 관조하는 데
몰두해 있었는데, 다른 여인이 그것을
즐긴다고 상상하자 커다란 경멸감과
분노에 사로잡혀 이렇게 말했습니다.

"저런 달콤하고 멋진 입술을 다른 32
여자가 맞추고 나는 맞출 수 없는가?
아, 절대로 다른 여자가 가질 수 없어.
내 것이 아니면, 누구 것도 될 수 없어.
내가 분노에 넘쳐 혼자 죽는 것보다는
차라리 내 손으로 함께 죽이고 싶어.
여기서는 당신을 잃어도, 지옥에서는
최소한 나와 함께 영원히 있을 거야.

만약 당신이 날 죽인다면, 당연하게 33
나에게 복수의 위안도 주어야 마땅해.
다른 사람을 죽인 자는 죽어야 한다는
것을 모든 법률과 규칙 들이 원하니까.

그래도 똑같은 고통은 아니야. 당신의
죽음은 정당하고, 내 죽음은 부당하니까.
아! 나는 내 죽음을 바라는 자를 죽이고,
당신은 당신을 사랑하는 자를 죽이는군!

내 손이여, 너는 왜 내 적의 가슴을 34
칼로 찌르는 것을 두려워하는 것이냐?
그는 사랑의 안전함과 평온함 속에서
여러 번 내게 죽음의 상처를 주었고,
지금은 내 고통을 불쌍히 여기지 않고,
내 생명을 빼앗도록 허용하기도 했어.
강한 마음이여, 그렇게 잔인한 자에게
죽음을 안겨 주어 내 복수를 해 다오."

이렇게 말하며 그녀는 그를 향하였지만, 35
먼저 외쳤어요. "나쁜 루지에로, 조심해요!
내가 할 수 있다면, 당신은 고귀한 여인의
가슴을 귀한 전리품으로 즐기지 못할 거야!"
루지에로는 그 말을 듣자 실제로 그렇듯이
자기 연인이라는 것을 곧바로 알았으니,
그녀의 목소리를 너무 잘 기억하고 있어
천 명 속에서도 알아낼 수 있었을 겁니다.

그는 그 말에 담긴 여러 가지 의미를 36

생각해 보았고, 둘이 함께 했던 약속을
지키지 못한 것을 그녀가 비난한다고
생각하였고, 거기에 대하여 변명을 하기
위해 그녀에게 말을 하려고 하였습니다.
하지만 그녀는 이미 눈가리개를 내리고
고통과 분노에 이끌려 아마 그를 무덤[16]
속에 넣으려는 듯이 달려오고 있었어요.

루지에로는 무척이나 화가 난 그녀를　　　　　　　　　　37
보고 안장과 갑옷 안에서 움츠렸으며,
창을 겨누었지만, 그녀를 전혀 다치지
않게 할 쪽을 향해 들고 있었습니다.
그녀는 연민을 거부한 마음과 함께
그를 공격하고 찌르기 위해 달렸는데,
가까이 다가가자, 그를 땅에 떨어뜨려
공개적인 모욕을 주고 싶지 않았어요.

그리하여 그 충돌에서 그들의 창은　　　　　　　　　　　38
허공으로 갔고, 오히려 아모르가 그들
두 사람과 결투했으며, 사랑의 창으로
그들의 가슴 한가운데를 찔렀습니다.

---

16) 원문은 "ove non c'è sabbia", 즉 '모래가 없는 곳'으로 되어 있는데, 결투장에 깔아 놓는 모래가 없는 곳을 뜻한다.

브라다만테는 루지에로에게 모욕을
줄 수 없게 되자, 가슴속에 불타는
분노를 다른 곳으로 향했고, 거기에서
나중에 영원히 유명해질 일을 했어요.

순식간에 그녀는 황금 창으로 땅에 39
삼백 명이 넘는 사람을 쓰러뜨렸지요.
그날 그녀 혼자 전투에서 승리하였고,
그녀 혼자 무어인들을 달아나게 했어요.
루지에로는 여기저기 방황하다가 마침내
그녀에게 다가가 말했어요. "오! 당신에게
말하지 않으면, 내가 죽겠어! 내가 무엇을
잘못해서 달아나는 거요? 제발, 들어봐요!"

그러자 마치 남쪽의 바다에서 따뜻한 40
입김이 불어대는 따스한 바람결에, 눈이
녹아내리고, 전에는 그렇게 단단하던
개울의 얼음이 녹아서 흐르는 것처럼,
그런 부탁에, 그렇게 간략한 탄식에,
리날도의 그 아름다운 누이의 가슴은
분노에 대리석보다 단단했지만, 바로
연민의 정에 다시 부드러워졌습니다.

다른 대답을 할 수가 없었던 그녀는 41

그를 가로질러 라비카노를 몰았으며,
가능한 한 다른 사람에게서 멀어졌고,
루지에로에게 손으로 신호를 했어요.
그녀는 사람들에게서 벗어나 한적한
계곡으로 갔는데, 가운데의 조그마한
들판에는 마치 하나의 형틀로 찍어 낸
것과 같은 측백나무 숲이 있었습니다.

그 숲속에는 하얀 대리석으로 새로 42
만든 높다란 무덤이 하나 있었습니다.
그 안에 누가 누워 있는지 알고 싶은
사람을 위해 짤막한 글귀가 있었어요.
하지만 거기에 도착한 브라다만테는
글귀에 전혀 신경을 쓸 수 없었지요.
루지에로는 뒤에서 급하게 말을 몰아
그 숲과 브라다만테에게 이르렀어요.

하지만 우리는 그동안 다시 말 위에 43
올라탄 마르피사에게 돌아가 봅시다.
그녀는 첫 번째 충돌에서 자신을 땅에
떨어뜨린 여자 기사를 찾으러 갔으며,
그녀가 무리에서 벗어나고, 루지에로가
그녀를 뒤쫓아 가는 것을 보았습니다.
하지만 사랑 때문이 아니라, 무기로

Canto 36:42
그 숲속에는 하얀 대리석으로 새로
만든 높다란 무덤이 하나 있었습니다.

싸움을 끝내러 가는 것으로 생각했어요.

그녀는 말을 재촉하였고 그 뒤를 쫓아 44
그들과 거의 동시에 거기에 도착했어요.
그녀가 온 것이 얼마나 귀찮은 것인지,
사랑하는 사람은 말 안 해도 압니다.
하지만 브라다만테는 자신의 불행의
원인인 그녀를 보자 화가 치밀었어요.
마르피사가 루지에로를 사랑해서 거기
왔다는 그녀의 믿음을 누가 말릴까요?

그리고 다시 루지에로에게 뻔뻔하다고 45
비난했습니다. "뻔뻔한 사람, 소문으로
당신의 뻔뻔함을 아는 것으로 충분하지
않아 직접 보여 주려고 하는 것이에요?
나를 쫓아내고 싶어 안달인 모양인데,
당신의 그 사악한 욕망을 채워 주도록
난 죽고 싶어요. 하지만 죽음의 원인이
되는 자와 함께 죽으려 노력할 거예요."

그렇게 말하면서, 그녀는 독사보다 46
격분하여 마르피사를 향해 돌진했고,
그녀의 방패를 창으로 맞추었으며,
투구가 거의 절반이나 땅에 처박히고

그녀가 뒤로 나뒹굴게 만들었어요.
그녀가 갑자기 맞았는지 모르겠지만,
할 수 있는 한 그녀에게 대적했어도
머리를 땅속에 처박았던 것입니다.

아모네의 딸은 마르피사를 죽이거나, 47
죽고 싶을 정도로 분노에 사로잡혀서,
또다시 창으로 가격하여 또다시
땅에 쓰러뜨릴 생각을 하지 않았고,
모래 속에 반쯤이나 처박힌 머리를
몸통에서 떼어 낼 생각을 하였어요.
따라서 황금 창을 내던지고 칼을
잡았고 곧바로 말에서 내려왔어요.

하지만 너무 늦었고, 그 두 번째 48
충돌에서도 그렇게 손쉽게 모래밭에
처박히게 되었기 때문에 강한 분노에
넘치는 마르피사와 맞서게 되었어요.
그런 상황이 너무 슬픈 루지에로가
외치거나 애원해도 소용이 없었으니,
분노와 증오에 눈이 멀어 버린 그 두
여인은 절망적으로 싸움을 하였어요.

둘은 칼의 길이 절반 거리에 맞섰고, 49

뜨겁게 불타는 강렬한 분노에 더욱더
앞으로 나아갔고, 이제는 너무 가까워
서로 맞잡지 않을 수 없을 정도였어요.
두 여인은 이제 사용할 수 없는 칼을
내던졌으며, 새로운 싸움을 시도했어요.
루지에로는 둘에게 부탁하고 애원했지만,
그의 말은 별로 도움이 되지 않았어요.

부탁해도 아무 소용이 없는 것을 보고 50
그는 힘으로 둘을 떼어 놓으려고 했고,
두 여인 각자의 손에서 단검을 빼앗아
어느 측백나무의 발치에다 내던졌어요.
이제 무기로 공격할 수 없었기에, 그는
위협하고 간청하며 사이로 들어갔지만
헛일이 되었으니, 다른 싸울 것이 없는
두 여인은 주먹과 발길질로 싸웠어요.

루지에로는 멈추지 않고 이쪽저쪽의 51
손과 팔을 붙잡아서 뒤로 이끌었으며,
결국 더는 참을 수 없을 정도로 분노에
넘친 마르피사가 그에게 달려들었어요.
온 세상을 경멸하고 있는 마르피사는
루지에로의 우정을 생각하지 않았으며,
브라다만테에게서 떨어진 뒤 달려가서

칼을 들더니 루지에로를 공격했어요.

"루지에로, 무례하고 천박한 사람처럼   52
다른 사람의 싸움을 방해하고 있군요!
내가 이 손으로 후회하게 해 줄 것이오.
나 혼자서 둘 다 이길 수 있을 테니까."
루지에로는 아주 친절할 말로 그녀를
진정시키려고 했지만, 그녀는 너무나
강하게 그에게 격분해 있었기 때문에,
어떤 말도 시간 낭비에 불과했습니다.

결국에는 루지에로도 칼을 뽑았으니,   53
그도 분노에 빨갛게 달아올라 있었어요.
아테네나 로마, 세상 어느 곳에서도
그렇게 구경하기에 즐겁고 멋들어진
공연은 아마 구경할 수 없을 정도로,
질투심에 불타던 브라다만테는 그런
광경을 즐기고 기뻐하였는데, 그것은
그녀의 모든 의심을 없애 주었습니다.

그녀는 땅에서 자기 칼을 주워 들고   54
한쪽으로 물러나서 구경을 하였는데,
루지에로가 힘에 있어서나 기술에
있어 마치 전쟁의 신처럼 보였어요.

그가 마르스 같았다면, 마르피사는
지옥의 광기처럼 무섭게 돌진했어요.
사실 한참 동안 용맹한 루지에로는
능력을 모두 발휘하지 않았습니다.

그는 이미 충분히 경험해 온 것처럼 55
자기 칼의 능력을 잘 알고 있었어요.
칼이 닿는 곳마다 모든 마법이 전혀
소용없거나 사라져서 보이지 않았고,
그래서 칼끝이나 칼날이 정확히 닿지
않고 언제나 빗나가게 조심했습니다.
루지에로는 한참 동안 그렇게 했지만,
그러다가 갑자기 인내심을 잃었어요.

마르피사가 그의 머리를 쪼개기 위해 56
가공스럽게 타격을 했기 때문입니다.
루지에로는 머리를 막기 위해 방패를
들었고, 타격은 독수리에 맞았습니다.
마법으로 방패는 깨지거나 쪼개지지
않았지만, 그의 팔은 무감각해졌으며,
만약 헥토르의 갑옷을 입지 않았다면
그 강한 타격은 팔을 잘랐을 것이며,

그런 다음 그 사나운 아가씨가 원래 57

겨냥하였던 머리로 내려갔을 것입니다.
루지에로는 왼쪽 팔을 겨우 움직였고,
멋진 독수리를 가까스로 지탱했어요.
그렇기 때문에 모든 연민이 사라졌고
그의 눈에 햇불이 켜진 것 같았으며,
가능한 한 힘껏 칼끝을 찔렀습니다.
마르피사여, 맞았다면 큰일 날 뻔했소!

어찌 된 일인지 저는 말할 수 없지만, 58
나무들이 빽빽하게 심어진 곳이었기에
칼은 어느 측백나무를 맞추게 되었으며,
한 뼘 이상 나무 안에 틀어박혔어요.
바로 그 순간 커다란 지진으로 산과
들판이 뒤흔들렸으며, 그와 함께 숲속
한가운데의 그 무덤에서 모든 인간을
초월하는 커다란 목소리[17]가 들려왔어요.

목소리는 무섭게 외쳤어요. "너희끼리 59
싸우지 마라! 오빠[18]가 누이에게 죽음을
안기거나, 아니면 누이가 자기 오빠를

---

17) 죽은 마법사 아틀란테의 목소리.
18) 원문에는 그냥 쌍둥이 자매로만 나와 있어 누가 먼저 태어났는지 구체적으로 알 수 없지만, 편의상 오빠와 누이로 옮기고자 한다.

죽이는 것은 비인간적이고 옳지 않다.
나의 루지에로야, 또 나의 마르피사야,
절대로 거짓이 아니니 내 말을 믿어라.
너희는 하나의 씨앗, 하나의 자궁에서
잉태되었고, 함께 이 세상에 나왔단다.

루지에로 2세에 의하여 잉태되었고, 60
갈라치엘라가 너희를 낳은 어머니인데,[19]
바로 그녀의 형제들이 불행한 너희의
아버지를 이 세상에서 떠나게 했으며,
자신들과 같은 뿌리에서 나온 너희를
몸 안에 잉태하고 있던 너희 어머니가
바다에 빠져 죽도록, 약한 쪽배에 태워
바다 한가운데에 내버려두었던 것이다.[20]

하지만 아직 태어나지 않은 너희를 61
영광스러운 임무에 선택한 **운명**이
시르티스[21] 위쪽에, 사람이 살지 않은

---

19) 루지에로와 마르피사의 부모에 대해서는 제2곡 32연 참조. 이러한 가계는 《사랑에 빠진 오를란도》 제2권 제1곡 70연에서 이미 언급되었다.
20) 아프리카 왕 아골란테의 아들들인 알몬테와 트로이아노는 루지에로의 아버지 루지에로 2세를 죽이고 왕위를 빼앗았으며, 루지에로와 마르피사를 잉태한 누이 갈라치엘라를 작은 쪽배에 태워 바다 한가운데에 버려두었다. 하지만 갈라치엘라는 바닷가에 닿아 쌍둥이를 낳은 뒤에 죽었다.
21) Syrtis. 리비아 해안의 모래가 많은 두 개의 만을 가리킨다.

바닷가에 쪽배가 안전하게 닿게 했고,
그곳에서 너희를 세상에 낳은 다음
선택받은 영혼은 천국으로 갔단다.
신이 원하신 대로 너희 운명에 따라
우연히 내가 너희 옆에 있게 되었다.

나는 황량한 모래밭에서 가능한 한   62
합당하게 너희 어머니를 묻어 주었고,
어린 너희 둘을 옷으로 감싸 안은 채
카레나산[22)]으로 데려갔지. 그런 다음
암사자 한 마리를 길들여서 새끼들을
버리고 숲에서 나오게 하였고, 너희
둘에게 열 달, 또 열 달 동안 젖을
먹이며 아주 열심히 보살피게 했다.

그러던 어느 날 나는 거주지를 떠나   63
마을에 가야만 하는 일이 생겼는데,
혹시 기억할지 모르겠지만, 우연하게
아라비아 도둑들이 그곳에 오게 되었고,
길에서 너 마르피사를 데려갔지만, 잘
달리는 루지에로는 데려가지 못했다.
나는 너를 잃고 너무나 괴로워했고,

---

22) 제7곡 67연 참조.

루지에로를 더욱 열심히 보살폈단다.

루지에로야, 너의 보호자 아틀란테가　　　　　　　　　　64
얼마나 너를 보살폈는지 잘 알 것이다.
별들은 네가 그리스도인들 사이에서
배신으로 죽을 것이라고 예언했기에,
그렇게 불행한 일이 일어나지 않도록
너를 멀리 떼어 놓으려고 노력했지만,
나는 결국 너의 의지를 막지 못하고
병들어 쓰러져서 고통 속에 죽었단다.

그렇지만 죽기 전에, 여기에서 네가　　　　　　　　　　65
마르피사와 싸울 것을 예견하였기에,
나는 지옥의 도움[23]을 받아서 무거운
돌들을 모아 이 무덤을 만들게 했고,
커다란 목소리로 카론[24]에게 말했단다.
'내가 죽은 다음에 루지에로가 누이와
함께 여기 와서 싸울 때까지, 내 영혼을
이 숲에서 데려가는 것을 원치 않는다.'

---

23) 지옥에서 나온 악마들의 도움.
24) 고전 신화에서 카론(Charon)은 암흑의 신 에레보스(Erebos)와 밤의 여신 닉스(Nyx) 사이에서 태어난 아들이며, 죽은 자들을 저승 세계로 인도하는 아케론(Acheron)강의 뱃사공이다.

그래서 내 영혼은 아름다운 그늘에서　　　　　　　　　　66
오랫동안 너희들이 오는 것을 기다렸다.
그러니 루지에로를 사랑하는 브라다만테,
절대 질투심에 사로잡힐 필요가 없도다.
하지만 이제 나는 빛을 떠나서 어두운
회랑으로 가야 하는 시간이 되었구나."
여기에서 말이 없었고, 아모네의 딸과
마르피사, 루지에로는 매우 놀랐습니다.

루지에로는 기쁜 마음으로 마르피사를　　　　　　　　67
누이로 알아보았고, 그녀도 마찬가지였고,
둘은 달려가 서로 껴안았지만, 루지에로를
사랑하는 여인은 마음이 상하지 않았어요.
둘은 어린 시절에 자신이 했거나 말했던
몇 가지 일들을 기억해 냈으며, 그리하여
아주 명백한 증거와 함께 영혼의 말이
모두 사실이라는 것을 깨달았습니다.

루지에로는 브라다만테를 얼마나 깊이　　　　　　　　68
사랑하는지 누이에게 감추지 않았으며,
그녀에게 빚지고 있는 많은 의무들에
대해 애정 어린 말로 이야기하였으며,
그 커다란 사랑 속에서 지금까지 함께
부딪친 갈등에 대해 계속하여 말했고,

그에 대한 화해의 표시로서 둘이 함께
가서 그녀와 애정 어린 포옹을 했어요.

그런 다음 마르피사는 다시 질문했어요.   69
아버지는 누구이고, 어느 가문 출신이며,
누가 아버지를 죽였는지, 빽빽한 전쟁터나
무장한 부대들 안에서 어떻게 죽었는지,
폭풍우 치는 바다에서 불쌍한 어머니가
죽게 만든 그러한 일을 누가 꾸몄는지,
혹시 어렸을 때 들었는데 지금은 거의
또는 전혀 기억하지 못하는지 물었어요.

루지에로는 이야기했습니다. 자신들은   70
트로이아 사람들 중 헥토르의 후손이며,
아스티아낙스가 같은 또래 어린이들 중
하나를 자기 대신 남겨 두고, 울릭세스의
손길과 음흉한 올가미에서 벗어난 다음
그 나라 밖으로 나왔고, 아주 오랫동안
바다에서 방황하다가 마침내 시칠리아로
왔고 메시나를 통치하였다고 말했어요.[25]

"그분의 후손은 파로[26]의 이쪽 부분에서   71
칼라브리아의 일부 지역을 통치하였으며,
그 후 여러 세대를 거친 다음 후손들은

마르스의 도시[27]로 가서 살게 되었단다.
바로 콘스탄티우스[28]와 콘스탄티누스에서
시작하여 피핀의 아들 카롤루스 왕까지,
로마와 다른 곳들에서 그 핏줄에서는
탁월한 여러 황제와 왕 들이 태어났지.

그 후손으로 잔바로네, 루지에로 1세,　　　　　　　　　　72
부오보, 람발도, 그리고 아틀란테가 말한
것처럼 우리 어머니의 자궁을 잉태시킨
루지에로 2세가 마침내 태어나신 것이지.[29]
우리 후손들의 빛나는 업적들을 세상에서
찬양하는 것을 역사에서 볼 수 있을 거야."

---

25) 고전 신화에서 아스티아낙스는 헥토르와 안드로마케(Andromache)의 아들이다. 트로이아가 멸망할 당시 그는 아직 어린 나이였는데, 울릭세스(그리스 신화에서는 오디세우스)가 후환을 없애야 한다고 주장하여 죽임을 당한 것으로 알려져 있다. 하지만 보이아르도가 《사랑에 빠진 오를란도》 제3권 제5곡 18연 이하에서 이야기하는 바에 의하면, 그는 같은 나이 또래의 아이를 대신 남기고 탈출에 성공하여 시칠리아로 건너갔고, 거기에서 통치하며 루지에로의 조상이 되었다는 것이다.

26) Faro. '등대'라는 뜻으로 여기에서는 메시나(Messina)를 가리킨다. 메시나의 등대는 옛날부터 유명하였다. 그러니까 아스티아낙스의 후손들은 메시나해협을 건너가 칼라브리아 지방을 통치했다는 것이다.

27) 로마.

28) 콘스탄티누스 황제의 아버지로, 305년부터 306년까지 서로마제국의 황제였던 플라비우스 발레리우스 콘스탄티우스(Flavius Valerius Constantius).

29) 간단히 말해 카롤루스 마그누스까지 탄생시킨 헥토르의 후손들 중의 한 계열에서 잔바로네(Gianbarone), 루지에로 1세, 부오보, 람발도(Rambaldo), 그리고 루지에로 2세가 태어났다는 것이다.

그리고 이어서, 아골란테 왕이 알몬테와
아그라만테의 아버지[30]를 데리고 왔으며,

또 어느 아가씨[31]도 함께 데리고 왔는데, 73
바로 그의 딸이며 무훈이 너무나 뛰어나
수많은 기사를 안장에서 떨어뜨렸으며,
마침내 루지에로를 사랑하게 된 그녀는
사랑을 위해 아버지를 거역하고 세례를
받고 그와 결혼하였다고 이야기했어요.
또한 배신자 벨트라모[32]가 형수에 대한
근친상간의 사랑에 불타올랐기 때문에,

그녀를 얻을 수 있을 것이라는 희망에 74
조국과 아버지와 두 형제를 배신하였고
적들에게 레조의 성문을 열어 주었으며,
적들은 온갖 사악한 일들을 저질렀으니,
아골란테와 사악하고 잔인한 아들들은
임신한 지 여섯 달이 된 갈라치엘라를,
한겨울의 무서운 폭풍우가 몰아칠 때에,
노도 없이 바다에 내버렸다고 말했어요.

---

30) 트로이아노 왕.
31) 아골란테 왕의 딸이자 루지에로와 마르피사의 어머니가 될 갈라치엘라.
32) Beltramo. 루지에로의 아버지 루지에로 2세의 형제.

마르피사는 즐거운 표정으로 오빠가 75
하는 말을 주의 깊게 듣고 있었으며,
그런 멋진 샘물에서 뛰어난 후손들이
흘러나왔다는 것을 즐겁게 들었어요.
바로 거기에서 몬그라나와 키아라몬테,[33]
비교할 바 없이 탁월한 사람들과 함께
오랜 세월 동안 세상에 찬란히 빛나는
두 가문이 나온 것을 알게 되었습니다.

그리고 마침내 아그라만테의 아버지와 76
할아버지, 숙부[34]가 배신으로 루지에로를
죽게 하였고, 그의 아내도 사악한 상황에
방치했다는 것을 오빠가 이야기했을 때,
마르피사는 더 이상 들을 수가 없었기에
그의 말을 중단시키고 말했어요. "오빠,
오빠의 평온을 바라지만, 죽은 아버지의
복수를 하지 않은 것은 너무 잘못이에요.

만약 알몬테와 트로이아노가 벌써 죽어서 77
그들의 피를 볼 수가 없었다고 하더라도,

---

33) 루지에로의 가문 몬그라나(Mongrana)와 브라다만테의 가문 키아라몬테는 모두 헥토르의 아들 아스티아낙스의 후손에서 나왔다. 그리고 이 두 가문에서 뛰어난 무사들이 배출되었다.
34) 그러니까 트로이아노, 아골란테, 알몬테를 가리킨다.

그 자식들에게는 복수를 했어야 했어요.
그런데 왜 아직 아그라만테가 살아 있어요?
그것은 오빠 얼굴을 들지 못하게 만드는
오점이에요. 그 많은 모욕들을 겪었는데,
아직도 아그라만테를 죽이지 않고, 더구나
그의 돈으로 그의 궁정에 살고 있으니까요.

나는 하느님께 맹세해요. (나는 아버지께서 78
믿은 진정한 그리스도 하느님을 믿고 싶어요.)
우리 아버지와 어머니의 복수를 할 때까지
나는 절대 이 갑옷을 벗지 않을 것이에요.
그리고 만약 오빠가 아그라만테나 다른
무어인 군주를, 손에 무기를 들고 해치지
않고 그들의 부대에 있게 되면, 지금까지
그랬던 것처럼 괴로워하게 될 것이에요."

오, 그러한 말에 아름다운 브라다만테는 79
얼마나 행복한 얼굴로 즐거워하였던가요?
그리고 마르피사가 잘 경고했던 것처럼
그렇게 하라고 루지에로를 위안하였으며,
카롤루스에게 가서, 아직도 상대가 없는
기사로 널리 알려진 아버지 루지에로의
뛰어난 명성을 인정하여 많이 찬양하고
칭송하고 존경하게 하도록 하자고 했어요.

루지에로는 신중하게 대답을 하였으니, 80
원래 처음부터 그렇게 했어야만 하는데,
나중에야 알게 된 그런 상황을 정확히
몰랐기에 너무 늦어지게 된 것입니다.
아그라만테는 그의 옆구리에다 칼을
채워 주었고, 그리하여 그를 주군으로
받아들였기 때문에, 그를 죽이는 것은
사악한 일이며 배신 행위일 것입니다.

물론 브라다만테에게 예전에 약속했던 81
것처럼, 그는 마르피사에게 명예와 함께
그것을 해낼 수 있을 기회가 생기도록
모든 방법을 시도하겠다고 약속했어요.
그리고 벌써 그렇게 하지 않은 잘못은
자신보다 바로 만드리카르도 때문이니,
그와의 결투 때문에 모든 사람이 알고
있는 그런 상황에 이르게 된 것이지요.

매일 그의 침대로 찾아간 마르피사가 82
그것에 대한 가장 분명한 증인이었어요.
그것에 대해 탁월한 두 여인 기사들은
아주 오랫동안 논의하고 이야기했어요.
그래서 최종적으로 그들이 내린 결론은
루지에로가 자기 주군의 깃발이 있는

곳으로 돌아가, 카롤루스에게 갈 만한
정당한 사유를 찾아보자는 것이었어요.

마르피사가 브라다만테에게 말했어요. 83
"그냥 가도록 놔두고 걱정하지 말아요.
며칠 안으로 내가, 이제 아그라만테가
더 이상 주군이 아니게 만들 것이에요."
그녀는 그렇게 말했지만, 마음속으로
하고자 하는 것을 밝히지는 않았어요.
그런 허락을 받은 루지에로는 마침내
왕에게 돌아가려고 말머리를 돌렸어요.

그때 가까운 계곡에서 비명 소리가 84
들려왔고 모두의 관심을 끌었습니다.
그들은 마치 어느 여자가 탄식하는
것 같은 그 소리에 귀를 기울였지요.
하지만 저는 여기서 이 노래를 끝내고
싶으니, 이것으로 만족하시기 바랍니다.
다음 노래를 들으러 오신다면, 더 좋은
이야기를 해 드리겠다고 약속합니다.

제37곡

브라다만테와 마르피사, 루지에로는 아이슬란드 여왕의 사절 울라니아를 만나 여자들을 혐오하고 괴롭히는 마르가노레 왕의 잔인함에 대한 이야기를 듣고 그를 처벌한다. 루지에로는 이슬람 진영으로, 브라다만테와 마르피사는 그리스도교 진영으로 간다.

만약, 열심히 노력할 때에만 **자연**이 1
주는 어떤 선물을 얻으려 하는 것처럼,
능력 있는 여자들이 최고의 근면함과
오랫동안의 노력을 기울이며 밤낮으로
열심히 노력하고, 그렇게 해서 좋은
성공과 함께 훌륭한 작품이 나온다면,
만약 그런 여자들이 필멸의 덕성들을
불멸로 만드는 공부들[1]에 몰두한다면,

또한 만약 작가들의 도움을 구걸하지 2

---

[1] 문학 공부들.

않고 자기 자신의 능력만으로 칭찬들을
받을 만한 불후의 명성을 얻게 된다면,
그들의 이름은, 아마도 남성의 명성이
그렇지 못할 정도로 높이 오를 것이며,
그러면 남자들은 질투심에 애태우며,
말할 수 있는 선에는 종종 입을 다물고
알고 있는 악에만 귀를 기울일 거예요.

많은 남자가 단지 세상에서 서로를 3
칭찬하는 데 작품을 빌려줄 뿐만 아니라,
여자들에게서 결점이 되는 것을 찾아내
폭로하기 위해 노력하기도 합니다.
여자들이 우위에 있는 것을 원치 않고
가능한 한 바닥으로 쫓으려고 하지요.
마치 안개가 태양을 가리듯이, 여자들의
명예가 자신들을 가리는 것처럼 말입니다.

하지만 제아무리 모든 기술로 그들의 4
결점을 과장하고 장점을 축소시켜도,
어떤 혀가 목소리를 통해 발설한 말이나
손으로 종이에 쓴 글도, 여자들의 영광이
조금도 남지 않게 완전히 꺼뜨린 적은
과거에도 없었고, 지금도 거의 없으며,
진실에 가까이 가지 못할 뿐만 아니라,

멀리에서 접근하지도 못할 정도입니다.

마치 하르팔리케, 토미리스도 없었고,[2]   5
투르누스, 헥토르를 도운 여자도 없었고,[3]
시돈과 티레 사람들을 이끌고 먼바다를
거쳐 리비아에 정착한 여자도 없었으며,[4]
제노비아[5]도 없었고, 아시리아, 페르시아,
인디아를 승리로 통치한 여자[6]도 없었고,
무기로 영원한 명성을 높인 그 여인들과
다른 여자들이 없었던 것처럼 말입니다.

충실하고 정숙하고 현명하고 강력했던   6
여인들은 단지 그리스와 로마뿐 아니라,
인디아에서 헤스페리데스의 정원까지[7]
태양이 머리칼을 펼치는 사방에 있었고,

---

2) 하르팔리케에 대해서는 제20곡 1연 참조. 토미리스(Tomyris)는 스키타이족의 여왕으로 아케메네스왕조 페르시아의 키루스 2세(Cyrus II, 재위 기원전 550~기원전 530)를 죽였다.
3) 투르누스(Turnus)는 로마의 건국 신화에 나오는 루툴리족(Rutuli)의 왕으로 이탈리아반도에 건너온 아이네아스와 싸우다 죽었다. 볼스키족 왕의 딸 카밀라(제20곡 1연 참조)는 투르누스의 편에서 싸우다 죽었다. 아마존족의 여왕 펜테실레이아(제26곡 81연 참조)는 헥토르와 함께 트로이아인들을 위해 싸우다 죽었다.
4) 디도(제10곡 56연 참조)는 지중해 동부 해안의 시돈과 티레, 즉 포이니키아인을 이끌고 아프리카로 건너가 카르타고를 세웠다.
5) Zenobia. 시리아사막에 있었던 팔미라왕국의 여왕.
6) 고대 아시리아의 전설적인 여왕 세미라미스.

그녀들의 합당한 명성은 죽지 않는데도,
천 명 중에 겨우 한 명만 언급될 뿐이니,
그것은 바로 그 당시의 남자 작가들이
속이고 질투하고 사악했기 때문입니다.

하지만 가치 있는 활동에 능력 있는 7
여인들이여, 당신들의 길을 따르십시오.
당신들의 고귀한 임무를 버리지 말고
영광의 가치가 없을까 걱정하지 마세요.
영원하게 지속되는 좋은 것이란 없는
것처럼, 나쁜 것도 마찬가지일 테니까요.
지금까지는 종이와 잉크가 당신들에게
우호적이지 않았지만 지금은 아닙니다.

당신들을 위해 마룰로, 폰타노가 있고 8
아버지와 아들 두 스트로치가 있었으며,[8]
뱀보, 카펠로가 있으며, 우리가 보듯이
궁정인들의 모습을 형성한 사람도 있고,[9]

---

7) 헤스페리데스(제1곡 7연 참조)가 지키는 황금 사과나무가 있는 정원은 육지의 서쪽 끝 섬에 있다고 믿었다. 그러니까 동쪽 끝에서 서쪽 끝까지를 가리킨다.
8) 미켈레 마룰로(Michele Marullo, 1450?~1500)는 인문주의자이며 작가였고, 조반니 폰타노(Giovanni Pontano, 1426~1503)는 정치가이자 인문주의자였으며, 티토 베스파시아노 스트로치(Tito Vespasiano Strozzi, 1424~1505?)는 피렌체 망명 가문 출신으로 데스테 가문의 신임을 받던 시인이었고, 그의 아들 에르콜레 스트로치(Ercole Strozzi, 1473~1508)도 문인이자 시인이었다.

루이지 알라만니[10]도 있고, 무사 여신들과
마르스에게 똑같이 사랑받은 두 사람,
민초강이 흐르고 깊은 늪에 둘러싸인
땅을 통치하는 핏줄의 두 사람이 있지요.[11]

그들 중의 하나[12]는 여러분을 존경하고   9
명예롭게 하고, 파르나소스와 킨토스[13]에
당신들의 칭찬이 울리게 하고, 하늘까지
높이 올라가게 만들려는 본능 이외에,
보복과 파멸의 위협들에도 불구하고,
이사벨라[14]가 그에게 보여 준 확고하고

---

9) 피에트로 벰보(Pietro Bembo, 1470~1547)는 르네상스 시대 이탈리아의 대표적인 인문주의자이며 시인이었고, 또한 성직자로서 추기경에 임명되었다. 베르나르도 카펠로(Bernardo Cappello, 1498~1565)는 베네치아 출신의 시인이었다. 발다사레 카스틸리오네(Baldassare Castiglione, 1478~1529)는 시인이자 외교관으로 활동하였고, 대표적인 저술 《궁정인(Il Cortegiano)》을 통해 당시의 궁정 생활과 궁정인의 이상적인 모습을 논의한 저술로 많은 영향을 끼쳤다.
10) Luigi Alamanni(1495~1556). 피렌체의 시인이자 정치가.
11) 민초강이 흐르고 주변에 늪이 많은 만토바의 곤차가 가문 출신인 가촐로 백작 루이지 곤차가(제26곡 50연 참조)와 아마도 잠피에트로(Giampietro)의 아들 루이지 곤차가(Luigi Gonzzaga)를 가리키는 것으로 추정된다.
12) 가촐로 백작 루이지 곤차가.
13) 그리스 중부의 파르나소스산은 아폴로와 무사 여신들에게 바쳐진 산이고, 킨토스(kinthos)산은 아폴로가 태어난 델로스섬의 산이다.
14) 이사벨라 콜론나(Isabella Colonna)는 베스파시아노 콜론나의 딸로, 1527년 로마 약탈에 가담한 곤차가 가문을 용서하지 않은 교황 클레멘스 7세의 위협에도 불구하고 루이지 곤차가와 결혼하였다.

굽히지 않는 마음과 사랑과 믿음 덕택에
자신보다 여러분을 위해 그렇게 합니다.

따라서 자신의 생생한 시구들을 통해　　　　　　　　　　10
지칠 줄 모르고 여러분을 명예롭게 하고,
만약 누가 여러분을 비난하면, 누구보다
먼저 그는 무기를 잡으려고 할 것이며,
세상의 어느 기사보다 덕성을 위하여
자신의 생명을 아끼지 않을 것입니다.
그는 다른 사람의 글에 소재를 주고,
글을 통해 타인의 영광을 되살립니다.

세상에서 치마를 입은 자들 중에서　　　　　　　　　　　11
찾아볼 수 있는 모든 가치와 덕성으로
그렇게 풍부한 여인이, **행운**의 모든
타격을 경멸하며 변함없는 마음으로
흔들리지 않고 진정한 기둥이
될 만한 가치가 그에게 있었으니,
그녀는 그에게, 그는 그녀에게 가치가
있었고, 누구보다 어울리는 쌍이었지요.

그는 올리오[15)]강의 기슭에 전리품을　　　　　　　　　　12
쌓았고, 불과 쇠, 배, 수레바퀴 사이에
매우 훌륭한 글이 담긴 종이들을 뿌려

근처의 강이 그를 질투할 정도였습니다.
그 곁에 에르콜레 벤티볼리오[16]가 분명한
글로 여러분의 명예를 밝히고 있으며,
레나토 트리불치오, 구이데티, 몰차[17]가
아폴로의 선택으로 여러분을 칭찬하지요.

제 공작님의 아들, 샤르트르[18]의 공작   13
에르콜레[19]는 마치 노래하는 백조처럼
날개를 펼치고 노래하면서 날아가고,
여러분의 이름을 하늘까지 알립니다.
또한 바스토의 제 주인님[20]은 자신의
위업으로 천 개의 아테네, 천 개의
로마에 소재[21]를 제공하였고, 자신의

---

15) Oglio. 이탈리아 북부 롬바르디아 지방에서 포강으로 흘러드는 지류로, 가촐로 옆으로 흐른다.
16) 에르콜레 벤티볼리오(Ercole Bentivoglio, 1507~1573)는 알폰소 1세의 조카이며, 페라라에서 활동한 문인으로 아리오스토와 절친한 사이였다.
17) 레나토 트리불치오(Renato Trivulzio, 1495~1543)는 밀라노 출신의 시인이었고, 프란체스코 구이데티(Francesco Guidetti)는 피렌체 출신의 문인으로 아리오스토와 가까운 사이였으며, 프란체스코 마리아 몰차(Francesco Maria Molza, 1489~1544)는 모데나 출신의 시인으로 역시 아리오스토와 가까운 사이였다.
18) 원문은 "Carnuti", 즉 '카르누테스(Carnutes) 사람들'로 되어 있는데, 고대 갈리아 부족들 중 하나였던 그들의 중심 주거지는 샤르트르(Chartres)를 중심으로 하였다.
19) 알폰소 1세의 아들 에르콜레 2세는 샤르트르 공작이라는 직함을 갖고 있었다.
20) 바스토 후작 알폰소 다발로스(제15곡 28연 참조).
21) 시인들이나 작가들이 글을 쓸 수 있는 소재를 가리킨다.

펜으로 여러분을 영원하게 만듭니다.

그리고 여러분에게 영광을 주었으며   14
오늘날에도 주는 그런 남자들 외에도,
여러분이 스스로 영광을 줄 수 있으니,
수많은 여자들이 바늘과 천을 버리고
무사 여신들과 함께 갈증을 풀기 위해
아가니페[22] 샘으로 갔고 또 가고 있으며,
거기서 다시 돌아오는 여러분의 작업은
여러분보다 우리에게 더 필요해집니다.

만약 그녀들이 누구인지, 각자에 대해   15
설명하고 합당하게 칭찬하려고 한다면,
저는 여러 장을 할애하여야 하고, 오늘
다른 것을 노래할 수가 없을 것입니다.
또한 대여섯 명을 선택하여 칭찬한다면,
다른 여인들의 기분을 상하게 하겠지요.
그렇다면 어떻게 할까요? 모두에 대하여
침묵할까요? 아니면 한 명만 고를까요?

저는 한 명만 고르겠어요. 다른 여인에   16

---

[22] 그리스 보이오티아의 헬리콘산(제29곡 29연 참조)은 특히 무사 여신들에게 바쳐진 두 개의 샘 아가니페(Aganippe)와 히포크레네(Hippokrene)로 유명하다.

대하여 침묵하고 그녀만 칭찬해도, 누구도
절대 기분 나쁘게 생각하지 않을 정도로
질투심을 넘어설 한 여인을 선택하겠어요.
그 여인은 제가 들어 보지 못한 달콤한
문체로 자신을 불멸로 만들었을 뿐 아니라,
누구에 대하여 말하거나 쓰든지, 무덤에서
이끌어 내 영원히 살게 만들 수 있습니다.

아폴로는 베누스나 메르쿠리우스,[23] 또는 17
하늘과 함께 돌거나 스스로 도는 다른
별들[24]보다 자신의 새하얀 누이[25]를 더욱
많이 바라보고 많은 빛으로 장식하듯이,
누구보다 제가 말하는 그녀에게 유창한
언변과 더 많은 감미로움을 부여하였고,
그녀의 고귀한 말에다 힘을 불어넣어서
우리 하늘을 다른 태양으로 장식했어요.

---

23) 태양계의 행성 금성과 수성을 가리킨다. 메르쿠리우스의 경우 원문은 "마이아(Maia)"로 되어 있는데, 바로 그녀의 아들을 가리킨다. 그리스 신화의 헤르메스에 해당하는 메르쿠리우스는 유피테르와 아틀라스의 딸 마이아 사이에서 태어났다.
24) 항성, 즉 붙박이별들과 행성들을 가리킨다. 중세의 우주관에서 붙박이별들은 천구에 고정되어 있어 하늘과 함께 돌고, 행성들은 각자 고유의 하늘에서 독자적으로 회전하는 것으로 보았다.
25) 아폴로의 쌍둥이 누이이며 달의 여신인 디아나.

그녀는 비토리아,[26] 당연히 바로 승리들 　　　　　　　18
사이에서 태어났고, 어디로 가든 그녀의
뒤에나 앞에[27] 함께 있는 승리가 언제나
그녀를 승리들과 전리품들로 장식하지요.
그녀는, 남편 마우솔로스를 향한 사랑으로
칭찬을 받는 또 다른 아르테미시아[28]이며,
남편을 땅속에 묻지 않고 위로 끌어내는
더 아름다운 작품으로 그보다 뛰어나지요.

라오다메이아, 브루투스의 아내, 아리아, 　　　　　　　19
아르기아, 에바드네,[29] 다른 많은 여인들이
남편이 죽은 뒤에 함께 묻히기를 원하였기
때문에 칭찬을 받을 만한 가치가 있다면,
운명의 여신들과 **죽음**에도 불구하고,
레테와 그림자들을 아홉 번이나 휘감고
흐르는 강[30]에서 자신의 남편을 이끌어 낸

---

26) 파브리치오 콜론나의 딸로, 페스카라의 후작 프란체스코(제15곡 28연 참조)의 아내가 된 비토리아 콜론나(Vittoria Colonna, 1490/1492~1547). 그녀는 아름다운 시들로 남편의 죽음을 애도했으며, 페트라르카 풍의 많은 시들을 남겼다. 그녀의 이름 비토리아는 "승리"를 뜻한다.
27) 그녀의 과거나 미래를 암시한다.
28) Artemisia II(?~기원전 350). 소아시아 아나톨리아 서쪽에 있던 고대 카리아 왕국의 여왕. 그녀는 마우솔로스(Mausolos, 재위 기원전 377?~기원전 353)의 누이이자 아내였고, 그가 죽은 뒤에 왕위에 올랐으며, 특히 할리카르나소스(Halicarnassus)에 남편의 거대한 영묘를 세웠다. 남편의 이름을 딴 영묘의 이름 마우솔레움(Mausoleum)은 거대하고 화려한 무덤을 가리키는 용어가 되었다.

비토리아는 얼마나 큰 영광을 받겠습니까!

알렉산드로스 대왕[31]이 맑은 마이오니아   20
나팔[32]의 강력한 아킬레스를 질투했다면,
만약 그가 지금 살았다면, 페스카라의 불굴의
프란체스코여, 당신을 얼마나 부러워할까요!
그렇게 정숙하고 사랑스러운 당신의 아내가
당신에게 합당한 영원한 영광을 노래하고,
그녀 덕택에 더 맑은 나팔들을 부러워하지
않을 정도로 당신의 이름이 울려 퍼집니다.

---

29) 라오다메이아(Laodameia)는 고전 신화에 나오는 프로테실라오스(Protesilaus)의 아내로 트로이아 전쟁에 참가한 남편이 헥토르의 손에 죽자 너무 슬퍼하였다. 신들이 잠시 남편을 하데스에서 돌려보냈는데, 다시 돌아갈 때가 되자 함께 저승으로 갔다고 한다. 카이사르를 암살한 브루투스의 아내 포르키아(Porcia Catonis)는 남편이 죽자 자결하였다. 고대 로마의 아리아(Arria)는 남편 파이투스(Paetus)가 클라우디우스(Claudius, 재위 41~54) 황제에게 자결 명령을 받자 함께 자결하였다. 아르기아(Argia, 또는 아르게이아Argeia)는 고전 신화에서 폴리네우케스의 아내였는데, 크레온(Creon) 왕의 명령을 어기고 남편을 땅에 매장해 주었다. 에바드네(Evadne)는 그리스 신화에서 테베를 공격한 일곱 장군들 중 하나인 카파네우스(Capaneus)와 결혼하였는데, 남편이 유피테르의 벼락에 맞아 죽은 뒤 화장될 때 함께 불길 속으로 뛰어들어 자결하였다.

30) 고전 신화에 나오는 스틱스강은 저승을 아홉 번 둘러싸고 흐른다고 한다(《아이네이스》 제6권 439행 참조).

31) 원문은 그냥 "Macedonico", 즉 '마케도니아인'으로 되어 있다.

32) 호메로스를 가리킨다. 마이오니아(Maionia)는 리디아의 옛 이름으로 일설에 의하면 호메로스의 고향이라고 한다. 여기에서는 호메로스가 《일리아스》에서 강력한 아킬레스를 찬양한 것을 가리킨다.

만약 그녀에 대해 말할 수 있고, 또 제가　　　　　　　　21
말하고 싶은 것을 종이에 적으려 한다면,
아주 길게 말하겠지만, 그래도 다 말하지
못한 아주 많은 부분이 남아 있을 것이며,
그동안에 이 노래를 듣기 위해 오신다면
제가 계속해서 이야기하겠다고 약속했던,
마르피사와 그녀의 동료들에 대한 멋진
이야기는 한쪽에 남아 있어야 하겠지요.

이제 여러분이 제 노래를 들으러 왔으니,　　　　　　22
저는 약속을 어기지 않기 위하여, 그녀에
대한 모든 칭찬과 찬사를 표현하는 것을
보다 나은 다음 기회로 미루고자 하는데,
자기 시구들도 풍부하게 많은 그녀에게
나의 시구들이 필요하기 때문이 아니라,
단지 나의 이 노래를 충족시키기 위해
그녀를 칭찬하고 찬양하고 싶습니다.

여인들이여, 간단히 결론적으로 말해,　　　　　　　23
역사에 합당한 여인들은 모든 시대에
있었지만, 남자 작가들의 질투로 인해
죽은 뒤에는 별로 알려지지 않았지만,
이제 더 이상 그렇지 않으니, 여러분이
자신의 덕성을 불멸로 만들고 있어요.

두 시누이와 올케[33]가 그럴 줄 알았다면,
자신들의 위업이 잘 알려졌을 것입니다.

바꾸어 말해 브라다만테와 마르피사의   24
탁월한 승리의 위업들을 밝히기 위하여
제가 아무리 노력을 기울인다고 해도,
열 개 중에 아홉 개는 빠질 것입니다.
그것을 알지만 기꺼이 이야기하겠으니,
모든 훌륭한 일들은 감추어진 곳에서
밝혀져야 하고, 제가 존경하고 사랑하는
여인들을 기쁘게 해 주고 싶기 때문입니다.

제가 앞에서 이야기했듯이, 루지에로는   25
나무에 틀어박혀 있는 칼을 이전과 달리
별로 힘들이지 않고 다시 뽑아낸 다음,
작별 인사를 하고 떠나려고 하였을 때,
그렇게 멀리 떨어져 있지 않은 곳에서
들려온 큰 울음소리가 그들을 세웠고,
그래서 여인들과 함께 혹시라도 도움이
필요하다면 도와주기 위해 움직였어요.

그들은 앞으로 나아갔고, 울음소리는   26

---

33) 마르피사와 브라다만테.

더 분명해지고 말소리도 들려왔습니다.
계곡에 도착하여 세 여인을 발견했는데,
그녀들은 이상한 차림새로 슬퍼했으니,
어느 고약한 사람에 의해 그런 것인지
모르나 치마가 배꼽까지 잘려 나간 채,
어떻게 자기 몸을 가려야 할지 몰라서
땅에 앉아 일어나지 못하고 있었습니다.

마치 어머니 없이 땅에서 태어났으며,   27
미네르바가 엄숙하게 보살피고 키우라고
맡긴 아글라우로스가 너무나 대담하게
들여다보았던 그 불카누스의 아들이,
자기가 처음 발명한 마차 위에 앉아
흉측한 자기 다리를 감추었던 것처럼,[34]
그 세 명의 아가씨는 땅바닥에 앉아
비밀스러운 부분을 감추고 있었어요.

---

34) 불카누스는 미네르바를 겁탈하려다 실패했는데, 미네르바의 다리에 묻었던 정자가 땅에 떨어져 거기에서 에리크토니오스(Erikhthonios)가 태어났다. 미네르바는 아기를 바구니에 넣어 아테네의 왕 케크롭스(Cecrops)의 딸들에게 기르도록 맡겼는데, 그녀들 중에서 아글라우로스(Aglauros)는 명령을 어기고 바구니 안을 들여다보았고, 반은 인간이고 반은 뱀으로 되어 있는(일부 버전에서는 뱀과 뒤엉켜 있는) 에리크토니오스를 발견했으며, 그에 대한 벌로 미쳐 죽었다. 나중에 아테네의 왕이 된 에리크토니오스는 신체의 불편함을 극복하기 위해 마차를 발명하였다고 한다.

Canto 37:26

계곡에 도착하여 세 여인을 발견했는데,
그녀들은 이상한 차림새로 슬퍼했으니,

그렇게 엄청나고 보기 흉한 광경에 28
마음씨 너그러운 그 두 여자 기사는,
봄이 되었을 때 파이스툼35)의 정원에서
피어나는 장미와 같은 색깔이 되었어요.
브라다만테는 자세히 보았으며, 곧바로
그녀들 중 하나가 울라니아, 그러니까
'잃어버린 섬'에서 프랑스에 여자 사절로
왔던 울라니아라는 것을 발견하였으며,

또한 그녀와 함께 있는 것을 보았던 29
다른 두 여자36)도 똑같이 알아보았어요.
하지만 브라다만테는 세 여인 중에서
가장 존경하는 여인에게 말을 건넸고,
자연이 가능한 한 다른 사람의 눈에
감추려고 하는 비밀스러운 곳을 드러내게
강요할 정도로, 법률과 풍습에서 벗어나고
사악한 자가 대체 누구였는지 물었어요.

울라니아는 브라다만테의 문장을 보고 30
또 그녀의 말을 듣고 나서, 그녀가 바로
며칠 전에 세 명의 기사들을 안장에서

---

35) Paestum. 고대 그리스인이 이탈리아 남부, 소위 마그나 그라이키아에 세운 도시.
36) 울라니아의 하녀들.

떨어뜨린 여인이라는 것을 알아보았고,
거기에서 멀리 떨어지지 않은 성에서
사악하고 무자비한 사람들이 치마를
자르는 모욕 이외에도, 그녀를 때리고
다른 피해를 주었다고 이야기했습니다.

많은 나라를 거쳐 오며 오랫동안 그녀와 31
함께 왔던 세 명의 왕들과 그들이 버린
방패에 대해서는 말해 줄 수 없었으니,
죽었는지 아니면 잡혔는지도 몰랐어요.
그리고 카롤루스에게 그런 모욕에 대해
항의하면, 그가 용서하지 않을 것이라는
희망에, 걸어가기에는 아주 힘들지라도
이 길을 선택하게 되었다고 말했습니다.

마음이 너그러울 뿐 아니라, 용감하고 32
대담하였던 루지에로와 두 여인 기사는
그런 심각한 잘못에 대해 듣고 보면서,
아름답고 청명하던 얼굴이 어두워졌고,
자신들의 다른 모든 임무들을 잊은 채,
고통을 당한 여인이 복수를 해 달라고
전혀 애원하거나 부탁하지도 않았는데,
황급히 그곳을 향해 길을 떠났습니다.

그들은 모두 공통의 견해로 너그러운　　　　　　　33
마음에 이끌려서 각자의 겉옷을 벗었고,
그 불행에 빠진 여인들의 정숙하지 않은
부분들을 가리도록 배려해 주었습니다.
브라다만테는 울라니아가 여태 걸어온
그 길을 계속 걸어가기를 원치 않았기에
자기 말의 등 뒤에 올라타게 하였으며,
마르피사와 루지에로도 그렇게 했어요.

울라니아는 브라다만테에게 그 성으로　　　　　　34
가는 가장 빠른 길을 가르쳐 주었으며,
또 브라다만테는 그녀를 괴롭힌 자에게
복수를 해 주겠다고 그녀를 위로했어요.
그들은 계곡을 떠나 길고 굽은 길을 따라
오른쪽 왼쪽으로 돌며 언덕을 올라갔고,
태양이 바닷속으로 숨기 전에 그들은
길가에서 휴식을 취하려고 하였습니다.

그들은 올라가기 힘든 가파른 언덕의　　　　　　35
등성이에 솟은 작은 저택을 발견하였고,
그런 곳에서 얻을 수 있는 가장 좋은
숙소와 가장 좋은 식사를 얻었습니다.
그들은 주위를 둘러보았으며, 그곳의
사방이 여자들로 가득한 것을 보았어요.

일부는 젊고 일부는 늙었는데, 그 많은
무리에 남자는 하나도 보이지 않았어요.

자신의 남편과 아들, 아버지, 형제 들을   36
죽이고, 그리하여 렘노스섬의 전역에서
남자의 얼굴이라곤 전혀 찾아볼 수 없게
만들었던 여자들이, 이아손과 그와 함께
떠났던 아르고호의 선원들에게 너무나
커다란 놀라움을 주었던 것 이상으로,[37]
루지에로를 비롯해 함께 갔던 여인들은
그날 저녁의 숙소에서 깜짝 놀랐습니다.

두 여인 기사는 울라니아와, 또 그녀와   37
함께 온 아가씨들에게, 그날 저녁 비록
그렇게 깨끗하지는 않을지라도, 최소한
온전한 치마 세 개를 주도록 조치했어요.
루지에로는 그곳에 사는 여자들 중에서
한 명을 불렀고, 남자는 한 명도 보이지
않는데 대체 어디에 있는지 물어 보았고,
그러자 그녀는 그에게 이렇게 답했어요.

---

[37] 고전 신화에서 이아손은 황금 양털을 찾기 위해 아르고호 선원들(소위 아르고나우타이Argonautai)을 이끌고 떠났는데, 첫 번째 기항지가 렘노스섬이었다. 당시 렘노스섬에는 여자들이 남자들을 모두 죽이고 여자들만 살고 있었다.

"많은 우리 여자들이 남자들 없이 사는   38
것이 아마 여러분에게는 놀라울 것인데,
여기 추방되어 불쌍하게 사는 우리에게
그것은 견딜 수 없이 무거운 형벌입니다.
그리고 힘든 추방 생활이 더욱 괴롭도록,
잔인한 우리의 폭군은 자기가 좋아하는
대로, 우리가 사랑하는 남편들과 아들들,
아버지를 억지로 오래 떼어 놓고 있어요.

여기에서 약 2레가 정도 떨어져 있고   39
우리가 태어난 자기 땅으로부터 여기로
우리를 추방하기 전에, 야만적인 그는
우리에게 많은 조롱과 모욕을 주었고,
만약 남자들이 여기에 오거나, 우리가
그들을 받아들였다는 말을 듣게 되면,
우리 남자들과 불쌍한 우리 여자들을
죽이고 괴롭힐 것이라고 협박했어요.

그는 여자들에게 너무 적대적이어서,   40
우리 남자들 중 누군가가 여기에 오면,
여성의 냄새에 병이라도 걸리는 것처럼,
우리가 가까이 있는 것을 원치 않아요.
그 사악한 영주가 그러한 광기에 빠진
이후로, 벌써 두 번이나 나무들이 자기

Canto 37:38

여기 추방되어 불쌍하게 사는 우리에게
그것은 견딜 수 없이 무거운 형벌입니다.

나뭇잎들의 영광을 입었다가 또다시
벗었는데,[38] 그를 고쳐 줄 사람이 없어요.

백성들은 죽음을 두려워하는 것보다 41
오히려 그를 더 두려워하고 있는데,
그의 사악한 의지에 덧붙여서 자연은
인간의 운명을 넘어선 힘을 주었어요.
그의 몸은 마치 거인과 같고, 사람들
백 명을 합친 것보다 더 강합니다.
단지 우리 백성 여자들만 괴롭히지
않고 이방인 여자들에게는 더 심해요.

만약 여러분의 명예와 함께 동반하고 42
가는 이 세 여인을 소중하게 여긴다면,
앞으로 가지 않고 다른 길을 찾는 것이
더 안전하고 유용하고 좋을 것입니다.
이 길은 제가 이야기하는 영주의 성과,
거기에 가는 여인과 기사 들에게 잔인한
그가 경멸과 모욕으로 결정한 사악한
풍습을 체험하는 곳으로 인도합니다.

그 성의 영주이자 폭군인 그 사람의 43

---

38) 벌써 이 년이 지났다는 뜻.

이름은 마르가노레[39]라고 하는데, 그는
네로나, 잔인함의 명성을 누리는 다른
사람들보다 훨씬 더 악하고 잔인하며,
늑대가 양의 피를 탐내는 것보다, 그는
인간, 특히 여성의 피를 더 갈망하지요.
또 사악한 운명에 이끌려 그 성에 오는
모든 여자들을 모욕과 함께 내쫓지요."

루지에로와 여인들은 그 사악한 자가   44
왜 그런 광기에 빠졌는지 알고 싶었고,
그녀에게 계속 이야기해 달라고, 아니
모든 이야기를 들려 달라고 부탁했어요.
여인은 말했어요. "성의 영주는 언제나
잔인하고, 언제나 사악하고 잔혹했지만,
한동안 그런 사악한 마음을 감추었고
그렇게 곧바로 드러내지 않았습니다.

아버지의 스타일과는 완전하게 다른   45
그의 두 아들은 이방인들을 사랑하고,
잔인한 행동이나 다른 비열한 행동을

---

39) Marganorre. 그의 이름은 프랑스와 이탈리아의 기사문학 작품들에서 유래한다. 또한 그를 중심으로 두 개의 이야기가 발전하는데, 하나는 그의 아들 칠란드로(Cilandro)의 이야기이고, 다른 하나는 다른 아들 타나크로(Tanacro)와 그의 아내 드루실라(Drusilla)의 이야기이다.

싫어했는데, 그들이 살아 있는 동안은
그곳에 친절함이 피어나고, 아름다운
풍습과 고귀한 활동 들이 넘쳐났으며,
아버지는 비록 탐욕스럽기는 했지만,
아들들이 좋아하는 것을 놔두었어요.

이따금 이 길로 지나가는 여인들과 46
기사들은 아주 좋은 환대를 받았으며,
떠날 때에는 그들의 커다란 친절함에
두 형제를 많이 사랑하게 되었지요.
그리고 그 두 형제는 모두 똑같이
기사도의 신성한 임무를 맡았습니다.
하나는 칠란드로, 하나는 타나크로였고,
용맹하고 대담하고 의젓한 용모였어요.

정말로 그들은 언제나 모든 영광과 47
칭찬을 받을 만하였고, 만약에 우리가
사랑이라고 부르는 그런 욕망의 제물이
되지 않았다면 앞으로도 그랬을 겁니다.
사랑 때문에 그들은 좋은 길을 벗어나
오류의 길과 미궁으로 빠지게 되었고,
이전에 그들이 했던 모든 훌륭한 것은
순식간에 오염되고 추해지게 되었어요.

어느 날 그리스 황제[40]의 궁정 기사가 48
여기에 오게 되었는데, 더 이상 탐낼 수
없을 정도로 아름답고 행동이 신중한
여인을 함께 동반하고 왔던 것입니다.
칠란드로는 그녀에 대한 사랑에 불타
그녀를 얻지 못하면 죽을 것 같았고,
그녀가 떠날 때는 마치 자기 생명도
그녀와 함께 떠나는 것 같았습니다.

그리고 아무리 애원해도 소용없었기에 49
무력으로 그녀를 얻으려고 결심했어요.
그는 무장을 하고 성에서 약간 떨어진,
그들이 지나갈 곳에 조용히 숨었지요.
몸에 익은 담대함과 사랑의 불꽃으로
그는 여러 가지를 생각할 수 없었어요.
그래서 그는 기사가 오는 것을 보자,
창에 창을 겨누고 그에게 공격했지요.

그는 첫 충돌에서 기사를 쓰러뜨리고 50
승리와 여인을 데리고 돌아올 것으로
생각했지만, 결투의 대가였던 기사는
그의 가슴막이를 유리처럼 깨뜨렸어요.

---

40) 비잔티움제국의 황제.

그 소식이 성의 아버지에게 전해졌고,
그는 아들을 들것에 실어 오게 했지요.
죽은 아들을 보고 그는 크게 슬퍼했고,
옛 조상들의 옆에다 아들을 묻었어요.

그런데도 오는 사람들에게 동일하게　　　　　　　　　　51
숙소를 제공하고 정중한 환대를 했으니,
타나크로도 마찬가지로 아주 친절했고
자기 형 못지않게 고귀했기 때문이지요.
그런데 같은 해에 먼 나라에서 온 어느
귀족이 아내와 함께 성에 도착했어요.
그는 놀랍게 용맹하였고, 그의 아내는
말할 수 없이 아름답고 우아했습니다.

아름다울 뿐만 아니라, 모든 칭찬을　　　　　　　　　　52
받을 만하게 솔직하고 덕성이 있었고,
고귀한 가문 출신의 그 기사는 다른
누구와 비교할 수 없이 대담하였어요.
그런 장점들 덕택에 그토록 탁월하고
귀중한 아내를 누릴 자격이 있었지요.
기사는 룽가빌라의 올린드로[41]였으며,
그의 아내 이름은 드루실라였습니다.

---

41) Olindro di Lungavilla. 룽가빌라에 대한 다른 구체적인 사실은 밝혀지지 않았다.

젊은 타나크로는 그녀에 대한 사랑에 53
불탔으니, 자기 형이 부당한 욕망으로
쓰라리고 이른 죽음을 맞이하게 만든
여인에게 불타오른 것에 못지않았어요.
힘들고 강렬한 새로운 욕망이 자신을
죽음으로 이끄는 것을 견디는 것보다,
형에 못지않게 그는 신성하고 거룩한
임무의 모든 권리를 범하려고 했지요.

하지만 자기 형이 그로 인해 죽음을 54
맞이한 예를 눈앞에서 보았기 때문에,
올린드로가 잘못에 대해 복수할 것을
염려하지 않게 그녀를 빼앗으려 했어요.
아직 아버지가 언제나 잠겨 있는 악의
바다 속에 완전히 빠지지는 않았지만,
그가 으레 보여 준 것과 같은 덕성은
그에게서 줄어들었고, 결국은 꺼졌지요.

그날 밤 그는 완전한 정적 속에서 55
스무 명의 무장한 병사들을 모았고,
성에서 멀리 떨어지고 길가에 있는
동굴 안에 매복해 있도록 했습니다.
거기에서 올린드로의 길을 가로막고
온 사방으로 나갈 길을 막은 다음,

그가 오랫동안 많이 방어했는데도
그의 생명과 아내를 빼앗아 갔어요.

올린드로를 죽이고 아름다운 여인을	56
붙잡아 갔는데, 너무 괴로워한 그녀는
어떻게든 살아남기를 원하지 않았고,
제발 죽여 달라며 자비를 빌었습니다.
그녀는 죽기 위해 계곡의 위에 있는
어느 기슭에서 아래로 몸을 던졌지만
죽을 수는 없었고, 머리가 깨진 데다
멍들고 완전히 상처투성이였습니다.

타나크로는 그녀를 들것에 실어서	57
집으로 데려오는 수밖에 없었습니다.
그는 그렇게 귀중한 전리품을 잃고
싶지 않아 열심히 치료하게 했어요.
또한 그녀의 치유가 늦어지는 동안,
결혼식을 거행할 준비를 하였는데,
그 아름답고 정숙한 여인을 친구가
아닌 아내로 갖고 싶었기 때문이지요.

타나크로는 다른 것을 생각하거나	58
원하거나 바라거나 말하지 않았어요.
마음 상한 그녀를 보고, 자기 잘못임을

인정했고 가능한 한 보상하려 했어요.
하지만 모두 헛일이었고, 그가 그녀를
사랑할수록, 위로하려고 노력할수록,
그녀는 그를 증오했고, 그를 죽이고
싶어 할 정도로 강하고 단호했어요.

그렇다고 해서 그런 증오가 그녀의
판단력을 흐리게 하지 않았으니, 만약
계획대로 하고 싶다면, 위장하고 비밀
덫을 놓아야 한다는 것을 깨달았어요.
또한 어떻게 타나크로를 해칠까 하는
욕망을 감추고 정반대 모습을 보이고,
처음의 사랑에서 벗어나 이제 완전히
그에게 돌아선 것처럼 보여야 했지요.

얼굴은 평온을 위장했지만, 마음속은
복수를 원했고 오직 그것만 기다렸어요.
많은 것을 생각했고, 그중에서 일부는
버리거나, 받아들이거나, 보류하였어요.
결국 자기가 죽으려고 결정할 때, 자기
의도가 이루어진다는 것을 깨달았어요.
그러면 언제, 어디에서 사랑하는 남편의
복수를 하면서 잘 죽을 수 있을까요?

그녀는 아주 행복한 것처럼 보였고, 61
그 결혼을 정말로 원하는 척하였으며,
결혼을 거부하지 않는 척하였을 뿐만
아니라, 지체되지 않게 하기도 했어요.[42]
누구보다 멋지게 치장하고 장식했으며,
올린드로를 완전히 잊은 것 같았어요.
하지만 그 결혼식을, 자기 고향에서
하는 식으로 거행하고 싶어 했어요.

그러나 그녀가 말하는 그런 풍습이 62
자신의 고향에 있는 것은 아니었어요.
그녀는 다른 것을 생각할 여지가 전혀
없었기 때문에,[43] 자기 남편을 살해한
자를 죽일 수 있는 방법을 찾기 위해
그런 거짓말을 상상해 낸 것이었어요.
그래서 자기 고향 방식으로 결혼식을
하고 싶다고 했고, 방법을 설명했지요.

그녀는 말했습니다. '과부가 남편을 63
맞이하려면, 그에게 가까이 가기 전에,
죽은 남편의 상처받은 영혼을 위로해야

---

42) 원문은 '[결혼식을] 연기시킬 수 있는 것을 뒤로 밀쳐 두었다'이다.
43) 그녀는 오로지 죽은 남편을 위해 복수할 방법에 대해서만 생각했다는 뜻이다.

하는데, 남편의 유골이 안치되어 있는
성당 안에서 과거의 죄를 용서받도록,
그를 위해 미사와 의식을 거행해야 하며,
마지막에 제물을 바친 다음에야
신랑이 신부에게 반지를 주어야 해요.

그리고 그러는 동안에 사제는, 그런   64
미사를 위하여 거기 가져온 포도주에
합당하게 맞는 경건한 기도를 올리고,
그런 다음 포도주에 축성을 내리지요.
그리고 포도주를 잔에 따르고, 그렇게
축성 받은 포도주를 부부에게 주는데,
먼저 신부에게 주어야 하고, 신부가
먼저 포도주에 입을 대야만 합니다.'

타나크로는 그녀가 고향의 풍습대로   65
결혼식을 하려는 의도를 생각하지 않고
말했어요. '우리가 함께 살게 될 시간이
빨라지기만 한다면, 원하는 대로 하시오.'
불쌍한 그는 그녀가 올린드로의 죽음을
복수하려 한다는 것을 깨닫지 못하였고,
그녀의 강렬한 욕망은 다른 생각 없이
하나에 집중되어 있다는 것을 몰랐어요.

드루실라는 자신과 함께 붙잡힌 어느　　　　　　　　　　66
나이 든 하녀를 함께 데리고 있었습니다.
그녀는 노파를 불러 궁정의 다른 사람이
듣지 못하게 그녀의 귀에 대고 말했어요.
'즉각 효과가 나는 독약을 준비해서 내게
갖다줘요. 당신은 조제할 줄 알잖아요.
마르가노레의 그 사악한 배신자 아들을
죽일 수 있는 방법을 내가 찾아냈어요.

또 나와 당신이 살아날 방법도 알아요.　　　　　　　　　　67
하지만 그건 나중에 편안하게 말할게요.'
그러자 노파는 가서 독약을 준비했고
약병에 담아 궁전으로 돌아왔습니다.
달콤한 칸디아[44] 포도주가 담긴 병을
찾아내 거기에다 그 사악한 약을 탔고,
결혼식 날이 될 때까지 간직하였어요.
이제 지체할 이유가 전혀 없었습니다.

미리 정해진 날짜에 그녀는 아름다운　　　　　　　　　　68
보석들로 장식하고 멋진 옷을 입었고,
약속한 대로 올린드로의 관을 두 개의

---

44) Candia. 크레타섬의 지명인지, 아니면 이탈리아의 여러 곳에 같은 이름의 지명이 있는데 어느 특정한 곳을 가리키는지 알 수 없다.

Canto 37:67

그러자 노파는 가서 독약을 준비했고
약병에 담아 궁전으로 돌아왔습니다.

기둥 위에 올려놓은 성당으로 갔습니다.
거기에서 엄숙한 찬송가를 노래했고,
남녀노소 모두가 모여서 들었습니다.
마르가노레는 아주 즐거운 표정으로
아들과 친구들을 거느리고 왔습니다.

마침내 신성한 미사가 끝나고 곧바로　　　　　　　　69
독이 든 포도주에 축성을 내린 다음,
사제는 드루실라가 말해 준 것처럼
황금 잔에다 포도주를 따랐습니다.
그녀는 자기 품위에 어울리고, 효과를
낼 수 있을 만큼 포도주를 마신 다음,
즐거운 표정으로 신랑에게 잔을 건넸고
신랑은 잔의 바닥이 보이도록 비웠어요.

그리고 잔을 사제에게 주고, 행복하게　　　　　　　70
드루실라를 껴안으려고 팔을 벌렸지요.
그런데 그녀의 상냥하고 달콤한 태도와
평온하던 표정이 갑자기 돌변했습니다.
그를 뒤로 밀치며 껴안지 못하게 막았고,
두 눈과 얼굴이 타오르는 것 같았어요.
그리고 무섭고 혼란스러운 목소리로
외쳤지요. '배신자! 나에게서 떨어져!

너 때문에 내가 괴롭고 고통스러운데, 71
내게서 기쁨과 위로를 얻으려는 거야?
이제 내 손으로 네가 죽어야 할 거야.
여기 독약이 들어 있는 걸 몰랐겠지.
너무 영광스러운 죽음이라서 괴롭다![45)
이것은 너무 가볍고 간단한 죽음이야!
너의 그 커다란 죄에 어울릴 정도로
가공할 만한 고통과 형벌을 모르겠어.

이런 네 죽음으로 완전하고 완벽한 72
희생 제물을 바치지 못해 괴롭구나!
내가 원하는 대로 할 수 있었더라면,
전혀 아무런 결함도 없었을 것이야.
내 사랑하는 남편은 그 좋은 의지를
고려하여 이해하고 받아들일 것이야.
내가 원하는 대로 할 수는 없었지만,
할 수 있는 한 너를 죽게 했으니까.

그리고 여기에서 내가 바라는 대로 73
너에게 형벌을 내릴 수 없으니까,
네 영혼이 저세상으로 가는 것을
보고 싶어. 내가 널 지켜볼 것이야.'

---

45) 원문은 '네가 너무 영광스러운 사형 집행인을 갖게 된 것이 괴롭다'이다.

그리고 즐거운 표정으로, 혼란해진
눈으로 하늘을 바라보며 말했어요.
'올린드로, 당신 아내의 좋은 의지로
복수한 이 희생물을 부디 받아주오.

그리고 오늘 천국에서 당신과 만나게 74
나를 위해 우리 주님께 은총을 빌어 주오.
만약 당신의 왕국에 내 영혼이 갈 공훈이
없다고 하시면, 공훈이 있다고 말해 주오.
이 불경하고 사악한 괴물을, 최고 좋은
전리품으로 신성한 교회에 바치니까요.
이렇게 추악하고 역겨운 질병을 없애는
것보다 더 큰 공훈이 있을 수 있습니까?'

그녀는 말과 생명을 함께 끝마쳤는데, 75
사랑하는 남편의 생명을 빼앗은 자를
그렇게 잔인하게 처벌한 것에 대하여
죽어서도 얼굴이 행복한 것 같았어요.
풀려난 타나크로의 영혼이 그녀보다
앞섰는지 뒤따랐는지 저는 모르지만,
아마 앞섰을 것입니다. 그가 더 많이
마셨으니까 효과가 먼저 나타났겠지요.

마르가노레는 아들이 쓰러진 다음 76

Canto 37:75

아마 앞섰을 것입니다. 그가 더 많이
마셨으니까 효과가 먼저 나타났겠지요.

자기 팔에 안겨 죽는 것을 보고 나서,
예상치 못하게 닥쳐온 커다란 고통에
사로잡혀 함께 죽으려고 하였습니다.
두 아들이 있었는데, 이제는 혼자이고,
두 여인이 그런 종말로 몰고 갔지요.
한 여인은 죽음의 원인이 되었으며,
또 한 여인은 자기 손으로 죽였지요.

사랑과 연민과 울분과 고통과 분노, 77
죽음의 욕망과 복수의 욕망이 동시에
그 불행하고 외로운 아버지를 맴돌며
바람에 동요된 바다처럼 흔들었어요.
드루실라에게 복수하러 갔고, 그녀의
생명이 이미 끊어진 것을 보면서도,
불타는 증오가 때리고 찌르는 대로
무감각한 육신을 공격하려고 했어요.

마치 창에 찔려 모래에 박힌 뱀이 78
헛되이 창을 이빨로 깨무는 것처럼,
마치 사냥개가 지나가는 사람이 던진
돌멩이를 향해 황급히 달려가 분노와
울분에 헛되이 그 돌멩이를 깨물면서
복수하지 않고는 가지 않으려는 것처럼,
마르가노레는 그 모든 사냥개나 뱀보다

잔인하게 창백한 시체를 모욕했습니다.

하지만 아무리 잡아 뜯고 모욕하여도 79
분이 풀리거나 가라앉지 않았기 때문에,
그 악당은 성당 안을 가득 메운 여자들
사이로 갔으며, 무분별하게 가리지 않고,
농부가 낫으로 건초를 베듯이, 잔인하고
사악한 칼로 우리에게 똑같이 그랬어요.
아무것도 그를 막지 못했고, 순식간에
삼십 명이 죽었고, 백 명이 다쳤습니다.

백성들은 그를 너무나 무서워하였기에, 80
어느 누구도 감히 고개를 들지 못했어요.
여자들은 비천한 백성들과 함께 성당
밖으로 달아났고, 아무도 남지 않았어요.
마침내 몇몇 친구들이 그에게 간청해
억지로 그 미친 충동을 억제하게 했고,
슬픔에 잠긴 모든 것을 아래에 남기고
언덕 위의 성안으로 들어가게 했어요.

그런데도 분노는 지속되었기 때문에, 81
모든 여자를 추방하기로 결정했습니다.
친구들과 백성들이 탄원하였기 때문에
우리를 무차별적으로 죽이지는 않았고,

바로 그날 모든 여자들이 그 나라에서
떠나야 한다는 포고령을 내리게 했으며,
제 마음대로 이곳을 유배지로 주었어요.
성에 가까이 가는 사람은 불쌍하도다!

그렇게 남편은 아내와 헤어지게 됐고,　　　　　　　　　82
그렇게 아들들은 어머니와 헤어졌어요.
만약 누군가가 대담하게 우리에게 오고,
만약 그것을 마르가노레가 알게 되면
많은 사람에게 엄청난 벌금을 물리게
했고, 많은 사람을 잔인하게 죽였어요.
그리고 그의 성에 들어 보지도 못하고
읽어 보지도 못한 법률을 선포했어요.

그 법률에 의하면, 어떤 이유든, 그곳　　　　　　　　　83
계곡으로 지나가게 되는 모든 여자는
버드나무 가지로 등허리를 때린 다음
그 구역 밖으로 쫓아내도록 하였는데,
먼저 치마를 잘라 **자연**과 **정숙함**이
감추게 하는 부분을 드러내게 했으며,
만약 무장한 기사의 호위를 받으면서
갈 경우, 여자는 거기서 죽어야 했어요.

기사들의 호위를 받으면서 가는 여자는　　　　　　　　84

그 모든 연민에 적대적인 자에 의하여,
죽은 아들들의 무덤으로 끌려가게 되고
그의 손으로 목이 잘려 희생되었지요.
그리고 호위하는 자를 모욕하면서
갑옷과 말을 빼앗고 감옥에 넣었는데,
그는 밤낮으로 천 명이 넘는 남자에게
둘러싸여 있어 그렇게 할 수 있었어요.

그리고 조금 더 말씀드리고 싶은데, 85
그들 중에서 누군가를 놔줄 때는, 먼저
신성한 성물에 대고 평생 동안 여성을
증오하겠다고 맹세하도록 강요했어요.
그러니 이 여인들과 당신들의 목숨을
잃어도 좋다면, 그 악당이 살고 있는
성으로 가서 그의 힘이나 잔인함이
어느 정도인지 직접 시험해 보세요."

그런 말에 여인 기사들은 처음에는 86
연민에 움직였고, 이어서 너무 강한
분노에, 만약 밤이 아닌 낮이었다면,
지체 없이 성으로 달려갔을 것입니다.
그 멋진 무리는 거기서 휴식을 취했고,
모든 별이 태양에게 자리를 내주어야
한다고 아우로라가 신호를 하자마자[46]

그들은 갑옷을 입고 안장에 올라탔어요.

그들이 이제 막 떠나려고 하는 순간　　　　　　　　　　87
등 뒤의 길로부터 기다란 발소리가
들려왔기에 모두들 몸을 돌려 계곡의
아래쪽으로 눈길을 돌리게 되었어요.
그리고 돌멩이를 손으로 던질 만큼의
거리에 떨어진 협소한 오솔길을 따라
일부는 말을 타고, 일부는 걸어가는
20여 명의 무장한 사람들을 보았어요.

그들은 나이가 많아 보이는 얼굴의　　　　　　　　　　88
노파를 말에 태워 데려가고 있었는데,
마치 죄를 지어서 화형대나 사형대,
교수대로 끌고 가는 것 같았습니다.
그런데 비록 거리는 멀었지만, 그녀를
얼굴과 옷차림으로 바로 알아보았어요.
그곳에 있던 여자들은 그녀가 바로
드루실라의 하녀라는 것을 깨달았어요.

제가 앞에서 말씀드린 것처럼, 그녀는　　　　　　　　　89
약탈자 타나크로에게 함께 붙잡혔으며,

---

46) 그러니까 새벽 여명이 밝아오자마자.

나중에 잔인한 효과를 내는 그 독약을
조제하라는 임무를 맡아서 수행했지요.
그녀는 나중에 일어난 일을 의심했기에
다른 여자들과 성당으로 들어가지 않았고,
그런 일이 일어나는 동안 그 고장에서
벗어나 안전한 곳으로 벌써 달아났지요.

그렇지만 마르가노레는 오스트리아로　　　　　　　　90
달아나 숨은 그녀에 대해 알게 되었고,
어떻게 하면 그녀를 데려와 불태우거나
목을 매달 것인가 방법을 찾았습니다.
그리고 마침내 선물들과 아주 풍부한
제공에 움직이게 된 사악한 **탐욕**에,
그녀를 자기 영토에 데리고 있던 어느
귀족이 마르가노레에게 넘긴 것입니다.

그리하여 그녀를 마치 짐을 싣듯이　　　　　　　　91
단단하게 묶고, 말을 할 수 없게 만든
다음, 상자 안에 넣어서 말 위에 실어
콘스탄츠[47]까지 보내 주었고, 거기에서
그 사람들이, 모든 자비심을 없애버린
영주[48]의 요구에 따라, 그녀에게 모욕과

---

47) Konstanz. 게르마니아 남쪽 보덴(Boden)호 옆에 있는 도시.

함께 자신의 모든 분노를 분출시킬 수
있도록 그곳으로 끌고 왔던 것입니다.

마치 몬비소[49]에서 발원하는 큰 강이   92
앞으로 나가고 바다를 향해 내려가면서
람브로강과 티치노강[50]과 함께 합쳐지고,
또 아다강[51]과 다른 강의 조공을 받아들이며
아주 도도하고 격렬하게 더욱 커지듯이,
루지에로와 함께 두 명의 여인 기사들은
마르가노레의 많은 죄들을 알게 될수록
더욱 그를 경멸하며 분노하게 되었어요.

그녀들은 그 잔인한 자의 많은 죄들에   93
대해 너무 강한 분노와 증오에 불탔으니,
비록 그가 많은 사람을 거느리고 있다고
해도 그를 처벌하기로 결정을 내렸어요.
하지만 빠른 죽음을 안기는 것은 수많은
죄에 너무 너그럽고 가벼운 형벌 같았고,

---

48) 마르가노레.
49) Monviso. 이탈리아 피에몬테 지방 서쪽의 알프스산맥에서 가장 높은 산으로 포강의 발원지가 그곳에 있다.
50) 람브로(Lambro)강은 밀라노 동쪽으로 흘러내려 포강과 합류하고, 티치노강(제33곡 13연 참조)은 밀라노 서쪽으로 흘러 포강과 합류한다.
51) 아다강(제17곡 5연 참조)은 람브로강의 동쪽에서 포강과 합류한다.

그래서 괴로움과 고통 들 속에서 죽음을
느끼도록 늦추는 것이 좋을 것 같았어요.

하지만 그 자객들이 죽음으로 끌고 온 94
그 노파를 먼저 구하는 것이 필요했지요.
곧바로 고삐를 늦추고 박차를 가하면서
그들은 말들이 빠르게 달려가게 했어요.
공격받은 자들은 그토록 격렬하고 강한
충돌을 지금까지 겪어 본 적이 없었으니,
방패와 노파와 무기를 버리고, 갑옷도
없이 달아나는 것만 해도 다행이었어요.

마치 먹이를 물고 자신의 소굴을 향해 95
돌아가는 늑대가 이제 안전하다고 믿고
있을 때, 바로 눈앞에서 사냥꾼과 그의
사냥개들이 길을 가로지르는 것을 보고,
먹이를 내팽개치고, 어두운 숲이 빽빽한
곳으로 서둘러 달아나는 것 같았습니다.
그렇게 공격을 받은 그 사람들도 그에
못지않게 재빠르게 달아나 버렸습니다.

노파와 무기들만 버렸을 뿐만 아니라, 96
말들도 여러 마리 내버려두고 달아났고,
더욱 안전하고 빠른 길이라고 생각하여

가파른 경사면과 절벽에서 뛰어내렸지요.
그건 루지에로와 여인들에게 중요했으니,
그중에서 말 세 마리를 데려와서, 바로
어제 자신들의 말 등에 땀을 흘리게
만든 세 여인[52]을 태우고 가게 했어요.

그리하여 그들은 더욱 빠르게 잔인하고   97
치욕스러운 성을 향한 길을 따라갔어요.
그들은 드루실라의 복수를 볼 수 있게
그 노파도 함께 데려가려고 하였지만,
그녀는 나쁜 일이 일어날까 두려워하여
헛되이 울고불고 소리치며 거부했어요.
하지만 루지에로가 억지로 훌륭한 말
프론티노의 등에 태우고 함께 달렸어요.

아래쪽으로 많은 집들과 함께 풍요롭고   98
커다란 마을이 보이는 곳에 이르렀는데,
주위에 성벽도 없고 해자도 없기 때문에
사방 어느 곳에도 길이 막히지 않았어요.
마을의 한가운데에 언덕이 솟아 있었고
그 위에 높다란 성이 세워져 있었어요.
그곳에 마르가노레가 거주한다는 것을

---

52) 울라니아와 두 명의 하녀.

Canto 37:97
하지만 루지에로가 억지로 훌륭한 말
프론티노의 등에 태우고 함께 달렸어요.

알았기에 대담하게 그곳으로 향했지요.

마을 안으로 들어서자마자, 곧바로 99
입구를 지키고 있던 보병들 몇 명이
그들의 뒤에서 입구를 닫았고, 앞에
있는 다른 입구도 이미 닫혔습니다.
그리고 마르가노레가 모두 무장하고
있는 기병들과 보병들과 함께 왔고,
간략하지만 오만함에 넘치는 말로
자기 땅의 사악한 풍습을 설명했어요.

먼저 브라다만테와 또 루지에로와 100
함께 그 일을 계획하였던 마르피사는
대답 대신에 말에 박차를 가했는데,
용맹스러운 데다 강력하였기 때문에
창을 겨누지도 않았고, 또 그 유명한
칼을 사용하려고 생각하지도 않았고,
주먹으로 그의 투구를 세게 가격하여
안장 위에서 정신을 잃게 만들었어요.

브라다만테는 마르피사와 거의 동시에 101
말을 몰았으며, 루지에로도 가만히 있지
않고 얼마나 강력하게 달려갔는지, 창을
받침대에 대지도 않았는데, 여섯 명을

죽였으니, 하나는 배를 찔렸고, 두 명은
가슴을, 하나는 목을, 또 하나는 머리를
찔렸으며, 여섯째는 달아나면서 등으로
들어가서 배로 나온 창을 부러뜨렸어요.

아모네의 딸은 황금 창으로 건드리는 102
자들을 모두 땅바닥에 떨어지게 했는데,
하늘이 불타며 쏘아대는 벼락이 닥치는
대로 깨뜨리고 무너뜨리는 것 같았어요.
사람들은 모두 달아났고, 누구는 성으로,
누구는 들판으로 갔으며, 어떤 사람들은
성당이나 자기 집으로 들어가 문을 잠갔고,
밖에는 죽은 자들 외에 아무도 없었어요.

그러는 동안 마르피사는 마르가노레의 103
손을 등 뒤로 돌려서 단단하게 묶었으며,
드루실라의 하녀 노파에게 주어 기분이
풀릴 때까지 마음대로 하라고 하였어요.
그리고 마을 사람들이 잘못을 참회하여
마르가노레의 그 사악한 법률을 없애고,
그녀가 정하는 법률을 받아들이지 않을
경우 마을을 불태워 버릴까 생각했어요.

그것은 별로 어려운 일이 아니었으니, 104

그 사람들은 마르피사가 모두를 죽이고
불태우고, 또한 말하지 않을 것까지
하지 않을까 두려워했을 뿐만 아니라,
마르가노레와 그의 잔인하고 사악한
법률에 완전히 반대했기 때문입니다.
하지만 대부분의 사람들이 그러하듯이,
그들은 가장 증오하던 것에 복종했어요.

그들은 각자 서로를 믿지 못했으므로,　　　　　　　　　　105
감히 자신의 욕망을 드러내지 못하였고,
그[53]가 누구를 추방하고, 누구를 죽이고,
누구의 재산과 명예를 뺏도록 방치했지요.
하지만 침묵하는 마음은 하늘에 외쳤고
하느님과 성인들의 복수를 유발하였으니,
만약에 복수가 늦어지면, 나중에 엄청난
처벌로 그 늦어진 것을 보상하게 되지요.

이제 분노와 증오로 넘치게 된 백성은　　　　　　　　　　106
행동과 악담으로 복수를 하려고 했으며,
속담에서 말하는 것처럼, 바람에 쓰러진
나무에 모두 땔감을 구하러 달려갔지요.
마르가노레는 통치하는 자에게 예가 되니,

---

53) 폭군 마르가노레.

악을 행하는 자를 결국 악이 기다리지요.
어른이나 아이나 모두 그의 역겨운 죄에
대한 처벌을 보는 것을 즐거워했습니다.

그에 의해 자신의 아내나 누이, 딸이나 107
어머니가 죽음을 당했던 많은 사람들은,
더 이상 증오하는 마음을 감추지 않고
자기 손으로 그를 죽이려고 달려갔으며,
마음씨 너그러운 여인 기사들과 강력한
루지에로는 그걸 막으려고 노력했으니,
그가 괴로움과 고통과 불안감 속에서
죽어가게 하려고 계획했기 때문이지요.

그들은 그를 벌거벗겼고 아무리 세게 108
뒤흔들어도 풀 수 없게 단단히 묶은 다음,
여자들이 다른 어떤 적을 증오하는 것보다
그를 더 증오한 노파의 손에 건네주었고,
노파는 자신의 슬픔에 대한 복수로서,
마침 그곳에 있던 어느 농부가 그녀의
손에 건네준 날카로운 송곳으로 그의
온몸이 새빨갛게 변하도록 찔렀습니다.

여자 사절[54)]과 그녀의 젊은 하녀들도 109
자신들의 모욕을 결코 잊을 수 없었기에,

결코 손을 편안히 쉬게 하지 않았으며
노파 못지않게 그에게 복수를 하였어요.
그렇지만 괴롭히고 싶은 욕망만큼 힘이
따라주지 않아도 계속 괴롭히고 싶었고,
누구는 돌로 때리고, 또 누구는 할퀴고,
누구는 물고, 또 누구는 바늘로 찔렀어요.

마치 오래 내린 비나, 녹아내린 눈으로   110
이따금 개울의 물이 오만하게 불어나고
격렬하게 흐르면서, 산 아래로 나무들과
돌멩이들과 들판과 수확물을 휩쓸어가고,
그러다가 때가 되면, 오만스러운 얼굴이
수그러들고, 그 힘마저 너무나 약해져서
심지어 어린아이나 여자까지 종종 발이
젖지 않게 건너갈 수 있게 되는 것처럼,

어디에서든지 그 이름만 들어도 주위를   111
온통 두렵게 만들었던 그 마르가노레는,
그토록 오만하던 그의 뿔을 부러뜨리고
그의 힘을 굴복시킨 사람이 오자, 지금은
심지어 아이들에게도 놀림거리가 되었고
누구는 수염을, 누구는 머리칼을 뽑았어요.

---

54) 울라니아.

그리하여 루지에로와 여인 기사들은 언덕
위에 있는 성을 향해 발걸음을 옮겼어요.

성안에 있던 자들은 아무 저항 없이 112
그들에게 성을 넘겼고, 풍부한 전리품들
중에서 일부는 약탈했고, 또 울라니아와
모욕당한 동료들에게 일부를 주었어요.
거기에서 황금 방패[55]도 다시 되찾았고,
제가 앞에서 말씀드린 것처럼, 갑옷도
없이 걸어서 거기에 왔다가, 폭군에게
붙잡혀 있던 세 명의 왕도 풀려났어요.

그들은 브라다만테에 의해 안장에서 113
떨어진 날부터 계속하여 갑옷도 없이
걸어서, 그 머나먼 해변에서 온 여자
사절을 호위하며 거기 왔던 것입니다.
그들이 무장을 하지 않고 있던 것이
좋았는지 나빴는지, 저는 모르겠어요.
보호를 하였다면 아주 좋았을 것이나,
만약 졌다면, 임무를 하지 못했겠지요.

왜냐하면 무장을 하고 있는 호위대를 114

---

[55] 아이슬란드의 여왕이 카롤루스 황제에게 보내는 황금 방패(제32곡 52연 참조).

동반하고 가다가 붙잡힌 여자들은 모두
불쌍하게 두 형제의 무덤이 있는 곳으로
끌려가 희생 제물로 죽었기 때문입니다.
부끄러운 부분들을 드러내는 것은 힘들고
어렵지만, 그래도 죽는 것보다는 나았으며,
억지로 강요당했다고 말할 수 있는 것은,
언제나 이런저런 모욕을 완화시켜 주지요.

여인 기사들은 그곳에서 떠나기 전에 115
주민들에게 이렇게 맹세하도록 했는데,
앞으로는 남편들이 아내들에게 영토와
모든 것의 통치를 맡길 것이며, 또한
거기에 감히 반대하는 사람은 엄격한
형벌로 처벌받을 것이라고 했습니다.
간단히 말해서 다른 곳에서는 남편이
하는 것을 여기에서는 아내가 했지요.

그런 다음 이렇게 약속하게 했어요. 116
혹시라도 그곳에 오는 사람이 있으면,
그들이 기사이건 또는 시종이건, 만약
하느님이나 성인들의 이름이나, 다른
중요한 것을 걸고 맹세하지 않으면,
받아들이거나 환대하지 않을 것인데,
바로 언제나 여자들의 친구가 되고,

여자들의 적은 바로 자신의 적이며,

또한 그 당시 아내가 있거나, 또는 117
조만간에 아내를 얻게 되면, 언제나
아내에게 충실하게 복종할 것이며,
원하는 대로 할 것이라고 말입니다.
마르피사는 그해가 끝나기 전에,
나뭇잎이 떨어지기 전에 돌아와 보고
만약 그런 법률이 시행되지 않으면
마을을 파괴하고 불태우겠다고 했어요.

그러고 나서 떠나기 전에 지저분한 118
곳에 있던 드루실라의 유해를 꺼냈고,
그곳에서 가능한 한 풍요롭게 만든
하나의 무덤에 남편과 함께 묻었어요.
그러는 동안에도 노파는 송곳으로
마르가노레의 등을 빨갛게 만들었고,
다만 쉴 새 없이 고통을 줄 수 있을
정도로 힘이 없는 것이 유감이었어요.

활기 넘치는 여인 기사들은 성당 옆 119
광장에 서 있는 한 기둥을 보았는데,
거기에다가 그 사악한 폭군은 자신의
잔인하고 미친 법률을 새겨 두었어요.

여인들은 마르가노레의 방패와 갑옷과
투구를 마치 전리품과 같은 모양으로
기둥 위에다 걸어 두었으며, 그 옆에
자신들이 정한 법률을 새기게 했어요.

마르피사는 이전에 새겨져 있던, 모든 120
여인에게 적대적이고 모욕적인 법률과
정반대의 법률을 그 기둥에다 새기도록
하였기에, 거기에서 많이 지체하였어요.
아이슬란드에서 온 무리는 그들 무리와
헤어져 거기 남았는데, 전과 같은 옷을
입지 않고 궁정에 가는 것은 치욕이라
생각하여, 치마를 만들기 위해서였어요.

그리하여 울라니아는 그곳에 남았고, 121
마르가노레는 그녀의 권한에 속했는데,
나중에 그가 어떤 식으로든 빠져나가서
또다시 여자들을 괴롭히는 일이 없도록,
어느 날 그가 탑에서 뛰어내리게 했는데,
그의 생애에서 가장 놀라운 도약이었어요.
더는 그녀와 그 무리에 대해 말하지 않고
아를로 가는 무리에 대해 말하겠습니다.

그날 하루 종일, 그리고 그다음 날 122

셋째 시간[56]까지 그들은 달렸고, 마침내
그리스도교 진영과, 아를의 성벽으로
가는 길이 갈라지는 곳에 도착하였고,
두 연인은 다시 껴안았으니, 이별이란
언제나 쓰리고 괴로운 일이었어요.
여인들은 그리스도교 진영, 루지에로는
아를로 갔고, 제 노래도 여기서 끝났어요.

---

56) 중세 유럽의 성무일도에 따른 시간으로 대략 오전 아홉 시에 해당한다.

제38곡

달에서 돌아온 아스톨포는 누비아인들의 부대를 이끌고 아그라만테의 왕국을 공격한다. 아그라만테는 회의를 소집하고, 소브리노 왕은 양쪽 진영 기사의 결투로 전쟁을 종결하자고 건의한다. 루지에로와 리날도가 전쟁을 결정지을 결투를 시작한다.

너그러이 제 노래를 듣고 있는 친절한 1
여인들이여, 여러분의 표정을 보아하니,
루지에로가 그 충실한 자기 연인에게서
그렇게 곧바로 떠나는 것이 여러분들은
매우 싫고, 브라다만테 못지않게 정말로
애석하게 생각하는 것처럼 보이며, 또한
그에게는 사랑의 불꽃이 너무 적은 것이
분명하다고 주장하는 것처럼 보이는군요.

어떤 이유로든 그녀가 원하는 것과 2
반대로 그녀로부터 멀리 떠났다면,
비록 크로이소스나 크라수스보다

더 많은 재산을 원해서 그랬더라도,¹⁾
저도 여러분처럼 그를 맞춘 화살이
심장을 꿰뚫지 않았다고 믿었을 겁니다.
그러한 최고의 기쁨과 커다란 만족감은
금이나 은으로도 살 수 없는 것이니까요.

하지만 명예를 위한 것이므로, 용서될   3
뿐만 아니라 칭찬받아야 할 것입니다.
그러니까 만약 지키지 않으면, 비난과
치욕이 될 것을 구하기 위해서였지요.
그리고 만약 브라다만테가 집요하게
가지 말라고 그에게 강요하였다면,
사랑이 적거나, 아니면 지혜가 없다는
명백한 증거를 보여 주었을 것입니다.

만약 연인이 사랑하는 사람의 생명을   4
자신의 생명만큼 또는 더 사랑한다면,
(아모르의 강한 타격에 깊숙한 곳까지
꿰뚫린 연인을 말씀드리는 것입니다)

---

1) 크로이소스(Kroisos, 기원전 595~기원전 547?)는 리디아의 마지막 왕으로 기원전 561년부터 통치했는데 엄청난 재산으로 유명하였다. 크라수스(Marcus Licinius Crassus, 기원전 115~기원전 53)는 공화정 말기 로마의 정치가이자 장군으로 폼페이우스, 카이사르와 함께 제1차 삼두정치의 일원이었으며 대부호로 유명하였다.

그가 얻을 기쁨보다 그의 명예를 더욱
중요하게 생각해야 할 것이니, 명예는
다른 모든 즐거움보다 선호해야 하며
생명보다 더 귀중한 것이기 때문이지요.

루지에로는 결국 자기 주군을 따르는 5
의무를 했던 것이니, 그를 떠날 이유가
없었기에, 치욕의 비난을 받지 않으면서
그에게서 떠날 수는 없었기 때문입니다.
알몬테가 자기 아버지를 죽게 하였지만,[2)]
그 죄는 아그라만테에게 떨어지지 않으니,
그는 나중에 많은 증거로 자기 조상들의
모든 잘못을 루지에로에게 보상하였지요.

루지에로는 자신의 주군에게 돌아가는 6
의무를 할 것인데, 브라다만테는 그녀가
할 수 있는 반복된 부탁으로 머무르라고
강요하지 않음으로써 그렇게 하였지요.
루지에로는 지금 그녀를 만족시켜 주지

---

2) 앞의 제30곡 83연에서는 트로이아노가 루지에로의 아버지를 죽게 했다고 하였는데, 그럴 경우 트로이아노의 아들 아그라만테에게도 죄가 닿을 수 있다. 하지만 여기에서 말하는 알몬테는 그의 형제 트로이아노와 그들의 아버지 아골란테를 모두 포함하여 가리키는 것으로 보아야 하며, 그럴 경우 뒤이어 말하듯이, 아그라만테가 "자기 조상들"도 죄에 대한 보상을 하였다고 하면, 아그라만테에게 죄가 닿지 않는다고 말하는 것도 틀리지 않다.

못할지라도 나중에 만족시킬 수 있지만,
명예는, 바로 그 순간을 놓치는 사람은
몇 백 년 후에도 만족시키지 못합니다.

루지에로는 아그라만테가 남은 병사와   7
함께 퇴각해 있는 아를로 돌아갔습니다.
브라다만테와 마르피사는 인척 관계로
인해 더욱 가까운 우정을 맺게 되었고,[3]
카롤루스 왕이 자신의 능력을 최대한
분명하게 증명한 곳으로 함께 갔으며,
전투나 포위를 통해 프랑스를 그 오랜
지겨움에서 벗어나게 하고 싶었습니다.

브라다만테가 왔다는 소식이 진영에   8
알려지자 즐거운 축제가 벌어졌으니,
모두들 인사하며 그녀를 존경했으며,
그녀는 그들 모두에게 고개를 숙였어요.
그녀가 왔다는 소식을 들은 리날도는
그녀를 맞이하러 나왔으며, 리차르도와
리차르데토 또는 다른 사람들도 나왔고
모두들 즐겁게 그녀를 맞이하였어요.

---

[3] 두 가문 모두 트로이아의 헥토르에게서 유래하였고, 또한 브라다만테와 루지에로의 결혼으로 두 여인은 더욱 가까운 인척이 될 것이다.

그리고 함께 온 동료가 카타이에서 9
에스파냐의 끝까지 수천 개의 눈부신
승리들을 자랑할 정도로 무훈에 있어
유명한 마르피사라는 것이 알려지자,
부자이든 가난뱅이이든, 막사에 남아
있는 사람이 없었고, 그렇게 아름다운
두 여인을 동시에 보려고 몰려나온
군중은 서로 밀고 부딪치고 밟았어요.

그녀들은 경건하게 카롤루스에게 갔고, 10
투르피노에 의하면, 마르피사가 무릎을
꿇는 모습을 처음 보인 날이었답니다.
사라센 진영이나 그리스도교 진영에서
탁월한 덕성이나 엄청난 재산을 가진
황제와 왕을 많이 보았지만, 그중에서
단지 피핀의 아들만이 수많은 영광을
바칠 만하다고 생각했기 때문입니다.

카롤루스는 너그러이 그녀를 환대했고 11
막사 밖으로 나가 두 여인을 맞았으며,
왕이나 군주, 귀족 모두보다 영광스럽게
바로 자신의 옆에 앉도록 배려했습니다.
그리고 남아 있는 자들을 일부러 내보내
막사에는 단지 몇 명만 남게 하였으니,

위대한 영주들과 기사들만 남아 있었고
비천한 군중은 모두 밖으로 나갔습니다.

마르피사는 기분 좋은 목소리로 말했어요. 12
"전능하고 탁월하시며 영광스러우신 폐하,
인디아의 바다에서 헤르쿨레스의 기둥[4]까지,
하얀 스키티아에서 그을린 에티오피아까지,
폐하의 새하얀 십자가를 존경하게 하시고,
폐하보다 현명하거나 정의로운 통치자는
없으니, 끝없는 폐하의 명성에 이끌려, 저는
머나먼 땅에서 이곳까지 오게 되었습니다.

사실대로 말하자면, 저는 질투에 이끌렸고, 13
오로지 폐하와 전쟁을 하기 위해 왔습니다.
제가 믿는 율법[5]을 믿지 않는 왕들 중에서
폐하처럼 강력한 왕이 없도록 말입니다.
그렇기 때문에 저는 그리스도교들의 피로
들판을 붉게 물들였고, 폐하의 잔인한 적이
되기 위해 다른 가혹한 행위를 저질렀는데,

---

4) 원문은 "Tirinzia foce", 즉 '티린스(Tiryns) 사람의 어귀'로 되어 있는데, 에스파냐의 지브롤터해협을 가리킨다("헤르쿨레스의 기둥"에 대해서는 제4곡 61연 참조). 헤르쿨레스는 그리스 아르골리스(Argolís) 지방의 티린스에서 자랐기 때문에 '티린스 사람'으로 일컬어지기도 했다.

5) 종교.

폐하의 친구가 되게 해 준 사람[6]을 만났지요.

폐하의 부대들을 해치려고 생각하였을 때,　　　　　　　　14
(나중에 자세히 말하겠지만) 사악한 형제에게
부당하게 배신을 당하셨던, 레조의 훌륭한
루지에로가 제 아버지였음을 알게 되었지요.
저를 잉태하신 불쌍한 제 어머니는 바다를
건너셨고, 저는 아주 불편하게 태어났어요.
어느 마법사가 저를 일곱 살까지 길렀는데,
나중에 아라비아인들이 저를 납치해 갔어요.

그리고 저를 페르시아의 왕에게 노예로　　　　　　　　　15
팔았는데, 나중에 컸을 때, 왕이 처녀성을
빼앗으려고 하기에 제가 죽여 버렸습니다.
그리고 그와 함께 신하들도 모두 죽였고,
사악한 후손들도 모두 내쫓아 버린 다음
왕국을 차지했는데, 제가 겨우 열여덟 살이
되고 나서 한 달이나 두 달이 지났을 때
일곱 개의 왕국을 지배하게 되었답니다.

그리고 제가 앞에서 이미 말씀드렸듯이,　　　　　　　　16

---

6) 그녀의 출신과 가문에 대해 알려 준 마법사 아틀란테를 암시한다(제36곡 59연 이하 참조).

폐하의 명성을 질투한 저는 폐하의 이름을
쓰러뜨리려는 오만함을 가슴에 품었으며,
아마 그렇게 했거나, 아니면 실패했겠지요.
그런데 그런 욕망을 잠재우고 제 분노의
날개를 꺾게 만든 일이 제게 일어났으니,
제가 여기에 도착한 다음에, 제가 폐하와
친척이라는 것을 알게 되었던 것입니다.[7]

제 아버지가 폐하의 친척이자 종이셨던
것처럼, 저도 폐하의 친척이자 종입니다.
제가 예전에 폐하께 갖고 있던 그 모든
질투와 사악한 증오심을 이제는 잊었고,
오히려 이제 아그라만테와, 그의 아버지나
숙부, 다른 모든 친척에게 증오심을 품고
있으니, 그 사악한 자들에 의하여 저의
부모님이 돌아가시게 되었기 때문입니다."

그리고 이어서 말했는데, 그리스도인이
되고 싶고, 아그라만테 왕을 처치한 뒤,
카롤루스가 원하면, 동방에 있는 자신의
왕국으로 돌아가서 세례를 받게 만들고,
무함마드와 트리비간테[8]를 섬기는 모든

---

7) 둘 다 헥토르의 후손이라는 점에서 그렇다.

나라에 대항하여 무장을 하고 싶으며,
자신이 획득하는 모든 것을 그리스도교
신앙과 제국에 바치겠다고 약속했어요.

또한 황제는 용맹스럽고 현명한 만큼   19
유창하고 훌륭한 말솜씨를 자랑했으니,
그 탁월한 여인을 무척이나 칭찬하고
그녀의 아버지와 가문을 칭찬한 다음,
모든 면에서 아주 친절하게 대답하였고
환한 얼굴로 자기 마음을 보여 주었으며,
마지막 결론으로 그녀를 자기 친척으로
마치 딸처럼 받아들이겠다고 말했어요.

그리고 일어나서 다시 그녀를 껴안았고,   20
딸처럼 그녀의 이마에 입을 맞추었지요.
몬그라나 사람들과 키아라몬테 사람들[9]은
모두 즐거운 표정으로 가까이 왔습니다.
리날도가 얼마나 그녀를 환영하였는지
이야기하려면 길 텐데, 성벽에 둘러싸인
알브라카를 포위했을 때,[10] 그는 그녀의

---

8) 이슬람교를 가리킨다(제12곡 59연 참조).
9) 제36곡 75연 참조.
10) 《사랑에 빠진 오를란도》제1권 18~20곡 참조.

뛰어난 무훈을 여러 번이나 보았습니다.

젊은 구이도네가 그녀를 보고서 얼마나   21
기뻐했는지, 그녀와 함께 잔인한 도시[11]에
있었던 아퀼란테와 그리포네, 산소네토가
얼마나 기뻐했는지 말하려면 길 것입니다.
또한 말라지지와 비비아노, 리차르데토는
마간차 가문의 사악한 사람들을 죽이고
그 사악한 에스파냐 장사꾼들을 죽였을 때,
충실한 동료로서 그녀와 함께 있었지요.[12]

바로 그다음 날에 마르피사가 세례를   22
받을 장소를 마련하도록 준비했는데,
카롤루스 황제 자신이 직접 배려하여
아주 화려하게 장식하도록 했습니다.
그리스도교 교리들에 대하여 잘 아는
그 주위의 주교들과 고위 성직자들을
모이게 하였고, 마르피사에게 신성한
믿음의 모든 것을 가르치게 했습니다.

신성한 옷차림의 투르피노 대주교[13]가   23

---

11) 살인자 여인들만 사는 도시(제19곡 54연 이하 참조).
12) 제26곡 8연 이하 참조.

왔으며, 그녀에게 세례를 주었습니다.
또한 카롤루스는 합당한 의식과 함께
신성한 샘물로 그녀를 씻어 주었지요.[14]
하지만 이제 아스톨포 공작이 엘리야의
마차를 타고, 가장 낮은 하늘[15]에서 갖고
내려온, 제정신이 들어 있는 약병으로
야위고 텅 빈 머리[16]를 도와줄 때입니다.

아스톨포는 그 전쟁에서 가장 뛰어난 24
기사의 정신을 치유해 주어야 하는
행복한 약병을 갖고, 빛나는 하늘에서
지구의 가장 높은 곳[17]으로 내려왔어요.
거기에서 성 요한은 잉글랜드 공작에게
탁월한 약효를 가진 풀을 보여 주었는데,
그것을 갖고 돌아가 누비아 왕의 눈을
건드려서 치유해 주면, 이전의 도움[18]과

이번의 도움으로 비제르테[19]를 공격할 25

---

13) 투르피노는 당시 랭스의 대주교였다(제13곡 40연 참조).
14) 마르피사의 대부가 되었다는 뜻.
15) 달의 하늘(제34곡 48연 및 67연 참조).
16) 그러니까 오를란도의 머리를 가리킨다.
17) 지상 천국이 있는 산꼭대기(제33연 90연 참조).
18) 하르피이아들을 쫓아낸 도움을 가리킨다(제33곡 123연 이하 참조).

사람들을 제공해 줄 것으로 기대했어요.
그리고 그 경험 없는 사람들을 어떻게
무장시키고 전투에 알맞게 훈련시킬지,
모래가 사람들을 혼란하게 하는 사막을
어떻게 아무런 피해 없이 건널 것인지,
그 모든 것에 대하여 성스러운 노인은
하나하나 자세하게 가르쳐 주었습니다.

그리고 처음에 아틀란테의 것이었다가 26
루지에로가 소유한 날개 달린 말에 타게
하였고, 아스톨포는 성 요한에게 작별을
고한 다음 그 성스러운 구역을 떠났고,
나일강의 옆구리를 따라서 내려갔으니,
누비아 사람들이 바로 눈앞에 보였어요.
그는 하늘에서 왕국의 수도인 도시로
내려왔고, 세나포를 다시 만났습니다.

아스톨포가 돌아온 것은 세나포에게 27
아주 커다란 즐거움과 기쁨이 되었으니,
하르피아아의 고통을 그에게서 없애 준
일을 잘 기억하고 있었기 때문입니다.
그런데 예전에 그의 빛을 빼앗아 갔던

---

19) Bizerte. 아그라만테가 통치하는 아프리카 왕국의 수도(제18곡 158연 참조).

두꺼운 점액을 벗겨내고 옛날의 시력을
되찾도록 해 주자, 마치 신을 숭배하는
것처럼, 그를 찬양하고 숭배했습니다.

그래서 비제르테 왕국과 전쟁하려고   28
자신에게 요구하는 사람들 이외에도,
십만 명을 더 그에게 제공했고, 또한
왕 자신까지 제공하겠다고 했습니다.[20]
소집된 사람들은 모두 서 있었는데도,
널따란 들판에 수용될 수 없었습니다.
그 나라에는 코끼리들과 낙타들은
많았지만, 말들은 별로 없었습니다.

그렇게 모인 누비아의 군대가 길을   29
떠나기로 정해진 날 바로 전날 밤에,
아스톨포는 이포그리포에 올라탔고
남쪽을 향하여 서둘러서 날아갔으며,
곧이어 남풍을 만들어서 북쪽을 향해
불어 가게 만드는 산에 도착했습니다.
광폭한 바람이 일어나 좁은 틈을 통해
밖으로 빠져나가는 동굴을 발견했지요.

---

20) 세나포 왕이 직접 전쟁에 참가하겠다고 약속했다는 뜻이다. 그리고 실제로 그는
    직접 전쟁에 참가하였다(제44연 19연 참조).

그리고 자신의 스승이 가르쳐 준 대로 30
빈 자루를 하나 그곳에 가지고 갔는데,
어두운 바위 동굴 안에서 광폭한 남풍이
피곤함에 지쳐 잠자는 동안, 그것으로
조용하고 능숙하게 입구를 막았습니다.
남풍은 그러한 매복을 전혀 몰랐으며,
그래서 아침에 밖으로 나가려 했는데,
그 자루 안에 붙잡혀 묶이게 되었지요.[21]

아스톨포는 그러한 전리품에 즐거움과 31
함께 누비아로 돌아왔고, 바로 그날 아침
흑인 부대와 함께 걸어가기 시작하였고,
뒤에는 군수품 수송 부대를 이끌었어요.
영광스러운 아스톨포는 아틀라스산맥을
향했는데, 바람이 해칠까 염려하지 않고,
부대 전체가 가는 모래의 사막을 온전히
안전하게 가로질러 건너게 하였습니다.

그리고 산맥의 이쪽에 이르렀는데, 바로 32
평원과 바다가 드러나 보이는 곳이었어요.
아스톨포는 부대 전체에서 가장 훌륭하게

---

21) 《오디세이아》 제10권 1행 이하에 의하면, 바람의 신 아이올로스(Aeolos)는 울릭세스의 항해가 평온하게 이루어지도록 바람들을 가죽 자루 안에 가두어 그에게 건네주었다.

훈련을 받은 뛰어난 일부를 선발하였으며,
어느 언덕의 발치에, 평원이 시작되는 곳에
여기저기에 분산하여 지키라고 명령했어요.
그들을 거기에 남기고 그는 커다란 생각에
잠긴 모습으로 언덕 꼭대기로 올라갔어요.

그러고 나서 그는 무릎을 꿇더니, 자신의 33
거룩한 스승에게 기도를 하기 시작하였고,
자신의 기도를 들어줄 것이라고 확신하면서
수많은 돌멩이들을 아래로 굴러가게 했어요.
오, 그리스도를 확고히 믿는 자는 놀랍도다!
돌멩이들은 아래로 굴러 내려가면서 자연의
법칙을 벗어나서 점점 커지기 시작하였고,
배와 다리와 목과 주둥이가 만들어졌으며,

분명하게 히힝거리며 언덕 아래로 뛰면서 34
내려갔고, 평원에 도착했을 때에는 갈기를
흔드는 말들이 되었으니, 어떤 놈은 희고,
어떤 놈은 얼룩, 어떤 놈은 회색이었어요.
언덕 아래에서 기다리던 무리는 길목을
지키고 있다가 그 말들을 붙잡았습니다.
그리하여 짧은 시간에 모두 올라탔으니,
아예 안장과 고삐를 갖춘 채 태어났지요.

Canto 38:33
자신의 기도를 들어줄 것이라고 확신하면서
수많은 돌멩이들을 아래로 굴러가게 했어요.

그렇게 아스톨포는 하루에 팔만 이백이 명을　　　　　35
보병에서 기병으로 만들었습니다.
그들과 함께 주변의 아프리카를 휩쓸면서
약탈하고, 불태우고, 포로를 붙잡았습니다.
아그라만테 왕은 페르차의 왕과 알가체라
사람들의 왕, 브란차르도 왕[22]에게 자기가
돌아올 때까지 왕국을 지키게 하였으니,
그들이 아스톨포 공작에게 저항하였지요.

하지만 그들은 먼저 날렵한 배 한 척을　　　　　36
보냈으니, 돛과 노로 날갯짓하며 달려가서,
누비아의 왕이 왕국을 침략하고 피해를 준
사실을 아그라만테에게 알리게 하였어요.
그 배는 밤낮으로 쉬지 않고 달려갔으며,
프로방스 해안에 도착하여 아를로 갔고,
1마일 옆까지 다가온 카롤루스 군대에게
반쯤 포위되어 있는 자신의 왕을 찾았어요.

아그라만테 왕은 피핀의 왕국을 얻으려다　　　　37
정작 자신의 왕국을 위험에 방치했다는

---

22) 페르차(Ferza 또는 페르사Fersa)의 왕은 폴보(Folvo)이고, 알가체라(Algazera)의 왕은 부치파르(Bucifar)이며, 브란차르도(Branzardo)는 부자(Bugia 또는 부제아 Bugea)의 왕이다. 이들은 《사랑에 빠진 오를란도》 제2권 제28곡 50연 이하에서 이미 등장하였다.

사실을 알게 되자 사라센 백성의 여러
왕들과 군주들을 회의에 소집했습니다.
그리고 회의에 참석한 다른 누구보다도
나이가 많고 현명한 두 군주, 마르실리오
왕과 소브리노 왕에게 번갈아가며 한두 번
시선을 돌려 바라보더니 이렇게 말했어요.

"지휘관이 '미처 생각하지 못했어' 하고 38
말하는 것이 얼마나 부당한지 알고 있지만,
나는 그 말을 할 수밖에 없소. 인간의 모든
예상을 벗어나는 피해가 발생하게 된다면,
그 실수에는 변명의 여지가 있기 때문이오.
지금 나의 경우가 그러한데, 나는 누비아
사람들이 공격해 올 때를 대비하여 부대를
아프리카에 남겨 두지 않는 실수를 범했소.

그렇지만 미래의 일들을 다 알고 계시는 39
신이 아니라면, 그렇게 멀리 떨어져 있는
사람들이, 그렇게 커다란 부대를 이끌고
침입할 것이라고 도대체 누가 생각했겠소?
그들과 우리 사이에는 늘 바람에 움직이는
그 모래들의 불안정한 땅이 있는데 말이오.
그런데도 그들이 비제르테를 포위하였고,
아프리카의 많은 곳을 황폐하게 만들었소.

그것에 대해 여러분의 충고를 구합니다. 40
아무 소득 없이 내가 이곳을 떠날 것인지,
아니면 카롤루스를 붙잡아 데려갈 때까지
임무를 계속 수행해야 할 것인지, 아니면
어떻게 내가 내 왕국을 구하면서 동시에
이 제국을 파괴할 수 있을 것인지 말이오.
여러분 중 누구라도 말해 주기를 원하니,
최선의 방책을 찾아서 그렇게 할 것이오."

아그라만테는 그렇게 말했고, 바로 곁에 41
있는 에스파냐 왕에게 눈길을 돌렸어요.
마치 방금 자기가 말한 것에 대한 그의
대답을 듣고 싶어 하는 것 같았습니다.
그러자 마르실리오 왕은 존경의 표시로
자리에서 일어나 고개를 약간 숙이더니,
자신의 영광스러운 자리에 다시 앉았고,
이어서 다음과 같은 말을 하였습니다.

"폐하, 좋든 나쁘든, **소문**이 가져오는 42
것은 언제나 더 커지는 경향이 있습니다.
그러므로 좋은 일이 일어났든, 나쁜 일이
일어났든, 저는 그렇게 너무 낙담하거나
또는 너무 기뻐 날뛰지 않으려고 합니다.
그리고 언제나 수많은 입을 통해 우리가

듣는 것보다, 실제의 일은 훨씬 작다는
희망이나 두려움을 가지려고 노력하지요.

더구나 정말 같지 않은 일과 부딪치는 43
경우에는 더욱 신뢰하지 않아야 합니다.
그런데 그렇게 멀리 떨어진 지역의 왕이
캄비세스[23]가 불길한 전조와 함께 자신의
군대를 보냈던 그 모래사막을 가로질러
그렇게 많은 병사를 이끌고 전쟁터로
변해 버린 아프리카로 들어갔다고 하니,
얼마나 믿을 수 없는지 알 수 있지요.

그보다는 아라비아인들[24]이 산에서 내려와 44
피해를 주고 약탈을 하였으며, 사람들을
죽이고 붙잡아 갔는데도, 별로 저항을
받지 않은 것이라고 생각하고 싶습니다.
그런데도 그 지역들에 대리 통치자이며
부왕(副王)으로 남아 있는 브란차르도 왕은
자신의 변명이 더욱 합당해 보이도록
열 명을 천 명이라고 썼을 것입니다.

---

23) 아케메네스왕조 페르시아의 캄비세스 2세(Cambyses II, 재위 기원전 530~기원전 522)는 기원전 5세기 후반 이집트를 점령하였는데, 아몬 신전을 정복하기 위해 리비아사막으로 군대를 보냈지만, 모래 폭풍에 커다란 손실을 입고 돌아왔다.
24) 당시 아프리카에 거주하던 유목민들을 가리킨다.

실제로 누비아 사람들이 위험한 길[25]을 45
가로질러 오는 것이 보이지 않았으니까,
혹시라도 기적처럼 하늘에서 떨어졌거나,
또는 구름 속에 숨어서 왔다고 양보합시다.
폐하께서 더 이상 도와주지 않으면, 그들이
아프리카를 약탈하지 않을까 두렵습니까?
만약 그렇게 초라한 사람들이 두렵다면,
폐하의 수비대는 정말 가치 없을 거예요.

그래도 폐하의 깃발들을 볼 수 있도록 46
단지 몇 척이라도 배를 그곳으로 보내면,
이쪽에서 정박 밧줄을 아직 풀기도 전에,
누비아인들이건, 순진한 아라비아인들이건,
자기들의 경계선 안으로 도망갈 것입니다.
그들은 폐하께서 고향을 떠나 바다 건너
이곳에 우리와 함께 계시는 것을 보고,
감히 전쟁을 일으키려고 했던 것입니다.

하지만 폐하는 지금 카롤루스의 조카[26]가 47
없는 기회를 잡아서 복수를 해야 합니다.
오를란도가 없는 동안에는, 적군의 누구도

---

25) 사막.
26) 오를란도.

폐하에게 저항을 할 수 없기 때문입니다.
만약 분별력이 없거나 게을러서, 폐하를
기다리는 영광의 승리를 놓친다면, 지금
머리칼을 보이는 여신[27]은 대머리를 보이고,
우리는 큰 치욕과 피해를 당할 것입니다."

이런 말과 다른 말로 에스파냐의 왕은, 48
카롤루스 왕이 패주하여 달아날 때까지,
군대가 프랑스의 땅에서 떠나지 않도록
신중하게 회의에서 설득하려고 했습니다.
하지만 소브리노 왕은, 마르실리오 왕이
원하는 목적을 명백히 알았고,[28] 공동의
이익보다 자신의 이익을 위해 그런 말을
했다는 것을 알았기에 이렇게 말했어요.

"폐하, 제가 화평을 하자고 주장했을 때, 49
차라리 잘못 예측했다면 좋았을 것입니다.
아니면, 만약 그때 제가 진실을 말했다면,
폐하는 대담한 로도몬테나 마르발루스토,
알치르도, 마르타시노보다, 오히려 충실한

---

27) **행운**의 여신이다. **행운**의 머리칼과 대머리에 대해서는 제18곡 161연 참조.
28) 간단히 말해 마르실리오 왕은 아그라만테가 군대를 이끌고 고향 아프리카로 돌아가는 것을 원하지 않는다. 그럴 경우 카롤루스의 군대를 혼자 대적해야 하기 때문이다.

이 소브리노의 말을 믿으셨어야 합니다.[29]
저는 그들이 앞에 있는 것을 보고 싶은데,
누구보다 로도몬테를 더욱 보고 싶습니다.

마치 프랑스가 아주 약한 유리로 만들어진 50
것처럼 깨뜨릴 것이라고 장담하였고, 또한
천국이든 지옥이든, 폐하의 창을 따르겠다고
장담하였는데, 뒤에 내팽개치고 가 버렸으며,
필요할 때에 역겹고 음울한 게으름 속에서
배나 긁고 있는 것을 꾸짖기 위해서입니다.
반면 당시 진실을 말했던 저는 겁쟁이라는
말을 들었는데, 아직 폐하와 함께 있습니다.

그리고 비록 나이는 많지만, 제게 남은 51
삶이 끝날 때까지 언제나 함께 할 것이며,
폐하를 위해 매일 프랑스의 가장 유명한
기사들과 싸우는 위험을 무릅쓰고 있지요.

---

29) 《사랑에 빠진 오를란도》 제2권 제1곡에서 이야기된 바에 의하면, 로도몬테를 비롯하여 오랑의 왕 마르발루스토, 틀렘센의 왕 알치르도, 가라만테스 사람들의 왕 마르타시노는 프랑스와의 전쟁에 찬성하였다. 반면에 소브리노는 전쟁에 반대하고 화평을 주장하였다. 마르타시노는 《사랑에 빠진 오를란도》 제3권 제6곡 13~14연에서 브라다만테에게 죽임을 당했고, 마르발루스토와 알치르도는 아리오스토의 작품 앞부분에서 이미 죽은 것으로 이야기되었다(제12곡 75연 및 제16곡 47~48연 참조). 그렇기 때문에 소브리노는, 뒤이어 말하듯이, 로도몬테를 더 보고 싶다고 말한다.

누구든지 저의 활동이 빈약하다고 말할
사람은 진정으로 아무도 없을 것이며,
많은 업적을 세웠다고 자랑하는 사람들
중에 누구도 저보다 뛰어나지 못합니다.

그 당시에 소심함이나 사악한 마음이 52
아니라, 진실한 사랑과 충실한 봉사에서
제가 그런 말을 했다는 것을 증명하고
강조하기 위해 이렇게 말하는 것입니다.
그리고 저는 폐하께서 가능한 한 빨리
고향으로 돌아가시는 것을 권유합니다.
다른 사람의 것을 얻기 위해 자기 것을
잃는 사람은 현명하다고 할 수 없지요.

무엇을 얻었는지 보세요. 폐하와 함께 53
항구를 떠났던 우리 폐하의 봉신 왕들은
서른두 명이었는데, 지금 다시 세어 보면,
겨우 삼 분의 일만 남고 모두 죽었습니다.
더 죽지 않는다면 신의 은총일 것입니다.
하지만 만약 계속한다면, 사 분의 일이나
오 분의 일도 남지 않고, 폐하의 불쌍한
백성이 몰살되지 않을까 걱정이 됩니다.

지금 오를란도가 없는 것이 다행입니다. 54

남은 소수마저 없어졌을 수도 있으니까요.
그렇다고 위험이 없어진 것이 아니라
우리의 운명이 연장된 것일 뿐입니다.
여러 가지 증거로 오를란도에 못지않게
뛰어난 것으로 증명된 리날도가 있으며,
또한 그의 가문과 모든 기사들이 우리
사라센인들에게는 영원한 두려움입니다.

그리고 그 곁에 제2의 마르스가 있는데,　　　　　　　　　55
(비록 우리의 적이지만 칭찬할 만합니다)
바로 모든 무훈에서 오를란도 못지않게
강력한 그 용맹스러운 브란디마르테입니다.
그의 역량은 제가 부분적으로 체험하였고,
또 일부는 다른 사람에게서 보고 들었지요.
게다가 오를란도가 없어진 지 오래됐는데,
우리는 얻은 것보다 더 많이 잃었습니다.

만약 전에도 우리가 잃었다면, 앞으로는　　　　　　　　56
대량으로 더 많이 잃지 않을까 걱정입니다.
우리 진영에 이제 만드리카르도가 없으며,
그라다소는 자신의 도움을 철회하였으며,[30]

---

30) 만드리카르도는 루지에로와의 결투에서 죽었고(제30곡 44연 이하 참조), 그라다소는 리날도에게서 명마 바이아르도를 얻은 다음 자기 고향으로 돌아갔다(제33곡 95연 참조).

마르피사는 결정적인 순간에 떠났습니다.
또한 만약 용맹스러운 만큼 충실하다면,
그라다소나 만드리카르도가 필요 없다고
말할 수 있는 로도몬테도 떠나 버렸지요.

우리에게서 이런 도움들이 사라졌으며, 57
우리의 병사들 중에 수만 명이 죽었는데,
우리에게 와야 할 사람은 이미 모두 왔고,
더 데려올 배를 기대할 수도 없습니다.
반면 카롤루스에게는 오를란도나 리날도
못지않은 네 명의 기사가 도착하였는데,
분명히 여기에서 박트라[31]까지 다른 그런
기사들 네 명을 찾을 수 없을 것입니다.

'야생인' 구이도네, 산소네토, 올리비에로의 58
두 아들이 누구인지 아실지 모르겠습니다.
우리에게 대적하여 제국을 도와주기 위해
게르마니아와 다른 나라들에서 달려온 어떤
왕이나 기사보다도, 저는 그들 네 사람을
더 두려워하고, 높게 평가하고 싶습니다.
물론 전투에서 우리에게 피해를 주는
새로운 부대들도 중요하지만 말입니다.

---

31) Bactra. 지금의 아프가니스탄 북쪽에 있던 고대 국가 박트리아의 수도였다.

그러니 폐하께서 전투에 나가실 때마다 59
더 나빠지거나, 아니면 파멸될 것입니다.
여덟 명에 대적해 열여섯이었을 때[32]에도
아프리카와 에스파냐가 종종 패하였는데,
이탈리아, 게르마니아, 잉글랜드, 스코틀랜드
군대가 프랑스와 연합했으니, 열두 명에
대적해 여섯이 되면, 과연 어떻게 될까요?
비난과 피해 이외에 무엇을 바라겠습니까?

만약 이런 임무를 집요하게 계속한다면, 60
이곳 부대와 왕국을 동시에 잃을 것이나,
만약 고향에 돌아가기로 계획을 바꾼다면
남아 있는 우리와 왕국을 구할 것입니다.
마르실리오를 떠나는 것이 싫으시겠지요.
모두들 배은망덕하다고 말할 테니까요.
하지만 대책이 있으니, 카롤루스와 협상을
하면, 폐하나 카롤루스에게 좋을 것입니다.

먼저 모욕당하고 협상을 요구하는 것이 61
폐하의 명예에 합당하지 않아 보이거나,
지금까지 일어난 것을 눈으로 보면서도

---

32) 전쟁 초기에 카롤루스 군대의 수보다 아그라만테 군대의 수가 두 배나 많았을 때를 가리킨다.

여전히 이 전쟁을 계속하고 싶으시다면,
최소한 승리자가 될 방법을 강구하십시오.
만약 저를 믿으시고, 폐하의 모든 전쟁을
기사 한 명에게, 그러니까 루지에로에게
맡기신다면, 아마 그렇게 될 수 있습니다.

폐하께서 아시듯이, 우리의 루지에로는 62
손에 무기를 들고 일대일로 결투를 하면,
오를란도나 리날도에 못지않게 강하고,
어떤 그리스도교 기사에 못지않습니다.
하지만 만약 전면전으로 싸움을 한다면,
아무리 그의 무훈이 초인적이라고 해도
그는 단 한 사람 이상이 될 수 없으며,
한 부대에 대항하여 싸워야 할 것입니다.

그러니까 제 생각에는, 그리스도교 진영 63
왕에게 사람을 보내 이렇게 요구하십시오.
폐하께서 뿌리는 그들의 피와, 그가 뿌리는
우리의 피를 멈추게 하고, 싸움을 끝내기
위하여, 폐하의 기사에 대항하여 그들 중
가장 뛰어난 기사를 결투장에 내보내서,
하나가 땅에 쓰러지고, 다른 하나가 이길
때까지 모든 전쟁을 대신하게 하십시오.

누구든지 지는 자의 왕은 다른 왕에게　　　　　　　　64
조공을 바친다는 조건과 함께 말입니다.
그런 조건은, 비록 유리한 입장에 있지만,
카롤루스에게도 싫지는 않을 것입니다.
그리고 저는 루지에로의 튼튼한 팔을
믿고 있으니, 분명히 그가 이길 것이며,
모든 것이 우리 편에 유리하기 때문에,
마르스와 대적하더라도 이길 것입니다."

이런 말과 함께 다른 아주 유창한 말로　　　　　　　　65
소브리노는 자기 제안을 받아들이게 했고,
이어서 바로 그날 전령들을 선발하였고,
그날 카롤루스에게 사절을 보냈습니다.
카롤루스는 여러 완벽한 기사를 데리고
있었기에, 결투에서 이기리라 생각했고
그 임무를 훌륭한 리날도에게 맡겼으니,
오를란도 다음으로 그를 믿고 있었지요.

그러한 합의에 대하여 이쪽 부대와　　　　　　　　　　66
저쪽 부대가 똑같이 즐거워하였으니,
육체와 정신의 고통으로 모든 병사가
지쳐 있었고, 모든 병사가 힘들었지요.
이제는 모든 병사가 자신의 나머지
삶을 편안하게 쉬고 싶어 하였으며,

싸움들과 경쟁들로 가슴을 일깨우는
분노와 광기를 저주하고 있었습니다.

리날도는, 카롤루스가 다른 누구보다 67
자신을 크게 신뢰하고 있었기 때문에
그토록 중요한 일을 자신에게 맡기자,
기꺼이 그 영광의 임무를 받았습니다.
그는 루지에로를 높게 평가하지 않았고,
비록 결투에서 만드리카르도를 죽였지만
자신의 상대가 되지 않는다고 생각했고,
자신을 막지 못할 것이라고 믿었습니다.

다른 한편으로 루지에로는, 자신의 왕이 68
모든 기사들 중에서 가장 훌륭한 기사로
자신을 선택했고, 그렇게 중요한 임무를
맡긴 것이 정말로 커다란 영광이었지만,
얼굴에는 큰 슬픔과 고통을 드러냈으니,
괴로운 것은 두려움 때문이 아니었어요.
리날도 한 사람뿐만 아니라, 오를란도와
리날도 두 사람도 두렵지 않았으니까요.

그보다 리날도가 바로 자신이 사랑하고 69
신뢰하는 연인, 날마다 편지에다 얼마나
화가 나 있는지 쓰면서, 자신을 자극하고

재촉하는 연인의 오빠였기 때문이었어요.
이제 예전의 모욕[33]에다 오빠에게 죽음을
안기려고 결투장에 가는 모욕을 더하고,
만약 그를 죽인다면, 이제 적이 된 그녀를
더 이상 절대 달래지 못하게 될 것입니다.

루지에로가 어쩔 수 없이 맡아야 하는   70
결투 때문에 괴로워하고 슬퍼하는 동안,
사랑하는 그의 연인은 얼마 후에 그런
소식을 듣고 눈물을 흘리며 슬퍼했어요.
아름다운 가슴을 쳤고, 황금 머리카락을
흩뜨렸고, 죄 없는 뺨에 모욕을 가했고,
쓰라린 심정으로 배은망덕한 루지에로를
불렀고, 잔인한 자기 운명을 저주했어요.

그 결투에서 어떠한 결과가 나오든지,   71
그녀에게는 고통만 안겨 줄 뿐이었습니다.
그런 임무에서 루지에로가 죽는다는 것은
생각만 해도 가슴이 찢어지는 듯했습니다.
또한 만약 수많은 모욕을 벌하시기 위해
그리스도께서 프랑스의 파멸을 원하시면,
자기 오빠도 죽게 될 것이며, 그녀에게는

---

33) 예전에 브라다만테와의 약속을 지키지 못한 것을 가리킨다.

더 쓰라리고 괴로운 결과가 될 것입니다.

왜냐하면, 밤이건 낮이건, 수없이 많이　　　　　　72
마음속으로 계획하고 생각하였던 것처럼,
그리고 그들 사이에 그렇게 이미 약속한
것처럼, 모든 사람이 공개적으로 알도록,
자신의 남편이 돌아오게 할 경우, 모든
사람들의 적대감과 함께 수많은 비난과
경멸을 받지 않을 수는 없게 될 것이며,
후회하고 돌이켜도 소용없기 때문입니다.

하지만 어려운 상황에 처할 때 언제나　　　　　　73
그녀에게 믿음직한 도움을 주었던 여인,
말하자면 마녀 멜리사는 그녀의 탄식과
고통스러운 비명을 더는 듣지 못하고
그녀를 위로하러 왔으며, 시간이 되면
그녀에게 커다란 도움을 주겠다고 했고,
그녀가 너무나 슬퍼하고 염려하고 있는
싸움을 방해할 것이라고 약속했습니다.

그동안에 리날도와 탁월한 루지에로는　　　　　　74
결투를 위하여 무기들을 준비하였는데,
신성로마제국을 대표하게 될 기사가
결투 무기를 선택하기로 결정했습니다.

그런데 리날도는 훌륭한 말 바이아르도를
잃어버린 이후로 언제나 걸어 다녔기에,
두 다리로 서서, 갑옷과 사슬 옷을 입고,
망치[34]와 단검으로 싸우기로 하였습니다.

우연 때문인지, 아니면 발리사르다가   75
얼마나 탐욕스럽게 갑옷에 심한 타격을
가할 수 있는지 잘 알았던 말라지지의
현명하고도 사려 깊은 기억력 때문인지,
제가 앞에서 말했던 것처럼, 두 기사는
칼 없이 싸우기로 합의를 하였습니다.
결투 장소는 옛날 아를의 성벽 근처에
있는 아주 널따란 들판으로 정했습니다.

매우 부지런한 아우로라가 티토노스의   76
집에서 밖으로 살며시 고개를 내밀면서,
결투를 하기로 정해 놓은 날이 되었으며,
정해 놓은 시간이 되었다고 알리자마자,
이쪽에서 또 저쪽에서 정해진 사람들이
나왔고, 그들은 울타리를 쳐 놓은 곳의
양쪽 끝에다 각자의 천막을 세웠으며,

---

34) 한 팔 길이 정도의 자루에다, 한쪽 끝은 뾰족하고, 다른 한쪽은 망치 모양의 쇠
    가 달려 있는 무기.

그 곁에다 양쪽 모두 제단을 세웠어요.

오래 지나지 않아서 부대별로 명령을   77
받은 이교도 군대가 밖으로 나왔습니다.
호사롭게 무장한 부대 한가운데에서는
아프리카의 왕이 화려함을 자랑하였고,
검은색 갈기에다 머리는 하얗고, 양쪽
다리가 하얀, 줄무늬의 밤색 말을 타고
루지에로가 그와 나란히 오고 있었고,
마르실리오가 기꺼이 시중을 들었어요.

얼마 전 그가 타타르 왕의 머리에서   78
커다란 어려움과 함께 빼앗았던 투구,[35]
최고의 노래[36]에서 찬양하듯, 천 년 전
트로이아의 헥토르가 썼던 그 투구는,
마르실리오 왕이 곁에서 들고 있었고,
그 외의 다른 군주들과 다른 귀족들도
황금으로 치장하고 화려한 갑옷을 입고
즐거운 표정으로 함께 나오고 있었어요.

---

35) 루지에로는 타타르 왕 만드리카르도와의 결투에서 승리하고 투구를 얻었다(제 30곡 74~75연 참조).
36) 호메로스의 《일리아스》를 가리킨다(《일리아스》 제6권 473연 참조).

다른 한편에서는 카롤루스 왕이 자신의 79
군대와 함께 커다란 방벽에서 나왔는데,
마치 전투를 하러 나가는 것처럼, 똑같은
차림에다 똑같은 모습으로 나갔습니다.
그의 주위를 유명한 기사들이 둘러쌌고,
곁에 있는 리날도는 갑옷 차림이었지만,
옛날에 맘브리노 왕의 것이었던 투구[37]는
'덴마크 사람' 오지에르가 들고 있었어요.

두 개의 망치 중에 하나는 나모 공작이, 80
하나는 브르타뉴 왕 살라모네가 들었어요.
카롤루스는 자기 병사들을 한쪽에 모았고,
아프리카와 에스파냐 병사들도 따로 모였어요.
한가운데에는 아무도 나타나지 않았으며,
널따란 공간의 결투장이 비어 있었는데,
공동의 칙령으로 두 기사 이외에 그곳에
올라가는 자는 사형에 처하기로 했어요.

이교도 백성들을 대표하는 기사에게 81
두 번째로 선택된 무기를 건네준 다음,
양쪽의 각 진영에서 한 명씩 두 명의
사제들이 손에 책을 들고 나왔습니다.

---

37) 제1곡 28연 참조.

우리 진영의 책에는 그리스도의 완벽한
삶이 적혀 있고, 다른 책은 《쿠란》이었어요.
그 복음서와 함께 황제가 앞으로 나섰고,
아그라만테는 다른 책과 함께 나왔어요.

카롤루스는 자신의 병사들이 세워 놓은 82
제단에 도착하자, 하늘로 양손을 들더니
말했습니다. "오, 죽음으로써 우리 영혼을
구원하시기 위해 죽음을 겪으신 하느님,
오, 하느님께서 당신에게서 인간의 몸을
받으셨고, 아홉 달 동안 당신의 신성한
자궁에 계시면서도 언제나 처녀의 꽃을
간직하실 정도로 은총이 가득한 마리아님,

저와 저의 모든 후계자들을 대신하여 83
제가 약속하는 것에 증인이 되어 주세요.
만약 오늘 여기서 우리의 기사가 지면,
아그라만테 왕과, 나중에 그의 왕국을
통치하도록 선출되는 사람에게, 매년
순금 이만 파운드를 제공할 것이며,
바로 휴전을 시작하고, 이후에도 계속
영원히 휴전을 하겠다고 약속합니다.

그리고 만약 그것을 어기면, 곧바로 84

두 분의 가공할 만한 분노가 불타올라,
지금 여기 있는 다른 사람을 제외하고,
저뿐만 아니라 제 후손까지 벌주시어,
당신께 약속을 하고 어기면 어떻게 될
것인지 순식간에 깨닫게 해 주십시오."
그렇게 말하면서 카롤루스는 복음서에
손을 얹고, 눈으로 하늘을 응시했어요.

그다음에는 이교도들이 일어나서　　　　　　　　　　85
화려하게 장식한 제단으로 갔습니다.
그리고 아그라만테는, 만약 루지에로가
그날 지게 된다면, 자기 군대와 함께
바다 건너 고향으로 돌아갈 것이며,
카롤루스에게 같은 조공을 바칠 것이며,
카롤루스가 먼저 말한 그런 조건으로
영원히 휴전할 것이라고 맹세했습니다.

그리고 마찬가지로 커다란 목소리로　　　　　　　　86
위대한 무함마드를 증인으로 불렀으며,
사제가 들고 있는 책에 손을 얹으면서
자기가 말한 것을 지키겠다고 약속했어요.
그런 다음 두 군주는 커다란 걸음걸이로
자신의 군대가 있는 곳으로 돌아갔으며,
이어서 두 기사가 나와서 맹세하였는데,

Canto 38:84

그렇게 말하면서 카롤루스는 복음서에
손을 얹고, 눈으로 하늘을 응시했어요.

그들의 맹세는 다음과 같은 것이었어요.

루지에로는, 만약 자신의 왕이 오거나 87
사람을 보내 결투를 방해하면, 더 이상
그의 기사나 신하가 되고 싶지 않으며,
카롤루스에게 헌신하겠다고 약속했어요.
리날도 역시 맹세했는데, 만약 루지에로나
그가 승리하기 전에 자기 군주가 결투를
방해하는 원인을 제공한다면, 앞으로는
아그라만테의 기사가 된다는 것이었어요.

이제는 모든 의식들이 다 끝났기 때문에, 88
각자 자신의 진영으로 다시 돌아갔으며,
오래 지나지 않아서, 또렷한 나팔 소리가
격렬한 싸움을 알리는 신호를 했습니다.
이제 원기 넘치는 기사들은 신중하고도
사려 깊은 걸음을 옮기며 마주했습니다.
그리고 공격을 시작하는 것이 보였으니,
무기를 부딪치고, 위나 아래로 휘둘렀어요.

때로는 망치로, 때로는 다른 쪽 끝으로, 89
때로는 머리를, 때로는 발을 공격했는데,
믿을 수 없을 정도로 묘사하기도 어렵게
너무나도 민첩하고 너무나도 날렵했어요.

자신의 불쌍한 영혼을 빼앗아 간 연인의
오빠에게 대적하여 싸우는 루지에로는,
너무나도 신중하게 그를 공격하였기에
용맹함이 뒤진다고 생각될 정도였어요.

공격하기보다 방어하는 데 몰두하였고, 90
그 자신도 자기 욕망을 알 수 없었어요.
리날도는 죽이는 것을 원하지 않았지만,
자신이 기꺼이 죽고 싶지도 않았습니다.
하지만 이제 저의 이야기를 연기해야
하는 지점에 이르렀다고 생각합니다.
만약에 다음 노래를 들으러 오신다면,
거기에서 나머지를 들으실 것입니다.

제39곡

멜리사의 마법으로 협상이 깨지고 다시 전쟁이 시작된다. 아스톨포는 로도몬테의 포로들을 구한 다음 동료들과 함께 오를란도가 제정신을 되찾게 해 준다. 아그라만테는 아프리카로 퇴각하지만, 아스톨포의 함대와 부딪쳐 커다란 패배를 당한다.

루지에로의 괴로움은 정말로 다른 모든 1
고통을 넘어서서 쓰라리고 강렬하였으며,
그로 인해 몸보다 마음이 더 괴로웠으니,
두 죽음을 피할 수 없었기 때문입니다.
만약 리날도보다 약하다면 그에게 죽을
것이고, 강하다면 연인에게 죽을 것이니,
만약 오빠를 죽이게 되면, 그녀의 증오에
부딪칠 것인데, 그건 죽음보다 싫었어요.

그런 생각을 전혀 하지 않는 리날도는 2
모든 방법을 동원하여 승리를 원하였고,
격렬하고 무자비하게 망치를 휘둘렀으며,

때로는 팔을, 때로는 머리를 겨냥했어요.
훌륭한 루지에로는 망치를 들고 돌면서
타격을 방어했고, 이쪽저쪽으로 돌았으며,
공격을 하는 경우에도 리날도에게 피해가
적게 나타날 수 있는 곳을 겨냥했습니다.

대부분의 이교도 진영 군주들이 보기에, 3
그 결투는 너무나도 대등하지 않았으며,
루지에로는 너무나 팔을 게을리 움직였고,
리날도는 너무나 강하게 그를 공격했어요.
아프리카인의 왕은 당혹스러운 표정이었고,
공격을 바라보며 한숨을 쉬고 씩씩거렸고,
소브리노가 잘못된 충고를 하였기에 이런
모든 잘못이 생겼다고 그를 비난하였어요.

그러는 동안에 마법사들과 마녀들이 4
아는 모든 것의 원천이었던 멜리사는
여자의 모습을 완전히 바꾸어 위대한
알제 왕과 똑같은 모습으로 변했으니,
얼굴과 행동이 마치 로도몬테 같았고,
드래곤 가죽 갑옷을 입은 것 같았고,
그가 사용하던 것과 똑같은 방패와
칼을 차고 있었고, 완전히 똑같았어요.

그리고 말 모습으로 변한 악마를 몰고 5
트로이아노 왕의 아들 앞으로 나아갔고,
찌푸린 얼굴에 아주 커다란 목소리로
말하였습니다. "폐하, 이렇게 유명하고
강력한 프랑스 기사에 대항하여, 아직
미숙한 젊은이가 위험을 무릅쓰게 하고,
아프리카의 명예와 왕국의 운명이 걸린
일을 맡긴 것은 너무나 큰 실수입니다.

이 결투를 계속하지 않도록 하십시오. 6
너무나 커다란 피해를 입을 테니까요.
이 로도몬테가 책임을 질 테니, 협상과
맹세를 깨뜨렸다고 걱정하지 마십시오.
각자의 칼이 얼마나 훌륭한지 보여 주세요.
내가 있으니, 각자 백 명을 상대할 겁니다."
이런 말을 하자마자 아그라만테 왕은
더 생각하지도 않고 앞으로 나갔어요.

알제 왕과 함께 있다고 믿었기 때문에 7
그는 협상에 별로 신경을 쓰지 않았고,
천 명의 기사들이 도와주러 왔더라도
그렇게 높게 평가하지 않았을 겁니다.
그리하여 모두 창을 겨누고 말을 몰며
여기저기에서 갑자기 몰려나왔습니다.

멜리사는 거짓 모습으로 공격을 하게
만든 다음 곧바로 사라져 버렸습니다.

모든 합의와 모든 약속이 깨지면서, 8
결투가 방해당한 것을 본 두 기사는
더 이상 서로에게 몰두하지 않았으며,
오히려 서로의 공격을 모두 용서했고,
늙은 카롤루스든, 젊은 아그라만테든,
누가 먼저 그렇게 협상을 깨뜨렸는지
명백하게 밝혀질 때까지, 절대 서로가
서로를 공격하지 않기로 약속했어요.

그리고 그들은 약속을 지키지 않은 9
자에게 적이 되기로 다시 맹세했어요.
모든 사람들이 혼란스럽게 달렸으니,
누구는 앞으로, 누구는 뒤로 갔어요.[1)]
누가 비열하고, 또한 누가 용감한지
단 한 순간에 금세 알 수가 있었으니,
모두들 똑같이 재빠르게 달려갔지만,
누구는 앞으로, 누구는 뒤로 달렸어요.

---

1) 앞으로 나아가 공격하는 사람도 있고, 뒤로 돌아서서 달아나는 사람도 있었다는
뜻이다.

마치 사냥개가 자기 주위에서 사냥할   10
동물이 맴돌면서 달아나는 것을 보면서,
사냥꾼이 붙잡고 있는 다른 사냥개들과
함께 있지 못하고, 분노를 참지 못하고
괴로워하고, 안절부절 못하고, 절망하고,
쓸모없이 짖어대고, 끌고, 버둥거리듯이,
그날 그 당시까지 자신의 올케[2]와 함께
있던 마르피사가 마찬가지로 그랬어요.

두 여인은 그때까지 넓은 평원에 있는   11
그렇게 풍부하게 많은 먹이들을 보면서,
협상에 얽매여서 그 먹이들을 뒤쫓거나
손을 댈 수가 없었기 때문에, 너무나도
유감스러워했고 괴로워하였으며 수많은
한숨을 쉬었지만, 아무 소용이 없었어요.
그런데 이제 협상과 휴전이 깨졌으니,
즐겁게 아프리카 진영으로 돌진했어요.

마르피사는 처음 마주친 자의 가슴을   12
창으로 찔러 뒤로 두 완척이나 뚫은 뒤
칼을 빼 들었고, 눈 깜박할 순간에 투구
네 개를 마치 유리처럼 깨뜨렸습니다.

---

2) 브라다만테.

브라다만테도 그에 못지않았는데, 다만
황금 창은 완전히 다른 효과를 냈으니,
창에 닿아서 땅에 떨어진 자들은 모두
두 배나 되었지만, 아무도 안 죽었어요.

두 여인은 서로가 서로의 증인이 될   13
정도로 아주 가까이서 그런 일을 했고,
그런 다음 서로 멀어져 분노가 이끄는
대로 무어인 백성들을 공격하였습니다.
그 황금 창이 땅에 쓰러뜨린 병사들의
수를 도대체 누가 헤아릴 수 있을까요?
또는 마르피사의 무서운 칼에 잘리거나
쪼개진 머리를 누가 헤아릴 수 있을까요?

아주 부드러운 바람들이 불어오면서   14
아펜니노가 녹색의 어깨를 드러낼 때,[3]
마치 두 개의 사나운 개울이 흐르는데,
나중에 서로 다른 길로 달려 내려가며,
높은 기슭에서 돌멩이와 커다란 나무를
뽑고, 밭에서 곡식들을 뽑아내 계곡으로
휩쓸어 가면서, 각자 자기 길에서 누가

---

3) 봄이 되어 아펜니노산맥을 뒤덮고 있던 눈이 녹아내리고, 녹음이 돋아나기 시작할 때를 가리킨다.

더 큰 피해를 주는지 경쟁하는 것처럼,

그와 똑같이 그 두 고귀한 여인 기사는   15
서로 다른 길로 싸움터를 가로지르면서,
한 여인은 창으로, 다른 한 여인은 칼로
아프리카 부대에 엄청난 살육을 가했어요.
아그라만테는 자기 부대를 깃발 주위에
겨우 붙잡아서 도망하지 못하게 하였고,
헛되이 물어보고, 고개를 돌려 찾아봐도
로도몬테가 어디 있는지 알 수 없었어요.

그가 부추겼기 때문에 자신들이 신들을   16
증인으로 부르면서 엄숙하게 맹세하였던
협상을 깨뜨리게 되었는데, 그런 다음에
그가 갑자기 사라진 것으로 믿었습니다.
소브리노도 보이지 않았는데, 그는 그런
협상의 파기에 대한 격렬한 복수가 바로
그날 아그라만테에게 가해질 거라 믿고,
자신은 죄가 없다며 아를로 퇴각했지요.

마르실리오도 도시 안으로 달아났으니,   17
종교적 두려움[4)]이 그의 가슴을 짓눌렀지요.
그러므로 아그라만테는 카롤루스 황제가
이끄는 이탈리아와 게르마니아, 잉글랜드

Canto 39:15
한 여인은 창으로, 다른 한 여인은 칼로
아프리카 부대에 엄청난 살육을 가했어요.

병사들의 길을 제대로 막을 수 없었으니,
그들 모두 무훈이 아주 뛰어났으며, 또한
마치 황금의 자수 안에 놓인 보석들처럼
그들 사이에 기사들이 흩어져 있었지요.

그리고 그들 중에는 기사들의 세계에서　　　　　　　　　　　18
비교할 수 없을 정도로 완벽한 기사들로,
전혀 두려움을 모르는 '야생인' 구이도네,
올리비에로의 유명한 두 아들이 있었어요.
앞에서 이미 말했으니, 두 명의 대담하고
무서운 여인 기사는 말할 것도 없겠지요.
그런 기사들이 얼마나 사라센 사람들을
죽였는지 헤아릴 수 없을 정도였습니다.

하지만 이제는 잠시 이 싸움을 미뤄 두고　　　　　　　　　　19
저는 배도 없이 바다를 건너고 싶습니다.
이제 저는 프랑스의 기사들보다 오히려
아스톨포에 대해 다시 기억하고 싶군요.
그 거룩한 성인[5]이 그에게 주었던 은총에
대해서는 제가 이미 말씀드린 것 같은데,

---

4) 원문은 그냥 '종교'로 되어 있는데, 신을 증인으로 부른 신성한 협상을 깨뜨린 데 대한 종교적 두려움을 말한다.
5) 지상 천국에서 만났던 성 요한.

바로 브란차르도 왕과 알가체라의 왕은
그에게 맞서 자기 부대를 무장시켰지요.

그들은 아프리카의 전역에서 황급하게　　　　　　　　　20
모을 수 있는 사람들로 편성된 부대로,
성인뿐 아니라 나이 어린 자도 있었고,
하마터면 여자들까지 징집할 뻔했지요.
집요하게 복수에 집착한 아그라만테는
벌써 두 번이나 아프리카를 비웠으니,[6]
사람들이 거의 남지 않았으므로 그들은
소심하고 허약한 군대를 형성했습니다.

그것은 곧바로 드러났으니, 멀리에서　　　　　　　　　21
적을 보자 금방 흩어져서 달아났지요.
아스톨포는 마치 양 떼를 몰듯, 그들을
잘 훈련된 자기 병사들에게로 몰았고,
전쟁터를 그들로 가득 채우게 했으니,
소수만이 피해 비제르테로 달아났어요.
용맹스러운 부치파르는 포로가 되었고,
브란차르도 왕은 도시 안으로 피했는데,

---

[6] 첫 번째는 처음 전쟁을 시작할 때였고, 두 번째는 파리에서 패배하여 아를로 퇴각했을 때이다(제32곡 4연 참조).

부치파르 한 명을 잃은 것이 나머지 22
부대 전체를 잃는 것보다 괴로웠어요.
비제르테는 큰 도시로 커다란 방벽이
필요했는데, 그 없이 막을 수 없었기에,
비싼 몸값으로 그를 되찾고 싶었어요.
괴로운 심정으로 그런 생각을 하다가,
기사 두도네[7]를 벌써 몇 달 동안이나
포로로 붙잡고 있는 것이 생각났지요.

사르차의 왕[8]이 처음 침입하였을 때, 23
바닷가 모나코에서 그를 붙잡았지요.
그때 이후로 '덴마크 사람' 오지에르의
아들 두도네는 계속 포로로 있었어요.
브란차르도는 그와 알가체라의 왕을
교환할 생각을 했고, 첩보를 통하여
아스톨포가 누비아인들의 대장이라는
것을 알고 그에게 사절을 보냈습니다.

아스톨포는 자신이 진정한 기사였기에 24

---

7) Dudone. 거인 무사 두도네는 '덴마크 사람' 오지에르의 아들이다(제6곡 41연 참조). 그는 로도몬테가 처음 프랑스에 침입하였을 때, 프로방스 지방 남동부 해안의 모나코(Monaco, 현재의 모나코공국) 근처에서 포로로 붙잡혔다(《사랑에 빠진 오를란도》 제2권 14곡 64~66연 참조).
8) 로도몬테.

그런 기사가 얼마나 중요한지 알았지요.
그런 상황을 깨달은 고귀한 아스톨포는
브란차르도 왕의 의지에 동의했습니다.
풀려나온 두도네는 공작에게 감사를
표하였으며, 바로 그와 함께 바다에서
벌어지거나 육지에서 벌어지는 싸움과
관련되는 일들을 처리하기 시작했어요.

아스톨포는 아프리카가 일곱 개라도   25
방어할 수 없게 많은 군대를 가지고
있었는데, 프로방스와 에그모르트의
해안을 사라센인들의 손에서 빼앗기
위하여 해야 할 일을, 거룩한 성인이
자신에게 알려 준 것을 기억해 내고,
대규모의 새로운 부대를 선발했는데,
그들은 바다에 익숙하지 않았습니다.

그래서 그는 양손에 담을 수 있을 만큼   26
가득하게 월계수와 올리브나무,
측백나무, 야자나무의 잎사귀를 들고서
바닷가로 가서 파도 위에 던졌습니다.
하늘이 사랑하는 영혼이여, 행복하구나!
하느님께서 드물게 베푸시는 은총이여!
그 잎사귀들이 바닷물 위에 떨어지자

나타나는 오, 정말로 놀라운 기적이여!

그것들은 놀라울 정도로 크게 커졌고, 27
길고 구부정하고 무겁고 굵어졌으며,
예전에 잎사귀를 가로지르던 잎맥들은
단단한 용골과 굵은 가로대가 되었고,
앞쪽의 끝부분이 뾰족하게 되었으니,
순식간에 모든 잎사귀들이 서로 다른
나무들에서 모아놓은 만큼, 서로 다른
종류와 크기의 배들로 변한 것입니다.

뿌려 놓은 나뭇잎들이 돛배와 갤리선, 28
큰 범선으로 변한 것은 기적이었어요.
또한 다른 배들처럼 돛과 밧줄, 노를
이미 갖추고 있는 것도 기적이었지요.
그리고 격노한 바람들을 헤치고 나갈
기술을 가진 자들도 없지 않았으니,
사르데냐와 코르시카[9] 키잡이와 선장,
선원, 항해사 들이 가까이에 있었어요.

바다로 들어간 온갖 유형의 사람들은 29

---

9) 사르데냐와 코르시카는 지중해 중부의 커다란 두 섬으로 그곳 출신의 뱃사람들은 오래전부터 유명하였다.

모두 헤아려 이만 칠천 명이었습니다.
땅에서나 바다에서도 강력하고 현명한
기사 두도네가 그들의 대장이었습니다.
그는 아직 아프리카 해안에 머물면서
자신들을 데려갈 좋은 순풍을 기다리고
있었는데, 붙잡힌 기사들을 가득 실은
배 한 척이 그 바닷가에 도착하였어요.

제가 위에서 여러 번 이야기하였듯이, 30
대담한 로도몬테가, 결투를 하기에는
장소가 너무나 협소하였던 그 위험한
다리에서 포로로 잡은 기사들이었어요.
그들 중에는 오를란도의 처남[10]도 있고,
충실한 브란디마르테, 산소네토도 있고,
제가 말할 필요도 없는 이탈리아, 게르마니아,
가스코뉴의 다른 기사들도 있었습니다.

적들이 있는지 모르고 있던 키잡이는 31
갤리선과 함께 그곳으로 들어왔는데,
아주 강력하게 불어오는 바람 때문에
처음에 기항하려고 생각하였던 알제의

---

10) 오를란도의 약혼녀 알다의 오빠이며, 아퀼란테와 그리포네의 아버지 올리비에로를 가리킨다.

항구에서 멀리 떨어진, 전혀 의도하지
않았던 곳으로 가게 되었던 것입니다.
프로크네[11]가 시끄러운 둥지로 가듯이,
그는 안전한 자기 고향으로 믿었지요.

하지만 나중에야 제국의 새[12]와 곁에 32
있는 황금빛 백합과 표범[13]을 본 뒤에,
그의 얼굴이 창백해졌으니, 마치 풀밭의
한가운데에서 게으른 잠에 취해 있다가
순식간에 사악하고 독이 있는 뱀 위로
조심성 없이 발을 내디딘 사람이 깜짝
놀라 창백해진 모습으로, 독과 분노로
가득한 뱀에게서 달아나는 것 같았어요.

하지만 이제 거기서 달아날 수 없었고, 33
자신의 포로들을 감출 수도 없었습니다.
그는 브란디마르테, 올리비에로, 그리고
산소네토와 다른 많은 기사들과 함께
아스톨포와 두도네 앞으로 끌려갔고,
그들을 본 친구들을 기쁘게 해 주었어요.

---

11) 제비를 가리킨다(제10곡 113연 참조). 제비 둥지이기 때문에 시끄럽다고 했다.
12) 신성로마제국의 상징, 독수리.
13) 백합은 프랑스 왕가의 문장이고, 표범은 잉글랜드 왕가의 문장이다.

그들은 친구들을 거기 데려온 데 대한
보상으로 그를 노잡이로 만들었지요.

제가 말씀드렸듯이, 오토네의 아들[14]은 34
그리스도교 기사들을 즐겁게 환영했고,
천막 안에서 영광스러운 잔치를 베풀고
갑옷과 필요한 모든 것을 제공하였어요.
그들 때문에 두도네는 자신의 출발을
연기하게 되었으니, 하루나 이틀 먼저
떠나는 것보다, 그런 기사들과 이야기를
나누는 것이 더 낫다고 생각하였지요.

프랑스와 카롤루스가 지금 어떤 상태에 35
있는지 보다 정확한 정보를 얻게 되었고,
보다 더 좋은 효과를 거두려면 어디에
상륙하는 것이 더 안전한지 파악했어요.
그들에게서 새로운 소식을 듣는 동안에
더욱더 커지는 커다란 소음을 들었고,
그에 따라 갑작스러운 경보가 울렸으며
모두들 여러 가지 생각을 하게 되었어요.

아스톨포 공작과 그의 멋진 동료들은 36

---

14) 아스톨포.

함께 이야기를 나누고 있다가 순식간에
무장을 갖추고 안장 위에 올라탔으며,
그 커다란 소음을 향해 황급히 갔고,
여기저기에서 그 소음에 대한 소식을
찾아보면서 어느 장소에 이르렀는데,
아주 광폭한 사람이 벌거벗고 혼자서
부대 전체와 싸우는 것을 보았어요.[15]

그는 너무나 단단하고, 너무나 무겁고   37
강한 나무 몽둥이를 휘두르고 있었으며,
그 몽둥이를 휘두를 때마다 한 사람씩
그대로 즉사하여 땅바닥에 쓰러졌어요.
벌써 백 명도 넘는 생명이 끊어졌는데,
누구도 그를 막거나 방어할 수 없었고,
오로지 멀리에서 화살들을 쏘아 댈 뿐
누구도 그에게 가까이 가지 않았어요.

황급히 소음을 향해 달려간 아스톨포,   38
두도네, 브란디마르테, 올리비에로는
그 광폭한 자의 놀라운 힘과 엄청난
능력에 깜짝 놀라 바라보고 있었어요.

---

15) 미친 오를란도가 아프리카 병사들과 싸우고 있는 장면인데, 제30곡 15연에서
중단된 이야기를 여기에서 이어서 전개한다.

그런데 바로 그 순간 검은 옷을 입은
여인이 말을 타고 달려오더니, 곧바로
브란디마르테에게 달려가 인사를 하며
동시에 두 팔로 그의 목을 껴안았어요.

그녀는 브란디마르테에 대한 사랑으로　　　　　　　　　　　39
가슴이 불타오르는 피오르딜리지였으니,
좁은 다리에서 붙잡힌 그를 떠났을 때,
고통으로 거의 미쳐 버릴 지경이었지요.
거기에서 그녀는 바다를 건너갔으니,
바로 그런 일을 꾸민 로도몬테에게서,
붙잡힌 그가 많은 기사와 함께 알제의
도시로 보내진 것을 알았기 때문이지요.

그녀는 바다를 건너려고 하였을 때,　　　　　　　　　　　　40
동방의 배 한 척을 발견하게 되었는데,
그 배는 모노단테 왕의 시종이던 어느
늙은 기사를 태우고 왔던 것입니다.
그는 때로는 바다로, 때로는 뭍으로
수없이 많은 지방들을 돌아다니면서
브란디마르테를 찾았으며, 그러던 중에
그가 프랑스에 있다는 소식을 들었지요.

그녀는 그가 바로 바르디노[16]라는 것을　　　　　　　　　　41

알아보았어요. 그러니까 브란디마르테가
아직 어렸을 때 아버지에게서 납치하여
실바나 요새에서 자라게 한 사람이지요.
그녀는 그가 돌아다니는 이유를 깨닫고,
브란디마르테가 어떻게 해서 아프리카로
건너가게 되었는지 그에게 이야기한 뒤
함께 그곳 바닷가에서 떠났던 것입니다.

그녀는 아프리카에 닿자마자 비제르테가   42
아스톨포에게 포위되었다는 소식을 들었고,
비록 분명하지는 않지만, 브란디마르테가
그와 함께 있다는 소식도 듣게 되었어요.
그래서 피오르딜리지는 얼마나 서둘러서
달렸는지, 보다시피 이전의 괴로움들이
있었기에 어느 때보다 커다란 즐거움을
그렇게 명백하게 보여 주었던 것입니다.

세상의 다른 무엇보다도 더 사랑하는,   43
그 사랑하고 믿음직스러운 연인을 보고

---

16) 바르디노(Bardino)는 모노단테 왕을 증오하여 어린 브란디마르테를 납치하였고, 실바나 요새(Rocca Silvana)의 백작에게 팔아넘겼다(브란디마르테와 피오르딜리지는 실바나 요새에서 만나 사랑하게 되었다). 하지만 나중에 모노단테 왕과 화해한 바르디노는 브란디마르테를 찾아 나섰지만, 브란디마르테가 오를란도를 만나 함께 프랑스로 건너간 이후의 소식을 모르고 있었다(《사랑에 빠진 오를란도》 제2권 제11곡 46~47연, 제13곡 10연 이하 참조).

그녀에 못지않게 즐거운 고귀한 기사는
그녀를 껴안았고 달콤하게 맞이했으니,
한 번, 두 번, 세 번의 입맞춤으로도
채우지 못할 열망으로 불타올랐지만,
눈길을 돌리다가 바르디노가 여인과
함께 왔다는 것을 발견하게 되었어요.

그는 두 팔을 벌리고 그를 안으면서   44
무엇 때문에 왔는지 물어보려고 했는데,
그 미친 벌거숭이가 휘두르는 몽둥이
앞에서 무질서하게 이리저리 달아나며
그에게 길을 내주는 병사들이 그에게
그럴 만한 시간도 주지 않았습니다.
피오르딜리지는 그 벌거숭이를 보더니
브란디마르테에게 "저기 오를란도예요!"

그와 동시에 거기에 있던 아스톨포는   45
지상 천국의 나이 많은 성인들[17]에게서
들었던 몇 가지 표식을 통하여, 그가
오를란도라는 것을 명백히 알았어요.
그렇지 않았더라면 모두들 그 고귀한

---

17) 지상 천국에서 만난 성 요한, 엘리야, 에녹을 가리킨다. 하지만 실제로는 성 요한만이 오를란도의 짐승 같은 상태에 대하여 아스톨포에게 알려 주었다(제34곡 54연 이하 참조).

Canto 39:44
피오르딜리지는 그 벌거숭이를 보더니
브란디마르테에게 "저기 오를란도예요!"

기사가 누군지 알아보지 못했을 테니,
미쳐서 오랫동안 돌보지 않았으므로
사람보다 짐승의 모습이었으니까요.

아스톨포는 가슴과 심장까지 꿰뚫는 46
연민에 고개를 돌리고 눈물을 흘렸고,
곁에 있던 두도네와 올리비에로에게
말했습니다. "저기 오를란도가 있어!"
그들은 그에게 눈을 돌려 한참 동안
응시한 다음에야 그를 알아보았으며,
그런 비참한 상태에 있는 것을 보고
마음이 놀라움과 연민으로 가득했어요.

대부분의 기사들이 눈물을 흘리면서 47
괴로워하였고, 너무나 가슴이 아팠어요.
그러자 아스톨포가 "지금은 슬퍼할 때가
아니라, 치료할 방법을 찾아야 할 때야."
그리고 말에서 내렸으며, 브란디마르테,
산소네토, 올리비에로, 두도네도 내렸고,
모두들 동시에 카롤루스 왕의 조카에게
달려들어 그를 붙잡으려고 하였습니다.

오를란도는 자신을 둘러싼 그들을 보자 48
절망적으로 미친 듯이 몽둥이를 휘둘렀고,

머리를 방패로 막으면서 그에게 가까이
가려고 시도하던 두도네에게, 몽둥이가
너무나도 무겁다는 것을 깨닫게 했어요.
만약 올리비에로가 칼로 그런 타격의
일부를 막지 않았다면, 몽둥이는 그의
방패, 투구, 머리, 몸통을 깼을 것입니다.

하지만 단지 투구만 깼고, 투구 위를   49
가격하여 두도네를 땅에 쓰러뜨렸어요.
그와 동시에 산소네토가 칼을 휘둘렀고,
팔 두 개의 길이가 넘는 몽둥이를 아주
멋지게 맞추어 깨끗이 잘라버렸습니다.
브란디마르테는 오를란도에게 달려들어
두 팔로 가능한 한 단단하게 옆구리를
껴안았고, 아스톨포는 다리를 잡았어요.

오를란도는 몸을 흔들었고, 아스톨포를   50
열 걸음 떨어진 땅에다 내동댕이쳤어요.
그런데도 브란디마르테는 놓지 않았고,
더욱 힘을 주어 그를 붙잡고 있었지요.
올리비에로는 너무 가까이 접근했다가
너무나 강하고 지독한 주먹에 맞았고,
핏기 없이 창백하게 땅바닥에 쓰러졌고,
그의 코와 눈에서 피가 흘러나왔어요.

올리비에로가 쓰고 있던 투구가 좋은 51
것이 아니었다면 아마 죽었을 것입니다.
하지만 그는 마치 자기 영혼을 천국에
보낸 사람처럼 땅바닥에 쓰러졌습니다.
비록 얼굴이 부었는데도 다시 일어난
두도네와 함께 아스톨포도 일어났으며,
멋지게 칼을 휘둘렀던 산소네토와 함께
모두 동시에 오를란도에게 달려들었어요.

두도네는 아주 강하게 뒤에서 껴안았고, 52
동시에 발로 그를 쓰러뜨리려고 했어요.
아스톨포와 다른 기사들은 팔을 잡았지만,
그래도 모두들 그를 제어할 수 없었어요.
마치 개들에게 쫓겨 달아나는 황소가
잔인한 이빨에 귀를 물리고 울부짖으며
달려가지만, 어디로 달려가든지, 개들이
함께 달려들어 떼어 낼 수 없는 것처럼,

오를란도가 바로 똑같이 그러하였으니, 53
그 모든 기사들을 함께 끌고 갔습니다.
그러는 동안에 올리비에로는 그 엄청난
주먹이 쓰러뜨린 땅에서 다시 일어났고,
그런 식으로는 아스톨포가 하려는 것을
오를란도에게 할 수 없다는 것을 깨닫고

아주 효과적으로 오를란도를 쓰러뜨릴
방법을 생각했고, 그것을 성공시켰어요.

그는 밧줄 여러 개를 가져오게 했고, 54
곧바로 거기에 올가미들을 만들었으며,
그중 몇 개를 오를란도의 팔과 다리에
걸게 했고, 나머지로 몸을 가로질렀어요.
그리고 밧줄의 다른 쪽 끝을 모두에게
주어 이쪽에서 저쪽에서 잡게 했어요.
그러니까 말이나 소를 붙잡는 사람이
그러하듯이, 오를란도를 쓰러뜨렸어요.

그가 땅에 쓰러지자 모두들 달려들었고, 55
그의 손과 발을 아주 단단하게 묶었어요.
오를란도는 이쪽저쪽 몸부림을 쳤지만,
그가 아무리 노력해도 소용이 없었어요.
아스톨포는 그를 치료하겠다고 말하면서
오를란도를 그곳에서 옮기도록 했어요.
거대한 두도네가 그를 어깨에 둘러메고
바닷가 모래밭의 끄트머리로 옮겼지요.

아스톨포는 그를 일곱 번 씻게 하였고, 56
일곱 번 바닷물 속에 집어넣으라고 했고,
그리하여 오를란도의 얼굴과 팔다리에서

Canto 39:54
그러니까 말이나 소를 붙잡는 사람이
그러하듯이, 오를란도를 쓰러뜨렸어요.

더러운 때와 곰팡이를 씻어 내게 했어요.
그리고 그런 목적으로 모은 약초들로
식식거리는 입을 완전히 틀어막아서,
코를 통하지 않고는 숨을 들이쉴 만한
다른 길이 전혀 없도록 만들었습니다.

아스톨포는 오를란도의 제정신이 담겨 57
밀봉되어 있는 약병을 꺼내 준비하였고,
그것을 그의 코에 가까이 가져가서 숨을
들이쉴 때 완전히 들이마실 수 있도록
하였는데, 오, 정말로 놀라운 일이로다!
그것을 들이마시자마자 정신이 돌아왔고,
그의 지성은 멋진 생각들을 되찾았으며,
어느 때보다 더 또렷하고 명석해졌어요.

마치 꿈속에서, 존재하지도 않고 존재할 58
수도 없는 역겨운 괴물의 형상을 보았거나
이상하고 엄청난 행동을 한 것 같았는데,
그 무겁고 끔찍한 잠에서 깨어난 사람이,
더 이상 자지 않고, 자기 제정신을 되찾은
다음에도 여전히 깜짝 놀라 있는 것처럼,
오를란도는 오류들에서 벗어난 다음에도
아직 깜짝 놀라고 어리둥절해 있었어요.

브란디마르테와 아름다운 알다의 오빠,   59
자기 제정신을 되찾아 준 공작을 보면서도,
자신이 언제 어떻게 해서 그곳으로 오게
되었는지 생각하느라고 말이 없었습니다.
그는 이쪽으로 저쪽으로 눈을 돌렸으며,
어디에 와 있는지 상상할 수도 없었어요.
또한 벌거벗은 데다 어깨에서 발끝까지
많은 밧줄로 묶인 것에 깜짝 놀랐지요.

한참 후에야 마치 실레노스가 자신을   60
동굴 안에 묶어 놓은 자들에게 말하듯이,
"나를 풀어줘"[18] 하고, 예전 어느 때보다
부드러운 시선과 맑은 얼굴로 말했지요.
그들은 바로 그를 풀어 주었고, 서둘러
옷을 가져오게 하여 그에게 주었으며,
모두들 그를 짓누르고 있는 그 과거의
오류와 고통에 대해 그를 위로했습니다.

이전의 상태로 되돌아온 오를란도는   61
이전보다 더욱더 현명하고 강건했으며,

---

18) 원문은 라틴어로 "Solvite me"로 되어 있다. 베르길리우스의 〈목가시(Bucolica)〉 제6번 24행에서, 고전 신화에 나오는 늙은 사티로스인 실레노스는 두 명의 목동과 물의 요정 아이글레(Aegle)에게 붙잡혀 동굴 안에 묶인 채 조롱을 당하다가, 그들에게 "Solvite me, pueri(나를 풀어줘, 얘들아)" 하고 말한다.

동시에 사랑의 족쇄에서 풀려났으니,
이전에는 그렇게 아름답고 고귀하게
보였고, 너무나도 사랑하였던 그녀가
이제는 천박한 여인에 불과했습니다.
이제 그의 모든 관심과 열망은 사랑이
빼앗아 갔던 것을 되찾는 것이었어요.

그동안 바르디노는 브란디마르테에게　　　　　　　　62
이야기했으니, 그의 아버지 모노단테가
돌아가셨으며, 따라서 동생 칠리안테의
요구와, 동방의 가장 끝 바다에 흩어진
섬들에, 세상에 그렇게 풍요롭고, 즐겁고,
인구가 많은 왕국을 찾아보기 어려운
곳에 거주하는 백성들의 요구로, 그를
왕국으로 부르기 위하여 온 것이었어요.

왕국으로 돌아가야 할 중요한 이유로　　　　　　　　63
고향은 감미로운 곳이라고 말했고, 또한
만약 그런 감미로움을 음미하고 싶다면,
방랑하는 것을 싫어해야 한다고 했어요.
브란디마르테는 이 전쟁이 끝날 때까지
오를란도와 카롤루스를 섬기고 싶다고
대답했고, 전쟁이 끝난 다음에 자신의
문제에 대해 생각해 보겠다고 말했어요.

그다음 날 '덴마크 사람'의 아들¹⁹⁾은 64
프로방스를 향해 함대를 출항시켰어요.
그리하여 오를란도는 아스톨포와 단둘이
만나 전쟁의 상황에 대해 이야기했어요.
그리고 비제르테를 포위 공격하였는데,
그 모든 승리의 영광을 아스톨포에게
돌렸고, 반면에 아스톨포는 모든 것을
오를란도가 지시하는 대로 하였습니다.

그들이 어떻게 배치하였고, 비제르테를 65
언제, 어떻게, 어느 쪽에서 공격했는지,
첫 번째 전투에서 어떻게 함락시켰는지,
누가 오를란도와 영광을 함께 하였는지,
지금 말하지 않아도 걱정하지 마십시오.
거기서 너무 멀리 가지 않을 테니까요.
그동안에 먼저 프랑스 사람들이 어떻게
무어인들을 쫓았는지 말하고 싶습니다.

그러니까 아그라만테 왕은 그 전쟁에서 66
최대의 위험 속에 방치되어 있었습니다.
마르실리오 왕과 소브리노 왕은 수많은
이교도들과 함께 도시 안으로 들어갔고,

---

19) 두도네.

그런 다음에도 도시 안에서 살아남을지
걱정되었기에 둘 다 함대에 승선하였고,
무어인 백성의 많은 귀족들과 기사들도
그들과 마찬가지로 함대에 올라탔어요.

하지만 아그라만테는 계속하여 싸웠고, 67
마침내 더는 버틸 수 없게 되었을 때,
몸을 돌려 거기에서 그다지 멀지 않은
성문으로 곧장 향하는 길로 달아났어요.
브라다만테가 채찍질하는 라비카노가
아주 서둘러서 그의 뒤를 쫓아갔으니,
그녀는 루지에로를 여러 번 빼앗아 간
그를 죽이고 싶은 열망이 강렬했지요.

뒤늦은 아버지의 복수를 하고 싶었던 68
마르피사도 똑같은 욕망을 가졌으며,
가능한 한 세게 박차를 가하여 자신의
서두르는 마음을 말이 느끼게 했어요.
하지만 두 여인 다 제시간에 도착하지
못하여 그의 길을 가로막지 못하였고
아그라만테는 닫힌 도시로 들어갔으며
거기에서 함대에 승선하여 무사했어요.

마치 두 마리 멋지고 대담한 암표범이 69

똑같이 목줄에서 벗어나 달려 나가서
용맹스럽게 야생 염소들이나 사슴들을
뒤쫓았지만 헛고생이 되어 버린 다음,
뒤늦게 달려간 것을 부끄러워하면서
후회하고 화난 심정으로 돌아오듯이,
그렇게 두 여인은 이교도 왕이 살아
도망친 다음 한숨을 쉬며 돌아왔어요.

그렇지만 두 여인은 멈추지 않았으며, 70
달아나는 적들의 무리 속에 뛰어들었고,
이쪽에서 저쪽에서 타격을 가할 때마다
수많은 자들을 쓰러뜨리고 죽였습니다.
패주하는 병사들은 더욱 심각하였으니,
아그라만테가 자기만 살아남기 위하여
싸움터로 통하는 성문을 닫아 버려서,
더 이상 달아날 수 없었기 때문입니다.

또한 론강 위에 놓인 모든 다리들을 71
끊어 버렸지요. 아, 불행한 민중들이여,
전제군주에게 유용해 보이는 곳에서는
언제나 양이나 염소에 불과할 뿐이구나!
누구는 강에, 누구는 바다에 빠졌으며,
누구는 자기 피로 땅바닥을 적셨어요.
많은 자들이 죽었고, 몸값을 받을 만한

자들이 적어서 소수만 포로로 잡혔어요.

이번의 마지막 전투에서 온 사방에서 72
얼마나 엄청나게 많은 사람이 죽었는지,
(비록 똑같이 나누어진 것은 아니지만,
엄청나게 많은 사라센인이 마르피사와
브라다만테의 손에 의해서 묻혔지요)
그 흔적을 지금도 거기서 볼 수 있으니,
론강이 적시면서 흐르는 아를 근처의
들판에는 무덤들이 가득하답니다.[20]

그동안 아그라만테는 돛을 올렸으며, 73
무거운 배들을 먼바다로 끌고 나갔고,
일부 가벼운 배들을 남겨 두어 배 위로
도망치려는 자들을 실어 오게 했어요.
역풍이 불어온 데다 도망치는 자들을
태우기 위해 그는 이틀 동안 기다렸고,
그러다가 셋째 날에 돛을 올리게 했고,
아프리카로 돌아가려고 생각했습니다.

---

20) 단테가 노래하듯이(《신곡》〈지옥〉 제9곡 112~115행 참조), 아를에는 고대 로마로 거슬러 올라가는 무덤들의 흔적이 아직도 남아 있다. 거기에다 중세의 전설에 의하면, 바로 카롤루스 마그누스 시대에 그곳에서 벌어진 그리스도교들과 이교도들 사이의 전투에서 죽은 자들의 무덤이 많이 생겼다고 한다.

마르실리오 왕은 쓰라린 대가가 자신의 74
에스파냐에 미칠까 봐 무척 염려하였고,
끔찍할 정도로 어두운 폭풍우가 마침내
자신의 진영 위로 덮칠까 염려하였기에,
아주 세심한 배려로 발렌시아에 성채와
요새를 세우고 수리하기 시작하였으며,
나중에 자신과 자기 친구들을 파멸로
이끌었던 전쟁[21]을 준비하게 하였어요.

아그라만테는 아프리카를 향해서 제대로 75
무장되지도 않은 배들의 돛을 올렸는데,
프랑스에 사 분의 삼이 남아 있었기 때문에
배들엔 사람들이 없고 고통만 가득했어요.
누구는 왕이 오만하다고, 누구는 잔인하다고,
누구는 멍청하다고 했지만, 그런 경우 으레
그렇듯이, 모두 마음속으로만 생각하였고,
두려움 때문에 침묵할 수밖에 없었지요.

그렇지만 이따금 서로 신뢰하고 가까운 76
친구들 사이의 두세 명은 입을 열었으며,

---

[21] 이후에 벌어진 그리스도교 군대의 에스파냐 공격 이야기는 여러 기사문학 작품들에서 언급된다. 대표적인 작품으로 13세기 중엽의 《에스파냐 입성(Entrée D'espagne)》과 14세기 후반의 《에스파냐(La Spagna)》 등이 있으며, 아리오스토 자신이 나중에 쓴 《다섯 노래(Cinque Canti)》 제1곡 63연에서도 언급된다.

자신들의 분노와 울분을 털어놓았습니다.
그런데도 불쌍한 아그라만테는, 모두가
자신을 사랑하고 동정한다고 아직 믿었는데,
그것은 오로지 거짓 얼굴들만 보았고,
아첨과 거짓말, 속임수 외에 다른
말들은 전혀 들어 보지 못했기 때문입니다.

아그라만테 왕은 누비아의 백성들이 77
비제르테 해안을 장악하였다는 분명한
소식을 듣고 있었기 때문에, 비제르테의
항구에 상륙하지 않기로 결정했습니다.
그리고 상륙이 힘들거나 어렵지 않도록
그 위쪽으로 멀리 떨어진 곳으로 가서,
상륙하는 즉시 어려움에 처한 자신의
백성을 도와주러 가기로 결정하였지요.

그렇지만 잔인한 운명은 그의 그러한 78
신중하고 현명한 의도에 응하지 않았고,
바닷가에서 기적을 통해 나뭇잎들에서
만들어진 다음 프랑스를 향해 파도를
가르고 가던 함대와 밤에 마주치도록
마련해 놓았는데, 구름이 많고 어둡고
음산한 밤에 부딪쳤기에 전혀 준비되지
않은 상태에서 더욱 혼란스러웠습니다.

아그라만테는 아스톨포가 그렇게 거대한   79
함대를 보냈다는 소식을 듣지 못하였고,
누군가 나뭇가지 하나에서 백 척의 배가
나온다고 말해도 믿지 않았을 것입니다.
그래서 그 주위에서 누가 감히 자신에게
대항해 움직일 것으로 생각하지 않았고,
무엇인가를 발견하면 알려 주어야 하는
망루의 보초나 수비도 세우지 않았어요.

그리하여 아스톨포가 두도네에게 준   80
배들에다 훌륭한 병사들로 무장하고,
전날 저녁에 이미 적들을 목격했기에,
곧바로 그들을 향해 달려온 함대들은
예상하지 못한 적들을 향해 공격했고,
그들이 무어인들이며 적이라는 사실을
서로에게 말로 확인한 다음, 갈고리를
던지고 서로의 배를 사슬로 묶었지요.[22]

거대한 배들은 자신들이 원하는 대로   81
불어오는 바람과 함께 일시에 공격하여
사라센 함대에 커다란 충격을 가하였고,

---

22) 적의 함대에 단일한 힘으로 공격하기 위하여 아군의 배들을 갈고리와 사슬로
    한데 묶었다는 뜻이다.

많은 배들을 바다 밑에 가라앉게 했지요.
그리고 손과 머리를 사용하기 시작했고,
무기들과 불과 엄청나게 무거운 돌들을
너무나 격렬하고 무섭게 쏟아부었으니,
바다에 그러한 폭풍은 처음이었습니다.

하늘로부터 그 어느 때보다 대담하고 82
용감한 힘을 부여받은 두도네의 함대는
(이제 수많은 사악한 행동들에 대하여
사라센인들을 처벌할 때가 되었지요)
가까이나 멀리에서 강하게 공격했기에,
아그라만테는 막을 방도가 없었습니다.
그의 머리 위로는 화살들이, 옆으로는
칼, 갈고리, 곡괭이, 도끼가 쏟아졌지요.

수많은 투석기들이 쏘아 대는 커다랗고 83
무거운 돌멩이들이 머리 위로 떨어졌고,
배의 이물과 고물 들이 산산이 부서졌고,
뱃전들이 바다를 향해 넓게 찢어졌으며,
그보다 더 큰 피해는 곧바로 불붙으면서
잘 꺼지지 않는 화재에서 발생했습니다.
그 불행한 함대는 그런 엄청난 위험에서
달아나려 했지만 더 위험해질 뿐이었어요.

Canto 39:81

사라센 함대에 커다란 충격을 가하였고,
많은 배들을 바다 밑에 가라앉게 했지요.

칼들과 적들에 쫓기던 병사들 중 일부는 84
바닷속으로 뛰어들었지만 빠져 죽었고,
또 일부는 적시에 팔과 다리를 움직이며
이쪽 또는 저쪽 구명정에 타려고 했지만,
이미 너무 많이 탄 구명정이 내쫓았으니,
올라타기 위해 너무나도 집착하던 손을,
뱃전을 붙잡은 대로 남긴 채,[23] 나머지
몸으로 파도를 붉게 물들이기도 했어요.

바다에서 목숨을 구하려고 희망하거나 85
최소한 덜 고통스럽게 죽고 싶은 일부는,
헤엄을 치다가 어떤 도움도 찾지 못하고
또한 용기와 힘이 빠지는 것을 느끼고는,
빠져 죽을까 두려운 나머지 방금 도망쳐
나온 탐욕스러운 불꽃으로 다시 돌아가서
불타는 나무를 껴안았으니, 두 개의 죽음을
두려워하다 두 개의 죽음[24]을 맞이했지요.

가까이에서 공격해 오는 창이나 도끼를 86
두려워한 일부는 헛되이 바다로 피했으니,

---

23) 구명정에 이미 타고 있던 병사들이, 뱃전을 붙잡고 올라타려고 하는 자들의 손을 칼로 잘랐다는 뜻이다.
24) 물에 빠져 죽는 것과 불에 타 죽는 것.

돌멩이들이나 화살들이 그들을 뒤쫓아서
그다지 멀리 달아나지 못하게 했습니다.
하지만 제 노래가 즐거움을 주는 동안에,
너무 오래 계속하여 너무나 많은 말들로
지겹게 만드는 것보다, 이제 끝내는 것이
아마도 더 바람직하고 유익할 것입니다.

제40곡

아그라만테와 소브리노는 패배한 함대에서 달아난다. 그리스도교 군대가 비제르테를 함락하고 약탈한다. 아그라만테는 어느 섬에서 그라다소와 만나고, 오를란도 일행에게 결투를 신청한다. 루지에로가 이슬람 기사들을 포로로 잡고 있는 두도네와 결투한다.

그 바다 전투의 다양하고 많은 사건들을   1
모두 이야기하려면 너무 오래 걸릴 것이며,
불굴의 에르콜레 님의 담대한 아들[1]이시여,
나리께 그런 것을 이야기한다는 것은, 마치
사모스섬에 항아리를, 아테네에 올빼미를,
이집트에 악어를 가져가는 것과 다름없으니,[2]
제가 전해 듣고 이야기하는 것을, 나리께서는
직접 보셨고, 또 사람들이 보게 해 주셨지요.

---

1) 이폴리토 데스테 추기경.
2) 속담처럼 널리 사용되던 표현으로, 이미 풍부하게 많이 있는 물건을 가져가는 것, 바꾸어 말해 쓸모없는 일을 한다는 것을 뜻한다.

나리께서는 당신의 충실한 백성에게, 마치   2
극장에 있는 것처럼, 적의 배들이 포강에서
불과 칼 사이에 사로잡혀 있던 바로 그날[3]
낮과 밤에 멋진 장관을 구경하게 하셨지요.
어떤 비명과 탄식을 들을 수 있었는지,
강물이 얼마나 사람들의 피로 물들었는지,
그 싸움에서 얼마나 다양하게 죽었는지,
나리께서 보셨고, 사람들에게 보여 주셨지요.

저는 그것을 보지 못했는데, 엿새 전에   3
위대한 목자[4]의 신성한 발 앞에 도움을
요청하기 위해, 너무나도 급히 서둘러서
매시간마다 말을 갈아타며 달려갔지요.
하지만 기병이나 보병도 필요 없었으니,
나리께서 황금 사자[5]의 발톱과 부리를
얼마나 파멸시키셨는지, 그날 이후로
저는 그런 귀찮은 일이 전혀 없었어요.

하지만 현장에 있었던 알폰소 트로티,   4

---

3) 1509년 12월 22일 포강 유역의 폴레셀라에서 벌어진 전투(제3곡 57연 참조)를 가리킨다.
4) 교황. 아리오스토는 이폴리토 추기경에게 봉사하기 시작하면서 교황 율리우스 2세에게 여러 차례 사절로 파견되었다.
5) 베네치아.

안니발레, 피에로 모로, 아프라니오, 바뇨,
아리오스토 세 명, 알베르토, 체르비나토[6]가
너무 많이 말해 주었기에 저는 확신하며,
교회에 바치신 엄청나게 많은 깃발[7]들과,
수많은 작은 배들과 함께 열다섯 척의
갤리선을 나포하여 강가에 묶어 놓은 것을
나중에 보고 나서 분명히 알았습니다.

우리의 불타 버린 궁전들을 복수하기   5
위하여, 그 모든 배들을 나포할 때까지
배들을 불태우고 파선시켰으며, 수없이
많은 적을 죽이는 것을 보았던 사람은,
두도네가 공격하였던 그 어두운 밤에,
아그라만테 왕과 함께 파도 한가운데서
아프리카의 불쌍한 백성들이 당하였던

---

6) 폴레셀라 전투 현장에 있었던 여러 증인을 열거하고 있다. 알폰소 트로티(Alfonso Trotti)는 알폰소 1세 공작의 집사이며 농장 관리인이었고, 안니발레 콜레누초(Annibale Collenuccio)는 이폴리토 추기경의 시종이었고, 피에로 모로(Piero Moro)는 이폴리토 추기경의 고용인이었고, 아프라니오 데이 콘티(Afranio dei Conti), 루도비코 다 바뇨(Ludovico da Bagno), 알베르토 체스타렐리(Alberto Cestarelli), 프란체스코 체르비나토(Francesco Zerbinato)는 모두 데스테 가문의 궁정인들이었다. "아리오스토 세 명"은 누구를 가리키는지 분명하지 않은데, 그중의 하나는 루도비코 아리오스토의 사촌 알폰소를 가리키는 것으로 짐작되지만, 나머지 두 명은 확실하지 않다.

7) 전투에서 승리한 이폴리토 추기경이 전리품들을 페라라 성당에 매달아 둔 것을 가리킨다(제36곡 2연 참조).

수많은 죽음과 고통을 이해할 것입니다.

그 격렬한 전투가 시작되었을 때에는 6
한밤중이었고 불빛도 보이지 않았지만,
유황과 송진과 역청이 엄청나게 많이
뿌려지며 이물과 고물에 불이 붙었고,
탐욕스러운 불꽃이 미처 대비하지 못한
갤리선들과 배들을 사정없이 불태우며
환하게 비추었기에, 온 사방이 마치
밤이 낮으로 바뀐 것처럼 보였습니다.

아그라만테 왕은 어두운 대기 속에서 7
적이 그렇게 많다고 생각하지 않았고,
저항하면 결국 물리칠 수 있을 정도로
강하지 않을 것이라고 생각하였는데,
이제 어둠이 걷히면서 조금 전까지만
해도 전혀 생각하지 못했던 정도로
적의 배들이 두 배나 많은 것을 보고
조금 전과는 다른 생각을 했습니다.

몇 사람과 함께 브릴리아도로와 값진 8
물건만 갖고 더 가벼운 배로 옮겼어요.
그리고 조용히 배들 사이로 나아갔고,
마침내 아주 어두운 바다에 이르렀으며,

Canto 40:7
적의 배들이 두 배나 많은 것을 보고
조금 전과는 다른 생각을 했습니다.

두도네가 쓰라린 상황으로 몰고 가는
자기 병사들에게서 멀어지게 되었어요.
불에 타고, 바다에 빠지고, 칼에 찔리는
원인이 되었던 그가 달아나는 것입니다.

아그라만테 왕은 바로 소브리노와 함께 9
달아났는데, 현명한 눈으로 지금 그에게
일어난 불행을 예상하고 경고하였을 때,
그를 믿지 않은 것을 괴로워하였습니다.
하지만 우리는 오를란도에게 돌아갑시다.
그는 비제르테가 더는 프랑스에 전쟁을
도발하지 못하게, 다른 도움을 받기 전에
파괴시키라고 아스톨포에게 충고했어요.

그리하여 사흘 후에 군대가 무장을 하고 10
공격을 한다고 공개적으로 선포하였지요.
그런 목적을 위해 아스톨포는 두도네에게
주지 않은, 많은 배들을 갖고 있었는데,
뭍에서나 바다에서 아주 훌륭한 기사인
산소네토에게 지휘하도록 건네주었으며,
그는 비제르테 항구에서 1마일 떨어진
바다에 닻을 내리고 정박하고 있었어요.

진정한 그리스도인으로서 아스톨포와 11

오를란도는 하느님 없이 위험을 무릅쓰지
않았으니, 군대에 공개적인 포고를 내려
모두들 기도와 금식을 하도록 하였으며,
사흘이 지나면 신호를 내릴 것이니 모두
비제르테를 함락시킬 준비를 하게 했고,
승리하여 함락시키게 된다면, 불태우고
약탈하는 것을 허용하겠다고 했습니다.

그리하여 병사들은 경건한 마음으로   12
금식과 기도를 바쳤으며, 그런 다음에
친척들과 친구들, 아는 사람들과 함께
모여서 식사를 즐기기 시작했습니다.
지치고 텅 빈 육체에 원기를 회복한
다음 함께 껴안고 눈물을 흘리면서,
사랑하는 사람들이 헤어질 때처럼
서로 인사를 하고 말을 나누었어요.

비제르테 안에서는 경건한 성직자들이   13
괴로워하는 백성들과 함께 기도했으니,
한없이 눈물을 흘리면서 가슴을 쳤고,
전혀 듣지 않는 무함마드를 불렀어요.
얼마나 많은 철야 기도들과 봉헌물들,
얼마나 많은 선물들을 약속하였는지!
쓰라린 고통의 기억을 위해서 얼마나

Canto 40:11
군대에 공개적인 포고를 내려
모두들 기도와 금식을 하도록 하였으며,

많은 성전, 동상, 제단을 약속했던가!

최고 성직자로부터 축복을 받은 다음 14
백성들은 무기를 들고 성벽으로 갔어요.
아름다운 아우로라가 아직 티토노스와
함께 침대에 누워 있는 어두운 무렵에,
한쪽에서는 아스톨포, 다른 한쪽에서는
산소네토가 병사들을 자리에 배치했고,
오를란도가 내리는 신호 소리와 함께
아주 격렬하게 비제르테를 공격했어요.

비제르테는 양쪽 면이 바다와 접하였고, 15
다른 두 면은 육지와 접하고 있었어요.
그리고 아주 옛날부터 탁월하고 특이한
기술로 쌓은 성벽에 둘러싸여 있었지요.
그렇지만 브란차르도 왕이 성벽 안으로
들어간 이후 도움이나 방비가 없었으니,
도시를 방비할 기술자들도 부족하였고,
그럴 만한 시간도 없었기 때문입니다.

아스톨포는 누비아 사람들의 왕[8]에게 16
불화살 발사기, 투석기, 궁수 들을 동원해

---

8) 세나포.

성벽 위를 강렬하게 공격하게 했고, 감히
누구도 얼굴을 내밀지 못하게 했습니다.
그리하여 보병들과 기병들이 안전하게
성벽의 아래까지 갈 수 있게 하였으니,
누구는 돌덩이, 누구는 대들보, 누구는
도끼나 다른 무거운 것을 갖고 갔지요.

그런 것들과 함께 다른 것들을 손에서   17
손으로 운반해 해자 안에 던져 넣었는데,
그 전날 미리 해자의 물을 막아 놓았기에
여기저기에 웅덩이가 드러나 보였습니다.
해자는 곧바로 가득 채워지고 메워져서
성벽까지 바닥이 평평해지게 되었어요.
아스톨포, 오를란도, 올리비에로는 성벽
위로 병사들이 올라가도록 조치하였지요.

누비아 사람들은 이익을 얻으려는 희망에   18
이끌려 조금도 지체하는 것을 못 참았고,
급박한 위험을 전혀 생각하지도 않은 채
마치 거북이처럼 펼쳐진 방패들 아래로
성벽에 구멍을 뚫고 성문을 부수기 위한
공성기와 다른 도구를 갖고 나아갔으며,
바로 도시에 가까이 도착하게 되었지만,
사라센인들도 무방비 상태는 아니었어요.

쇠와 불과 돌덩이와 무거운 기와 들을 19
마치 폭풍우처럼 위에서 떨어뜨렸으며,
자신들을 공격하기 위하여 제작한 많은
기계들의 지붕과 옆구리를 깨뜨렸어요.
어두운 대기 속에서 공격의 초기에는
그리스도교 병사들이 많이 힘들었지만,
태양이 화려한 숙소에서 나온 다음에는
행운이 사라센인들에게 등을 돌렸어요.

오를란도는 바다와 육지에서의 공격을 20
사방에서 더욱더 강화하도록 했습니다.
먼바다에서 함대를 이끌던 산소네토는
항구 안으로 들어가 육지로 다가갔으며,
투석기들과 활들을 쏘아 올리게 하였고,
다양한 공성 무기로 강하게 공격하였고,
동시에 배에 실린 모든 무기들과 장비들,
작은 배들, 사다리를 준비하게 했어요.

올리비에로와 오를란도와 브란디마르테, 21
예전에 하늘에서 그렇게 대담했던 자[9]는
바닷가에서 멀리 떨어진 육지 안쪽에서
너무나 격렬하고 쓰라린 전투를 했어요.

---

9) 아스톨포.

그들은 각자 네 개로 나누어서 이끌던
부대와 함께 공격을 하고 있었습니다.
누구는 성벽, 누구는 성문, 누구는 다른
곳에서 각자 뛰어난 무훈을 자랑했어요.

그러므로 모두가 뒤섞여 있는 것보다   22
각자의 무훈을 더욱 잘 볼 수 있었으며,
누가 칭찬받을 만하고, 누가 비난받을
만한지 수많은 눈앞에 환히 드러났어요.
바퀴 달린 나무 탑들을 끌고 나왔으며,
또 길들인 코끼리들이 탑들을 짊어지고
나왔는데, 등 위로 얼마나 높이 있는지
성벽이 저 아래에 보일 정도였습니다.

브란디마르테가 성벽에 사다리를 놓고   23
올라가며, 병사들이 올라가도록 격려했고,
병사들은 누가 안내하는지 확인한 다음,
안심하고 두려움 없이 그를 뒤따랐어요.
그런데 사다리가 무거운 무게를 견딜 수
있는지 누구도 전혀 걱정하지 않았어요.
브란디마르테는 단지 적들만 겨냥하고
싸우며 올라갔고, 성벽 위에 도착했지요.

그리고 손과 발로 성벽 위에 매달려   24

홀쩍 뛰어 올라갔고, 칼을 휘둘렀으며,
부딪치고 자르고 찌르고 상처를 입히고
자신의 커다란 무훈을 잘 보여 주었어요.
하지만 갑자기 사다리가 너무 과중한
무게를 더 버티지 못하고 부러졌으며,
브란디마르테를 제외한 모든 병사들이
거꾸로 웅덩이에 떨어져 뒤엉켰지요.

그런데도 그는 용기를 잃지 않았고, 25
그 누구도 자신을 뒤따라오지 않으며,
자기가 도시 전체의 표적이 되었는데도,
발걸음을 돌릴 생각도 하지 않았어요.
많은 사람이 돌아오라고 했지만 듣지
않았고, 오히려 안으로 더 들어갔어요.
그러니까 삼십 완척이 넘는 성벽의 위에서
도시 안으로 홀쩍 뛰어내린 것입니다.

그는 깃털이나 짚 더미를 디딘 것처럼 26
아무 피해 없이 단단한 땅 위에 내렸고,
마치 천을 찌르고 자르고 조각내듯이,
주위의 적들을 찌르고 자르고 베었어요.
그는 때로는 이쪽으로, 때로는 저쪽으로
공격했고, 적들은 이리저리 도망쳤어요.
그가 안으로 뛰어내린 것을 밖에서 본

Canto 40:24

브란디마르테를 제외한 모든 병사들이
거꾸로 웅덩이에 떨어져 뒤엉켰지요.

사람들은 도움이 늦을까 걱정했습니다.

속삭임과 중얼거림으로 입에서 입으로　　　　　　　　　　27
전해진 그 소식은 온 진영 안에 퍼졌고,
주변에 떠돌던 **소문**은 더욱 불어났고,
그 위험을 이야기하며 더욱더 커졌어요.
그녀[10]는 날개를 쉬지 않고 움직이면서,
오를란도가 있던 곳으로, 또 오토네의
아들[11]이 있던 곳으로, 올리비에로가
있던 곳으로 계속하여 날아갔습니다.

브란디마르테를 사랑하고 높게 평가한　　　　　　　　　　28
그 기사들, 누구보다도 특히 오를란도는
소식을 듣고, 만약 너무 많이 지체하면,
그렇게 귀중한 동료를 잃을까 걱정하여
사다리를 붙잡고 여기저기서 올라갔고,
고귀하고 놀라운 용기를 보여 주었으니,
적들은 보기만 해도 두려워 떨 정도로
너무 대담하고 용맹스러운 모습이었어요.

마치 폭풍우가 휘몰아치는 바다에서　　　　　　　　　　29

---

10) "**소문**(Fama)"은 여성 명사이다.
11) 아스톨포.

파도들이 겁에 질린 배를 공격하면서,
때로는 이물에서, 때로는 양쪽 끝에서
격렬하고 강렬하게 들어가려고 하면,
창백한 키잡이는 한숨 쉬고 탄식하며
도우려고 하지만 용기와 능력이 없고,
마침내 파도가 그 모든 것을 점령하고
모든 바닷물이 그곳에 몰려 들어가듯,

그와 똑같이 그들 기사 세 명이 성벽을   30
공격하자 곧바로 공간이 넓게 벌어졌고,
이제 다른 병사들이 안심하고 뒤따라가
수많은 사다리들을 성벽에 세웠습니다.
그러는 동안 아주 강력한 공성기들이
여러 곳들을 파괴하고 무너뜨렸기에,
동시에 여러 곳에서 안으로 쳐들어가
용감한 브란디마르테를 도와주었어요.

마치 강들의 오만한 왕[12]이 이따금씩   31
광폭하게 제방과 강둑 들을 무너뜨리고
만토바[13]의 들판으로 돌파구를 만들면서

---

12) 포강.
13) 원문은 "Ocnei", 즉 '오크누스(Ocnous)의'로 되어 있다. 만토바는 만토의 아들 오크누스가 세운 것으로 알려져 있다(제13곡 59연 참조).

그곳에 있는 기름진 이랑들과 풍요로운
곡식들, 오두막집들과 양 떼들, 목동들,
개들을 모두 파도 속에 휩쓸고 갈 때,
전에는 새들이 날아다니던 산꼭대기의
느릅나무에 물고기들이 돌아다니듯이,

그와 똑같은 광폭함으로 성벽의 여러　　　　　　　　　　32
곳을 무너뜨린 다음 격렬한 병사들은
칼과 불타는 횃불을 들고 쳐들어갔고,
초라한 백성들을 파괴하기 시작했어요.
파괴적인 손들은 사람의 피와 재물에
살인과 강탈을 저질렀으며, 아프리카
전체의 여왕으로 풍요롭고 당당하던
도시를 부수며 전리품을 약탈했지요.

온 사방이 죽은 사람들과 무수히 많은　　　　　　　　　　33
부상을 당한 사람들로 가득하였으며,
저승[14]의 도시를 둘러싸고 있는 강보다
더 검고 더 흉측한 웅덩이를 이루었어요.
집에서 집으로 기다랗게 연결된 화재가
궁전들과 회랑들과 사원들을 태웠으며,

---

14) 원문은 "Dite"인데, 로마 신화에서 저승의 신 디스 파테르(Dis Pater, '풍요의 아버지'라는 뜻)를 가리키며, 그리스 신화의 하데스에 해당한다. 저승을 둘러싸고 흐르는 강은 스틱스이다(제2곡 42연 참조).

Canto 40:33

집에서 집으로 기다랗게 연결된 화재가
궁전들과 회랑들과 사원들을 태웠으며,

탄식과 비명과 가슴 두드리는 소리가
약탈당해 텅 빈 집안에 울려 퍼졌지요.

승리자들이 엄청난 전리품들을 가지고 34
불쌍한 집들에서 나오는 것이 보였으니,
멋진 꽃병들과, 값비싼 옷들과, 가정의
수호신에게서 은제품들을 약탈하였고,
아이들과 슬픈 어머니들을 끌고 갔고,
강간과 수많은 부정한 짓을 저질렀고,
오를란도와 잉글랜드 공작은 그것을
대부분 알면서도 막을 수 없었습니다.

알가체라의 부치파르 왕은 용맹스러운 35
올리비에로의 강력한 타격에 죽었습니다.
브란차르도 왕은 모든 희망과 모든 도움을
잃고 자기 손으로 스스로 목숨을 끊었어요.
폴보 왕은 세 군데의 부상을 입은 상태로
아스톨포에게 붙잡혔으나 바로 죽었지요.
아그라만테가 떠나면서 왕국을 지키도록
남겨 둔 세 왕의 운명은 그렇게 끝났어요.

그러는 동안 소브리노 왕과 함께 함대를 36
버리고 달아나던 아그라만테는 바닷가에서
비제르테가 커다란 불길에 휩싸인 것을

보고 오랫동안 눈물을 흘리고 탄식했어요.
그리고 자신의 왕국이 어떻게 되었는지
확실한 소식을 통해서 알고 난 다음에는,
자기 목숨을 끊으려고 생각하고 그렇게
하려고 했지만, 소브리노가 막았습니다.

소브리노는 말했습니다. "폐하, 적에게 37
얼마나 즐거운 승리를 주려고 하십니까?
폐하의 죽음 소식을 들으면 아프리카를
편안하게 차지하려고 하지 않겠습니까?
폐하께서 살아야만 그런 즐거움을 막고
언제나 두려움을 갖게 할 수 있습니다.
폐하께서 살아 계시는 한, 아프리카를
오랫동안 차지할 수 없기 때문입니다.

폐하께서 죽는다면 유일하게 남아 있는 38
희망을 모든 백성에게서 빼앗게 됩니다.
폐하께서 살아 계셔야 고통에서 벗어나
해방되고 잔치를 벌일 희망을 갖습니다.
만약 폐하께서 죽으면, 아프리카는 영원한
포로로 항상 조공을 바치고 슬플 것입니다.
그러니까 살고 싶지 않으시다 하더라도,
폐하, 백성을 위해서라도 살아야 합니다.

폐하의 이웃 나라 이집트의 술탄에게서　　　　　　　　39
분명히 돈과 사람들을 얻을 수 있으리니,
그도 피핀의 아들[15]이 아프리카에서 너무
강력해지는 것을 보고 싶지 않을 겁니다.
친척인 노란디노[16]도 폐하께서 왕국으로
돌아가시도록 온갖 노력을 할 것입니다.
원하면 아르메니아, 튀르키예, 페르시아, 아라비아,
메디아 사람들이 모두 도와줄 것입니다.”

그러한 말로 그 현명하고 나이 든 왕은　　　　　　　　40
자기 주군이 아프리카를 짧은 시간 안에
다시 되찾을 희망을 갖도록 노력했지만,
마음속으로는 그 정반대가 두려웠어요.
누구든지 자기 왕국을 빼앗기고 나서
야만인들에게 도움을 요청했던 사람이
얼마나 나쁜 결과와 결말에 이르렀고,
얼마나 헛되이 탄식했는지 잘 알았지요.

한니발과 유구르타,[17] 그리고 다른 옛날　　　　　　　　41
사람들이 그에 대한 멋진 증인이었으며,
오늘날에는 다른 루도비코[18]에게 권력을

---

15) 카롤루스 마그누스.
16) 다마스쿠스의 왕(제17곡 23연 참조).

넘겨준 루도비코 '일 모로'가 그랬습니다.
나리께 말씀드리자면, 나리의 형님이신
알폰소 님께서는 그들의 예를 잘 아시고,
자기 자신보다 다른 사람을 더 신뢰하는
자는 미치광이라고 언제나 말씀하셨지요.

그러므로 격노한 교황[19]이 단호한 태도로 42
그분을 겨냥하여 전쟁을 일으켰을 때에는,
비록 당신이 가진 힘들이 허약하여 별로
신뢰할 만한 상황이 아닌데도 불구하고,
또 그분을 보호하던 자가 이탈리아에서
쫓겨나고, 그분의 적이 장악하였는데도,[20]
어떠한 위협이나 약속에도 절대 나라를
다른 사람에게 양도하지 않으셨습니다.

---

17) 카르타고의 명장 한니발은 나중에 소아시아의 비티니아왕국으로 갔는데, 비티니아 왕이 그를 로마인들에게 넘기려고 하자 자살하였다. 유구르타는 북아프리카 누미디아의 왕(재위 기원전 118~기원전 105)으로 로마와 전쟁을 벌였으나, 마우레타니아의 왕과 사위에 의해 로마인들에게 넘겨져 감옥에서 죽었다.
18) 프랑스의 왕 루이 12세를 가리킨다(하지만 일반적으로 프랑스어 이름 루이에 해당하는 이탈리아어 이름은 루이지Luigi이다). 스위스 용병들이 배신하여 루도비코 일 모로를 프랑스의 루이 12세에게 넘겨준 사건을 가리킨다(제33곡 34연 이하 참조).
19) 율리우스 2세(제3곡 53연 참조).
20) 페라라와 연합하였던 프랑스 군대는 라벤나 전투(제33곡 41연 참조)에서 패배하여 이탈리아에서 쫓겨났고, 교황과 연합한 에스파냐 군대가 이탈리아를 장악하였다.

아그라만테 왕은 배의 이물을 동쪽으로　　　　　　　43
향하고 먼바다로 나아갔는데, 바로 그때
육지 쪽에서 광폭한 폭풍우가 몰려와서
배의 옆구리를 격렬하게 공격했습니다.
키를 잡고 앉아 있던 키잡이는 하늘을
향해 눈을 들어 올리면서 말했습니다.
"보아하니, 배가 저항할 수 없을 정도로
강력한 폭풍우가 불어올 것 같습니다.

나리들께서 저의 충고를 들으신다면,　　　　　　　44
여기에서 왼쪽으로 가까운 섬이 있는데,
격렬한 폭풍우가 지나갈 때까지 그곳에
상륙하는 것이 바람직할 것 같습니다."
아그라만테 왕은 동의하였고, 그리하여
위험에서 벗어나, 아프리카와 불카누스의
높은 화덕[21] 사이에 누워 있는, 뱃사람의
피난처인 왼쪽의 바닷가에 상륙하였지요.

그 작은 섬[22]에는 주민들이 살지 않았고,　　　　　45
낮은 은매화와 노간주나무들이 가득했고,

---

21) 시칠리아섬의 에트나화산을 가리킨다.
22) 뒤이어 55연에서 언급되는 람페두사(Lampedusa)섬에서 멀리 떨어지지 않은 리노사(Linosa)섬으로 추정되지만, 단지 상상의 섬일 수도 있다.

사슴들과 영양들과 노루들과 토끼들에게
즐겁고 아늑한 적막함을 제공하였습니다.
어부들 이외에는 별로 알려지지 않았고,
어부들이 젖은 그물을 말리려고 잔가지를
쳐낸 나무들 위에 널어 놓고 잠을 자는
동안, 물고기들은 바다에서 평온하였지요.

그곳에서 그들은, 운명에 의해 그곳으로 46
이전에 밀려온 다른 배를 발견하였는데,
세리카나왕국을 갖고 있고 아를에서 떠난
위대한 기사[23]가 그곳에 있었던 것입니다.
두 왕은 합당한 예의와 존경심과 함께
육지에서 반갑게 서로를 껴안았으니,
서로 친구였으며, 얼마 전까지만 해도
파리의 성벽에서 전쟁의 동료였습니다.

그라다소는 유감스럽게도 아그라만테의 47
불행한 운명에 대한 소식을 듣고 나서
그를 위로하였으며, 친절한 왕으로서
자신이 직접 도움을 주겠다고 했지만,
그가 도움을 청하기 위해 믿을 수 없는
이집트에 가는 것을 반대하며 이렇게

---

23) 세리카나의 왕 그라다소.

말했습니다. "그곳이 위험하다는 것은
폼페이우스가 망명자들에게 경고합니다.[24]

저에게 말씀하신 대로, 만약 세나포의 48
신하인 에티오피아 사람들의 도움으로
아스톨포가 당신의 아프리카를 빼앗기
위해 와서 그 수도인 도시를 불태웠고,
얼마 전까지 제정신을 완전히 잃었던
오를란도가 아스톨포와 함께 있다면,
당신을 곤경에서 빠져나오게 할 수 있는
최고로 멋진 대책이 있다고 생각합니다.

당신을 위한 마음으로 나는 오를란도와 49
일대일 결투를 하는 임무를 맡겠습니다.
그가 완전히 쇠나 구리로 되어 있어도
나에 대항하여 방어하지 못할 것입니다.
만약에 그가 죽으면 그리스도교 교회는
배고픈 늑대 앞의 어린 양들과 같지요.
그리고 바로 누비아인을 아프리카에서
쫓아내는 것은 나에게 간단한 일입니다.

---

24) 폼페이우스(제15곡 31연 참조)는 카이사르와의 전투에서 패한 다음 이집트의 프톨레마이오스 13세(Ptolemaeos XIII, 기원전 62?~기원전 47)에게 도움을 청하려고 하였으나, 오히려 그에게 죽임을 당하였다.

나일강 건너편에서 그들과 다른 종교를 50
믿고 있는 다른 누비아 사람들,[25] 황금과
사람이 풍부한 마크로비 사람들,[26] 또한
말들이 많은 아라비아인, 다른 많은 백성과
함께 나의 왕홀이 통치하는 페르시아와
칼데아[27] 사람들을 내가 모두 동원하여
누비아에서 전쟁을 벌이게 하면, 그들은
더 이상 당신 땅에 있지 않을 것입니다."

아그라만테 왕이 볼 때 그라다소 왕의 51
두 번째 제안이 더욱 적절해 보였으며,
그곳의 황량한 섬으로 자신을 이끌어 간
행운에게 감사해야겠다고 생각했어요.
하지만 그리하여 비제르테를 되찾을 수
있다고 믿더라도, 그라다소가 자기 대신
결투를 책임지는 것을 원하지 않았으니,
그것은 너무 명예를 훼손하는 것이었어요.

그는 말했어요. "오를란도에게 도전한다면, 52

---

25) 나일강을 경계로 세나포와 대적하고 있으며, 다른 종교를 믿는 누비아인들을 가리킨다(제33곡 101연 참조).
26) Macrobi(라틴어로 Macrobii, 영어로 Macrobians). 고대에 현재의 소말리아 지역에 살던 주민으로, 사람들이 장수한 것으로 유명하였다.
27) 메소포타미아 남동부의 방대한 지역을 가리킨다.

그 결투에 적합한 사람은 바로 나이며, 나는
그럴 준비가 되어 있소. 또한 좋든 나쁘든,[28]
신께서 나를 원하시는 대로 하실 것이오."
그라다소는 "지금 제 머리에 좋은 방법이
떠올랐는데, 이렇게 하는 것이 어떨까요?
오를란도와 함께 나오는 다른 사람과
우리 둘이 함께 결투를 하는 것입니다."

아그라만테는 "내가 제외되지 않는다면, 53
첫째이든 둘째이든, 나는 불평하지 않겠소.
온 세상에서 무훈에 있어 당신보다 뛰어난
동료를 찾을 수 없다는 것을 잘 알지요."
그러자 소브리노가 "나는 어디에 있으란
말이오? 내가 늙어 보이더라도 훨씬 더
노련하다는 것을 보여 주겠소. 위험에서는
힘과 더불어 좋은 충고가 필요한 법이오."

소브리노는 노년에도 강건하고 왕성했고 54
훌륭한 무훈으로 널리 알려져 있었는데,
비록 나이는 많지만 힘에 있어서는 아직
젊은 나이와 똑같이 느낀다고 말했어요.
그러한 요구는 정당하다고 생각되었고,

---

28) 말하자면 결투에서 이기든, 지든.

Canto 40:54

소브리노는 노년에도 강건하고 왕성했고
훌륭한 무훈으로 널리 알려져 있었는데,

그리하여 지체 없이 전령을 찾았으며,
그를 아프리카 해안으로 보내 오를란도
백작에게 도전을 전하도록 하였는데,

양쪽에서 같은 수의 무장한 기사들이 55
람페두사섬[29]에서 만나자는 것이었어요.
그곳은 조그마한 섬으로 온 사방이 같은
바다[30]에 완전히 둘러싸여 있는 곳이지요.
전령은 필요에 따라 신속하게 해야 하는
것처럼, 멈추지 않고 돛과 노로 달렸고,
비제르테에 도착하여, 병사들에게 포로와
전리품을 분배하던 오를란도를 찾았어요.

그라다소와 아그라만테, 소브리노 왕의 56
그러한 도전은 공개적으로 발표되었는데,
앙글란테의 영주[31]는 너무 기뻐한 나머지
전령에게 많은 선물을 안겨 줄 정도였어요.
그는 자기 동료들로부터 그라다소 왕이
두린다나를 자기 옆구리에 차고 있다는
말을 전에 들었을 때, 칼을 되찾기 위해

---

29) Lampedusa. 지중해에 있는 조그마한 섬으로 시칠리아와 튀니지 사이에 자리하고 있다. 현재는 이탈리아의 영토이다.
30) 지중해.
31) 오를란도.

인디아로 직접 가고 싶어 할 정도였는데,

그라다소가 프랑스에서 떠났다는 말을　　　　　　　　　57
들은 후 어디 있는지 몰랐기 때문입니다.
그런데 지금 가까운 곳에 있고, 거기에서
자기 칼을 되찾을 희망을 갖게 되었지요.
알몬테의 멋진 뿔 나팔[32]과 브릴리아도로
역시 그에 못지않게 그가 기꺼이 도전을
받아들이게 했으니, 그것들이 트로이아노의
아들[33]의 손에 있다는 것을 알고 있었지요.

오를란도는 함께 결투할 동료로 충실한　　　　　　　　58
브란디마르테와 자기 처남[34]을 선택했어요.
두 사람의 무훈은 충분하게 증명되었고,
둘 다 자신을 얼마나 사랑하는지 알았지요.
그는 자신과 동료들을 위해 온 사방에서
좋은 말과 좋은 갑옷과 좋은 사슬 옷을
찾았고, 창과 칼을 찾았으니, 아시다시피,

---

32) 알몬테가 코끼리 상아로 만든 것인데, 그가 죽으면서 명마 브릴리아도로와 명검 두린다나와 함께 오를란도가 차지하였다. 그런데 브루넬로가 오를란도에게서 훔쳐내서 아그라만테에게 주었다(《사랑에 빠진 오를란도》 제2권 제11곡 8~9연 참조).

33) 아그라만테.

34) 올리비에로(제15곡 67연 참조).

누구도 예전 무기를 갖고 있지 않았어요.

제가 여러 번 말씀드렸듯이, 오를란도는　　　　　59
광기 때문에 자기 무기를 땅에 버렸으며,
다른 두 사람은 로도몬테에게 빼앗겼고,
지금 강가의 높은 탑 안에 걸려 있지요.
아프리카에서는 많은 것이 부족했으니,
아그라만테 왕이 전쟁을 위해 좋은 것을
모조리 프랑스로 가져가 버린 데다가,
원래 아프리카에 부족했기 때문입니다.

오를란도는, 녹슨 것이든 새로운 것이든,　　　　60
모을 수 있는 모든 것을 모으게 하였고,
그러는 동안 동료들과 함께 바닷가로
나가 미래의 결투에 대해 논의했어요.
그들은 진영에서 3마일 이상이나 멀리
떨어진 곳에 있었는데, 바다로 눈길을
돌리다가, 돛을 높이 올리고 아프리카
해안으로 거침없이 오는 배를 보았지요.

마치 키잡이도 없고 뱃사람들도 없이　　　　　61
단지 바람과 자신의 운명에 이끌리듯이,
돛을 높이 올린 배는 앞으로 나아왔고,
마침내 모래밭 위로 올라가 정박했어요.

하지만 더 이상 그 이야기를 하기 전에,
루지에로에 대한 저의 사랑이 그에게로
저를 이끌고, 그와 키아라몬테의 기사[35]에
대해 이야기해 주기를 원하고 있습니다.

제가 말씀드렸던 것처럼, 그 두 기사는 62
약속과 협상이 깨져 버리고 모든 군대와
부대가 혼란스러워진 것을 보고, 그런
싸움의 혼란함에서 벗어나 있었지요.
누가 먼저 맹세를 깨뜨렸으며 그렇게
심각한 혼란의 원인을 제공하였는지,
카롤루스 황제인지 아그라만테 왕인지,
지나가는 자에게서 알아보려고 했어요.

그러는 동안에 루지에로의 충실하고 63
현명하면서 매우 노련한 하인 하나가
두 진영의 격렬한 싸움 한가운데서도
절대로 주인을 놓치지 않고 있다가,
그에게로 왔고, 자기 진영에 도움이
되도록 그에게 칼과 말을 주었습니다.
루지에로는 칼을 들고 말에 탔지만,
싸움 속으로 뛰어들고 싶지 않았어요.

---

35) 리날도.

그래서 그는 떠났는데, 그보다 먼저   64
리날도와의 약속을 재차 확인했으니,
만약 아그라만테가 맹세를 깨뜨렸다면,
그 나쁜 부대를 떠나겠다는 것이지요.
그날 루지에로는 다른 무훈을 세우려
하지 않고, 단지 이 사람 저 사람에게
누가 먼저 약속을 깼는지, 카롤루스인지,
아그라만테인지 묻는 일에 몰두했어요.

그리고 사방에서 아그라만테 진영에서   65
먼저 약속을 깨뜨렸다는 말을 들었지요.
그는 아그라만테를 사랑하였으니, 그것
때문에 떠나면 큰 잘못이 될 것입니다.
또한 앞에서 말씀드린 것처럼, 아프리카
군대는 패배하고 흩어졌으며, 이 세상을
돌리는 여인[36])이 원하는 대로, 변덕스러운
바퀴의 꼭대기에서 바닥으로 떨어졌지요.

루지에로는 곰곰이 생각했고, 머물러야   66
할까, 자신의 주군을 따를까 궁리했어요.
자기 여인에 대한 사랑은 이제 더 이상
아프리카로 가는 것을 허용하지 않았고,

---

36) **행운** 또는 **운명**의 여신을 가리킨다.

또한 만약 자신이 무사 리날도와 맺은
맹세와 협상을 지키지 않는다면, 형벌을
받을 것이라고 그를 위협하면서 완전히
정반대 방향으로 괴롭히고 압박하였어요.

그에 못지않게 다른 한편으로는, 만약　　　　　　　　67
그 경우 아그라만테를 버리고 떠난다면,
비겁함과 두려움 때문이라고 비난할지
너무나도 걱정이 되고 염려되었습니다.
많은 사람이 남는 게 좋다고 하겠지만,
또 많은 사람은 받아들이지 않겠지요.
부당하고 거짓으로 맹세한 것은 지키지
않아야 한다고 많은 사람이 말하겠지요.

그날 하루 종일, 또 이어지는 밤까지　　　　　　　68
그는 혼자 있었고, 다음 날도 그랬어요.
떠나야 할지, 아니면 남아 있어야 할지,
걱정스러운 마음으로 계속 번민했지요.
그러다 마침내 자신의 주군을 따라서
아프리카로 돌아가겠다고 결심했어요.
그에게는 사랑도 매우 중요하였지만,
의무와 명예가 그보다 중요했습니다.

그는 아를로 돌아갔으며, 아프리카로　　　　　　　69

돌아갈 함대를 찾으리라 생각했는데,
바다나 해변 위에도 배들이 없었고,
죽은 자들 외에는 병사들도 없었어요.
아그라만테가 거기 있던 모든 배들과
함께 떠나면서 나머지를 불태웠지요.
처음에 생각했던 대로 되지 않자 그는
마르세유를 향해 바닷가를 걸어갔어요.

부탁이나 무력으로, 맞은편 해안으로   70
데려다줄 배를 찾으려고 생각했습니다.
그런데 야만인들의 함대를 포로로 잡은
'덴마크 사람'의 아들[37]이 이미 도착했어요.
그곳 바다 위에는 곡식 한 알이 들어갈
틈도 없을 정도로, 승리자들의 배들과
포로로 잡혀서 끌려온 자들의 배들이
엄청나게 빽빽이 들어차 있었습니다.

그날 밤 도망치는 데 성공한 소수의   71
배를 제외하고, 화재나 또는 난파에서
살아남은 이교도의 배들을 두도네는
모두 마르세유로 끌고 왔던 것입니다.
아프리카에서 통치하던 자들 중 일곱

---

[37] '덴마크 사람' 오지에르의 아들 두도네.

왕이 자기 부대가 패배한 것을 보고,
일곱 척의 배들과 함께 항복하였는데,
말없이 눈물을 흘리면서 괴로워했어요.

두도네는 그날 카롤루스 왕을 만나러 72
가기 위하여 바닷가에 나와 있었으며,
포로들과 그들의 전리품들로 너무나
화려한 승리를 멋지게 장식하였지요.
포로들은 모두 바닷가에 앉아 있었고,
주위에서는 승리한 누비아 사람들이
즐겁게 두도네의 이름을 외치면서
온 사방에 메아리치게 하였습니다.

멀리에서 다가오던 루지에로는 혹시 73
아그라만테의 함대가 아닐까 생각했고,
사실을 알아보기 위해 말을 몰았지만,
가까이 다가감에 따라 포로로 붙잡힌
나사모나[38]의 왕과 발리베르초, 그리고
아그리칼테, 파루란테, 마닐라르도,
클라린도, 리메돈테가 고개를 숙이고
울고 있는 것을 알아볼 수 있었어요.

---

38) Nasamona. 리비아 북부 나사모니족(Nasamones, 제14곡 22연 참조)이 거주하던 지역을 가리킨다.

그들을 사랑했던 루지에로는 그들이 그런 74
비참한 상태에 있는 것을 견딜 수 없었어요.
거기에서는 빈손으로 가서 무력을 사용하지
않고 부탁하는 것이 별로 소용이 없었지요.[39]
그는 창을 겨누어 지키는 병사들을 찔렀고,
여느 때처럼 자신의 무훈을 보여 주었으며,
칼을 뽑아 들고 짧은 순간에 그 주위에서
백 명이 넘는 사람들을 쓰러뜨렸습니다.

두도네는 그 소음을 들었고, 루지에로의 75
학살을 보았는데 누구인지는 몰랐습니다.
병사들이 커다란 두려움에다 탄식, 고통
속에 발을 돌려 달아나는 것을 보았지요.
빨리 말과 투구, 방패를 가져오라고 했고,
이미 가슴과 팔, 허벅지에 갑옷을 입고
있었기에, 말에 올라탔고 창을 들었으며,
프랑스의 기사라는 것을 잊지 않았습니다.

그는 모두 한쪽으로 비키라고 외쳤으며, 76
박차를 느끼게 만들면서 말을 몰았어요.
그동안 루지에로는 백 명을 더 죽이며
그 포로들에게 커다란 희망을 주었는데,

---

39) 일곱 왕을 구하기 위해서는 무력에 의존할 수밖에 없었다는 뜻이다.

두도네 혼자서 당당하게 말을 탔으며
나머지 병사들은 뛰어오는 것을 보고,
그가 그들의 우두머리라고 생각하였고,
커다란 욕망과 함께 그를 향해 달렸어요.

두도네가 먼저 달려갔지만, 루지에로가 77
창을 들지 않고 오는 것을 발견하고는
그런 유리함으로 기사를 공격하는 것을
경멸하여, 자신의 창을 멀리 던졌어요.
루지에로는 그 친절한 행동에 감탄하며
속으로 말했습니다. "저 사람은 완벽한
기사들로 일컬어지는 프랑스의 무사들
중의 한 명이라는 것을 감출 수 없구나.

만약 가능하다면, 다른 것을 계속하기 78
전에 먼저 그의 이름이라도 알고 싶군."
그리하여 이름을 물었고, '덴마크 사람'
오지에르의 아들이라는 것을 알았지요.
두도네도 루지에로가 친절하다는 것을
발견하였고, 똑같이 이름을 물었습니다.
서로의 이름을 말해 준 다음 두 기사는
도전을 하였고, 행동으로 격돌하였지요.

두도네는 수많은 임무들에서 자신에게 79

영원한 영광을 안겨 준 쇠몽둥이를 가지고
있었는데, 그것으로 높은 무훈으로 넘치는
'덴마크 사람'의 후손임을 명백히 증명했지요.
그리고 루지에로는 모든 투구, 모든 갑옷을
쪼개는 칼, 이 세상에서 그보다 나은 것이
없는 칼을 뽑아 들었으며, 무사 두도네에게
자신의 뛰어난 무훈을 증명해 보였습니다.

하지만 그는 가능한 한 언제나 자신의 80
연인에게 상처를 주지 않으려고 했는데,
만약 두도네의 피로 땅바닥을 적신다면,
그녀는 분명히 상처를 받을 것입니다.
(그는 프랑스 가문들을 아주 잘 알았고,
두도네의 어머니가 바로 브라다만테를
낳아 준 어머니 베아트리체와 자매인
아르멜리나라는 것을 알고 있었어요.)

그랬기 때문에 그는 칼끝으로 찌르지 81
않았고 칼날 공격도 별로 하지 않았어요.
단지 쇠몽둥이가 내리치는 곳을 막거나,
맞받아치거나, 또는 옆으로 피하였어요.
투르피노는, 루지에로가 원하면, 몇 번의
타격으로 두도네를 죽일 것으로 믿었어요.
아무리 그가 허점을 보여도, 옆면으로

칠 뿐 절대 부상을 입히지 않았습니다.

루지에로는 양쪽이 널찍한 자기 칼의
칼날과 마찬가지로 옆면도 효과적으로
사용할 줄 알았고, 따라서 두도네에게
때로는 너무나 강한 힘으로 가격되어,
종종 그의 눈에 섬광들이 번쩍이면서
자칫하면 땅바닥에 쓰러질 정도였어요.
하지만 들으시는 분의 마음에 들도록,
제 노래를 다음번으로 연기하겠습니다.

제41곡

루지에로는 두도네와 협상하여 포로들을 풀어 주게 한다. 오를란도, 브란디마르테, 올리비에로는 아그라만테, 그라다소, 소브리노와 결투하러 간다. 난파에서 살아난 루지에로는 은둔자를 만나 세례를 받는다. 격렬한 결투에서 브란디마르테가 치명적인 부상을 당한다.

이따금 아모르가 눈물을 흘려 깨우는   1
아름다운 아가씨나 아주 멋진 젊은이의
잘 가꾸고 아름다운 머리카락이나 수염,
또는 섬세한 옷에서 풍겨 나오는 향기가
며칠이 지난 뒤에도 계속 남아 풍기면서
그 향기에 대해 느끼게 만들어 준다면,
처음부터 완벽하고 훌륭한 향기라는 것을
명백하고 분명한 효과로 보여 주지요.

이카리오스[1]가 농부들[2]에게 맛을 보게   2
했다가 자신이 커다란 피해를 당하였고,
옛날 갈리아 사람들[3]이 알프스를 넘을 때

고통을 잊게 해 주었다는 생명의 술[4]은,
한 해가 끝날 때에도 아직 달콤하다면
처음부터 달콤했다는 것을 증명합니다.
나쁜 날씨[5]에도 잎이 안 떨어지는 나무는
봄에 이미 푸르렀다는 것을 증명합니다.

수많은 명성들을 통해 언제나 기사도의   3
커다란 빛을 보여 주었고, 지금도 더욱더
찬란하게 빛나는 탁월한 핏줄은, 명백한
증거로 충분히 짐작할 수 있게 해 주니,
탁월한 데스테 사람들을 낳아 준 자[6]는,
태양이 별들 사이에서 빛나는 것처럼,
사람이 하늘로 올라가게 해 주는, 모든
칭찬받을 덕성을 분명히 갖고 있었지요.

---

1) Icarius. 고전 신화에 나오는 아테네인으로 포도주의 신 디오니소스를 맞이하여 섬겼고, 사람들에게 포도주 제조법을 알려 주었다. 그런데 그가 준 포도주를 마신 농부들이 술에 취하자, 독약을 먹였다고 생각하여 오히려 그를 죽였다.
2) 원문의 "mietitori"는 '수확하는 사람들'로 직역할 수 있다.
3) 원문은 "Celte e Boi", 즉 '켈트 사람들과 보이족 사람들'로 되어 있다. 켈트족은 갈리아족을 가리키는 그리스어 이름이고, 보이족(Boii, 라틴어 단수로는 보이우스Boius)은 알프스 이남, 즉 이달리아 북부에 거주하던 갈리아족의 일파였다.
4) 포도주를 가리킨다.
5) 늦가을이나 겨울 날씨.
6) 루지에로.

루지에로는 언제나 자신의 존경받을 만한 모든 행동들에서 기사도와 높은 가치를 명백하고 분명하게 증명하였고 언제나 고귀한 태도를 보여 준 것처럼, 여기에서도 두도네에게 그러하였으니, 제가 위에서 말씀드린 것처럼, 연민의 마음에 그를 죽이는 것을 피하기 위해, 자신이 얼마나 강한지 감추었습니다.

두도네는 루지에로가 자신을 죽이고 싶어 하지 않는 것을 분명히 알았으니, 이제는 더 이상 버틸 수 없을 정도로 너무나도 지치고 기진맥진하였습니다. 루지에로가 자신을 존중하여 억제하고 있다는 것을 분명하게 보고 알았기에, 비록 힘과 용기는 완전히 떨어졌지만, 최소한 기사도를 잃고 싶지 않았어요.

그는 말했지요. "나리, 제발 협상합시다. 이제 승리는 더 이상 절대로 나의 것이 될 수 없으며, 나는 이미 패배했고, 당신 기사도의 포로라고 말할 수 있으니까요." 루지에로는 대답했어요. "당신 못지않게 나도 협상을 원하지만, 조건이 있습니다.

당신이 여기에 묶어 놓은 이 일곱 왕을
자유롭게 나에게 풀어 주라는 것이지요."

그리고, 제가 말했듯이, 묶여서 고개를　　　　　　　　　7
숙이고 있는 그 일곱 왕을 가리켰어요.
그리고 그들과 함께 아프리카로 떠나는
것을 방해하지 말라고 덧붙여 말했지요.
그리하여 그 일곱 명의 왕은 자유롭게
풀려났으니, 두도네는 그렇게 허용했고,
게다가 루지에로가 원하는 배 한 척을
주어 아프리카를 향해 떠나게 했습니다.

배는 닻을 감았고, 돛을 올려 떠났으며,　　　　　　　　8
마음대로 변덕을 부리는 바람에 맡겼으니,
처음에는 돛을 한껏 펼치고 정해진 길로
똑바로 나갔고, 키잡이는 자신에 넘쳤어요.
바닷가는 멀어졌고, 그러다가 사라졌으며,
이제 사방으로 바닷가가 보이지 않았어요.
날이 저물어 어두워지자, 바람은 자신의
뻔뻔스러움과 변덕을 분명히 드러냈어요.

이물에서 뱃전으로 방향을 바꾸었으며,　　　　　　　　9
거기에서 고물로, 또 다른 곳으로 갔고,
배를 빙빙 돌리며 키잡이를 혼란하게 했고,

뒤에서, 앞에서, 또 옆에서 불어왔습니다.
높다랗고 위협적인 파도들이 일어나더니
바다 위로 하얀 거품을 뿜으며 달려갔고,
파도가 그들에게 부딪쳐 뒤흔들 때마다
죽음의 위협과 공포가 그들을 엄습했어요.

때로는 앞에서, 뒤에서 바람이 불어왔고, 10
때로는 배를 앞으로, 뒤로 몰고 나갔으며,
때로는 비스듬하게 배를 돌게 만들었으며,
모든 사람에게 난파의 위협을 가하였지요.
키를 잡은 선장은 커다란 한숨을 쉬면서
얼굴이 창백해지고 당혹스러운 표정이었고,
때로는 돛을 돌리라고, 때로는 내리라고
헛되이 고함을 쳤고, 헛되이 손짓했어요.

손짓이나 고함이 별로 소용이 없었으니, 11
폭풍우 속에 아무것도 보이지 않았어요.
들리지 않는 목소리는 허공으로 갔으며,
허공은 너무나도 강렬하게 울려 퍼지는
그 모든 뱃사람들의 커다란 비명과 함께
부서지는 파도들의 떨림으로 가득하였고,
따라서 명령하는 소리는 이물과 고물과
양쪽의 뱃전에서 전혀 들리지 않았어요.

돛대의 밧줄들을 끊어 버리는 격렬한 12
바람에서 끔찍한 소리들이 새어 나왔고,
빽빽한 번개들이 허공을 환히 밝혔고,
무서운 천둥소리들이 하늘을 울렸어요.
뱃사람들은 키로 달려갔고, 노를 잡았고,
각자 잘하는 임무들을 수행하러 갔고,
밧줄을 풀거나 또는 묶으려고 노력했고,
바닷물을 퍼내서 다시 바다로 보냈지요.

북풍이 갑작스러운 격렬함으로 보내는 13
그 무서운 폭풍우는, 찢는 소리와 함께
돛을 격렬하게 돛대에 부딪치게 했고,
바다는 일어나 하늘에 닿을 듯했어요.
노들이 부러졌으며, 그 사악한 운명의
광기는 너무나 강렬하게 몰아붙였으니,
이물이 방향을 돌렸고, 무방비 상태의
뱃전이 몰려오는 파도를 향하였어요.

우측 뱃전이 완전히 바닷물 아래로 갔고, 14
바닥이 완전히 거꾸로 뒤집히려고 했고,
모두들 비명을 지르면서 신을 찾았으니,
분명히 바닷속에 빠질 것으로 믿었어요.
불행은 이어서 또 다른 불행을 보냈으니,
하나가 지나가면 다른 것이 뒤따랐어요.

굴복당한 배는 여러 곳에서 망가졌으며,
사악한 바닷물이 배 안으로 들어왔지요.

격렬하게 몰아치는 폭풍우는 사방에서　　　　　　　　　　15
잔인하고 무시무시한 공격을 가했으며,
때로는 바다가 너무나도 높이 올라가서
마치 최고의 하늘에 닿는 것 같았어요.
또 때로는 파도 위로 너무 높이 치솟아
저 아래 지옥을 바라보는 것 같았어요.
위안을 줄 만한 희망은 전혀 없었으며,
피할 수 없는 죽음이 눈앞에 있었지요.

밤이 새도록 바람은 그들을 이곳저곳　　　　　　　　　　16
바다의 온 사방으로 몰고 돌아다녔으며,
날이 밝아 오면서 멈춰야 할 그 잔인한
바람은 오히려 더 세차게 불어왔어요.
그런데 앞에 헐벗은 암초가 나타났고,
피하고 싶어도 피할 방법이 없었어요.
그 잔인한 바람, 그 사악한 폭풍우는
바로 그 암초를 향하여 몰고 갔지요.

창백해진 키잡이는 키를 다른 곳으로　　　　　　　　　　17
돌려서 보다 안전한 다른 항로로 가게
하려고 서너 번 온갖 노력을 하였지만,

키가 부러져 바다에 휩쓸려 가 버렸어요.
게다가 돛은 잔인한 바람에 너무나도
부풀었기 때문에 전혀 내릴 수 없었으며,
대책을 세우거나 생각할 시간도 없었고,
죽음의 위험이 너무 가까이 와 있었어요.

이제 아무런 대책도 없이 배가 난파될   18
운명이라는 사실을 깨달은 뱃사람들은
각자 자신의 안전에 대해서만 생각했고,
자신의 생명을 구할 생각만 하였습니다.
가능한 한 빨리 구명정으로 내려갔지만,
구명정은 곧바로 사람들로 넘쳐났으니,
너무나도 많은 사람들이 넘치는 바람에
얼마 가지 못해 물속으로 가라앉았어요.

선장과 항해사, 다른 사람들이 서둘러   19
배에서 떠나는 것을 바라본 루지에로는
갑옷 없이 단지 겉옷만 입고 있었는데,
그 구명정으로 올라탈까 생각하였지만,
사람들이 너무 많이 탄 것을 발견했지요.
너무 많은 사람이 타고 있었기에, 너무
많은 무게 때문에 바닷물이 넘쳐 들었고,
그 모든 무게와 함께 물속으로 잠겼으며,

Canto 41:18
각자 자신의 안전에 대해서만 생각했고,
자신의 생명을 구할 생각만 하였습니다.

바다의 바닥으로 잠기면서, 희망과 함께   20
배를 떠난 사람들을 같이 끌고 들어갔어요.
그러자 고통스러운 탄식들과 함께 하늘의
왕국에게 도움을 청하는 소리가 들렸지만,
그 목소리가 앞으로 많이 나가기도 전에,
분노와 경멸로 가득한 바다가 덮쳐 왔고,
곧바로 그 탄식과 힘없는 비명이 밖으로
나가는 길⁷⁾을 완전히 틀어막아 버렸어요.

일부는 아래에서 더 이상 나오지 않았고,   21
일부는 다시 솟아올라 파도 위에 나왔고,
누구는 헤엄을 치면서 머리를 내밀었고,
누구는 한쪽 팔이나 다리를 내밀었어요.
폭풍우의 위협을 전혀 두려워하지 않는
루지에로는 배 위로 몸을 일으켰으며,
그와 동료들이 헛되이 피하려고 했던
암초가 가까이 있는 것을 보았습니다.

그는 팔과 다리의 힘으로 헤엄을 쳐서   22
그 암초 위로 올라갈 희망을 가졌으며,
그래서 적대적인 물결과 파도를 자신의
얼굴에서 멀리 불어제치며 나아갔어요.

---

7) 목소리가 나오는 목을 가리킨다.

그동안 바람과 폭풍우는 텅 빈 배를
밀고 나갔는데, 사악한 운명으로 인해
살아남겠다는 욕망이 죽음으로 이끈
사람들에 의해 버림받은 배였습니다.

오, 인간들의 오류투성이 믿음이여!　　　　　　　　　　23
선장과 뱃사람들이 어떤 통제도 없이
가도록 내버려두고 떠나 버렸을 때
침몰했어야 할 배는 살아남았습니다.
모든 사람들이 달아나는 것을 보고
바람은 마치 생각을 바꾼 것 같았고,
배가 암초에 닿지도 않고 아주 좋은
길로, 안전한 파도 위로 가게 했어요.

키잡이가 있을 때에는 불확실했지만,　　　　　　　　　24
이제 그가 없자, 바로 아프리카로 갔고,
비제르테에서 이집트 쪽으로 2, 3마일
떨어진 해안으로 곧바로 나아갔으며,
바람도 없고, 바닷물도 없는 곳으로,
황량한 모래밭 속으로 처박혔습니다.
바로 그곳으로, 제가 위에서 말했듯이,
오를란도가 산책을 가게 된 것입니다.

그는 배가 하나뿐인지, 텅 비었는지,　　　　　　　　　25

아니면 사람이 타고 있는지, 알아보기
위하여 브란디마르테와 올리비에로와
함께 작은 배를 타고 다가가 보았어요.
그리고 선실 안으로 들어가 보았는데,
사람들이 아무도 없는 것을 발견했고,
오로지 루지에로의 칼과 갑옷, 훌륭한
명마 프론티노를 거기에서 발견했는데,

살아남기 위해 너무 서두르는 바람에 26
칼을 가져갈 시간도 없었던 것입니다.
오를란도는 그 칼이 한때 자기 것이던
발리사르다라는 것을 바로 알아보았어요.
팔레리나의 멋진 정원을 파괴했을 때
그가 어떻게 그 칼을 빼앗았으며, 또한
나중에 브루넬로가 어떻게 훔쳐 갔는지,
그리고 어떻게 카레나의 산 아래에서

브루넬로가 루지에로에게 선물했는지, 27
나리께서는 모든 이야기를 읽으셨겠지요.[8]
오를란도는 그 칼이 얼마나 잘 단련되고
잘 드는지, 예전에 이미 아주 분명하게
시험했기 때문에, 그것을 발견하고 기쁨에

---

8) 제7곡 76연, 제25곡 15연, 제27곡 72연 참조.

넘쳤으며, 최고의 옥좌[9]께 감사를 드렸고,
(종종 나중에 말했던 것처럼) 하느님께서
큰 임무를 위해 보내신 것으로 믿었어요.

실제로 당시에 그는 세리카나의 왕과　　　　　　　　　　28
겨뤄야 하는 큰 임무를 갖고 있었는데,
그라다소는 바이아르도와 두린다나를
가진 데다 엄청난 무훈을 자랑했지요.
그리고 갑옷을 잘 알아보지 못했기에,[10]
마치 훌륭하다는 것을 인정하면서도
화려하고 멋진 것을 더 높게 평가하는
사람처럼 대수롭지 않게 생각하였지요.

그리고 그에게 갑옷은 별로 유용하지　　　　　　　　　　29
않았기에(마법으로 보호된 몸이니까요)[11]
올리비에로가 차지하는 것에 만족했지만,
칼은 그렇지 않아 자기 옆구리에 찼으며,
바이아르도는 브란디마르테에게 주었어요.
그렇게 오를란도는 그들이 함께 있으며
얻게 된 그 수확물을 각각의 동료에게

---

9) 하느님.
10) 오를란도는 그것이 헥토르의 갑옷이라는 것을 모르고 있다. 그 갑옷은 루지에로가 만드리카르도에게서 빼앗은 것이다(제30곡 74연 참조).
11) 제11곡 50연 참조.

동등하게 나누어 주려고 하였습니다.

그 결투의 날을 위하여 각각의 기사는   30
새롭고 화려한 옷을 입을 궁리를 했어요.
오를란도는 자신의 문장 안에다 벼락에
맞은 높다란 바벨탑을 수놓게 했습니다.[12]
올리비에로는 등 뒤로 목줄이 걸려 있는
은빛 개가 엎드려 있는 모습을 원했고,
거기에 "올 때까지"라는 글귀를 적었고,[13]
자신에게 합당한 금빛 옷을 원했습니다.

브란디마르테는 아버지에 대한 사랑과   31
또한 자신의 명예를 위해, 결투의 날에
단지 검고 어두운 빛깔의 겉옷 외에는
아무런 장식도 없이 가려고 했습니다.
피오르딜리지는 자신이 할 수 있는 한
아름답고 가볍게 주위에 수를 놓았어요.
매끄러운 천에 풍요로운 보석들로 수를
놓았고, 나머지는 온통 검은색이었어요.

---

12) 벼락에 맞은 바벨탑은 하늘로부터 형벌을 받은 이교도의 오만함을 상징한다.
13) '먹잇감이 올 때까지'라는 뜻으로, 올리비에로가 목줄에 매인 사냥개처럼 길목에서 적을 기다린다는 것을 의미한다.

그녀는 훌륭한 갑옷을 덮기에 합당한 32
겉옷을 손수 자신의 손으로 준비했고,
그것으로 올리비에로의 갑옷을 뒤덮고,
말의 등과 가슴, 갈기를 덮게 했습니다.
하지만 그런 일을 시작한 그날 이후로
계속하여 그 일을 모두 끝마친 날까지,
그 이후까지, 그녀는 얼굴에 웃음이나
즐거움의 표정을 지을 수 없었습니다.

자기 브란디마르테를 빼앗기지 않을까 33
가슴속에 언제나 두렵고 걱정되었어요.
그가 위험하고 커다란 싸움에 휘말린
모습을 전에도 수없이 많이 보았지만,
지금처럼 피가 얼어붙는 듯하고 얼굴이
창백해지는 놀라움은 느끼지 못했으며,
그러한 두려움을 느낀다는 새로움에
그녀의 가슴은 더 두려움에 떨렸어요.

모든 무기와 갑옷을 잘 준비한 다음에 34
기사들은 바람에 맞춰 돛을 올렸어요.
아스톨포와 산소네토는 대규모 충직한
군대를 지키는 임무와 함께 남았지요.
피오르딜리지는 두려운 가슴과 함께
탄식들과 기도들로 하늘을 채웠으며,

눈길로 뒤쫓을 수 있는 한 멀리까지
먼바다로 향하는 돛을 뒤쫓았습니다.

바다를 바라보던 그녀를 아스톨포와　　　　　　　　　　35
산소네토는 아주 힘들게 데려갔으며,
너무나도 지친 데다 덜덜 떠는 그녀를
궁전으로 데려가 침대에 눕게 했어요.
그러는 동안 불어오는 순풍은 훌륭한
기사들 세 명의 무리를 데려갔습니다.
배는 그 중요한 결투가 벌어질 섬을
향해서 곧바로 앞으로 나아갔습니다.

앙글란테의 영주와 처남 올리비에로,　　　　　　　　　36
브란디마르테는 마침내 해변에 내렸고,
해 뜨는 동쪽을 먼저 차지하여 천막을
쳤으니, 아마 충분히 고려한 것이었지요.[14]
바로 같은 날 아그라만테가 도착하였고,
맞은편에다 똑같이 천막을 설치했지만,
이미 시간이 너무 많이 지났기 때문에
결투는 다음 날 새벽으로 연기했어요.

---

14) 떠오르는 햇살에 눈이 부시지 않기 위한 전략 때문에, 동쪽을 먼저 차지한 것이라고 해석하기도 한다.

이쪽저쪽 진영에서 날이 밝을 때까지　　　　　　　　　　37
무장한 하인들이 경비를 하였습니다.
저녁에 브란디마르테는 사라센인들이
숙영을 하고 있는 곳으로 가 보았고,
책임자의 허락을 받아, 예전에 함께
친구였던 아그라만테와 이야기했는데,
브란디마르테는 예전에 아그라만테의
깃발과 함께 프랑스로 건너갔었지요.[15]

서로 손과 손을 맞잡고 인사를 하였고　　　　　　　　　　38
친구로서 많은 이야기를 나눈 다음에,
충실한 기사는 이교도 왕에게 말했어요.
그러니까 결투에 나오지 말라고 말했고,
만약 마리아의 아드님[16]을 믿고 싶다면,
오를란도의 의지로, 헤르쿨레스가 세운
기둥[17]과 나일강 사이의 모든 도시들을

---

15) 보이아르도에 의하면(《사랑에 빠진 오를란도》 제2권 제27곡 16연 이하, 제28곡 1연 이하 참조), 브란디마르테는 아그라만테의 손님으로 갔을 때, 모노단테의 아들로서 환대를 받은 적이 있다. 하지만 사라센 군대와 함께 프랑스로 갔다는 이야기는 없다. 사실 브란디마르테는 그 이전에 이미 오를란도에 의해 그리스도교로 개종했다. 그런데 아리오스토는 보이아르도의 이야기에 얽매이지 않고 나름대로 자유롭게 이야기를 전개시켜서 브란디마르테가 아그라만테의 군대와 함께 프랑스로 건너간 다음에 세례를 받은 것으로 보고 있다.

16) 예수 그리스도.

17) 지브롤터해협(제4곡 61연 참조).

그의 손에 돌려줄 것이라고 말했지요.

그는 말했습니다. "저는 언제나 당신을 39
사랑하기 때문에 이런 말을 하는 겁니다.
폐하, 내가 이미 나름대로 그런 믿음을
가졌으니까 좋다고 생각하는 것입니다.
그리스도가 옳고 무함마드는 틀렸으니,
당신도 제가 가는 길로 오기 바랍니다.
폐하, 제가 사랑하는 모든 사람과 함께
당신도 그 구원의 길로 오기 바랍니다.

바로 거기에 당신의 선이 있으며, 다른 40
무엇보다, 만약 당신이 밀로네의 아들[18]과
결투를 하게 된다면, 당신에게 유익한
다른 어떤 충고도 얻을 수 없을 테니,
더 많은 것을 잃을 위험은 승리하여
얻는 것과 비교할 수 없을 것입니다.
당신이 이겨도 얻을 것은 별로 없지만,
만약 지면 적지 않은 것을 잃을 겁니다.

만약 당신이 오를란도와, 또 그와 함께 41
죽거나 이기기 위하여 여기에 온 우리를

---

18) 오를란도.

죽인다고 해도, 당신이 잃어버린 영토를
되찾을 것이라고 저는 생각하지 않아요.
우리가 죽는다고 해도, 상황이 그다지
크게 바뀔 것이라고 기대하지 마세요.
카롤루스는 최후의 보루까지 지키려고
이곳에 계속 사람들을 보낼 테니까요."

브란디마르테는 그렇게 말했고, 다른   42
많은 것을 덧붙여서 말하려고 했지만,
이교도 왕은 오만한 표정에다 격노한
목소리로 말을 가로막으면서 말했어요.
"그대는 정말로 경솔하고 미친 사람과
같구려! 좋든 나쁘든, 충고를 원하지도
않는 곳에 무턱대고 끼어들어 충고를
하려는 사람처럼 행동하니까 말이오!

그리고 지금도 그대가 나를 사랑하여   43
충고하는 것이라고 하지만, 솔직히 말해,
그대의 충고를 믿어야 할지 모르겠소.
오를란도와 함께 여기에 왔으니 말이오.
오히려 나는 그대가 영혼들을 잡아먹는
그 악마에게 사로잡혀 있으면서, 그대와
함께 온 세상을 지옥의 영원한 고통으로
끌고 들어가려는 것이라고 믿고 싶소.

내가 이기든 지든, 그리고 내 왕국으로 44
돌아가든, 아니면 영원히 추방되어 있든,
모두 신께서 마음속에 계획하신 것이니,
나도, 그대도, 오를란도도 알 수 없다오.
어떻게 되든지, 역겨운 두려움으로 나를
굽히려는 것은 왕에게 어울리지 않소!
만약 내가 죽을 운명이라면, 나의 피를
욕되게 하기 전에 차라리 죽으러 가겠소.

이제 그대는 돌아가시오. 만약 그대가 45
오늘 나에게 연설가로 보였던 것처럼
내일 결투장에서 잘 무장하지 않는다면,
오를란도를 잘못 따라온 것이 되리다!"
격노한 아그라만테의 불타는 가슴에서
그런 마지막 말들이 밖으로 나왔지요.
두 사람은 각자 돌아갔으며, 바다에서
새로운 하루가 나올 때까지 쉬었어요.

하얗게 밝아 오는 새벽의 여명 속에서 46
모두 순식간에 무장하고 말에 탔어요.
서로 짤막한 몇 마디 말을 나눈 다음
잠시 머뭇거리거나 또는 쉬지도 않고,
각자 창의 쇠끝을 낮추어 겨냥했지요.
하지만, 나리, 그들에 대해 이야기하는

동안 루지에로가 바다에 빠져 죽도록
내버려두는 것은 좋지 않을 것입니다.

루지에로는 그 무서운 파도를 튼튼한 47
팔과 다리로 헤치면서 앞으로 나아갔고,
바람과 폭풍우가 그를 위협했지만, 그를
더욱 괴롭힌 것은 바로 양심이었습니다.
그리스도께서 복수하시는지 두려웠으니,
시간이 있었을 때, 깨끗한 물로 세례를
받는 일에 신경을 쓰지 않았다가, 이제
짜고 쓰라린 물의 세례를 받고 있었지요.

그의 머릿속에는 여러 번이나 자신의 48
여인에게 한 약속들과, 리날도와 결투를
하였을 때 맹세했던 약속이 떠올랐는데,
그것들을 전혀 지키지 못했던 것입니다.
그는 참회하였고, 하느님께 그 자리에서
벌을 주시지 말라고 여러 번 기도했고,
만약 뭍에 발을 딛게 되면, 그리스도교
믿음을 갖겠다고 가슴 깊이 맹세했어요.

또한 무어인을 돕기 위해 그리스도교 49
신자들을 향해 절대 창이나 칼을 들지
않을 것이며, 곧바로 프랑스로 돌아가

카롤루스에게 합당한 경의를 표하고,
더 이상 브라다만테를 애태우지 않고
진정한 사랑을 이루겠다고 맹세했어요.
맹세가 끝나자 기적같이 힘이 났으며,
헤엄치기가 쉬워지는 것을 느꼈어요.

지치지 않는 용기와 힘이 솟아나면서　　　　　　　　　　50
루지에로는 파도를 헤치고 밀어냈는데,
파도들이 계속 밀려오면서, 파도 하나는
그를 들어 올렸고, 또 하나는 밀었어요.[19]
그렇게 힘들었지만, 올라가고 내려가기를
반복하다가 마침내 모래밭에 닿았으며,
암초가 바다를 향하여 보다 완만하게
기울어진 쪽으로 흠뻑 젖어 나왔지요.

다른 사람들은 모두 바다에 빠진 다음　　　　　　　　　　51
파도에 휩쓸려서 물속에 남아 있었어요.
루지에로는 하느님의 최고선이 원하시는
대로 외로운 암초 위로 나오게 되었어요.
황량하고 거친 바위로 올라가 바다로부터
안전해지자, 그렇게 좁은 섬 안에 갇혀
결국 여러 가지 불편함으로 죽게 되지

---

19) 파도들이 그를 물 위로 들어 올리고, 앞으로 밀어 주면서 도와주었다는 뜻이다.

Canto 41:49
맹세가 끝나자 기적같이 힘이 났으며,
헤엄치기가 쉬워지는 것을 느꼈어요.

않을까 하는 새로운 두려움이 생겼어요.

하지만 하늘에서 자신에게 마련한 것을 52
모두 수용하겠다는 불굴의 마음과 함께,
그는 단단한 바위 위로 대담한 걸음을
옮겼고, 곧장 산꼭대기를 향하였습니다.
그런데 백 걸음도 앞으로 옮기기 전에,
많은 나이와 절제의 흔적들이 새겨진
사람을 보았는데, 옷차림과 태도로 보아
존경받을 만한 은둔자가 분명했습니다.

가까이 다가가자 은둔자는 외쳤어요. 53
"사울아, 사울아, 왜 믿음을 박해하느냐?
(그것은 주님께서 성 바오로에게 구원의
타격을 가하시며 말하신 것과 같았지요.)[20]
대가도 지불하지 않고 바다를 건너가고,
다른 사람의 공덕을 속이려고 하였느냐?
긴 팔을 갖고 계신 하느님께서는, 네가
멀리 있다고 생각해도, 너에게 닿으신다!"

그리고 거룩한 은둔자는 계속 말했는데, 54

---

20) 그리스도교 신자들을 박해하기 위해 가던 사울에게, 하느님은 눈부신 빛으로 눈을 멀게 하면서 "사울아, 사울아, 왜 나를 박해하느냐?" 하고 말하였다(《사도행전》 9장 4절).

그는 전날 밤 환시에서 하느님으로부터
당신의 도움을 받아 루지에로가 암초에
도착할 것이라는 사실을 알게 되었으며,
동시에 그의 지나간 모든 과거의 삶과
미래의 삶, 그리고 불행한 죽음에 대해,
그의 아들과 손자 들, 모든 후손에 대해
하느님께서 모든 것을 보여 주셨습니다.

은둔자는 계속하여 처음에는 루지에로를 55
꾸짖었으나, 그러다 결국에는 위로했어요.
감미로운 멍에[21] 아래에 목을 내미는 것을
계속 늦추었던 것에 대하여 비난하였고,
그리스도께서 부드럽게 그를 부르실 때
자유로운 상태에서 했어야 하는 것을,
지금 그분께서 채찍으로 위협을 하시자
마지못해 하게 된 것에 대해 비난했어요.

그런 다음 그리스도께서는, 늦든 이르든, 56
천국을 거부하시지 않는다고 위로하였고,
모두가 똑같은 품삯을 받은, 복음서의
일꾼들에 대하여 이야기해 주었습니다.[22]
또한 헌신적인 열망에다 사랑과 함께

---

21) 그리스도교 믿음을 가리킨다.

그리스도교 믿음을 그에게 가르치면서,
아주 느린 걸음걸이로 단단한 암벽의
중간쯤에 파 놓은 자기 방으로 갔어요.

그 경건한 방의 위쪽으로는 조그마한 57
성당 하나가 있었는데, 제단은 동쪽을
향하였고, 매우 편안하고 아름다웠어요.
아래쪽에는 숲이 바닷가까지 펼쳐져서,
월계수와 노간주나무와 은매화와
풍성하고 열매 많은 야자수가 우거졌고,
맑은 샘물 하나가 언제나 흘러내려서
졸졸거리며 산 아래로 떨어졌습니다.

그 수도사가 신성하고 고독한 삶을 58
이끌기 위해, 주님께서 적절한 장소로
선택해 주신 그 바위산으로 들어온 지
벌써 사십 년 가까운 세월이 흘렀어요.
이 나무, 저 나무에서 모은 과일들과
맑은 샘물이 그의 생명을 유지하였고,
그 덕분에 벌써 여든이나 되었는데도
아무 걱정 없이 건강하고 튼튼했어요.

---

22) 포도밭 주인이 서로 다른 시간에 일을 하러 간 일꾼들에게 똑같은 품삯을 지불한 비유를 가리킨다(〈마태오 복음서〉 20장 1~16절 참조).

방 안에서 늙은 수도사는 불을 밝혔고, 59
다양한 과일들로 식사를 차려 놓았으니,
루지에로는 옷과 머리카락을 말린 다음
그것들을 먹고 약간 기운을 차렸어요.
그러고 나서 그곳에서 아주 편안하게
우리 믿음[23]의 커다란 신비들을 배웠고,
바로 그다음 날 늙은 수도사에 의해서
그 맑은 샘물에서 세례를 받았습니다.

장소에 어울리게 루지에로는 그곳에서 60
편안하게 머물렀고, 하느님의 착한 종은
며칠 지난 뒤 그가 제일 먼저 가고 싶은
곳으로 보내 줄 의도를 가지고 있었어요.
그동안 그와 함께 많은 것에 대해 자주
이야기를 했으니, 하느님의 왕국에 대해,
루지에로의 개인적인 일들에 대해, 그의
핏줄에서 나올 후손들에 대해 말했어요.

모든 것을 보고 알고 계시는 주님께서는 61
루지에로가 믿음을 갖게 된 바로 그날부터
정확하게 칠 년 동안만 살 것이라는 사실을
경건하고 훌륭한 수도사에게 알려 주셨지요.

---

23) 그리스도교 믿음.

그의 여인 브라다만테가 피나벨로를 죽인
것과, 또한 그가 베르톨라지를 죽인 것[24]이
바로 그의 탓으로 돌려져, 사악하고 불경한
마간차 사람들에 의해 그는 죽을 것입니다.

그리고 그 배신은 완전히 감춰져 있어서 62
밖에서 전혀 소식을 들을 수 없을 것이니,
그 사악한 사람들에 의해 살해당한 바로
그 장소에 묻히게 될 것이기 때문이며,[25]
그렇기 때문에 그의 아내와 누이에 의해
나중에 늦게야 복수를 하게 될 것입니다.
그리고 그의 충실한 아내는 만삭의 배를
안고 오랫동안 그를 찾아 헤맬 것입니다.

프리기아인들이 세운 아테스테성에서 63
가까운 숲속에서, 그녀는 해산할 텐데,[26]
트로이아의 안테노르가 너무나 사랑하여,
높다란 이데산, 한숨짓는 아스카니오스,
사랑스러운 크산토스와 기꺼이 바꾸었던
언덕 발치의 아디제강과 브렌타강 사이에,
유황이 풍부한 샘물과 부드러운 개울들,

---

24) 두 사건에 대해서는 각각 제22곡 97연 및 제26곡 13연 참조.
25) 루지에로는 마간차 사람들에 의해 살해당한 뒤 바로 그 장소에 묻힌다.

경쾌한 이랑들, 아늑한 풀밭들 사이예요.

그녀의 아들은 마찬가지로 루지에로라고   64
불리며, 멋지고 훌륭하게 성장할 것이고,
그 트로이아인들[27]에 의하여 트로이아의
핏줄로 인정되고 영주로 선출될 것이며,
나중에는 젊은 나이에, 롬바르드족과
싸울 때에 카롤루스를 도와줄 것이며,
그 아름다운 고장의 정당한 지배권과
영광스러운 후작 작위를 받을 것입니다.

그곳을 선물하면서 카롤루스는 라틴어로   65
"에스테가 이곳을 지배한다"[28]라고 말하리니,
그 이후부터 에스테라고 일컬어질 것이고,

---

26) 브라다만테는 프리기아인들 또는 트로이아인들이 세웠다고 하는 아테스테 (Ateste)성에서 멀지 않은 숲속에서 루지에로의 아들을 낳는다. 전설에 의하면, 트로이아의 현명한 원로였던 안테노르(Antenor)는 전쟁이 끝난 뒤에 이탈리아로 건너가 파도바를 세웠다고 한다. 그가 처음 정착한 곳은 파도바 남서쪽의 유황 온천이 많은 에우가네이(Euganei)언덕이었는데, 아테스테성에서 가까우며, 그 근처로 아디제(Adige)강과 브렌타(Brenta)강이 흐른다. 이데산은 트로이아 근처의 산이고, 아스카니오스(Ascanius)강은 프리아모스가 지배하던 비티니아 지방의 강이며, 스카만드로스(Skamandoros) 또는 크산토스(Xanthos)강은 트로이아 성벽 근처로 흘러간다.
27) 안테노르의 후손들을 가리킨다.
28) 원문은 "Este signori qui"인데, 라틴어 표현은 'Este hic domini' 정도가 될 것이다. 황제의 서임에 사용되는 형식적 문구라고 말하지만, 그 연원은 불분명하다.

아름다운 그곳에 좋은 축복이 있을 것이며,
그리하여 '아테스테'라는 이름에서 맨 앞
두 글자의 옛날 소리는 없어질 것입니다.[29)]
하느님께서는 당신의 종에게 루지에로의
쓰라린 미래의 복수에 대해 예언하셨으니,

당신께서 날이 새기 직전 새벽의 꿈속에   66
그의 충실한 아내에게 나타나셔서, 누가
그를 죽게 만들었고, 어디에 묻혀 있는지
그 장소를 그녀에게 가르쳐 주실 것이며,
그리하여 그녀는 강력한 시누이와 함께
쇠와 불로 퐁티외[30)]를 파괴해 버릴 것이며,
그녀의 아들 루지에로는, 성장하였을 때
마간차 사람들에게 큰 피해를 줄 겁니다.

여러 명의 아초, 알베르토, 오비초에 대해,   67
그들의 멋진 후손들에 대해 이야기하였고,
또한 니콜로, 레오넬로, 보르소, 에르콜레,
알폰소, 이폴리토, 이사벨라[31)]까지 말했지요.
하지만 늙은 수도사는 혀에 재갈을 물렸고

---

29) 'Ateste'라는 이름에서 맨 앞의 두 글자 A와 T가 떨어져 나가고 에스테(Este)가 될 것이라는 뜻이다.
30) 마간차 가문의 영지(제3곡 24연 참조).

자기가 아는 것을 모두 말하지 않았으니,
루지에로에게 유익한 것만 이야기하였고
말하지 않아야 할 것은 말하지 않았어요.

그러는 동안에 오를란도와 브란디마르테, 68
올리비에로 후작은 창을 낮추어 겨눈 채
달려갔으며, 그들에 맞서서 맞은편에서는
사라센인 마르스(아마 그라다소를 그렇게
부를 수 있을 겁니다)와 다른 두 명의 왕,
그러니까 아그라만테 왕과 소브리노 왕이
훌륭한 말을 전속력으로 몰아 달려왔으니,
그 소리에 가까운 바다와 해변이 울렸어요.

그들이 마주쳐 달려와서 서로 충돌하고 69
모든 부러진 창 조각들이 하늘로 날면서,
그 커다란 소음에 바다가 부풀어 올랐고
그 커다란 소음이 프랑스까지 들렸어요.
오를란도와 그라다소가 서로 충돌했는데,
만약 그라다소를 더 용맹스럽게 보이게
만든 바이아르도의 유리함이 없었다면,
그들의 균형은 똑같아 보였을 것입니다.

---

31) 이들은 모두 루지에로와 브라다만테의 결혼으로 탄생할 데스테 가문의 후손들로, 그들에 대해서는 마녀 멜리사가 브라다만테에게 이미 자세히 이야기하였다 (제3곡 22연 이하 참조).

Canto 41:69

그들이 마주쳐 달려와서 서로 충돌하고
모든 부러진 창 조각들이 하늘로 날면서,

바이아르도는 오를란도가 탄, 보다 약한 70
말과 부딪쳤고, 그 말은 너무 강한 충격에
이쪽으로 저쪽으로 비틀거리더니 결국은
땅바닥에 쓰러져서 길게 누워 버렸습니다.
오를란도는 박차를 가하고 손으로 일으켜
세우려고 서너 번 힘들여 노력하였지만,
결국 일어날 수 없는 것을 보고, 내려와서
방패를 움켜잡고 발리사르다를 잡았어요.

올리비에로는 아프리카의 왕과 싸웠고, 71
그 충돌은 서로 대등하게 이루어졌어요.
브란디마르테는 소브리노 왕이 말에서
떨어지게 만들었는데, 말이 잘못했는지,
기사가 잘못했는지 분명하지 않았으니,
소브리노는 떨어진 적이 거의 없었어요.
말의 잘못이든, 아니면 그의 잘못이든,
소브리노는 말에서 내려 서게 되었어요.

브란디마르테는 소브리노 왕이 땅 위에 72
서 있게 되자 더 이상 공격하지 않았고,
마찬가지로 오를란도를 땅에 떨어뜨린
그라다소 왕을 향하여 달려 나갔습니다.
올리비에로와 아그라만테 사이의 싸움은
처음 시작한 것처럼 대등하게 진행되었고,

서로의 창이 방패에 부딪쳐 부러진 다음
칼을 뽑아 들고 다시 돌아와 부딪쳤어요.

오를란도는, 그라다소가 다시 자신에게 73
돌아올 생각이 별로 없는 것처럼 보였고,
또한 자신에게 오는 것을 브란디마르테가
가로막으면서 공격하고 압박을 가하자
주위를 둘러보았고, 소브리노가 자기처럼
싸움 없이 땅에 서 있는 것을 보았어요.
그러자 그를 향해 달려갔고, 그가 무서운
모습으로 달리는 바람에 하늘이 떨렸어요.

그런 사람이 공격을 해 오자 소브리노는 74
갑옷 안에서 몸을 웅크리고 방어하였으니,
마치 엄청난 위협적인 파도가 포효하면서
자신을 향해 몰려오는 것을 본 키잡이가
이물을 똑바로 향하고, 아주 높은 파도가
일어날 때, 마른 땅을 원하는 것 같았어요.
소브리노는 팔레리나가 만든 훌륭한 칼의
타격을 자기 방패로 막아보려고 했습니다.

그렇지만 발리사르드는 갑옷이 방어할 수 75
없을 정도로 섬세하게 만들어진 칼이었고,
세상에서 찾아보기 어렵게 너무나 강력한

기사였던 오를란도의 손안에 있었으니,
방패를 쪼갰으며(방패는 완전히 강철로
둘러싸여 있었지만 전혀 막지 못했어요),
방패를 꼭대기에서 바닥까지 쪼갠 다음
그 아래의 어깨 위에까지 내려갔습니다.

어깨는 두 겹으로 겹쳐진 갑옷 쇳조각과   76
사슬 옷으로 보호되어 있었지만, 그다지
커다란 도움이 되지 못하였으니, 거기에
커다란 상처가 벌어지도록 만들었습니다.
소브리노는 뒤로 물러나며 오를란도에게
부상을 입히려고 하였지만 헛일이었으니,
하늘과 별들의 창조주께서는 그의 피부를
절대 뚫을 수 없도록 자비를 베푸셨지요.

용맹스러운 오를란도는 타격을 배가했고,   77
그의 어깨에서 머리를 자르려고 했습니다.
키아라몬테 기사의 무훈을 잘 알고 있는
소브리노는, 방패로 그를 막기 어렵다는
것을 알았기 때문에 뒤로 약간 물러났고,
발리사르다는 그의 이마에 닿지 않았어요.
칼의 옆면으로 가한 타격이었지만 너무나
강해 투구가 패이고 머리에 부딪쳤지요.

강한 타격에 소브리노는 땅에 쓰러졌고, 78
한참 동안이나 다시 일어나지 못했어요.
오를란도는 그가 죽어 쓰러졌고, 따라서
그와의 결투는 끝난 것으로 생각했으며,
브란디마르테가 혹시라도 잘못될까 봐
그라다소를 향해 몸을 돌려 공격했으니,
그 이교도가 갑옷이나 칼, 말에 있어서
그를 능가했고 힘도 더 셌기 때문입니다.

예전에 루지에로가 갖고 있었던 명마 79
프론티노를 탄 대담한 브란디마르테는
그라다소가 그다지 많이 우세해 보이지
않을 정도로 그와 잘 상대하고 있었고,
만약 그라다소처럼 섬세한 갑옷을 입고
있었다면, 그보다 더 우세했을 테지만,
갑옷이 좋지 않다는 것을 느끼며, 종종
이쪽이나 또는 저쪽으로 피해야 했어요.

다른 어떤 말도 프론티노보다 기사의 80
신호를 더 잘 이해하지는 못할 것이니,
두린다나의 타격이 어디로 내려오든지,
이리저리 피할 수 있는 것 같았습니다.
아그라만테와 올리비에로는 다른 곳에서
격렬한 결투를 벌였는데, 그 두 기사는

Canto 41:78

오를란도는 그가 죽어서 쓰러졌고, 따라서
그와의 결투는 끝난 것으로 생각했으며,

마치 무훈에 있어 대등하고, 강력함에
있어 거의 차이가 없는 것 같았습니다.

제가 앞서 말씀드린 것처럼, 오를란도는　　　　　　81
소브리노를 쓰러뜨렸고, 브란디마르테를
돕기 위해 그라다소를 향해 달려갔는데,
아주 커다란 걸음걸이로 뛰어갔습니다.
그리고 그를 공격하려는 순간, 결투장
한가운데에서 소브리노를 떨어뜨렸던
훌륭한 말이 어슬렁거리는 것을 보고,
그 말을 잡으려고 곧바로 달려갔지요.

그는 별 어려움 없이 말을 붙잡았고,　　　　　　　82
훌쩍 뛰어올라 안장 위에 앉았습니다.
그리고 한 손으로는 칼을 치켜들었고,
다른 손으로는 화려한 고삐를 잡았어요.
그라다소는 자신을 향해 이름을 부르며
달려오는 오를란도가 귀찮지 않았으니,
저녁도 채 되기 전에, 그와 올리비에로,
브란디마르테에게 밤을 안기고 싶었지요.[32]

그는 브란디마르테를 떠나서 오를란도를　　　　　83

---

[32] 죽이고 싶었다는 뜻이다.

향해 칼끝으로 목가리개를 찔렀고, 다른
것은 뚫었지만, 피부는 뚫지 못하였으니,
피부를 뚫으려는 노력은 헛수고였어요.[33)]
오를란도는 발리사르다를 내리쳤는데,
그 타격 앞에서는 마법이 소용없었고,
아래로 내려오면서 부딪치는 투구와
방패, 가슴막이, 갑옷을 모두 쪼갰고,

그러면서 그라다소의 얼굴과 가슴과   84
허벅지에 상처를 남겼어요. 그 갑옷[34)]을
입은 이후로는 전혀 피를 흘려 본 적이
없었는데, 그 칼이 두린다나도 아니면서
지금 그렇게 자르는 것이 이상하였으니,
그는 너무나도 격분하고 괴로웠습니다.
만약 타격이 조금 더 길거나 가까웠으면,
머리에서 배까지 그를 쪼갰을 것입니다.

그런 것이 증명되었으니, 조금 전처럼   85
더 이상 갑옷에 의존하지 않아야 했지요.
그는 이제 예전보다 조심스럽고 신중하게
움직였으며, 더 잘 방어에 신경을 썼어요.

---

33) 오를란도의 피부는 마법으로 보호되어 있기 때문이다.
34) 마법의 갑옷을 가리킨다(제33곡 82연 참조).

브란디마르테는 오를란도가 끼어들어
자신의 그 싸움을 빼앗아 간 것을 보고,
이쪽과 저쪽 싸움의 한가운데에 서서
필요한 곳으로 도와주러 가려 했어요.

그런 상태로 싸움이 진행되는 동안에 86
소브리노는 오랫동안 땅에 누워 있다가
제정신이 돌아왔기에 몸을 일으켰는데,
어깨와 얼굴이 고통스럽게 아팠습니다.
그는 얼굴을 들어 사방을 둘러보았고,
자신의 주군이 어디 있는지 보고 나서
그를 도와주기 위해 걸음을 옮겼는데,
아무도 눈치채지 못하게 몰래 갔어요.

그는 아그라만테 왕을 노려보는 데만 87
신경을 쓰는 올리비에로의 뒤로 갔으며,
그가 탄 말의 뒷다리에 타격을 가했고,
너무나도 강하고 심한 타격을 받은 말은
조금도 지체 없이 땅바닥에 쓰러졌어요.
올리비에로도 쓰러졌는데, 너무 갑자기
당했기에, 왼쪽 발을 등자에서 빼내지
못한 채 말 아래에 깔리게 되었습니다.

소브리노는 공격을 배가하였고 곁으로 88

다가가 그의 머리를 잘라내려고 했지만,
불카누스가 단련했고 헥토르가 사용했던
눈부시고 깨끗한 갑옷[35]이 가로막았어요.
그런 위험을 본 브란디마르테는 곧바로
소브리노 왕을 향해 전속력으로 달렸고,
머리에 타격을 가하며 말로 부딪쳤지만,
그 강력한 노인은 바로 다시 일어났어요.

그리고 올리비에로를 재빨리 해치워서   89
즉시 다른 삶으로 보내 버리거나, 또는
최소한 말 아래에서 빠져나오지 못하게
가로막기 위하여 여러모로 노력했어요.
아주 강력한 팔을 가진 올리비에로는
이쪽으로 또 저쪽으로 칼을 휘두르거나
찌르면서 방어할 수 있었고, 그리하여
소브리노가 다가오지 못하게 하였어요.

그를 어느 정도 뒤로 물러나게 한다면   90
바로 고통에서 벗어날 거라 생각했지요.
그는 소브리노가 온통 피에 젖어 있고
모래밭 위로 피를 흘리는 것을 보았고,
너무 허약해 가까스로 지탱하고 있으며

---

35) 원문의 "acciar"는 '강철'로 직역할 수 있다.

곧이어 바로 굴복할 것처럼 보였어요.
올리비에로는 일어나려고 시도했지만,
위에서 말을 밀쳐 낼 수가 없었습니다.

브란디마르테는 아그라만테를 발견했고 91
그의 주위에서 공격을 가하기 시작했으니,
프론티노를 그의 옆으로, 앞으로 몰았고,
프론티노와 함께 그의 주위를 돌았어요.
모노단테의 아들[36]은 좋은 말을 가졌지만,
아프리카[37]의 왕이 탄 말도 훌륭하였으니,
루지에로가 오만한 만드리카르도에게서
빼앗아 그에게 선물한 브릴리아도로였어요.

또한 훌륭하고 완벽하다는 것이 완전히 92
증명된 그의 갑옷도 아주 유익하였어요.
브란디마르테의 갑옷은 그 결투를 위해
대충 서둘러 구할 수 있는 것이었지만,
그의 용기는 너무나 단호하였으니, 그런
훌륭한 갑옷과 바꿀 수 있을 정도였어요.
하지만 아프리카의 왕은 격렬한 타격으로

---

36) 브란디마르테.
37) 원문은 "Mezzogiorno", 즉 '남쪽'으로 되어 있는데, 유럽의 남쪽에 있는 아프리카를 가리킨다.

그의 오른쪽 어깨를 붉게 물들게 하였고,

또한 이전에 그라다소가 옆구리에 가한   93
상처도 가볍게 생각할 것이 아니었습니다.
단호한 브란디마르테는 기회를 엿보다가
적당한 장소를 발견하여 칼을 내리쳤으며,
방패를 쪼갠 다음 왼팔에 상처를 주었고,
이어서 오른손까지 칼이 스치게 했어요.
하지만 그것은 오를란도와 그라다소 왕이
벌이고 있는 싸움에 비하면 장난 같았어요.

그라다소는 오를란도의 갑옷을 절반이나   94
벗겼고, 투구의 꼭대기와 양옆을 부쉈고,
그의 방패를 풀밭 위에 떨어지게 하였고,
아래의 가슴막이와 사슬 옷을 뚫었지만,
마법으로 보호된 몸을 해치지는 못했어요.
또한 오를란도는 더 큰 피해를 주었으니,
제가 앞에서 말씀드린 것 이외에, 얼굴과
목과 가슴 한가운데에 상처를 주었지요.

그라다소는 온통 자기 자신의 피에 젖어서   95
아주 보기 흉한 모습이었는데, 오를란도는
많은 타격을 받은 뒤에도 여전히 머리에서
발끝까지 깨끗한 것을 보고 절망적이었고,

그래서 두 손으로 칼을 잡아 그의 머리와
가슴과 배, 모든 것을 쪼개려고 생각했고,
바로 자신이 원하는 바대로, 오를란도의
이마 위를 칼 한가운데로 내리쳤습니다.

만약에 오를란도가 아니었다면, 분명히 96
그의 안장까지 완전히 쪼갰을 것이지만,
마치 칼의 옆면으로 타격을 가한 것처럼
칼은 깨끗하고 멋지게 다시 튀어 나왔어요.
오를란도는 그 타격에 정신이 멍해졌고,
땅바닥을 바라보니 별이 몇 개 보였으며,
고삐를 놓쳤고, 만약 줄로 팔에 묶어 놓지
않았더라면 칼까지 놓쳐 버렸을 것입니다.

또한 그 타격 소리에 오를란도를 등에 97
태우고 있던 말이 얼마나 깜짝 놀랐는지,
먼지 자욱한 바닷가를 힘차게 달려가면서
자기가 얼마나 잘 달리는지 보여 주었지요.
하지만 타격에 정신을 잃어버린 오를란도는
달리는 말을 억제할 만한 능력이 없었어요.
그라다소는 뒤쫓았고, 만약 바이아르도를
조금 더 몰았다면 바로 잡았을 것입니다.

하지만 눈을 돌리던 그는 아그라만테가 98

절박한 위험에 처해 있는 것을 보았으니,
모노단테의 강한 아들이 왼손으로 그의
투구를 아주 강력하게 움켜잡고 있었고,
또한 벌써 투구 앞의 끈을 풀어 헤쳤으며,
단검으로 새로운 부상을 입히려 했는데,
아그라만테 왕은 손에서 칼을 빼앗겼기
때문에 별로 방어도 할 수 없었습니다.

그라다소 왕은 오를란도를 뒤쫓지 않고 99
몸을 돌려 아그라만테를 도우러 갔어요.
경솔한 브란디마르테는 그가 오를란도의
곁에서 벗어날 거라고 생각하지 못했고,
눈이나 생각을 돌리지도 않고 이교도의
목에 칼을 찌르려는 데에만 몰두했지요.
그라다소가 왔고, 온 힘을 다하여 칼을
두 손으로 잡고 그의 투구를 내리쳤어요.

하늘에 계신 아버지, 폭풍우 치는 자신의 100
여행이 막바지에 이르러 이제 항구에서
돛을 내리는 충실한 순교자를, 당신의
선택된 영혼들 사이로 가게 해 주소서!
아, 두린다나여, 너의 주인 오를란도가
이 세상에서 가장 사랑하고, 가장 믿는
동료를 바로 그의 눈앞에서 죽이다니,

어찌 그렇게 잔인할 수 있단 말인가?

투구의 주위에 손가락 두 개 두께의 101
쇠로 만든 테두리를 자르고 망가뜨린
다음, 이어서 그 아래에 있는 강철로
만들어진 그물까지 함께 쪼갰습니다.
브란디마르테는 창백하게 변해 버린
얼굴로 말 아래로 거꾸로 떨어졌고,
머리 밖으로 흘러나온 피의 강물이
널찍하게 모래밭 위로 흘러갔습니다.

오를란도는 정신이 들어 눈을 돌렸고, 102
브란디마르테가 땅바닥에 쓰러져 있으며
위에서 그라다소가 바라보는 것을 보고,
곧바로 그가 죽였다는 것을 깨달았어요.
고통이 강했는지, 분노가 강했는지 저는
모르겠으나, 눈물을 흘릴 시간도 없이
고통을 누르고, 분노가 터져 나왔지요.
하지만 이제 노래를 끝낼 시간입니다.

제42곡

오를란도는 아그라만테와 그라다소를 죽이고 결투를 종결한다. 리날도는 아르덴숲에서 증오의 샘물을 마시고 안젤리카에 대한 사랑에서 벗어난다. 그리고 결투에 참가하려고 람페두사섬으로 가던 중 파도바의 궁전에서 아내의 정절을 시험해 보라는 제안을 받는다.

변하지 않는 당신의 마음에다 아모르가   1
단단한 못으로 이미 고정해 놓은 사람이,
폭력이나 속임수로 치명적인 피해나
불명예를 당하는 것을 당신이 볼 때,
어떤 단단한 고삐나 어떤 강철 매듭이,
어떤 금강석 사슬이(그런 것이 있다면)[1]
당신의 분노를 억제하고, 미리 정해 놓은
한계를 넘지 못하게 막을 수 있을까요?

---

1) 《변신 이야기》 제7권 412행에 의하면, 헤르쿨레스는 저승 세계에 내려가 금강석 사슬로 케르베로스를 묶었다.

그리고 만약 그러한 충동이 잔인하고   2
비인간적인 결과로 마음을 이탈시켜도
변명할 만하니, 당시에는 이성이 마음을
통제하거나 달랠 수 없었기 때문입니다.
아킬레스는 파트로클로스가 속임수
투구를 쓴 채 피를 흘리는 것을 보고,
그를 죽인 자를 죽이는 데 머물지 않고
시체를 끌고 다니면서 찢어 놓았습니다.[2]

패배를 모르는 알폰소 님, 무거운 돌이   3
당신의 이마를 맞추었고, 그래서 모두들
영혼이 떠났다고 생각했던 그날, 당신은
백성들에게 그런 분노를 불붙이셨지요.[3]
너무나도 강렬한 분노에 방벽이나 성벽,
해자도 당신의 적들을 보호하지 못했고,
소식을 전할 사람도 남지 않았을 정도로
모두 함께 죽음을 맞이하였던 것입니다.[4]

---

2) 아킬레스의 절친한 친구 파트로클로스(Patroklos)는 아킬레스의 갑옷("속임수 투구")을 입고 전투에 나갔다가 죽었다. 친구의 죽음을 본 아킬레스는 헥토르를 죽이는 것에 만족하지 않고, 그의 시신을 마차에 매달아 끌고 다니면서 훼손시켰다 (《일리아스》 제22권 395행 참조).

3) 알폰소 공작과 교황 율리우스 2세 사이의 전쟁에 대해서는 제3곡 53연 이하 참조. 1512년 1월 13일 바스티아 요새의 성벽 아래에서 알폰소 공작은 이마에 커다란 돌을 맞았고, 그의 병사들은 그가 죽었다고 생각하였다.

당신이 넘어지시는 모습을 본 백성들의　　　　　　　　　　4
고통이 광폭함과 잔인함으로 이끌었지요.
만약 당신이 서 계셨다면, 백성들의 칼은
아마 그렇게 방만하지 않았을 것입니다.
그리하여 그라나다와 코르도바 사람들[5])이
당신에게서 빼앗는 데 며칠이 걸렸는데,
바스티아가 단지 몇 시간 안에 또다시
당신의 지배하에 돌아오게 되었습니다.

아마도 복수하시는 하느님께서 그들이　　　　　　　　　　5
예전에 저질렀던 너무 지나친 잔인함과
사악함을 처벌하기 위하여, 그런 상황에
당신이 다치도록 허용하신 모양입니다.
지치고 부상당한, 불쌍한 베스티델로[6])가
무기도 없이 그들의 손에 붙잡혔을 때,
대부분 할례를 받은 그 사람들[7])에 의해
수백 개의 칼로 살해당했기 때문이지요.

---

4) 분노한 페라라 병사들은 바스티아 요새를 지키던 에스파냐 용병들을 모두 죽였고, 따라서 그런 소식을 전할 사람마저 살아남지 못했다는 뜻이다.
5) 교황 율리우스 2세에게 고용된 에스파냐 용병들을 가리킨다.
6) 바스티아 요새를 에스파냐 군대에 빼앗겼을 때, 베스티델로 파가노(Vestidello Pagano)가 수비대장이었는데, 부상을 당한 데다 무기도 없는 그를 에스파냐 병사들이 살해하였다.
7) 당시의 에스파냐 군대에는 많은 유대인과 아라비아인이 참가하였다.

하지만 결론적으로 말하자면, 주군이나　　　　　　　　　　6
친척, 오랜 친구가 바로 당신의 눈앞에서
모욕당하는 것을 볼 때 나타나는 분노는
다른 어떤 분노와도 비교할 수 없습니다.
그러니까 그라다소 왕이 가한 그 끔찍한
타격으로 인해 그렇게 사랑하던 친구가
죽어 땅에 쓰러지는 것을 본 오를란도의
가슴은 곧바로 그런 분노에 불탔습니다.

마치 누미디아의 목동이, 끔찍한 뱀이　　　　　　　　　　7
모래밭에서 놀고 있던 자신의 아들을
독이 있는 이빨로 죽인 다음 미끄러져
달아나는 것을 보고는, 분노와 울분에
사로잡혀 몽둥이를 움켜잡는 것처럼,
앙글란테의 기사는 분노에 사로잡혀 다른
어떤 칼보다 잘 베는 칼을 움켜잡았는데,
처음 눈에 띈 것이 아그라만테 왕이었어요.

그는 칼도 없이 피를 흘리고 있었으며,　　　　　　　　　　8
방패도 반쯤 깨졌고, 투구도 풀려 있었고,
마치 질투하거나 멍청한 매잡이가 보낸
매의 발톱에서 송골매가 겨우 살아나오듯,[8]
브란디마르테의 손에서 겨우 벗어났지만,
제가 말하지 않은 많은 부상을 입었지요.

오를란도는 다가가더니, 머리와 몸통이
맞붙은 곳에 정확한 타격을 가했습니다.

투구는 풀려 있었고 목도 훤히 드러나 9
있어서 마치 갈대처럼 깨끗이 잘렸어요.
리비아를 통치하던 자의 육중한 몸통은
모래밭에 쓰러져 마지막 전율을 했어요.
영혼은 강9)으로 달려갔고, 거기서 카론이
구부정한 갈고리로 자기 배에 태웠어요.
오를란도는 그에게 더 머뭇거리지 않고,
발리사르다를 들고 그라다소에게 갔어요.

그라다소는 아그라만테의 머리가 잘린 뒤 10
그의 몸통이 땅에 넘어지는 것을 보았고,
전에는 그런 일을 보지 못하였기 때문에
가슴이 떨렸고, 얼굴빛이 창백해졌으며,
앙글란테의 기사가 자신에게로 다가오자,
불행을 예감하고 압도된 것 같았어요.
그에게 치명적인 타격이 가해졌을 때,

---

8) 논란의 여지가 있는 구절인데, 가장 설득력 있는 해석은 이런 것이다. 매잡이가
다른 매잡이의 사냥에 질투를 하거나, 아니면 장난이나 부주의 같은 어리석은 행
동으로, 자기 매를 날려 보내 다른 매를 뒤쫓아 잡도록 할 때 일어날 수 있는 상
황을 묘사한 것으로 짐작된다.

9) 저승에 흐르는 아케론강과 뱃사공 카론에 대해서는 제36곡 65연 참조.

Canto 42:9

영혼은 강으로 달려갔고, 거기서 카론이
구부정한 갈고리로 자기 배에 태웠어요.

그는 별로 자신을 방어하지도 못했어요.

오를란도는 그의 오른쪽 옆구리, 마지막　　　　　　11
갈비뼈 아래를 찔렀으며, 칼은 배 안으로
들어가 왼쪽 옆구리로 한 뼘이나 나왔고,
칼의 손잡이까지 완전히 피에 젖었어요.
이교도 세계[10]에서 가장 강력한 기사였던
그를 죽음으로 인도한 그 타격은, 바로
세상에서 가장 용맹스럽고 가장 훌륭한
기사의 손에 의한 것임이 증명되었지요.

오를란도는 그런 승리에 그다지 즐겁지　　　　　　12
않았으니, 곧장 안장에서 뛰어 내려왔고,
혼란스럽고 눈물에 젖은 얼굴로 자신의
브란디마르테에게 서둘러 달려갔습니다.
그의 주위 땅이 피에 젖은 것을 보았고,
투구는 마치 도끼로 쪼갠 것 같았으니,
아무리 그를 잘 보호했다고 하더라도
나무껍질로 만들어진 것처럼 약했어요.

오를란도는 얼굴에서 투구를 벗겼고,　　　　　　13
양쪽 눈썹 사이로 그의 머리가 코까지

---

10) 원문은 "파가니아(Pagania)"로 되어 있다(제18곡 156연 참조).

쪼개져 있는 것을 발견했지만, 그래도
그의 영혼은 아직 잠시 남아 있었으니,
죽음을 맞기 전에 천국의 왕[11]께 자신의
죄들에 대한 용서를 구할 수 있었으며,
두 뺨이 눈물로 얼룩진 오를란도에게
진정하라고 하면서 이렇게 말했어요.

"오를란도, 하느님께 당신이 감사의   14
기도를 드릴 때 나를 기억해 주세요.
그리고 당신에게 부탁해요, 내 피오르딜……"
하지만 "……리지"를 미처 마치지 못했어요.
곧이어 천사들의 조화로운 목소리들이
하늘에서 들려왔고, 영혼이 빠져나갔어요.
육신의 베일에서 벗어난 영혼은 달콤한
음악 소리와 함께 하늘로 올라갔습니다.

오를란도는 브란디마르테가 가장 높은   15
하늘로 올라갔다는 것을 분명 알았기에,
(하늘이 열리는 것을 보았기 때문이지요)
그 거룩한 죽음을 즐거워했어야 하지만,
연약한 감각들[12]에 익숙한 인간의 의지

---

11) 하느님.
12) 지상의 애정과 가치들을 가리킨다.

때문에, 형제보다 더 사랑하는 사람을
빼앗긴 괴로움을 견딜 수가 없었으며,
눈물로 얼굴을 적시지 않을 수 없었어요.

소브리노 왕은 옆구리와 양쪽 뺨에서 16
흘러내리는 피를 너무나 많이 흘렸으며,
벌써 한참 동안 뒤로 넘어져 있었기에
이미 혈관들이 텅 빈 것이 분명했어요.
올리비에로도 아직 누워 있었고, 다리를
꺼내지 못했는데, 말이 그의 위를 너무
오래 짓눌렀기 때문에 반쯤 뭉개지고
비틀린 상태로 꺼낼 수밖에 없었어요.

만약 매형[13]이 도와주러 오지 않았다면, 17
(괴롭고 눈물에 젖은 모습으로 왔지요)
혼자 힘으로는 도저히 빼낼 수 없었고,
너무나도 심한 고통과 통증을 느꼈고,
다리를 꺼낸 뒤에도 다리로 지탱하여
서 있거나 전혀 움직이지도 못했으니,
도움을 받지 않고는 움직일 수가 없을
정도로 다리가 너무 비틀려 있었어요.

---

13) 오를란도.

오를란도에게는 승리가 별로 즐겁지   18
않았습니다. 브란디마르테가 죽은 데다
올리비에로도 많이 안전하지 않은 것을
보니, 너무 마음이 아프고 쓰라렸어요.
소브리노는 아직 살아 있기는 했지만,
짙은 어두움 속에서 확실하지 않았으니,
피를 너무 많이 흘려서 그의 생명이
희미해진 상태에 있었기 때문입니다.

오를란도는 온통 피에 젖어 있는 그를   19
조심스럽게 옮겨 치료를 받게 하였으며,
마치 그가 자신의 친척이나 되는 것처럼
너그러운 말씨로 그를 위로하였습니다.
모든 일이 끝난 다음이라 전혀 악의가
없었고, 완전히 너그러운 모습이었어요.
죽은 자들의 갑옷과 말을 가져가게 했고,
나머지는 하인들이 알아서 하게 했어요.

그런데 페데리코 프레고소[14]는 나의 이   20
이야기를 사실이 아니라고 의심했어요.

---

14) Federico Fregoso(1480?~1541). 제노바 출신 해군 제독으로 비제르테 근처에서 지중해의 해적들을 소탕하였다. 나중에는 살레르노(Salerno)의 대주교와 추기경이 되었다. 다음 두 연까지 포함하여 이 구절은 나중에 추가되었는데, 아리오스토가 프레고소 가문에 대한 존경의 표시로 삽입한 것으로 보인다.

그는 자신의 함대를 이끌고 바르바리아[15]
해안의 모든 구석까지 돌아다녔으며,
바로 그곳, 그 황량한 섬에도 갔는데,
너무나 험준한 데다 바위투성이였고,
한쪽 다리의 발바닥도 디딜 수 없게
완전히 이상한 장소였다고 말합니다.

그러니까 기사도[16]의 꽃인 여섯 명의   21
기사들이 험준한 바위산에서 말을 타고
그런 결투를 할 수 없었다는 것입니다.
그런 반박에 저는 이렇게 대답하겠어요.
그 당시에는 바위산의 발치에 그러한
결투를 할 만한 널찍한 곳이 있었는데,
나중에 지진으로 인해 그 위로 바위가
무너져 내려 완전히 덮었다고 말입니다.

그러므로 프레고소 가문 출신들의 눈부신   22
빛이시여, 맑고 언제나 생생한 빛살이시여,
혹시 당신의 조국이 지금 평화를 누리고,
모든 증오를 버리고, 완전히 사랑과 함께

---

15) 아프리카 북부 해안 지역(제18곡 157연 참조).
16) 원문은 "mondo", 즉 '세계' 또는 '세상'으로 되어 있는데, 기사들의 세계를 가리 킨다.

살도록 만드신 그 불굴의 지도자[17] 앞에서,
그 점에 있어서 저를 비판하시게 된다면,
그것에 있어서도 제가 절대 거짓말쟁이가
아니라고 덧붙여 말해 주시기 바랍니다.

그러는 동안 오를란도는 바다를 향하여 23
눈을 들었으며, 가벼운 배 한 척이 돛을
펼치고 빠르게 다가오는 것을 보았는데,
그 작은 섬에 정박하려는 것 같았습니다.
누구의 배인지 지금 말하지 않겠습니다.
다른 곳에서 여러 사람이 기다리니까요.
이제 프랑스로 가서, 사라센 사람들을
몰아낸 다음 어떻게 지내는지[18] 봅시다.

자기 사랑이 그렇게 멀리 떠나간 것을 24
알아차린 그 충실한 연인, 다시 말해서
슬픈 브라다만테가 무엇을 하는지 봅시다.
그리스도교 진영과 이교도 진영의 말을
들어 보니, 불과 며칠 전 루지에로가 한
맹세가 거짓임을 발견했기 때문입니다.

---

17) 페데리코 프레고소의 형 오타비아노(Ottaviano, 1470~1524)를 가리킨다. 그는 1513년에 제노바의 통령(統領, doge)이 되었고, 도시가 평화와 번영을 누리도록 많은 노력을 기울였다.
18) 원문은 "mesti o lieti stanno", 즉 '즐거워하는지 아니면 슬퍼하는지'로 되어 있다.

이번 약속도 지키지 않았으니, 그녀는
더 이상 희망을 가질 수가 없었습니다.

그러니 불행하게도 이제 익숙한 일이 25
되어 버린 눈물과 탄식을 다시 반복하며,
또다시 루지에로가 잔인하다고, 자신의
운명이 힘들고 잔인하다고 한탄했어요.
그리고 커다란 고통을 한껏 터뜨리면서,[19]
많은 거짓 맹세를 허용하고, 그에 대한
어떤 명백한 증거도 보이지 않은 하늘이
부당하고 약하고 무능하다고 탓하였어요.

또한 방향을 돌려서 멜리사를 비난했고, 26
동굴 안에서 했던 예언[20]을 저주하였으니,
그들의 거짓 설득에 그녀는 사랑의 바다에
빠졌고 거기에서 죽게 되었다고 말입니다.
그러고는 마르피사에게 돌아와서, 믿음을
저버린 그녀의 오빠에 대해 탄식했으니,
그녀와 함께 외치면서 고통을 토로했고,
울면서 도움을 청하였고, 부탁을 했어요.

---

19) 원문은 "sciogliendo al gran dolor le vele", 즉 '커다란 고통에게 돛을 펼치면서'로 되어 있다.
20) 마법사 메를리노의 무덤이 있는 동굴에서 들었던 예언을 가리킨다(제3곡 7연 이하 참조).

마르피사는 어떻게 해야 할지 몰랐으며,[21] 27
유일하게 할 수 있는 것은 위로뿐이었고,
루지에로가 그런 잘못을 할 리가 없다고,
짧은 시일 안에 돌아올 거라고 말했어요.
그래도 만약 돌아오지 않는다면, 그녀가
그렇게 심각한 잘못을 용서할 수 없으니,
자기 오빠와 결투를 하든지, 아니면 그가
약속한 것을 지키게 하겠다고 맹세했어요.

그리하여 그녀의 고통은 약간 줄었으니, 28
고통을 토로할 곳이 있으면 덜 힘들지요.
괴로운 브라다만테가 루지에로를 나쁘고
오만하다고 말하는 것을 보았으니, 이제
그녀의 오빠는 더 낫게 생활하고 있는지
봅시다. 말하자면 그녀의 오빠 리날도도
맥박이든, 신경이든, 뼛속이든, 골수이든,
온통 사랑의 불꽃을 느끼고 있었으니까요.

나리께서 알고 계시는 것처럼, 리날도는 29
아름다운 안젤리카를 너무나도 사랑했고,
그녀의 아름다움은 마치 마법처럼 그를
사랑의 그물 안에 사로잡히게 하였지요.

---

21) 원문은 "si ristringe ne le spalle", 즉 '(단지) 어깨를 으쓱하였다'로 되어 있다.

무어인들의 모든 활력을 깨뜨린 다음에
다른 기사들은 모두들 즐거워하였는데,
승리자들 사이에서 오로지 리날도만이
사랑의 고통에 포로로 잡혀 있었습니다.

그녀가 어디에 있는지 찾으려고 수많은   30
심부름꾼을 보냈고 자신도 찾아보았지요.
마침내 그는 자신이 필요할 때마다 자주
도움을 준 말라지지에게 가 보았습니다.
자기 사랑을 이야기하면서 그의 얼굴은
빨갛게 물들었고, 두 눈을 내리깔았는데,
그 열망하는 안젤리카가 어디에 있는지
자신에게 가르쳐 달라고 부탁했습니다.

그렇게 이상한 상황에 대해 말라지지의   31
가슴은 커다란 놀라움으로 가득했어요.[22]

---

22) 말라지지가 놀란 것은, 리날도가 전에는 안젤리카를 너무나도 증오하였는데, 지금은 사랑하고 있기 때문이다. 《사랑에 빠진 오를란도》 제1권 제5곡 14연 이하의 에피소드에 의하면, 안젤리카는 사랑의 샘물을 마시고 리날도를 사랑하였고, 리날도는 증오의 샘물을 마시고 그녀를 싫어하였다(제1곡 77~79연 참조). 그때 안젤리카는 포로로 잡혀 있던 말라지지에게, 리날도가 자신을 사랑하도록 설득하면 자유롭게 풀어 주겠다고 약속했다. 하지만 리날도는 어떤 부탁에도 귀를 기울이지 않았다. 그러니까 사촌을 구하는 것도 거부할 정도로 안젤리카를 증오하였는데, 이제 와서 거부하던 그녀를 찾고 있기 때문에, 말라지지가 놀라는 것이다. 사실 리날도와 안젤리카는 나중에 각자 정반대의 샘물을 마셨기 때문에, 리날도는 안젤리카를 사랑하고, 안젤리카는 그를 증오하게 되었다.

오직 리날도만이, 만약 원했다면, 백 번이
넘게 그녀를 침대로 데려갈 수 있었으며,
자기 자신은 그가 그렇게 하도록 설득하기
위하여 수없이 많은 방법들을 시도했으며,
온갖 부탁과 위협을 동원하여 설득했어도
도저히 그렇게 만들지 못했기 때문이지요.

더군다나 만약 그렇게 했다면, 리날도는 32
말라지지를 감옥에서 구했을 것입니다.
그런데 지금 아무 소용도 없고, 별다른
이유도 없는데,[23] 그렇게 하려고 합니다.
말라지지는 당시에 그가 얼마나 자신을
모욕했는지 기억해야 한다고 말했으니,
그때 그가 거부하였고, 자기가 하마터면
어두운 곳에서 죽을 뻔했기 때문이지요.

하지만 다른 한편으로 리날도의 요구가 33
말라지지에게 부적절하게 보이는 만큼,
그것은 그의 사랑이 아주 크다는 것을
명백하게 보여 주는 증거가 되었습니다.
그에게 헛되이 하지 않는 간절한 부탁에
오래된 옛날 모욕에 대한 모든 기억은

---

[23] 지금은 말라지지에게 아무런 소용도 없다는 뜻이다.

곧바로 널따란 바닷속으로 잠겼으니,
그에게 도움을 주기 위해 준비했어요.

그는 정해진 기일 안에 대답을 하겠다고   34
약속했고, 도와주겠다는 희망을 주었고,
프랑스에 있든, 어디에 있든, 안젤리카가
있는 곳을 말해 줄 것이라고 약속했어요.
그런 다음 말라지지는, 악마들이 모여서
의식을 거행하는 곳으로, 접근할 수 없는
산속의 동굴로 갔으며, 거기에서 마법의
책을 펼치고 악령들의 무리를 불렀어요.

그리고 그중에서 사랑의 일들을 아는   35
악령 하나를 골랐고, 그를 통해 어떻게
해서 전에는 단단하던 리날도의 마음이
지금은 그렇게 부드러운지 알아보았고,
하나는 불[24]을 주고, 다른 하나는 빼앗는
그 두 샘물의 효능에 대하여 들었으니,
한 샘물의 나쁜 영향에 대해 정반대의
다른 샘물 이외에는 대책이 없었습니다.

그리고 또 들었는데, 예전에 리날도는   36

---

24) 사랑의 불꽃을 가리킨다.

Canto 42:34

산속의 동굴로 갔으며, 거기에서 마법의
책을 펼치고 악령들의 무리를 불렀어요.

사랑을 쫓아내는 샘물을 마시게 되었고,
그래서 아름다운 안젤리카의 부탁에도
그렇게 너무 집요할 정도로 단호했는데,
결국 나중에는 그의 사악한 별[25] 때문에
다른 샘물에서 사랑의 뜨거움을 마셨고,
그 물의 힘 때문에 사랑하게 되었으며,
그녀는 부당하게 그를 증오한 것입니다.

사악한 별과 잔인한 운명에 의해 그는　　　　　　　　　　37
그 차가운 샘물에서 불꽃을 마셨으며,
거의 동시에 안젤리카는 다른 샘에서
달콤함이 전혀 없는 샘물을 마셨으니,
그녀의 가슴에서 모든 사랑이 사라져
그를 뱀보다도 더 혐오하게 되었지요.
그는 그녀를 사랑했고, 예전에 그녀를
증오하고 경멸한 만큼 사랑했습니다.

또한 악령은 말라지지에게 리날도의　　　　　　　　　　38
이상한 상황을 충분히 알려 주었으며,
그와 동시에 안젤리카가 어느 아프리카
젊은이에게 자신의 모든 것을 주었고,
또한 에스파냐 해안에서 인디아를 향해

---

25) 리날도의 운명에 영향을 주는 별자리를 가리킨다.

유럽의 땅을 완전히 떠났고, 불안정한
바다 위로 카탈루냐 뱃사람들[26]의 대담한
갤리선을 타고 떠났다고 말해 주었어요.

리날도가 대답을 듣기 위해 왔을 때 39
말라지지는, 안젤리카가 아주 비천한
야만인[27]에게 봉사하게 되었으니 이제
그녀를 사랑하지 말라고 설득하였으며,
지금은 메도로와 함께 자기 고향으로
가기 위해 프랑스에서 아주 멀어졌고,
벌써 길의 절반 이상을 갔기 때문에,
그 뒤를 쫓아갈 수도 없다고 했어요.

안젤리카가 떠났다는 소식도 사랑에 40
빠진 연인에게는 별로 놀랍지 않았고,
동방으로 다시 돌아가야겠다는 생각에
잠을 잘 못 이루는 것도 아니었습니다.
하지만 사라센 병사가 자기보다 먼저
사랑의 열매를 땄다는 소식을 듣고는,
그의 생애에서 그렇게 아픈 적이 없을
정도로 강한 고통과 격정을 느꼈어요.

---

26) 중세에는 카탈루냐 출신 뱃사람들이 매우 뛰어났다고 한다.
27) 메도로.

그는 말을 한마디도 할 수가 없었고 41
너무 가슴이 떨리고 입술이 떨렸으며,
그의 혀는 말을 뱉을 수 없었고, 입은
마치 독약이 든 것처럼 쓰라렸습니다.
그는 곧바로 말라지지에게서 떠났고,
한참 동안 눈물과 탄식을 토한 다음
질투 어린 분노가 그를 뒤쫓는 대로
동방으로 돌아갈 생각을 하였습니다.

피핀의 아들에게 허락을 구하였으니, 42
사라센의 그라다소 왕이 용맹스러운
기사의 의무를 저버리고 몰고 가 버린
훌륭한 명마 바이아르도 때문에, 자기
명예를 위해 가는 것이라고 변명했고,
거짓말쟁이 그라다소가 창이나 칼로
프랑스 무사에게 빼앗았다고 자랑하지
못하게 하기 위해서라고 변명했어요.

카롤루스는 그가 떠나게 허락했으니, 43
프랑스 전체와 함께 아쉬워하였지만,
그의 욕망이 너무나 진지해 보였기에
결국 그의 요구를 거부하지 못했어요.
두도네, 구이도네가 함께 가려 했지만,
리날도는 두 사람을 모두 거부했어요.

그는 파리를 떠났으며, 사랑의 고통과
탄식 속에서 외로운 길을 혼자 갔어요.

언제나 기억하며 떨칠 수 없는 것은,　　　　　　　　　44
수천 번이나 그녀를 가질 수 있었는데,
그렇게 드문 아름다움을 수천 번이나
집요하고 어리석게 거부하였고, 또한
그런 즐거움을 원하지 않았던 것이며,
그렇게 멋지고 좋은 기회를 놓친 뒤에,
이제는 단 하루라도 즐길 수 있다면
기꺼이 죽겠다고 생각하는 것이었어요.

언제나 기억나고 떨칠 수 없는 것은,　　　　　　　　　45
어떻게 초라한 병사가 그녀의 가슴에서
다른 모든 이전 연인의 사랑과 업적을
몰아낼 수 있었을까 하는 것이었어요.
가슴을 찢고 뜯는 그런 생각과 함께
리날도는 동방을 향하여 나아갔으니,
곧장 라인강과 바젤[28]을 향하였으며,
아르덴[29]의 커다란 숲으로 들어갔어요.

---

28) Basel. 스위스 북서쪽 라인강 근처의 도시.
29) Ardennes. 사랑의 샘과 증오의 샘이 있는 프랑스 북부의 숲(제1곡 78연 참조).

모험심 넘치는 리날도는 숲속 안으로 46
상당히 많은 거리를 들어가게 되었는데,
마을들과 성들에서 멀리 떨어진 그곳은
매우 황량하고 위험스럽게 보였어요.
갑자기 하늘이 시커멓게 어두워지며
태양이 구름들 사이로 숨어 사라졌고,
어느 어두운 동굴로부터 여자 모습의
이상스러운 괴물[30]이 밖으로 나왔어요,

머리에 눈이 많았지만, 눈꺼풀이 없어 47
감지도 못하고, 잠을 잘 수도 없을 것
같았고, 눈만큼 많은 귀를 갖고 있었고,
머리칼 자리에 엄청난 뱀들이 있었어요.
악마 같은 어둠으로부터 그 끔찍스러운
형상이 밖의 세상으로 나온 것입니다.
꼬리는 가장 크고 사나운 뱀이었는데,
가슴을 휘어 감고 매듭을 이루었지요.

리날도가 무수하게 많은 모험들에서도 48
보지 못했던 것이 여기에서 나타났으니,
괴물이 자신을 공격하기 위해 준비하고
자신에게 다가오는 모습을 보고, 아마도

---

30) **질투**를 상징하는 괴물.

다른 때에는 전혀 그렇지 않았을 정도로
커다란 두려움이 혈관 속에 들어왔지만,
그래도 마치 예전의 대담함을 갖고 있는
척하면서, 떨리는 손으로 칼을 잡았어요.

괴물은 마치 싸움에 통달한 대가처럼 49
난폭한 공격을 하기 위하여 준비했으며,
독액을 품은 뱀을 위로 처들고 떨더니
리날도를 향하여 쏜살같이 달려들었고,
이쪽저쪽으로 크게 뛰면서 다가왔어요.
리날도는 괴물의 주위를 헛되이 돌면서
여러 번 칼로 찌르거나 자르려 했지만,
어떤 타격도 괴물을 맞추지 못했습니다.

괴물은 뱀으로 그의 가슴을 공격했으니, 50
그의 갑옷 아래 가슴 속까지 얼어붙었고,
때로는 그의 눈가리개를 공격하여, 그의
목과 얼굴로 스쳐 지나가게 하였습니다.
리날도는 싸움에서 벗어나 달아났으며
말에게 최대한 강하게 박차를 가했지만,
지옥의 푸리아[31]는 절름발이가 아니었고,

---

31) 로마 신화에서 분노와 복수의 여신이지만, 여기서는 **질투**의 화신인 괴물을 가리킨다.

한 번 훌쩍 뛰자 그의 뒤에 있었어요.

곧바로 가든 비스듬히 가든, 언제나 51
저주받을 괴물은 그의 옆에 있었으며,
말이 잠시도 멈추지 않고 계속 달려도
그놈에게서 벗어날 방법이 없었습니다.
리날도의 가슴은 나뭇잎처럼 떨렸으니,
뱀이 그를 괴롭히는 것 못지않게 너무
강한 혐오감과 역겨움을 느꼈기 때문에,
죽고 싶을 정도로[32] 비명을 질렀어요.

아주 빽빽한 숲속에서 그는 가장 악한 52
오솔길, 최악의 길을 달려가고 있었으니,
그곳의 절벽은 가장 험준하였고, 계곡은
가시투성이였고, 대기는 아주 어두웠어요.
그렇게 그 추악하고 역겹고 끔찍스럽고
악독한 괴물을 등에서 떨치려고 했으며,
곧바로 그를 도와줄 사람이 오지 않으면,
아마 사악한 최후를 맞이할지 모릅니다.

그런데 눈부신 강철 갑옷으로 멋지게 53
무장한 어느 기사[33]가 제때 도와줬어요.

---

32) 원문은 "duolsi ch'egli è vivo", 즉 '그는 살아 있다는 것이 괴로웠다'로 되어 있다.

그의 투구 장식은 부서진 멍에였으며,
노란색 방패에는 빨간 불꽃이 가득했고,
화려한 그의 옷도 마찬가지로 그랬고,
타고 있는 말의 덮개도 마찬가지였고,
손에 창을 들었고 칼을 차고 있었으며,
안장에 걸린 곤봉은 불을 내뿜었어요.

그 곤봉은 언제나 활활 타오르면서도　　　　　　　　　54
절대 꺼지지 않는 영원한 불로 넘쳤고,
아무리 훌륭한 방패나 단련된 갑옷도,
두꺼운 투구도 그것을 막지 못했어요.
그러니까 기사는 그 꺼지지 않는 불을
원하는 곳으로 돌리기만 하면 되었고,
따라서 그 잔인한 괴물의 손아귀에서
우리의 리날도를 쉽게 구할 수 있었어요.

그는 강인한 용기를 가진 기사였기에　　　　　　　　55
소음이 들리는 곳으로 달려가 보았으며,
괴물이 흉측한 뱀으로 수천 개 매듭을
지어 리날도를 완전히 휘감아, 떼어 낼
방도가 없게 만들었고, 차가움과 동시에
뜨거움을 느끼게 만드는 것을 보았지요.

---

33) 나중에 64연에서 밝히듯이, 그 기사는 **경멸**을 상징한다.

Canto 42:53
손에 창을 들었고 칼을 차고 있었으며,
안장에 걸린 곤봉은 불을 내뿜었어요.

기사는 가까이 다가가 괴물의 옆구리를
찔렀고, 왼쪽으로 쓰러지게 만들었어요.

하지만 괴물은 땅에 쓰러지자마자 바로 56
일어났고, 기다란 뱀을 주위에 휘둘렀어요.
그러자 기사는 더 이상 창으로 공격하지
않고, 불로 공격을 하려고 준비하였어요.
그는 곤봉을 잡고 뱀이 번득이는 곳으로
폭풍우처럼 빽빽한 불들로 공격하였으며,
그 흉측한 괴물이, 좋든 나쁘든, 한 번도
공격할 수 있는 시간을 주지 않았습니다.

그리고 그는 괴물을 공격하고 뒤쫓으며 57
두들겨 패서 수많은 모욕을 복수하였고,
리날도에게 산꼭대기를 향해 올라가는
길을 따라서 가라고 충고를 하였습니다.
리날도는 충고에 따라 그 길로 갔으며,
그 길이 올라가기에 매우 험준했는데도
뒤로 고개를 돌리지도 않았고, 쉬지도
않았으며, 곧바로 시야에서 사라졌어요.

기사는 지옥에서 나온 괴물을 어두운 58
구멍 안으로 다시 돌아가게 만들었으니,
거기서 그놈은 자기 자신을 물어뜯으며

수천 개 눈으로 영원한 눈물을 흘렸어요.
기사는 리날도의 안내자가 되기 위하여
뒤따라 올라갔으며, 높은 산꼭대기에서
그를 따라잡았으며, 그를 어두운 곳에서
밖으로 인도하기 위해 함께 갔습니다.

리날도는 그가 따라오는 것을 보더니 59
그에게 무한하게 감사하다고 말하였고,
모든 면에서 그를 위하여 목숨을 바칠
정도로 그에게 빚을 졌다고 말했어요.
그리고 누가 도와주었는지 알 수 있고,
또 카롤루스 앞이나 기사들 사이에서
언제나 그의 선함을 찬양할 수 있도록,
이름이 무엇이냐고 그에게 물었어요.

기사는 대답했어요. "내 이름을 지금 60
밝히지 않는다고 기분 상하지 마세요.
얼마 지나지 않아 그림자가 한 걸음
정도 길어지기 전에 말해 줄 테니까요."
그들은 함께 시원한 샘물을 발견했는데,
때로는 졸졸거리는 소리로 목동들이나
여행자들이 맑은 개울가로 오게 만들고,
마시면 사랑을 잊게 하는 샘[34]이었어요.

나리, 이 샘물은 바로 사랑의 뜨거움을 61
꺼뜨리는 샘물, 그 차가운 샘물이었어요.
안젤리카는 바로 그 물을 마셨기 때문에,
나중에 리날도에 대한 증오가 생겼지요.
만약 예전에 리날도가 그녀를 싫어했고,
또한 그의 증오가 너무나 단호하였다면,
나리, 그 이유는 다른 곳에 있지 않고,
바로 이곳 샘물을 마셨기 때문입니다.

리날도와 함께 그곳에 도착한 기사는 62
그 맑은 샘물이 앞에 있는 것을 보고,
덥고 피곤했기에 말을 세우고 말했어요.
"여기에서 쉬는 것도 괜찮을 것입니다."
그러자 리날도가 말했어요. "여름 한낮의
더위가 짓누를 뿐 아니라, 그렇게 흉측한
괴물에게 괴로움을 당했으니, 나에게는
쉬는 것이 편안하고 좋을 것입니다."

두 기사는 자신들의 말에서 내렸으며, 63
말들이 숲속에서 풀을 뜯어먹게 한 뒤,
빨갛고 노란 꽃들이 핀 녹색 풀밭에서
각자 자기 머리에서 투구를 벗었어요.

---

34) 모든 사랑의 열정을 잊게 만드는 증오의 샘.

리날도는 수정 같은 샘물로 달려갔고,
귀찮은 목마름과 더위에 내쫓기듯이
그 차가운 샘물 한 모금으로 타오르는
가슴에서 목마름과 사랑을 내쫓았어요.

그가 샘물에 젖은 입을 들어 올리며, 64
그토록 어리석은 사랑 때문에 마음에
갖고 있던 그 모든 욕망에서 벗어나
후회하는 것을 바라보던 다른 기사는
똑바로 일어서더니 근엄한 표정으로
조금 전에 말하지 않은 것을 말했어요.
"리날도, 내 이름은 **경멸**이며, 당신의
하찮은 멍에를 벗겨 주기 위해 왔어요."

그렇게 말하면서 그는 곧바로 사라졌고, 65
그와 함께 타고 온 말도 사라져 버렸어요.
리날도에게 그것은 커다란 기적 같았으니,
주위를 돌며 말했어요. "그가 어디 있지?"
그것이 마법의 허깨비들인지, 그러니까
오랫동안 그에게 고통을 겪게 만들었던
사슬을 깨뜨리기 위해 말라지지가 보낸
심부름꾼 악령들 중의 하나인지, 아니면

높은 하늘의 옥좌에 계시는 하느님께서 66

말할 수 없는 너그러움으로, 마치 예전에
토빗[35])에게 보내셨듯이, 그에게 천사를
보내 주신 것인지 전혀 알 수 없었어요.
하지만 천사이든 악령이든, 누구였든지
그의 자유를 되찾게 해 주었으니, 그에게
감사하고 찬양했으며, 사랑의 고통에서
마음을 치유한 것은 그의 덕택이었지요.

이제 안젤리카를 예전처럼 증오하게 67
되었으며, 너무 하찮아서 그렇게 멀리
뒤쫓는 것은 고사하고, 그녀를 위하여
단지 반 마일을 갈 가치도 없었지요.
그렇지만 바이아르도를 되찾기 위해,
인디아를 향해 세리카나로 갈 계획을
세웠으니, 카롤루스에게 말한 것처럼
명예 때문에 그렇게 하려고 했습니다.

그다음 날 그는 바젤에 도착하였고, 68
거기서 오를란도 백작이 그라다소와
아그라만테 왕에게 대항하여 결투를
해야 한다는 소식을 듣게 되었어요.

---

35) Tobit. 구약 성경에 나오는 인물로 눈이 멀게 되었는데, 라파엘(Raphael) 천사가 그의 아들 토비야(Tobias)에게 가르쳐 준 물고기의 쓸개로 눈을 뜨게 되었다 (〈토빗〉 6장 2절 이하 참조).

그렇지만 그것은 앙글란테의 기사가
소식을 전해서 알게 된 것이 아니라,
시칠리아에서 서둘러서 온 사람이,
그 소식이 정말이라고 전한 것입니다.

리날도는 오를란도와 함께 결투를 하고 69
싶었지만, 너무나 멀리 떨어져 있었어요.
그는 10마일마다 말과 안내자를 바꾸며
말에게 채찍질과 박차를 가하여 달렸고,
콘스탄츠[36]에서 라인강을 건넜고, 날듯이
알프스를 넘었고, 이탈리아에 도착했어요.
베로나를 지났고, 만토바를 뒤에 남겼고,
포강에 도착하여 서둘러서 건너갔지요.

저녁 무렵이라 태양은 많이 기울었으며 70
벌써 하늘에 별이 나타나기 시작했을 때,
리날도는 강가에 있으면서 말을 갈아타는
것이 좋을까, 아니면 아름다운 여명에게
검은 대기가 쫓겨날 때까지 거기 머무는
것이 좋을까 하고 생각에 잠겨 있었는데,
용모와 태도에서 친절해 보이는 기사가
자기 앞으로 다가오는 것을 보았습니다.

---

36) Konstanz. 게르마니아 남서쪽 국경 지역의 도시로 라인강과 인접해 있다.

Canto 42:69

그는 10마일마다 말과 안내자를 바꾸며
말에게 채찍질과 박차를 가하여 달렸고,

그는 인사를 한 다음에, 아주 정중하게 71
혹시 아내가 있느냐고 그에게 물었어요.
리날도는 "나는 결혼을 했습니다" 하고
대답했지만 그런 질문에 깜짝 놀랐어요.
그러자 그는 "그렇다면 아주 잘 됐군요."
그리고 왜 그런 말을 했는지 밝히려고
말했어요. "오늘 저녁 당신에게 숙소를
제공하는 것을 받아들여 주기 바랍니다.

아내를 가진 사람들은 기꺼이 보려고 72
하는 것을 당신에게 보여 줄 테니까요."
리날도는 너무나 많이 달려오느라고
피곤하였기에 이제는 쉬고 싶었으며,
언제나 모험들을 보거나 듣고 싶은
선천적인 욕망을 갖고 있었기 때문에,
그 기사의 제안을 즐겁게 받아들였고
그의 뒤를 따라 새로운 길로 갔어요.

길에서 벗어나 화살이 날아갈 거리만큼 73
나아가자 앞에 커다란 궁전[37]이 나타났고,
수많은 무리의 시종들이 횃불들을 들고

---

37) 여기에서 묘사되는 궁전은, 만토바의 포강 건너에 있는 소읍 레베레(Revere)에 세워졌으며, 지금도 남아 있는 곤차가 공작의 궁전을 모델로 하였다고 한다.

다가와서 주위를 환하게 밝혀 주었어요.
리날도는 들어가 주위를 둘러보았는데,
그야말로 보기 드문 장관을 보았으니,
한 개인은 그런 많은 경비를 감당하지
못할 정도로 아름답고 멋지게 세웠어요.

사문석과 반암[38] 같은 단단한 돌들이 74
성문을 화려하게 장식하고 있었으며,
청동으로 만든 문에 새겨진 형상들은
마치 숨을 쉬고 움직이는 것 같았어요.
그리고 아치 아래로 들어갔는데, 멋진
모자이크 무늬가 눈을 현란하게 했고,
거기에서 사각형 안뜰로 들어갔는데,
각 면의 주랑은 일백 완척 길이였어요.

각 주랑에는 나름대로의 문이 있었고, 75
문과 주랑 사이에는 아치가 있었는데
크기는 모두 같았지만, 건축가는 서로
다른 방식으로 화려하게 장식했어요.
각 아치에서 안으로 들어갔는데, 짐을
실은 말이 갈 정도로 완만한 경사였고,
각 계단 위에 또 다른 아치가 있었고,

---

38) 사문석(蛇紋石)과 반암(斑岩)은 고급 대리석에 속한다.

각 아치를 통해 홀 안으로 들어갔어요.

위쪽의 아치들은 밖으로 돌출되어서 76
커다란 문을 지붕처럼 덮고 있었으며,
각 아치를 기둥 두 개가 떠받쳤는데,
하나는 청동, 다른 하나는 돌이었어요.
궁전의 화려하게 장식된 모든 방들을
일일이 묘사하려면 오래 걸릴 것이며,
겉으로 보이는 것 이외에도, 건축가는
지하에 놀라운 것을 많이 설치했어요.

또 다른 황금 대접받침들과 기둥들이, 77
보석이 박힌 지붕을 받치고 있었는데,
그곳을 장식하는 진귀한 대리석들에는
뛰어난 손이 다양한 방식으로 그림과
조각, 다른 많은 작품을 새겨 놓았으니,
(비록 어두움이 많은 것을 감추었지만)
분명 두 명의 왕이 가진 재산을 합쳐
그 엄청난 비용을 충당했을 것입니다.

그 화려한 궁전 안에 아주 많이 있는 78
다른 화려하고 아름다운 장식들 외에,
여러 개의 줄기에서 아주 시원한 물을
풍부하게 뿜는 분수가 하나 있었어요.

그곳에 시종들은 식사를 차려 놓았는데,
바로 안뜰의 정중앙 가운데에 있었으니,
분수는 그 높다란 궁전의 문 네 개를
똑같은 거리에서 바라보고 있었습니다.

아주 탁월하고 근면한 장인이 제작한　　　　　　　　　　79
분수는 너무나도 섬세한 작품이었는데,
여덟 면으로 구별된 주랑 또는 누각이
주위를 뒤덮는 것 같은 형상이었어요.
분수 위쪽에는 아래에 온통 광택으로
채색되어 있는 황금 지붕이 있었는데,
새하얀 대리석으로 만든 여덟 동상이
왼팔로 그 지붕을 떠받치고 있었어요.

재능 있는 장인은 그들의 오른손에다　　　　　　　　　　80
아말테이아[39]의 뿔을 조각해 넣었으며,
거기에서 기분 좋게 졸졸거리는 소리로
물이 설화석고 수반 안으로 떨어졌어요.
각각의 기둥은 무척 솜씨 있는 기교로

---

39) Amaltheia. 고전 신화에서 유피테르에게 젖을 먹여 기른 유모로 암염소 또는 요정이었다고 한다. 어느 날 그 암염소의 뿔이 부러졌을 때 그 안에 신들의 음식이 담겨 있었고, 일설에 의하면 그 뿔을 가진 자가 원하는 것을 모두 이루게 해 주는 힘이 있었다고 한다. 따라서 그 뿔을 가리켜 '풍요의 뿔(Cornucopia)'이라 불렀다.

커다란 여인의 형상으로 만들어졌는데,
옷차림과 얼굴 모습은 서로 달랐지만,
모두 똑같이 아름답고 우아했습니다.

그 각각의 동상은 아래쪽에 아름다운 81
두 명의 인물 위로 발을 딛고 있었는데,
그 인물들은 마치 노래와 음악을 즐기고
있는 것처럼 입을 크게 벌리고 있었으며,
그들의 그런 태도는, 자신의 모든 노력과
작업으로 어깨 위의 아름다운 여인들을
찬양하고 있는 것 같았고, 만약 실제로
살아 있다면 그렇게 하였을 것입니다.

아래쪽에 있는 그 동상들은 아주 길고 82
방대한 글귀를 손안에 들고 있었는데,
거기에서는 위에 있는 매우 가치 있는
여인들의 이름을 무척이나 찬양하였고,
또한 멀리 떨어지지 않은 곳에다 자기
이름을 분명한 글씨로 보여 주었어요.
리날도는 횃불의 불빛에 그 여인들과
기사들을 하나하나 모두 살펴보았어요.

그의 눈에 들어오는 첫 번째 글귀에는 83
루크레치아 보르자[40]의 이름이 있었는데,

그녀의 아름다움과 진지함은 자기 고향
로마의 옛날 루크레치아[41]를 능가하지요.
그렇게 탁월하고 명예로운 짐을 자신의
위에 짊어지려고 했던 두 명의 기사는
안토니오 테발데오, 에르콜레 스트로치[42]로
리누스와 오르페우스[43] 같은 사람들이지요.

옆에 있는 여인도 마찬가지로 아름답고 84
행복해 보였고, 글귀에 이렇게 적혔어요.
"여기 에르콜레의 딸 이사벨라[44]가 있노라.
그녀 덕택에 페라라는 더 행복해질 것이니,
세월이 가볍게 자신의 흐름을 계속하면서,
너그러운 **행운**이 그 도시에 줄 수 있는
다른 어떤 번영과 혜택보다도, 그 안에서
그녀가 태어나게 될 것이기 때문이노라."

---

40) 제13곡 69연 참조.
41) Lucrezia. 라틴어 이름은 루크레티아(Lucretia). 기원전 6세기 로마의 '오만한 왕' 타르퀴니우스의 아들 섹스투스에게 강제로 욕을 당하자 자결하였다(제29곡 28연 참조).
42) 안토니오 테발데오(Antonio Tebaldeo, 1462~1537)는 페라라 출신으로 루크레치아 보르자의 비서이자 시인이었다. 에르콜레 스트로치에 대해서는 제37곡 8연 참조.
43) 고전 신화에서 리누스(Linus)는 아폴로의 아들이고, 오르페우스(Orpheus)는 아폴로 또는 무사 여신 칼리오페의 아들로 둘 다 뛰어난 음악가였다.
44) 제13곡 59연 이하 참조.

그녀의 영광이 언제나 울려 퍼질 수 있게　　　　　　　　　　　85
애정 어린 열망을 보여 주는 두 사람은
모두 잔 야코포였는데, 하나는 칼란드라,
다른 하나는 바르델로네 사람이었어요.⁴⁵⁾
좁은 물줄기를 통하여 누각에서 밖으로
물이 흘러나오는 셋째와 넷째 자리에는,
고향과 혈통, 명예가 대등하고, 아름다움과
덕성이 대등한 두 명의 여인이 있었어요.

하나의 이름은 엘리사베타, 다른 하나는　　　　　　　　　　　86
엘레오노라⁴⁶⁾인데, 글이 새겨진 대리석이
이야기하는 바에 의하면, 그녀들은 만토의
땅을 영광스럽게 만들 것이며, 그리하여
그곳을 명예롭게 만든 베르길리우스⁴⁷⁾를,
그녀들보다 더 자랑하지 못할 것입니다.
처음 여인의 옷자락 발치에는 야코포

---

45) 잔 야코포 칼란드라(Gian Jacopo Calandra)는 만토바의 시인으로 이사벨라의 비서였고, 잔 야코포 바르델로네(Gian Jacopo Bardelone)는 만토바의 궁정 시인이었다.

46) 엘리사베타 곤차가(Elisabetta Gonzaga, 1471~1526)는 프란체스코 후작의 누이로 구이도발도 다 몬테펠트로(Guidobaldo da Montefeltro, 재위 1482~1502)의 아내였고, 엘레오노라 곤차가(제26곡 49연 참조)는 엘리사베타의 조카로 프란체스코 마리아 델라 로베레(Francesco Maria della Rovere)의 아내였다.

47) 만토바는 테베의 예언자 테이레시아스의 딸 만토의 이름을 따서 세워졌으며(제13곡 59연 참조), 로마의 시인 베르길리우스의 고향이다.

사돌레토, 피에트로 벰보[48]가 있었어요.

우아한 카스틸리오네와 박식한 무치오   87
아렐리오[49]가 다른 여인을 받치고 있었어요.
아름다운 대리석에 새겨진 그 이름들은,
당시에는 몰랐지만 지금은 유명하지요.
그런 다음 하늘이 많은 덕성을 선물할
여인[50]을 보았는데, 전에도 그런 것처럼
행운이 다스리는 동안에는, 때로는
좋고, 때로는 나쁘게 동요될 것입니다.[51]

황금 글귀는 그녀가 바로 루크레치아   88
벤티볼리오라고 밝혔고, 그녀의 찬양들
중에는, 페라라 공작이 그녀의 아버지가
되어 즐겁고 행복하다고 적혀 있었어요.
그녀에 대해서는 맑고 달콤한 목소리로

---

48) 야코포 사돌레토(Jacopo Sadoletto, 1477~1547)는 모데나 출신의 문인이자 성직자로 나중에 추기경이 되었다. 피에트로 벰보에 대해서는 제37곡 8연 참조.

49) 발다사레 카스틸리오네는 제37곡 8연 참조. 무치오 아렐리오(Muzio Arelio)는 만토바 출신의 시인 조반니 무차렐리(Giovanni Muzzarelli, 1486~1516)를 가리킨다.

50) 다음 연에서 이름이 밝혀지는 루크레치아 벤티볼리오(Lucrezia Bentivoglio). 그녀는 페라라 공작 에르콜레 1세의 딸로 볼로냐의 안니발레 벤티볼리오(Annibale Bentivoglio)와 결혼하였다. 벤티볼리오 가문의 권력에 대해서는 제33곡 37연 이하 참조.

51) 상황의 변화에 따라 좋은 시절과 나쁜 시절을 번갈아 겪을 것이라는 뜻이다.

카밀로⁵²⁾가 노래했는데, 암프리소스강⁵³⁾이

자기 목동의 노래를 들었듯이, 레노와

볼로냐⁵⁴⁾가 놀라움 속에 귀를 기울입니다.

다른 하나 덕택에, 이사우로의 달콤한   89

물이 거대한 바다로 흘러 들어가는 땅⁵⁵⁾은

인더스강에서 마우레타니아까지, 남풍의

집에서 북풍의 집까지⁵⁶⁾ 알려질 것이고,

로마 황금의 무게를 재는 것⁵⁷⁾ 이상으로

영원한 이름이 거기에 남아 있을 것이니,

그는 바로 미네르바와 아폴로가 선물하는

두 왕관을 쓴 구이도 포스투모⁵⁸⁾입니다.

---

52) 볼로냐 출신의 시인 카밀로 팔레오티(Camillo Paleotti, 1520~1594).
53) Amphrysos. 그리스 테살리아 지방에 흐르는 강인데, 아폴로는 그곳의 왕 아드메토스(Admetos)의 하인이 되어 암프리소스강가에서 양 떼를 돌보았다.
54) 원문은 "펠시나(Felsina)"로, 볼로냐의 에트루리아어 이름이다. 레노(Reno)강은 볼로냐 옆으로 흐른다.
55) 이사우로강이 옆으로 흐르는 페사로(제3곡 37연 참조). 원문은 "insala in maggior vase", 즉 '거대한 항아리 안에서 짜지는'으로 되어 있다.
56) 말하자면 동쪽 끝에서 서쪽 끝까지, 그리고 남쪽 끝에서 북쪽 끝까지.
57) '페사로(Pesaro)'라는 이름이 고대 로마에 침입했던 켈트족이 로마인들이 소유하고 있던 "황금의 무게를 재다(pesare auro)"에서 나왔다는 것인데, 뚜렷한 근거는 없다.
58) Guido Postumo. 본명은 구이도 실베스트리(Guido Silvestri, 1479~1521)이며 페사로 출신으로 데스테 궁정의 의사이자 시인이었다. 그렇기 때문에 과학의 여신 미네르바와 시의 신 아폴로에게서 동시에 왕관을 받았다고 표현하였다.

그다음 순서의 여인은 디아나[59]였습니다.　　　　　　　　**90**
대리석 글귀는 말했어요. "그녀의 모습이
오만하다고 보지 마시라. 그녀의 인간적인
가슴은 얼굴 못지않게 아름다울 것이니까."
박식한 첼리오 칼카니니[60]는 뚜렷한 나팔로
페르시아 왕국,[61] 유바[62]의 왕국, 인디아와
에스파냐에 그녀의 아름다운 이름과 영광이
널리 울려 퍼지고 듣게 만들 것입니다.

마르코 카발로[63] 역시 그럴 것인데, 그는　　　　　　　　**91**
파르나소스인지 헬리콘인지 알 수 없는
산에서 날개 달린 말[64]이 샘솟게 했듯이,
앙코나에 시의 샘이 솟게 할 것입니다.
곁에 베아트리체[65]가 얼굴을 들고 있는데,

---

59) 에르콜레 1세의 동생 시지스몬도의 딸 디아나(Diana)를 가리킨다. 그녀는 알베리고 산세베리노와 결혼하였는데, 매우 아름다웠지만 오만하였다.
60) Celio Calcagnini(1479~1541). 페라라대학교의 박식한 교수이자 시인.
61) 원문은 '모네세(Monese)의 왕국'. 모네세(라틴어 이름은 모나이세스Monaeses)라는 이름은 호라티우스에 의해 언급되는데, 로마 제1차 삼두정치의 일원이었던 크라수스를 물리친 파르티아의 장군 수레나스(Surenas)를 가리키는 것으로 간주된다.
62) 아프리카 누미디아의 왕 유바 1세(Juba I, 재위 기원전 60~기원전 46)로 그는 카이사르에게 패배하였다.
63) Marco Cavallo. 앙코나 출신의 시인. 카발로는 '말'이라는 뜻이다.
64) 고전 신화에 나오는 날개 달린 말 페가수스(Pegasus)는 파르나소스에 있는 헬리콘산에서 발굽으로 쳐서 히포크레네('말의 샘') 샘물이 솟아나게 하였다.

그녀에 대한 글귀는 이렇게 말합니다.
"베아트리체, 살아서 남편[66]을 행복하게
만들고, 죽으면서 불행하게 남겨 두노라.

그녀가 있으면 이기고, 그녀가 없으면 92
포로인 이탈리아 전체가 불행해지노라."
코레조 사람[67]과, 벤데데이 집안의 영광인
티모테오[68] 두 사람이 고귀한 문체로
그녀에 대하여 쓰고 노래할 것입니다.
두 사람은 이쪽과 저쪽 강가 사이에서
달콤한 시구들의 소리로 옛날에 호박
눈물을 흘렸던 강물을 세울 것입니다.[69]

이 동상과, 제가 앞에서 말씀드렸듯이, 93
보르자의 동상이 새겨진 기둥 사이에는
커다란 여인[70]이 설화석고에 새겨졌는데,
너무나도 당당하고 고귀한 모습이었고,

---

65) 에르콜레 1세의 딸 베아트리체를 가리킨다(제13곡 62연 이하 참조).
66) 밀라노 공작 루도비코 스포르차.
67) 이탈리아 북부의 소읍 코레조(Correggio) 출신 니콜로(Niccolò, 1450~1508)는 시인이었다.
68) 티모테오 벤데데이(Timoteo Bendedei, 1447~1522)는 페라라 출신 시인이었다.
69) 파에톤이 포강에 떨어져 죽자 그의 누이들이 흘린 눈물이 호박(琥珀)이 되었다고 한다(제3곡 34연 참조).

검은색 치마에, 순수한 베일 아래에서
소박한 옷차림에 황금이나 보석도 없이
많이 치장한 여인들 못지않게 아름답고,
다른 별들 사이의 베누스 별[71] 같았어요.

그런데 그녀의 얼굴을 아무리 자세하게   94
살펴보아도, 우아함이 많은지, 아름다움이
많은지, 아니면 당당함이 더 많은지, 또는
재능이나 덕성이 많은지 알 수 없었어요.
대리석 글귀는 말했어요. "그녀에 대해
가능한 한 충분히 말하고 싶은 사람은,
무엇보다도 가치 있는 임무를 하겠지만,
누구도 끝까지 성공하지 못할 것이노라."

아름답고 멋지게 조각된 그녀의 동상은   95
아무리 달콤하고 우아하게 보일지라도,
조잡한 사람이 초라한 노래로 그녀에
대해 찬양하니까 기분이 상해 보였는데,
왜 그런지 모르겠으나, 옆에 아무도 없이
그는 혼자서 여인을 떠받치고 있었어요.

---

70) 이 여인의 이름이나, 그녀를 찬양하는 단 한 명의 시인의 이름은 밝혀지지 않는
데, 대부분 그녀는 아리오스토의 연인 알레산드라 베누치(제1곡 2연 참조)이고,
외로운 시인("조잡한 사람")은 아리오스토 자신을 가리키는 것으로 해석된다.

71) 금성.

나머지 모든 사람의 이름은 새겨졌지만,
장인은 그 두 사람의 이름을 감추었어요.

동상들은 가운데를 둥글게 둘러쌌는데, 96
그곳의 바닥은 마른 산호로 장식되었고,
수정같이 맑고 깨끗한 물이 흘러내려
시원하고 달콤하고 기분 좋게 만들었고,
관을 따라 풍부히 밖으로 떨어진 물은
파랑, 하양, 노랑, 초록의 풀밭 사이로
여러 갈래의 물줄기로 흘러가 부드러운
풀들과 작은 나무들을 즐겁게 하였어요.

리날도는 친절한 주인과 함께 식사를 97
하면서 이야기를 나누었고, 그가 약속한
것[72]을 더 이상 연기하지 말고 지키라고
그에게 여러 번이나 상기시켜 주었어요.
그리고 자주 그를 살펴보았는데, 그의
가슴이 커다란 고통에 짓눌려 있었고,
한순간도 쉬지 않고 입술에 뜨거운
한숨이 서려 있다는 것을 깨달았어요.

그에게 질문하고 싶은 욕망에 쫓기는 98

---

72) 리날도를 궁전으로 초대하면서 약속한 것을 말한다.

Canto 42:97

리날도는 친절한 주인과 함께 식사를
하면서 이야기를 나누었고,

리날도의 목소리는 여러 번 입 밖으로
나오려고 했지만, 친절한 절제에 의해
거기에서 억제되어 나오지 않았어요.
그런데 마침내 저녁 식사가 끝났으며,
그런 임무를 맡은 하인이 식탁 위에다
순금으로 만들어지고, 밖에는 보석들이,
안에는 포도주가 가득한 잔을 놓았어요.

그러자 궁정의 영주는 약간의 미소를　　　　　　　　　　99
지으면서 리날도에게 얼굴을 들었어요.
하지만 자세히 살펴보면, 그는 웃음보다
눈물을 흘리고 싶은 것 같았고, 이렇게
말했어요. "이제 당신이 자주 상기시킨
것을 충족시켜 줄 시간이 된 것 같군요.
아내를 가진 사람이면 모두 기꺼이 해
보려는 실험을 당신에게 보여 주겠어요.

제가 생각하기에, 모든 남편은 아내가　　　　　　　　　　100
자신을 사랑하는지 항상 염탐해야 하고,
그녀로 인해 명예 또는 비난을 받는지,
짐승 또는 인간이 되는지 알아야 해요.
오쟁이[73]의 무게는, 남자에게 너무나도
치욕이지만, 세상에서 가장 가볍기에,
다른 사람들은 거의 모두가 보는데도,

그것을 진 사람은 전혀 느끼지 못해요.

만약에 아내가 충실하다는 것을 알면 101
충실하지 않다는 것을 알거나, 의심과
질투에 사로잡혀 있을 때보다, 당연히
더 많이 사랑하고 존중해야 하지요.
많은 남편들이 정숙하고 착한 아내를
부당하게 질투하는 경우도 있으며,
또 많은 남편들이 확신하고 있지만,
오쟁이를 지고 다니는 경우도 있지요.

당신의 아내가 정숙한지 알고 싶다면, 102
(당신이 지금 믿듯이 믿어야 할 겁니다.
증거를 통해 명백히 알고 있지 않은데,
그것과 다르게 믿는 것은 힘드니까요)
이 잔을 마시면, 다른 사람들이 말해 줄
필요도 없이, 당신 자신이 알게 되지요.
이 잔은 오로지 당신에게 약속한 것을
증명하기 위해 여기에 있는 것입니다.

---

73) 다른 남자와 간통한 아내에게 배신당하는 남편을 가리켜 이탈리아어로 'avere le corna'라고 표현한다. 직역하면 '뿔을 갖고 있다' 정도가 될 것인데, 어원은 다르지만 우리말의 '오쟁이 지다'와 비슷하다. 이 구절의 원문은 '머리에 뿔을 갖고 있다'는 표현으로 말장난을 하고 있다. 그 '뿔'(또는 "오쟁이")은 너무 가벼워서 '갖고 있는'(또는 "진") 사람은 전혀 느끼지 못하지만, 다른 사람들은 모두 알고 있다는 것이다.

이 잔을 마시면, 놀라운 효과를 보게
될 것인데, 당신이 오쟁이를 졌다면,
포도주는 모두 가슴에 쏟아질 것이고,
입에 한 방울도 닿지 못할 것이지만,
충실한 아내라면 깨끗이 마실 겁니다.
이제 당신의 운명을 보도록 해 보세요."
그렇게 말하면서, 포도주가 리날도의
가슴으로 쏟아지는지 보려고 했어요.

리날도는 아마 나중에는 발견하고 싶지
않은 것을 찾아보도록 거의 설득되었고,
한 손을 앞으로 내밀어 잔을 붙잡았고,
이제 막 직접 실험을 해 보려고 했는데,
거기에 입술을 대는 것이 얼마나 위험한
일인지 마음속으로 곰곰이 생각했어요.
하지만, 나리, 저는 먼저 쉬고 싶습니다.
그다음에 리날도의 대답을 말하겠어요.

제43곡

리날도는 시험을 거부하고 파도바의 기사에게서 배우자의 부정을 증명하는 술잔 이야기를 듣는다. 그리고 배의 선장에게서 아르자와 마법의 개 이야기를 듣는다. 브란디마르테의 장례식이 거행되고, 기사들은 은둔자의 섬에서 루지에로와 만난다.

오, 역겨운 **탐욕**이여, 오, 재산에 대한 1
굶주린 욕심이여, 다른 오점들이 넘치고
천박한 영혼을, 네가 그렇게 간단하게
붙잡아 버리는 것이 나는 놀랍지 않지만,
재능이 탁월하여, 만약 너를 피할 수만
있었더라면, 모든 명예를 누렸을 사람을,
네가 똑같은 발톱을 사용하여 밧줄로
묶어 끌고 다니는 것은 정말 놀랍도다!

어떤 사람은 땅과 바다와 하늘을 재고, 2
자연의 모든 일, 모든 작업의 원인을
모두 충분하게 파악할 줄 알며, 누구는

높이 올라가 하느님의 마음을 보지만,[1]
너의 치명적인 독약에 깨물려, 재산을
모으는 데에만 최대한의 관심과 모든
마음을 기울이고, 오직 거기에만 모든
희망을 걸고, 거기에만 몰두하는구나!

누구는 군대들을 물리치고, 전쟁터에서   3
강력한 용기를 발휘하여, 성문 안으로
들어갈 때에는 가장 먼저 앞장을 서고,
위험한 전투에서는 맨 뒤에 퇴각하지만,
네가 죽을 때까지 캄캄한 감옥 안에다
가두어 놓는 것을 막지는 못하는구나!
기술과 학업을 닦아 탁월하고 뛰어날
다른 사람들도 너는 어둡게 하는구나!

아름답고 고귀한 여인들에 대해서는   4
무슨 말을 할까요? 충실한 구혼자들의
아름다움과 덕성들, 오랜 봉사에 대해
기둥보다 더 단단하고 확고부동하군요.
그런데 보아하니, **탐욕**이 다가오더니,
곧바로 그녀들에게 마법을 거는 것처럼,
하루 만에 사랑도 없이(누가 믿겠어요?)

---

1) 신학자들과 철학자들을 가리킨다.

추하고 늙은 괴물에게 그녀들을 주는군요.

제가 불평하는 데는 이유가 없지 않으니,　　　　　5
이해하는 사람은 저를 이해할 것입니다.
그리고 제 의도에서 벗어나지도 않았고,
제 노래의 주제를 잊은 것도 아닙니다.
오히려 제 이야기를, 제가 이미 말한 것,
말해야 할 것에다 일치시키고 싶습니다.
이제 포도주를 마시려고 잔을 준비했던
리날도에 대한 이야기로 돌아가 봅시다.

그는 입술을 잔에 가까이 대 보기 전에　　　　6
잠시 생각하고 싶었다고 제가 말했지요.
그는 생각하더니 말했어요. "보고 싶지
않은 것을 찾는 것은 어리석을 것이오.
내 아내는 여자이고, 모든 여자는 약하니,
지금의 내 믿음을 그대로 갖게 놔두오.
내 믿음은 지금까지 나에게 유용했는데,
그것을 시험한다고 무엇이 좋아지겠소?

때로는 하느님께서도 시험하는 것을　　　　7
싫어하시니,[2] 이익보다 손해가 클 거요.

---

[2] "주 너의 하느님을 시험하지 마라."(《루카 복음서》 4장 12절)

이것이 현명한지 멍청한지 모르겠으나,
나는 알고 싶지 않고, 그것이 편하다오.
이제 이 포도주를 가져가도록 하시오.
나는 목마르지 않고, 원하지도 않아요.
최초 아버지[3]께 금지한 생명의 나무보다
하느님께서는 이 확실함을 더 금지하셨소.

아담은 하느님께서 바로 당신의 입으로 8
금지하신 열매를 맛보고 나서, 순식간에
즐거움에서 괴로움 속으로 떨어졌으며,
언제나 비참함 속에서 괴로워하였으니,
그와 마찬가지로, 만약 자신의 아내가
말하고 행동한 것을 모두 알려고 하면,
즐거움에서 슬픔과 고통 속으로 떨어져
거기에서 절대 벗어날 수 없을 것이오."

그렇게 말하는 동안 훌륭한 리날도는 9
증오스러운 포도주 잔을 멀리 밀쳤는데,
그 궁전 주인의 눈에서 커다란 눈물의
강이 넘쳐 흘러나오는 것을 보았어요.
잠시 후 약간 진정된 그는 말했습니다.
"세상에! 운명의 시험을 하도록 나를

---

[3] 아담.

설득한 사람은 영원히 저주를 받아라!
부드러운 아내를 내게서 빼앗아 갔으니!

왜 십 년 전에 당신을 알지 못했을까요?　　　　　　　　10
만약 그랬다면, 거의 내 눈을 멀게 만든
오랜 눈물과 괴로움이 시작되기 전에
당신에게서 충고를 들었을 것입니다.
나의 불행을 보고 함께 슬퍼하도록,
이제 나의 상황에 대해 이야기하겠소.[4)]
말할 수 없이 괴로운 내 고통에 대해
처음부터 자세하게 당신에게 말하겠소.

당신은 도시 하나를 지나왔을 텐데,　　　　　　　　　　11
베나코[5)]라는 호수에서 처음 발원하여
흘러 내려와 이곳 포강으로 합류하는,
호수 같은 강에 둘러싸인 도시[6)]이지요.
아게노르와 드래곤의 도시가 폐허로
변했을 무렵에 그 도시가 세워졌지요.[7)]
나는 거기서 태어났는데, 고귀한 가문
출신이었지만 가난하고 비천하였어요.

---

4) 원문의 "Ma vo' levarti da la scena i panni"는 '당신에게 무대의 장막을 걷어 주고 싶소'라고 직역할 수 있다.
5) Benaco. 지금은 가르다(Garda)라고 부르는 이탈리아 북부의 호수이다.
6) 만토바. 가르다호수에서 발원하여 만토바를 둘러싸고 흐르는 강은 민초강이다.

비록 **행운**이 나를 보살피지 않아서　　　　　　　　　　12
태어날 때 나에게 부를 주지 않았지만,
자연이 그녀의 결함을 보완하였으니,
누구보다 뛰어난 아름다움을 주었어요.
젊었을 때 여인과 아가씨 여러 명이
내 모습에 열렬히 불타는 것을 보았고,
자기 자신을 칭찬하는 것은 나쁘지만,
거기에다 친절한 태도를 덧붙였지요.

우리 도시에 현명한 사람이 있었는데,　　　　　　　　　13
모든 기술에서 믿을 수 없게 박식했고,
눈부신 햇살을 향해서 눈을 감았을 때[8]
그의 나이는 무려 백스무 살이었어요.
그 모든 생애를 혼자 외롭게 살았는데,
다만 말년 무렵에 아모르에게 이끌려서
보상을 주고 아름다운 여인을 샀으며,
그녀에게서 몰래 딸을 하나 얻었지요.

---

7) 만토바는 테베에서 도망쳐 나온 예언자 여인 만토(또는 그녀의 아들)가 세웠다 (제13곡 59연 참조). "아게노르와 드래곤의 도시"는 테베를 가리킨다. 고전 신화에서 아게노르(Agenor)의 아들 카드모스(Cadmos)와 에우로페(Europe)는 미네르바의 충고에 따라 드래곤을 죽이고, 그 이빨들을 땅에 심었다. 그러자 땅속에서 무장한 남자들이 솟아 나와 서로 싸워서 죽이고 다섯 명만 남았고, 그들이 테베의 조상이 되었다. 그리고 카드모스는 테베의 왕이 되었다. 테베가 망한 후에 만토는 이탈리아반도로 건너왔다고 한다.

8) 죽었을 때.

그런데 어린 딸이 어머니와 비슷하게　　　　　　　　14
되는 것을 막기 위해(왜냐하면 그녀는
세상에서 모든 황금보다 더 가치 있는
자신의 정조를 돈을 받고 팔았으니까요),
사람들의 사회에서 격리되게 하였어요.
아주 외롭고 고립된 장소를 찾았으며,
마법의 힘으로 악마들에게 이 방대하고
아름답고 화려한 궁전을 짓게 하였지요.

여기에서 나이 많고 정숙한 여인들이　　　　　　　　15
길러 딸이 아주 아름답게 성장했는데,
그 나이에 다른 남자를 볼 수 없었고,
남자 이야기도 듣지 못하고 자랐어요.
그리고 뒤따라야 할 모범을 갖도록,
부당한 사랑에 대해 완전히 빗장을
걸어 닫았던 모든 정숙한 여인들을
조각하거나 물감으로 그리게 했어요.

덕성들의 친구로서 초창기의 세상을　　　　　　　　16
멋지게 장식하였고, 그녀들의 명성이
옛날의 역사들을 통하여 영원하게
사라지지 않을 여인들뿐만 아니라,
장차 이탈리아를 사방에서 아름답게
장식하게 될 다른 정숙한 여인들까지,

당신이 보는 이 분수 주위에다 여덟
여인의 모습으로 조각하게 하였지요.

노인이 보기에, 남자가 그 열매들을   17
딸 수 있을 정도로 딸이 성숙했을 때,
불행인지 행운인지 모르겠으나, 내가
그녀에게 합당한 남자로 선택되었어요.
그리고 나에게 자기 딸의 지참금으로,
이 멋진 성벽 너머에, 주위 사방으로
20마일의 땅과, 물고기가 많은 호수가
포함된 아주 널따란 영토를 주었지요.

그녀는 더 이상 바랄 수 없을 정도로   18
아름답고 정숙한 행실을 갖추었어요.
매우 아름다운 자수와 바느질에서는
미네르바 못지않은 솜씨를 자랑했고,
그녀의 행동과 노래와 악기 연주는
인간의 것이 아닌 천상의 것이었어요.
그리고 교양에 있어서도 아버지에게
가까이 다가갈 정도로 박식했습니다.

심지어 돌멩이들까지 사랑할 정도로   19
대단한 아름다움과 커다란 재능에다
너무나도 사랑스럽고 부드러웠으니,

그것을 생각하면 가슴이 찢어집니다.
내가 어디를 가든지, 나와 함께 있는
것을 가장 원했고, 가장 즐거워했어요.
한동안 우리는 싸움 없이 살았는데,
결국 내 잘못으로 싸우게 되었어요.

내가 부부의 멍에에다 목을 맨 다음   20
오 년이 지나 장인이 돌아가셨을 때까지,
지금도 괴로운 고통은 아직 시작되지
않았는데, 어찌 된 일인지 말하지요.
내가 이렇게 칭찬하는 아내의 사랑에
완전히 둘러싸여 살아가는 동안에,
그 고장에 살던 어느 고귀한 여인이
나에 대한 강렬한 사랑에 불탔어요.

그녀는, 다른 어떤 마녀들이 아는   21
만큼 마법과 마술을 알고 있었으니,
밤을 밝게 하고, 낮을 어둡게 하고,
태양을 멈추고, 땅을 움직였답니다.
하지만 자기 사랑의 상처를 치유할
내 욕망을 이끌어 낼 수는 없었으니,
나의 아내에게 커다란 모욕을 주지
않고는 치유책을 찾을 수 없었어요.

Canto 43:21

밤을 밝게 하고, 낮을 어둡게 하고,
태양을 멈추고, 땅을 움직였답니다.

그녀가 고귀하고 아름답다는 것도, 22
나를 무척이나 사랑한다는 사실도,
그녀가 수없이 많이 주는 선물들도,
계속하여 강조하는 수많은 약속들도,
내 첫사랑에서 조그만 불꽃 하나도
떼어 내 그녀에게 주게 하지 못했어요.
내 아내가 충실하다는 것을 알고 있어,
모든 내 욕망이 이끌렸기 때문이지요.

내가 내 아내의 충실함에 대해 가지고 23
있었던 확실함과 믿음, 그리고 희망은,
레다의 딸[9]이 갖고 있던 아름다움도
경멸하게 만들 정도였으며, 이데산의
위대한 목동[10]에게 제공되었을 모든
지혜나 부도 경멸하게 했을 정도지요.
그렇지만 나의 거부도 그녀를 곁에서
쫓아 버릴 정도로 강하지는 않았어요.

어느 날 궁전 밖에서 나를 만난 그 24

---

9) 고전 신화에 나오는 유피테르와 레다의 딸로 아름다움으로 유명했던 헬레네를 가리킨다.
10) 트로이아의 프리아모스 왕의 아들로, 이데산에서 목동들의 손에 자랐던 파리스를 가리킨다. 그 유명한 파리스의 심판에서, 미네르바는 그에게 무한한 지혜를 약속했고, 유노는 엄청난 부를 약속하였다.

마녀는(그녀의 이름은 멜리사[11]였어요)
아주 편안하게 내게 말할 수 있었고,
내가 사악한 질투심에 끌려 평온함을
깨뜨려 버리고, 내 가슴에 박혀 있던
믿음을 쫓아내 버릴 방법을 찾았지요.
그녀는 충실한 아내에게 충실하려는
나의 의도를 칭찬하기 시작하였어요.

'하지만 충실함에 대한 증거를 보기   25
전에는 충실하다고 말할 수 없어요.
실수할 수 있는데도 실수하지 않으면,
충실하고 정숙하다고 믿을 수 있어요.
당신 없이 혼자 다니게 놔두지 않고,
다른 남자를 볼 틈을 주지 않으면서,
어떻게 당신은 그녀가 정숙하다고
나에게 말하고 또 주장할 수 있어요?

당신이 잠시 동안 집에서 떠나 보세요.   26
당신이 떠나고 그녀가 남아 있다는 것을

---

[11] 여기에서 마녀 멜리사는 악한 역할로 나온다. 브라다만테와 루지에로를 헌신적으로 도와주는 모습과는 어울려 보이지 않는다. 따라서 두 명의 서로 다른 멜리사일 것이라고 주장하는 학자도 있다. 하지만 앞의 제3곡 12연에서 멜리사는 먼 곳까지 가서 마법사 메를리노를 만나는 것으로 나오는데, 메를리노의 충고에 따라 이후부터 착한 일을 하게 된 것으로 보는 것이 타당할 것이다.

모든 도시들과 마을들에 널리 알리고,
연인들과 심부름꾼들이 편하게 하세요.
부탁들이나 선물들에도 굴복하지 않고,
부정을 감출 수 있다는 것을 알면서도[12]
부부의 침대에 모욕을 주지 않는다면,
충실하다고 말할 수 있을 것입니다.'

그런 말과 함께 마녀는 쉬지 않고 27
나를 설득하였고, 내 아내의 명백한
충실함을 직접 보고, 또 시험해 보고
싶은 생각이 들도록 만들었습니다.
나는 덧붙였지요. '그런데 아내가
만약 내 생각과 다르다고 하더라도,
그녀가 칭찬을 받을 만한지, 아니면
벌을 받을 만한지 어떻게 확신하겠소?'

멜리사는 말했어요. '제가 희귀하고 28
특이한 능력을 가진 잔을 주겠어요.
전에 기네비어의 실수를 자기 오빠가
깨닫도록, 모르가나가 만든 것이지요.[13]
아내가 정숙한 사람은 잘 마시지만,
아내가 창녀인 사람은 마시지 못하고,

---

12) 만약 배신을 하더라도, 그 일이 드러나지 않을 것이라는 사실을 알면서도.

입안에다 넣는다고 생각하는 포도주를
모두 밖으로 흘려서 가슴을 적시지요.

떠나기 전에 당신이 시험해 보세요. 29
제가 믿기로는 깨끗하게 마실 거예요.
나는 당신 아내가 아직은 순수하다고
믿어요. 그 결과를 볼 수 있을 거예요.
하지만 나중에 돌아와서 새롭게 시험해
본다면, 가슴이 어떨지 장담하지 못해요.
만약 가슴이 젖지 않고 깨끗이 마시면,
당신은 가장 행복한 남편이 되겠지요.'

나는 받아들였어요. 그녀는 잔을 줬고, 30
나는 시험했는데 정확하게 성공했어요.
내가 바라던 대로, 사랑하는 내 아내가
정숙하고 착한 것으로 나왔으니까요.
멜리사가 말하더군요. '잠시 떠나세요.
한 달이나 두 달 그녀와 떨어져 있다가

---

13) 브리튼 소재 기사문학 작품 《브렛(Bret)》의 일화에 의하면, 마녀 모르가나는 자기 오빠 아서 왕이 왕비 기네비어의 부정함을 알도록 뿔잔을 보냈다고 한다. 하지만 그 잔은 아내에게 속은 남편이 아니라, 부정한 아내의 가슴을 젖게 하는 것이었다. 아리오스토가 이렇게 바꾼 것은 아마 다른 작품 《페르스발(Perceval)》의 영향이었던 것으로 짐작된다. 여기에서는 잔치를 벌이고 있는 아서 왕의 궁전에 어느 기사가 진귀한 잔을 갖고 오는데, 바로 속은 남편들의 가슴을 젖게 하는 잔이었다. 아서 왕도 그 잔으로 마셨는데 가슴이 젖었다고 한다.

나중에 돌아와서 다시 잔을 꺼내세요.
마시는지, 가슴이 젖는지 시험해 봐요.'

그래도 나는 떠나는 것이 힘들었어요. 31
그녀가 의심스러웠기 때문이 아니라,
그녀가 없으면, 내가 이틀은 고사하고
한 시간도 견딜 수 없었기 때문이지요.
멜리사가 말했어요. '다른 길을 통해
내가 당신에게 사실을 보여 주겠어요.
당신을 말투와 옷차림을 바꾸고, 다른
사람의 모습으로 그녀에게 데려가지요.'

가까운 곳에 포강이 사납고 위협적인 32
뿔 사이에서 보호하는 도시[14])가 있는데,
그곳의 관할 구역은 여기에서, 바다가
드나드는 바닷가까지 펼쳐져 있습니다.
오래되지는 않았지만, 이웃 도시들과
풍요로움과 화려함을 경쟁하고 있어요.
아틸라의 무서운 채찍에서 살아남은
트로이아 후손들이 그 도시를 세웠지요.[15])

---

14) 페라라. "사납고 위협적인 뿔"이란 포강의 강한 흐름을 가리킨다.
15) 트로이아에서 건너온 안테노르(제41곡 63연 참조)가 세운 도시 파도바에서 살아남은 사람들이 페라라를 세웠다고 한다. 아틸라에 대해서는 제17곡 3연 참조.

부자이며 아름다운 어느 젊은 기사가　　　　　　　　　　33
이 도시의 고삐를 조이거나 늦추지요.[16]
그는 어느 날 자신의 매를 뒤쫓다가
나의 영지 안으로 들어오게 되었는데,
내 아내를 보고 처음 만남에서 너무
마음에 들어 가슴에 봉인을 남겼으며,
그래서 자신의 욕망으로 이끌기 위해
이후에 많은 노력을 멈추지 않았어요.

내 아내는 그에게 수없이 거절하였고,　　　　　　　　　　34
결국 더 이상 유혹하려 하지 않았지만,
아모르가 새겨 놓은 그녀의 아름다움은
그의 기억에서 지워지지 않았답니다.
멜리사는 수없이 나를 유혹하고 꾀어
내가 그의 모습으로 변신하게 했으니,
어떻게 했는지 모르지만, 나의 얼굴과
말투와 눈과 머리카락을 바꾸었어요.

나의 아내에게는 내가 이미 동방으로　　　　　　　　　　35
떠나가 버린 것으로 위장을 하였는데,
그렇게 나는 그 젊은 기사의 모습과
몸짓, 목소리, 옷차림으로 변신한 채

---

16) 말하자면 적절하게 조절하며 통치한다는 뜻이다.

다시 되돌아왔으며, 멜리사는 시종의
모습으로 변신하여 내 옆에 있었는데,
인디아나 에리트레아 사람들도 보내지
못할 풍부한 보석들을 가지고 왔지요.

나는 내 궁전을 훤히 알았기에 자신 36
있게 들어갔고, 멜리사도 함께 갔는데,
내 아내가 시종들이나 하녀들도 없이
아주 편안하게 있는 것을 발견했어요.
나는 간청을 하였고, 그런 다음 악으로
이끄는 사악한 유혹들을 제공하였으니,
아무리 단단한 마음조차도 움직일 만한
루비, 다이아몬드, 에메랄드 들이었어요.

그리고 나에게서 기대할 수 있는 것에 37
비하면 그것은 초라한 것이라고 말했고,
지금 남편이 없기 때문에 누릴 수 있는
편안함에 대하여 그녀에게 이야기했고,
그녀도 알다시피, 나는 아주 오랫동안
그녀의 연인이었다는 것을 상기시켰고,
그렇게 충실하게 그녀를 사랑하였으니,
어떤 보상을 받을 가치가 있다고 했어요.

아내는 처음에는 적잖이 혼란스러워했고, 38

얼굴이 붉어졌고, 들으려 하지 않았지만,
결국 아름다운 보석들이 불처럼 반짝이는
것을 보고 단단한 마음이 부드러워졌어요.
그리고 짧고 간략하게 대답했는데, 지금
기억해도, 내 생명이 끊어질 것 같아요.
다른 사람이 절대 알지 못한다는 확신이
들면, 내 청을 들어주겠다는 것이었지요.

그 대답은 독화살이 되어 나의 영혼을 39
꿰뚫고 지나가는 것 같은 느낌이었으며,
내 뼛속과 혈관 속으로 냉기가 흘렀고,
입안에서 목소리가 얼어붙어 버렸지요.
그러자 멜리사는 자기 마법의 베일을
걷었고, 내 모습으로 돌아오게 했어요.
나로 인해 그 엄청난 실수를 하게 된
그녀가 어떻게 되었을지 생각해 보세요.

우리 둘은 모두 죽음의 빛깔이 되었고, 40
둘 다 말이 없었고, 눈을 내리깔았어요.
가까스로 혓바닥을 움직이고 목소리를
낼 수 있게 되었을 때, 나는 외쳤어요.
'그러니까 내 명예를 살 수 있는 자를
만난다면, 나를 배신하겠다는 것이오?'
그녀는 뺨에 눈물을 흘리는 것 이외에

다른 대답을 나에게 할 수 없었지요.

나로 인해 그런 잘못을 저지른 그녀는 41
부끄러웠지만, 그보다 경멸감이 더 컸고,
경멸감은 걷잡을 수 없이 증대되었으며,
결국 분노와 잔인한 증오로 폭발했어요.
그녀는 바로 내게서 떠날 생각을 했고,
태양이 이미 마차에서 내릴 시간인데도
강으로 달려갔으며, 자신의 배를 타고
서둘러 밤새도록 물결 따라 흘러갔으며,

다음 날 아침 그렇게 오랫동안 그녀를 42
사랑했던 젊은 기사의 앞에 나타났으니,
바로 내가 그의 얼굴과 모습으로 그녀를
유혹해 내 명예를 더럽혔던 기사이지요.
그녀를 여전히 사랑하고 있었던 그가
기쁘게 맞이했다고 믿을 수 있겠지요.
그리고 더 이상 내 아내가 되고 싶지
않으며, 날 사랑하지 않는다고 했어요.

오, 세상에! 그날 이후로 그녀는 그와 43
즐겁게 살면서 나를 조롱하고 있는데,
나는 그 당시 나 자신이 가져온 불행에
지금도 괴롭고 평온을 찾을 수 없어요.

고통은 더 커지고, 거의 죽을 지경이니,
이제 내게 얼마 시간이 남지 않았어요.
만약 유일한 위안 하나가 나를 도와주지
않았다면, 바로 그해에 죽었을 겁니다.

내가 유일하게 위안을 얻는 것은, 지난 44
십 년 동안 이 궁전에 살면서 모든 사람
앞에다 항상 이 잔을 내놓았는데, 가슴이
젖지 않은 사람이 없었다는 사실입니다.
나와 상황이 똑같은 동료가 많다는 것이
많은 고통 속에 약간의 즐거움이었지요.
그 수많은 사람들 중에서 오직 당신만이
현명하게 이 위험한 시험을 거부했어요.

자신의 아내에 대하여 알아야 하는 것 45
이상으로 알고 싶었던 욕망으로 인하여,
길든 짧든, 나머지 내 삶이 끝날 때까지
더 이상 평온을 찾지 못하게 되었어요.
그에 대해 멜리사는 처음에 기뻐했지만,
그 가벼운 즐거움은 곧바로 끝났어요.
그녀가 불행의 원인이었기 때문에, 나는
그녀를 더 이상 볼 수 없게 증오했지요.

그녀는 내 아내가 가 버리면 바로 나의 46

주인이 될 수 있을 것으로 믿었고, 자기
생명보다 나를 더 사랑한다고 말했는데,
내가 자기를 증오하는 것을 참지 못했고,
자신의 고통이 명백히 드러나지 않도록,
얼마 지나지 않아 여기에서 떠나갔으며,
영원히 이 고장을 떠나 버렸는지, 이후로
나는 그녀의 소식을 전혀 듣지 못했어요."

슬픔에 잠긴 기사는 그렇게 이야기했고,[17] 47
그가 자신의 이야기를 모두 마쳤을 때,
리날도는 연민에 사로잡혀서 잠시 동안
생각에 잠긴 다음, 이렇게 말했습니다.
"정말로 멜리사는 당신에게 말벌들의
집을 들쑤시도록 나쁜 충고를 했군요.
그리고 당신은 아마 보고 싶지 않았을
것을 보기 위해 경솔한 짓을 하였군요.

설령 당신의 아내가 탐욕에 굴복하여 48
충실함을 깨뜨리도록 이끌렸다고 해도,
놀라지 마십시오. 그녀가 그런 탐욕에
끌린 첫째나 다섯째 여인도 아니니까요.

---

17) 이 이야기는 《변신 이야기》 제7권 690행 이하에 나오는 케팔루스(Cephalus)와 프로크리스(Procris)의 이야기에서 영향을 받은 것이다. 여기에서는 새벽의 여신 아우로라가 멜리사와 같은 악역을 한다.

훨씬 더 확고한 사람도 사소한 대가에
더 추한 일을 하도록 이끌리기도 해요.
황금 때문에 자신의 주인이나 친구를
배신한 사람들을 당신도 증오하지요?

아내가 거부하는 것을 보고 싶었어도 49
잔인한 무기로 공격하지 않았어야 해요.
황금에 대해서는, 돌이나 단단한 강철도
저항하지 못한다는 것을 당신은 몰라요?
당신 아내가 그렇게 빨리 굴복한 것보다,
유혹하려고 했던 당신이 더 잘못이에요.
만약 그녀가 똑같이 당신을 유혹했다면,
당신이 더 단호했을지 나는 모르겠어요."

여기에서 리날도는 말을 마치고 동시에 50
식탁에서 일어났고, 잠자기를 청했어요.
잠시 휴식을 취한 뒤에, 날이 밝아 오기
한두 시간 전에 떠나려고 생각했지요.
시간이 촉박했고, 촉박한 시간을 절제
있게 사용했고 헛되이 보내지 않았어요.
영주는 궁전 안에서 그가 원하는 대로
편안하게 누울 수 있다고 말했습니다.

방과 침대는 준비되어 있었으니까요. 51

하지만 자신의 충고대로 하고 싶다면,
밤새도록 아주 즐겁게 잘 수 있으며,
자면서 먼 길을 갈 수 있다고 했어요.
"당신에게 배를 한 척 준비하겠습니다.
그 배를 타고 가며 아무런 위험 없이
밤새도록 잠을 자면서 가기 바랍니다.
하루 동안 갈 길을 가게 될 테니까요."

그 제안을 리날도는 기꺼이 수용했고,　　　　　　　　52
친절한 영주에게 무척 고맙다고 했어요.
그리고 머뭇거리지 않고 뱃사람들이
기다리고 있는 강물로 내려갔습니다.
배 안에서 아주 편안히 누워서 쉬는
동안, 강의 흐름은 배를 싣고 갔으며,
여섯 개의 노에 이끌려, 새가 허공을
날듯이, 가볍고 날렵하게 흘러갔어요.

그리하여 프랑스의 기사는 머리를　　　　　　　　53
눕히자마자 곧바로 잠이 들었는데,
그 전에 페라라에 가까이 도착하면
깨워 달라고 명령을 내려 두었어요.
멜라라는 왼쪽의 강기슭에 남았으며,
오른쪽 기슭에는 세르미데가 있었고,
피카롤로와 스텔라타 사이로 지나갔고,

거기서 포강은 격한 뿔을 낮췄어요.[18]

키잡이는 오른쪽의 뿔을 선택하였고, 54
왼쪽은 베네치아를 향해 가게 놔뒀고,
본데노[19]를 지났는데, 벌써 동쪽에서는
어두운 대기가 물러가기 시작하였으니,
아우로라가 꽃바구니를 모두 비우면서
하늘을 불그스레하고 하얗게 물들일 때,
멀리에서 보이는 테알도의 두 요새[20]를
발견한 선장은 리날도를 깨웠습니다.

리날도는 "오, 행운이 가득한 도시여! 55
내 사촌 말라지지가 유랑하는 별들과
고정된 별들[21]을 관찰하면서, 그리고
예언 능력이 있는 악령을 강요하면서
미래의 시대를 나에게 예언하였으니,
(전에 나는 그와 함께 이 길을 갔지)

---

18) 포강이 흘러가는 방향에서 볼때 멜라라(Melara)와 피카롤로(Ficarolo)는 왼쪽에 있으며, 세르미데(Sermide)와 스텔라타(Stellata)는 오른쪽에 있다. 스텔라타에서 포강은 두 갈래로 갈라지며, 따라서 강물이 전처럼 풍부하게 흐르지 않기 때문에 "뿔을 낮추었다"고 표현하였다.
19) Bondeno. 스텔라타 옆의 구역이다.
20) 데스테 가문의 테알도(Tealdo)가 970년에 세운 요새들로, 카롤루스 마그누스의 시대보다 이백 년 후에 세워졌다. 그 요새들은 나중에 무너져 버렸다.
21) 행성들과 붙박이별, 즉 항성들을 가리킨다.

너의 영광이 아주 높이 올라가, 모든
이탈리아의 칭찬과 자랑이 될 것이다."

그렇게 말하면서, 날개가 달린 것처럼   56
모든 강들의 왕[22] 위로 재빨리 달려가는
그 배와 함께 리날도는 그 도시에 가장
가까이 있는 작은 섬[23]에 도착했습니다.
그 당시에는 황량하고 버려져 있었지만,
그곳을 보게 된 것이 즐거웠고, 적잖이
반가웠으니, 세월이 흐른 뒤에 얼마나
멋지고 아름다워질지 알았기 때문이지요.

지난번에 이 길을 갔을 때 리날도는   57
함께 가던 말라지지에게서 들었어요.
그러니까 네 번째 하늘이 양자리와
함께 칠백 번 돌고 난 후에,[24] 이곳은
바다나 호수나 강이 둘러싸고 있는
어떤 섬보다 가장 즐거운 섬이 되어,

---

22) 포강(제35곡 6연 참조).
23) 그 섬의 이름은 벨베데레(Belvedere, '좋은 전망'이라는 뜻)로, 아리오스토 시대에 알폰소 1세가 화려한 궁전들과 멋진 정원들을 만들고, 온갖 희귀한 동물들과 나무들을 수집해 두었다고 한다.
24) 중세의 우주관에 의하면 네 번째 하늘은 태양의 하늘이다. 태양은 봄에 양자리와 함께 돌며, 따라서 700번의 봄이 지나간 다음이라는 뜻이다. 카롤루스 마그누스의 시대부터 아리오스토의 시대까지 흐르는 세월이다.

그 섬을 보면, 나우시카아의 고향[25]을
더 칭찬하지 못할 것이라고 들었어요.

그가 듣기에, 아름다운 궁전들에 있어서   58
티베리우스가 사랑한 섬[26]을 능가하겠고,
그 멋진 곳을 장식할 온갖 희귀한 종류의
나무들에 있어 헤스페리데스[27]를 넘어서고,
거기 있을 수많은 종류의 동물들에 있어서
키르케[28]의 목초지나 우리보다 많을 것이며,
베누스는 키프로스나 크니도스보다 거기서
아모르, 그라티아들과 함께 머물 것이며,[29]

---

25) 호메로스의 《오디세이아》 제10권에 나오는 섬으로 다채로운 초목들의 아름다움으로 유명하다. 나우시카아(Nausicaa)는 그 섬의 왕 알키노오스(Alcinoos)의 딸로, 표류해 온 울릭세스를 맞이하였다.
26) 이탈리아 남부 나폴리 앞의 섬 카프리(Capri)를 가리킨다. 로마의 제2대 황제 티베리우스(Tiberius, 재위 14~37)는 나중에 카프리섬에 은둔하듯이 머물면서 통치하였다.
27) 고전 신화에 나오는 헤스페리데스(제1곡 7연 참조)의 정원은 온갖 다양한 나무들로 아름다웠다고 한다.
28) Circe. 고전 신화에 나오는 마녀로 아름다운 외모를 자랑하였고, 인간을 동물로 바꾸는 마법으로 널리 알려져 있었다. 《오디세이아》 제10권에 의하면, 트로이아 전쟁이 끝나고 귀향하던 울릭세스는 그녀의 섬에 닿았고, 그곳에서 일 년 동안 머물다가 떠났다.
29) 키프로스와 크니도스(Cnidos)는 베누스 숭배로 유명하며, 특히 크니도스의 베누스 조각상은 고전 그리스 최고의 조각가 프락시텔레스(Praxiteles)의 작품으로 알려져 있다. 그라티아들에 대해서는 제28곡 97연 참조.

그것은 모두, 지식과 능력에다 의욕을 59
동시에 가진 자[30]의 세심한 배려와 노력
덕택일 것이며, 더구나 그는 자기 도시를
방벽과 성벽으로 단단히 무장함으로써,
전혀 외부의 도움을 요청하지 않고도
온 세상에 대항해 안전하게 할 것이니,
에르콜레의 아들이자, 또한 에르콜레의
아버지[31]가 그런 일을 하게 될 것입니다.

그렇게 리날도는 자기 사촌이 예전에 60
자신과 함께 종종 이야기를 나눴을 때,
미래에 일어날 일들에 대해 예언하며
말해 주었던 것을 기억하면서 갔어요.
그렇지만 아직 초라한 도시를 보면서
혼자 말했어요. "어떻게 저 늪지대에서
자유롭고 가치 있는 그 모든 학문의
꽃이 그렇게 피어날 수 있단 말인가?[32]

또 어떻게 저 작은 마을에서 그렇게 61
크고 멋진 도시로 성장할 수 있으며,

---

30) 알폰소 1세.
31) 알폰소 1세는 에르콜레 1세의 아들이자, 에르콜레 2세의 아버지이다.
32) 페라라는 피렌체 못지않게 르네상스 문화의 화려한 꽃을 피운 도시였다. 《사랑에 빠진 오를란도》와 《광란의 오를란도》 역시 그런 환경에서 탄생하였다.

주위가 온통 늪과 소용돌이인 곳에서
풍요가 넘치는 벌판이 될 수 있을까?
도시여, 이제부터 나는 높이 고양되어
너의 주인들이 보여 줄 사랑과 기사도,
고귀함을, 기사들과 탁월한 시민들의
명예로운 위업들을 존경하고 싶구나.

말할 수 없이 높은 구세주의 선이여,　　　　　　　　　　　62
네 군주들의 지혜와 정의로움을 통해,
언제나 평화롭게, 언제나 사랑과 함께,
너를 풍요롭고 즐겁게 만들어 주소서.
네 적들의 모든 분노에 대항하여 너를
지키시고, 그들의 악의를 드러내시며,
네가 다른 도시를 질투하기 전에, 모든
이웃이 네 번영을 질투하게 해 주소서."

리날도가 그렇게 말하는 동안, 날렵한　　　　　　　　　　63
배는 너무나 빠르게 물살을 갈랐으니,
마치 매잡이의 외침에 부응하여 매가
횃대[33]로 내려오는 것보다 빨랐습니다.
키잡이는 오른쪽 뿔의 오른쪽 지류를
택했으며, 성벽과 지붕 들이 사라졌고,

---

33) 매잡이가 매를 불러들일 때 신호로 사용하는 도구로 날개 형상으로 되어 있다.

산 조르조가 뒤에 남고, 가이바나와
포사의 탑이 뒤쪽으로 멀어졌습니다.[34]

리날도는, 마치 한 생각의 뒤에 다른   64
생각이 따르고, 그것이 또 다른 생각을
이끌듯이, 저녁에 식사를 했던 궁전의
기사에 대해 기억하게 되었으니, 그는,
사실대로 말하자면, 이 도시로 인하여
괴로워할 만한 정당한 이유가 있었지요.
그리고 다른 사람에게 아내의 실수를
보여 주는 포도주 잔을 기억하였으며,

아울러 동시에 그 기사가 사람들에게   65
시험하게 했다는 이야기를 기억했는데,
시험을 한 사람 중에 가슴이 젖지 않고
마신 사람이 아무도 없었다고 했어요.
그는 생각을 바꾸어 혼자 말했어요. "그런
시험을 원하지 않는 것이 내게 유익해.
성공한다면 내 믿음을 확인하게 되나,

---

34) 산 조르조(San Giorgio)는 페라라 근처의 마을이다. 또한 앞에서 말했듯이, 아리오스토의 시대에 포강은 스텔라타에서 두 갈래로 갈라져 오른쪽은 페라라 곁을 지나갔고, 또 거기에서 두 갈래로 갈라졌다고 한다. 그리고 페라라에서 6마일 정도 떨어진 이 지점에 두 개의 탑이 있었는데, 왼쪽에 있는 하나는 오랫동안 종탑으로 사용되었던 가이바나(Gaibana) 탑이었고, 오른쪽의 다른 하나는 포사(Fossa)의 탑이라고 일컬어졌다.

실패하면 내게 무슨 도움이 되는 거야?

내가 분명하게 확신하고 있었던 그런 66
나의 믿음에 별다른 도움도 되지 않고,
따라서 내가 시험에 성공한다고 해도,
거기서 더 나은 것을 얻을 수도 없어.
하지만 만약 내가 원하지 않는 모습의
클라리체[35]를 발견하면, 엄청난 악이야.
한 냥에 대해 천 냥을 거는 노름처럼,
잃는 것은 많고, 얻는 것은 적을 거야."

키아라몬테의 기사가 이렇게 생각에 67
잠겨 있으면서, 얼굴도 들지 않고 있는
모습을 선장이 주의 깊게 살펴보더니,
앞으로 다가와서 그를 응시하였습니다.
무엇 때문에 그가 그렇게 온통 생각에
잠겨 있는지 이해할 수 있었던 선장은
대담하게 아주 말을 잘하는 사람답게
함께 이야기하도록 밖으로 이끌었어요.

그들이 함께 이야기를 나눈 결론은 68
여자에게 할 수 있는 가장 극단적인

---

35) 리날도의 아내(제30곡 93연 참조).

시험을 자기 아내에게 시험해 본 자는
정말 어리석고 경솔했다는 것이었지요.
여자가 금과 은에 대항해 정숙함으로
무장한 가슴을 지키는 것은, 천 개의
칼 속이나, 타오르는 불 속에서 지키는
것보다 더 어려울 것이기 때문입니다.

선장은 덧붙였어요. "잘 말하셨듯이, 69
그렇게 큰 선물을 하지 않아야 해요.
아무리 훌륭한 마음도 그렇게 강한
공격에 저항하기 어렵기 때문이지요.
혹시 당신 고장에서도 말하는, 젊은
여자 이야기를 들었는지 모르겠네요.
그녀의 남편은 그녀를 죽이려고 한[36]
것과 똑같은 실수를 하게 되었답니다.

저의 주인께서도 황금과 보상이 모든 70
단호함을 굽힌다는 것을 알고 계셨지만,
정작 필요할 때 그것을 잊어버리셨고,
그래서 파멸의 길로 가시게 되었지요.
그분께서도 이 이야기를 아실 것인데,

---

[36] 원문의 "condannata a morte"는 '사형 선고를 내렸던'으로 직역할 수 있다. 이러한 표현은 남편이 재판관이었다는 사실을 강조한다.

억제된 민초강의 늪과 호수가 주위를
둘러싸고 있는 가까운 곳의 도시[37]가
바로 그분과 저의 고향이기 때문입니다.

재판관의 아내에게 아주 진귀한 개를   71
선물하였던 아도니오의 이야기입니다."
리날도가 "그 이야기는 알프스를 넘지
않고 여기에만 남아 있는 모양이군요.
프랑스나, 내가 가 본 이방인 지역에서
그 이야기를 전혀 듣지 못했으니까요.
그러니 싫지 않다면 이야기해 주시오.
나는 기꺼이 들을 준비가 되어 있소."

선장은 시작했어요. "옛날 그 도시에   72
고귀한 집안 출신의 안셀모가 있었는데,
긴 법복을 입고, 울피아누스[38]가 가르치는
학문의 연구에 젊은 시절을 보냈답니다.
그는 자기 신분에 맞는, 고귀한 출신의
매우 아름답고 정숙한 아내를 찾았고,
여기서 멀리 떨어지지 않은 도시에서

---

37) 만토바에서 민초강은 속도가 느려지고, 주위에 많은 늪과 호수가 만들어졌다.
38) 울피아누스(Domitius Ulpianus, 170?~228)는 로마 시대의 법학자이며 정치가로, 법학에 관한 그의 많은 저술은 후세에 많은 영향을 주었다.

Canto 43:72

여기서 멀리 떨어지지 않은 도시에서
너무나도 아름다운 여자를 얻었습니다.

너무나도 아름다운 여자를 얻었습니다.

게다가 우아하고 아름다운 태도였고, 73
행복하고 사랑에 넘치는 것 같았으며,
아마 남편의 상황에 어울리는 평온한
삶보다 훨씬 더 행복한 것 같았지요.
그녀를 얻자마자 그는 세상에서 가장
많은 질투를 받는 사람이 되었는데,
그녀가 너무나도 아름답고 너무나도
신중하다는 것이 유일한 원인이었어요.

같은 도시에 명예롭고 아주 오래된 74
가문 출신의 기사가 하나 있었는데,
옛날에 만토와 함께 우리의 고향을
세운 사람들과 마찬가지로 드래곤의
입안에서 나와 유래된, 그런 고귀한
혈통을 이어받은 가문 출신이었지요.
기사의 이름은 아도니오였는데, 바로
그 아름다운 여인을 사랑하게 됐어요.

그는 사랑의 결실에 도달하기 위해, 75
기사에게 가장 어울리는 만큼 최대한
명예롭게 보이려고 옷차림과 음식을
무절제하게 낭비하기 시작했습니다.

티베리우스 황제[39]의 재산도 그러한
낭비에는 감당하지 못했을 것입니다.
아마 채 이 년도 지나기 전에 아버지의
유산을 모두 낭비하였던 모양입니다.

예전에는 아침이든 저녁이든 문 앞에   76
수많은 친구들이 자주 드나들던 집이,
꿩이나 자고새, 메추라기[40]가 사라지자
곧바로 텅 비어서 외롭게 남았습니다.
친구들 무리의 우두머리였던 기사는
뒤에 남았는데, 거의 거지와 같았어요.
그렇게 비참한 상태로 떨어지자, 그는
아무도 모르는 곳으로 가려고 했어요.

그런 의도와 함께 어느 날 아침 그는   77
아무 말도 남기지 않고 고향을 떠났고,
탄식들과 눈물들을 뿌리면서 성벽을
둘러싸고 있는 늪을 따라 걸었습니다.
그런 괴로움에도 불구하고 그는 자기
가슴의 여왕인 여인을 잊지 않았어요.

---

39) 비잔티움제국의 황제 티베리우스 2세(Tiberius II, 재위 574~582)를 가리키는 것으로 짐작되는데, 그는 정복을 통해 수많은 부를 축적했다고 한다.
40) 화려한 만찬의 요리들을 가리킨다.

그런데 또 다른 모험이 그를 최고의
악에서 최고의 선으로 이끌고 갑니다.

그는 어느 농부가 커다란 몽둥이를 78
들고 풀숲 사이를 찾는 것을 보았어요.
아도니오는 걸음을 멈추었고, 그렇게
찾는 이유를 말해 달라고 부탁했어요.
농부는 그 풀숲 안에서 아주 오래된
뱀 한 마리를 보았다고 대답했는데,
지금까지 전혀 보지 못했고, 앞으로도
보지 못할 정도로 굵고 길다고 말했고,

그 뱀을 다시 발견하여 죽일 때까지 79
거기에서 떠나고 싶지 않다고 했어요.
아도니오는 그에게서 그런 말을 듣고
조바심이 나서 견딜 수가 없었습니다.
그는 언제나 뱀을 너무나 좋아했는데,
최초 조상이 뱀[41]의 이빨을 심은 데서
나온 것을 기념하기 위해, 자기 가문이
뱀을 문장으로 삼고 있었기 때문이지요.

---

41) 원문은 "뱀(serpente)"이지만, 만토바를 세운 테베의 조상들을 탄생시킨 드래곤을 가리킨다.

그래서 그는 말과 행동으로 농부에게   80
그 일을 더 이상 하지 않도록 했어요.
그리하여 뱀은, 그에게 죽거나, 더는
찾거나, 다른 피해를 당하지 않았지요.
그런 다음 아도니오는 자신의 상황이
거의 알려지지 않는 곳으로 갔으며,
고향에서 떠난 여러 가지 불편함과
괴로움 속에서 거의 칠 년을 살았어요.

하지만 생활이 궁핍하고, 멀리 떨어져   81
있어도, 그의 생각은 멈추지 않았으니,
아모르는 그를 완전히 길들여 언제나
가슴에 불을 지피고 상처를 주었어요.
결국은 자신의 눈이 그렇게 보고 싶어
안달하는 그녀에게 돌아가기로 했어요.
수염이 나고, 찌들고 초라한 차림으로,
자기가 떠나온 곳을 향해 길을 갔지요.

그 무렵 내 고향에서는 신성한 교황께   82
사절을 보내야 하는 일이 발생했는데,
얼마인지 알 수 없는 상당한 기간 동안
교황청에 머물러 있어야만 하였습니다.
그래서 추첨했는데, 재판관이 뽑혔어요.
오, 영원한 눈물의 원인이 된 날이여!

그는 떠나지 않으려고 간청하고, 변명과
약속을 했지만, 결국 굴복하고 말았어요.

만약 누가 손으로 그의 옆구리를 열고 83
심장을 꺼내 가는 것을 보게 되더라도,
그렇게 잔인하고 고통스러운 것은 없을
정도로 그 고통은 견디기 어려웠어요.
질투의 두려움에 창백하게 변한 그는
유용할 것 같은 온갖 방법을 동원하여
자기 여인에게, 자신이 밖에 있는 동안,
정절을 깨뜨리지 말라고 부탁하였어요.

만약 여자가 말과 행동으로 정숙하지 84
않다면, 아름다움이나 고귀함이나 아주
커다란 행운으로, 아무리 진정한 명예가
높더라도 충분하지 않다고 말하였으며,
그러한 덕성은 유혹을 물리쳤을 때에
더욱더 가치가 있다고 말했는데, 그가
없는 동안에 그 정숙함이 시험받게 될
커다란 기회가 펼쳐질 예정이었습니다.

그런 말과 비슷한 다른 말들로, 그는 85
아내에게 정절을 지키라고 설득했어요.
그 힘든 이별에 그녀는 얼마나 눈물을

흘렸고, 오, 하느님, 얼마나 슬퍼했는지!
잔인하게 자기 정절을 깨뜨리는 것보다
차라리 태양이 어둡게 스러지는 것을
보겠다고 맹세했고, 그런 욕망을 갖는
것보다 차라리 죽고 싶다고 말했어요.

그녀의 그러한 약속과 맹세 들을 그는   86
믿었고, 어느 정도 진정이 되었는데도,
더 알고 싶은 욕망을 버리지 못했고,
그것이 눈물을 흘릴 원인이 되었지요.
미래의 일들을 예언할 능력이 있다고
자랑하는 그의 친구가 하나 있었는데,
그는 모든 마술과 마법의 기술들에
대하여 거의 대부분 알고 있었습니다.

그에게 안셀모는, 자기가 떠나 있는   87
동안에, 자신의 아내가(그녀의 이름은
아르자였습니다) 충실하고 정숙할지,
아니면 반대일지 보아 달라고 했어요.
간청에 굴복한 그는, 별자리를 바꾸어
어떻게 보일지 하늘을 살펴보았어요.[42]
안셀모는 그가 일을 하도록 놔두었고,

---

42) 미래의 일을 예견해 보았다는 뜻이다.

다음 날 대답을 들으러 그에게 갔어요.

그 점성술사는 친구에게 고통스러운   88
것을 말하지 않기 위해 입을 다물었고,
여러 가지 변명으로 침묵하려 했어요.
하지만 그래도 그가 알고 싶어 했기에,
그가 문밖으로 발을 내디디는 순간에
정절을 깨뜨릴 것이라고 대답했는데,
아름다움이나 간청에 이끌리지 않고,
이익과 대가에 타락할 거라고 했어요.

이전에 갖고 있던 두려움과 의혹에다   89
천체 움직임들의 위협까지 더해지자,
그의 마음이 어땠는지, 사랑의 일들을
아는 당신 자신이 잘 아실 것입니다.
그의 마음을 뒤흔들고 괴롭히며 그를
짓누르는 모든 슬픔을 능가하는 것은,
그녀가 탐욕에 굴복하여 대가를 받고
자신의 정조를 버린다는 사실이었어요.

이제 그녀가 그러한 실수에 떨어지지   90
않도록 온갖 가능한 대비를 하기 위해,
(때로는 필요가 사람들에게, 앞에 있는
제단까지 약탈하게 이끌기 때문이지요)

자기가 갖고 있던 상당히 많은 분량의
모든 보석과 돈 들을 그녀에게 주었고,
모든 소유지의 소득과 이익, 세상의
모든 것을 그녀의 손에 쥐어 주었어요.

그는 말했어요. '필요한 것뿐 아니라, 91
당신이 원하고, 또한 할 수 있는 것을
무엇이든지 마음대로 즐기고 소비해요.
소비하고, 버리고, 선물하고, 팔아요.
나는 다른 것은 전혀 원하지 않아요.
당신이 지금 그대로 나에게 돌아오고,
지금의 모습대로 남아 있는 것 외에는
집도 땅도 모두 없어져도 상관없다오.'

그리고 그녀에게, 만약 그가 떠나고 92
나면, 도시에서 살지 말라고 했어요.
시골로 가면, 모든 사회에서 떨어져서
더욱 편안하게 살 수 있을 테니까요.
그런 말을 한 것은, 들판이나 양 떼들
안에서 일하며 사는 비천한 사람들은,
아내의 그 정숙한 욕망을 오염시키지
않을 것이라고 생각했기 때문이지요.

아르자는 아름다운 두 팔을 그 소심한 93

남편의 목에다 계속 두르고 있으면서,
자기 눈에서 강물처럼 흐르는 눈물로
그의 얼굴을 가득히 적시고 있었는데,
이미 정절을 깨뜨리기나 한 것처럼
자신을 죄인 취급하는 것이 슬펐으니,
그런 의혹을 계속 품었던 것은, 그가
자기 정절을 믿지 않았기 때문이지요.

두 사람이 헤어지면서 말했던 것들을 94
모두 기억하여 말하려면 길 것입니다.
마침내 그는 '나의 명예를 부탁하오'
하고 말하며 작별하고 정말 떠났는데,
말머리를 돌렸을 때, 정말로 심장이
가슴에서 빠져나가는 것 같았습니다.
아내는 두 뺨에 가득한 눈물과 함께
눈길로 가능한 한 멀리 뒤따랐어요.

그동안 아도니오는, 제가 말하였듯이, 95
수염이 덥수룩하고 초라하고 창백한
몰골로 자신을 알아보지 못할 거라고
생각하며 고향을 향해 길을 떠났어요.
도시 가까이의 호숫가에 이르렀는데,
바로 뱀에게 도움을 주었던 곳이지요.
그는 우거진 풀숲에 숨어 있던 뱀을

죽이려 하던 농부의 손에서 구했지요.

하늘에는 아직 별 몇 개가 반짝이고 96
날이 샐 무렵에 그곳에 도착하였는데,
어느 아가씨가 순례자의 옷차림으로
호숫가로 마주쳐 오는 것을 보았어요.
그녀 주위에 시종이나 하녀도 보이지
않았지만, 매우 고귀한 모습이었어요.
그녀는 즐거운 표정으로 그를 맞았고,
그녀의 혀는 이런 말을 풀어 놓았지요.

'기사님, 당신은 아마 나를 모르겠지만, 97
나는 당신 친척이고, 큰 빚을 졌습니다.
우리 둘의 고귀한 혈통은 바로 용맹한
카드모스에게서 나왔으니까 친척이지요.
나는 마녀[43] 만토이며, 이 도시를 세우기
위하여 첫 번째의 주춧돌을 놓았으며,
아마 당신도 그 이야기를 들었겠지만,
내 이름을 따서 만토바라고 불렀다오.

나는 마녀들 가운데 하나인데, 마녀의 98

---

43) 원문은 "fata"이며, '요정'이나 '님프'로 옮길 수도 있다(제10곡 56연 참조). 그러나 고전 신화에 나오는 만토는 대개 예언자나 마녀로 알려져 있기 때문에, 혼동의 여지가 있겠지만, 그냥 "마녀"로 옮기고자 한다.

Canto 43:96

어느 아가씨가 순례자의 옷차림으로
호숫가로 마주쳐 오는 것을 보았어요.

중요한 숙명적인 상태를 알려 주자면,
우리는 바로 다른 모든 악들을 겪도록
태어났지만, 오직 죽음만은 예외랍니다.
하지만 그 죽지 않는다는 것에다 죽음
못지않게 쓰라린 조건이 붙여졌으니,
매 일곱째 날에 모든 마녀는 뱀으로
자신의 형상이 바뀌게 되는 것이지요.

자신의 몸이 흉측한 비늘로 뒤덮이고   99
기어가는 모습은 정말로 혐오스럽지요.
세상에서 그런 고통은 없을 것입니다.
그래서 모두 살아 있는 것을 저주해요.
내가 당신에게 진 빚이 어디에서 나온
것인지 동시에 이야기해 주고 싶은데,
잘 알겠지만, 그날 그러한 모습으로
우리는 많은 악의 위험과 마주치지요.

땅 위에서 사는 다른 동물을 뱀처럼   100
증오하지는 않으니, 뱀의 모습을 가진
우리는 모든 모욕과 고통을 겪는데,
보는 사람마다 때리고 뒤쫓는답니다.
만약 땅속으로 들어갈 곳을 못 찾으면,
사람들의 무거운 팔의 힘을 느끼지요.
맞아서 뒤틀리고 망가진 상태로 남는

것보다, 죽을 수 있다면 더 좋겠어요.

내가 당신에게 진 커다란 빚은, 전에　　　　　　　　　　　101
당신이 이 아늑한 그늘 사이로 가면서,
나에게 커다란 고통과 괴로움을 주던
농부의 손에서 나를 구한 것입니다.
당신이 없었다면, 무사하지 못하였을
것이고, 머리와 등이 깨졌을 것이며,
비록 죽은 상태로 남지는 않을지라도
사지가 비틀리고 절름거렸을 거예요.

우리가 뱀의 피부에 둘러싸인 상태로　　　　　　　　　　102
땅바닥을 가슴으로 기어가는 날이 되면,
다른 때에는 우리에게 복종하는 하늘이
복종을 거부하고, 우리는 힘이 없어요.
다른 때라면 단지 우리의 말 한마디에
태양이 멈추고, 햇살이 스러지게 되며,
부동의 땅이 돌아가고 장소를 바꾸며,
얼음에 불이 붙고, 불이 얼기도 해요.

지금 나는 그때 당신이 베풀어 주었던　　　　　　　　　　103
은혜에 보답을 하려고 여기에 왔습니다.
지금은 뱀의 껍질에서 벗어나 있으므로,
내게 요구하는 것을 들어 줄 수 있어요.

당신 아버지에게서 유산을 받은 것보다
세 배나 넘게 지금 부자로 만들겠으니,
이제 당신은 더 이상 가난하지 않고,
많이 쓸수록 더 많이 늘어날 것입니다.

그리고 예전에 아모르가 당신을 묶은　　　　　　　　　　　104
옛날 매듭에 아직도 묶인 것을 아는데,
당신의 욕망을 충족하기 위해 해야 할
방법을 당신에게 가르쳐 주고 싶어요.
그녀의 남편이 멀리 가 있다고 하니,
곧바로 내 충고대로 해 보기를 원해요.
지금 그녀가 살고 있는 시골로 가서
만나 보세요. 내가 함께 갈 테니까요.'

그리고 계속하여 어떤 모습으로 자기　　　　　　　　　　105
여인 앞에 나타날 것인지 이야기했지요.
어떻게 옷 입고, 정확히 무엇을 말하고,
어떻게 부탁을 하고 유혹할지 말했어요.
그리고 자기가 어떤 모습으로 변신할지
생각했는데, 뱀이 되는 날이 아니었기에,
자신이 원하는 세상의 모든 모습으로,
모든 다른 모습으로 변할 수 있었지요.

아도니오는 하느님을 위하여 문전에서　　　　　　　　　　106

걸식하는 순례자의 모습으로 변하였고,
만토는 개로 변하였는데, **자연**이 만든
모든 개들 중에서 가장 조그마한 개로,
털은 길고 담비보다 더 하얀 색이었고,
놀라운 몸짓에다 귀여운 모습이었어요.
그렇게 변신한 다음 그들은 아름다운
아르자의 집을 향하여 길을 갔습니다.

젊은이는 다른 곳보다 먼저 농부들의　　　　　　　　　　107
오두막집들 앞에서 걸음을 멈추었으며,
자신의 피리를 꺼내서 불기 시작했고,
그 소리에 개가 일어나 춤을 추었어요.
소문과 함성은 바로 여주인에게 갔고,
그녀도 구경을 하기 위해 움직였지요.
그리고 운명이 안셀모를 이끄는 대로,
순례자를 자신의 집안으로 불렀습니다.

거기서 아도니오는 개에게 명령하기　　　　　　　　　　108
시작했고, 개는 그에게 복종하였으니,
잘 어울리는 발걸음과 몸짓과 태도로
그 지방 춤과 다른 지방 춤을 추었고,
마지막에는 마치 사람 같은 몸짓으로
그가 명령하는 대로 할 수 있었지요.
바라보는 사람은 완전히 매료되어서

눈도 깜박이지 않고, 숨도 멈추었어요.

커다란 놀라움에 이어, 귀여운 개를 109
갖고 싶은 욕망이 여인에게 생겼으니,
유모를 통하여 그 신중한 순례자에게
적잖은 금액을 제시하도록 하였지요.
그는 이렇게 대답하였지요. '여자들의
탐욕을 충족시킬 만한 재물을 갖고
있더라도, 내 개의 한쪽 발을 구입할
정도로 충분하지는 않을 것입니다.'

그리고 자기 말이 사실임을 보여 주기 110
위해 유모를 한쪽 구석으로 데려갔고,
부탁하건대, 유모에게 금화 한 닢을
선물하라고 개에게 명령을 하였어요.
개가 몸을 흔들자 금화가 나왔지요.
아도니오는 유모에게 받으라고 했고,
덧붙였어요. '이 멋지고 유익한 개를
주기에 이것이 적합한 대가 같아요?

무엇이든지 원하는 것을 요구하기만 111
하면, 절대 빈손으로 돌아가지 않아요.
때로는 진주, 때로는 반지, 또 때로는
아주 비싸고 멋진 옷들을 선물하지요.

여주인께 말하세요. 이 개를 가지려면,
절대로 황금으로 지불할 수 없다고요.
하지만 만약 나와 하룻밤을 지낸다면,
개를 갖고 원하는 대로 하라고 해요.'

그렇게 말했고, 그 순간 나온 보석을   112
여주인에게 갖다주라고 건네주었어요.
유모는 10이나 20두카토[44]를 지불하는
것보다 훨씬 이익이라고 생각하였지요.
여주인에게 돌아가서 심부름을 전했고,
그런 다음 개를 사라고 설득하였는데,
개를 구입하는 대가를 지불하는 데에
아무것도 잃지 않을 것이라고 했어요.

아름다운 아르자는 처음에는 싫었는데,   113
한편으로 정절을 깨뜨리고 싶지 않았고,
또 한편으로는 그런 말이 모두 가능할
것인지 판단할 수 없었기 때문이지요.
유모는 안타까워하면서, 그런 기회는
아주 희귀하다는 것을 상기시켰으며,
다음 날 많은 증인 없이 여주인이 개를

---

44) 두카토(ducato, 영어로 ducat)는 원래 12세기 중엽 시칠리아에서 주조된 화폐로, 13세기 후반 베네치아에서 받아들였고, 중세 유럽에서 보편적인 통화로 널리 사용되었다.

편안하게 다시 볼 수 있도록 했어요.

아도니오의 이 두 번째 출현은 바로   114
안셀모의 죽음이자 파멸이 되었지요.
아도니오는 수많은 금화, 진주 목걸이,
온갖 종류의 보석이 나오게 하였고,
그래서 오만한 마음이 부드러워졌고,
더군다나 앞에 있는 젊은이가 예전에
떠나갔던, 자기를 사랑하던 기사라는
것을 알고 훨씬 더 부드러워졌지요.

뻔뻔스러운 자기 유모의 부추김과   115
바로 앞에 나타나 있는 연인의 간청,
불쌍한 재판관이 오래 비운 동안에
연인이 가져오게 될 이익에 대한 생각,
아무도 고자질하지 않으리라는 희망이
그녀의 정숙한 생각에 폭력을 가했고,
그녀는 멋진 개를 받았고, 그 대가로
자기 연인의 팔 안에 안기게 되었어요.

아도니오는 그 아름다운 자기 여인의   116
열매를 오랫동안 즐겼으며, 또 만토는
그녀에게 커다란 사랑을 불어넣었으니,
그것은 영원히 그녀와 함께 있었어요.

완전히 한 해가 지난[45] 뒤에야 비로소
안셀모는 가도 좋다는 허락을 받았고,
마침내 돌아왔지만, 점성술사가 전에
말해 준 것 때문에 의혹에 가득했어요.

고향에 도착한 그는 무엇보다도 먼저 117
점성술사의 집으로 갔으며, 자기 아내가
혹시 자신을 속이고 기만했는지, 아니면
사랑과 믿음을 간직하였는지 물었어요.
점성술사는 극점의 위치를 고정하였고,
모든 행성들의 자리를 조사해 보았고,
이미 예언했던 대로 두려워하던 일이
실제로 일어났다고 그에게 대답했어요.

그녀는 아주 커다란 선물에 타락하여 118
다른 사람의 품에 안겼다고 말했지요.
그것은 재판관의 가슴에 창이나 칼도
굴복할 정도로 커다란 타격이었습니다.
그는 점성술사의 말을 믿고 있으면서도
더 분명하게 알기 위하여 유모가 있는
곳으로 가서 그녀를 한쪽으로 데려갔고,

---

45) 원문은 "per tutti i segni il sol …… si volse", 즉 '태양이 모든 별자리를 돌았다'로 되어 있다.

사실을 알아내기 위해 무척 노력했어요.

그는 빙 에둘러 가는 여러 가지 말로 119
이곳저곳에서 흔적을 찾으려 했는데,
아무리 다양한 노력을 기울여 보아도,
처음에는 아무것도 찾지 못했습니다.
그런 일이 전혀 새롭지 않은 유모는
요지부동의 얼굴로 모두 부정하였고,
잘 지시받은 대로, 한 달 이상 주인을
의혹과 사실 사이에 매달아 두었어요.

사실에서 나오게 될 고통을 생각하면, 120
그에게는 의혹이 훨씬 더 좋았을 텐데!
그는 유모에게서 사실을 알아내기 위해
간청과 선물로 시도해 보았지만, 진실한
소리가 나는 건반을 건드리지 못하여
헛일이 되자, 신중한 사람이었던 그는
불화가 생기기를 기다렸어요. 여자들이
있는 곳에는 싸움이 있는 법이니까요.

그리고 기다린 대로 불화가 생겼어요. 121
둘 사이에 불화의 실마리가 터지자마자,
그가 찾지도 않았는데, 유모가 왔으며
아무것도 감추지 않고 모두 말했어요.

불쌍한 재판관의 경악한 마음이 그의
심장을 어떻게 지탱했는지 말하려면
아주 길 것인데, 너무나 짓눌린 그는
하마터면 정신이 나갔을 정도입니다.

마침내 그는 분노에 굴복해 죽으려고   122
작정했지만, 먼저 아내를 죽이려 했고,
두 사람의 피에 젖은 칼 하나로, 그녀의
죄와 자신의 고통을 없애려고 했지요.
너무나도 격노하고 맹목적인 의지에
떠밀려 그는 다시 도시로 돌아왔으며,
믿을 만한 하인을 시골로 보내면서
그가 수행해야 할 일을 명령했어요.

하인에게 시골에 있는 아르자에게로   123
가서 자신의 이름으로, 자기가 너무나
사악한 열병에 걸려서 아마 살아나기
힘들 것이라고 전하라고 명령했어요.
그래서 그녀가 충실하다면, 다른 어떤
수행자 없이 하인과 함께 올 것이며,
(두말할 필요 없이 그녀는 올 겁니다)
오는 길에 그녀의 목을 자르게 했어요.

하인은 주인의 명령을 수행하기 위해   124

자신의 여주인을 부르려고 갔습니다.
아르자는 자기 개를 먼저 데려오더니
말 위에 올라탔으며, 함께 길을 갔어요.
개는 그런 위험을 미리 알고 있었지만,
그렇다고 가는 것을 말리지 않았으며,
필요한 경우가 생기면 도움이 주려고
나름대로 잘 계획하고 대비했습니다.

하인은 일부러 큰길에서 벗어났고, 125
아주 이상하고 한적한 오솔길을 통해,
아펜니노에서 흘러 내려와 이 강으로
합류하는 한 개울의 기슭으로 갔는데,
어둡고 짙은 숲이 무성하였고, 마을과
도시에서 멀리 떨어진 곳이었어요.
자신이 명령받은 그 잔인한 임무를
수행하기에 적합한 곳처럼 보였지요.

그는 칼을 뽑아 들었고, 자기 주인이 126
명령한 것을 여주인에게 말했습니다.
그녀가 죽기 전에 자신의 모든 죄의
용서를 하느님께 빌 수 있게 말이죠.
그녀가 어떻게 사라졌는지 모르지만,
하인이 그녀를 해치려고 했을 때는,
보이지 않았고, 그 주위를 한참 동안

찾아보았지만 결국은 헛일이었어요.

그는 놀라고 당혹한 얼굴로, 커다란　　　　　　　　　　127
부끄러움과 함께 주인에게 돌아갔고,
어떻게 일어난 일인지 알 수 없는
그런 이례적인 사건을 이야기했어요.
아내가 언제나 마녀 만토의 도움을
받고 있다는 것을 남편은 몰랐어요.
모든 일을 알고 있는 유모가, 이유는
모르겠지만, 그것은 말하지 않았어요.

그는 어쩔 줄 몰랐고, 심각한 모욕을　　　　　　　　128
복수하지 못했고 고통도 줄지 않았어요.
밀짚 같던 것이 이제 대들보가 되었고,
그의 가슴을 너무 무겁게 짓눌렀어요.
소수만 알던 실수가 이제 드러났으니
곧바로 명백하게 드러날까 두려웠어요.
첫째 실수는 감출 수 있지만, 두 번째
실수는 바로 온 세상에 드러나겠지요.[46]

불쌍한 그는 사악한 의도를 아내에게　　　　　　　　129

---

46) 첫 번째 실수는 아내의 잘못이고, 두 번째 실수는 남편이 그녀를 죽이려고 한 것이다.

드러냈으니, 이제 그녀는 다시 그에게
돌아오지 않으려고 어느 힘 있는 자의
손에 들어가리라는 것을 잘 알았지요.
그녀를 데리고 있는 자는 그런 남편을
조롱하면서 불명예스럽게 만들 것이며,
혹시라도 바로 간통자이며 뚜쟁이인
자의 손에 들어갈 가능성도 있었어요.

따라서 대책을 마련하기 위하여 그는　　　　　　　　　　　130
편지와 심부름꾼 들을 보내서 찾았으며,
롬바르디아 전역에서 한 도시도 남기지
않고, 이곳저곳 모두 물어보았습니다.
그리고 자기가 직접 갔고, 찾아보지
않은 구석이 하나도 남지 않았지만,
그녀가 어디에 있는지, 소식을 들을
방도나 길을 전혀 찾을 수 없었어요.

마침내 잔인한 임무를 명령하였지만,　　　　　　　　　　　131
수행하지 못한 하인을 그는 불렀으며,
자신에게 이야기했던 대로 아르자가
사라져 버린 장소로 인도하게 했어요.
아마도 그녀는 낮에 숲속에 숨었다가
저녁에 어떤 집으로 숨었을 테니까요.
하인은 빽빽한 숲이라 믿었던 곳으로

안내했는데, 커다란 궁전을 보았어요.

그동안 아름다운 아르자는 자신의   132
마녀[47]에게 곧장 일을 시작하게 하여
설화석고로 마법의 궁전을 짓게 했고,
안팎을 온통 황금으로 장식하였어요.
말할 수 없고, 생각할 수 없을 정도로
밖은 아름답고, 안은 보물이 넘쳤어요.
어제 그렇게 아름다웠던, 제 주인[48]의
궁전도 그에 비하면 움막일 것입니다.

단지 홀들이나 복도들, 침실들뿐만이   133
아니라, 심지어 마구간이나 창고까지,
아름다운 아라스 천과 다양한 형태의
커튼으로 화려하게 장식되어 있었고,
금과 은으로 된 그릇들이 가득하였고,
파랑, 초록, 빨강의 갖가지 보석들이
커다란 접시와 잔, 술잔에 박혔으며,
황금과 비단 휘장들이 넘쳐흘렀어요.

제가 이미 말씀드린 것처럼, 재판관은,   134

---

47) 만토.
48) 리날도를 초대했던 만토바의 기사이며, 선장의 주인.

오두막집은 고사하고 단지 빽빽한 숲만
발견할 것이라고 생각하고 있었는데,
그런 궁전과 맞닥뜨리게 된 것입니다.
그는 너무나 깜짝 놀라서, 혹시 정신이
나간 것이 아닌가 생각할 정도였으며,
혹시 술 취한 것인지, 꿈꾸는 것인지,
멍청한 뇌가 날아간 것인지 몰랐어요.

그는 문 앞에서 입술과 코가 커다란   **135**
에티오피아 사람을 보았는데, 전에도,
이후에도 전혀 보지 못하였을 정도로
너무나 흉측하고 불쾌한 얼굴이었고,
아이소포스가 묘사한 듯한 모습[49]은,
만약 있다면, 천국도 슬플 정도였어요.
거지 옷차림에 더럽고 지저분했는데,
그 추악함은 절반도 말하지 못했어요.

안셀모는 누구의 집인지 알기 위해   **136**
다른 물어볼 사람이 없었기 때문에,
그에게 가까이 다가가서 물어보았고,
그는 대답했어요. '이것은 내 집이오.'

---

[49] 고대 그리스의 우화 작가 아이소포스(영어로 이솝)가 묘사한 것처럼 기괴하고 흉측한 모습이었다는 뜻이다.

재판관은 그가 지금 자신을 놀리고
거짓말을 하는 것이라고 확신했는데,
흑인은 맹세하면서, 그것은 다른 이가
아니라 자기 집이라고 주장하였어요.

그리고 만약 찾아보고 싶다면, 안으로　　　　　　　　137
들어가 원하는 대로 찾으라고 했으며,
자신이나 친구를 위하여 마음에 드는
물건이 있으면 가져가라고 했습니다.
안셀모는 하인에게 말을 건네주었고,
궁전의 문 안으로 걸음을 옮겼으며,
홀들과 침실들로 인도되었고, 밑에서
위에까지 사방을 구경하면서 갔어요.

그는 그 모양과 장소, 화려하고 멋진　　　　　　　　138
작업과 왕실 같은 장식을 구경했고,
이따금 말했어요. '태양 아래의 모든
황금도 이곳을 살 수는 없을 것이야.'
그 말에 추한 흑인이 대답했습니다.
'그래도 여기에 알맞은 값이 있다오.
금이나 은이 아니지만, 그래도 값이
덜 나가는 것으로 지불할 수 있지요.'

그리고 전에 아도니오가 자기 아내에게　　　　　　　　139

Canto 43:138

그는 그 모양과 장소, 화려하고 멋진
작업과 왕실 같은 장식을 구경했고,

한 것과 똑같은 것을 그에게 요구했어요.[50)]
그 추악하고 정숙하지 않은 요구에 그를
짐승 같고 미친 사람이라고 생각했지요.
서너 번의 거부에도 그는 멈추지 않고
설득하는 데 필요한 방법들을 동원했고,
언제나 그 대가로 궁전을 제공하였고,
결국 사악한 의지에 굴복하게 했어요.

옆에 숨어 있던 그의 아내 아르자는, 140
그가 자기 실수에 떨어지는 것을 보고
튀어나오며 외쳤어요. '아, 이것은 정말
현명한 재판관에 어울리는 행동이군요!'
그렇게 사악하고 나쁜 행동이 발각된
그는 얼굴이 빨개지고 말이 없었어요.
오, 땅이여, 그 안으로 몸을 던지도록,
왜 그때 중심까지 열리지 않았던가?[51)]

아르자는 자신의 죄를 벗고, 안셀모가 141
부끄러워하게 그에게 고함을 질렀어요.

---

50) 앞에서 아도니오가 개를 파는 대가로 사랑을 요구한 것처럼, 궁전을 파는 대가로 사랑의 행위를 요구했다는 것이다. 물론 그 사랑은 추한 흑인에게 재판관이 몸을 파는 남색을 가리킨다.

51) 《신곡》〈지옥〉 제33곡 66행에서 우골리노 백작은 "아, 매정한 땅이여, 왜 열리지 않았던가?" 하고 외친다.

'자연이 요구하는 것을 따르기 위하여,
내가 연인의 간청에 굴복했다고 해서
죽인다면, 이런 비천한 남자와 하려고
한 것에 대해 당신을 어떻게 벌할까요?
내 연인은 멋지고 친절하고, 이 궁전과
비교할 수 없는 것을 내게 선물했어요.

만약 내가 죽어야 마땅하게 보인다면, 142
당신은 백 번도 더 죽어야 할 거예요.
그리고 이곳에서는 내가 아주 강해서
당신에게 원하는 대로 할 수 있지만,
당신의 그러한 잘못에 대하여 어떠한
사악한 복수도 하고 싶지는 않습니다.
남편이시여, 우리 똑같이 주고받아요.
저는 당신을, 당신은 저를 용서합시다.

그리고 서로 화해하고 합의를 해서 143
모든 과거의 잘못은 서로 잊어버려요.
말이나 행동으로 저는 당신의 잘못을,
당신은 저의 잘못을 들춰내지 말아요.'
남편은 좋은 협상을 한다고 생각했고,
더는 용서하기를 거부하지 않았어요.
그리하여 그들은 화해와 합의를 했고,
이후 언제나 서로가 사랑하였답니다."

선장은 그렇게 말했고, 그의 이야기가 144
끝나자 리날도는 잠시 동안 웃었어요.
그리고 재판관의 잘못에 대해 갑자기
그의 얼굴이 불처럼 빨갛게 변했어요.
리날도는, 비록 더 작은 실수이지만,
아르자가 바로 자신이 걸려든 것과
똑같은 그물을 자신의 새에게 펼쳐서
붙잡은 재치를 무척이나 칭찬했어요.

태양은 더욱 높은 길을 가고 있었기에 145
리날도는 전날 밤 친절한 만토바 기사가
아주 풍성하게 마련하여 제공해 주었던
식사를 준비하도록 하였습니다. 그동안
왼쪽으로는 아름다운 고장이 지나갔고,
오른쪽으로는 거대한 늪이 지나갔으며,
산테르노가 머리를 기대는 강기슭에서
아르젠타가 성벽과 함께 와서 달아났어요.[52]

당시 바스티아[53]는 없었다고 생각하는데, 146
에스파냐 병사들이 그곳의 위에 깃발을

---

52) 왼쪽의 "아름다운 고장"은 페라라의 영토이다. 산테르노(Santerno)강은 아펜니노에서 발원하여 포강과 합류하는데, 포강 델타가 시작되는 그곳의 오른쪽에 아르젠타(Argenta)성이 있다.
53) 바스티아와 그곳에서 벌어진 전투는 제3곡 54연, 제42곡 3연 이하 참조.

걸었다고 너무 많이 자랑하지 못하였고,
로마냐 사람들은 더 많이 울어야 했지요.[54]
그런 다음 똑바로 오른쪽 지류를 향해
배를 몰았으니 마치 날아가는 듯했어요.
그리고 배를 막다른 웅덩이[55]로 돌렸고,
남쪽으로 라벤나 근처에 이르렀습니다.

대부분의 경우 리날도는 돈이 없었는데,[56]   147
당시에는 어느 정도 갖고 있었기 때문에,
이른 시간에 헤어지기 전에 뱃사람들에게
상당히 두둑한 보상을 할 수 있었습니다.
그러고는 말과 말 시종을 계속 바꾸면서
바로 그날 저녁 무렵 리미니를 지나갔고,
몬테피오리토[57]에서 아침을 기다리지 않고
태양이 솟을 무렵 우르비노에 도착했어요.

그 당시 우르비노에는 페데리코도 없고,   148
이사벨라도, 훌륭한 구이도도 없었으며,

---

54) 그곳의 주민들("로마냐 사람들")은 데스테 가문 병사들에게 더 많은 시달림을 당하였다.
55) 원문의 "fossa morta"는 '죽은 웅덩이'로 직역할 수 있다. 포강의 지류로 지금은 말랐지만, 당시에는 남쪽으로 라벤나에서 12마일 떨어진 곳까지 갔다고 한다.
56) 기사문학의 전통에서 리날도는 돈이 없고, 따라서 만나는 사람들에게서 약탈하는 것도 마다하지 않는 것으로 묘사되었다.
57) Montefiorito. 리미니(Rimini) 남쪽에 있는 고장.

프란체스코 마리아, 엘레오노라도 없어서,[58]
너무 오만하지 않고 친절한 권유와 함께,
그렇게 유명한 기사가 자신들과 함께
여러 날 저녁 머물게 만들지 않았어요.
그곳을 지나가는 귀부인과 기사 들에게
오래전에 그랬듯이 지금도 그러하지요.

거기에서 아무도 고삐를 잡지 않았기에,
리날도는 똑바로 칼리[59]까지 내려갔어요.
메타우로와 가우노가 흐르는 산[60]을 통해
오른쪽으로 보이던 아펜니노를 넘었고,
움브리아와 에트루리아를 넘어 로마로
내려갔고, 로마에서 오스티아로 갔으며,[61]
거기에서 바다를 통해 자애로운 아들이
앙키세스의 유골을 묻은 도시[62]로 갔어요.

---

58) 여기에서 아리오스토는 우르비노 궁정의 탁월한 군주들을 찬양하는데, 페데리코 다 몬테펠트로, 그의 아들 구이도발도와 아내 엘리사베타 곤차가, 프란체스코 마리아 델라 로베레, 그의 아내 엘레오노라 곤차가 그들이다.
59) Cagli. 우르비노 남쪽으로 멀지 않은 곳에 있는 고장.
60) 피에트라 페르투사(Pietra Pertusa)산을 가리킨다. 그곳으로 메타우로(Metauto)라는 강이 흐르는데, 가우노(Gauno)라는 강은 존재하지 않고, 아마도 칸딜리아노(Candigliano)강을 가리키는 것으로 짐작된다.
61) 에트루리아(Etruria)는 이탈리아 중서부 지방을 가리킨다. 오스티아(Ostia)는 로마 서쪽의 가까운 항구이다.

거기에서 배를 바꿔 탔고, 람페두사의　　　　　　　　　　　　**150**
조그마한 섬을 향해 빠르게 달려갔으니,
기사들의 결투 장소로 선택된 곳이었는데
거기서 결투는 이미 끝나 버린 뒤였어요.
리날도는 재촉했고, 뱃사람들은 서둘러
돛과 노로 할 수 있는 최선을 다했는데,
바람은 강했지만 불행히도 역풍이었고,
그래서 약간 늦게 도착하게 되었어요.

그는 바로 앙글란테의 영주가 유익하고　　　　　　　　　　　**151**
영광스러운 일을 끝냈을 때 도착했으니,
그라다소와 아그라만테 왕을 죽였지만,
너무 힘들고 유혈이 낭자한 승리였어요.
거기서 모노단테의 아들[63]이 죽었으며,
올리비에로는 위험하고 심각한 타격에
모래밭 위에서 쇠진하여 누워 있었고,
망가진 다리 때문에 고통스러워했어요.

오를란도는 리날도를 안았을 때 얼굴에　　　　　　　　　　　**152**

---

62) 시칠리아섬 서쪽 끝에 있는 도시 트라파니(Trapani)를 가리킨다. 전설에 의하면, 로마 건국의 시조 아이네아스는 트로이아가 멸망한 뒤 연로한 아버지 앙키세스(Anchises)와 함께 이탈리아로 가던 중 시칠리아에서 아버지가 사망했고 그의 유해를 트라파니에 묻었다(《아이네이스》 제3권 707~713행 참조).

63) 브란디마르테.

눈물을 감출 수 없었고, 자신에게 너무나
커다란 믿음과 커다란 사랑을 간직했던
브란디마르테가 죽었다고 이야기했어요.
리날도 역시 자기 친구의 머리가 그렇게
쪼개진 것을 보았을 때 눈물에 젖었고,
그런 다음에 망가진 다리로 앉아 있는
올리비에로에게 다가가서 껴안았어요.

그는 그곳에 후식을 먹을 시간에, 아니, 153
식탁이 치워진 다음에 도착했기 때문에,[64]
별로 도움이 되지 못하였지만, 자신이
아는 모든 위로를 그들에게 하였습니다.
그리고 하인들은 파괴된 도시[65]로 갔고,
그라다소 왕과 아그라만테 왕의 유해를
비제르테의 폐허들 안에 묻어 주었으며,
거기에서 사실을 분명히 공표했습니다.

오를란도가 거둔 그런 승리에 대하여, 154
아스톨포와 산소네토는 무척 기뻤지만,
만약에 브란디마르테가 생명을 뺏기지
않았을 경우처럼 즐겁지는 않았습니다.

---

64) 모든 일이 다 끝난 다음에 도착했다는 뜻.
65) 비제르테.

그의 죽음 소식에 기쁨은 줄어들었고,
모두들 밝은 얼굴을 할 수 없었어요.
그런데 그렇게 커다란 고통을 누가
피오르딜리지에게 알리려고 하겠어요?

그런데 그 전날 밤에 피오르딜리지는   155
브란디마르테를 장식하여 보내기 위해
자기 손으로 직접 짜고 또한 자수를
놓은 그 옷에 대한 꿈을 꾸었습니다.
마치 폭풍에 맞은 듯이, 옷 한가운데와
주위에 빨간 방울들이 뿌려져 있었고,
자기가 자신의 손으로 그렇게 자수를
놓은 것 같아서 마음이 아팠습니다.

이렇게 말한 것 같았어요. "주인께서   156
완전히 검은색으로 만들라고 하셨는데,
무엇 때문에 내가 그분의 의지와 달리
이렇게 이상하게 자수를 놓은 것일까?"
그런 꿈에서 불길한 전조를 느꼈는데,
그날 저녁 소식이 도착했던 것입니다.
하지만 아스톨포는 산소네토와 함께
그녀에게 갈 때까지 소식을 감췄어요.

그들이 들어오자마자 그녀는 그들의   157

얼굴에서 승리의 즐거움이 없는 것을
보았고, 아무런 통고나 말이 없었지만,
브란디마르테가 죽은 것을 알았어요.
거기에 그녀의 가슴은 너무 짓눌렸고,
그녀의 눈에서 빛이 사라지는 듯했고,
그녀의 다른 모든 감각들이 닫혔으니
마치 죽은 듯이 땅바닥에 쓰러졌어요.

정신이 되돌아오자, 그녀는 아름다운   158
두 뺨과 머리칼을 손으로 쥐어뜯었고,
사랑하는 사람의 이름을 헛되이 부르며
거기에다 온갖 모욕과 피해를 주었으니,
머리칼을 잡아 뜯었으며, 마치 사악한
악령에 사로잡힌 여자처럼, 뿔 나팔의
소리를 들은 마이나스[66]가 달려가면서
주위를 도는 것처럼, 비명을 질렀어요.

자신의 가슴을 찌르기 위해 칼을 갖다   159
달라고 이 사람 저 사람에게 애원했고,
죽은 두 아프리카의 왕을 싣고 항구에
도착한 배로 당장 달려가, 그렇게 죽은

---

66) Maenads(복수형은 마이나데스Maenades). 고전 신화에서 포도주의 신 바쿠스를 섬기는 여인으로, '광란하는 여자'라는 뜻이다.

이 사람, 저 사람을 잔인하게 찢으며
격렬하고 잔인한 복수를 하려고 했고,
바다를 건너가서 자신의 죽은 주인을
찾아내 그의 곁에서 죽으려고 했어요.

그녀는 말했습니다. "오, 브란디마르테,   **160**
왜 나 없이 그런 일을 하러 가게 했을까?
당신이 떠날 때면, 피오르딜리지가 함께
따라가지 않은 적이 예전에는 없었는데!
내가 함께 갔다면, 당신을 도왔을 텐데.
내가 당신을 두 눈으로 지켜보고 있다가,
만약 그라다소가 당신의 뒤에 있었다면,
비명으로라도 당신을 도와주었을 텐데![67]

아니면 재빨리 한가운데로 뛰어들어서   **161**
당신에게 가해진 타격을 막았을 텐데!
내가 죽는 것은 큰 고통이 아닐 것이니,
내 머리로 당신의 방패가 되었을 텐데!
어떻게든 나는 죽을 것인데, 이 괴로운
죽음이 아무런 소용이 없게 되었구나!
만약 내가 당신을 지키다가 죽었다면,

---

[67] 실제로 그라다소는 브란디마르테를 등 뒤에서 공격하여 죽였다(제41곡 99연 참조). 하지만 아직 누구도 피오르딜리지에게 그 사실을 알려 주지는 않았다.

그보다 더 나은 죽음은 없었을 테니까.

그래도 가혹한 운명과 모든 하늘들이　　　　　　　　　　162
내가 당신을 도와주는 것을 막았다면,
최소한 당신에게 마지막 입맞춤을 하고
내 눈물로 당신 얼굴을 적셨을 것이며,
축복받은 천사들과 함께 당신 영혼이
창조주를 향하여 떠나기 전에 이렇게
말했을 텐데. '편안히 가서 기다리세요.
당신이 어디 있든, 따라갈 테니까요.'

오, 브란디마르테, 이것이 지금 당신이　　　　　　　　163
왕홀을 잡아야 하는 그런 왕국인가요?
이렇게 당신과 담모지레[68]로 가는 거예요?
이렇게 왕좌에서 나를 맞이하는 거예요?
아아, 잔인한 **운명**이여, 얼마나 나의
계획을 깨는가! 얼마나 희망을 빼앗는가!
이제 그 소중한 나의 보물을 잃었는데,
왜 망설이며 나머지[69]도 빼앗지 않는가?"

이런 말과 다른 말을 하는 동안 그녀에게　　　　　　　164

---

[68] Dammogire. 브란디마르테가 왕위를 물려받은 모노단테왕국의 수도.
[69] 마지막 남은 생명.

너무나 격렬하고 광폭하게 분노가 솟았고,
마치 아름다운 머리칼에 모든 죄가 있듯이
또다시 아름다운 머리칼을 쥐어뜯었어요.
동시에 손으로 가슴을 때렸고, 손톱으로
찌르고 할퀴었으며, 입술을 물어뜯었어요.
하지만 그녀가 괴로워하고 눈물을 흘리는
동안 오를란도와 동료들에게 돌아갑시다.

오를란도는 부상당한 자신의 처남에게   165
적지 않은 치료와 보살핌이 필요하였고,
또한 그와 마찬가지로 브란디마르테를
합당한 장소에다 매장하도록 하기 위해,
불로 밤을 환하게 밝히고, 연기로 낮을
어둡게 만드는 산[70]을 향해 떠났습니다.
바람은 순풍으로 불어왔고, 오른쪽으로
멀리 떨어지지 않은 그 해변이 있었어요.

순풍으로 불어오는 바람과 함께 그는   166
날이 저물어가는 무렵에 돛을 올렸고,
말이 없는 여신[71]이 환히 빛나는 뿔로
그들에게 똑바른 길을 보여 주었어요.

---

70) 시칠리아의 에트나화산.
71) 달을 가리킨다.

다음 날 그들은 아그리젠토[72]의 주위에
아늑하게 누워 있는 해변에 상륙했고,
거기에서 오를란도는 다음 날 저녁의
장례식 행사에 필요한 것을 명령했어요.

자신의 명령이 수행된 것을 보고 나니, 167
태양의 빛살이 이미 스러질 무렵이었고,
오를란도는 살아서나 죽어서도 믿음으로
사랑한 육신이 놓인 곳으로 돌아왔지요.
인근 지역에서 그의 초대를 받은 많은
귀족들이 아그리젠토 안으로 달려왔고,
불붙은 횃불들이 해변을 환히 비추었고,
비명과 탄식 들이 주위에 울려 퍼졌어요.

거기에서 바르디노[73]는 오랜 세월의 짐에 168
눌린 채 장례용 관 앞에서 울고 있었는데,
이미 배 안에서 흘린 엄청난 눈물 때문에
분명히 눈과 눈꺼풀이 쇠진해 있었어요.
잔인한 하늘, 사악한 별자리를 탓하면서
마치 열병에 걸린 사자처럼 울부짖었고,

---

72) Agrigento. 시칠리아 남부 해안의 도시로 기원전 6세기에 그리스인들의 식민지로 건설되었다.
73) 브란디마르테의 아버지 모노단테의 나이 든 궁정인(제39곡 41연 참조).

동시에 새하얀 머리칼과 주름진 피부에
두 손으로 커다란 모욕을 가하였습니다.

오를란도가 돌아오자 탄식은 더욱더   169
커졌고, 눈물은 더욱더 배가되었습니다.
오를란도는 시신 옆에 가까이 다가갔고,
아무 말 없이 한참 동안 바라보았는데,
마치 저녁의 쥐똥나무 꽃이나, 아침에
딴 부드러운 아칸서스처럼 창백했어요.
커다란 한숨 뒤에, 계속하여 뚫어지게
그를 응시하면서 이렇게 말했습니다.

"오, 사랑하는 이여, 충실한 나의 동료여,   170
그대, 여기 죽어 있으니, 하늘에 살면서,
더위나 추위도 그대를 전혀 귀찮게 할 수
없는 삶을 거기서 얻은 것이 분명하구려.
내가 우는 것을 보더라도 용서해 주게나.
나는 여기 남아 괴로워하며, 그 커다란
기쁨을 그대와 함께 못하기 때문이지,
그대가 여기 있지 않기 때문이 아니야.

그대 없이 나는 외로우니, 그대 없이   171
이 땅에서 무슨 즐거운 일이 있겠는가?
그대와 함께 폭풍이나 전쟁을 겪었는데,

왜 평화와 평온을 함께 즐기지 못하는가?
이 진흙[74]에 갇혀 있어서, 그대의 자취를
따르지 못하니 내 잘못이 정말 크구려.
그대와 함께 괴로워했다면, 왜 지금은
그 즐거움에 함께 참가하지 못하는가?

그대는 얻었고, 나는 잃었으니, 그대만   172
이익이고, 나는 혼자 피해를 보고 있네.
그리고 나의 이 고통에는 이탈리아와
프랑스, 게르마니아가 함께 참여하고 있네.
오, 나의 주군이자 아저씨[75]는 얼마나
괴로우며, 기사들은 얼마나 괴로울까!
오, 최대의 보호막을 잃어버린 제국과
그리스도교 교회는 또 얼마나 괴로울까!

오, 그대의 죽음 덕택에 적들은 얼마나   173
많은 두려움과 공포감을 벗을 것인가!
오, 이교도의 세상은 얼마나 강해질까!
얼마나 용기를 얻고, 얼마나 대담할까!
오, 그대의 연인은 어떻게 살아갈까!
여기까지 눈물이 보이고, 비명이 들리네.

---

74) 진흙에서 창조된 인간의 육신을 가리킨다.
75) 카롤루스 마그누스.

나를 비난하겠지. 아마 나를 증오하겠지.
나 때문에 그대와의 희망이 사라졌으니!

하지만, 피오르딜리지여, 그대는 최소한　　　　　　174
브란디마르테를 잃은 우리의 위안이라오.
커다란 영광 속에 죽은 그를, 오늘 살아
있는 모든 기사들이 부러워하고 있다오.
데키우스[76]들, 포룸 로마눔에 빠진 사람,[77]
그리스인이 그렇게 칭찬하는 코드로스[78]도,
그대의 주인에 비하면, 죽음을 통해 얻은
다른 사람의 이익과 자신의 영광이 작다오."

오를란도는 이런 말과 다른 말을 했지요.　　　　　　175

---

76) 고대 로마 시대에 3대에 걸쳐 조국을 위하여 목숨을 바친 가문의 사람들로, 세 사람 모두 이름이 푸블리우스 데키우스 무스(Publius Decius Mus)이다. 집정관이었던 아버지는 기원전 339년 라틴족과의 싸움 중에 사망하였고, 마찬가지로 집정관을 역임한 그의 아들은 기원전 295년 삼니움족과의 싸움에서 사망하였으며, 손자는 기원전 279년 피로스의 침입 때 싸우다가 사망하였다.

77) 고대 로마의 전설적인 인물 마르쿠스 쿠르티우스(Marcus Curtius)를 가리킨다. 전설에 의하면 포룸 로마눔(Forum Romanum), 즉 '로마인들의 광장' 한가운데에 소위 '쿠르티우스 구멍(Lacus Curtius)'이 있는데, 거기에서 쿠르티우스 가문의 이름이 유래했다고 한다. 티투스 리비우스가 전하는 바에 의하면, 로마에 격분한 신들의 분노를 달래기 위해, 마르쿠스 쿠르티우스는 그 열린 구멍 안으로 스스로 몸을 던져 조국을 구했다고 한다.

78) Codros. 기원전 11세기 아테네의 신화적인 마지막 왕이다. 도리스인들이 펠로폰네소스반도에 침입하였을 때, 왕이 전투에서 사망한 백성이 승리할 것이라는 신탁을 듣고, 자기 백성을 위하여 일부러 도리스인들에게 싸움을 걸어 사망하였다.

그동안 갈색, 하얀색, 검은색[79] 수도사들,
그리고 다른 모든 성직자들이 서로 짝을
이루어 기다란 행렬을 지어 지나갔으며,
사망한 자의 영혼이 축복받은 영혼들
사이로 가도록 하느님께 기도했습니다.
행렬의 앞과 한중간, 주위에는 불빛들이
밤을 낮처럼 환하게 비추고 있었습니다.

그런 다음 관을 들어 올렸고, 귀족들과   176
기사들이 번갈아 가면서 운반하였어요.
보랏빛 비단으로 관을 덮었는데, 황금과
커다란 진주들이 화려하게 장식하였고,
그에 못지않게 아름답고 멋진 작업으로
베개를 보석으로 화려하게 장식했으며,
그곳에 브란디마르테는 똑같은 색깔과
똑같은 장식의 옷에 싸여 누워 있었어요.

그들에 앞서 그곳 영지의 가장 가난한   177
사람들에서 선발한 삼백 명이 지나갔는데,
모두들 땅바닥까지 닿는 기다랗고 검은
천으로 만든 옷을 똑같이 입고 있었어요.
백 명의 시종들이 똑같은 수의 크고,

---

79) 여러 수도회의 고유한 색깔을 가리킨다(제14곡 8연 참조).

모두 싸움에 훌륭한 말을 타고 지나갔고,
시종들을 태운 말들도 나름대로 상복을
걸치고 땅바닥을 스치면서 지나갔어요.

관의 앞쪽과 뒤쪽에는 너무나 다양한　　　　　　　　　　178
문장들이 그려져 있는 수많은 깃발들이
활짝 펼쳐진 상태로 함께 따라갔는데,
그것들은 지금 죽어 누워 있는 기사의
힘으로 예전에 황제[80]와 베드로를 위해
많은 부대에게서 빼앗은 것들이었어요.
또한 빼앗긴 유능한 기사들의 문장이
새겨져 있는 방패들도 많이 있었어요.

그리고 장례식의 다양한 임무를 맡은　　　　　　　　　　179
수많은 사람들이 지나갔는데, 그들은
나머지처럼 환한 횃불을 들었고, 검은
옷을 입었다기보다 둘러싸고 있었어요.
그 뒤를 오를란도가 따랐는데, 이따금
빨갛고 슬픈 눈가에 눈물이 넘쳤으며,
그에 못지않게 슬픈 리날도가 왔으며,
다리가 망가진 올리비에로는 없었어요.

---

80) 원문은 "Cesare", 즉 '카이사르'인데, 여기에서는 신성로마제국 황제를 가리킨다.

장례식 모습을 시구로 모두 노래하고, 180
나누어 준 어둡고 검은 빛깔의 옷들과
거기에서 소비된 환한 횃불들에 대해
모두 이야기하려면 오래 걸릴 것입니다.
그리고 모두 성당으로 갔는데, 어디로
가든지 모두의 두 눈은 젖어 있었으니,
그렇게 멋지고 훌륭한 젊은이가 모든
계층, 모든 나이의 남녀를 감동시켰지요.

성당 안에 안치되고, 여인들[81]의 무익한 181
통곡들과 눈물 흘리는 일이 끝난 뒤에,
또한 사제들이 사면[82]을 청원하고, 다른
성직자들이 그에 대해 기도를 한 다음,
두 개의 기둥 위에 있는 관에 안치했고,
오를란도는 훨씬 더 화려한 무덤에다
다시 매장할 때까지, 그 관을 화려한
황금 휘장으로 덮어 두기를 원했어요.

오를란도는 시칠리아를 떠나지 않고, 182
반암과 설화석고를 찾으러 보냈어요.

---

81) 장례식에서 직업적으로 통곡을 해 주던 여인들을 가리킨다. 그래서 뒤이어 죽은 자에게 별로 도움이 되지 않는 "무익한 통곡들"이라고 했다.

82) 원문은 "eleisonne"로, 그리스어 'Kyrie eleison(주여 불쌍히 여기소서)'에서 나왔다. 죽은 자들의 사면을 요구하는 말이다.

무덤을 설계하게 했고, 커다란 보상으로
가장 뛰어난 장인들에게 일을 맡겼어요.
그리고 피오르딜리지가 이곳으로 와서
석판과 커다란 기둥을 세우게 했는데,
그녀는 오를란도가 이미 떠난 다음에
아프리카 해안에서 이곳으로 왔지요.

눈물이 그치지 않았고, 계속 탄식이 183
터져 나오는 것을 막을 수 없었는데,
미사나 기도를 하기 위해서가 아니라,
욕망을 채울 수 없었기 때문이었으니,
육체로부터 영혼이 빠져나갈 때까지
거기에서 떠나지 않으려고 작정했고,
무덤 안에다 방을 하나 짓게 하였고,
그 안에 틀어박혀 거기에서 살았어요.

그녀를 데려오려고 오를란도는 편지와 184
심부름꾼을 보낸 뒤 직접 가 보았어요.
프랑스로 오면 큰 궁전에서 갈레라나[83]
왕비의 동료가 되게 하려고 하였으며,
만약 아버지에게 돌아가기를 원하면,

---

[83] Galerana. 에스파냐 마르실리오 왕의 누이로 카롤루스 마그누스의 아내가 되었다. 물론 이것은 기사문학에 나오는 허구적인 이야기이다. 역사적 인물 카롤루스 마그누스의 아내는 너덧 명으로 알려져 있다.

라타키아[84]까지 바래다주려고 하였고,
만약 하느님께 봉사할 생각을 한다면,
수도원을 하나 세워주려고 하였습니다.

그녀는 무덤 안에 남았으며, 거기에서 185
밤낮으로 참회하고 기도하는 데 지쳐서
그리 오래 살지 못했으니, 결국 운명의
여신이 그녀의 생명의 실을 잘랐어요.
세 명의 프랑스 기사들은, 아주 옛날에
키클롭스들이 오래된 동굴을 갖고 있던
그 섬[85]에서 이제 떠났는데, 넷째 동료를
뒤에 남겨 두게 되어 괴롭고 슬펐어요.

그들은 올리비에로를 치료해 줄 만한 186
의사 없이는 떠나고 싶지 않았습니다.
처음에 바로 치료할 수 없었기 때문에
그의 치료는 이제 어렵고 힘들어졌으며,
그의 신음소리를 들으면서 그들 모두
그의 상황에 대해 두려워하게 되었어요.
그들끼리 논의하고 있는데, 키잡이에게

---

84) Latakia. 라타키아(제17곡 94연 참조)는 시리아의 도시로, 피오르딜리지는 그곳의 왕 돌리스토네(Dolistone)의 딸이었다.
85) 시칠리아섬. 고전 신화에 나오는 키클롭스들은 대장장이 일에 능숙하였고, 에트나화산 밑에 있는 불카누스의 대장간에서 일하였다.

생각이 떠올라 말하자, 모두 반겼어요.

그에 의하면, 거기에서 멀리 떨어지지 않은 외로운 바위섬[86]에 은둔자가 있는데, 충고이든 도움이든, 무엇이든지 그에게 요청하면 절대로 헛일로 끝나지 않으며, 몇 가지 기적 같은 일도 하여, 장님에게 빛을 주고, 죽은 사람을 살아나게 하고, 십자가 성호 한 번으로 바람을 멈추고, 요동치는 바다를 잠잠하게 만든답니다. 187

그러므로 의심할 바 없이 하느님께서 그렇게 사랑하시는 사람을 찾아가 보면, 자기 능력의 증거가 그렇게 명백하므로, 올리비에로를 고쳐 줄 것이라고 했어요. 오를란도는 그런 충고가 마음에 들어서 그 신성한 장소를 향해 바로 출발했고, 그 길을 향해 이물을 똑바로 향했으니, 새벽이 밝아 올 무렵 바위섬이 보였지요. 188

노련한 뱃사람들은 배를 잘 인도하여 189

---

86) 뒤이어 밝혀지듯이, 루지에로가 헤엄쳐 가서 그곳의 은둔자에게 세례를 받은 섬이다.

바위섬에 안전하게 가까이 접근했어요.
그리고 하인들과 뱃사람들의 도움으로
올리비에로 후작을 작은 배에다 실었고,
거품 나는 파도를 헤치고 단단한 암초에
닿았고, 거기서 신성한 집으로 향했지요.
바로 루지에로에게 세례를 베푼, 늙은
수도사가 거주하는 신성한 집이었어요.

천국의 하느님께 봉사하고 있는 종은   190
오를란도와 그의 동료들을 맞이하였고,
아주 즐거운 표정으로 그들을 축복했고,
이어서 거기에 오게 된 이유를 물었는데,
그 이전에 이미 하늘의 천사들[87]을 통해
그들이 온다는 것을 통보받고 있었어요.
오를란도는 올리비에로에게 줄 도움을
찾기 위해 그곳에 왔다고 대답했습니다.

그는 그리스도의 믿음을 위해 싸우다가   191
위험한 상황에 이르게 되었다고 말했어요.
은둔자는 그의 불길한 의혹을 없애 주었고,
그를 완전히 치료해 주겠다고 약속했지요.
그곳은 연고도 준비되어 있지 않았고,

---

87) 원문의 "eroi"는 '영웅들'로 직역할 수 있다.

어떤 인간의 약도 갖추고 있지 않았는데,
그는 성당으로 가서 구세주께 기도하였고,
아주 자신 있는 표정으로 밖으로 나왔고,

영원한 세 위격의 이름으로, 그러니까 192
바로 성부와 성자와 성령의 이름으로
올리비에로에게 축복을 내려 주었어요.
오, 믿는 자에게 그리스도께서 주시는
덕성이여! 올리비에로의 고통을 내쫓고
그의 다리를 건강하게 만들어 주셨으니,
그 어느 때보다 건강하고 확고하였어요.
소브리노 왕도 그것을 옆에서 보았어요.

소브리노 왕은 매일 악화되는 것 같은 193
극심한 부상을 입은 채 그곳에 왔는데,
그 거룩한 수도사의 너무나도 대단하고
명백한 기적을 직접 눈으로 목격했기에,
무함마드를 한쪽에 놔두고, 살아 계시며
강력하신 그리스도께 고백하기로 했고,
강한 믿음으로 넘치는 가슴으로 신성한
우리의 의례를 시작해 달라고 요구했어요.

그리하여 수도사는 세례를 베풀었으며, 194
기도로써 그의 원래 힘을 되찾게 했어요.

오를란도와 다른 기사들은, 올리비에로가
위험한 상황으로부터 완전히 벗어나서
건강함을 다시 되찾은 것에 못지않게
소브리노의 개종을 무척 기뻐했습니다.
누구보다 즐거워한 것은 루지에로였고,
그의 믿음과 헌신은 더욱더 커졌지요.

루지에로는 헤엄을 쳐서 그 바위섬에   195
도착한 날부터 계속 그곳에 머물렀지요.
그런 기사들 사이에서, 경건한 수도사는
부드러운 모습이었으며, 이제 원한다면,
단지 멍청이들이나 좋아하는, 삶이라는
이름을 가진 이 죽은 늪[88]을, 지저분한
웅덩이를 피하면서 지나가고, 언제든지
하늘의 길로 눈을 향하라고 위로했어요.

오를란도는 사람 하나를 배로 보내서   196
빵과 포도주, 치즈, 햄을 가져오게 했고,
모든 좋은 음식의 맛을 잊었고, 열매에
입맛이 익숙해져 버린 하느님의 종에게
부탁하여, 고기를 먹게 하고 포도주를

---

[88] "죽은 늪(morta gora)"이란 인간의 영혼이 깃들어 있는 육신을 가리킨다. 앞의 171연에서는 "진흙"이라는 표현을 사용하였다.

마시게 하고 모든 것을 다해 주었어요.
식사와 함께 기운을 되찾은 뒤, 그들은
많은 것들에 대해 서로 이야기했어요.

한 주제에서 다른 주제로 넘어가면서   197
이야기를 할 때 종종 일어나는 것처럼,
리날도와 올리비에로, 오를란도는 이제야
마침내 루지에로를 알아보게 되었으니,
모두 한마음으로 그의 무훈을 칭찬하는,
너무나 탁월한 바로 그 루지에로였지요.
리날도 역시 예전에 결투장에서 이미
겨루어 보았던 그를 알아보지 못했어요.

소브리노는 루지에로가 은둔자와 함께   198
나타났을 때 곧바로 그를 알아보았지만,
모험에 떨어지는 실수를 하지 않도록
일부러 입을 다물고 침묵하고 있었어요.
그리하여 그가 바로 대담함과 기사도,
뛰어나고 심오한 무훈으로 온 세상에
널리 이름이 알려진 루지에로란 것이
다른 사람들에게 모두 알려졌습니다.

그가 이미 그리스도인이라는 것을   199
알고 모두가 즐겁고 맑은 표정이었고,

그에게 가까이 다가가서 손을 잡았고,
입을 맞추고, 또한 힘껏 껴안았습니다.
다른 누구보다도 몽토방의 리날도는
그를 껴안고 환영하려고 나아갔는데,
무엇 때문에 그렇게 환영했는지, 듣고
싶으시다면, 다음 노래에서 말하지요.

제44곡

 리날도는 누이 브라다만테와 루지에로의 결혼을 약속하고, 기사들은 카롤루스 황제에게 간다. 하지만 브라다만테의 부모는 비잔티움 황제의 왕자 레오와 딸의 혼인을 약속했다. 루지에로는 레오를 없애기 위해 가다가 헝가리인들을 도와 비잔티움 군대를 물리친다.

때로는, 자비심이 완전히 사라져 없고 1
거짓 우정 외에는 우정이 보이지 않는,
찬란한 궁전들이나 왕의 궁정들처럼,
다양한 의혹들과 음모들로 가득하고
질투에 넘치는 부와 화려함에서보다,
빈궁함과 불편함에 시달리는 가난한
거처나 조그마한 집들 안에서 우정의
마음들이 더욱 확고하게 연결됩니다.

그러므로 군주들과 영주들 사이에서 2
협상과 합의 들은 그렇게 허약답니다.
왕들, 교황들, 황제들은 오늘 동맹하고

내일이면 철천지원수가 되기도 합니다.
왜냐하면 자신의 마음이나 영혼 속에
있는 것을 겉모습에 드러내지 않으며,
옳은 것이나 그른 것에 신경 쓰지 않고,
오직 자기 이익만 추구하기 때문이지요.

그런데 심각한 것들에 대해 장난이나 3
거짓으로만 이야기하는 곳에는 우정이
나타나지 않기 때문에, 그런 사람들은
우정에 대하여 거의 모르고 있을지라도,
만약 사악하고 쓰라린 운명에 의하여
그들이 갑자기 비천한 상태에 떨어지면,
오랫동안 전혀 모르고 있었던 우정에
대해 짧은 시간 안에 이해하게 됩니다.

그 거룩한 은둔자는 자신의 방 안에서 4
자기 손님들을 강한 매듭으로 묶었으니,
다른 사람들이 궁전에서 얻지 못할 만큼
강한 힘을 가진 진정한 사랑이었습니다.
그 사랑은 나중에 죽을 때까지 절대로
풀어지지 않을 정도로 오래 지속됐어요.
은둔자는 그들 모두 너그럽고 백조보다
마음이 하얗다는 것을 발견했습니다.

제가 방금 말했듯이, 절대 자기 감정을 5
드러내지 않고 언제나 거짓 모습으로
다니는 사람들의 사악함이 전혀 없이,
그들 모두 친절하고 사랑스러웠어요.
과거에 상처를 받았던 모든 기억은
그들 사이에서 완전히 사라졌으며,
같은 씨앗이나 같은 배 안에서 나온
형제들보다 더 서로를 사랑했습니다.

다른 누구보다도 몽토방의 리날도는 6
루지에로를 강하게 껴안고 존경했으니,
그가 얼마나 용기 있고 강한지, 예전에
손에 무기를 들고 시험했기 때문이며,
기사도 세계의 누구보다도 인간적이고
너그럽다는 것을 발견했기 때문입니다.
또한 게다가 여러 가지 면에서 그에게
커다란 빚을 지고 있다는 걸 알았어요.

커다란 위험에 빠졌던 리차르데토를 7
루지에로가 구해 준 것을 알고 있었으니,
에스파냐의 왕이 자기 딸과 함께 침대에
있던 그를 잡아 죽이려고 했을 때지요.[1)]
또한 제가 앞에서 말씀드렸듯이, 부오보
공작의 두 아들을 마간차 가문 출신의

베르톨라지와 함께 있던 사악한 자들과
사라센인의 손에서 구해 주기도 했어요.[2)]

그러한 빚이 그에게는 너무 중요하여 8
그를 사랑하고 존중하도록 만들었는데,
하나는 아프리카의 궁정에 봉사하고,
다른 하나는 카롤루스에게 봉사하던
그 이전에 그렇게 힐 수 없었던 것이
매우 가슴 아프고 애석한 일이었어요.
이제 그리스도인이 된 그를 만났으니,
전에 하지 못한 것을 할 수 있었어요.

친절한 리날도는 루지에로에게 끝없는 9
이야기를 하였고, 칭찬하고 환영했어요.
신중한 은둔자는 그의 그렇게 너그러운
마음을 발견하고 적당한 기회를 잡았고,
중간에 끼어들어 말했어요. "둘 사이에
이제 우정이 생기게 되었으니, 이제는
친척 관계가 형성되는 것만 남았군요.[3)]

---

1) 리차르데토는 에스파냐 마르실리오 왕의 딸 피오르디스피나와 사랑에 빠졌다가 발각되어 화형을 당할 위험에 처했을 때 루지에로가 구해 주었다(제25곡 7연 이하 참조).
2) 또한 루지에로는 리날도의 사촌 말라지지와 비비아노를, 마간차 가문의 베르톨라지와 사라센인들에게서 구해 주었다(제25곡 74연 이하, 제26곡 2연 이하 참조).

Canto 44:9

신중한 은둔자는 그의 그렇게 너그러운
마음을 발견하고 적당한 기회를 잡았고,

(저는 어려움 없이 그럴 것으로 믿지요.)

그러면 고귀함에 있어서 이 세상에서 10
비교할 수 없이 탁월한 두 혈통에서,
온 세상을 돌아가는 눈부신 태양보다
더 눈부신 가문이 나오게 될 것이며,
앞으로 세월이 더 흘러가게 됨에 따라
(여러분에게 감추지 않도록 하느님께서
알려 주신 바에 의하면) 하늘이 도는 한,
더욱 아름답고 오래 지속될 것입니다."

거룩한 은둔자는 계속하여 이야기를 11
하면서, 비록 서로에게 부탁할 필요도
없었지만, 리날도가 그 루지에로에게
브라다만테를 주도록 설득하였습니다.
그런 친척 관계를 맺는 것에 대하여
올리비에로와 오를란도도 찬성했으며,
아모네와 카롤루스도 찬성할 것이며
모든 프랑스가 칭찬하리라고 믿었어요.

그렇게 말하였지만, 그들은 아모네가 12
피펀의 아들의 의지에 따라서, 그 무렵

---

3) 브라다만테와 루지에로의 결혼을 통해 형성될 인척 관계를 가리킨다.

그리스의 황제 콘스탄티노스[4]가 자신의
아들이며, 거대한 제국의 후계자가 될
레오에게 그녀를 달라고 요구함에 따라
이미 약속했다는 것을 모르고 있었어요.
레오는 그녀를 보지 못했지만, 그녀의
무훈에 대해 알았기에 사랑에 불탔지요.

아모네는 이렇게 대답했어요. 그 당시 13
궁정을 떠나 밖에 있는 아들 리날도와
이야기를 나누기 전에, 자기 혼자서만
결정을 내리고 싶지 않다는 것이었어요.
물론 빠른 시일 안에 도착하고, 그렇게
커다란 혼인에 분명히 찬성할 것이지만,
그에 대한 커다란 존중심 때문에, 그가
없이 결정하고 싶지 않다고 말했습니다.

그렇지만 아버지 곁에서 멀리 떨어진 14
리날도는 제국의 상황을 전혀 몰랐기에,

---

4) 아리오스토는 아마 비잔티움제국의 황제("그리스의 황제") 콘스탄티노스 5세 (Constantinos V, 재위 741/743~775)를 염두에 두었던 것으로 짐작된다. 뒤이어 이야기하듯이, 당시 그는 불가리아인들과 전쟁을 치르기도 하였다. 이 작품에서는 그의 아들 레오 4세(Leo IV, 재위 775~780)와 브라다만테 사이에 혼담이 오간 것으로 나오는데, 실제로 그의 아들 콘스탄티노스 6세(Constantinos VI, 재위 780~797)는 카롤루스 마그누스의 딸 로트루드(Rotrude, 775~810)와 약혼하였지만, 그의 섭정이었던 어머니에 의해 나중에 파혼되었다.

자신이 동의하고, 오를란도가 동의하고,
방에 있던 다른 사람들도 동의하였으며,
특히 누구보다도 은둔자의 주장에 따라
거기서 루지에로에게 누이를 약속했고,
그런 인척을 맺는 것을 아모네 공작도
진정으로 좋아할 것이라고 믿었습니다.

그날 낮과 밤, 그다음 날의 대부분을   15
그들은 현명한 수도사와 함께 있었고,
바람이 원하는 방향으로 불었는데도,
배로 돌아갈 생각을 거의 잊었습니다.
하지만 너무 오랫동안 머무르는 것을
염려한 뱃사람들이 심부름꾼을 보냈고,
빨리 출발하자고 너무나 독려하였기에
어쩔 수 없이 은둔자에게서 떠났어요.

루지에로는 그 바위섬에 발을 내디딘   16
이후로 너무 오랫동안 머물고 있었는데,
자신에게 진정한 믿음을 가르쳐 주었던
거룩한 수도사에게 작별을 하였습니다.
오를란도는 그의 칼과 헥토르의 갑옷,
훌륭한 프론티노를 그에게 돌려주었으니,
그것은 자기 사랑의 명백한 증거였으며,
또한 그의 것임을 알았기 때문이었어요.

그리고 비록 마법의 칼 발리사르다는,　　　　　　　17
오를란도가 아주 커다란 고통과 어려움
속에서 그 끔찍한 정원에서 오래전에
획득한 것이기 때문에, 도둑놈으로부터
프론티노와 함께 선물로 받은 루지에로에
비해, 그가 더 큰 권리를 갖고 있었지만,[5]
그래도 요구를 받자마자 나머지 갑옷과
함께 그에게 기꺼이 선물로 주었습니다.

그 거룩한 은둔자로부터 축복을 받은　　　　　　　18
다음 그들은 마침내 배로 돌아갔습니다.
노로 바닷물을 젓고 남풍에 돛을 올리니,
그들에게 날씨는 너무 맑고 청명했으며,
그들이 마르세유 항구로 들어갈 때까지
기도나 서원[6]이 전혀 필요하지 않았어요.
하지만 제가 영광스러운 공작 아스톨포를
데려갈 때까지, 거기서 기다리게 놔둡시다.

아스톨포는 그 유혈이 낭자하고 그다지　　　　　　　19
즐겁지 않은 승리[7]의 소식을 듣고 나서,

---

[5] 발리사르다에 대한 권리는 오히려 오를란도가 더 주장할 수 있다. 그는 원래 팔레나의 정원에서 그 칼을 얻었는데, 나중에 도둑 브루넬로가 프론티노와 함께 훔쳐서 루지에로에게 선물하였기 때문이다(제41곡 26연 참조).
[6] 폭풍우를 만났을 때 뱃사람들이 올리는 기도나 서원.

이제 프랑스가 아프리카의 위협으로부터
안전할 수 있다는 것을 알았기 때문에,
처음에 비제르테를 공격하기 위해 왔던
길과 똑같은 바로 그 길을 통해, 누비아
사람들의 왕 세나포를 자기 부대와 함께
자신의 나라로 돌려보낼 생각을 했어요.

바다에서 이교도들을 물리쳤던 함대를   20
오지에르의 아들[8]은 이미 돌려보냈는데,
흑인 병사들이 배 밖으로 나가자마자
새로운 기적으로, 함대 배들의 뱃전과
이물과 고물이 나뭇잎으로 변하면서
자신들의 처음 상태로 다시 돌아갔고,
이어서 바람이 불어오더니, 허공으로
가볍게 날려 곧바로 사라지게 했어요.

누비아 사람들 부대는, 누구는 걸어서,   21
또 누구는 말을 타고 모두 떠났습니다.
하지만 그들이 떠나기 전에 아스톨포는,
세나포 왕이 자신의 모든 노력과 모든
권력을 기울여 도움을 주기 위해 직접

---

7) 브란디마르테가 죽었기 때문에.
8) 두도네.

온 것에 대해 무한한 감사를 표했어요.
아스톨포는 사납고 강력한 남풍이 갇힌
자루를 가져가도록 그에게 주었습니다.[9]

말하자면, 자루 속에 갇힌 바람인데, 22
으레 남쪽에서 너무 광폭하게 불어와,
마치 파도를 일으키듯이, 마른 모래를
하늘까지 높이 날리는 바람이었으므로,
길을 가는 동안 그들에게 피해를 주지
않도록, 유용하게 그 바람을 가져가고,
나중에 그들의 나라에게 도착한 뒤에
밖으로 자유롭게 풀어 주도록 하였어요.

또한 투르피노가 써 놓은 바에 의하면, 23
높은 아틀라스의 발치에 이르자, 그들의
말들이 모두 순식간에 돌맹이가 되었고,
그래서 처음처럼 걸어서 돌아갔답니다.
하지만 이제는 아스톨포가 프랑스로 갈
시간이니, 무어인들의 주요한 도시들을
방비하게 조치를 한 다음, 그는 자신의
이포그리포에게 날개를 펼치게 했어요.

---

9) 사막을 가로질러 가는 동안 모래 폭풍을 피하기 위해 아스톨포는 누비아에서 비제르테를 향해 출발하기 전에 자루 안에다 남풍을 가두었다(제38곡 29연 참조).

Canto 44:23

높은 아틀라스의 발치에 이르자, 그들의
말들이 모두 순식간에 돌멩이가 되었고,

한 번의 날갯짓에 사르데냐로 날았고, 24
사르데냐에서 코르시카 해안으로 갔고,
거기에서 고삐를 약간 왼쪽으로 틀면서
바다 위의 길로 계속해서 날아갔습니다.
마지막으로 풍요로운 프로방스 지방의
바닷가에서 가벼운 비행을 멈추었으며,
그곳에서 예전에 거룩한 복음사가[10]가
자신에게 말한 것을 그대로 수행했어요.

거룩한 복음사가는 그에게 프로방스에 25
도착하면, 이제 이포그리포를 타지 말고,
고삐와 안장으로 야생적인 충동을 막지
말고, 그에게 자유를 주라고 명령했어요.
그리고 우리가 잃는 것을 언제나 얻는
가장 낮은 하늘[11]은, 그 신성한 장소에
아스톨포가 들어서는 순간, 뿔 나팔의
소리를 빼앗아서 침묵하게 만들었지요.[12]

아스톨포는 마르세유에 도착했는데, 바로 26
오를란도와 올리비에로, 그리고 리날도,

---

10) 아스톨포가 달나라로 여행할 때 안내해 주었던 성 요한.
11) 지상에서 잃어버린 것이 모두 보관되어 있는 달의 하늘을 가리킨다.
12) 아스톨포가 로지스틸라에게서 받은 마법의 뿔 나팔도 달의 하늘에 들어서는 순간 마법의 힘을 잃었다는 뜻이다.

훌륭한 소브리노와 뛰어난 루지에로가
때마침 그곳에 도착한 날이었습니다.
죽은 동료[13]에 대한 기억으로 인하여,
그 기사들은 모두 그러한 승리를 얻을
경우 당연히 즐거워해야 하는 것처럼,
마음껏 함께 즐거워할 수 없었습니다.

카롤루스는 시칠리아에서 온 소식으로 27
두 왕이 죽고, 소브리노가 붙잡혔으며,
브란디마르테가 죽은 것을 알았으며,
루지에로에 대해서도 알게 되었으니,
자기 어깨를 그렇게 무겁게 짓누르던
그 견딜 수 없는 무게를 던져 버린 듯,
(완전히 벗으려면 조금 더 걸리겠지만)
가벼운 마음에다 즐거운 얼굴이었어요.

신성한 제국의 가장 커다란 기둥이자 28
받침대였던 그들을 환영하기 위하여,
카롤루스는 손강의 위쪽까지 왕국의
귀족들을 보내서 마중하게 했습니다.
그리고 자신이 직접 왕들과 공작들의
무리와 함께, 자신의 왕비를 대동하고,

---

13) 브란디마르테.

또한 멋지게 장식한 아름답고 고귀한
귀부인들과 함께 성문 밖까지 나갔지요.

밝고 즐거운 표정의 카롤루스 황제와,　　　　　　　　　　29
기사들, 친구들, 친척들, 귀족들, 그리고
평민들 모두 오를란도와 다른 기사들을
열렬한 사랑으로 환영했고, 몬그라나와
키아라몬테를 외치는 소리가 들렸어요.
서로의 포옹들이 끝나자마자 리날도와
오를란도, 그리고 올리비에로는 바로
루지에로를 주군에게 소개하였습니다.

그리고 그가 리사의 루지에로의 아들로,　　　　　　　　30
아버지와 대등한 무훈을 자랑하고 있고,
얼마나 용감하고 강한지, 얼마나 뛰어난지,
우리 부대가 말해 줄 수 있다고 했습니다.
그동안 두 명의 아름답고 고귀한 여인
브라다만테와 마르피사가 그곳으로 왔고,
누이는 달려가 루지에로를 껴안았으며,
다른 여인은 약간 자제하면서 있었어요.

황제는 존경심 때문에 말에서 내렸던　　　　　　　　　　31
루지에로에게 다시 말에 타게 했으며,
자신과 함께 어깨를 나란히 가게 했고,

Canto 44:29
모두 오를란도와 다른 기사들을
열렬한 사랑으로 환영했고,

그를 환영하는 데 요구되는 모든 것을
조금이라도 간과하려고 하지 않았어요.
그가 믿음으로 돌아온 것도 알았으니,
기사들이 땅에 내리자마자 모든 것을
카롤루스에게 알려 주었기 때문입니다.

승리의 행렬에다 커다란 축제와 함께   32
그들은 함께 파리 안으로 들어갔는데,
모든 거리는 온통 천으로 뒤덮이고
녹색 나뭇잎과 꽃다발로 뒤덮였으며,
높은 곳에서 풀잎과 꽃잎 들이 떨어져
승리자들의 머리와 주위에 퍼졌으니,
아름답게 장식된 창문과 발코니에서
여인과 아가씨 들이 가득히 던졌어요.

수많은 곳들에서 모퉁이를 돌 때마다,   33
급히 만든 개선문과 기념비들이, 불타고
폐허로 변한 비제르테와, 다른 중요한
사실들을 그림으로 보여 주고 있었으며,
여러 곳의 무대에서는 다양한 놀이와
공연과 무언극과 연극이 공연되었고,
"제국의 해방자들에게!"라는 진정한
글귀가 온 사방에 적혀 있었습니다.

날카로운 나팔 소리와 부드러운 피리 34
소리와 온갖 조화로운 음악 사이에서,
전혀 빈틈없이 가득 들어찬 백성들의
웃음과 환호, 즐거움과 환영 사이에서
위대한 황제는 궁전에서 말을 내렸고,
궁전에서 그들은 모두 여러 날 동안,
여러 가지 시합과 연극과 가면극과
춤과 향연 속에서 즐겁게 보냈습니다.

어느 날 리날도는 누이를 루지에로에게 35
주고 싶다는 것을 아버지에게 알렸으며,
오를란도와 올리비에로가 함께 있었던
자리에서 그에게 주기로 약속하였는데,
그들은 모두 자신과 같은 의견이었고,
혈통의 고귀함과 가치에 있어, 그보다
뛰어나거나 또는 비슷한 인척 관계를
맺을 수는 없을 것이라고 말했습니다.

아모네는 자신과 상의도 없이 딸을 36
결혼시키겠다는 아들의 말을 듣고는
격분했어요. 자신의 왕국은 고사하고
세상에 자기 것이라 할 만한 것이 없는
루지에로가 아니라, 콘스탄티노스 황제의
아들과 결혼시키려고 했기 때문이지요.

재산이 함께 있지 않으면 고귀함이나
덕성도 별로 평가받지 못하는 법이지요.

또한 아모네보다도 아내 베아트리체가　　　　　　　　37
더 아들을 비난하고 오만하다고 했으며,
브라다만테가 루지에로의 아내라는 것을
사적으로나 공개적으로 부정하였으며,
모든 힘을 다해 그녀가 동방의 황후가
될 수 있도록 온갖 노력을 기울였어요.
리날도 역시 집요했고, 자기 약속에서
한마디도 어기지 않으려고 하였습니다.

마음씨 너그러운 딸의 의지를 믿었던　　　　　　　　38
어머니는 그녀를 설득하였고, 가난한
기사의 아내가 되는 것보다는 차라리
죽고 싶다고 말하도록 부추겼습니다.
만약 오빠의 그런 모욕을 받아들이면
이제 딸로 여기지 않을 것이라고 했고,
리날도가 강요할 수는 없을 것이므로
확고하고 강하게 부정하라고 했어요.

브라다만테는 침묵하였고, 어머니의　　　　　　　　39
말에 대해 감히 부정하지도 못했으니,
그것에 대한 거부는 생각하지도 못할

정도로 어머니를 존경하고 공경했지요.
다른 한편으로, 하고 싶지 않은 것을
약속하는 것도 커다란 잘못일 것입니다.
아모르가 그녀의 모든 힘을 앗아갔기에
할 수도 없고, 안 할 수도 없었습니다.

부정도 못하고, 만족한다고 말할 수도 40
없었으니, 대답 없이 한숨만 쉬었어요.
그러다가 다른 사람이 없는 곳에 가면,
두 눈에서 파도처럼 눈물이 쏟아졌으며,
자신을 괴롭히는 고통들 중에서 일부는
가슴이, 일부는 금빛 머리칼이 느꼈으니,
가슴을 치고, 머리칼을 잡고 흩뜨리면서,
눈물과 함께 이렇게 말하며 탄식했어요.

"세상에! 나보다 내 의지를 움직이는 41
분[14]이 원하지 않는 것을 해야만 할까?
어머니의 의지를 내 의지 다음에 놓을
정도로 가볍게 생각해야 하는 것일까?
세상에! 내가 항상 복종해야 하는 분이
원하지 않는 남편을 만약에 얻는다면,
처녀에게 그보다 더 심한 죄가 있고,

---

14) 어머니를 가리킨다.

Canto 44:40

그러다가 다른 사람이 없는 곳에 가면,
두 눈에서 파도처럼 눈물이 쏟아졌으며,

그보다 나쁜 비난이 있을 수 있을까?

오, 불쌍한 내 신세여! 어머니에 대한 42
사랑이 나를 움직여, 오, 나의 루지에로,
당신을 버리고, 새로운 희망과 새로운
욕망, 새로운 사랑을 찾아야 하는가?
아니면, 착한 자식이 훌륭한 부모에게
당연히 가져야 하는 존경심과 사랑을
한쪽에 제쳐 두고, 오로지 내 즐거움,
내 이익, 내 행복만 존중해야 하는가?

오, 정말 불쌍하다! 착한 딸이 당연히 43
해야 하는 것을 나는 충분히 알고 있어.
잘 알고 있지만, 이성이 무능하고, 감각이
아무 힘도 없다면, 무슨 소용이란 말인가?
아모르는 이성을 쫓아내 한쪽에 놔두고,
내가 내 마음대로 하지 못하게 만들고,
오직 자신이 원하고 시키는 대로, 내가
말하고 행동하도록 만들고 있지 않는가?

나는 아모네와 베아트리체의 딸이지만, 44
오, 불쌍하다! 아모르의 종이기도 하지.
만약 내가 잘못을 하면 내 부모에게서
용서와 자비를 찾을 것으로 기대하지.

하지만 아모르의 마음을 상하게 하면,
누가 그의 분노를 피하도록 부탁해서
내 변명을 한마디라도 듣게 해 주고,
내가 금방 죽지 않도록 해 줄 것인가?

세상에! 루지에로가 우리 믿음을 갖게 45
하려고 오랫동안 집요하게 노력하였고,
마침내 그렇게 했는데, 다른 사람에게만
유용하면, 나의 선행이 무슨 소용인가?
마치 벌이 해마다 새로운 꿀을 모으지만,
자신을 위해 갖지 못하는 것과 같구나.
혹시라도 루지에로가 아닌 다른 남편을
얻어야 한다면, 차라리 먼저 죽고 싶어.

만약 내가 나의 아버지와 어머니에게 46
복종하지 않으면, 오빠에게 복종할 거야.
오빠가 그분들보다 훨씬 더 현명하고,
나이가 많아 정신을 잃지도 않았으니까.
그리고 오빠가 원하는 것에 오를란도도
동의하고 있어. 나에게는 그 둘이 있어.
우리 다른 백성 모두보다 그 두 사람을
온 세상이 존경하고 두려워하고 있지.

만약 그들이 키아라몬테 가문의 꽃이며 47

영광이자 광채라고 모두가 생각한다면,
만약 다리보다 이마가 위에 있는 것처럼
다른 누구보다 그들을 높게 평가한다면,
무엇 때문에 오빠와 오를란도가 아니라,
아버지가 나를 마음대로 하시는 거야?
황제[15]에게 확답을 안 했고, 루지에로에게는
이미 약속했으니, 그렇게 하고 싶지 않아."

브라다만테가 괴로워하고 슬퍼하는 동안   48
루지에로의 마음도 편안하지 않았습니다.
도시 전체에 그에 대한 소식[16]이 퍼진 것은
아니지만, 그가 모르고 있지 않았으니까요.
그는 자신의 운명에 대하여 한탄했으니,
운명은, 자격이 없는 수많은 사람들에게
베푸는 부와 왕국을 그에게 주지 않았고,
그에게 보상을 누리는 것을 가로막았지요.

자연이 세상에 허용하거나, 또는 자기   49
노력으로 얻을 수 있는 다른 모든 장점을
그는 많이 갖고 있었고, 다른 많은 사람이
분명히 보는 것처럼 그것은 분명하였으니,

---

15) 원문은 "Greco", 즉 '그리스 사람'으로, 비잔티움제국의 황제를 가리킨다. 앞의 13연에서 아모네는 아들 리날도가 돌아오면 상의하여 결정할 것이라고 대답하였다.
16) 브라다만테가 비잔티움 황제의 아들과 결혼할 것이라는 소식.

그의 아름다움은 모든 아름다움을 능가했고,
그의 무훈에는 저항할 사람이 드물었으며,
너그러움과 찬란한 고귀함에 있어서 다른
누구보다 뛰어남을 자랑하고 있었습니다.

하지만 명예를 자의적으로 주는 군중은 50
마음 내키는 대로 명예를 주거나 빼앗지요.
민중이라는 이름에다, 저는 현명한 사람을
제외하고, 모든 사람을 포함시키고 있지요.
왕홀이나 삼중관,[17] 왕관이 왕들이나 교황들,
황제들을 군중에서 제외시키는 것이 아니라,
하늘이 단지 소수에게만 부여하는 능력인
신중함과 훌륭한 판단력이 그렇게 하지요.

제가 말씀드리고 싶은 것은, 그 군중은 51
오로지 부에 대해서만 존경심을 보이며,
세상에서 더 존경할 것을 보지 못하니,
제아무리 뛰어난 아름다움이나 대담함,
신체의 힘과 노련함, 덕성, 지혜, 선을
갖고 있더라도, 부를 갖지 않은 사람을
경멸하고 하찮게 생각하는데, 지금 제가
이야기하는 상황에서는 더욱 그렇지요.

---

17) 삼중관(三重冠)은 로마 가톨릭교회의 교황이 쓰는 관을 가리킨다.

루지에로는 말했어요. "비록 아모네가 52
딸을 황후로 만들려고 작정하고 있어도,
레오와 그렇게 빨리 결론지으면 안 돼.
최소한 내게 일 년의 기한을 주어야 해.
그동안에 내가 레오와 그의 아버지를
제국에서 폐위시키도록 해야 할 거야.
그들에게서 왕관을 없애고 나면, 나도
아모네의 적합한 사위가 될 수 있겠지.

하지만 만약 그가 말했듯이, 지체 없이 53
콘스탄티노스가 딸의 시아버지가 된다면,
리날도와 그의 사촌 오를란도가 거룩한
은둔자와 올리비에로 후작, 소브리노 왕
앞에서 나에게 했던 약속을 그가 전혀
지키지 않는다면, 나는 어떻게 할까?
그렇게 심각한 잘못을 감내해야 할까?
아니면 감내하기 전에 차라리 죽을까?

아, 어떻게 할까? 아니면 이런 모욕에 54
대해 그녀의 아버지에게 복수해야 할까?
서둘러서 그렇게 할 필요는 없을 거야.
그것이 옳은지 그른지 생각하지 말자.
그렇지만 만약 그 사악한 노인과 그의
모든 가문을 내가 죽인다고 하더라도,

그것이 나를 즐겁게 만들지 못할 거야.
그것은 오히려 내 의도와 어긋날 거야.

내 아름다운 여인이 날 증오하지 않고　　　　　　　　55
사랑하게 하는 것이 언제나 내 의도였어.
하지만 만약에 내가 아모네를 죽이거나
그녀의 오빠나 다른 사람들을 해친다면,
그녀가 나를 적이라고 부르고, 더 이상
나를 사랑하지 않게 만드는 것이 아닌가?
그렇다면 어떻게 할까? 감내해야 할까?
아, 안 돼, 제발! 그보다 차라리 죽겠어!

아니, 죽고 싶지 않아. 더욱 합당하게　　　　　　　　56
바로 그 레오 황제가 죽게 만들고 싶어.
나의 행복을 방해하러 왔기 때문에, 그와
부당한 그의 아버지를 죽게 만들고 싶어.
아름다운 헬레네가 트로이아의 연인[18]에게,
그 전에 프로세르피나가 페이리토스[19]에게
치르게 한 대가보다, 내 고통의 대가를

---

18) 트로이아의 왕자 파리스.
19) Pirithous. 고전 신화에 나오는 라피타이족(Lapithai)의 왕으로, 절친한 친구 테세우스와 함께 저승 세계의 여왕 프로세르피나를 납치하기 위해 지하 세계에 들어갔다가 붙잡혔다. 테세우스는 나중에 헤르쿨레스의 도움으로 지상 세계로 돌아왔지만, 페이리토스는 영원히 저승 세계에 남았다.

아버지와 아들이 치르도록 만들고 싶어.

내 생명[20]이여, 당신은 그 그리스 황제를   57
위해 당신의 루지에로를 버릴 수 있을까?
당신이 오빠들과 함께 있어도, 아버지가
그를 받아들이도록 강요할 수 있을까?
금방이라도 당신이 나보다도 아모네의
의견에 동의하지 않을까 나는 두려워.
평범한 남편보다는 황제를 얻는 것이
당신에게는 더 나아 보일 수 있으니까.

그런데 혹시라도 왕가의 이름, 황제의   58
직함, 화려함과 위대함이 나의 아름다운
브라다만테의 고귀한 마음, 위대한 가치,
높은 덕성을 타락시키는 것은 아닐까?
그래서 약속한 믿음을 중요하지 않게
여기고, 약속을 깨뜨리는 것은 아닐까?
아니면 나에게 약속한 것을 깨뜨리는
것보다 아버지의 적이 되려고 할까?"

루지에로는 이런 말과 다른 많은 것을   59
말하고 혼자 속으로 생각했으며, 종종

---

20) 브라다만테를 그렇게 부른다.

우연하게 그의 옆에 있게 된 사람이
알아들을 수 있도록 말하기도 했어요.
그리하여 그의 고통은 벌써 여러 번
괴로움의 원인인 그녀에게 알려졌고,
그녀 역시 그가 그렇게 괴로워하는
것이 자기 고통보다 더 괴로웠어요.

그렇지만 그녀에게 말한, 루지에로를　　　　　　　　　60
괴롭히는 다른 모든 고통보다 괴로운
것은, 그녀가 자신을 버리고, 레오를
원하지 않을까 걱정한다는 것이었어요.
그래서 그를 위로하고, 그의 마음에서
그런 잘못된 믿음을 없애 주기 위하여,
그녀는 신뢰하는 하녀들 중의 하나를
그에게 보내서 이런 말을 전하였어요.

"루지에로, 제가 언제나 그랬던 것처럼,　　　　　　　61
죽을 때까지, 그 이상까지, 그럴 거예요.
아모르가 제게 너그럽든 아니면 잔인하든,
운명이 저를 높게 아니면 낮게 돌리든,
온 주위에 바람과 바다가 몰아쳐도, 저는
진정한 믿음에 움직이지 않는 바위예요.
순풍이 불어도, 폭풍이 쳐도, 저는 절대
바뀌지 않고, 영원히 바뀌지 않을 거예요.

운명의 타격이나 아모르의 분노가 62
변함없는 나의 마음을 깨뜨리기 전에,
납으로 된 끌이나 줄이 금강석을 여러
모습으로 형성하는 것을 볼 것이에요.
좋든 나쁘든, 새로운 사건으로 인하여
내 생각이 다른 방향으로 바뀌기 전에,
혼탁하고 요란스러운 강이 산꼭대기를
향해 돌아가는 것을 보게 될 것이에요.

루지에로, 아마 다른 사람은 믿지 못할 63
정도로, 당신은 내 모든 것을 지배해요.
제 생각에는 새로운 군주에게 이보다
더 큰 믿음을 맹세한 적이 없을 거예요.
세상에 어떤 왕이나 황제도 이보다 더
확고한 나라를 갖고 있지 못할 거예요.
다른 사람이 당신에게 빼앗을까 두려워
해자를 파거나 탑을 세울 필요가 없어요.

다른 사람들의 도움을 청할 필요 없이, 64
막아내지 못하는 공격은 없을 테니까요.
아무리 많은 부도 나를 정복하지 못하고,
그런 대가는 고귀한 마음을 얻지 못해요.
어리석은 군중의 눈을 현혹하는 어떤
고귀함이나 왕관의 위대함도, 가벼운

마음을 홀리게 하는 어떤 아름다움도,
당신보다 더 내 마음에 들지는 않아요.

나의 가슴에 다른 어떤 새로운 모습이   65
새겨질 수 있을까 걱정할 필요 없어요.
거기에는 당신의 모습이 너무 강하게
새겨져 있어 없앨 수 없기 때문이에요.
밀랍 가슴이 아니라는 것이 증명됐으니,
아모르가 거기에 당신의 모습을 새길 때,
작은 조각 하나를 떼어 내려고, 한 번이
아니라 백 번이나 두드려야 했으니까요.

새김질에 대항하여 아주 잘 저항하는   66
상아나 보석이나 다른 단단한 돌멩이는,
깨질 수는 있지만, 일단 새겨진 모습
이외에 다른 모습을 갖고 있지 않아요.
내 가슴은 대리석이나, 쇠와 경쟁하는
다른 강한 것의 성격과 다르지 않아요.
아모르가 그걸 완전히 깰 수는 있어도,
다른 아름다움을 새길 수는 없어요."

이런 말에다, 사랑과 믿음과 위안이   67
넘치는 다른 많은 말들을 덧붙였으니,
만약에 천 번이나 죽었다고 하더라도

천 번이나 다시 생명을 줄 정도였어요.
그런데 그런 희망이 폭풍우에서 벗어나
안전한 항구에 도착했다고 믿었을 때,
어둡고 격렬하게 새로이 일어난 폭풍이
그들을 다시 바다로 멀리 몰아냈어요.

그리하여 브라다만테는 자신이 말하지   68
않은 것까지 많은 것을 이루기 위하여,
예전의 대담함을 가슴속에 되살리면서,
또한 모든 존경심을 한쪽에 제쳐 두고
어느 날 카롤루스에게 가서 말했어요.
"폐하, 제가 폐하의 위엄에 어울리는
어떤 합당한 일을 하였다면, 저에게
선물 하나를 거부하지 말아 주십시오.

그리고 제가 명백하게 밝히기 전에,   69
폐하의 위엄을 걸고, 저에게 은총을
베푸시겠다고 약속해 주세요. 그러면
정당하고 옳은 요구임을 밝히겠습니다."
카롤루스는 "오, 사랑스러운 여인이여,
그대가 요구하는 것을 들어줄 공덕이
충분하니, 내 왕국의 일부를 요구해도
그대의 요구를 들어주겠다고 맹세하오."

브라다만테는 말했어요. "제가 폐하께   70
갈망하는 선물은, 누구든지 만약 무훈에
있어서 저보다 뛰어나지 않으면, 절대
제 남편으로 주지 마시라는 것입니다.
누구든 저를 원하면, 먼저 창이나 칼을
들고 저와 함께 겨뤄 보아야만 합니다.
저를 이기는 사람이 저를 얻을 것이고,
지는 사람은 다른 여자를 얻어야지요."

황제는 그녀의 요구가 그녀에게 매우   71
합당하다고 즐거운 표정으로 대답했고,
그녀가 원하는 것을 그대로 해줄 테니,
편안히 안심하고 있으라고 대답했어요.
그 말은 비밀리에 한 것이 아니었고,
그래서 곧바로 다른 사람들이 알았고,
바로 그날 나이 든 베아트리체와 나이 든
아모네의 귀에도 들어가게 되었어요.

두 사람은 똑같이 딸에 대한 커다란   72
분노와 커다란 실망에 강하게 불탔고,
자신들의 딸이 그런 요구로 레오보다
루지에로를 원한다는 것을 알았어요.
그래서 그녀가 원하는 것이 실현되지
않도록 막기 위하여 바로 조치했으니,

속임수로 그녀를 궁정에서 이끌어 내
로슈포르[21]로 데려가도록 하였습니다.

그곳은 카롤루스 황제가 불과 며칠 전 73
아모네 공작에게 선물로 주었던 요새로,
페르피냥과 카르카손 사이의 바닷가에
위치하고 있는 매우 중요한 장소였어요.
감옥처럼 그곳에 그녀를 데리고 있다가
어느 날 동방으로 보내, 그녀가 원하든
원하지 않든, 어쨌든 루지에로를 버리고
레오를 택하게 할 생각이었던 것입니다.

그 훌륭한 여인은 용감하고 강력했던 74
만큼 동시에 매우 정숙하였고, 따라서
옆에 지키는 사람이 없었고, 마음대로
성문을 나가거나 들어올 수 있었는데도,
아버지의 그런 억제에 순순히 복종하고
있었어요. 하지만 루지에로를 떠나기보다
차라리 감옥이나 죽음, 또는 다른 모든
고난과 잔인함을 택하려고 결심했어요.

---

21) 프랑스에 로슈포르(Rochefort, 이탈리아어로 로카포르테Roccaforte로 '강한 요새'라는 뜻)라는 지명은 여러 곳에 있는데, 뒤에서 말하듯이, 페르피냥(Perpignan)과 카르카손(Carcassonne) 사이에 있다고 밝히고 있는 것을 고려하면, 에스파냐에 가까운 지중해 연안에 있는 요새를 가리키는 것으로 짐작된다.

아모네의 계교로 인해서 브라다만테와　　　　　　75
멀리 떨어지게 된 것을 보고 리날도는
더 이상 그녀에게 어떻게 할 수 없었고,
루지에로에게 거짓 약속을 하게 됐으니,
아버지 때문에 괴로웠고, 자식으로서의
존경심을 떠나 그를 비난하기도 했어요.
하지만 아모네는 신경을 쓰지 않았고
딸을 자기 마음대로 하려고 하였어요.

그러한 말을 들은 루지에로는 혹시나　　　　　　76
자신의 여인을 잃게 되고, 만약 레오가
오랫동안 살아 있으면, 강요나 사랑으로
그녀를 차지하지 않을까 두려웠습니다.
그래서 누구에게도 말하지 않고, 레오가
죽어 황제에서 신이 되게[22] 하려고 했고,
만약 자신의 희망이 실현된다면,[23] 그와
아버지를 죽이고 왕국도 빼앗으려 했어요.

예전에 트로이아의 헥토르가 입었으며　　　　　　77
만드리카르도가 입던 갑옷을 입은 다음,

---

22) 황제가 죽은 뒤에 신격화하였던 고대 로마 사람들의 관례를 냉소적으로 암시하고 있다.
23) 원문은 "se non l'inganna", 즉 '그를 속이지 않는다면'이다.

훌륭한 프론티노에게 안장을 얹게 했고,
투구 깃, 방패, 겉옷의 문장을 바꿨어요.
그런 임무에 그는 하늘빛 바탕에 하얀
독수리 문장을 사용하고 싶지 않았고,
진홍빛 바탕에다 마치 백합처럼 새하얀
유니콘의 문장을 방패에 새기게 했어요.[24]

자기 시종들 중에 가장 믿을 만한 자를 78
골랐으며, 오로지 그만 데리고 떠났는데,
어떤 곳에서도 절대 루지에로라는 것을
밝히지 말라고 단단히 명령을 내렸어요.
모젤강과 라인강을 건넜고, 오스트리아
지역들을 지나갔고, 헝가리로 들어갔고,
다뉴브강의 오른쪽 강변을 따라 오래
말을 달렸고, 베오그라드에 도착했어요.

사바강[25]이 다뉴브로 흘러가는 곳에서 79
강과 함께 흑해[26]를 향해 방향을 돌렸고,

---

24) 진홍빛 바탕에 하얀 유니콘은 데스테 가문의 옛날 문장이었다. 유니콘의 하얀색과 진홍빛은 루지에로의 브라다만테에 대한 사랑의 순수함과 불꽃을 상징한다.
25) 사바(Sava)강은 슬로베니아 북부에서 동남쪽으로 크로아티아, 보스니아 헤르체코비나, 세르비아를 지나 베오그라드 근처에서 다뉴브강과 합류하는 강이다.
26) 원문은 "mar maggior", 즉 '더 큰 바다'로, 마르마라(Marmara)해에 비해 더 큰 바다라는 뜻이다.

많은 사람들이 제국의 깃발 아래 천막과
숙영지에 운집해 있는 것을 보았습니다.
콘스탄티노스는 불가리아인들이 빼앗은
그 도시를 되찾으려고 하였던 것입니다.
콘스탄티노스가 직접 아들과 함께 있었고,
그리스제국[27]의 모든 병력이 모였습니다.

베오그라드 도시와, 주위의 산 전역에,　　　　　　　　　　80
산의 발치에 강물이 적시고 있는 곳까지,
불가리아인들의 군대가 마주하고 있었고,
두 진영 모두 사바강의 물을 마셨어요.
강가에서 그리스 군대는 다리를 놓으려고
했고, 불가리아 군대는 막으려고 했으며,
루지에로가 도착했을 때, 두 진영 사이에
커다란 공격이 이미 시작되어 있었어요.

그리스인은 한 명당 네 명이었고, 강에　　　　　　　　　　81
놓을 다리를 실은 배들을 갖고 있었으며,
단호한 결정으로 어떻게 해서든지 왼쪽
강변으로 건너가기 위해 공격했습니다.[28]

---

27) 비잔티움제국.
28) 베오그라드를 정복하기 위해 강의 왼쪽으로 건너가려고 노력했다는 뜻이다. 그런데 베오그라드는 강의 오른쪽에 자리하고 있다. 따라서 이 경우도 아리오스토의 착오로 보인다.

그동안 레오는 은밀한 속임수를 써서
강에서 멀리 떨어져서 여러 마을들을
빙 둘러 간 다음 다시 돌아왔고, 맞은편
강가에 다리를 놓고 서둘러 건너갔어요.

그리고 수없이 많은 기병들과 보병들이 82
(병사들은 모두 이만 명이나 되었어요)
강을 따라 건너갔고, 적 부대의 측면을
향하여 아주 격렬한 공격을 가했어요.
황제는 자기 아들이 강의 왼쪽 기슭에
나타나는 것을 보자마자 곧바로, 배에
배를 잇고, 다리에 다리를 연결했으며,
모든 부대와 함께 강을 건너갔습니다.

불가리아 부대의 지휘관 바트라노[29] 왕은 83
용기 있고 신중하며 뛰어난 무사였는데,
그들이 강력한 공격으로 에워쌌을 때
그렇게 엄청난 공격을 막아 내기 위해
여기저기에서 분투했지만 헛수고였어요.
레오는 그를 말 아래로 떨어지게 했고,
그가 포로로 잡히려고 하지 않았기에,
수천 개의 칼로 그의 목숨을 끊었어요.

---

29) Vatrano. 불가리아인들의 왕으로 나오는데, 허구적 인물이다.

그때까지 잘 저항하던 불가리아 부대는 84
자신들의 왕이 그렇게 죽고, 사방에서
폭풍처럼 적들이 몰려오는 것을 보고,
얼굴이 있던 곳으로 등을 돌렸습니다.[30]
루지에로는 그리스 병사들 사이에 섞여
그런 패배를 보고 깊이 생각하지도 않고,
콘스탄티노스와 레오를 증오했기 때문에,
불가리아 병사들을 도우려고 결심했어요.

마치 바람처럼 달리는 프론티노를 몰았고, 85
다른 모든 말을 지나 앞으로 나아갔으며,
겁에 질려서 들판을 버리고 산을 향하여
달아나는 수많은 병사들 사이로 갔어요.
많은 그들을 세우고 적을 향해서 얼굴을
돌리게 했고, 그런 다음 창을 겨누었으며,
하늘에서 마르스와 유피테르가 떨 정도로,
용맹스러운 모습으로 말을 몰아 달렸어요.

누구보다 앞에 있는 기사를 보았는데, 86
그는 진홍빛의 옷에다 황금과 비단으로,
줄기 전체와 함께 이삭 하나의 모습을
수놓았는데, 마치 수수처럼 보였습니다.

---

30) 달아나기 위해 몸을 돌렸다는 뜻이다.

그는 콘스탄티노스 황제의 누이가 낳은
조카였지만, 아들 못지않게 사랑했는데,
그의 방패와 가슴막이를 유리처럼 깼고,
등 뒤로 창이 한 뼘이나 나오게 했어요.

죽은 그를 놔두고, 발리사르다를 잡았고, 87
가장 가까이에 있는 한 무리를 향했으며,
이 사람에게 또 저 사람에게 달려들었고
누구는 몸통을, 누구는 머리를 쪼갰으며,
누구는 가슴을, 누구는 옆구리를 칼로
찔렀으며, 또한 누구는 목을 찔렀으며,
몸통, 엉덩이, 팔, 손, 어깨를 잘랐으며,
강물이 계곡을 흘러가듯 피가 흘렀어요.

그런 공격을 보고, 그에게 맞서는 자가 88
없을 정도로 모두가 너무나도 당황했고,
그리하여 전투의 양상이 너무 순식간에
변했으니, 용기가 다시 돌아오면서 조금
전까지 달아나던 불가리아의 병사들이
몸을 돌려서 그리스인들을 뒤쫓았으며,
순식간에 모든 대열이 무너지고, 모든
깃발이 돌아서 달아나는 것이 보였어요.

높이 솟은 언덕 위로 물러났던 레오는 89

Canto 44:86

그의 방패와 가슴막이를 유리처럼 깼고,
등 뒤로 창이 한 뼘이나 나오게 했어요.

자신의 병사들이 달아나는 것을 보았고,
(거기서는 모든 것이 잘 보였으니까요)
당황하고 침울해져서, 수많은 병사들을
죽이면서 오직 혼자의 힘으로 전쟁터를
파괴하는 기사에게 관심을 기울였는데,
비록 모욕을 당하였지만, 그를 칭찬하고
그의 무훈을 인정하지 않을 수 없었어요.

황금으로 장식되었고 눈부신 갑옷과   90
그의 문장과 겉옷을 잘 살펴보았는데,
자신의 적들에게 도움을 주는 기사가
누구이든지, 분명 자기편이 아니었어요.
깜짝 놀라 초인적인 무훈을 바라보았고,
혹시 수없이 하느님께 모욕을 가했던
그리스인들을 처벌하기 위해, 하늘에서
천사가 내려온 것이 아닌가 생각했어요.

다른 사람들은 분명히 증오했겠지만,   91
고귀하고 고상한 마음을 가졌던 그는
루지에로의 무훈을 사랑하게 되었고,
그가 모욕당하는 것을 원치 않았어요.
그렇게 가치 있는 기사가 죽는 것보다,
죽은 자기 병사들의 여섯 배가 죽고
자기 왕국의 일부를 잃는 것이 훨씬

더 나을 것이라고 생각하기도 했어요.

마치 어린아이가, 사랑하는 엄마가 92
화가 나서 때리고 옆에서 내쫓아도,
누이나 아버지에게로 달려가지 않고
엄마에게 돌아가 부드럽게 껴안듯이,
레오는, 루지에로가 그의 부대를 많이
죽였고, 다른 부대를 위협하고 있어도
모욕당한 분노보다 높은 무훈에 대한
사랑에 이끌려, 증오할 수 없었어요.

하지만 레오가 루지에로를 사랑하여도 93
그에 대한 보상은 매우 초라할 것이니,
루지에로는 그를 증오하였고, 무엇보다
자기 손으로 죽이려 했기 때문이지요.
그는 눈으로 그를 무척이나 찾았으며,
사람들에게 물어보기도 했지만, 노련한
레오의 신중함과 호의적인 운명 덕택에,
그와 부딪치는 일은 일어나지 않았어요.

레오는 자신의 병사들이 많이 살해되지 94
않도록 퇴각 나팔을 울리게 하였으며,
재빨리 황제에게 전령을 보내 병사들이
퇴각하여 다시 강을 건너 돌아가도록

청원하였으니, 돌아가는 길이 막히지
않는 것이 다행이라고 생각하였습니다.
그리고 많지 않은 병사들을 모았으며
건너왔던 다리로 되돌아가 건너갔어요.

많은 병사가 불가리아 병사들의 손에 95
살해당해 시체가 산과 강까지 뒤덮었고,
만약 곧바로 강을 건너가지 못했다면,
모든 병사들이 남아 있을 뻔했습니다.
많은 병사가 다리에서 떨어져 강물에
빠져 죽었고, 또 일부는 고개도 돌리지
않고 달려가 맞은편 기슭에 닿았으며,
일부는 잡혀 베오그라드에 끌려갔어요.

그날의 전투는 끝났는데, 그 전투에서 96
자신들의 군주가 전사했으니, 불가리아
사람들이 커다란 피해를 당했을 텐데,
진홍빛 바탕의 방패 가운데에다 새하얀
유니콘을 그려 넣은 그 훌륭한 기사가
혼자서 그들에게 승리를 안겨 주었지요.
모두들 그의 주위에 몰려들어 기쁨과
즐거움 속에서 승리를 축하했습니다.

누구는 인사했고, 누구는 절을 했으며, 97

누구는 손에, 누구는 발에 입을 맞췄고,
모든 사람이 가능한 한 가까이 다가갔고,
그를 가까이에서 보거나 만지는 사람은
마치 초자연적이고 신성한 것을 만지는
사람처럼 축복을 받는다고 믿었어요.
자신들의 왕, 지도자, 안내자가 되어
달라는 함성이 하늘까지 닿았습니다.

루지에로는 그들이 가장 원하는 대로 98
왕과 지도자가 되겠다고 대답하였지만,
손에 왕홀이나 지휘봉을 잡지 않았고,
그날 베오그라드 안으로 들어가는 것을
원하지 않았고, 레오가 더 멀리 달아나
맞은편으로 건너가기 전에 뒤를 쫓고
싶었으며, 그를 따라잡아 죽일 때까지
그의 흔적을 놓치고 싶지 않았습니다.

수천 마일의 길을, 다른 어떤 목적보다 99
바로 그것을 위해 달려왔기 때문이지요.
따라서 지체하지 않고 무리를 떠났으며,
레오가 간 길이라고 알려 준 길을 향해
몸을 돌렸고, 혹시 가로막히지 않을까
걱정하며 다리를 향해 날듯이 달렸어요.
그의 뒤를 너무 서둘러 쫓아가느라고

시종을 부르거나 기다리지도 못했어요.

레오는 달아나기에 유리한 조건이었고 100
(퇴각보다 달아났다고 말할 수 있지요)
그래서 넓고 자유로운 길을 지나간 뒤,
다리를 무너뜨리고 배들을 불태웠어요.
루지에로가 거기 도착하기 전에 햇살은
숨어 버렸고, 어디에 묵을지 몰랐어요.
그는 달빛과 함께 계속 말을 몰았는데,
어떤 성이나 집도 만나지 못했습니다.

어디로 갈지 몰랐기 때문에 밤새도록 101
갔으며, 말안장에서 내리지도 않았어요.
새로운 태양이 떠오를 무렵 왼쪽으로
가까운 곳에 도시[31]가 있는 것을 보았고,
그날 종일 거기에 머물기로 정했으니,
밤새도록 고삐를 풀거나 전혀 쉬지도
못하고 수많은 거리를 달려온 자신의
프론티노를 쉬게 하기 위해서였어요.

그 도시의 영주는 운자르도[32]였는데, 102

---

31) 크로아티아의 자그레브 북동쪽에 있는 작은 도시 노비그라드(Novigrad). 도시의 이름은 나중에 제45곡 10연에서 언급된다.

콘스탄티노스가 무척 사랑하는 신하로,
그는 그 전쟁을 위하여 상당히 많은
수의 기병들과 보병들을 제공했지요.
다른 사람들의 출입을 막지 않아서
들어간 루지에로는 환대를 받았는데,
앞으로 더 나아가 보아도 그보다 낫고
풍요로운 곳은 찾기 어려웠을 거예요.

바로 같은 여관에 그날 저녁 무렵에 103
루마니아의 기사 한 사람이 묵었는데,
그는 루지에로가 불가리아인들을 위해
움직였던 격렬한 전투에 참가했었지요.
그는 가까스로 그의 손에서 도망쳤지만,
다른 누구보다도 깜짝 놀랐고, 그래서
아직도 떨고 있었으니, 유니콘 기사가
지금도 자기 주위에 있는 것 같았어요.

따라서 그의 방패를 보자마자 곧바로 104
알아보았고, 그 문장을 갖고 있는 기사가
바로 수많은 그리스 병사들을 죽였으며,
패배를 안겨 준 자라는 것을 알았어요.
그는 궁전으로 달려갔으며, 영주에게

---

32) Ungiardo. 노비그라드의 영주.

중요한 것을 말하겠다고 면담을 청했고,
곧바로 받아들여져 모든 것을 말했는데,
그것은 다음 노래에서 이야기하겠어요.

제45곡

감옥에 갇힌 루지에로를 레오가 구해 주고, 루지에로는 레오를 위해 브라다만테와 결투한다. 그리고 루지에로는 슬픔을 이기지 못하고 몰래 떠나 숲속으로 들어간다. 마르피사가 브라다만테의 배우자가 될 사람은 루지에로와 결투해야 한다고 주장한다.

행운의 수레바퀴는 얼마나 불안한지,   1
불쌍한 사람이 위로 올라갔다가 곧바로
머리가 있던 곳으로 다리가 가게 하여
거꾸로 떨어지게 하는 것이 보입니다.
그런 예로 폴리크라테스, 리디아의 왕,
디오니시우스,[1) 그리고 다른 사람들이

---

1) 폴리크라테스(Polycrates)는 기원전 538년경에서 기원전 522년경까지 사모스를 통치한 참주로 엄청난 부를 축적하였으나, 나중에 계략에 걸려 비참한 최후를 맞이하였다. 리디아 최후의 왕 크로이소스는 여러 도시를 정복하고 많은 부를 축적하였으나, 페르시아제국과 전쟁을 하다가 패배하여 떠돌이가 되었다고 한다. 시칠리아 시라쿠사의 참주였던 디오니시우스 2세(Dionysius II, 재위 기원전 367~기원전 357, 기원전 346~기원전 344)는 부자에다 강력한 권력을 자랑했으나, 나중에는 시민들에게 쫓겨나 코린토스로 가서 비참하게 살다가 사망하였다.

있는데, 그들은 최고의 높은 영광에서
순식간에 비참한 상태로 떨어졌지요.

또한 그와 반대로 수레바퀴의 가장　　　　　　　　　　　2
밑바닥에 있었던 사람은 그런 만큼,
만약에 계속해서 수레바퀴가 돈다면,
위로 올라갈 지점에 가까워지게 되지요.
머리를 거의 교수대에 걸었던 사람이
다음 날 세상에 법률을 공표하기도 했는데,
세르비우스, 마리우스, 벤티디우스[2]가
그랬고, 오늘날의 루이[3]가 그랬습니다.

그러니까 제 공작님의 아들의 장인인　　　　　　　　　3
루이 왕은 생토방 전투에서 패배하여
자기 적들의 발톱에 붙잡히게 되었고,
거의 머리가 없어질 지경에 있었지요.

---

2) 세르비우스 툴리우스(Servius Tullius, 재위 기원전 575?~기원전 535)는 고대 로마의 여섯 번째 왕으로 로마인들에게 포로로 잡혀 노예가 된 라틴족 공주의 아들로 태어나 왕이 되었다. 공화정 시대 로마의 정치가였던 마리우스는 평범한 병사 출신으로 집정관이 되었으며, 로마에서 추방당했다가 돌아와 최고의 권력을 잡았다. 푸블리우스 벤티디우스(Publius Ventidius, 기원전 89~기원전 38)는 포로로 붙잡혀 왔다가 로마의 원로원 의원이 되었고, 카이사르의 절친한 친구가 되었다.

3) 프랑스의 루이 12세는 샤를 8세에 대항하여 반란을 일으켰다가 1488년 생토뱅뒤코르미에(Saint-Aubin-du-Cormier) 전투에서 패배하여 투옥된 뒤 사형을 당할 뻔했으나, 나중에 석방되었고 왕위에까지 오르게 되었다. 알폰소 공작의 아들 에르콜레 2세는 루이 12세의 딸과 결혼하였다(제3곡 58연 참조).

그보다 얼마 전에는 위대한 마티아스
코르비누스[4]가 더 큰 위험을 겪었지요.
그 이후에 하나는 프랑스 왕이 되었고,
또 하나는 헝가리왕국을 차지하였지요.

옛날과 근대의 역사들을 가득 채우는 4
그러한 사례들을 통하여, 선 뒤에 악이,
악 뒤에 선이 뒤따르며, 영광과 치욕이
서로를 종결시킨다는 것을 알 수 있지요.
또한 사람의 재물이나 왕국이나 승리를
믿지 말아야 하며, 자신의 수레바퀴를
언제나 돌리는 **행운**의 역경에 대하여
절망해도 안 된다는 것을 알 수 있지요.

루지에로는 레오와 그의 아버지 황제 5
콘스탄티노스에게서 얻은 승리로 인해,
자신의 행운과 자신의 커다란 무훈에
대하여 지나치게 확신하였기 때문에,
동료도 없이, 다른 어떤 도움도 없이,
자기 혼자서 수백 명의 무장한 기병과

---

4) 헝가리의 왕 마티아스 코르비누스(Matthias Corvinus, 헝가리어 이름은 Hunyadi Mátyás, 재위 1458~1490)는 라디슬라우스 포스투무스(Ladislaus Postumus, 재위 1440~1457) 왕에 의해 투옥되어 사형 선고를 받았으나, 그가 죽은 후 풀려나 왕위에 올랐다.

보병 부대 사이에서 아버지와 아들을
죽일 수 있다는 자신감을 가졌습니다.

그러나 자신의 어떠한 것도 약속하지   6
않으려는 **행운**은 불과 며칠 사이에,
금방 위로 또는 아래로 보내며, 금방
친구나 적이 된다는 것을 증명했어요.
곧바로 그에게 고통과 모욕을 안겨 줄
사람을 통해, 곧바로 격렬한 전투에서
가까스로 그의 손에서 벗어난 기사를
통해 거기에서 그것을 알게 하였지요.

그는 바로 운자르도에게 보고하였어요.   7
콘스탄티노스의 부대들을 파괴하였고,
몇 년 동안 굴복하게 한 기사가, 낮에
거기 와서 밤을 보내려 한다고 했어요.
또한 만약 **행운**의 머리칼을 붙잡아서,
그를 포로로 잡아 황제에게 건넨다면,
더 이상 싸움 없이 불가리아인들에게
멍에를 씌울 수 있다고 덧붙였습니다.

운자르도는 격렬한 전투에서 벗어나서   8
자신에게 피신해 온 사람들의 말을 통해,
(모두 다리를 건너갈 수 없었기 때문에,

무리 지어 많은 병사들이 거기에 왔지요)
거기에서 어떻게 학살이 이루어졌으며,
그리스군의 절반이 궤멸당하게 되었는지,
어떻게 단 한 명의 기사가 한쪽 부대를
파괴하고 다른 부대를 구했는지 알았어요.

그런데 그가 추격받지도 않고, 혼자서 　　　　　　　　9
자신의 그물로 와서 머리를 내밀었다니
깜짝 놀랐고, 즐거운 얼굴과 몸짓으로,
행복한 말로 기쁜 마음을 드러냈어요.
그는 루지에로가 잠들기를 기다렸고,
소리 없이 자신의 병사들을 보냈으며,
아무런 의심도 없이 침대에서 잠자고
있던 훌륭한 기사를 잡아 오게 했어요.

자신의 방패에 의하여 신분이 드러난 　　　　　　　　10
루지에로는 노비그라드에서 누구보다
잔인한 운자르도의 포로가 되었으며,
운자르도는 그것이 엄청나게 기뻤어요.
루지에로는 잠에서 깼을 때, 벌거벗은
데다 묶여 있었으니, 어떻게 하겠어요?
운자르도는 콘스탄티노스에게 발 빠른
전령을 보내 소식을 전하게 했습니다.

콘스탄티노스는 자신의 모든 부대를　　　　　　　　　　11
사바강의 강변으로부터 이동시켰으며,
그들과 함께 벨레티케[5]로 퇴각했는데,
바로 처남 안드로필로스의 도시였어요.
그는 바로 잔인한 운자르도의 포로로
잡혀 있는 용맹한 기사[6]가 첫 충돌에서,
마치 밀랍으로 만든 것처럼 갑옷을
꿰뚫고 깨뜨린 기사의 아버지였어요.

거기에서 황제는 성벽들을 보강하게　　　　　　　　　12
하였고, 성문들을 강화하게 하였으니,
그렇게 강한 기사가 이끄는 불가리아
사람들에 대하여 안심할 수 없었으며,
나머지 자기 병사들까지 모두 죽일지
모른다는 두려움에 휩싸여 있었어요.
그런데 그가 붙잡혔다는 소식을 듣자,
그들과 세상 모두도 두렵지 않았어요.

황제는 우유의 바다에서 목욕을 하며　　　　　　　　13
즐거움에 어떻게 해야 할지 몰랐어요.

---

5) 원문은 "벨레티케(Beleticche)"인데, 불가리아의 흑해 연안 도시 발치크(Balchik), 또는 자그레브 북쪽의 작은 마을 벨레티넥(Beletinec)을 가리키는 것으로 해석되기도 한다.
6) 루지에로.

"이제 불가리아 군대는 모두 깨졌어."
그는 즐겁고 기쁜 표정으로 말했어요.
기사가 잡혔다는 소식을 들은 황제는
승리를 거의 확신했으니, 마치 싸우는
사람이 적의 두 팔을 모두 잘라 버린
다음에 승리를 확신하는 것 같았어요.

아들[7]도 아버지에 못지않게 즐거워할 이유가 있었으니, 베오그라드를 다시 정복하고, 거기에 불가리아 사람들의 모든 구역을 덧붙이려는 희망 외에도, 그 기사에게 혜택을 베풀어 친구로 삼고 함께 데리고 있을 계획이었어요. 만약 그를 동료로 삼으면, 카롤루스의 리날도나 오를란도가 부럽지 않았어요.

14

이러한 의욕과는 완전히 다른 의욕을 테오도라는 가졌으니, 바로 루지에로가 그녀의 아들을 창으로 찔러 가슴에서 등 뒤로 한 뼘이나 나오게 하였지요. 콘스탄티노스 황제의 누이였던 그녀는 황제의 발 앞에 몸을 던졌고, 가슴을

15

---

7) 레오.

적시는 엄청난 눈물로 황제의 마음을
연민으로 부드럽게 만들고 장악했어요.

그녀는 말했어요. "폐하, 저의 아들을 16
죽인 악당을 이제 포로로 잡으셨으니,
복수하도록 저에게 건네주지 않으시면,
저는 여기에서 절대 일어나지 않겠어요.
폐하의 조카였을 뿐만 아니라, 얼마나
폐하를 사랑했고 폐하를 위해 훌륭한
일을 했는지 보시면, 그를 죽인 자에게
복수하지 않는 것은 잘못일 것입니다.

보세요. 우리의 고통을 불쌍히 여기신 17
하느님께서 그 잔인한 놈을 전쟁터에서
이끌어 내셨으며, 마치 날아가는 새처럼
우리의 그물에 걸리도록 인도하셨으니,
제 아들이 복수를 하지 않고 스틱스의
강가에서 오래 머물지 않게 하셨어요.
폐하, 그놈을 저에게 주세요. 제 고통을
그놈의 고통으로 없애도록 해 주세요."

그녀는 너무 멋지게 울며 괴로워했고, 18
너무 멋지고 효과적으로 말을 했으며,
콘스탄티노스 황제가 말과 행동으로

서너 번이나 일으켜 세우려고 했지만,
발치에서 일어나려고 하지 않았기에,
결국 어쩔 수 없이 청을 들어주었고,
그리하여 루지에로를 데려와 그녀의
손에 넘겨주라고 명령을 내렸습니다.

또한 그런 일을 오래 끌지 않으려고 19
유니콘의 기사를 데려오도록 하였고
잔인한 테오도라의 손에 넘겨줬으니,
하루도 지나지 않아 그렇게 되었어요.
그를 산 채로 찢어 버리고, 공개적으로
모욕과 경멸 속에 죽게 하는 것은 별로
고통스럽지 않을 것 같아서, 엄청나고
특이한 다른 형벌을 생각해 보았어요.

그 잔인한 여인은 루지에로의 손과 20
발과 목을 사슬로 묶었고, 아폴로의
빛살[8]이 조금도 들어가지 않는 탑의
어두운 지하 바닥에 가두게 했어요.
곰팡이가 핀 약간의 빵 외에는 전혀
음식을 주지 않았고, 이틀 동안이나
굶기기도 하였고, 그녀보다 더 나쁜

---

8) 햇살.

Canto 45:20
아폴로의 빛살이 조금도 들어가지 않는 탑의
어두운 지하 바닥에 가두게 했어요.

짓을 할 자에게 지키도록 했습니다.

오, 만약 아모네의 아름답고 강력한 21
딸이, 또 마음씨 너그러운 마르피사가,
그러한 상태로 감옥에서 고통을 받는
루지에로에 대한 소식을 들었다면,
그 두 여인 모두 그를 구하기 위해
목숨을 버릴 위험을 무릅썼을 것이며,
브라다만테는 그를 도와주기 위하여
베아트리체나 아모네도 떠났을 거예요.

그동안에 카롤루스는 브라다만테에게 22
한 약속을 기억하고 있었으니, 무훈의
시험에서 그녀보다 덜 용맹하거나 약한
자의 아내로 주지 않는다는 것이었어요.
그녀의 그런 의지를 자신의 궁정뿐만
아니라, 그의 제국에 속하는 모든 땅에
나팔을 불어 명백히 선포하게 했으니,
소문은 삽시간에 세상에 퍼졌습니다.

포고에는 이런 조건이 들어 있었어요. 23
아모네의 딸을 아내로 맞이하려는 자는,
태양이 뜰 때부터 태양이 질 때까지,
그녀와 무기의 시험을 거쳐야 하는데,

정해진 시간이 끝날 때까지 견디거나
패배하지 않으면, 다른 말이 필요 없이
그녀가 그에게 패한 것으로 간주되며,
그를 거부할 수 없다는 것이었으며,

또한 요구하는 자가 누구이든, 무기의   24
선택은 그녀가 양보하기로 하였습니다.
말을 타고 있든 아니든, 그녀는 모든
무기에 능숙했기에 그럴 수 있었어요.
황제와 대립할 수도 없고, 또 그러기를
원하지 않았던 아모네는 어쩔 수 없이
굴복했고, 오랫동안 논의한 끝에 딸과
함께 궁정으로 돌아가기로 하였습니다.

어머니는 딸에 대하여 더욱 격분하고   25
분노했지만, 그래도 딸의 명예를 위해
여러 가지 색깔에다 다양한 모양으로
화려하고 멋진 옷들을 짓게 하였어요.
브라다만테는 아버지와 함께 궁정으로
갔는데, 자기 사랑[9]을 발견하지 못하자,
그 궁정이 예전에 으레 그랬던 것처럼
더 이상 아름다워 보이지 않았습니다.

---

9) 루지에로.

마치 사월이나 오월에 아름다운 꽃들과   26
녹음으로 치장된 정원을 보았던 사람이,
태양이 남쪽으로 기울어지며, 낮이 더욱
짧아진 다음에[10] 다시 보면, 황량하고
끔찍하고 쓸쓸한 것을 발견하는 것처럼,
그렇게 다시 되돌아온 브라다만테에게,
루지에로가 떠나 버린 궁정은 더 이상
전에 떠날 때의 궁정이 아니었습니다.

더욱 커다란 의혹을 사지 않기 위해   27
어디로 갔는지 감히 묻지도 못했지만,
그래도 귀를 기울이며, 묻지 않더라도
자신에게 말해 주도록 노력하였어요.
그가 떠난 것은 알겠지만, 어느 길로
갔는지 누구도 분명히 알지 못했으니,
그가 떠나면서 데리고 간 시종 이외에
누구에게도 말하지 않았기 때문입니다.

오, 그가 어떻게 떠났는지 들은 그녀는   28
얼마나 한숨짓고, 얼마나 두려워했는지!
오, 혹시라도 그가 자신을 잊기 위하여
떠난 것이 아닐까 얼마나 두려워했는지!

---

10) 겨울이 된 다음.

아모네의 반대에 부딪쳐, 이제 그녀의
남편이 될 희망이 완전히 없어졌으니,
혹시 그녀의 사랑에서 벗어날 희망에
그녀에게서 멀리 떠나간 것은 아닌지,

마치 속담에서 말하듯이, 나무에 박힌 29
못을 다른 못으로써 뽑아내는 것처럼,
자기 가슴에서 그녀를 지우기 위하여,
첫사랑을 잊게 해 줄 여인을 이 왕국,
저 왕국에서 찾아볼 생각으로 떠날
계획을 세운 것이 아닌지 두려웠지요.
뒤이어 믿음으로 가득한 루지에로를
보여 주는 새로운 생각이 뒤따랐으니,

그녀는 그런 사악하고 멍청한 의혹에 30
귀를 기울인 자기 자신을 비난했어요.
그렇게 한 생각은 루지에로를 옹호하고,
또 하나는 비난했으며, 그녀는 때로는
여기, 때로는 저기에 귀를 기울였으며,
우유부단하게 이쪽저쪽으로 방황했어요.
그러면서도 자신에게 유익한 의견으로
달려갔고, 그 반대 생각을 혐오했어요.

그리고 때로는 루지에로가 자신에게 31

여러 번이나 말했던 것을 기억하였고,
그에게 의혹과 질투를 품은 것이 얼마나
커다란 실수인지 후회하고 괴로워했고,
마치 루지에로가 눈앞에 있는 것처럼,
잘못했다고 말하며 자기 가슴을 쳤어요.
"내가 잘못했어요. 그건 인정하겠어요.
하지만 그렇게 만든 자가 더 나빠요.

아모르가 그랬는데, 내 가슴에 당신의   32
모습을 너무 아름답고 멋지게 새겼어요.
거기에다 모든 사람들이 말하는 당신의
용기와 재능과 덕성까지 덧붙였으니,
여인이든 아가씨든, 당신을 볼 기회가
있으면 사랑에 불붙어, 어떻게 해서든,
나의 사랑을 몰아내고, 당신과 자신의
사랑을 연결시키려는 것 같으니까요.

오, 아모르가 당신의 모습을 새기듯,   33
당신의 생각도 내 생각에다 새겼다면!
그렇다면 분명 내가 생각하는 그대로
당신의 생각을 발견하게 될 것이고,
그러면 나는 나에게 모욕을 가하는
질투로부터 벗어날 수 있을 것이고,
그 질투는 나에게 쫓겨난 그곳에서

완전히 패배하여 죽게 될 것입니다.

나는, 마치 수전노가 자신의 보물에 34
너무 몰두해 그 안에 파묻혀 있어서,
거기에서 떨어져서는 만족할 수 없고
그것을 빼앗길까 걱정하는 것 같아요.
루지에로, 지금 당신을 볼 수 없으니,
희망보다 두려움이 더 나를 공격하고,
그것이 헛된 거짓말이라고 믿는데도,
거기에 사로잡히지 않을 수가 없어요.

하지만 오, 나의 루지에로, 나의 모든 35
믿음과 달리, 이 세상의 어느 구석에
숨었는지 모르지만, 즐거운 당신 얼굴의
빛살이 내 눈앞에 나타나자마자, 곧바로
그 거짓 두려움은 진정한 희망에 의해
한쪽 구석으로 밀려나 사라질 거예요.
오, 루지에로, 내게 돌아와요. 두려움이
나를 죽이려 하니 희망으로 위로해 줘요!

마치 태양이 기울고 어둠이 나타나면, 36
거기에서 헛된 두려움이 나오게 되고,
당신의 찬란한 빛이 나타나면, 어둠이
사라지면서 소심함이 용기를 되찾듯이,

루지에로, 당신이 없으면 나는 두렵고,
당신을 보면, 내게서 두려움이 사라져요.
오, 루지에로, 내게 돌아와요. 두려움이
모든 희망을 억누르기 전에 돌아와요!

마치 밤이 되면 모든 불꽃이 살았다가 37
날이 새면 곧바로 꺼져 버리는 것처럼,
나의 태양을 내게서 빼앗기면, 사악한
두려움이 뿔을 세우고 내게로 오지만,
태양이 지평선에 나타나자마자, 곧바로
두려움이 사라지고 희망이 돌아오지요.
아, 사랑하는 빛이여, 나에게 돌아와요.
나를 해치는 사악한 두려움을 쫓아줘요!

태양이 멀어져서 점차 낮이 짧아지고,[11] 38
땅에서 아름다운 것이 자취를 감추면,
바람이 불면서 얼음과 눈을 가져오고,
새도 울지 않고, 꽃도 보이지 않듯이,
오, 내 아름다운 태양이여, 만약 당신의
아름다운 눈빛을 나에게서 거두어 가면,
수없이 많은 사악한 두려움이 나에게
일 년에 여러 번 겨울을 가져다 준다오.

---

11) 겨울이 될 때.

오, 나의 태양이여, 나에게 돌아와요. 39
그리워하던 달콤한 봄을 갖다주세요!
얼음과 눈을 쫓아내고, 이렇게 어둡고
구름에 덮인 내 마음을 밝게 해 줘요!"
프로크네나 필로메나[12]가 새끼들에게
줄 먹이를 찾으러 나갔다가 되돌아와
빈 둥지를 발견하듯이, 또한 마치 자기
짝을 잃은 염주비둘기가 슬퍼하듯이,

마찬가지로 자신의 루지에로를 뺏기지 40
않을까 두려워하던 브라다만테는 종종
눈물로 얼굴을 적시며 괴로워했지만,
가능한 한 비밀리에 그렇게 했어요.
만약 그녀가 모르는 것을 알았다면,
자기 연인이 잔인한 죽음을 선고받고
감옥에서 고통당하는 것을 알았다면,
오, 그녀는 얼마나 더 괴로웠겠어요!

사악한 노파[13]가 훌륭한 루지에로를 41
붙잡아두고 있으면서, 전혀 듣지 못한
고통과 새로운 괴로움을 그에게 주며

---

12) 제비나 밤꾀꼬리를 가리킨다(제10곡 113연 참조).
13) 황제의 누이 테오도라.

Canto 45:39

오, 나의 태양이여, 나에게 돌아와요.
그리워하던 달콤한 봄을 갖다주세요!

그를 죽이려 준비하고 있다는 소식이,
최고 **선**[14]의 도움 덕택으로, 황제의
친절한 아들[15] 귀에 들어가게 되었고,
그는 그 훌륭한 기사가 죽게 놔두지
않고 어떻게 도울 것인가 궁리했어요.

루지에로를 사랑하는 친절한 레오는   42
(하지만 루지에로라는 것을 몰랐어요)
초인적인 것처럼 보이고, 이 세상에서
유일하게 보이는 무훈에 감동되었지요.
그는 혼자서 궁리하고 계획을 짰으며,
그 잔인한 고모가 자신에게 모욕을
당하였다고 한탄할 수 없게 하면서
그를 구할 방법을 마침내 발견했어요.

그는 감옥의 열쇠를 갖고 있는 자에게   43
비밀리에 말했는데, 그 기사가 자신에게
주어진 그 무거운 형벌을 당하기 전에
그를 한번 만나보고 싶다고 말했어요.
밤이 되자 그는, 대담하고 강하며, 모든
일에서 유능하고 충실한 부하를 데리고

---

14) 하느님.
15) 레오.

갔으며, 탑의 간수에게 다른 누구에게
말하지 말고 문을 열어 달라고 했어요.

다른 누구 없이 혼자만 있던 간수는, 44
루지에로가 탑 안에서 가장 극단적인
고통을 받고 있는 곳으로, 레오와 그의
동료를 아무도 모르게 안내하였습니다.
그 안에 도착한 두 사람은, 문을 열기
위하여 자신들에게 등을 돌리고 있던
간수의 목에 밧줄을 걸었고, 곧바로
그가 세상을 하직하도록 만들었어요.

그들은 뚜껑 문을 열었으며, 레오는 45
불붙인 횃불을 들고, 그러한 목적으로
매달아 놓은 밧줄에 매달려 루지에로가
혼자 갇혀 있는 곳으로 내려갔습니다.
완전히 묶인 그는, 물 위로 채 한 뼘도
되지 않은 쇠창살에 매달려 있었어요.
그곳에서 한 달도 되지 않아 다른 어떤
도움 없이 죽음을 맞이할 예정이었어요.

레오는 연민에 루지에로를 껴안으면서 46
이렇게 말하였습니다. "기사님, 당신의
역량은, 자발적이고 영원한 봉사로 나를

당신과 떨어질 수 없게 연결시켰습니다.
또한 나 자신보다 당신을 원하게 했고,
나의 안녕보다 당신의 안녕을 바라고,
아버지나, 세상의 다른 어떤 친척보다
당신의 우정을 먼저 생각하게 했어요.

아는지 모르겠지만, 당신을 도우러 온 47
나는 콘스탄티노스의 아들 레오입니다.
당신이 보다시피, 나는 혹시 아버지께서
알게 되면, 쫓겨나거나 영원히 그분의
눈 밖으로 벗어날 위험을 무릅쓰고서
이렇게 당신을 도우려고 직접 왔지요.
당신이 베오그라드에서 그분의 군대를
죽였기에 당신을 증오하고 계시니까요."

그리고 루지에로를 죽음에서 삶으로 48
인도할 다른 것들을 계속해서 말했고,
그러는 동안 묶인 그를 풀어 주었어요.
루지에로는 "정말 너무나 감사합니다.
지금 나에게 돌려주시는 이 생명을
다시 가져가고 싶거나, 당신을 위해
사용할 필요가 있을 경우, 언제든지
당신에게 다시 되돌려줄 생각입니다."

루지에로는 그 어두운 곳에서 나왔고, 49
그 대신에 죽은 간수가 남게 되었는데,
아무도 모르게 그렇게 했던 것입니다.
레오는 루지에로를 자기 집으로 데려가
나흘이나 엿새 동안, 안전하게 자신과
함께 몰래 머물러 있도록 설득하였고,
그동안 운자르도가 빼앗아 간 갑옷과
훌륭한 말을 되찾아 주려고 하였어요.

낮이 되어 감옥이 열리자, 루지에로가 50
달아났고, 목 졸린 간수가 발견됐지요.
모두들 이런저런 생각을 했고, 견해를
말했지만, 그 누구도 진실을 몰랐어요.
모두들 다른 모든 가능한 사람들에
대해 생각했지만, 레오는 예외였으니,
그에게 도움을 주기는커녕 찢어 죽일
이유가 있는 것으로 모두 생각했어요.

그러한 친절함에 대하여 루지에로는 51
너무나 혼란스럽고 너무나 놀라웠으니,
그 많은 거리를 거쳐 그곳에 오게 한
처음의 생각에서 완전히 바뀌었는데,
처음 생각과 나중 생각을 비교해 보면,
그 두 생각은 조금도 닮지 않았습니다.

처음 생각은 증오와 분노, 울분이었고,
나중 생각은 사랑과 연민에 넘쳤어요.

그는 밤이나 낮이나 많이 생각했고, 52
그에게 가진 그 엄청난 빚에 대하여
대등하거나 더 큰 친절함으로 갚아 줄
생각 외에 다른 생각은 없었습니다.
길든 짧든, 남은 자신의 모든 삶을,
그에게 봉사하는 데 바친다고 해도,
천 번의 확실한 죽음에 직면하더라도,
그렇게 할 충분한 가치가 있었습니다.

그동안에 프랑스 왕이 발표한 포고문 53
소식이 그곳에도 알려지게 되었는데,
브라다만테를 원하는 자는 창이나 칼로
그녀와 결투를 해야 한다는 것이었지요.
그 소식을 듣고 레오는 즐겁지 않았고,
그의 얼굴이 창백해지는 것이 보였어요.
자신의 무훈을 잘 아는 그는 그녀에게
대적할 수 없다는 것을 알았으니까요.

그는 궁리하였고, 무훈이 부족한 것을 54
책략으로 보완할 수 있다고 생각했는데,
아직 이름도 모르는 그 기사가 자신의

문장을 갖고 나가게 하는 것이었어요.
그는 무훈과 용기에 있어 어떤 프랑스
기사와도 겨룰 수 있다고 판단했으며,
그에게 임무를 맡기면, 브라다만테를
이겨 얻을 것이라고 분명히 믿었어요.

하지만 두 가지 일이 있었으니, 하나는 55
기사가 그런 임무를 받아들이는 것이고,
또 하나는 아무런 의심을 받지 않도록
그가 대신 결투장에 나가는 것이었어요.
그는 기사를 불러 상황을 설명하였고,
아주 효과적인 능변으로, 다른 사람의
이름과 거짓 문장을 갖고, 그 결투에
참가해 달라고 그에게 부탁했습니다.

레오의 능변은 매우 효과적이었지만, 56
루지에로가 그에게 진 아주 커다란 빚,
절대로 완전히 변제하기 어려운 빚이
그의 능변보다 큰 효과를 발휘했어요.
그래서 아무리 힘들고, 거의 불가능해
보이는 임무였지만, 웃는 얼굴로(비록
마음은 울었지만) 그를 위해 모든 일을
할 준비가 되어 있다고 대답했습니다.

그렇지만 그런 말을 하자마자, 강렬한　　　　　　57
고통이 가슴을 꿰뚫는 것을 느꼈으며,
그것은 밤낮으로 항상 그를 괴롭혔고,
끊임없는 고통과 번민을 주었습니다.
비록 자신의 죽음이 명백해 보였지만,
그에 대한 후회의 말을 하지 않았으니,
레오의 말에 복종하지 않는 것보다는
차라리 수천 번이라도 죽으려 했어요.

그는 죽으려 했으니, 자기 여인을 버릴　　　　58
경우 자기 삶도 버려야 했기 때문이지요.
고통과 번민이 그를 죽일 것이며, 만약
고통과 번민이 그를 죽이지 않는다면,
자기 손으로 영혼을 둘러싼 몸뚱이를
찢어 영혼을 밖으로 이끌어 낼 것이니,
자기 여인이 아닌 그녀를 보는 것보다,
다른 모든 것이 더 쉬운 일일 것입니다.

그는 죽으려고 작정했지만 어떤 죽음을　　　　59
택할 것인지 아직 말할 수 없었습니다.
때로는 자신이 약한 척하며 그녀에게
자기 옆구리를 노출시킬까 생각했는데,
만약 그녀의 품 안에서 죽게 된다면
그보다 행복한 죽음은 없을 것입니다.

하지만 자기 때문에 그녀가 레오의 아내가
되지 않으면, 빚을 갚지 못하게 되지요.

브라다만테에 대항해 일대일 결투를 60
하러 결투장에 가기로 약속한 것이지,
레오에게 도움도 되지 않게, 위장하고
속이기 위한 것이 아니었기 때문이지요.
그러니까 자신의 약속을 지킬 것이며,
비록 이런저런 생각이 그를 괴롭혀도
모든 생각을 내쫓고, 신뢰를 깨뜨리지
말라고 요구하는 생각에만 굴복했어요.

레오는 벌써 아버지 콘스탄티노스의 61
허락을 받아 자신에게 적합한 규모의
수로 수행원들을 준비했고, 갑옷들과
말들을 준비한 다음, 길을 떠났습니다.
루지에로도 함께 갔는데, 그의 훌륭한
갑옷과 프론티노를 이미 돌려주었어요.
그들은 며칠 동안 길을 갔고, 마침내
프랑스로 들어갔고, 파리에 닿았어요.

레오는 도시로 들어가려고 하지 않고 62
들판에다 천막을 치도록 하였고, 바로
그날 사절을 보내서 프랑스의 왕에게

자신의 도착을 알리도록 하였습니다.
카롤루스는 환영하였고, 여러 번 그를
방문하고 선물하며 친절하게 대했어요.
레오는 자기 방문의 이유를 말했으며,
빨리 일을 해결하고 싶다고 부탁하여,[16]

자신보다 허약한 남편을 원하지 않는 63
아가씨를 결투장에 보내 달라고 했으니,
그녀를 아내로 삼든지, 아니면 죽음을
맞이하기 위해 왔기 때문이라고 했어요.
카롤루스는 부탁을 받아들였고, 바로
다음 날에 브라다만테가 성문 밖으로
나오게 했으니, 그날 밤 서둘러 높은
성벽 아래에다 결투장을 설치했지요.

그리하여 결투를 하기로 결정한 날의 64
전날 밤이, 그 불쌍한 루지에로에게는,
마치 다음 날 아침 죽으러 가야 하는
사형수가 보내는 밤과 비슷했습니다.
혹시 신분이 알려지지 않도록, 그는
완전히 무장하고 싸우기로 하였으며,

---

16) 브라다만테와 결투를 하기 위해 왔으니, 빨리 결투를 하게 해 달라고 부탁했다는 뜻이다.

창이나 말도 사용하지 않기로 했고,
공격 무기로는 칼만 쓰기로 했어요.

창을 고르지 않은 것은, 아르갈리아, 65
다음에 아스톨포, 또 그녀가 사용하는
황금 창,[17] 언제나 안장에서 떨어뜨리는
그 창이 두려웠기 때문이 아니었어요.
왜냐하면 그 창을 만들게 해 아들에게
선물한 왕 이외에는, 그 창이 마법을
통해 만들어졌으며 그런 힘이 있다는
것을 아무도 전혀 몰랐기 때문이지요.

나중에 그 창을 갖게 된 아스톨포와 66
브라다만테는, 각자의 결투에서 승리를
한 것이 그 마법의 힘 덕택이 아니라
자신의 능력에 의한 것으로 믿었으며,
다른 어떤 창을 갖고 싸우더라도 그와
똑같이 할 수 있다고 믿고 있었지요.
루지에로가 창을 거부한 유일한 이유는
프론티노를 보이지 않기 위해서였어요.

---

[17] 카타이 왕이며 안젤리카와 아르갈리아의 아버지 갈라프로네가 만들게 한 마법의 창으로, 닿기만 해도 상대방을 말에서 떨어지게 만든다(제8곡 17연, 제23곡 15연 참조). 원래 아르갈리아가 갖고 있었는데, 아스톨포의 손에 들어갔고, 그는 브라다만테에게 맡겼다.

만약 브라다만테가 그 말을 본다면, 67
곧바로 쉽게 알아볼 것인데, 왜냐하면
몽토방에서 그녀는 오랫동안 그 말을
보살폈으며 또 타 보았기 때문입니다.
루지에로는 오로지 어떻게 그녀에게
발각되지 않을까 염려하였기 때문에,
프론티노나 다른 어떤 것으로 자신에
대하여 눈치를 채지 않기를 원했어요.

또한 이 임무에 다른 칼을 원했으니, 68
발리사르다 앞에서는 모든 갑옷이 밀가루
반죽처럼 약하고, 어떤 칼도 막아내지
못한다는 것을 잘 알았기 때문입니다.
또한 다른 칼의 날도 망치로 두들겨
뭉툭하고 피해를 덜 주게 만들었어요.
그런 무기를 들고 루지에로는, 지평선에
첫 햇살이 비치자 결투장에 들어갔어요.

그리고 레오처럼 보이기 위하여 전에 69
그가 입었던 겉옷을 자신이 입었으며,
머리가 두 개 달린 황금빛 독수리가
그려진 빨간색 방패를 들고 갔습니다.
그러한 위장을 손쉽게 할 수 있었던
것은 두 개를 서로 똑같이 만들었기

때문입니다. 한 사람은 앞으로 나섰고,
또 한 사람은 전혀 보이지 않았어요.[18]

브라다만테의 의지는 그런 루지에로의   70
의지와는 완전히 달랐으니, 루지에로가
칼을 뭉툭하게 망치질하여 찌르거나
자르지 못하게 만들었던 것과 달리,
그녀는 칼날을 세웠고, 칼이 갑옷을
뚫고 들어가서 살에 닿기를 원했고,
모든 타격이 잘 찌르고 뚫어서 그의
심장에 닿기를 언제나 원하였습니다.

마치 경주에 나간 바르바리아산 말[19]이   71
출발 신호를 열렬하게 기다리는 중에
여기저기 발을 가만히 두지 못하고,
코를 벌름거리고 귀를 쫑긋 세우듯이,
결투하는 자가 루지에로라는 사실을
모르는 그 용맹스러운 브라다만테는
나팔 소리를 기다리면서, 혈관 속에
불이 흐르듯 가만히 있지 못하였어요.

---

18) 루지에로는 결투장으로 나간 반면, 레오는 아부에게도 보이지 않게 몸을 숨겼다는 뜻이다.
19) 바르바리아에 대해서는 제18곡 157연 참조. 바르바리아산(産) 말은 빠르기로 유명하였고, 따라서 경주용으로 많이 사용되었다고 한다.

마치 때로는 천둥소리에 곧바로 이어   72
엄청난 바람이 일어나서 파도가 치는
바다를 뒤집어엎고, 순식간에 땅에서
하늘까지 시커먼 먼지들을 일으키면,
짐승들과 목동과 양 떼들이 달아나고,
허공에 우박과 비가 쏟아져 내리듯이,
신호 소리를 들은 여인이 그러했으니,
칼을 움켜잡고 루지에로를 공격했어요.

하지만 마치 오래된 참나무나 튼튼한   73
탑의 두터운 벽들이 북풍을 견뎌내고,
밤이나 낮이나 온 사방에서 때리는
성난 바다에 단단한 암초가 견디듯이,
불카누스가 트로이아의 헥토르에게
줬던 갑옷 속에서 훌륭한 루지에로는
때로는 옆구리, 가슴, 머리에 폭풍처럼
쏟아져 내리는 분노와 증오를 견뎠어요.

브라다만테는 때로는 찌르고, 때로는   74
자르면서, 갑옷의 금속판 사이로 칼을
쑤셔 넣음으로써, 자신의 분노를 풀고
완화시키려고 완전히 몰두해 있었어요.
때로는 이쪽, 때로는 저쪽을 시도했고,
이쪽으로, 또 저쪽으로 몸을 돌렸지만,

자기가 계획한 대로 전혀 이루어지지
않았기 때문에 괴롭고 화가 났습니다.

마치 강력한 측면과 두터운 성벽으로　　　　　　　　75
아주 강력한 도시를 공격하는 사람이
자주 공격하면서, 때로는 높은 탑들과
성문을 부수고, 때로는 해자를 메우며,
헛되이 자신의 병사들을 죽게 하지만,
안으로 들어갈 길을 찾지 못하듯이,
그녀가 아무리 노력하고 고생을 해도,
갑옷이나 사슬 옷을 꿰뚫지 못했어요.

팔과 머리, 가슴에 가하는 타격들로　　　　　　　　76
때로는 방패에, 때로는 훌륭한 투구에,
때로는 가슴막이에 불꽃이 튀었으며,
시골집의 지붕 위로 우박이 시끄럽게
떨어져 내리는 것보다 더 빽빽하게
수천 번이나 온갖 공격을 가했어요.
루지에로는 경계하며 아주 유능하게
방어했고, 그녀를 공격하지 않았어요.

때로는 멈추고, 돌고, 뒤로 물러나고,　　　　　　　　77
종종 발의 움직임에 손이 뒤따랐으니,
때로는 방패를 내밀고, 때로는 그녀의

칼이 내려오는 곳으로 칼을 돌렸어요.
그녀를 공격하지 않았고, 공격하더라도
피해가 가장 적을 곳을 겨냥하였어요.
브라다만테는 그날 해가 저물기 전에
결투를 끝내려고 간절히 열망했습니다.

그녀는 포고문을 기억했고, 서두르지　　　　　　　　　　78
않으면 위험하다는 것을 깨달았으니,
하루 안에 자신의 구혼자를 죽이거나
포로로 잡지 못하면, 자신이 잡히지요.
벌써 아폴로가 헤르쿨레스[20]의 기둥에서
바닷속으로 머리를 던지려고 하였을 때,
그녀는 더 이상 자신의 능력을 믿지
못하였으며, 희망을 잃기 시작했어요.

희망이 줄어드는 만큼, 분노는 더욱　　　　　　　　　　79
증가했고, 타격을 두 배로 늘렸으며,
그날 하루 종일 깨뜨리지 못하였던
그 갑옷을 여전히 깨뜨리고 싶었어요.
마치 끝마쳐야 할 일이 늦어지는데,
벌써 밤이 다가오는 것을 본 사람이,

---

20) 원문은 "Alcide", 즉 '알키데스'인데, 헤르쿨레스의 다른 이름이다. 헤르쿨레스의 기둥, 즉 지브롤터해협에 대해서는 제4곡 61연 참조.

서두르고 노력해도, 헛되이 밤이 되고,
동시에 힘도 떨어지는 것과 같았어요.

오, 불쌍한 아가씨, 그대가 죽이려고　　　　　　　　　80
하는 자가 누구인지 만약에 알았다면,
바로 그대의 생명의 실이 매달려 있는
루지에로라는 것을 만약에 알았다면,
그대 자신보다 그를 더 사랑하니, 분명
먼저 그대 자신을 죽이고 싶을 것이며,
그가 루지에로라는 것을 알게 된다면,
그런 타격들에 대해 괴로워할 것이오.

카롤루스와 함께 있던 사람들은 모두　　　　　　　　81
그를 루지에로가 아니라 레오로 믿었고,
무훈에서 브라다만테에 비교될 정도로
얼마나 강하고 날렵한지, 또한 그녀를
공격하지 않으면서도 얼마나 유능하게
방어할 수 있는지 보고, 생각을 바꾸어
말했어요. "둘이 정말로 잘 어울리는군.
그는 그녀에게, 그녀는 그에게 합당해."

태양이 바닷속으로 완전히 숨었기에　　　　　　　　82
카롤루스는 그 결투를 끝내도록 했고,
레오가 브라다만테를 아내로 맞이하고

그것을 거절할 수 없다고 선포했어요.
루지에로는 거기서 휴식도 취하지 않고,
투구도 벗지 않았고, 사슬 옷도 벗지
않았으며, 조그마한 말을 타고 황급히
레오가 기다리는 천막으로 돌아갔어요.

레오는 루지에로에게 달려가 두 번도
넘게 그의 목을 다정하게 껴안았으며,
얼굴에서 투구를 벗긴 다음 여기저기
커다란 사랑과 함께 입을 맞추었어요.
그리고 "언제나 당신이 원하는 대로
나를 활용해요. 나에게서 할 수 없는
것이 없을 것이오. 나와 나의 나라를
당신이 원하는 대로 사용할 수 있소.

내가 당신에게 지고 있는 이 커다란
빚을 어떻게 갚아야 할지 모르겠군요.
내 머리에서 왕관을 벗어 당신 머리에
씌운다고 해도 모두 갚지 못할 것이오."
커다란 고통에 마음이 찢어지는 듯하고
살아 있는 것이 혐오스러운 루지에로는,
별 대답이 없이 자기가 입었던 문장을
그에게 되돌려주고 유니콘을 입었어요.

그리고 피곤하고 의욕 없는 표정으로 85
가능한 한 빨리 그에게 인사를 하였고,
자신의 숙소로 돌아왔어요. 자정 무렵이
되었을 때, 그는 완전히 무장을 갖추었고,
말에 안장을 채웠고, 작별 인사도 없이,
아무도 전혀 눈치채지 못한 상태에서
말에 올라탔고, 길을 떠났으며, 자신의
프론티노가 원하는 대로 가게 놔뒀어요.

프론티노는 똑바른 길이나 굽은 길로, 86
때로는 숲속으로, 또 때로는 들판으로,
자신의 주인을 밤새도록 싣고 갔는데,
그는 한순간도 눈물을 멈추지 못하고
죽음을 불렀고, 죽음만이 집요한 고통을
끊을 수 있으니 거기서 위안을 찾았고,
죽음 이외에는 자신의 견딜 수 없는
고통을 끝내 줄 것을 찾지 못했습니다.

그는 "세상에! 순식간에 나의 모든 87
선을 뺏겼는데, 누구를 비난해야 할까?
오, 보복 없이 모욕을 견디지 않으려면,
과연 누구에게 화살을 돌려야 할까?
다른 누구도 아닌 바로 나 자신이야!
나 자신을 모욕하였고 비참한 상태에

빠뜨렸으니까. 그러니까 모든 잘못을
저지른 나 자신에게 복수를 해야 해.

그런데 오로지 나 자신에게만 모욕을 88
가하였다면, 비록 힘들기는 하겠지만,
나 자신을 용서할 수도 있을 것이야.
하지만 절대 그렇게 하고 싶지 않아.
브라다만테가 나와 동일하게 모욕을
느끼고 있는데, 어떻게 용서하겠는가?
만약 나를 용서해서 그녀가 복수를
하지 못하게 하는 것은 옳지 않아.

그러니 그녀의 복수를 위해 어떻게든 89
나는 죽어야 해. 그것은 어렵지 않아.
죽음 이외에는 다른 어떤 것도 나를
고통에서 벗어나게 해 줄 수 없으니까.
다만 내가 그녀에게 모욕을 주기 전에
죽지 못한 것이 내게 괴로울 뿐이야.
오, 잔인한 테오도라의 감옥에 있을
당시에 죽었다면, 행복하였을 텐데!

만약에 그녀의 잔인함이 원하는 대로 90
나에게 괴로움을 준 다음에 죽였다면,
최소한 내 상황에 대해 브라다만테의

연민을 얻을 희망이라도 있었을 텐데!
그렇지만 내가 그녀보다도 레오를 더
사랑하였고, 그가 그녀를 얻도록, 나의
의지로 그녀에게서 떠난 것을 안다면,
죽었든, 살았든, 나를 증오할 것이야."

탄식과 흐느낌이 끊이지 않는 가운데 91
이런 말과 다른 많은 말을 하는 동안,
새로운 태양이 떠오를 무렵, 그는 어느
어둡고 우거진 숲속에 있게 되었어요.
절망에 빠져 죽고 싶은 그는 가능한 한
자신의 죽음을 감추고 싶었기 때문에,
자신에게 하고 싶었던 일을 하기에는
그 감추어진 숲속이 적합해 보였어요.

그는 그늘진 나뭇가지들이 빽빽하게 92
뒤엉킨 깊숙한 숲속으로 들어갔는데,
먼저 프론티노를 완전히 풀어 주었고,
아주 멀리 자유롭게 떠나가게 했어요.
그는 말했어요. "오, 나의 프론티노여,
내가 너에게 합당한 보상을 해야 하니,
하늘로 날아가 별들 사이에 자리 잡은
그 말[21]을 너는 부러워할 것이 없도다!

킬라로스나 아리온²²⁾도 너보다 뛰어나지 93
않고, 너보다 더 큰 칭찬을 받지 못하며,
그리스인들이나 로마인들이 말하는 것을
들을 수 있는 다른 어떤 말도 그렇도다.
다른 것들에 있어서는 너만큼 훌륭해도,
그들 중 다른 어떤 말도 누리지 못한
것을, 너는 누릴 수 있었다는 명예와
영광을 충분히 자랑할 수 있을 것이니,

너는 바로 세상의 그 어느 여인보다도 94
고귀하고 아름답고 가치 있는 여인이
아주 소중하게 다루며 보살펴 주었고,
자기 손으로 고삐와 안장을 얹었도다!
너는 내 여인에게 소중했지. 아, 이제는
내 것이 아닌데, 왜 내 여인이라 하지?
내가 다른 사람에게 주었는데! 세상에!
나 자신에게 이 칼은 왜 머뭇거릴까?"

루지에로가 여기서 슬퍼하고 괴로워하며, 95

---

21) 고전 신화에 나오는 날개 달린 말 페가수스를 가리킨다. 페가수스가 죽자 유피테르는 하늘의 별자리로 만들었다.
22) 고전 신화에서 킬라로스(Cillarus)는 유노가 폴룩스에게 선물한 명마이고, 아리온(Arion)은 트로이아 전쟁 때 아르고스의 왕 아드라스토스(Adrastus)가 갖고 있던 명마였다(《일리아스》 제23권 346행 참조).

짐승들과 새들이 동정하게 만드는 동안,
(오직 그들만이 그의 탄식을 듣고 그의
가슴에 쏟아지는 눈물을 보았으니까요)
브라다만테는 파리에서 보다 편안하게
있을 것이라고 생각하지 않아야 합니다.
레오를 남편으로 맞는 것을 막을 수도
없고 연기할 구실도 없었기 때문이지요.

그녀는 루지에로 이외에 다른 남편을　　　　　　　　　　96
맞기보다 다른 모든 것을 하려 했어요.
자기 약속을 깨뜨리고, 카롤루스와 궁정,
친척들, 친구들을 모두 적으로 만들고,
다른 것을 할 수 없을 때, 마지막으로
독약이나 칼로 죽음을 택하려 했으니,
루지에로 없이 사는 것보다는 차라리
죽는 것이 훨씬 낫다고 생각하였지요.

"오, 루지에로, 당신은 어디로 갔어요?　　　　　　　　　97
당신 외에는 그런 포고문을 듣지 못한
사람이 이 세상에 아무도 없을 정도로,
당신이 그렇게 멀리 갔을 수 있나요?
만약 당신이 알았다면, 다른 누구보다
당신이 가장 먼저 나타났을 것이에요.
불쌍한 신세여! 생각할 수 있는 최악의

Canto 45:95
루지에로가 여기서 슬퍼하고 괴로워하며,
짐승들과 새들이 동정하게 만드는 동안,

상황 말고 다른 무엇을 생각하겠어요?

루지에로, 온 세상이 다 들었던 것을, 98
어떻게 당신만이 듣지 못할 수 있어요?
만약 죽거나 잡히지 않았다면, 그 소식을
듣고, 어떻게 날아오지 않을 수 있어요?
아는 사람은 알겠지만, 콘스탄티노스의
아들이 당신에게 함정을 팠을 것이고,
그 배신자가 당신보다 먼저 이곳으로
오려고 당신의 길을 가로막았을 거예요.

카롤루스 왕께 탄원하여, 나보다 약한 99
남자에게 나를 주지 않도록 했던 것은,
당신만이, 내가 무기로 대항할 수 없는
유일한 사람이라 생각했기 때문이지요.
당신 외에는 아무도 두렵지 않았는데,
하느님께서 내 대담함을 처벌하셨으니,
자기 생애에 명예로운 무훈을 세우지
못한 그가 나를 붙잡게 허락하셨어요.

그렇지만 내가 그를 죽이거나 붙잡지 100
못했기 때문에, 이렇게 내가 잡혔어도,
그것은 부당해 보이니, 그 점에 있어
나는 황제의 말을 따르고 싶지 않아요.

물론 만약 내가 전에 말한 것을 지금
바꾸면, 변덕스럽다고 생각할 거예요.
그렇지만 변덕스러워 보이는 여자로
내가 첫째도 아니고 마지막도 아니에요.

나의 연인에게 충실함을 유지하는 데   101
있어서는 내가 바위보다 더 단단하고,
그런 점에 있어서는 옛날이나 요즈음의
모든 여자를 능가하는 것으로 충분해요.
그 외에는 내가 변덕스럽다고 말해도,
나에게 유익하다면, 상관하지 않아요.
내가 그 사람과 결혼을 하지 않는다면,
나뭇잎처럼 변덕스럽다고 해도 좋아요!"

탄식과 눈물로 자주 중단되는 가운데,   102
그녀는 그날 밤 밤이 새도록 그런 말과
다른 많은 말들을 했는데, 그러는 동안
불행한 그녀에게 새로운 날이 밝았어요.
하지만 **밤**이 킴메르인의 동굴[23] 안에
자신의 그림자를 다시 내려놓았을 때,
브라다만테가 영원히 루지에로의 아내가

---

23) 고대인들은 흑해 연안, 특히 아조프해 근처 킴메르족(Cimmer, 그리스어로 킴메리오이Kimmerioi)이 살던 지역의 어두운 동굴에 잠의 신이 사는 거처가 있다고 믿었다.

되기를 원하는 하늘이 도움을 주었어요.

아침이 되자 도도한 여인 마르피사가 103
카롤루스 황제 앞으로 나아가게 했는데,
그녀는 자기 오빠 루지에로에게 크게
잘못을 했다고 했으며, 그에게 한마디
말도 하지 않고 아내를 빼앗아 간 것을
그대로 묵인하고 싶지 않다고 했으며,
브라다만테가 루지에로의 아내라는 것을
누구에게든지 증명하고 싶다고 했어요.[24]

그리고 만약 브라다만테가 부정한다면 104
사람들 앞에서 그녀에게 증명할 것이니,
그녀는 바로 자기 앞에서 루지에로에게
누구를 남편으로 맞이할지 말하였으며,
그것은 두 사람 사이에 이미 통상적인
의식을 통하여 정해진 것이기 때문에,
더 이상 자기 마음대로 서로를 버리고
다른 사람을 얻을 수 없다고 말했어요.

마르피사는 사실이든 거짓이든, 그런 105
말을 했는데, 저의 생각으로는, 사실을

---

24) 무기로, 말하자면 결투로 증명하고 싶다는 뜻이다.

말하는 것보다, 오히려 어떻게 해서든지
레오를 가로막기 위해 그런 것 같아요.[25]
또한 브라다만테의 의지에 따라 그렇게
한 것인데, 그녀는 루지에로를 되찾고
레오를 배제하기 위해서는 이보다 더
간단하고 솔직한 길을 찾지 못했습니다.

그러한 일에 매우 혼란스러워진 황제는   106
곧바로 브라다만테를 부르게 하였으며,
마르피사가 증명하려는 것을 그녀에게
알렸는데, 거기 아모네도 함께 있었어요.
브라다만테는 얼굴을 숙이고 있었으며
긍정도 하지 않고 부정도 하지 않아서,
마르피사가 말한 것이 사실이라는 것을
누구든지 쉽게 이해할 수 있었습니다.

그 소식을 듣고, 리날도와 앙글란테의   107
영주는 기뻐했으니, 레오가 결정됐다고
믿고 있던 인척 관계가 더 진행되지
않을 이유가 될 수 있었기 때문이지요.
그리고 루지에로는, 집요한 아모네의

---

25) 실제로 브라다만테와 루지에로는 결혼 약속을 주고받았다(제22곡 34연 이하 참조). 하지만 그 자리에 마르피사가 있었던 것은 아니며, 나중에 루지에로가 그 사실을 그녀에게 말해 주었다(제36곡 68연 참조).

반대에도 불구하고, 억지로 아버지의
손에서 빼앗아 오거나 싸울 필요도 없이,
아름다운 브라다만테를 얻을 수 있었지요.

만약 그들 사이에 그 말[26]이 유효하다면, 108
일은 확고하고 헛일이 되지 않을 겁니다.
그러면 그들이 루지에로에게 약속한 것을
다른 싸움 없이 진지하게 지킬 수 있지요.
아모네가 말했어요. "이것은 나에 반대해
짜낸 음모야. 하지만 너희들의 오산이야.
비록 너희들끼리 꾸며 낸 것이 사실이라
하더라도, 나는 절대로 승복할 수 없어.

너희들이 말하는 것처럼, 브라다만테가 109
멍청하게 루지에로에게 그렇게 약속하고,
또 루지에로도 약속했다고 가정하더라도,
(나는 인정하지 않고, 믿고 싶지도 않지만)
언제 또 어디에서 그랬지? 보다 분명하고
정확하게, 또 보다 확실하게 알고 싶구나.
내가 알기로는, 루지에로가 세례를 받기
전에는 그런 일이 일어날 수 없었겠지.

---

26) 마르피사의 주장을 가리킨다.

하지만 만약 루지에로가 그리스도인이   110
되기 전에 그랬다면, 고려할 가치도 없어.
브라다만테는 그리스도인이지만, 그는
이교도이니, 그 결혼은 무효라고 생각해.
그로 인해 레오가 결투의 위험을 무릅쓴
것이 헛수고가 되어서는 안 될 것이야.
또한 그렇다고 해서 카롤루스 황제께서
약속을 어기는 것도 나는 원하지 않아.

지금 너희들이 말하는 것은, 이런 일이   111
생기기 전에, 즉 브라다만테의 간청으로
카롤루스 황제께서 포고를 내려 레오가
결투하러 여기 오기 전에 말했어야 해."
그렇게 아모네는 리날도와 오를란도에게
말하면서, 두 연인 사이의 결혼 약속을
깨뜨리려고 하였으며, 카롤루스는 듣고
있으면서, 이편도 저편도 들지 않았어요.

마치 북풍이나 또는 남풍이 불어올 때,   112
숲속의 나뭇잎이 스치는 소리가 들리고,
아이올로스가 넵투누스에게 분노할 때,
바닷가에 파도들이 몰아치는 것처럼,
그와 똑같이 소문은 프랑스 전역으로
달려가고 돌아다니면서 널리 퍼졌으며,

이런 말을 했고, 또 저런 말을 들었고,
사방에서 다른 모든 것은 침묵했어요.[27]

누구는 루지에로를, 또 누구는 레오를 113
편들었지만, 다수가 루지에로 편이었고,
열 명 중 한 명이 아모네의 편이었어요.
황제는 누구의 편으로도 기울지 않았고,
그 일을 합리적으로 해결하려고 하였고,
자신의 평의회에 그 일을 위임하였어요.
이제 결혼식은 연기되었고, 마르피사가
와서 이런 새로운 제안을 내놓았습니다.

"오빠가 살아 있는 한, 브라다만테는 114
다른 사람에게 갈 수 없는데, 그래도
레오가 그녀를 원한다면, 자신의 힘과
용기로 그의 생명을 빼앗아야 해요.
둘 중에서 상대방을 죽이는[28] 사람이
경쟁자 없이 원하는 것을 얻게 해요."
곧바로 카롤루스는 레오에게 그것과
함께 나머지 일들도 알리게 하였어요.

---

27) 사람들이 다른 화제에 대해서는 이야기하지 않았다는 뜻이다.
28) 원문의 "manda …… alla fossa"는 '구덩이로(또는 무덤으로) 보내는'으로 직역할 수 있다.

레오는, 만약 유니콘의 기사가 자신과 115
함께 있다면, 루지에로에 대해 승리를
거둘 수 있으며, 그에게 그것은 별로
어려운 일이 아닐 거라고 확신했어요.
하지만 그가 강렬한 고통으로 어둡고
외로운 숲속으로 갔다는 것을 몰랐고,
몇 마일 산책을 갔다가 돌아올 것으로
생각했고, 잘못된 결정[29]을 내렸어요.

그렇지만 그는 곧바로 후회를 했으니, 116
기대할 만한 것 이상을 기대한 기사[30]는
그날도, 그다음 이틀 뒤에도 나타나지
않았으며, 소식도 전혀 알 수 없었어요.
그가 없이 루지에로에 대항하여 결투를
한다는 것은 안전해 보이지 않았으니,
피해와 경멸을 피하기 위해 유니콘의
기사를 찾아보라고 사람들을 보냈어요.

그를 찾기 위해, 주변과 먼 곳에 있는 117
도시와 마을, 성으로 사람들을 보냈지만,

---

29) 루지에로와 결투를 하겠다는 경솔한 결정을 가리킨다.
30) 루지에로. 레오가 루지에로에게서 기대할 수 있는 것 이상을 기대하였다는 뜻이다.

아무런 성과가 없자, 그는 자신이 직접
말을 타고 그를 찾으러 돌아다녔어요.
하지만 멜리사가 없었다면, 그에 대한
소식은 레오도 모르고, 카롤루스가 보낸
사람들도 몰랐을 것인데, 그 이야기는
다음 노래에서 들려 드리도록 하지요.

제46곡

레오가 루지에로를 위해 브라다만테를 포기하고, 두 사람은 마침내 결혼식을 거행한다. 불가리아인들의 사절단이 와서 루지에로를 불가리아 왕으로 추대한다. 결혼식이 진행되는 동안 로도몬테가 나타나 결투를 신청하고, 루지에로는 로도몬테를 죽인다.

만약 저의 지도가 진실을 말해 준다면,　　　　　　　　　　1
이제 항구는 멀리 떨어져 있지 않으니,[1]
배와 함께 온전히 못 돌아올지, 영원히
방황할지, 창백한 얼굴로 두려워하였던
기나긴 바닷길에서 저와 함께 한 분[2]께
해변에서 서원을 풀 수 있을 것입니다.[3]
제 눈에 땅이 보이는 것 같군요. 아니,

---

1) 아리오스토는 자신의 작품을 오랜 항해에 비유하고 있다. 그리고 이제 작품이 막바지에 이르렀다는 것을 암시한다.
2) 구체적으로 누구를 가리키는지 분명하지 않다. 이폴리토 추기경을 암시할 수도 있고, 작품의 서두에서 언급한 알레산드라 베누치, 또는 시의 수호신 아폴로를 가리킬 수도 있다. 또는 뒤에서 길게 열거하듯이, 자신의 작품에 관심을 기울인 친구들이나 아는 사람들 전체를 염두에 두었을 수도 있다.

분명히 보입니다. 넓은 해변이 보입니다.

대기를 흔들고 파도를 울리는 기쁨의   2
굉음이 몰려오는 것을 저는 느낍니다.
군중들의 커다란 함성과 뒤섞여 있는
종소리와 나팔 소리가 들려오고 있군요.
항구의 양쪽 기슭을 가득 채우고 있는
사람들이 누군지 이제 구별할 수 있어요.
모두들 제가 그 오랜 항해 끝에 마침내
도착한 것을 즐거워하는 것 같습니다.[4]

오, 그 얼마나 아름답고 현명한 여인들,   3
멋진 기사들이 해변을 장식하고 있는지!
오, 저의 귀환을 기쁘게 맞이해 준 빚을
제가 영원히 갚아야 할 제 친구들이여!
맘마,[5] 지네브라,[6] 코레조의 다른 여인들이

---

3) 폭풍이 몰아칠 때 뱃사람들은 으레 신에게 서원을 하였고, 따라서 무사히 뭍에 도착하면 그 서원을 지키거나 제물을 바치곤 하였다.
4) 이어서 아리오스토는 작품의 막바지에 이른 자신을 환영하는 인물들을 길게 열거하는데, 대부분 당시의 유명한 시인이나 인문학자였다.
5) Mamma. '엄마'라는 뜻으로, 니콜로 다 코레조(제42곡 92연 참조)의 딸이자 니콜라 퀴리코(Nicola Quirico)의 아내 베아트리체를 그렇게 불렀다.
6) Ginevra. 니콜로 란고니(Niccolò Rangoni)의 딸, 또는 조반니 벤티볼리오(Giovanni Bentivoglio)와 결혼한 알레산드로 스포르차(Alessandro Sforza)의 딸을 가리키는 것으로 짐작된다.

Canto 46:3

오, 저의 귀환을 기쁘게 맞이해 준 빛을
제가 영원히 갚아야 할 제 친구들이여!

방파제의 한쪽 끝에 있는 것이 보입니다.
아폴로와 무사 여신들이 너무 사랑하는
베로니카 감바라[7]도 그들과 함께 있군요.

같은 핏줄에서 나온 다른 지네브라[8]도   4
보이고, 줄리아[9]도 그녀와 함께 있군요.
이폴리타 스포르차,[10] 신성한 동굴에서
양육된 트리불치오 아가씨[11]도 보이며,
에밀리아 피아,[12] 그리고 마르게리타[13]가
안젤라 보르자,[14] 그라치오사[15]와 함께 있고,

---

7) Veronica Gambara(1485~1550). 지베르토 다 코레조(Giberto da Correggio)의 아내로, 시인이자 동시에 현명한 통치자였다.
8) 아마 스트로치 가문으로 시집간 베로니카 감바라의 딸로 짐작된다.
9) 코레조 출신의 줄리아(Giulia)로, 구체적으로 누구를 가리키는지 확인되지 않았다.
10) Ippolita Sforza. 카를로 스포르차(Carlo Sforza)의 딸로, 페라라의 알레산드로 벤티볼리오(Alessandro Bentivoglio)의 아내였다.
11) 조반니 트리불치오(Giovanni Trivulzio)의 딸 도미틸라(Domitilla)를 가리키는데, 그녀는 시인으로도 유명하였다. "신성한 동굴"은 무사 여신들의 거처, 또는 아폴로에게 바쳐진 델포이 신탁소를 가리키는 것으로 해석된다.
12) Emilia Pia. 카르피(Carpi)의 영주 피오(Pio) 가문의 에밀리아 피아는 안토니오 다 몬테펠트로(Antonio da Montefeltro)와 결혼하였다. 카스틸리오네(제37곡 8연 참조)는《궁정인》에서 그녀를 칭찬하였다.
13) 마르게리타 곤차가(Margherita Gonzaga)를 가리키는데, 그녀 역시《궁정인》에서 우르비노 궁정의 귀부인들 중 하나로 언급되었다.
14) Angela Borgia. 루크레치아 보르자(제13곡 69인 참조)의 사촌으로, 데스테 가문의 이폴리토 추기경과 이복형제 줄리오 사이에 경쟁의 원인이 되기도 했다.
15) 그라치오사 마지(Graziosa Maggi)는 카르피의 에네아 피오(Enea Pio di Carpi)의 아내였다.

데스테의 리차르다[16]가 비앙카와 디아나,[17]
그리고 다른 자매들과 함께 있습니다.

저기 아름다운 데다 현명하고 정숙한 5
바르바라 투르카[18]와 동료 라우라[19]가 있는데,
인디아에서 마우레타니아[20]의 파도 끝까지
태양은 그들보다 멋진 짝을 보지 못합니다.
저기 자신의 가치로 말라테스타 가문을
아름답게 장식한 지네브라[21]가 있는데,
어떤 왕이나 황제의 궁전도 그보다 더
명예롭고 가치 있게 존중받지 못했지요.

만약 갈리아를 정복한 오만한 카이사르가 6
강[22]을 건넘으로써 로마와 대적할지를

---

16) 여기서 말하는 데스테 가문의 리차르다(Ricciarda)가 누구인지 확인되지 않았다.
17) 비앙카(Bianca)와 디아나(Diana)는 에르콜레 1세의 동생 시지스몬도의 딸들이다. 디아나에 대해서는 제42곡 90연 참조.
18) Barbara Turca. 구체적으로 누구를 가리키는지 알 수 없으나 페라라의 투르키(Turchi) 가문의 한 여인으로 짐작된다.
19) 알폰소 공작의 애인이었다가 나중에 셋째 부인이 된 라우라 디안티(Laura Dianti).
20) Mauretania. 아프리카 북서부 끝을 가리키는 로마 시대의 지명으로 현재의 모로코와 알제리에 해당한다.
21) 에르콜레 2세의 누이로, 리미니의 영주 시지스몬도 말라테스타(Sigismondo Malatesta)의 아내가 된 지네브라 데스테, 또는 페라라의 오비치(Obizzi) 가문으로 시집간 말라테스타 가문의 한 여인으로 짐작된다.

망설이고 있던 바로 그 시절에 그녀가
리미니에 있었다면, 분명히 카이사르는
모든 깃발을 내리고 그 풍부하고 많은
전리품 짐을 내려놓고, 그녀의 요구대로
법과 합의를 받아들이고 아마 자유를
억압하지 않았을 것이라고 믿습니다.

내가 존경하는 보촐로 영주[23]의 아내와   7
어머니, 누이들과 사촌 여인들이 있고,
토렐리 여인들과 벤티볼리오 여인들,
비스콘티 여인들, 팔라비치노 여인들이
있으며,[24] 저기 옛날에 있었던 그리스와
로마, 야만족의 모든 여인과 오늘날의
모든 여인에게서 아름다움과 우아함의
최고 명성을 빼앗아 가는 여인이 있는데,

---

22) 리미니 북쪽에 있는 루비콘강을 가리킨다. 이 강은 고대 로마 본토의 경계선으로, 카이사르가 이 강을 건넘으로써 카이사르와 폼페이우스의 내전이 시작되었다.
23) 만토바 공작 페데리코 곤차가(제26곡 49연 참조)를 가리킨다. 그의 어머니는 이사벨라 데스테(Isabella d'Este)이고, 아내는 마르게리타 팔레올로가(Margherita Paleologa)였다. 보촐로(Bozzolo)는 만토바의 지역으로 올리오강(제37곡 12연 참조) 서쪽에 있다.
24) 토렐리(Torelli)는 이탈리아 북부 지방의 유력 가문이었고, 벤티볼리오는 볼로냐, 비스콘티는 밀라노, 팔라비치노(Pallavicino)는 파르마와 피아첸차 지역의 유력 가문이었다.

줄리아 곤차가,[25] 그녀가 발길을 돌리는 8
곳마다, 또 맑은 눈길을 돌리는 곳마다,
모두들 아름다움에 굴복할 뿐만 아니라
하늘에서 내려온 여신처럼 찬양합니다.
그녀의 시누이[26]가 함께 있는데, 그녀는
분노한 **행운**이 오랫동안 괴롭혔어도
자신의 믿음에서 움직이지 않았습니다.
저기 있는 바스토의 빛, 아라곤의 안나[27]는

아름답고 고귀하고 친절하고 현명하며, 9
정숙함과 믿음과 사랑의 성전과 같지요.
함께 있는 자매[28]는 최고의 아름다움으로
다른 모든 아름다움을 어둡게 만듭니다.
저기 운명의 여신들과 죽음에도 불구하고
불굴의 자기 남편을 스틱스강의 어두운
강변에서 이끌어 내 하늘에서 빛나도록
전례 없는 모범을 보인 여인[29]이 있군요.

---

25) Giulia Gonzaga(1513~1566). 루도비코 곤차가의 딸로 프로스페로 콜론나의 아들 베스파시아노(Vespasiano)의 아내가 되었다.
26) 교황 클레멘스 7세의 반대에도 불구하고 루이지 곤차가와 결혼한 이사벨라 콜론나(제37곡 9연 참조).
27) Anna d'Aragon. 페르디난도의 딸로, 바스토 후작 알폰소 다발로스(제15곡 28연 참조)와 결혼한 마리아(1503~1568)를 가리키는 것으로 해석된다.
28) 그녀의 언니 조반나(Giovanna, 1502~1575)는 아스카니오 콜론나(Ascanio Colonna, 1560~1608)와 결혼하였다.

페라라의 여인들이 저기 있고, 우르비노　　　　　　　　10
궁정의 여인들도 있으며, 저기 만토바의
여인들과 롬바르디아의 아름다운 여인들,
토스카나의 여인들도 알아볼 수 있군요.
그녀들 사이로 영광스럽게 오는 기사는,
만약 제 눈이 그 아름다운 얼굴들의 빛에
어두워져서 잘못 보는 것이 아니라면,
아레초의 큰 빛 우니코 아콜티[30]로군요.

그의 조카 베네데토[31]도 저기 보이는데,　　　　　　　11
자줏빛 모자에다 자줏빛 망토를 입고
추기경 회의의 빛이자 영광, 만토바의
추기경[32]과 캄페지[33]와 함께 있군요.
제가 잘못 보지 않는다면, 그들 모두의
얼굴과 태도는 제가 돌아오는 것을
무척 기뻐하는 것 같으니, 그 커다란
은혜를 갚을 수 있을지 모르겠습니다.

---

29) 페스카라의 후작 프란체스코의 아내 비토리아 콜론나(제37곡 18연 참조).
30) 아레초(Arezzo) 출신의 시인 베르나르도 아콜티(Bernardo Accolti, 1458~1535)로 천재적인 즉흥시 창작 능력에 있어 '유일한 인물'이라는 뜻의 별명 우니코(Unico)로 불리기도 했다.
31) 베르나르도의 조카 베네데토 아콜티(Benedetto Accolti)는 라벤나의 추기경이자 교황 클레멘스 7세의 비서였다.
32) 에르콜레 곤차가(Ercole Gonzaga, 1505~1563) 추기경을 가리킨다.
33) 볼로냐 출신의 로렌초 캄페지(Lorenzo Campeggi, 1474~1539) 추기경.

Canto 46:11
그들 모두의 얼굴과 태도는 제가 돌아오는 것을
무척 기뻐하는 것 같으니,

또한 라탄치오와 클라우디오 톨로메이,^34) 12
파울로 판사, 트리시노, 라티노 조베날레,
그리고 카필루피 형제들과 사시, 몰차,
플로리아노도 함께 있는 것처럼 보이고,^35)
줄리오 카밀로^36)는 더 짧고 평탄한 길로
우리를 아스크라^37)의 기슭으로 인도하려
하고, 또한 마르코 안토니오 플라미니오,
산가, 베르니^38)도 보이는 것 같습니다.

저기 저의 주인 알레산드로 파르네세,^39) 13
현명한 자들의 무리와 함께 계시는군요!

---

34) 라탄치오 톨로메이(Lattanzio Tolomei, 1487~1543)와 클라우디오 톨로메이(Claudio Tolomei, 1492~1556)는 시에나 출신의 친척으로 둘 다 문인이었다.

35) 파울로 판사(Paulo Pansa, 1485~1558)는 제노바 출신의 문인이었고, 잔 조르조 트리시노(Gian Giorgio Trissino, 1478~1550)는 비첸차 출신의 인문학자였고, 라티노 조베날레(Latino Giovenale)는 파르마의 문인이었으며, 만토바 출신 카필루피(Capilupi) 형제들도 문인이었다. 판필로 사시(Panfilo Sassi)와 프란체스코 마리아 몰차(제37곡 12연 참조)는 모데나의 문인이었고, 플로리아노 데이 플로리아니(Floriano dei Floriani)는 파도바 출신 문인이었다.

36) 줄리오 카밀로 델미니오(Giulio Camillo Delminio, 1480~1544)는 인문학자이며 철학자였다.

37) Ascra. 그리스 보이오티아 지방의 지명으로 헤시오도스(Hesiodos)의 고향이며, 무사 여신들에게 신성한 헬리콘산의 발치에 자리하고 있다.

38) 마르코 안토니오 플라미니오(Marco Antonio Flaminio, 1498~1550)는 인문학자였고, 잠바티스타 산가(Giambattista Sanga)는 로마 출신 라틴어 시인이었고, 프란체스코 베르니(Francesco Berni, 1497/1498~1535)는 문인이자 시인이었다.

39) Alessandro Farnese(1468~1549). 추기경이며, 나중에 교황 파울루스 3세(Paulus III, 재위 1534~1549)로 선출되었다.

페드로, 카펠라, 포르치오, 볼로냐 출신의
필리포, 볼테라 사람 마페이, 마달레니,
팔라이, 볼차니, 크레모나 출신으로
마르지 않는 풍부한 상상력의 비다,
라스카리스, 무수로, 나바제로, 그리고
안드레아 마로네, 세베로 수사도 있군요.[40]

저 무리에는 오롤로지와 구아리노의   14
다른 두 알레산드로[41]도 함께 있군요.
저기 마리오 돌비토,[42] 군주들의 채찍인

---

40) 페드로(Fedro)는 세네카의 비극 《파이드라(Phaedra)》의 공연에서 파이드라(이탈리아어 이름은 페드라이며 페드로는 남성형) 역을 맡은 볼테라(Volterra)의 귀족 톰마소 인기라미(Tommaso Inghirami, 1470~1516)를 가리킨다. 베르나르디노 카펠라(Bernardino Capella)는 로마 출신 라틴어 시인이었으며, 카밀로 포르치오(Camillo Porzio, 1526~1580)는 로마의 시인이었고, 볼로냐 출신의 필리포 베로알도(Filippo Beroaldo, 1453~1505)는 바티칸의 지사를 역임하였고, 볼테라 출신의 마리오 마페이(Mario Maffei)는 라틴어 시인이었고, 파올로 마달레니(Paolo Maddaleni)도 시인이었으며, 비아조 팔라이(Biagio Pallai)는 클레멘스 7세와 파울루스 3세의 비서였다. 잠피에로 발레리아노 볼차니(Giampiero Valeriano Bolzani)는 시인이었고, 크레모나(Cremona) 출신의 마르코 지롤라모 비다(Marco Girolamo Vida, 1485?~1566) 역시 시인이었으며, 콘스탄티노폴리스 출신의 조반니 라스카리스(Giovanni Lascaris)는 로마에서 가르치다가 프랑스의 프랑수아 1세 궁정으로 갔고, 크레타섬 출신의 마르코 무수로(Marco Musurro)는 인문주의자로 나중에 추기경이 되었고, 베네치아 출신의 안드레아 나바제로(Andrea Navagero)는 시인이자 역사학자였고, 안드레아 마로네(Andrea Marone)는 시인으로 이폴리토 추기경에게 봉사하였고, 볼테라 출신의 세베로(Severo) 수사는 시인이었다.
41) 파도바 출신의 알레산드로 델리 오롤로지(Alessandro degli Orologi)와 페라라 출신의 알레산드로 구아리노(Alessandro Guarino)를 가리킨다.

신과 같은 피에트로 아레티노[43]가 있군요.
두 명의 지롤라모가 보이는데, 하나는
베리타, 다른 하나는 치타디니[44]로군요.
또 마이나르디, 레오니체노, 파니차토,
첼리오, 탈리아카르네[45]도 보이는군요.

저기 베르나르도 카펠로[46]가 보이고, 우리의　　　　　　　　15
감미로운 언어가 어두운 세속적 용법에서
벗어나 어떻게 되어야 하는지 자신의 예로
보여 준 피에트로 벰보가 저기 보이는군요.
훌륭한 그의 글을 찬양하고 그대로 따르는

---

42) 만토바 궁정의 비서 마리오 에퀴콜라(Mario Equicola, 1470?~1525)를 가리키는데, 그는 캄파니아(Campania) 지방의 알비토(Alvito) 출신이기 때문에 돌비토(d'Olvito)라 불렸다.
43) Pietro Aretino(1492~1556). 아레초 출신의 작가는 음탕한 내용의 시들로 유명하였는데, 자기 스스로 "신과 같다(divino)"고 하였다. 또한 그는 신랄하고 자극적인 풍자로 당시의 많은 군주를 두렵게 하였다.
44) 지롤라모 베리타(Girolamo Verità)는 베로나 출신의 이탈리아어 시인이고, 지롤라모 치타디니(Girolamo Cittadini)는 롬바르디아 출신의 라틴어 시인이었다.
45) 조반니 마이나르디(Giovanni Mainardi, 1462~1536)는 페라라의 의사였고, 비첸차 출신의 니콜로 레오니체노(Niccolò Leoniceno, 1428~1524) 역시 의사였으며, 니콜로 마리오 파니차토(Niccolò Mario Panizzato)는 문인이자 시인이었고, 첼리오 칼카니니(제42곡 90연 참조)도 시인이었으며, 베네데토 탈리아카르네(Benedetto Tagliacarne, 1480~1536)는 프랑스 왕 프랑수아 1세의 자녀들을 가르쳤다.
46) 베르나르도 카펠로(Bernardo Cappello, 1498~1565)는 베네치아의 시인으로 뒤이어 언급되는 피에트로 벰보(제37곡 8연 참조)의 친구였다. 피에트로 벰보는 속어 연구로 이탈리아어의 발전에 결정적 기여를 하였다.

가스파레 오비치[47]가 그 뒤를 따라오는군요.
프라카스토로, 베바차노, 트리폰 가브리엘레,
더 멀리 떨어진 곳에 타소[48]가 보이는군요.

니콜로 티에폴리가 보이는데, 그와 함께   16
니콜로 아마니오가 저를 응시하고 있으며,
안토니오 프레고소[49]가 바닷가에서 저를
발견하고 즐거움과 놀라움을 보이는군요.
발레리오는 저쪽에 여자들에게서 떨어져
있는데, 바리냐노[50]와 함께 여자들
때문에 괴로울 때 어떻게 여자들에게
불붙지 않을 것인지 충고하는 것 같군요.

애정과 피로 연결되어 있으며, 고귀하고   17

---

47) 가스파레 오비치(Gaspare Obizzi)는 파도바 출신으로 피에트로 뱀보의 추종자였다.
48) 지롤라모 프라카스토로(Girolamo Fracastoro, 1478~1553)는 문인이자 의사였고, 아고스티노 베바차노(Agostino Bevazano)는 시인이었으며, 트리포네 가브리엘레(Trifone Gabriele, 1470~1549)는 베네치아의 박식한 문인이었으며, 타소는 위대한 시인 토르콰토 타소(Torquato Tasso, 1544~1595)의 아버지 베르나르도 타소(Bernardo Tasso)를 가리킨다.
49) 니콜로 티에폴리(Niccolò Tiepoli, ?~1551)는 베네치아 귀족 출신 시인이었으며, 니콜로 아마니오(Niccolò Amanio)는 크레모나 출신 시인이었고, 안토니오 프레고소(Antonio Fregoso)는 제노바 출신 시인이자 철학자였다.
50) 잔프란체스코 발레리오(제27곡 137연 참조)와 페사로의 시인 피에트로 바리냐노(Pietro Barignano)가 여자들 때문에 괴로운 나머지 여자들에게 빠지지 않을 방도를 논의했다는 것이다.

초인적인 재능의 피코와 피오[51]가 있군요.
그들과 함께 오고, 가치 있는 자들이 무척
존경하는 분을 저는 직접 만나지 못했지만,
만약에 진정한 모습을 묘사해야 한다면,
진정 무척이나 만나고 싶었던 사람이니,
무사 여신들에게 산을 떠나 모래밭에서
살도록 하였던 야코포 산나차로[52]입니다.

저기 현명하고, 충실하고, 근면한 서기   18
피스토필로가 아차이우올리 사람들과
앙기아리 사람과 함께 저 때문에 이제
바다를 두려워하지 않고 좋아하는군요.[53]
저기 저의 친척 안니발레 말라구치가
아도라도와 함께 있는데, 제게 희망을
주는 그는 지브롤터에서 인디아까지
제 고향의 명성을 떨치고 있습니다.[54]

---

51) 탁월한 철학자 조반니 피코 델라 미란돌라(Giovanni Pico della Mirandola, 1463~1494)의 조카 잔프란체스코(Gianfrancesco)와 그의 사촌 알베르토 피오(Alberto Pio)를 가리킨다.
52) 야코포 산나차로(Jacopo Sannazzaro, 1457?~1530)는 탁월한 시인으로, 자기 작품에서 무사 여신들이 바닷가에서 세이렌들을 노래하게 만들었다.
53) 보나벤투라 피스토필로(Bonaventura Pistofilo)는 알폰소 공작의 서기였고, 피렌체 출신의 아차이우올리(Acciaiuoli) 가문 사람들은 데스테 궁정의 궁정인들이었으며, 앙기아리(Anghiari) 출신의 피에트로 마르티레(Pietro Martire, 1457~1526)는 시인이었다.

비토레 파우스토, 탄크레디[55]는 나를 보고 19
인사를 하고 다른 많은 사람도 인사합니다.
제가 돌아오는 것을 남자들과 여자들이
모두 즐겁게 환영하는 것처럼 보입니다.
그러니까 남아 있는 짧은 길을 지금
순풍이 불 때 지체 없이 끝내야 하니,
멜리사가 훌륭한 루지에로의 생명을
어떤 도움으로 구했는지 돌아가 봅시다.

제가 나리께 여러 번 말씀드린 것처럼, 20
그 멜리사는 브라다만테와 루지에로를
결혼이라는 강한 매듭으로 묶어 주려는
커다란 욕망을 갖고 있었고, 따라서
두 사람의 좋은 일과 나쁜 일에 대해
언제나 소식을 듣고 싶어 했습니다.
그래서 언제나 정령들을 보냈으니,
하나가 가면 다른 하나가 왔습니다.

루지에로는 강렬하고 쓰라린 괴로움에 21
사로잡혀 어두운 숲속에 누워 있었는데,

---

54) 레조넬레밀리아 출신의 안니발레 말라구치(Annibale Malaguzzi)는 아리오스토의 친척이고, 아도아르도(Adoardo)는 같은 고향 출신의 시인이다.
55) 그리스인 비토레 파우스토(Vittore Fausto, 1490~1546)는 베네치아에서 학자로 활동하였고, 안졸로 탄크레디(Angiolo Tancredi)는 파도바대학교의 교수였다.

어떤 음식이라도 절대 맛보지 않으려고
아주 단호하게 작정을 하고 있었으니,
굶어 죽으려고 결심하였던 것입니다.
하지만 멜리사가 바로 도와주었으니,
그녀는 자기 숙소에서 나와서 레오를
만나 볼 수 있는 곳으로 떠났습니다.

레오는 그 유니콘 문장의 기사를 22
찾기 위해 많은 사람들을 차례차례
주위의 모든 곳으로 보냈고, 나중에는
자신이 직접 찾아보려고 나섰습니다.
현명한 멜리사는 그날 정령 하나를
골라서 그에게 고삐와 안장을 얹고
말의 모습으로 변하게 만들었으며,
콘스탄티노스의 아들을 찾아냈지요.

그녀는 말했습니다. "나리, 얼굴이 23
밖으로 보이듯이 영혼도 고귀하다면,
만약 당신의 멋진 모습에 어울리게
당신의 마음도 친절하고 선량하다면,
우리 시대 최고로 훌륭한 기사에게
도움이나 위안을 주시기 바랍니다.
만약 곧바로 도움을 받지 못하면
그는 머지않아 죽게 될 것입니다.

그는 옆구리에 칼을 차고, 팔에다 24
방패를 든 기사들 중에서 최고이며,
이 세상에 살아 있거나 죽은 사람들
중에서 가장 멋지고 고귀한 사람으로,
자신이 실천한 숭고한 기사도 때문에
도움이 없으면 곧 죽게 될 것입니다.
그러니 나리, 그를 구원하는 데 어떤
도움이 될 수 있도록 어서 가십시오."

곧바로 레오의 머릿속에서는 그녀가 25
이야기하는 기사가 바로 주변의 모든
지역에서 찾고 있으며, 자신이 직접
찾는 기사라는 생각이 떠올랐습니다.
그래서 그 자비로운 일을 설득하는
그녀를 뒤따라 황급히 말을 몰았고,
그녀는 얼마 가지 않아 루지에로가
죽을 지경에 있는 곳으로 안내했어요.

루지에로는 사흘 동안이나 아무것도 26
먹지 않고 있었으니, 지치고 힘이 없어
두 다리로 일어서기도 매우 힘들었고,
잘 부축하지 않으면 다시 쓰러졌어요.
그는 머리에 투구를 쓰고 칼을 차고
갑옷을 입은 채로 땅바닥에 누워서

새하얀 유니콘 문장이 새겨져 있는
방패를 베개처럼 베고 있었습니다.

그리고 자신이 자기 여인에게 어떤 27
잘못을 저질렀는지, 그녀에게 얼마나
배은망덕했는지 생각하자 화가 났고,
또 너무나도 괴로운 나머지 자신의
손을 깨물었고 입술을 깨물었으며,
끝없는 눈물로 얼굴을 적셨습니다.
그렇게 괴로운 생각에 사로잡혀서
레오와 멜리사가 오는 것도 몰랐고,

그래서 탄식을 멈추지도 않았으며, 28
한숨도 눈물도 멈추지 않았습니다.
레오는 멈춰 서서 주의 깊게 들었고,
말에서 내려 가까이 다가갔습니다.
사랑이 그런 괴로움의 원인이라는
것은 알았지만, 그렇게 큰 괴로움을
겪게 만든 사람을 알 수 없었으니,
루지에로가 아직 말하지 않았지요.

레오는 더 앞으로 발걸음을 옮겼고, 29
거의 두 얼굴이 맞닿을 정도가 되자
형제 같은 애정으로 인사를 하였고,

Canto 46:27

그렇게 괴로운 생각에 사로잡혀서
레오와 멜리사가 오는 것도 몰랐고,

옆에서 몸을 숙여 목을 껴안았어요.
레오가 갑자기 온 것을 루지에로가
좋아했는지 저는 잘 모르겠습니다.
자신의 의지와는 반대로 죽지 못하게
방해하고 귀찮게 할까 걱정했으니까요.

레오는 할 수 있는 한 가장 부드럽고 30
따뜻한 말에다, 자기가 보여 줄 수 있는
커다란 애정으로 말했습니다. "그대가
괴로워하는 이유를 말해 주기 바라오.
이유를 안다면, 사람이 벗어날 수 없을
정도로 심한 불행은 이 세상에 그다지
많지 않기 때문이고, 또 살아 있는 한
절대로 희망이 없지 않기 때문이라오.

알다시피 나는 그대의 진정한 친구인데 31
나에게 감추고 싶었다니 무척 괴롭다오.
내가 그대와 떨어질 수 없을 정도로
가깝게 연결이 된 이후뿐만 아니라,
내가 그대의 가장 커다란 적이 될
이유가 있었던 그 당시[56]부터 말이오.

---

56) 루지에로가 레오와 콘스탄티노스 황제의 군대를 무찌르고 승리했을 때를 가리킨다.

내가 재산으로, 친구들로, 생명으로
도움을 줄 테니 희망을 가져야 해요.

더 망설이지 말고 그대의 괴로움을   32
내게 말해요. 그대가 벗어날 수 있게
내 무력이나 유혹, 커다란 재산, 계략,
속임수가 도움이 될지 시도해 봅시다.
그리고 내 시도가 성공하지 못한다면,
그때 죽음으로 해결을 하도록 해요.
하지만 그런 행위에 도달하기 전에
할 수 있는 일을 시도해 보도록 해요."

그리고 계속하여 너무나 인간적이고   33
너그러운 말로 효과적으로 간청했으니,
루지에로는 굽히지 않을 수 없었어요.
그의 심장이 쇠나 돌로 된 것도 아니고,
만약 그에게 대답하는 것을 거부하면
무례하고 악의적인 행동이 될 테니까요.
그래서 그는 대답했지만, 말이 입 밖으로
나오기 전에 두세 번 혀끝에서 멈췄어요.

마침내 그는 말했습니다. "나리, 이제   34
말하겠지만, 내가 누구인지 알게 되면,
당신은 아마 차라리 내가 죽는 것을

1114

싫어하지 않을 것이라고 생각합니다.
나는 당신이 증오하는 사람이랍니다.
나는 당신을 증오했던 루지에로이고,
당신을 죽이려는 의도를 가지고 벌써
오래전에 이곳의 궁정에서 떠났지요.

당신 때문에 브라다만테를 빼앗기지 35
않으려고 말입니다. 아모네 공작에게서
당신을 더 선호한다는 말을 들었지요.
하지만 인간은 계획하고 하느님께서
결정하는 법이니, 당신의 그 수많은
친절함이 내 생각을 바꾸게 하였으니,
나는 증오심을 버렸을 뿐만 아니라,
당신의 뜻대로 하려고 결심하였지요.

내가 루지에로라는 사실을 모르고 36
당신은 브라다만테를 얻게 해 달라고
부탁했는데, 차라리 내 몸에서 심장을
꺼내고 영혼을 원하는 것이 더 나았어요.
내 욕망보다 당신의 욕망을 충족시키고
싶었다는 것은 내가 이미 보여 주었지요.
브라다만테는 당신 것이니 가지세요.
내 행복보다 당신의 행복을 원합니다.

그리고 나는 그녀 없이 사는 것보다 37
차라리 죽는 것이 더 나을 것입니다.
브라다만테 없이 살아 있는 것보다
차라리 영혼이 없는 것이 더 나아요.
그리고 내가 살아 있는 한, 당신은
정당하게 그녀를 가질 수 없습니다.
우리는 이미 결혼을 약속했기 때문에
한꺼번에 두 남편을 가질 수 없어요."

레오는 그가 바로 루지에로라는 것을 38
알았을 때 너무나도 놀라움에 넘쳐서
입을 움직이거나, 눈을 깜박이거나, 발도
떼지 못하고 동상처럼 꼼짝하지 않았어요.
사람이 아니라, 서원을 하기 위해 성당에
세워 놓은 동상과 완전히 똑같았습니다.
그것은 과거에도 없었고 앞으로도 절대
없을 정도로 커다란 기사도로 보였어요.

그가 루지에로라는 것을 알고도 예전의 39
애정이 줄어들지 않았을 뿐만 아니라
더 커졌고, 루지에로의 괴로움에 대해
루지에로보다 더 괴로움을 느꼈어요.
거기에다 자신이 합당하게 황제의
아들이라는 것을 증명하기 위하여,

기사도 정신에 있어 루지에로보다
뒤지지 않고 더 능가하고 싶었지요.

그래서 말했어요. "루지에로, 그대의   40
엄청난 무훈에 우리 진영이 패한 날,
지금처럼 그대가 루지에로라는 사실을
알았다면 아마 그대를 증오했을지라도,
그것을 모르고 그 당시 그랬던 것처럼
그대의 무훈은 나를 사로잡았을 것이오.
그리고 내 가슴에서 증오심을 밀어내고
지금처럼 이런 사랑이 생겼을 것이오.

그대가 루지에로라는 것을 알기 전에는   41
루지에로라는 이름을 증오했다는 것을
부정하지 않겠소. 하지만 내 증오심이
지금 더 커질 것이라고 생각하지 마오.
만약 내가 감옥에서 그대를 구했을 때
지금처럼 진실을 알게 되었다고 해도,
지금 그대를 위해서 내가 하려는 것을
당시에도 역시 똑같이 하였을 것이오.

당시 지금처럼 그대와 연결되지 않았을   42
때에도 기꺼이 그런 일을 했을 거라면,
지금은 더욱 그래야 하니, 그렇지 않으면

나는 누구보다 배은망덕한 사람일 것이오.
그대는 원하는 것을 버리고, 그대의 모든
행복을 버리고 나에게 주었기 때문이오.
그렇지만 내가 그런 선물을 받았으니
그대에게 돌려 주면 더욱 행복할 것이오.

그녀는 나보다 그대에게 더 어울리니, 43
나는 그녀의 장점 때문에 사랑하지만,
다른 사람이 차지한다고 해서 그대처럼
생명의 끈을 자를 생각을 하지는 않소.
그대의 죽음으로 인해 그녀가 그대와의
결혼 약속에서 풀려나고, 그래서 내가
그녀를 합당하게 아내로 맞이할 수 있게
되는 것을 나는 절대 원하지 않는다오.

나 때문에 그대 같은 기사가 고통을 44
당하게 되었다는 말을 듣는 것보다,
차라리 그녀뿐만 아니라 나의 모든
소유물과 생명을 잃는 것이 낫겠소.
그대의 불신이 나는 정말 괴로워요.
그대는 그대 자신에 못지않게 나를
활용할 수 있었는데도, 내 도움보다
괴로움에 죽기를 원했으니 말이오."

이런 말과 다른 말을 많이 했는데, 45
모두 말하려면 오래 걸릴 것입니다.
루지에로의 의지에 반대하여 그는
할 수 있는 모든 논박을 계속하였고,
결국 루지에로는 말했어요. "좋아요,
내가 졌어요. 나는 죽지 않을 거예요.
하지만 내 생명을 두 번이나 구했는데,
내가 언제 은혜를 갚을 수 있을까요?"

멜리사는 감미로운 음식과 진귀한 46
포도주를 그곳으로 가져오게 하였고,
만약에 도움을 받지 못하면 곧바로
쓰러질 루지에로에게 주게 했어요.
그러는 동안 프론티노는 다른 말들의
소리를 듣고 순식간에 달려왔으며,
레오는 시종들에게 말을 잡아 안장을
얹어서 루지에로에게 주게 했습니다.

루지에로는 레오의 도움을 받고도 47
아주 힘들게 말 위로 올라탔습니다.
얼마 전에만 해도 한 부대를 완전히
패배시켰으며, 또한 거짓 갑옷[57])으로

---

57) 레오로 위장하기 위해 입었던 황금빛 독수리 문장의 갑옷을 가리킨다.

결투를 했을 정도로 강력하였는데,
이제 그렇게 힘이 없었던 것입니다.
그리고 그들은 출발했고, 반 마일도
가지 않아 어느 수도원에 이르렀어요.

거기에서 그날 나머지 시간을 쉬었고, 48
그다음 날, 또 그다음 날까지 완전히
쉬었으며, 그리하여 유니콘의 기사는
이전의 기력을 완전히 회복했습니다.
그런 다음에 루지에로는 레오와 함께,
또 멜리사와 함께 파리로 돌아갔는데,
바로 전날 저녁에 불가리아 사람들의
사절단이 도착했다는 것을 알았어요.

불가리아 백성은 루지에로를 왕으로 49
선출하였고, 그래서 그를 부르기 위해
사절단을 보냈는데, 그가 카롤루스와
함께 프랑스에 있다고 믿고 있었지요.
그에게 충성을 맹세하고 지배권을 주고
또 왕관을 씌워 주기 위해 온 것입니다.
루지에로의 시종이 바로 그들과 함께
있었는데, 그에 대한 소식을 전했어요.

루지에로는 베오그라드에서 불가리아 50

사람들을 위해 전투를 벌였고, 거기에서
레오와 아버지 황제의 군대가 패배하여
많은 병사들이 죽었고, 그렇기 때문에
불가리아 사람들이 자기 민족 사람이
아닌 그를 왕으로 삼았다고 전했으며,
노비그라드에서 운자르도가 루지에로를
잡아 테오도라에게 넘겼다고 말했어요.

그리고 감옥의 간수가 살해당하였고, 51
감옥은 열려 있었고, 그가 달아났다는
확실한 소식을 들었지만, 그가 어디로
갔는지 전혀 모르고 있다고 말했어요.
루지에로는 완전히 비밀리에 파리로
들어갔고 아무도 얼굴을 보지 못했어요.
다음 날 아침 그는 동료 레오와 함께
카롤루스 마그누스 황제에게 갔습니다.

자기들끼리 약속한 대로 루지에로는 52
진홍빛 바탕에 머리가 두 개 달린
황금빛 독수리 문장을 걸쳤는데,
며칠 전 결투할 때 입었던 그대로
구멍이 뚫리고 잘리고 깨진 갑옷과
겉옷을 입고 나타났으며, 따라서
브라다만테와 결투했던 기사라는

사실을 곧바로 알 수 있었습니다.

그리고 그와 함께 나타난 레오는 53
갑옷 없이 화려한 황실 복장을 입고,
앞과 뒤, 주위에 화려하고 명예로운
여러 수행원들을 거느리고 있었지요.
맞이하기 위해 일어선 카롤루스에게
그는 몸을 숙여 인사하였으며, 모든
사람의 시선을 받고 있는 루지에로의
손을 여전히 붙잡고 이렇게 말했어요.

"날이 샐 때부터 날이 저물 때까지 54
방어했고, 브라다만테에게 붙잡히거나
죽거나, 또는 울타리 밖으로 쫓겨나지
않았던 기사가 바로 이 사람입니다.
너그러우신 폐하, 폐하의 포고문을
잘 이해하였다면, 이 사람이 이겼고,
그녀를 아내로 얻은 것이 분명하며,
따라서 그녀를 달라고 여기 왔습니다.

포고령의 규정에 따른 권리 외에도 55
이 사람을 능가할 사람은 없습니다.
무훈에서 그녀를 얻을 자격이 있다면,
어느 기사가 이보다 어울리겠습니까?

또 그녀를 가장 사랑하는 자가 얻어야
한다면 그를 능가할 자가 없습니다.
그러므로 반대하는 자에게 무기로
권리를 지키려고 여기에 왔습니다."

그 말을 듣고 카롤루스와 수행원들 56
모두가 깜짝 놀랐으니, 미지의 기사가
아니라, 레오가 결투에서 이겼다고
모두가 믿고 있었기 때문입니다.
다른 사람들과 함께 그 말을 들은
마르피사는 레오가 자기 말을 모두
끝낼 때까지 가까스로 참고 있다가
마침내 앞으로 나서서 말했습니다.

"루지에로가 여기 없어서 저자와 57
아내를 얻기 위해 경쟁할 수 없으니,
제대로 방어도 하지 못하고, 아무런
다툼도 없이 아내를 얻지 못하도록,
공훈에 있어 루지에로를 능가하거나,
브라다만테를 아내로 얻을 권리가
있다고 주장하는 자에게 대항하여
내가 그의 누이로서 결투를 하겠소."

그녀는 그런 말을 너무나 격노하면서 58

너무 강하게 말했기에, 많은 사람들이
혹시 카롤루스가 허락을 내리기 전에
그녀가 결투를 시작할까 걱정했어요.
이제 더 이상 루지에로를 숨길 필요가
없었기에 레오는 그의 투구를 벗기고
마르피사에게 말했어요. "여기 자신에
대해 멋진 해결을 할 사람이 있어요."

마치 늙은 아이게우스가 그 파렴치한   59
만찬 자리에서 사악한 아내의 부추김에
의해 독약을 갖다주었던 사람이 바로
자기 아들이라는 것을 깨달았는데, 만약
조금이라도 더 늦게 칼을 알아보았다면
그의 아들이 죽었을지도 몰랐을 것처럼,[58]
마르피사가 그랬으니, 그렇게 증오하던
기사가 루지에로라는 것을 깨달았지요.

그녀는 지체 없이 달려가서 그의 목을   60
껴안았고, 거기에서 떨어질 줄 몰랐어요.

---

58) 아이게우스는 아테네의 왕으로 테세우스의 아버지였다. 그는 사악한 마녀 메데아와 결혼했는데, 메데아는 나중에 성장한 테세우스가 돌아왔을 때 그의 신분을 알아채고 죽이기 위해 독약이 든 잔을 그에게 건네주게 하였다. 하지만 아이게우스는 테세우스가 찬 칼의 자루에서 자기 왕가의 문장을 알아보고 잔을 빼앗았다. 《변신 이야기》 제7권 402행 이하 참조.

리날도, 오를란도, 그보다 먼저 카롤루스가
여기저기에서 큰 사랑으로 입을 맞추었고,
두도네와 올리비에로도 그를 껴안았으며,
소브리노 왕도 반갑게 그를 맞이했어요.
그곳에 있던 기사들과 귀족들은 모두
기꺼이 루지에로에게 인사를 했습니다.

그리고 그 많은 포옹이 끝나고 나서 61
유창하게 말을 잘할 줄 아는 레오는
카롤루스에게 이야기하기 시작했고,
그곳에 있던 모든 사람들이 들었는데,
베오그라드에서 그가 본 루지에로의
용맹스러움과 대담함이, 자기 부대의
큰 피해에도 불구하고, 모욕감보다
자신을 사로잡았다고 이야기했어요.

그리하여 나중에 루지에로가 붙잡혀 62
찢어 죽이려는 여인[59]에게 끌려갔을 때
자기가 모든 인척 관계에도 불구하고
그를 감옥에서 구해 주었다고 했으며,
훌륭한 루지에로는 레오가 자신을
구해 준 것에 감사를 하기 위하여

---

59) 테오도라.

과거에도 없었고 또 미래에도 없을
고귀한 기사도를 보였다고 했어요.

그리고 계속하여 루지에로가 자신을　　　　　　　　63
위해 한 일들을 자세히 이야기하였고,
결국 브라다만테를 버린 것에 대한
너무나 커다란 괴로움에 사로잡혀서
그는 죽으려고 작정했고, 도움을 받지
못했다면 죽었을 것이라고 말했지요.
진정한 애정으로 모든 것을 말했기에
모든 사람의 눈이 젖을 정도였습니다.

그리고 그 완고한 아모네 공작에게　　　　　　　　64
말을 돌려 아주 효과적으로 부탁했고,
공작은 그의 말에 감동되어서 단지
자기 견해를 바꾸었을 뿐만 아니라,
자신이 직접 루지에로에게 다가가서
자기를 용서하고, 또한 아버지이자
장인으로 받아들여 달라고 부탁했고,
그에게 브라다만테를 약속했습니다.

브라다만테는 자기 방에서 운명을　　　　　　　　65
슬퍼하며 삶을 고민하고 있었는데,
여러 명의 심부름꾼이 즐거운 소식을

즐거운 비명과 함께 서둘러 전했어요.
괴로움에 사로잡혔을 때에는 연민에
이끌려서 심장으로 몰려갔던 피들이
그 소식에 모두 심장에서 빠져나갔고,
즐거움에 그녀는 거의 죽을 뻔했어요.

그녀는 당연히 커다란 힘과 커다란　　　　　　　　　　66
용기를 얻었어야 하는데도 불구하고,
모든 기력이 텅 비어 있었기 때문에
두 다리로 서 있을 힘조차 없었어요.
참수형이나 교수형, 수레바퀴, 또는
다른 사형을 선고받고, 눈에는 검은
안대가 씌워졌던 사람도 사면 소식에
그녀보다 즐거워하지 않았을 거예요.

새로운 매듭으로 묶어진 몬그라나와　　　　　　　　67
키아라몬테 두 가문이 즐거워하였고,[60]
반대로 가노는 안셀모 백작, 팔코네,
지니, 지나미[61]와 함께 괴로워했어요.

---

[60] 루지에로는 몬그라나 가문 출신이고(제36곡 75연 참조), 브라다만테는 키아라몬테 가문 출신이다(제2곡 5연 참조).

[61] 모두 키아라몬테와 적대적인 마간차 가문(제2곡 58연 참조)의 사람들로, 가노와 안셀모 백작은 앞에서 이미 언급되었지만, 팔코네(Falcone)와 지니(Gini), 지나미(Ginami)는 여기에서 처음 언급된다.

하지만 침통하고 질투 어린 생각을
다른 표정 아래에 감춘 채, 그들은
길목에서 토끼를 기다리는 여우처럼
복수의 기회를 기다리고 있었습니다.

황제가 현명한 충고로 그 두 가문의   68
상호 잘못과 모욕을 잠재우긴 했어도,
리날도와 오를란도가 이미 여러 번
사악한 그들을 죽였을 뿐만 아니라,
피나벨로와 베르톨라지의 죽음으로[62]
또다시 그들의 웃음은 사라졌지만,
확실한 것을 모르고 있는 척하면서[63]
복수의 욕망을 감추고 있었습니다.

제가 앞서 말씀드렸듯이, 불가리아   69
사절단은 자신들의 왕으로 선출한
유니콘의 기사를 찾으려는 희망에
카롤루스의 궁정에 와 있었는데,
거기에서 그를 발견하고 자신들의
희망을 들어준 운명에게 감사하며

---

62) 피나벨로는 브라다만테에게 죽임을 당했고(제22곡 96연 이하 참조), 베르톨라지는 리차르데토에게 죽임을 당했다(제26곡 13연 참조).
63) 자기 가문 사람들이 누구의 손에 죽었는지 확실하게 모르는 척을 하면서.

그의 발 앞에 엎드렸고, 불가리아로
돌아가 달라고 정중하게 부탁했어요.

그를 위하여 하드리아노폴리스[64]에는 70
왕관과 왕홀이 준비되어 있다고 했고,
콘스탄티노스 황제가 더 많은 군대를
준비하여 또다시 직접 쳐들어와서
자신들에게 큰 피해를 주려고 하니,
돌아와 나라를 지켜 달라고 했습니다.
만약에 왕이 된다면, 그리스제국을
물리쳐 줄 것이라고 희망하였지요.

루지에로는 그들의 부탁을 거절하지 71
않고 왕위를 수락했고, 불가리아에는
만약 **운명**이 방해를 하지 않는다면
석 달 후에 돌아가겠다고 약속했어요.
그 말을 듣고 레오는 루지에로에게,
이제 그가 불가리아를 지배할 것이니
콘스탄티노스와 그들 사이에 평화가
찾아왔다고. 믿어도 좋다고 했습니다.

---

(64) Hadrianopolis. 튀르키예 북서쪽의 지명으로 현재의 에디르네(Edirne)이다. 로마 황제 하드리아누스에 의해 건설되었으며, 그리스와 불가리아의 국경선에서 가까운 곳에 있다.

그리고 자신들이 정복한 모든 땅을　　　　　　　　　　72
포기하도록 아버지를 설득할 것이니,
군대를 지휘하기 위해 너무 서둘러
프랑스를 떠날 필요가 없다고 했어요.
이제는 루지에로를 왕이라고 부르는
말을 듣게 되었으니, 브라다만테의
야심 많은 어머니도 감동되어 사위를
사랑하지 않을 수 없게 되었습니다.

준비하는 사람에게 어울리게 화려하고　　　　　　　73
호화로운 결혼식을 거행하게 되었으니,
카롤루스가 마치 자기 딸을 결혼시키듯
직접 결혼식을 준비하였던 것입니다.
가문 전체의 공훈은 말할 것도 없고
브라다만테의 공훈이 아주 많았기에
황제가 자기 왕국의 절반을 지출해도
절대 지나쳐 보이지 않았을 것입니다.

모든 사람이 안전하게 올 수 있도록　　　　　　　　74
온 사방에 궁전의 개방을 선언하였고,
해결해야 할 다툼이 있는 자들에게는
아흐레 동안 결투장이 개방되었어요.
야외에는 아름다운 꽃들과 가지들로
화려하게 장식된 무대가 설치되었고,

황금과 비단으로 치장되어서 세상에
그보다 더 아름다운 곳이 없었습니다.

파리 시내는 수없이 많이 방문하는 75
사람들을 모두 수용할 수 없었으니,
그리스인들과 야만인들, 라틴인들,
부자들, 가난한 자들, 모두가 왔어요.
세상 모든 곳에서 보낸 사절단들과
많은 귀족들이 끝없이 이어졌는데,
천막들과 장막들, 울타리들 안에
모두 아주 편안하게 수용되었어요.

그 전날 밤에 마녀 멜리사는 아주 76
탁월하고 특별하게 장식된 부부의
침실을 준비하였는데, 그녀가 이미
오래전부터 염원하던 것이었습니다.
미래를 내다볼 줄 아는 착한 마녀는
그들에게서 얼마나 많은 선이 나올
것인지 알고 있었기 때문에, 벌써
오래전부터 그 결혼을 열망했지요.

그녀는 널찍한 천막 한가운데에다 77
화려한 신혼 침대를 마련하였는데,
온 세상에서 전쟁 시나 평화 시에,

그 이전이나 이후에도 없을 정도로
가장 아름답고 화려한 천막이었어요.
그것은 트라키아 해안에서 가져왔는데,
해변에서 야영하던 콘스탄티노스의
머리 위에서 가져온 것이었습니다.

멜리사는 레오의 허락을 받았는데, 78
비할 바 없을 정도로 놀라운 마법을
그에게 보여 주어 놀라게 했습니다.
그녀는 지옥의 악마[65]에게 고삐를
매고 자신이 원하는 대로 하느님의
적인 사악한 무리들을 활용하였으니,
저승 심부름꾼들이 콘스탄티노폴리스에서
파리로 그 천막을 가져오게 했어요.

그러니까 밧줄들과 기둥들, 안과 밖에 79
있던 모든 장식물과 함께, 환한 대낮에
그리스제국의 황제 콘스탄티노스의
머리 위로 천막을 들어 올려 공중으로
가져오게 했고, 그것으로 루지에로의
아름답고 화려한 침실을 만들었지요.
그리고 결혼식이 끝난 뒤 기적처럼

---

65) 원문은 "gran vermo", 즉 '거대한 벌레'로 되어 있다.

가져온 곳으로 되돌아가게 했습니다.

그 화려하고 멋진 천막은 지금부터　　　　　　　　　　80
대략 이천 년 전에 만들어진 것입니다.
미래를 내다볼 줄 아는 능력이 있으며,
일리온[66]의 땅에서 태어난 한 여인이
오랜 세월 동안 근면한 노력과 정성으로
그 모든 것을 자신의 손으로 만들었어요.
그녀는 카산드라[67]였고, 탁월한 자기 오빠
헥토르에게 그 멋진 것을 선물하였지요.

자기 오빠의 뿌리에서 그 누구보다도　　　　　　　　81
탁월한 기사[68]가 태어나야 할 것이므로,
(비록 여러 가지들을 거쳐 그 뿌리에서
상당히 멀리 떨어져 있음을 알았지만)
그녀는 자기 손으로 황금과 비단 실을
이용해 아름다운 자수로 묘사했습니다.
헥토르는 살아 있는 동안 그 뛰어난
작업과 누이 때문에 귀하게 여겼지요.

---

66) 일로스(Ilos)가 세운 도시로 트로이아를 가리킨다.
67) Kassandra. 고전 신화에서 트로이아의 왕 프리아모스의 딸로, 헥토르의 누이동생이다. 그녀는 예언 능력을 갖고 있었고, 트로이아의 멸망 후에 아가멤논과 함께 갔다가 그의 아내에게 죽임을 당하였다.
68) 이폴리토 추기경.

하지만 그는 배신으로 죽게 되었고 82
트로이아 백성은 고통을 당하였으니,
거짓말쟁이 시논[69]이 성문을 열었고
기록보다 더 나쁜 일이 뒤따랐답니다.
그 후 메넬라오스가 추첨으로 천막을
차지하여 이집트로 가져가게 되었고,
프로테우스 왕[70]이 빼앗았던 아내를
되찾기 위해 그에게 남겨 두었습니다.

그녀의 이름은 헬레네로, 그녀 때문에 83
천막을 프로테우스 왕에게 건네주었고,
이후 프톨레마이오스 왕들[71]의 손을 거쳐
마침내 클레오파트라가 갖고 있었는데,
아그리파의 군대가 레우카스[72] 바다에서
다른 전리품들과 함께 빼앗았으며,

---

69) Sinon. 트로이아 전쟁 때 그리스군의 병사로서 일부러 트로이아인들에게 포로로 붙잡혔고, 거짓말로 목마를 성안으로 끌고 들어가도록 유도하였다.
70) Proteus. 고대 이집트의 왕으로, 헬레네 이야기와 관련하여 헤로도토스가 《역사》 제2권 112~120연에서 언급하였다. 헤로도토스에 의하면 파리스와 헬레네는 폭풍우에 밀려 이집트에 도착하였는데, 거기에서 프로테우스 왕은 파리스가 자신을 환대해 준 메넬라오스를 배신하고 헬레네를 데리고 떠난 것을 알고 그녀를 빼앗아 데리고 있다가(그러니까 헤로도토스에 의하면 헬레네는 트로이아로 가지 않았다는 말이다) 나중에 메넬라오스에게 건네주었다고 한다. 천막과 그녀를 교환하였다는 이야기는 아리오스토의 창작이다.
71) 알렉산드로스 대왕이 죽은 후 이집트에 들어선 프톨레마이오스왕조(기원전 305~기원전 30년)의 왕들을 가리킨다.

로마에서 아우구스투스와 티베리우스의
손에서 콘스탄티누스에게 건네졌으니,

하늘이 도는 한 아름다운 이탈리아를   84
괴롭게 만든 그 콘스탄티누스였습니다.[73]
테베레강이 싫어하는 콘스탄티누스는
귀중한 천막을 비잔티움으로 가져갔고,
멜리사는 콘스탄티노스[74]에게서 가져왔지요.
밧줄은 황금으로, 기둥은 상아로 되었고,
아펠레스의 붓들도 그리지 못할 정도로
아름다운 그림들이 수놓아져 있었어요.

그라티아 여신들이 경쾌한 옷차림으로   85
해산 중인 여왕[75]을 도와주고 있는데,
첫 시대에서 넷째 시대[76]까지 세상에 없을
정도로 멋진 아이가 태어나고 있습니다.

---

72) Leucas. 그리스 서부 이오니아해의 섬으로, 그 근처에서 기원전 31년 유명한 악티움 해전이 벌어졌는데, 아우구스투스와 아그리파(Agrippa)의 함대가 안토니우스와 클레오파트라의 연합군을 물리치고 승리하였다.
73) 콘스탄티누스 황제는 로마의 수도를 콘스탄티노폴리스로 옮김으로써, 이탈리아 땅이 게르만족의 침입에 시달리게 만들었다.
74) 원문은 "altro Constantin", 즉 '다른 콘스탄티누스'로 되어 있다.
75) 에르콜레 1세의 아내이자 이폴리토 추기경의 어머니인 아라곤의 엘레오노라를 가리킨다.
76) 고대부터 널리 알려진 인류 역사의 네 시대로 황금 시대에서 철의 시대까지를 의미한다.

거기 유피테르와 달변의 메르쿠리우스,
베누스와 마르스가 옆에 함께 있으며,
천상의 꽃들과 감미로운 암브로시아,
천상의 향기를 가득 뿌리고 있습니다.

아름다운 띠 위에는 조그마한 글씨로 86
"이폴리토"라는 글귀가 적혀 있습니다.
조금 자란 뒤에는 **행운**의 손을 잡고
있으며, 앞에는 **덕성**들이 있습니다.
기다란 머리에 긴 옷을 입은 새로운
사람들이 그려져 있는데, 그들은 바로
아버지에게 어린 소년을 보내 달라고
요구하기 위해 코르비누스가 보냈지요.[77]

에르콜레와 어머니 엘레오노라에게서 87
소년이 공손하게 떠나는 것이 보이고,
그가 다뉴브강에 도착하니 사람들이
달려와 보고 마치 신처럼 경배합니다.
헝가리인들의 신중한 왕이 보이는데,
아직 성숙하지 않은 어린 나이인데도
그의 성숙한 지혜에 놀라고 경탄하며

---

77) 이폴리토 추기경은 아직 어렸을 때, 헝가리의 왕 마티아스 코르비누스(제45곡 3연 참조)의 아내인 이모 아라곤의 베아트리체에게 보내진 적이 있었다.

자신의 모든 귀족보다 더 칭찬합니다.

아직 어리고 연약한 나이인데도, 그는　　　　　　　　　　　　88
손에 에스테르곰의 홀을 갖고 있으며,[78)]
그림에서 아직 소년인데도 왕궁이나
야전의 진영에 있는 것이 보이는군요.
그 강력한 왕이 튀르키예 또는 게르만
사람들에게 대항하여 원정을 나갈 때,
이폴리토는 그의 곁에 있으면서 담대한
행동이나 무훈을 주의 깊게 배우는군요.

초기의 꽃 같은 나이에 그가 학예를　　　　　　　　　　　　　　89
습득하고 수양을 쌓는 것이 보입니다.
푸스코[79)]가 곁에 있으며 옛 작품들의
감추어진 의미를 그에게 설명합니다.
"만약 불멸의 영광을 얻고자 한다면,
이것은 피하고, 이것은 따라야 해요"
하고 말하는 듯하니, 그들의 행위들이
너무나 훌륭하게 묘사되어 있습니다.

---

78) 이폴리토는 겨우 일곱 살이었을 때, 헝가리 에스테르곰(Esztergom, 원문은 "스트리고니아Strigonia"로 그곳의 라틴어 이름)의 주교로 임명되었다.
79) 이폴리토의 스승이었고 나중에 그의 비서가 된 톰마소 푸스코(Tommaso Fusco).

그리고 젊은 나이에 추기경이 되어서　　　　　　　　　　90
바티칸의 추기경 회의에 앉아 있으며,[80]
고도의 지성을 유창하게 펼쳐 보이며
모든 사람을 깜짝 놀라게 만드는군요.
"성숙한 나이에는 과연 어떻게 될까?
만약 베드로의 망토를 입게 된다면,[81]
오, 얼마나 행복한 시대가 될 것인가!"
놀라움에 자기들끼리 말하는 듯합니다.

다른 곳에는 탁월한 젊은이의 자유로운　　　　　　　　91
놀이들과 산책들이 묘사되어 있습니다.
때로는 험준한 바위에서 곰과 마주치고,
때로는 계곡의 늪에서 멧돼지를 뒤쫓고,
때로는 바람처럼 재빠른 조랑말을 타고
날랜 사슴이나 노루를 뒤쫓고 있는데,
마침내 따라잡아 단 한 번 칼로 내리쳐
양쪽이 똑같이 둘로 쪼개는 것 같군요.

또 다른 곳에서는 철학자들과 시인들의　　　　　　　　92
영광스러운 무리 한가운데에 있습니다.
누구는 별들의 운행에 대해서 설명하고,

---

80) 이폴리토는 열네 살 때 교황 알렉산데르 6세에 의해 추기경에 임명되었다.
81) 만약 교황이 된다면.

누구는 땅과 하늘에 대해서 이야기하고,
누구는 슬픈 애가와 기쁜 시를 노래하고,
영웅시들이나 우아한 송시를 노래합니다.
다른 곳에서는 음악과 노래를 듣고 있고,
언제나 가장 우아하게 걸음을 옮깁니다.

이 처음 부분에는 그 탁월한 젊은이의   93
어린 시절이 멋지게 묘사되어 있습니다.
그리고 카산드라는 다른 한쪽 부분에다
그의 정의로움과 신중함, 용기, 절제의
행위들, 너그러움[82]의 행위들을 그렸는데,
그들과 매우 가까운 우정을 맺고 있으니,
그 모든 덕성들을 선물하고 나누어 주며,
그 모든 덕성으로 찬란하게 빛나는군요.

이 부분에서 젊은이는 롬바르디아인들의   94
불행한 공작[83]과 함께 있는 것이 보이는데,
때로는 평화 시에 그와 함께 의논을 하고

---

82) 원문은 "la quinta", 즉 '다섯 번째'로 되어 있는데, 앞에서 말한 가톨릭의 네 가지 주요 덕성(제10곡 52연 참조)인 정의, 신중함, 용기, 절제 외에 다섯 번째 덕성인 너그러움을 가리킨다.
83) 밀라노 공작 루도비코 스포르차(제13곡 63연 참조). 그는 이폴리토의 누이 베아트리체와 결혼하였고, 프랑스 왕 루이 12세와의 전쟁에서 패하여 포로로 잡혀갔다가 프랑스에서 죽었다.

때로는 무장을 하고 함께 뱀들[84]을 펼치고,
행복한 시절에나 또는 불행한 시절에도
언제나 똑같은 믿음을 가진 것 같으며,
달아날 때에는 뒤따라가서 위안을 하고,
힘들 때에는 함께 위험을 감수합니다.

다른 곳에는 알폰소와 페라라의 안녕을   95
위하여 깊은 생각에 잠긴 것이 보이는데,
자신이 매우 사랑하던 가족들이 꾸민
음모를 아주 절묘한 방식으로 찾아내고
발견하여, 아주 분명한 증거로 그것을
정의로운 형에게 분명하게 보여 주었고,[85]
그리하여 자유로운 로마가 키케로에게
부여하였던 이름을 이어받게 되는군요.[86]

또 다른 곳에서는 빛나는 갑옷을 입고   96
교회를 도와주기 위해 황급히 달려가는
모습이 보이며, 소수의 혼란스러운 사람들로
잘 훈련된 군대와 대적하러 나가는군요.

---

84) 밀라노 비스콘티와 스포르차 가문 문장의 뱀을 가리킨다.
85) 페란테와 줄리오가 알폰소 공작을 제거하기 위해 꾸민 음모를 이폴리토가 발견하여 막았다는 것이다(제3곡 60~62연 참조).
86) 키케로(Cicero)는 유명한 카틸리나의 역모 사건을 폭로하여 실패하게 만들었고, 그로 인해 '조국의 아버지(Pater patriae)'라는 칭호를 받았다.

그리고 단지 그가 있다는 사실만으로도
성직자들에게는 커다란 도움이 되었으니,
불이 타오르기 전에 꺼지도록 만들어서
왔노라 보았노라 이겼노라 말할 수 있지요.[87]

또한 다른 곳에서는 조국의 강기슭에서, 97
베네치아인들이 튀르키예인들이나 그리스
사람들에게 전혀 보낸 적이 없을 정도로
강력한 함대와 싸우는 모습이 보이는데,[88]
함대를 파괴하고 승리한 다음 거기에서
노획한 전리품을 모두 형에게 선물하고,
자신을 위해서는 다른 사람에게 줄 수
없는 명예만을 간직하는 것이 보입니다.

여인들과 기사들은 그림들을 뚫어지게 98
바라보았지만 전혀 이해할 수 없었으니,
그것이 모두 미래에 일어날 일들이라는

---

[87] 1507년 벤티볼리오 가문이 교황으로부터 볼로냐를 다시 빼앗으려고 하자, 이에 대항하여 이폴리토가 벌인 전투를 암시한다(제33곡 37~39연 참조). 이폴리토는 갑자기 편성된 소수의 부대로 잘 조직되고 더 많은 군대를 물리쳤고, 그 결과 카이사르가 기원전 47년 폰토스(Pontos)의 파르나케스 2세(Pharnaces II)와 벌인 전쟁에서 승리한 뒤 원로원에 보낸 유명한 보고서처럼 말할 수 있게 되었다는 것이다.

[88] 1509년 폴레셀라 전투(제3곡 57연 참조)의 승리를 가리키는데, 당시 이폴리토 추기경이 결정적 역할을 하였다.

사실을 전혀 깨닫지 못했기 때문입니다.
그래도 아름다운 얼굴과 용모 들을 보고
적힌 글귀들을 읽는 것이 즐거웠습니다.
단지 멜리사의 말을 듣고 모든 이야기를
아는 브라다만테만이 혼자 즐겼습니다.

브라다만테가 보기에 루지에로는 아직   99
모르는 것 같았지만, 아틀란테가 여러 번
자기 후손들 중에서 바로 그 이폴리토에
대해 칭찬했던 것이 머릿속에 떠올랐어요.
카롤루스가 모든 사람에게 얼마나 친절하게
대했는지 누가 충분히 노래할 수 있을까요?
다양한 놀이들의 축제가 계속 이어졌으며
식탁은 언제나 음식들로 가득 차 있었어요.

훌륭한 기사는 모두 거기서 볼 수 있었고,   100
날마다 무수하게 많은 창들이 부러졌으며,
말을 타거나 아니면 서서 결투를 벌였고,
짝을 이루거나 무리를 지어 결투했습니다.
다른 누구보다 루지에로의 무훈이 뛰어나
계속해서 이겼고, 밤낮으로 겨루었습니다.
또한 춤에서, 싸움에서, 다른 모든 것에서
언제나 뛰어났고 승리의 영광을 얻었지요.

잔치의 마지막 날, 커다란 축제와 함께 101
엄숙한 식사가 시작되었고, 카롤루스는
왼쪽에 루지에로를, 그리고 오른쪽에는
브라다만테를 데리고 앉아 있었을 때,
무장한 기사 하나가 들판을 가로질러
연회장을 향하여 황급히 달려왔는데,
기사와 말은 완전히 검은색이었으며
아주 큰 체격에 오만한 모습이었어요.

그는 알제의 왕[89]이었으니, 다리 위에서 102
브라다만테에게 당했던 패배로 인하여,
일 년 그리고 한 달, 하루가 지날 때까지
절대로 갑옷도 입지 않고, 칼도 잡지
않고 말도 타지 않겠다고 맹세하였고,
작은 방에서 은둔자처럼 지냈습니다.
당시의 기사들은 그런 실수에 대하여
자신을 처벌하기 위해 으레 그랬지요.

그동안에 카롤루스와 자기 주군[90]에게 103
일어난 일을 그는 모두 알고 있었지만,
맹세를 깨지 않으려고 그것이 자신과

---

89) 로도몬테.
90) 아그라만테.

상관없는 일처럼 무기를 들지 않았어요.
하지만 일 년, 한 달, 하루를 완전히
보낸 다음에 그는 새로운 갑옷을 입고,
새로운 칼과 창에다 새로운 말을 타고
그곳 프랑스 궁전으로 달려온 것입니다.

말에서 내리거나 고개를 숙이지도 않고 104
아무런 존경의 표시도 보이지 않고 그는
카롤루스와 그곳의 모든 높은 군주들을
경멸한다는 것을 몸짓으로 보여 주었어요.
그가 그렇게 방종하게 구는 것을 보고
모든 사람이 깜짝 놀라고 경악했습니다.
그리고 음식을 내려놓고 말도 멈추었고,
그가 무슨 말을 할지 귀를 기울였습니다.

그는 카롤루스와 루지에로 앞에 이르자 105
커다란 목소리로 오만하게 외쳤습니다.
"나는 사르차의 왕 로도몬테이다. 나는
바로 너, 루지에로에게 결투를 신청한다!
네가 네 주군에게 불충했다는 것을 오늘
해가 지기 전에 여기에서 증명하고 싶다.
너는 배신자이니까 이 기사들 사이에서
어떠한 명예도 받을 만한 자격이 없다.

너는 이제 그리스도교도가 되었으니 너의 106
배신은 부정할 수 없게 명백한 것이지만,
그것을 더욱 공개적으로 밝혀 주기 위해
내가 지금 여기 와서 증명하려는 것이다.
만약 너를 위해서 결투를 해 줄 사람이
여기 있다면 나는 기꺼이 받아들이겠다.
하나로 부족하다면 대여섯 명도 좋다.
내가 말한 것을 모두에게 지킬 것이다."

그 말에 루지에로는 벌떡 일어났으며 107
카롤루스의 허락을 얻어 대답하였으니,
그든 다른 누구이든 자신을 배신자라고
말하는 자는 거짓말을 한다고 말했어요.
자신은 자기 주군에게 아무도 정당하게
비난할 수 없도록 행동하였기 때문이며,
주군에게 언제나 자기 의무를 다했다고
주장할 준비가 되어 있다고 말했습니다.

또한 다른 누구의 도움도 구할 필요가 108
없이 자기주장을 방어할 것이라고 했고,
실제로 그는 한 사람 이상과 결투할 수
없으리라는 것을 보여 주고 싶었습니다.
그곳에는 리날도와 오를란도가 있었으며,
올리비에로[91)]와 하양과 검정 아들도 있었고,

두도네와 마르피사도 그 오만한 이교도에
대항하여 루지에로를 보호하려고 했으니,

그는 바로 새신랑이었고, 그러므로 그의   109
결혼식을 망치지 않아야 했기 때문이지요.
루지에로는 대답했습니다. "모두 멈추어요.
이 더러운 비난은 바로 나 때문이니까요."
유명한 타타르 왕[92]에게서 빼앗은 갑옷을
가져오게 했고, 조금도 지체하지 않았어요.
오를란도는 루지에로의 박차를 묶어 주었고
카롤루스는 옆구리에 칼을 채워 주었어요.

브라다만테와 마르피사는 가슴막이를   110
입히고 다른 모든 갑옷을 입혀 주었어요.
아스톨포는 훌륭한 말을 붙잡아 주었고,
'덴마크 사람'의 아들은 등자를 잡았고,
리날도, 나모 공작, 올리비에로 후작은
곧바로 주위에 빈 공간을 만들었으니,
그런 목적으로 언제나 준비되어 있던
울타리 밖으로 모든 사람을 쫓았어요.

---

91) 원문은 "marchese", 즉 '후작'으로 되어 있는데, 올리비에로는 빈과 부르고뉴의
후작이었다.
92) 만드리카르도.

여인들과 아가씨들은 창백한 얼굴로 111
마치 비둘기들처럼 소심하게 있었으니,
마치 천둥과 번개에 바람이 몰아치고,
비와 우박을 위협하며 들판에 커다란
피해를 주는 검은 대기에 의해, 먹이가
많은 곳에서 둥지로 쫓겨난 것 같았고,
루지에로가 사나운 이교도의 상대가
되지 않는 것처럼 보여 불안했습니다.

거의 모든 민중들과 대부분의 기사들, 112
대부분의 귀족들에게 그렇게 보였으니,
그 이교도가 파리에서 한 일[93]이 그들의
기억에서 사라지지 않았기 때문이지요.
그가 혼자 무기와 불로 파리의 많은 곳을
파괴했고, 아직 그 흔적이 남아 있었으며
앞으로도 오랫동안 남아 있을 것이니,
그보다 큰 피해는 다른 곳에 없었어요.

다른 모든 사람들보다도 브라다만테의 113
가슴이 떨렸으니, 그 사라센 왕이 힘이나
가슴에서 나오는 용기에서 루지에로보다

---

93) 파리를 공격했을 때 그가 보여 준 살육과 파괴를 가리킨다(제14곡 25연 이하, 제17곡 10연 이하, 제8곡 8연 이하 참조).

더 강하다고 생각하거나, 종종 갖고 있는
자에게 명예를 주는 이성을 로도몬테가
갖고 있다고 생각하였기 때문이 아니라,
단지 걱정 없이 있을 수 없었기 때문이니,
사랑에 떨리는 것은 당연한 일이었어요.

비록 두말할 필요 없이 분명히 생명을   114
잃으리라는 것을 잘 알고 있으면서도
그녀는 차라리 자기가 불확실한 결투를
맡게 되기를 얼마나 기꺼이 원했는지요!
자신의 남편이 죽음의 위험과 직면하는
모습을 그저 바라보고 있는 것보다, 만약
여러 번 죽을 수 있다면, 차라리 자기가
여러 번의 죽음을 선택하고 싶었습니다.

그렇지만 루지에로가 자신에게 결투를   115
맡기도록 타당하게 부탁할 수 없었어요.
그러니 침통한 표정과 떨리는 가슴으로
결투를 지켜보는 수밖에 없었습니다.
루지에로는 이쪽, 로도몬테는 저쪽에서
창을 겨누고 서로에게 돌진하였습니다.
서로 맞부딪치면서 창은 마치 얼음처럼
부러져 새처럼 하늘 높이 날아갔습니다.

이교도 왕의 창은 방패의 한가운데를 116
맞추었지만 그 효과는 별로 없었으니,
탁월한 헥토르를 위하여 불카누스가
단련한 강철이 완벽하였던 것입니다.
루지에로의 창도 이교도의 방패를
맞추었으나, 방패의 안과 밖은 강철로,
가운데는 뼈로 되어 거의 한 뼘이나
되었기에 완전히 허사가 되었어요.

그렇게 창은 첫 번째 공격에 실패하고, 117
너무나 강력한 충돌에 견디지 못하고
산산조각으로 부서져서 마치 날개가
달린 것처럼 하늘 높이 날아갔는데,
만약 그렇지 않았다면, 격렬한 충돌에
가슴막이가 금강석으로 되어 있더라도
깨지고 결투가 끝났을 것이지만, 창은
부러졌고, 양쪽 말은 땅에 쓰러졌어요.

두 기사는 고삐와 박차로 이끌어서 118
말들이 곧바로 다시 일어나게 하였고,
뒤이어 창을 버리고 칼을 빼 들었고
잔인하고 광폭하게 다시 공격하였고,
노련하게 활기찬 말을 가볍고 날쌔게
이쪽으로 또 저쪽으로 돌게 만들면서,

Canto 46:115
서로 맞부딪치면서 창은 마치 얼음처럼
부러져 새처럼 하늘 높이 날아갔습니다.

갑옷의 미늘이 약한 곳을 날카로운
칼로 찌르려고 공격하기 시작했어요.

그날 로도몬테의 가슴에는 단단하고 119
강한 드래곤 가죽 갑옷이 없었으며,
니므롯의 날카로운 칼도 없었으며,
머리에는 예전의 투구도 없었으니,
제가 위에서 말씀드린 것 같은데,
다리 위에서 도르도뉴의 여인[94]에게
패하였을 때, 예전의 모든 무구들을
신성한 대리석[95] 위에 걸어 두었지요.

그는 예전 갑옷처럼 완벽하지 않아도 120
아주 훌륭한 다른 갑옷을 입고 있었지만,
예전 갑옷이나 새 갑옷도 발리사르다에
견뎌 낼 정도로 단단하지는 않았으니,
그 칼에는 어떤 마법도 막지 못하였고
최고로 단련된 강철도 막지 못했어요.
루지에로는 이곳저곳을 잘 공격하였고
이교도의 갑옷을 여러 곳이나 뚫었지요.

---

94) 브라다만테.
95) 체르비노와 이사벨라의 무덤.

로도몬테의 갑옷 여러 곳이 빨갛게 121
물들어 있었으며, 그렇게 많은 타격의
상당 부분이 자신의 몸에 닿지 않도록
막을 수는 없다는 것을 깨달았을 때,
마치 한겨울에 폭풍우가 치는 바다처럼
넘치는 분노와 격렬함으로 움직였으며,
방패를 내던지고 루지에로의 투구 위로
두 손으로 온 힘을 다하여 내리쳤어요.

마치 포강에서 사람들이 배 두 척 위에 122
세워진 기계[96]를 도르래를 이용해 높이
들어 올렸다가 뾰족한 나무 기둥들 위로
아주 강력한 힘으로 떨어뜨리는 것처럼,
로도몬테는 두 손으로 모든 힘을 다해
루지에로의 머리를 강하게 내리쳤는데,
마법 투구가 막았으니, 그렇지 않았다면
말과 함께 단번에 쪼개졌을 것입니다.

루지에로는 두 번이나 머리를 숙이고 123
팔과 다리를 벌린 채 떨어질 뻔했어요.
로도몬테는 그가 정신을 차릴 시간을

---

96) 강물 속에 커다란 말뚝을 박는 기계를 가리키는데, 아리오스토는 포강에서 그 기계가 작동하는 것을 보았던 것으로 짐작된다.

갖지 못하게 두 번째 타격을 가했고,
세 번째 타격을 가하였지만, 그렇게
많은 타격에 칼이 견뎌내지 못하고
산산이 부러졌고, 잔인한 이교도의
손에는 이제 아무런 무기도 없었어요.

그렇지만 로도몬테는 멈추지 않았고 124
감각 없는 루지에로에게 달려들었고,
그래서 그의 머리에는 감각이 없었고
그의 정신은 희미하게 흐려졌습니다.
하지만 로도몬테가 잠에서 깨웠으니,
아주 강한 팔로 그의 목을 휘감았고,
너무나도 강력하게 힘주어 조였으며,
안장에서 끌어내 땅에 떨어뜨렸지요.

루지에로는 땅에 닿자마자 일어났고, 125
분노보다 부끄러움이 가득 넘쳤으니,
브라다만테를 향하여 눈길을 돌리자
아름다운 얼굴이 흐려졌기 때문이지요.
그가 땅바닥에 떨어지자 브라다만테는
자기 생명이 끊어지는 것 같았습니다.
루지에로는 곧바로 치욕을 갚으려고
칼을 움켜잡고 이교도와 대결했지요.

로도몬테는 말로 그에게 부딪쳤지만   126
루지에로는 신중히 피하며 돌아섰고,
그가 옆으로 지나가는 순간 왼손으로
말의 고삐를 움켜잡아 옆으로 돌렸고,
또한 오른손으로 로도몬테의 옆구리,
배와 가슴을 겨누어 칼을 찔렀으며,
두 번의 칼이 고통을 느끼게 했으니
각각 옆구리와 허벅지를 찔렀습니다.

로도몬테는 부러진 칼의 손잡이와   127
보호대를 아직 손에 들고 있었는데,
그것으로 루지에로의 투구를 내리쳐
다시 한번 그를 멍하게 만들었어요.
하지만 당연히 승리해야 할 루지에로는
그의 팔을 붙잡아 강하게 잡아당겼고
왼손에다 오른손을 덧붙여 끌었으니,
이교도 역시 안장 밖으로 떨어졌어요.

그의 힘과 기술로 로도몬테 역시 땅에   128
떨어져 루지에로와 대등하게 되었지요.
즉 그도 떨어지자, 칼을 들고 있었던
루지에로가 더 유리한 입장이었어요.
루지에로는 이교도에게서 멀리 떨어져
있으면서 가까이 가지 않으려고 조심했고,

그렇게 거대하고 무거운 몸집으로 그가
위에서 덮치지 못하도록 만들었습니다.

그러면서 그의 옆구리와 허벅지, 그리고　　　　　　　　129
다른 상처에서 피를 흘리는 것을 보았고,
그래서 그가 서서히 힘이 빠져서 마침내
싸움에서 이길 수 있기를 기대했습니다.
이교도는 아직 손에 칼의 손잡이를 들고
있었는데, 남아 있는 모든 힘을 다하여
손잡이를 던졌고, 이를 맞은 루지에로는
그 어느 때보다도 정신이 멍해졌습니다.

루지에로는 투구를 쓴 얼굴과 어깨에　　　　　　　　130
맞았는데, 그 충격이 얼마나 컸는지
완전히 비틀거리고 몸이 흔들렸으며
똑바로 서 있기가 힘들 정도였습니다.
로도몬테는 돌진하려 했지만, 허벅지가
부상을 당해 무력해진 다리가 떨렸고,
능력보다 더 빨리 서둘러 움직이려다
땅바닥에 무릎을 꿇고 쓰러졌습니다.

루지에로는 그 틈을 놓치지 않고 그의　　　　　　　　131
가슴과 얼굴을 큰 충격으로 내리쳤고,
위에서 정신없이 타격을 가하여 그가

손까지 땅에 짚고 쓰러지게 했습니다.
하지만 로도몬테는 다시 일어났으며,
아주 세게 루지에로를 잡아 껴안았고,
두 사람은 돌면서 때리고 조였으며,
엄청난 힘에다 기술을 덧붙였습니다.

로도몬테는 찢어진 옆구리와 허벅지   132
때문에 대부분의 힘이 빠졌습니다.
루지에로는 기술과 노련함이 있었고
그것을 싸움에서 유용하게 활용했고,
자신의 유리함을 느끼고 이용했으니,
로도몬테가 큰 부상을 당한 곳에서
피가 많이 흘러나오는 것을 보고는
팔과 가슴, 두 다리로 공격했습니다.

로도몬테는 분노와 경멸감에 넘쳐서   133
루지에로의 목과 어깨를 움켜잡았고,
때로는 밀치고 당겼으며, 그를 땅에서
들어 올리더니 가슴 위로 쳐들었고,
이쪽저쪽으로 돌리고 세게 조이면서
그를 쓰러뜨리려고 무척 노력했어요.
루지에로는 정신을 집중했고, 우위를
계속 유지하려고 힘과 머리를 썼어요.

훌륭한 루지에로는 잡는 것을 여러 번 **134**
바꾸면서 로도몬테를 단단히 껴안았고,
가슴을 그의 왼쪽 옆구리에 밀착시키고
모든 힘을 기울여서 그를 조였습니다.
그와 동시에 그는 오른쪽 다리를 그의
양쪽 무릎 사이로 밀어 넣었고, 그를
땅바닥에서 위로 높이 들어 올렸고,
머리를 아래로 땅에다 처박았습니다.

로도몬테의 머리와 어깨가 땅바닥에 **135**
처박혔는데, 그 충격이 얼마나 컸는지
그의 상처에서 마치 샘물처럼 피가
솟아올라 땅바닥을 빨갛게 물들였어요.
이마에 **행운**을 안고 있는 루지에로는
로도몬테가 다시 일어나지 못하도록
한 손은 눈에 단검을 겨누고, 한 손은
목을 조이며, 무릎으로 배를 눌렀어요.

마치 때로는 금을 캐는 판노니아[97]의 **136**
광산이나 또는 에스파냐의 광산에서
갱도가 갑작스럽게 무너져서, 저속한

---

97) 원문의 "tra' Pannoni"는 '판노니아(Pannonia) 사람들 사이에서'로 직역할 수 있다. 판노니아는 로마 시대의 지명으로 다뉴브강과 사바강 사이의 지역, 오늘날 헝가리의 서쪽을 포함하는 지역을 가리킨다.

Canto 46:134

땅바닥에서 위로 높이 들어 올렸고,
머리를 아래로 땅에다 처박았습니다.

탐욕에 이끌려 안에 들어간 사람들이
부상당하고 너무나도 완전히 짓눌려
숨을 쉬기도 어렵게 되는 것처럼,
땅바닥에 쓰러진 로도몬테는 그와
똑같이 루지에로에게 짓눌렸습니다.

루지에로는 이미 꺼내든 단검 끝을   137
그의 투구 눈가리개 앞에 갖다 대고
위협을 하면서, 만약 항복하면 목숨을
살려 주겠다고 협상을 시도하였어요.
하지만 로도몬테는 조금이라도 비열한
모습을 보이는 것보다 죽기를 원했고,
몸을 비틀고 흔들며 그를 누르기 위해
모든 힘을 썼고, 말도 하지 않았어요.

마치 사냥개가 더욱 사나운 싸움 개의   138
이빨에 목을 물리고 짓눌려 있으면서,
무척 헐떡이면서 헛되이 발버둥 치고,
눈은 불타고 입가에는 거품을 문 채,
사나운 싸움 개에게서 벗어나지 못하고
분노가 아닌 힘에 압도당하는 것처럼,
로도몬테는 승리자 루지에로의 밑에서
빠져나오려고 했으나 소용이 없었어요.

계속 몸부림치고 비틀던 그는 마침내　　　　　　　　　　　139
오른쪽 팔을 사용할 수 있게 되자
그 싸움 와중에 자신도 빼든 단검을
오른손으로 움켜쥔 채 루지에로의
옆구리를 찌르려고 시도했습니다.
하지만 루지에로는 악한 사라센인을
죽이는 것을 머뭇거리다가는 자기가
떨어질지 모르는 위험을 깨달았어요.

그래서 팔을 가능한 한 높이 쳐들고　　　　　　　　　　　140
두세 번 로도몬테의 그 험오스러운
얼굴에다가 단검의 칼날을 완전히
찔렀고, 그렇게 곤경에서 벗어났지요.
세상에 그렇게 오만하고 거만하였던
그 경멸스러운 영혼은 이미 차갑게
누운 육체에서 빠져나와 욕을 하며
황량한 아케론강가로 달아났습니다.

FINIS
PRO BONO MALUM[98]

---

98) '선을 악으로', 말하자면 배은망덕하게 선을 악으로 갚는다는 뜻으로, 불가타 성경 〈창세기〉 44장 4절, 〈예레미야서〉 18장 20절에 나오는 라틴어 표현이다. 아리오스토는 1516년 초판에서 이미 이 경구를 붙였는데, 농부가 꿀을 얻기 위하여 벌집 근처에 불을 피우고 고마운 벌들을 쫓아내는 삽화에 첨부되었다. 이 경구를 붙인 의도에 대해서는 여러 가지 해석이 있는데, 그중 하나는 데스테 가문, 특히 이폴리토 추기경의 인색함과 관련된 것이라는 해석이었다. 하지만 대부분의 비평가는 그런 편협한 의도보다는 인간의 보편적인 성향을 비판하기 위한 것이라고 해석하고 있다.

옮긴이 해제

《광란의 오를란도》와 기사문학

루도비코 아리오스토(Ludovico Ariosto, 1474~1533)의 방대한 서사시 《광란의 오를란도(Orlando Furioso)》는 유럽에서 수백 년 동안 많은 인기를 끌었던 기사문학의 전통을 최종적으로 마무리하면서, 절정기에 이른 르네상스의 시대정신과 인문주의적 사고방식을 총체적으로 보여주는 걸작으로 평가된다.

기사문학은 프랑스에서 시작되었는데, 소재에 따라 프랑스 소재 이야기, 브리튼 소재 이야기, 고전 소재 이야기로 나뉜다. 프랑스 소재는 프랑크왕국의 왕이자 신성로마제국의 황제가 된 카롤루스 마그누스(Carolus Magnus, 742?~814)가 8세기 말 이베리아반도를 지배하고 있던 이슬람 세력과 벌인 전쟁에서 여러 기사와 영웅이 겪은 모험을 노래하였다. 반면 브리튼 소재는 전설적인 아서 왕과 원탁의 기사들에 관한 이야기로 구성되었다. 그리고 고전 소재는 트로이아 전쟁과 알렉산드로스 대왕의 정복 등 고대 그리스, 로마에서 끌어낸 일화들을 노래하였다.

그중에서 프랑스 소재 이야기들은 이탈리아반도로 넘어와 단번에 대중들의 인기를 독차지하였고, 13세기에서 14세기 사이에는 이탈리아 북부를 중심으로 고유한 하나의 문학 세계를 형성하게 되었다. 더 나아가 15~16세기에는 악기의 반주에 맞추어 낭송하는 공연 예술로 발전하였다. 그런 대중적인 인기에 부응하여 여러 시인의 뛰어난 작품이 탄생하였다. 대표적인 예가 루이지 풀치(Luigi Pulci, 1432~1484)의 서사시 《모르간테(Morgante)》이다. 이 작품은 기사도에 대한 노골적인 풍자와 패러디로 많은 인기를 끌었다.

그런 작품들에서 핵심 주인공은 오를란도(프랑스어 이름은 롤랑)인데, 그의 모험담은 778년 피레네산맥의 론세스바예스(프랑스어로 롱스보) 고갯길에서 벌어진 사건을 배경으로 한다. 전설에 의하면 카롤루스의 군대가 이베리아반도의 이슬람 세력을 굴복시키고 퇴각하던 중에 오를란도를 비롯한 열두 기사의 부대가 후위를 맡았는데, 배신자의 계략으로 대규모 이슬람 군대의 기습 공격을 받았고, 장렬하게 싸우다가 전사하였다는 것이다.

그 이야기는 삼백여 년이 지난 11세기 말에서 12세기 초 사이에 익명의 저자가 집필한 《롤랑의 노래(La Chanson de Roland)》가 나오면서 관심을 끌기 시작하였다. 중세 프랑스어로 집필된 이 작품은 4,000여 행에 이르며, 프랑스 문학에서 가장 오래된 작품이자 기사문학의 원천 역할을 한다. 영국 옥스퍼드대학교 도서관에 소장되어 있는 현존하는 가장 오래된 필사본은 대략 1140년에서 1170년 사이에 만들어진 것으로 추정된다.

오를란도의 무훈 이야기가 민중의 상상력과 결합하여 새로운 모습으로 나타난 것은 당시의 시대적인 상황과 밀접하게 연결되어 있었다. 그 당시 유럽은 십자군 전쟁의 열기에 휩싸여 있었고, 이슬람 세력이 차지하고 있던 성지 예루살렘을 탈환하겠다는 종교적 열망 속에서 그리스도교 세계와 이슬람 세계 사이의 전쟁은 하나의 모델을 필요로 하였다. 오를란도와 다른 기사들의 무훈담은 바로 그런 시대적 상황에 어울렸다.

그렇게 인기를 끌게 된 오를란도 이야기들은 다채로운 요소가 덧붙여지면서 더욱더 풍부해졌다. 이탈리아 북부에서는 프랑스의 전통적 이야기에서 벗어나 색다른 모습으로 대중의 사랑을 받았을 뿐만 아니라 귀족과 군주의 궁정에서도 인기를 끌었다. 예를 들어 오를란도의 마지막 전투와 죽음에 관해서뿐만 아니라 출생과 계보, 삶에 관한 이야기와 함께 사랑의 모험까지 덧붙여졌다. 사랑 이야기는 거의 모든 문학 작품에서 중요한 역할을 하는데 기사문학에서도 예외가 아니었으며, 오를란도의 무훈담에도 자연스럽게 사랑 사건이 덧붙여진 것이다. 물론 그것은 기사도와 함께 유행하였던 '궁정 사랑(courtly love)'의 고상하고 이상화된 사랑과는 거리가 있었다. 시대의 변화를 반영하듯이 매우 통속적이고 때로는 경박해 보이기도 하는 사랑이었다. 그런 사랑 이야기가 곁들여진 대표적 작품이 페라라의 데스테 가문 궁정에서 보이아르도가 미완성으로 남긴 서사시 《사랑에 빠진 오를란도(Orlando innamorato)》였다.

보이아르도의 작품은 사랑의 주제를 도입함으로써 오를란도에게 새로운 모험의 무대를 열어 주었고, 그것을 배경으로 아리오스토는 《광란의 오를란도》를 집필하였다. 아리오스토는 선배 시인 보이아르도가 자신의 걸작을 완성하지 못하고 사망한 지 십여 년이 지난 뒤에 《사랑에 빠진 오를란도》의 후속편으로 이 작품을 쓰기 시작하였고 1516년 총 40곡으로 된 초판을 출판하였다. 초판이 나온 후 아리오스토는 그 후속 이야기들을 쓰기 시작하였으나 얼마

지나지 않아 중단하였다. 그 중단된 이야기들은 수정판에 포함되지 않고 원고 상태로 남아 있다가 아리오스토가 사망한 후 그의 사생아 아들 비르지니오(Virginio)에 의해 《다섯 노래(Cinque canti)》라는 제목으로 출판되었는데, 단편적이고 불완전해도 아리오스토의 문학적 역량을 보여주는 중요한 자료로 평가된다.

후속 이야기는 중단하였으나 아리오스토는 초판에 대한 수정 작업을 계속하였고 1521년 제2판이 출판되었다. 그 후에도 오랜 기간에 걸쳐 언어와 문체에 대한 수정 작업과 함께 추가적인 보완과 증보 작업이 이루어졌고, 1532년 마침내 총 46곡으로 이루어진 최종적인 결정판이 나왔다. 그리하여 탄생한 《광란의 오를란도》는 무려 3만 8,736행에 달하고 유럽에서 가장 긴 작품 중 하나로 꼽힌다. 서사시의 원조로 일컬어지는 호메로스의 《일리아스》가 대략 1만 5,000행, 《오디세이아》가 대략 1만 2,000행으로 되어 있으며, 단테(Dante Alighieri, 1265~1321)의 《신곡》이 1만 4,233행으로 구성된 것과 비교해 보면 그 방대함을 짐작할 수 있다.

《광란의 오를란도》는 출판을 목적으로 집필된 최초의 작품이라고 한다. 말하자면 처음으로 근대적인 문학 시장을 열어 준 작품이다. 그런 이유에서인지 독자 대중의 인기는 가히 폭발적이었다. 최종판이 나온 지 십 년도 안 되어 서른여섯 번이나 재판을 거듭하였다. 이어서 라틴어, 영어, 프랑스어, 에스파냐어, 독일어 등으로 번역되었고 전 유럽에서 인기 있는 베스트셀러가 되었다.

언어와 형식

아리오스토는 《광란의 오를란도》를 이탈리아어로 썼다. 당시에는 아직 '이탈리아어'라는 용어보다 '속어(俗語, lingua volgare)'라는 용어가 보편적으로 사용되었다는 사실을 감안하더라도 표준 이탈리아어가 어느 정도 정착된 상태였다. 그것은 단테의 언어, 즉 피렌체의 속어에서 형성되었다. 중세 유럽의 공용어는 라틴어였지만, 라틴어를 모르는 일반 민중들은 지방마다 고유한 토착 언어를 사용하였는데 그것이 속어였다. 오래전부터 각 지방에서 사용하던 고유한 언어에다 민중 라틴어가 혼합되면서 오랜 세월에 걸쳐 형성된 언어로 일종의 사투리였다. 그러니까 그것은 volgare라는 용어가 의미하듯이 민중의 언어였고, 따라서 저속하고 상스러운 말이라는 뜻의 '속어' 대신 '민중어'로 옮겨야 바람직할 것이다.

그중에서 일부가 발전하여 신라틴어 또는 로망어라는 각 나라의 공용어가 되었다. 이탈리아어, 프랑스어, 프로방스어, 에스파냐어, 카탈루냐어, 포르투갈어, 루마니아어 등이 그렇다. 여기에서 로망(roman)은 '로마의' 또는 '로마식의'를 뜻하는 라틴어 형용사 romanicus와 부사 romanice에서 파생된 프랑스어이다. 말하자면 라틴어와 구별되는 로마식의 사투리라는 뜻이다.

이탈리아반도에도 지방마다 고유한 속어가 있었는데, 단테에 의해 피렌체의 속어가 표준 이탈리아어로 발전하였다. 《신곡》을 통해 그 우수성이 입증되었기 때문이다. 그리고 단테의 뒤를 이어 프란체스코 페트라르카(Francesco Petrarca, 1304~1374), 조반니 보카치오(Giovanni Boccaccio, 1313~1375)가 그런 사실을 다시 한번 증명하였다. 그리하여 최소한 시인들은 피렌체 속어로 집필하는 것이 거의 관례였다. 피렌체에서 멀리 떨어진 페라라의 궁정에서도 마찬가지였다. 게다가 아리오스토가 개인적인 친분과 함께 《광란의 오를란도》에서 언급하는 뛰어난 인문학자 피에트로 벰보(Pietro Bembo, 1470~1547) 추기경은 표준 이탈리아어의 확립에 결정적으로 공헌하였다. 벰보는 《속어론(Prose della volgar lingua)》(1525)에서 본받아야 할 이탈리아어 모델로 운문은 페트라르카의 《칸초니에레(Canzoniere)》, 산문은 보카치오의 《데카메론(Decameron)》이라고 주장하였고, 그것은 문인들 사이에서 정당한 평가로 인정되었다.

그런 이유로 단테의 《신곡》을 비롯하여 르네상스 시대 작품들의 언어는 현대 이탈리아어와 크게 다르지 않다. 어휘나 표현 방식에서 약간의 차이는 있지만 거의 곧바로 알아볼 수 있을 정도이다. 단테와 뒤이어 활동한 페트라르카와 보카치오의 뛰어난 작품을 모델로 형성된 언어이기 때문이다. 다른 언어들에서 고어와 현대어가 확실하게 구별되는 것과는 비교된다.

《광란의 오를란도》에서 시의 형식은 풀치와 보이아르도의 작품을 비롯한 이탈리아 기사문학의 오랜 전통을 충실히 뒤따르고 있다. 그러니까 전통적인 11음절 시행(詩行)을 토대로 하고 8개의 행을 묶어서 하나의 단락 또는 연(聯)을 구성하는 소위 '8행연구(八行聯句, ottava)'로 되어 있으며, 각운은 ABABABCC로 되어 있다. 각 칸토(canto), 즉 '곡(노래)'의 길이는 일정하지 않다. 가장 짧은 곡은 72연으로 구성된 제4곡이고, 반면에 가장 긴 곡은 199연으로 이루어진 제43곡이다. 곡 한 편의 길이가 거의 세 배에 가까운 차이를 보이는 것은 놀랍다. 그것은 단테의 《신곡》이 정교한 건축물에 비교될 정도로 정확하게 계산된 구조로 되어 있는 것과 대조를 이룬다.

주제와 내용

아리오스토는 《광란의 오를란도》를 이폴리토 추기경에게 바쳤다. 그런데 단지 헌사만 간단하게 덧붙이고 끝나는 것이 아니라, 추기경을 직접적인 수신자로 설정하여 작품 속에 끌어들이고 "나리" 또는 "주인님" 하고 부르면서 직접 이야기를 들려주듯이 노래한다. 그것은 서사시의 고전적 전통, 즉 호메로스를 필두로 하는 '노래꾼'의 구술 문학 방식을 충실하게 뒤따르는 것이다. 그러니까 궁정의 영주와 귀족, 귀부인이 모여 있는 자리에서 작품의 일정한 분량을 낭송하는 척한다. 그래서 어느 특정한 에피소드를 중단하고 다른 이야기로 넘어갈 때나 각 노래가 끝나는 부분에서는 마치 연재 소설이나 연속극처럼 다음 이야기를 기다리게 만든다.

물론 이 작품은 책으로 출판될 것을 전제로 집필되었고, 따라서 실제로 낭송한 것이 아니라 허구적인 상황 설정일 뿐이며 고유한 서사 전략의 일부로 보아야 할 것이다. 아리오스토는 데스테 가문 사람이나 다른 몇 사람에게 작품의 일부를 직접 읽어 주었다고 전해지지만, 작품 속에서 말하듯이 각 노래를 완성할 때마다 이폴리토 추기경을 비롯한 청중 앞에서 낭송하였다고 보기는 어렵다.

다른 한편으로 그런 상황 설정은 이폴리토 추기경에게 찬사를 보내고 아첨하기 위한 전략이기도 하였다. 추기경을 비롯한 데스테 가문을 향한 찬양과 칭송이 작품의 핵심 주제 중 하나였다. 아리오스토는 거기에 대한 보상이나 칭찬을 기대했는지도 모른다. 하지만 작품을 읽어 본 이폴리토 추기경은 도대체 어디에서 그렇게 많은 이야기를 찾아냈느냐고 질문하였을 뿐이라고 한다. 오랜 노고에 대한 보상은커녕 그런 단순한 반응에 아리오스토는 섭섭한 마음을 감추지 않는다.

어쨌든 추기경이 놀랄 정도로 《광란의 오를란도》는 많은 이야기로 이루어져 있다. 방대한 줄거리를 요약하기는 어렵지만 핵심 주제는 세 가지로 볼 수 있다. 하나는 그리스도교 진영과 이슬람 진영 사이의 전쟁이다. 아프리카와 아시아, 에스파냐의 이슬람 연합 세력이 그리스도교 진영의 중심지 파리까지 공격하다가 패퇴한다는 이야기인데, 이것은 다른 두 핵심 이야기의 배경 역할을 한다.

또 하나의 주제는 오를란도의 안젤리카에 대한 사랑과 그로 인한 광기에서 빚어지는 사건이다. 《사랑에 빠진 오를란도》에서 오를란도는 카타이왕국의 아름다운 공주 안젤리카를 보고 사랑에 빠졌고, 그녀를 사랑하는 양쪽 진영의 다른 여러 기사와 마찬가지로 그녀를 찾아 헤맨다. 그런데 《광란의 오를란도》에서 안젤리카는 평범한 이슬람 병사 메도로를 만나 사랑하여 결혼하고 함께 자기 왕국으로 돌아간다. 뒤늦게 그 사실을 알게 된 오를란도는 절망한 나머지 광란의 상태에 빠진다. 이성을 잃고 미쳐 버린 오를란도는 눈앞에 보이는 것을 모조리 파괴하는 야수로 변해 버린다. 그러다가 아스톨포 공작의 도움으로 제정신을 되찾고, 위기에 처한 그리스도교 진영을 구원하고 이슬람 군대를 물리친다.

마지막 주제는 이슬람 진영의 기사 루지에로와 그리스도교 진영의 기사 브라다만테의 사랑 이야기인데, 두 사람의 결합에서 데스테 가문이 탄생하였다는 것이다. 루지에로는 이탈리아 남부 레조의 가문 출신인데, 그 가문은 트로이아 영웅 헥토르의 후손이라고 한다. 부모가 비극적으로 죽은 뒤 루지에로는 아프리카에서 마법사 아틀란테의 보살핌 아래 성장하였고, 이슬람 진영에서 가장 탁월한 기사가 되었다. 그런데 그는 그리스도교 진영의 여걸 브라다만테를 사랑하고 나중에는 그리스도교로 개종하여 그녀와 결혼할 운명이었다. 마법사 아틀란테는 그가 그런 운명과 함께 일찍 죽게 되리라는 것을 미리 알았고, 그것을 막기 위하여 온갖 마법으로 두 사람의 만남을 방해한다. 하지만 결국에는 운명에 정해진 대로 루지에로는 그리스도교로 개종하고, 두 사람은 결혼한다.

끝없는 이야기와 서사 전략

그런데 겉보기에는 단순해 보이는 세 가지 핵심 주제를 중심으로 수많은 곁가지 이야기가 펼쳐진다. 방대한 작품 길이에 걸맞게 너무나도 다양하고 다채로운 에피소드가 끝없이 전개되기 때문에 일목요연하게 정리하기 어려울 정도이다. 그리고 각 이야기는 또 다른 이야기를 탄생시키는 모태 역할을 한다.

오를란도의 사랑과 광란이 핵심 주제여서 그런지 수많은 사건 중에서 사랑 이야기가 절대다수를 차지한다. 루지에로와 브라다만테의 사랑을 비롯하여 아리오단테와 지네브라, 비레노와 올림피아, 체르비노와 이사벨라, 그리포네와 오리질레, 로도몬테와 도랄리체, 만드리카르도와 도랄리체, 메도로와 안젤리카, 노란디노와 루치나, 브란디마르테와 피오르딜리지 등 여러 연인 사이의 사랑 이야기가 다양한 방식으로 전개된다. 그뿐만 아니라 남녀 사이의 갖가지 애증과 배신, 음모, 속고 속이는 이야기가 다채롭게 배치되어 있다. 그야말로 남녀 관계의 만화경이 펼쳐지는 것 같다.

많은 사건이 벌어지는 만큼 나오는 사람도 많다. 수백 명이 넘는 등장인물은 색인 목록을 참조하지 않으면 모두 기억하기 어려울 정도이다. 그런 사실을 반증하듯이 앞부분에서 전사했다고 이야기한 인물이 뒤에서 다시 등장하기도 한다. 그렇게 많은 등장인물과 많은 사건을 한데 아우르고 있는 《광란의 오를란도》는 끝없이 솟아오르는 이야기들의 샘물처럼 보인다. 거기에서는 언제나 새로운 만남과 새로운 사건이 준비되어 있다. 마치 나무에서 새로운 싹과 가지가 돋아나듯이 작품 여기저기에서 새로운 이야기가 시작된다. 따라서 작품을 읽다 보면 무수히 펼쳐지는 이야기들의 복잡한 미로 속에서 헤매는 느낌이 들기도 한다.

그러면서도 그 많은 이야기는 아리오스토의 교묘한 서사 전략에 의해 상호 유기적으로 연결되어 전체적으로 조화를 이루고 있다. 독자가 지루해하지 않고 긴장감을 잃지 않도록 이야기들을 엮어 가는 작가의 솜씨는 놀라울 정도이다. 어느 한 에피소드를 이야기하다가 전혀 예상치 못한 곳에서 중단하고 다른 에피소드로 이동한다. 그리고 또다시 어느 순간 갑자기 앞에서 중단했던 에피소드를 이어서 이야기한다. 연속극이나 연재소설처럼 호기심과 기대감을 자극하고 활용하기 위해 치밀하게 계산된 전략처럼 보인다.

새로운 이야기를 도입하기 위해서 아리오스토는 전통적인 액자기법, 그러니까 이야기 속의 이야기를 많이 이용한다. 그것은 크고 작은 이야기를 적절하게 짜맞추는 데 알맞은 방법으로 그리고 삼중으로 겹친 이야기 속의 이야기 속의 이야기도 나온다. 또한 각각의 이야기는 그 자체로 완결된 것 같으면서도 언제나 새로운 이야기를 향해 열려 있다. 이야기들의 원천은 다양하다. 아리오스토가 창작한 이야기도 있지만 《사랑에 빠진 오를란도》나 《천일야화》, 전설, 민담에서 실마리를 끌어낸 이야기도 많다. 그러면서도 동시에

각 이야기는 나름대로 새로운 이야기로 발전할 수 있는 씨앗들을 여기저기 뿌리고 있다. 그 덕분에 《광란의 오를란도》를 모방한 작품이나 후속 이야기가 담긴 작품이 나오기도 했고, 그런 상호텍스트성(intertextuality)의 연쇄에서 아리오스토는 커다란 발자취를 남겼다.

그리고 이폴리토 추기경을 비롯한 청중 앞에서 낭송하는 척하는 진행 방법도 많은 이야기를 엮는 데 유용하였다. 그것은 아리오스토가 청중 또는 독자의 반응을 염두에 두고 집필하였다는 뜻이다. 그들이 자기 이야기에 동참하고 공감하기를 바랐다. 그렇게 이끌기 위한 전략 중 하나로 자기 당대의 인물이나 사건을 작품 안에 끌어들였다. 작품의 등장인물들은 예언 형식을 빌려 미래를 이야기하고, 서술자 아리오스토는 여러 기회에 자기 시대에 대해 언급한다. 특히 마지막 제46곡에서는 자기 작품을 오랜 항해에 비유하면서 항구로 들어오는 자신을 환영하는 인물들을 길게 열거하는데, 대부분 당시에 유명했던 시인이나 인문학자였다. 그러면서 때로는 여기저기에 아첨도 하고, 자기 개인의 감정을 드러내기도 하였다. 작품 전체의 어조도 거기에서 비롯되었다.

그런 서사 전략에 힘입어 《광란의 오를란도》는 다양하고 많은 사건을 동시에 보여준다. 서술은 당연히 순차적으로 이루어질 수밖에 없지만, 동시에 일어나는 여러 개의 사건을 한꺼번에 펼쳐 보이는 것 같다. 그렇게 진행하기 위해 작가의 시점은 순식간에 이동할 수밖에 없다. 수많은 등장인물 모두에게 초점을 맞추고 있으면서 필요에 따라 이곳저곳으로 독자를 안내한다. 그렇게 여러 사건을 동시에 이끌어 가는 기법으로 《광란의 오를란도》는 현대에 들어와 첨단 정보 기술의 발전과 함께 실제로 가능해진 하이퍼텍스트(hypertext)를 연상시킨다.

다양한 이야기를 현명하게 조직한 덕분에 방대한 길이에도 불구하고 별로 장황스러움이나 지루함을 느끼지 않게 해준다. 등장인물과 사건의 다양성은 작품의 신선함을 유지하는 생명력이다. 오를란도의 모험을 중심으로 다른 여러 가지 에피소드가 유기적으로 조화롭게 뒤섞인다. 그리고 그렇게 다양한 사건들의 파노라마 속에서 우리 인간의 본래 모습이 적나라하게 드러난다. 그것은 온갖 한계와 모순으로 가득한 내면세계이다. 등장인물들은 대부분 갖가지 욕망과 감정에 이끌려 움직이고 행동한다. 우정이나 믿음, 신뢰, 정절, 덕성 같은 사회적 가치도 주요 동인이지만, 작품의 핵심 주제인 사랑을 비롯하여 명예욕, 질투, 복수, 분노 등 내면적 감정의 힘이 무시하지 못할 만큼 강하게 등장인물들을 움직인다. 그래서 각자 사랑하는 사람이나 마법의 물건, 갑옷, 투구, 검, 말 등 개인적인 추구 대상을 끊임없이 뒤쫓는다. 그런 측면에서 전통적인 주인공의 모습은 찾아볼 수 없고 각자의 내면에 자리한 여러 가지 욕망과 감정이 실질적인 주인공 역할을 한다.

마법과 환상, 판타지 문학의 고전

《광란의 오를란도》에서 드러나는 또 다른 특징은 초자연적이고 환상적인 요소들이 여러 가지 중요한 역할을 한다는 점이다. 그로 인해 등장하는 기사들과 여인들은 여러 가지 환상적인 모험을 하게 된다.

가장 두드러진 것은 마법이다. 브리튼 소재 기사문학에서 유명한 메를리노(영어 이름은 멀린)를 비롯한 여러 마법사와 마녀가 등장하여 사건의 진행에 개입한다. 그리고 다양한 마법의 물건도 나온다. 예를 들어 마법 반지는 다른 모든 마법을 깨뜨리고 입안에 넣으면 사람이 보이지 않게 해주고, 마법 방패는 눈부신 광채로 보는 사람을 모두 기절시키고, 마법 창은 결투 상대를 건드리기만 해도 말에서 떨어뜨리고, 마법 뿔 나팔은 끔찍한 소리로 듣는 사람을 달아나게 만든다. 마법으로 세운 성도 나온다. 마법사 아틀란테는 자식처럼 기른 루지에로를 전쟁터에서 멀리 떼어 놓으려고 두 번이나 마법의 성에 머무르게 하는데, 그 안에 갇힌 사람은 온갖 즐거움을 누리거나 욕망의 대상을 끝없이 뒤쫓는다.

신체가 마법의 보호를 받기도 한다. 오를란도와 페라우의 몸은 일부를 제외하고 마법으로 보호되어 있어서 어떤 타격에도 상처를 입지 않는다. 고전 신화에서 이야기된 마법 같은 물건도 등장한다. 가령 수천 년 전에 헥토르가 입었던 갑옷, 불카누스가 아내 베누스와 마르스를 간통 현장에서 잡기 위해 만든 섬세하고 절대 풀 수 없는 그물, 카산드라가 오빠 헥토르를 위해 만들어 준 천막이 그렇다. 그것들도 제각기 고유한 상황에서 마법의 물건처럼 놀라운 힘을 보여준다.

거기에다 다양한 환상적 동물까지 등장한다. 하르피이아 같은 고전 신화의 괴물을 비롯하여 끔찍한 바다 괴물, 머리나 사지를 잘라도 다시 붙는 괴물 오릴로, 폴리페모스를 닮은 괴물도 있고, 사람들의 갖가지 욕망과 감정을 상징하는 괴물도 등장한다. 그중에서 특히 이포그리포는 매력적인 존재로 관심을 끈다. 독수리 머리와 앞발, 날개가 달린 말 이포그리포는 작품 여러 곳에서 중요한 역할을 한다. 이포그리포는 북쪽의 바다 너머 깊은 산속에서 태어났는데, 고전 신화에 나오는 상상의 동물 그리폰과 암말 사이에서 태어났으며, 마법사 아틀란테가 붙잡아서 길들였다는 것이다. 그 이포그리포를 타고 루지에로는 세계를 한 바퀴 도는 일주 여행을 한 다음 무서운 바다 괴물로부터 안젤리카를 구해 주고, 아스톨포는 여러 가지 모험과 함께 아프리카 여행을 한다.

더 나아가 아스톨포는 아프리카에서 전설적인 '사제왕 요한(Presbyter Johannes)'의 왕국을 방문하고, 지옥을 여행하고, 높은 산의 꼭대기에 있는 지상 천국도 방문한다. 그의 환상적 모험에서 최고 절정이자 가장 놀라운 경이로움은 달나라 여행이다. 지상 천국에서 아스톨포는 구약 성경에 나오는 예언자 엘리야를 만나고, 미쳐 버린 오를란도의 제정신을 다시 찾아주기 위해 함께 불 마차를 타고 달로 날아 올라간다. 달에는 지구에서 잃어버린 것이 뭐든지 모두 보관되어 있는데, 거기에 있던 오를란도의 제정신을 약병에 담아 가져와 광기를 치료해 준다.

마법 외에 초월적인 힘도 개입한다. 위기에 몰린 그리스도교 진영을 도와주기 위해 하느님은 미카엘 천사를 보낸다. 미카엘 천사의 활약은 마법 못지않게 사건의 진행에서 결정적인 요소로 작용한다. 미친 오를란도의 제정신을 되찾게 해주는 것도 하느님의 뜻이다.

그런 마법이나 초월적인 힘은 인간의 욕망이 투영된 상상력의 산물이다. 무엇이든지 원하는 것을 간단하게 해결해 주는 만능열쇠이다. 적이나 경쟁자를 간단히 제압하고 곤란한 상황에서 벗어나게 해 주고 개개인의 능력이나 역량, 노력을 쓸모없게 만들기도 한다. 마법의 성도 그런 역할을 한다. 그곳에 갇힌 기사는 본연의 사명과 의무를 잊고 감각적인 사랑의 욕망이나 세속적인 탐욕에 이끌려 헤맬 뿐이다. 그것은 분명히 건강한 기사도 정신과 정면으로 충돌한다.

그런 사실을 의식하였기 때문인지 아리오스토는 나중에 일부 환상적 요소를 무대에서 사라지게 한다. 사건의 진행에서 정해진 역할과 기능을 마무리한 다음이지만 말이다. 그리하여 루지에로는 마법의 방패를 아무도 찾을 수 없게 숲속의 깊은 웅덩이에 버리고, 아스톨포는 이포그리포를 자연으로 돌려보낸다. 오를란도가 화약을 이용한 총과 대포를 깊은 바다에 빠뜨리는 것도 그와 비슷한 맥락이다. 카롤루스 마그누스 시대에는 아직 총포가 없었지만, 르네상스에 들어와 보편적인 무기로 사용된 사실을 이야기하기 위한 전략이다. 그래서 오를란도가 바다에 빠뜨린 총포를 나중에 게르만 사람들이 건져 내 사용하기 시작했다고 이야기한다. 16세기 당시 게르만 용병에 의한 이탈리아반도의 혼란을 은근히 비판하면서 총포가 중세의 전통적인 기사도를 무너뜨린 결정적 요인이었다고 주장하는 듯하다.

어쨌든 《광란의 오를란도》에서 환상의 날개는 다방면으로 펼쳐진다. 기사들의 모험담이 환상적 요소들과 어우러지면서 독자의 상상력을 자극하고 색다른 재미와 모험의 세계로 안내한다. 그 덕택에 《광란의 오를란도》는 판타지 문학의 고전으로 평가받는다.

퓨전의 세계

더욱 놀라운 것은 그런 환상적이고 초자연적인 요소들에 대한 작가의 태도이다. 아리오스토는 그것이 마치 현실 세계의 평범하고 일상적인 일처럼 이야기한다. 예를 들어 이포그리포는 거짓이 아니라 순수한 자연산이라고 태연하게 말한다. 그리하여 환상은 인간의 삶과 현실 속으로 서서히 틈입하고, 현실과 환상에 대한 작가의 태도는 놀라울 정도로 공평하다. 마치 현실이 환상인 것처럼, 또 반대로 환상이 현실인 것처럼 아무렇지도 않게 이야기한다.

환상과 현실 외에도 《광란의 오를란도》에서는 서로 다른 이질적 요소들이 자연스러운 듯이 뒤섞이고 융합된다. 시간과 공간의 경계선도 사라지는 것처럼 보인다. 아리오스토는 카롤루스 황제 시대와 자신의 당대 세계를 끊임없이 오가면서 이야기를 이끌어 가고, 따라서 현재와 과거가 공존하는 세계를 보여 준다. 그런 이유 때문인지 동사 시제도 현재형과 과거형이 뒤섞여 나타나면서 독자를 헷갈리게 한다.

공간에 대한 인식도 매우 유동적이다. 아시아, 아프리카의 여러 왕국이나 지명이 언급되지만 때로는 구체적인 현실로부터 동떨어져 있다. 더구나 환상의 지명까지 덧붙여짐으로써 어느 순간 공간 감각은 모호해지고 현실적 거리감이 사라진다. 그리하여 아프리카 한복판에 나일강의 수원지가 있고, 온통 황금과 보석으로 뒤덮인 왕국 누비아가 있으며, 구름에 가린 높다란 산의 꼭대기에는 지상 천국이 있다는 설정도 별로 이상해 보이지 않는다.

그리스도교와 이슬람교 사이의 대립과 갈등도 도식적이지 않다. 종종 두 진영의 구분은 형식적인 것에 머물고 끊임없이 서로 뒤섞인다. 오를란도와 안젤리카, 루지에로와 브라다만테의 관계처럼 양쪽 진영의 남녀 기사들은 사랑과 증오의 관계로 복잡하게 뒤엉켜 있으며, 때로는 누가 적군이고 누가 아군인지 구별하기 어렵다. 옷차림이나 갑옷으로 구별할 수도 없다. 두 진영의 기사들은 종종 갑옷과 투구, 검, 말, 마법의 물건 등을 서로 교환하거나 빼앗아 사용하기 때문이다. 현실과 환상이 서로 구별할 수 없이 한데 어우러진 것처럼 종교적 대립이나 갈등도 두루뭉수리로 뒤섞여 있다.

그런 융합과 뒤섞임은 인문주의가 보편화하면서 나타난 자연스러운 현상이었다. 르네상스의 본질인 인문주의는 무엇보다 그리스도교 중심주의를 무너뜨렸다. 그것은 전형적인 이교 문화인 고대 그리스와 로마 문화가 새롭게 다시 태어나면서 시작된 인식의 변화였다. 그 결과 이슬람 문화에 대해서도 어느 정도 유연한 입장이었다. 더구나 당시에는 반종교개혁의 열풍과 함께 휘몰아친 종교재판과 이단 심문의 살벌한 분위기가 아직 사회 전반을 지배하지 않았다. 그렇지만 한 세대가 채 지나기도 전에 상황은 급변하였다. 대표적인 예가 토르콰토 타소(Torquato Tasso, 1544~1595)의 《해방된 예루살렘(Gerusalemme liberata)》(1575)이었다. 십자군 전쟁을 소재로 이야기하는 이 작품이 종교재판의 빌미가 되지 않을까 하는 두려움에 정신이상이 될 정도로 타소는 걱정하고 번민하였다.

서로 다른 요소들의 혼합은 등장인물 개개인에게서도 나타난다. 예를 들어 안젤리카는 양쪽 진영의 수많은 귀족과 기사가 흠모할 정도로 완벽하고 눈부신 아름다움을 자랑하지만, 동시에 변덕스럽고 때로는 저속하리만치 유혹적인 모습을 보이고, 때로는 온갖 속임수도 마다하지 않는다. 오를란도 역시 중세 기사도의 이상을 구현하는 완벽하고 고귀한 영웅의 이미지를 보이면서, 다른 한편으로는 세속적인 사랑에 빠져 이성을 잃고 광란의 상태에서 잔인하고 파괴적인 행동에다 온갖 동물적인 행태를 보여준다.

그렇게 《광란의 오를란도》에서는 수많은 사건의 복합적인 움직임 속에서 현실과 환상, 그리스도교와 이슬람교, 과거와 현재, 사실과 허구, 고귀함과 비천함, 희극과 비극이 서로 침범하고 뒤섞인다. 그리고 그 덕택에 놀라울 만큼 풍요롭고 색다른 세계를 보여준다. 인간의 감정이 변화무쌍한 것처럼 다채로운 사건들이 공존한다. 애틋하고 감동적인 사건, 우스꽝스럽고 희극적인 사건, 낭만적인 장면, 처절하고 비극적인 이야기, 목가적이고 평화로운 장면, 격렬하고 급박한 장면, 여유롭고 한가한 장면, 긴장감 넘치는 장면 등 우리 인간 세상에서 벌어질 수 있는 온갖 상황이 눈앞에 펼쳐진다.

아이러니와 풍자

그런 것은 모두 아리오스토의 아이러니와 연결되어 있다. 작품 전체에 넘치는 아이러니는 무엇보다 기사도에 대한 인식의 변화를 반영한다. 르네상스가 시작되면서 중세의 기사도는 무너졌다. 결투나 전쟁의 방식부터 달라졌다. 이제 창과 검으로 대결하는 시대는 끝났다. 작품 안에서도 이야기하듯이 당시에는 화약을 이용한 총과 대포의 사용이 이미 보편화되어 있었다. 더구나 16세기에 들어와 르네상스 문화가 최절정에 이르고 본격적으로 근대를 향해 발돋움하던 당시의 현실에서 과거 낭만적인 중세 기사도의 이상은 이제 한갓 시대착오적 꿈이라는 사실을 아리오스토는 누구보다도 분명하게 깨달았다.

그런 사실은 일찌감치 기사문학 작품에 반영되었다. 대표적인 예로 루이지 풀치의 《모르간테》는 기사도를 신랄하게 패러디하면서 웃음거리로 만들었다. 오를란도가 직접적인 대상은 아니었어도 허구적으로 꾸며 낸 두 거인 모르간테와 마르구테를 통해 중세의 영웅들을 패러디하였다.

아리오스토는 풀치처럼 기사도를 직접적으로 패러디하지 않는다. 다만 예전처럼 진지하거나 교훈적인 태도를 버리고 일정한 거리를 두고 이야기한다. 아니 진지하게 이야기하는 척한다. 허구를 마치 실제처럼 이야기하면서 허구라는 사실이 저절로 드러나게 하는 것이다. 아이러니는 바로 거기에서 나온다. 세르반테스의 자조적인 태도와도 다른 방식이다. 시대가 변했는데도 진정으로 기사도의 이상을 믿고 실천하려는 돈키호테를 일종의 자화상처럼 제시하지도 않는다.

《광란의 오를란도》에서 아이러니는 기사도에만 머무르지 않는다. 사회적 관습과 제도, 사고방식, 위선과 허위의식, 심지어 사랑의 포로가 된 작가 자신에 대해서도 아이러니한 어조로 말한다. 아이러니는 거의 필연적으로 풍자로 이어지고, 풍자는 대부분 웃음을 유발한다. 그리하여 작품 여러 곳에서 종종 독자는 미소를 머금게 된다. 종교도 예외가 아니다. 그리스도교 믿음과 실천의 결정체인 수도원의 세속화와 타락을 우스꽝스럽게 희화화하기도 한다. 어떤 면에서는 신성모독적으로 보일 수도 있을 정도이다. 예컨대 미카엘 천사가 의인화된 여인 **불화**를 십자가로 마구 때리다가 부러뜨리는 장면은 그야말로 희극이다. 처음에 지시한 대로 이슬람 진영 내부에서 불화를 조성해야 하는데, 임무를 제대로 완수하지 않고 수도원에서 **탐욕**, **오만**, **게으름** 등과 함께 어울려 있었다는 이유에서이다.

그런 아이러니와 풍자는 본격적인 근대를 향해 나아가던 당시의 변화된 사고방식과 관념에서 비롯된 것이다. 바야흐로 중세에서 완전히 벗어나 모든 것이 새롭게 변화하고 있었다. 이제는 전근대적인 것들에서 벗어나야 할 시기였다. 그렇다고 과거의 전통과 가치를 전면적으로 거부하기는 어려웠을 것이다. 어느 시대이건 지나간 것들에 대한 미련과 아쉬움, 향수는 남을 수밖에 없었기 때문이다. 그래서 아리오스토가 선택한 길은 아이러니였을 것이다.

《광란의 오를란도》는 기사도와 영웅들의 무훈담을 진지하게 들려주는 척하면서 향수 어린 눈으로 과거를 되돌아본다. 이제 한 시대가 자신의 꿈과 이상을 간직한 채 조금씩 사라져 가는 모습을 돌아보면서 작별을 고하고 경의를 표하는 것 같다. 참신한 위트와 아이러니 속에는 기사문학에 대한 작별의 아쉬움도 서려 있다. 다른 한편으로는 그런 이야기들을 통해 페라라의 궁정 사람들과 독자들을 즐겁게 해 주려는 의도도 숨어 있었다. 그럼으로써 《광란의 오를란도》는 페라라 궁정의 여흥을 위한 창작물이면서 르네상스 시대 이탈리아의 궁정 문화에 바치는 하나의 기념비가 되고 있다.

저자 아리오스토의 생애·연보

루도비코 아리오스토는 1474년 9월 8일 이탈리아 북부의 도시 레조넬레밀리아(Reggio nell'Emilia)에서 십 남매의 장남으로 태어났다. 페라라의 영주 데스테(d'Este, 그냥 '에스테 가문'으로 옮기기도 하지만, 전치사까지 함께 넣어 옮기는 것이 바람직하다고 생각한다) 공작 가문에 봉사하던 아버지는 당시 레조넬레밀리아에 주둔하던 수비대의 대장이었다.

1482년부터 가족은 페라라에 정착하였고, 아리오스토는 아버지의 뜻에 따라 페라라대학교에 등록하여 법학을 공부하였다. 그러나 15세기 말 데스테 궁정의 문화적 환경에서 영향을 받은 그의 주요 관심사는 연극과 문학이었다. 1498년부터 아리오스토는 훌륭한 문예 후원자였던 에르콜레 1세(Ercole I d'Este, 1431~1505) 공작의 궁정에 들어가 봉사하기 시작하였다. 당시 데스테 가문 궁정에는 에르콜레 1세의 가신으로 탁월한 시인 마테오 마리아 보이아르도(Matteo Maria Boiardo, 1441~1494)가 활동하고 있었다.

그런데 1500년 아버지의 갑작스러운 죽음으로 아리오스토는 가족을 책임져야 했다. 그리하여 1502년에는 카노사(Canossa)의 요새에서 수비대장으로 근무하였고, 페라라로 돌아와 1503년부터 이폴리토 1세(Ippolito I d'Este, 1479~1520) 추기경을 섬기기 시작하였다. 그리고 약간의 성직록(聖職祿) 혜택을 받기 위하여 성직자가 되었다.

이폴리토 추기경 밑에서 1517년까지 다양한 임무를 맡아 일하였고 여러 도시에 사절로 파견되기도 했다. 특히 로마의 교황 율리우스 2세(Julius II, 재위 1503~1513)에게 두 차례 파견되었는데, 그 '전사 교황'의 불같은 진노에 부딪혀 죽을 위험에 처하기도 하였다. 그렇게 일하는 동안에도 아리오스토는 놀라운 열정으로 작품 창작에 몰두하였다. 여러 편의 희곡을 완성하여 무대에 올렸고, 다양한 형식의 서정시를 썼고, 십여 년이 넘는 집필 끝에 1516년 《광란의 오를란도》 초판을 출판하였다. 그런데 1517년 이폴리토 추기경은 헝가리의 주교로 발령받았고 아리오스토를 데려가려고 하였으나, 그는 여러 가지 핑계를 대고 따라가지 않았다.

추기경을 따라가지 않으려고 한 실제 이유는 따로 있었다. 노모와 많은 동생을 돌봐야 하는 것도 문제였지만, 그것보다 사랑하는 여인 곁을 떠나기 싫었기 때문이다. 아리오스토는 성직록을 잃지 않으려고 여자관계에서 비교적 신중하고 비밀스러운 생활을 유지하였으나 집안 하녀와의 사이에서 아들을 낳기도 하였다. 그러다 1513년 교황 레오 10세(Leo X, 재위 1513~1521)의 착좌식에 참석하기 위하여 로마를 방문하였다가 돌아오는 길에 피렌체에 머물렀는데, 거기에서 미망인이었던 알레산드라 베누치(Alessandra Benucci, 1480~1552)를 만났고 열렬한 사랑에 빠졌다. 1515년 아예 페라라에 정착한 그녀와의 사랑은 아리오스토에게 가장 큰 위안이었고 두 사람은 1526년에서 1530년 사이에 비밀 결혼식을 올리기도 하였다. 거기에다 이폴리토 추기경의 처우에 대한 불만도 요인이었다. 아리오스토가 하는 일에 비해 인색한 추기경의 보답은 형편없었다고 한다.

그리하여 1518년부터 아리오스토는 알폰소 1세(Alfonso I d'Este, 1476~1534) 공작에게 봉사하였으나 계속해서 경제적 어려움에 시달렸다. 완성한 희극을 무대에 올려 약간의 성공을 거두었어도 상황은 나아지지 않았다. 그러다 1522년 아펜니노산맥의 황량한 오지 가르파냐나(Garfagnana) 지방의 행정관으로 파견되었다. 산적이 출몰하고 거친 사람들이 사는 그곳에서 아리오스토는 힘들었지만 별 무리 없이 잘 통치하였다.

1525년 페라라로 돌아온 뒤에는 《광란의 오를란도》의 수정과 보완 작업에 몰두하였고, 1532년 최종판을 완성하였다. 1533년 초 알폰소 1세 공작은 이탈리아에 내려온 신성로마제국의 황제 카를 5세(Karl V, 1500~1558)와 함께 만토바로 갔고 아리오스토도 맞이하러 갔다. 전설처럼 전해지는 이야기에 의하면, 아리오스토는 그 기회에 카를 5세에게 《광란의 오를란도》를 소개하였고, 이를 높게 평가한 황제는 계관시인으로 월계관을 수여하겠다고 공포했다고 한다. 하지만 실제로 월계관을 수여하였는지는 확인되지 않았다는 것이다. 아리오스토는 건강이 좋지 않아 페라라로 돌아왔고, 1533년 7월 6일 병석에서 일어나지 못하고 숨을 거두었다. 그의 유해는 페라라의 산베네데토(San Benedetto)성당에 묻혔다가 1801년 시립 아리오스토도서관(Biblioteca Comunale Ariostea)의 중앙 홀로 이장되었다.

1474년	9월 8일 이탈리아 북부의 도시 레조넬레밀리아에서 십 남매의 장남으로 태어남. 아버지 니콜로 아리오스토(Niccolò Ariosto)는 군인으로 요새의 수비대장이었고, 어머니는 그곳 귀족 가문 출신의 다리아 말라구치 발레리(Daria Malaguzzi Valeri).
1482년	가족이 페라라로 이사함. 초기 교육을 받은 다음 아버지의 뜻에 따라 페라라 대학교에 들어가 법학을 공부하였으나 연극과 문학 창작에 이끌림.
1493년	법학을 공부하면서 최초의 희곡 《티스베의 비극(Tragedia di Tisbe)》을 완성하여 무대에 올림.
1494년	법학 공부를 포기하고 인문학 공부에 몰두하기 시작함.
1497년	탁월한 인문학자 피에트로 벰보 추기경과 교류하기 시작하면서 많은 영향을 받음. 둘 사이의 교류는 평생 이어짐.
1498년	문예 후원자로 유명한 데스테 가문의 궁정에 들어감.
1500년	2월 아버지가 사망하면서 가족을 책임지게 됨.
1502년	카노사 요새의 수비대장으로 임명됨.
1503년	이폴리토 데스테 추기경을 섬기기 시작함. 집안 하녀와 사이에 첫째 사생아 아들 잠바티스타가 태어남.
1509년	둘째 사생아 아들 비르지니오가 태어남.
1512년	이폴리토 추기경의 사절로 교황 율리우스 2세에게 파견되었다가 교황의 진노로 죽을 고비를 겪음.
1513년	메디치 가문 출신 교황 레오 10세의 착좌식에 참석하였다가 돌아오는 도중 피렌체에 머무르면서 알레산드라 베누치를 만나 사랑에 빠짐.
1516년	4월 22일 십 년이 넘는 작업 끝에 《광란의 오를란도》 초판을 출판함.
1517년	헝가리 주교로 임명된 이폴리토 추기경과 결별함.
1518년	알폰소 1세 공작을 섬기기 시작하였으나 계속 경제적 어려움에 시달림.
1522년	가르파냐나 지방의 행정관으로 임명되어 1525년까지 다스림.
1525년	페라라로 돌아와 이런저런 일을 하면서 희곡 창작과 함께 《광란의 오를란도》 수정 및 보완 작업을 계속함.
1532년	《광란의 오를란도》 최종판을 출판함.
1533년	만토바에서 신성로마제국의 황제 카를 5세와 만남. 건강이 나빠져 병석에 누웠고 7월 8일 숨을 거둠. 그의 유해는 페라라 산베네데토성당에 묻혔다가 1801년 '아리오스토 도서관'의 중앙 홀로 이장됨.

주인공 오를란도 시대의 인물 관계도

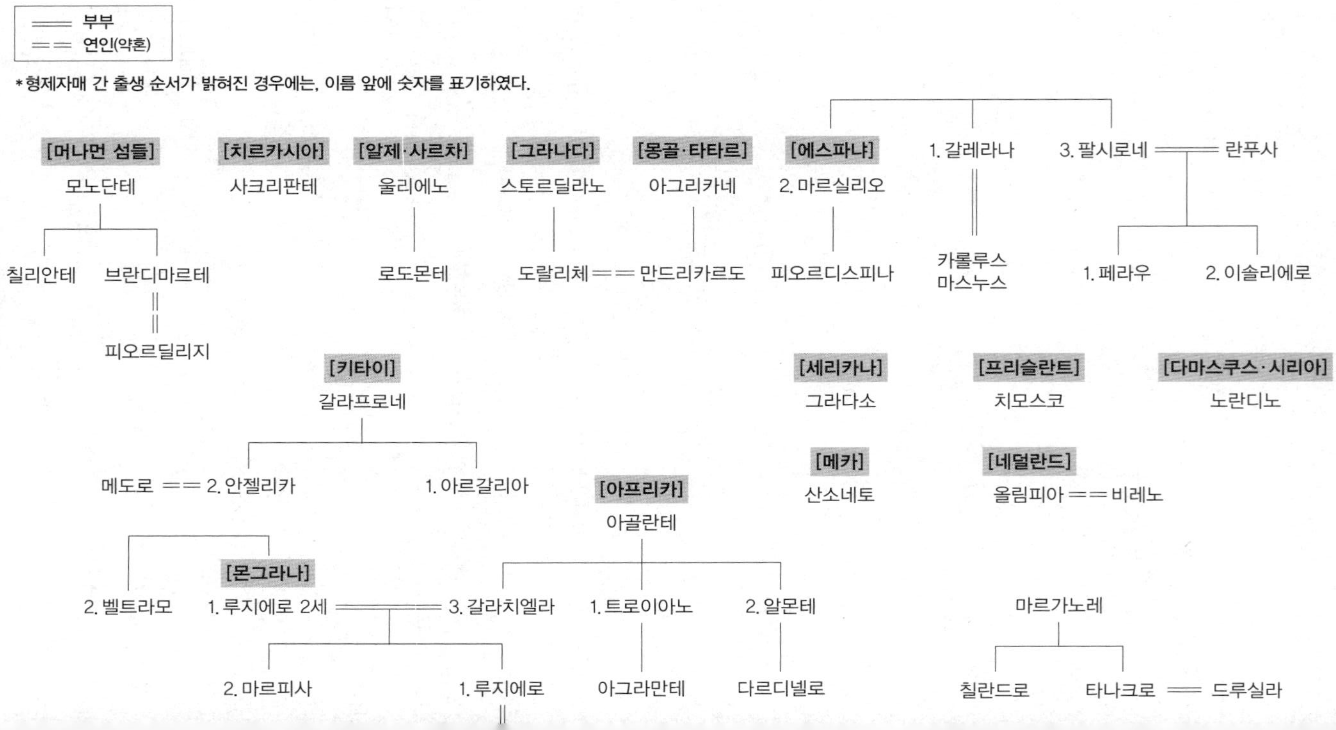

== 부부
== 연인(약혼)

* 형제자매 간 출생 순서가 밝혀진 경우에는, 이름 앞에 숫자를 표기하였다.

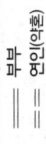

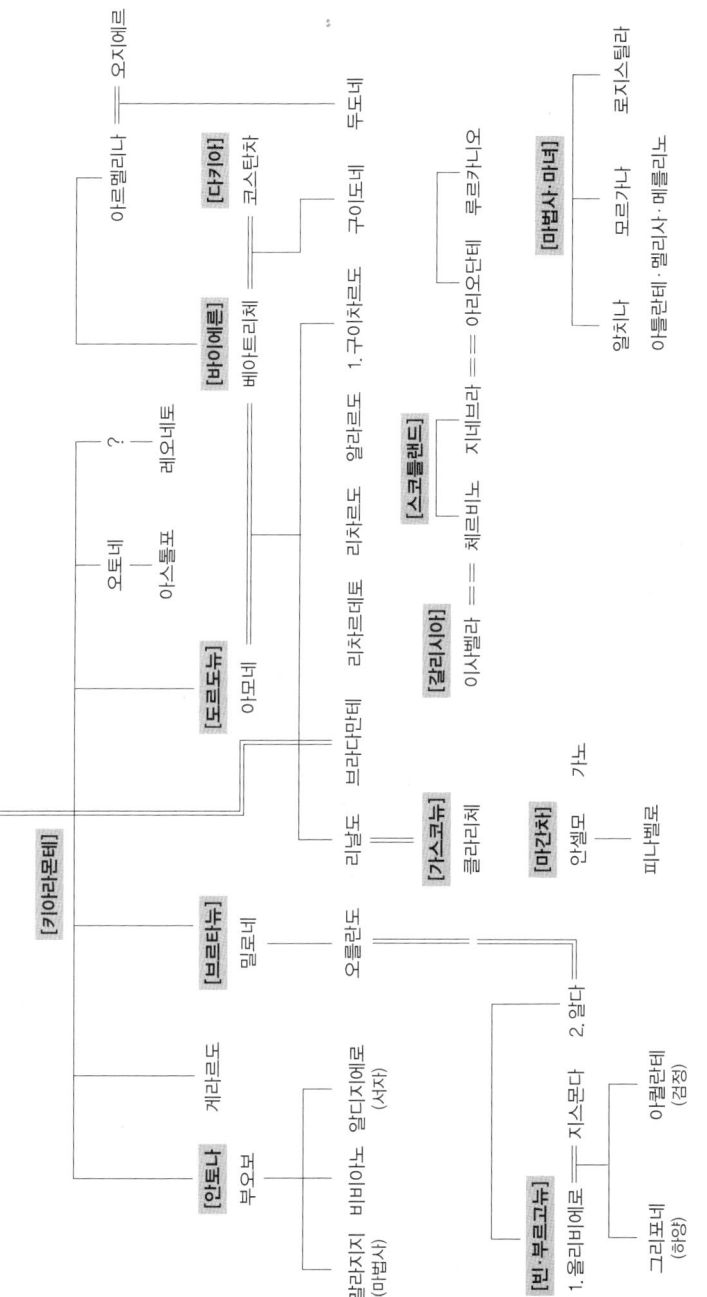

저자 아리오스토 시대의 인물 관계도

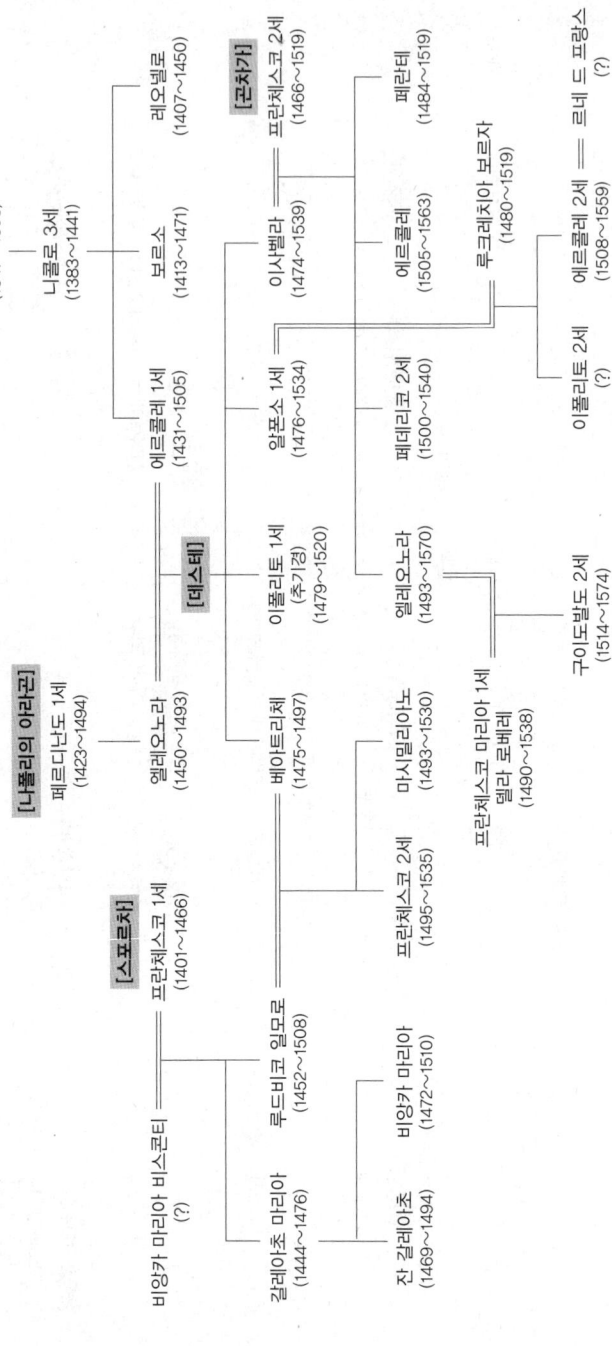

찾아보기

- 볼드체는 칸토(canto), 즉 '곡'을 가리키고, 콜론(:) 뒤의 숫자는 '연'을 가리킨다.
- 부수적으로 언급되는 고유명사는 제외하였다.

ㄱ

가노(Gano) **15:** 8, **18:** 10, **46:** 67

가니메데스(Ganymedes) **4:** 47, **7:** 20, **26:** 100

가라만테스(Garamantes) **14:** 17, 113, **29:** 59

가론(Garonne)강 **27:** 101

가브리나(Gabrina) **21:** 50, 55, 60, 64, 69, **22:** 1, **23:** 41, 92, **24:** 45, **26:** 8

가스코뉴(Gascogne) **8:** 35, **9:** 6, **12:** 71, **14:** 18, **27:** 19, **32:** 28, 32, 35, 36, **39:** 30

갈라치엘라(Galaciella) **36:** 60, 74

갈라테아(Galatea) **11:** 12

갈라프로네(Galafrone) **8:** 43, **12:** 35, 51, **22:** 25, **23:** 15, 108

갈레라나(Galerana) **43:** 184

갈레소(Galeso)강 **31:** 58

갈리시아(Galicia) **13:** 4, **14:** 13, **19:** 48, **20:** 134, **33:** 97

갈리아(Gallia) **3:** 49, **33:** 8, **41:** 2, **46:** 6

갠지스(Ganges)강 **15:** 17, **16:** 23, **19:** 106

고티아(Gotia) **32:** 54, 76

골(Gaul) **33:** 96

과달키비르(Guadalquivir)강 **14:** 12

과디아나(Guadiana)강 **14:** 14

구이도(Guido) **15:** 8, **16:** 17, **18:** 10, 155, **43:** 148

구이도네(Guidone) **20:** 7, 9, 65, 67, 70, 72, 73, 79, 80, 83~86, 92, 93, 95, 102, **22:** 52, 77, 80, 85, **31:** 29~31, 34, 36, 39, 40, 51, 55, 77, 98, **32:** 2, **38:** 21, 58, **39:** 18, **42:** 43

구이차르도(Guicciardo) **30:** 94, **31:** 11

굴리엘모 3세(Guglielmo III) **18:** 52, **26:** 53

궬포(Guelfo) **3:** 32

그라나다(Granada) **14:** 13, 40, 51, 54, 114, **16:** 67, **27:** 5, 51, **42:** 4

그라다소(Gradasso) **2:** 45, 48, 50~53, **4:** 40, 44, **12:** 11, 20, 25, **17:** 62, **22:** 20, **27:** 14, 30, 49, 57, 61, 63, 65, 66, 68, 80, 112, **30:** 19~25, 39, 40, 69, **31:** 47, 89, 91, 93, 95, 98, 99, 103~107, 110, **32:** 2, **33:** 81, 82, 89, 90, 92, 93, 95, **38:** 56, **40:** 47, 51, 52, 56, 57, **41:** 28, 68, 69, 73, 78, 79,

81, 82, 84, 93, 95, 97, 99, 102, **42:** 6, 42, 68, 9, 10, **43:** 151, 153, 160

그라티아(Gratia) **28:** 97, **43:** 58, **46:** 85

그란도니오(Grandonio) **14:** 12, 107, **18:** 42, **27:** 80, **31:** 81, **35:** 69, 71, **36:** 11

그레코(Greco) **28:** 57, 59, 61

그리스제국(비잔티움제국) **44:** 79, **46:** 70, 79

그리포네(Grifone, 하양) **15:** 67, 70, 71, 75, 92, 100, 101, 103, 104, **16:** 4, 8, 9, 13, 14, **17:** 17, 22, 24, 68, 70, 84, 86, 88, 91~95, 97~104, 106, 108, 110, 112, 114, 116, 119, 120, 128, 129, **18:** 3~7, 59~61, 63, 66, 68~72, 79, 82~84, 87, 90~92, 106, 107, 116~118, 120, 121, 123, 124, 129~131, **19:** 43, 106, **20:** 83, 104, **22:** 52, 78, 80, 84, **30:** 40, **31:** 37, 51, **38:** 21

ㄴ

나르본(Narbonne) **2:** 63, **31:** 83

나모(Namo, 바이에른 공작) **1:** 8, **8:** 73, 75, **15:** 8, **17:** 16, **18:** 8, **38:** 80, **46:** 110

나바라(Navarra) **14:** 5, 11, **16:** 55, 59, **33:** 97

나바테아(Nabatea) **1:** 55, **15:** 12

나우시카아(Nausicaa) **43:** 57

나일(Nile)강 **3:** 17, **10:** 56, **15:** 31, 41, 48, 64~66, 83, **16:** 56, **29:** 59, **33:** 99, 101, 106, 126, **38:** 26, **40:** 50, **41:** 38

나폴리(Napoli), 나폴리왕국 **3:** 38, **13:** 60, **33:** 49, 54

네레이스(Nereids) **11:** 45

네로(Nero) **3:** 33, **17:** 1, **35:** 26

네메아(Nemea) **34:** 39

네부카드네자르(Nebuchadnezzar) **34:** 65, 66

네스토르(Nestor) **7:** 44, **33:** 28

넵투누스(Neptunus) **8:** 54, **11:** 44, **15:** 19, **45:** 112

노란디노(Norandino) **17:** 23, 26, 37, 47, 51, 58, 63, 103, 105, 112, 121, **18:** 3, 59, 60, 64, 94, 104, 106, 117, 120, 124~126, 133, 134, **19:** 77, **40:** 39

노르망디(Normandie) **9:** 8, **14:** 3

노리치아(Norizia) **12:** 69, 73, 82, **14:** 28, **23:** 73

노비그라드(Novigrad) **45:** 10, **46:** 50

누마(Numa) **3:** 18

누미디아(Numidia) **18:** 22, **34:** 39, **42:** 7

누비아(Nubia) **33:** 100, 101, 103, 113, **38:** 24, 26, 29, 31, 36, 38, 45, **39:** 77, **40:** 16, 18, 49, 50, 72, **44:** 19, 21

니누스(Ninus) **7:** 20, **25:** 36

니므롯(Nimrod, 바벨의 왕) **14:** 119, **26:** 121, **27:** 69, **46:** 119

니코시아(Nicosia) **16:** 11, **17:** 66, **18:** 140

니콜로 레오니체노(Niccolò Leoniceno) **46:** 14

ㄷ

다뉴브(Danube)강 **3:** 17, **20:** 6, **22:** 6, **44:** 78, 79, **46:** 87

다르디넬로(Dardinello) **14:** 27, 108, **16:** 54, 83, **18:** 47, 52~58, 146~154, 165, 167

다마스쿠스(Damascus) **16:** 5~8, 15, 17, 18, 23, 80, 99, **18:** 7, 76, 86, 87, 97, 98, 102, 103, **19:** 77

다미에타(Damietta) **15:** 64, 66, 90

다발로스(d'Avalos) **26:** 52, **33:** 24, 51

다이달로스(Daidalos) **25:** 37

다프네(Daphne) **34:** 12

달린다(Dalinda) **5:** 23, 74, **6:** 2, 16

대서양 **33:** 98

데모스테네스(Demosthenes) **17:** 90

'덴마크 사람' **17:** 16, **38:** 79, **39:** 23, 64, **40:** 70, 78, 79, **46:** 110

델로스(Delos)섬 **33:** 29

도랄리체(Doralice) **14:** 50, 57, 63, 114, **18:** 28, **23:** 38, 71, 89, 91, 92, **24:** 71, 72, 95, 110, **26:** 68, 70, 71, 128, 130, 131, **27:** 5, 15, 105, **29:** 3, **30:** 45, 67, 71

도르도뉴(Dordogne), 도르도뉴강 **2:** 68, **12:** 20, **18:** 12, **22:** 75, **23:** 11, **32:** 50, **35:** 65

도미티아누스(Titus Flavius Domitianus) **17:** 2

돈(Don)강 **28:** 9

두도네(Dudone) **6:** 41, **39:** 22, 24, 29, 33, 34, 38, 46, 47, 49, 51, 52, 55, 80, 82, **40:** 5, 10, 71, 72, 75~82, **41:** 4, 5, 7, **42:** 43, **46:** 60, 108

두린다나(Durindana) **9:** 3, **11:** 50, **12:** 79, 80, **14:** 43, **23:** 60, 78, 81, 99, **24:** 50, 61, 75, 106, **27:** 54, 63, 112, **30:** 18, 41, 51, 58, 61, 66, 74, **31:** 44, 91, 104~106, **33:** 78, 81, 95, **40:** 56, **41:** 28, 80, 84, 100

뒤랑스(Durance)강 **20:** 106

드루실라(Drusilla) **37:** 52, 66, 69, 70, 77, 88, 97, 103, 118

디도(Dido) **10:** 56, **19:** 35, **35:** 28

디아나(Diana) **1:** 52, **11:** 58, **42:** 90, **46:** 4

디오니시우스(Dionysius) **45:** 1

ㄹ

라로셸(La Rochelle) **13:** 16, 22, **20:** 135

라르갈리파(Largalifa) **14:** 16, **18:** 44

라벤나(Ravenna) **14:** 2, 5, 9, **33:** 41, **43:** 146

라비카노(Rabicano) **7:** 77, 78, **8:** 3, 6, 7, **15:** 41, 85, **18:** 118, **22:** 10, 14, 15, 22, 28~30, **23:** 9, 11, 14, 18, **32:** 62, 69, **35:** 49, 71, **36:** 41, **39:** 67

라인(Rhein)강 **14:** 122, **15:** 25, **22:** 6, **27:** 101, **33:** 8, 96, **42:** 45, 69, **44:** 78

라타키아(Latakia) **17:** 94, **43:** 184

란푸사(Lanfusa) **1:** 30, **25:** 74, **26:** 69, **35:** 74

람브로(Lambro)강 **37:** 92

람페두사(Lampedusa)섬 **40:** 55, **43:** 150

랑그도크(Languedoc) **13:** 45

랜슬롯(Lancelot) **4:** 52

런던(London) **8:** 26, **10:** 73, **18:** 47, **22:** 7

레나토 트리불치오(Renato Trivulzio) **14:** 9, **37:** 12, **46:** 4

레노(Reno)강 **42:** 88

레오 10세(Leo X) **17:** 79, **26:** 36

레오 4세 **44:** 12, 52, 56, 60, 72, 73, 76, 81, 83, 84, 89, 92~94, 98~100, **45:** 5, 42~50, 53, 56, 57, 59~62, 69, 81~83, 90, 95, 105, 107, 110, 111, 113~117, **46:** 21, 22, 25~30, 38, 46~51, 53, 56, 58, 61, 62, 71, 78

레오네토(Leonetto) **10:** 77, **18:** 155

레오넬로(Leonello) **3:** 45, **41:** 67

레온(León)왕국 **14:** 12

레조(Reggio) **3:** 39, 43, **36:** 74, **38:** 14

레테(Lethe)의 강 **25:** 93, **31:** 49, **35:** 11, 14, 16, 22, **37:** 19

렘노스(Lemnos)섬 **11:** 75, **37:** 36

로도몬테(Rodomonte, 사르차의 왕) **14:** 25, 40, 65, 114~121, 126, 129, **15:** 4, **16:** 19, 24, 29, 85, **17:** 6, 9, 16, **18:** 8, 9, 16, 22, 31, 32, **23:** 33~37, **24:** 95, 102~106, **25:** 2, **26:** 55, 64~66, 70~72, 84, 88, 91, 92, 95, 98, 106, 109~112, 115, 119~122, 131, **27:** 3, 6, 15, 16, 26, 30, 40, 42, 45, 46, 49, 59~61, 65, 68, 69, 73, 75, 78~83, 102, 105, 108~117, 122, 125, 127, 130~133, 140, **28:** 75, 84~95, 98, 101, **29:** 1, 5, 8, 12, 17, 19~23, 26, 35~37, 40~48, **30:** 76, 77, **31:** 45, 63~67, 71, 73, 76~78, **32:** 5, 6, **35:** 33~35, 40, 41, 44, 47~50, 53, 55, 58, 59, 65, **38:** 49, 56, **39:** 4, 6, 16, 23, 30, 39, **40:** 59, **46:** 105, 113, 115, 119~140

로도스(Rhodos)섬 **17:** 66, **20:** 100

로마(Roma) **3:** 54, **7:** 20, **13:** 68, **14:** 4, 5, 65, **17:** 78, **19:** 48, **24:** 84, **26:** 32, **28:** 6, 11, 19, 24, **36:** 71, **37:** 13, **46:** 6, 7, 83, 95

로마냐(Romagna) **3:** 53, 55, **33:** 38, **43:** 146

로마제국 **33:** 8, 30

로슈포르(Rochefort) **44:** 72

로지스틸라(Logistilla) **6:** 44, 45, 55, 57, **7:** 79, 80, **8:** 15, 18, **10:** 45, 50, 52, 63, 64, **15:** 11, **22:** 16, 24, 27

론강(Rhône)강 **2:** 64, **3:** 75, **12:** 71, **20:** 106, **27:** 101, **28:** 91, **39:** 71, 72

론코(Ronco)강 **17:** 3

롬바르드족(Lombard) **3:** 25, **15:** 9, **17:** 2, **28:** 4, **41:** 64

롬바르디아(Lombardia) **17:** 77, **26:** 45, **33:** 14, 15, 49, 56, **43:** 130, **46:** 10, 94

루도비코 일 모로(Ludovico Il Moro, 루도비코 스포르차) **40:** 41

루르카니오(Lurcanio) **4:** 57, 58, **5:** 44, 48, 52, 66, 68, 79, 80, **6:** 7, 8, **10:** 86, **16:** 64, 65, 78, **18:** 40, 45, 54, 55

루앙(Rouen) **22:** 10, **27:** 101

루이 12세(Louis XII) **13:** 72, **14:** 8, **33:**

34, 37, 38, **45:** 2, 3
루지에로(Ruggiero) **1:** 4, **2:** 32, 45, 48,
52, 53, 59, 62, 65, **3:** 19, 24, 63~66,
69~71, **4:** 2, 30~35, 40, 41, 44~49,
6: 16, 17, 20, 23, 29, 31, 54, 56, 64,
65, 70, 72, 76, 77, 80, 81, **7:** 9, 16,
18, 20~23, 26, 28, 30, 33, 34, 37, 39,
43~52, 55, 56, 65, 69, 72, 74, 79,
80, **8:** 2~21, **10:** 35, 38~45, 49, 51,
54, 57, 64~69, 72, 75, 90, 91, 96,
101~104, 108~112, **11:** 2, 3, 6, 7, 13,
15~20, **12:** 16, 17, 20~22, 25, **13:**
45~48~55, 74~80, **22:** 20, 24~27,
31~32, 35~37, 42, 43, 47, 57,
61~67, 75, 79~81, 84, 86, 90, 91, 95,
98, **23:** 5, 6, 13, 17, 19, 21, 24~29,
31, 35, **24:** 55, **25:** 4, 5, 9, 12~21, 25,
71, 73, 77, 80, 82, 86, 90, 92~95, **26:**
2, 3, 8~11, 14, 16~20, 23, 29,
55~57, 61~67, 88, 91~99, 101, 103,
105~112, 114~127, 131~135, **27:**
15, 16, 23~26, 28, 30, 40~46, 60,
64~66, 70, 72, 80, 112, 113, **28:** 86,
30: 18~25, 28, 29, 34, 35, 38~44,
52~92, **31:** 88, **32:** 1, 9~12, 14, 15,
24~34, 37, 38, 45, 46, 61, 62, **33:** 60,
61, **35:** 32, 34, 38, 59, 62~64, 76,
79, 80, **36:** 11~14, 16, 17, 25, 30, 31,
35~45, 48~59, 63~70, 76, 79~83,
37: 25, 32, 33, 36, 37, 44, 92, 96, 97,
100, 101, 107, 111, 122, **38:** 1, 5~7,
14, 26, 61, 62, 67~71, 74, 77, 85,
87, 89, **39:** 1~3, 67, **40:** 61~64, 66,
73~82, **41:** 4~7, 19, 21, 25, 27, 46,
47, 50, 51, 54, 55, 59~61, 64~67, 79,
91, **42:** 24~28, **43:** 189, 194~198,
44: 6~9, 11, 14~17, 26~31, 35~37,
45~48, 52, 57, 59~63, 72~80, 84,
91~93, 98, 100~103, **45:** 5, 9, 10,
15, 18, 20, 21, 26, 29~31, 34~36,
40~51, 56, 61, 64~73, 76, 80~84,
95~98, 102~110, 113~116, **46:**
19~21, 25~29, 33~41, 45~53,
57~64, 71, 72, 79, 99~101,
104~116, 120~139
루지에로 2세(Ruggiero II) **36:** 60, 72, 73
루치나(Lucina) **17:** 37, 40, 44, 55, 56,
60~63, 66, **18:** 93, 140
루크레치아 벤티볼리오(Lucrezia
Bentivoglio) **42:** 88
루크레치아 보르자(Lucrezia Borgia) **13:**
69, **42:** 83
루키페르(Lucifer) **33:** 109
룽가빌라의 올린드로(Olindro di
Lungavilla) **37:** 52~56, 61, 65, 68, 73
르네 드 프랑스(Renée de France) **13:** 72
리날도(Rinaldo) **1:** 8, 16, 23, 28, 31~33,
36, 75, 78~81, **2:** 2, 3, 10~14, 18,
20~23, 26, 27, 30, 31, **3:** 30, 38, **4:**
40, 50~55, 63, 68, 70, **5:** 4, 74~79,
82~90, **6:** 15, 16, 33, 34, 41, 42, **8:**
21, 22, 25~30, **10:** 74, **14:** 11, 95, 98,
16: 29, 32, 39, 41~44, 47~50, 53, 78,
79, 84, **18:** 40, 45, 58, 146~148, 151,

152, 155, **19**: 19, **25**: 24, 76, 89, **26**: 18, 59, **27**: 8, 12, 13, 33, **30**: 90, 93, 95, **31**: 7, 9~13, 16~19, 23, 27~34, 39~42, 48~59, 77, 79, 82~85, 89~93, 95, 98, 101~109, **32**: 2, 49, **33**: 72, 77, 81, 82, 86, 89~95, **35**: 73, **36**: 13, 14, 40, **38**: 8, 20, 54, 57, 62, 65~69, 74, 79, 87, 90, **39**: 1~3, **40**: 64, 66, **41**: 48, **42**: 28~39, 43~51, 54~65, 69~73, 82, 97~99, 103, 104, **43**: 5, 9, 47, 50~57, 60, 63, 64, 71, 144~152, 179, 197, 199, **44**: 6, 9, 11~14, 26, 29, 35~38, 53, 75, **45**: 14, 107, 111, **46**: 60, 68, 108, 110

리디아(Lydia) **17**: 78, **18**: 77, **34**: 11, 17, 20, 44, 76, **45**: 1

리미니(Rimini) **14**: 9, **43**: 147, **46**: 6

리비아(Libya) **9**: 77, **12**: 4, **13**: 82, **37**: 5, **42**: 9

리스본(Lisbon), 리스본왕국 **14**: 13, **33**: 97

리알토(Rialto) **33**: 17

리옹(Lyon) **28**: 91

리차르데토(Ricciardetto) **25**: 24, 71~74, 77, 79, 83, 94, **26**: 3, 18, 55, 57, 61~63, 68, 77, 119, 127, 137, **27**: 2, **30**: 76, 87, 94, **31**: 8, 9, 35, 55, 98, **32**: 1, **36**: 13, **38**: 8, 21, **44**: 7

리차르도(Ricciardo) **30**: 94, **31**: 12, **38**: 8

리투아니아(Lithuania) **11**: 49

ㅁ

마간차(Maganza) 가문, **2**: 59, 66~69, **3**: 4, **14**: 123, **20**: 111, **23**: 59, **25**: 75, **26**: 10~15, 18, 69, **30**: 91, **38**: 21, **41**: 61, 66, **44**: 7

마기족(Magi) **15**: 37

마닐라르도(Manilardo) **12**: 69, 83, **14**: 29, **23**: 71, **40**: 73

마르가노레(Marganorre) **37**: 43, 66, 68, 76, 78, 82, 90, 92, 98, 99, 103~106, 111, 118~121

마르몬다(Marmonda) **14**: 18, 113

마르세유(Marseille) **2**: 63, 64, **13**: 45, **20**: 101, **24**: 92, **26**: 58, **40**: 69, 71, **44**: 18, 26

마르스(Mars) **3**: 45, 66, **9**: 79, **15**: 56, **16**: 19, 45, **17**: 72, 113, **23**: 6, **26**: 20, 24, 50, 80, **27**: 62, **32**: 76, 33: 40, **36**: 54, 71, **37**: 8, **38**: 55, 64, **41**: 68, **44**: 85, **46**: 85

마르실리오(Marsilio) **1**: 6, **2**: 37, **12**: 71, **14**: 10~12, 15, 16, 26, 34, 66, 107, **16**: 71, **18**: 41, 158, **22**: 39, **24**: 110, **25**: 7, **27**: 81, **28**: 91, **30**: 19, 27, **31**: 82, **32**: 4, **35**: 66, **38**: 37, 41, 48, 60, 77, 78, **39**: 1, 66, 74

마르실리오왕국 **30**: 4

마르타노(Martano) **17**: 86~91, 106~110, 121, 127, 129, **18**: 76~81, 84, 88, 92, 107

마르타시노(Martasino) **14**: 17, **38**: 49

마르피사(Marphisa) **18**: 99, 102, 109,

119, 123, 125~127, 131~133, **19:** 42, 43, 47, 59, 60, 69, 73, 76~78, 81, 83, 90~99, 104, 108, **20:** 3, 4, 68, 69, 73, 77, 79, 83, 86, 87, 92~95, 102, 108, 109, 113~115, 119, 121, 124, 125, 143, **26:** 8, 10, 13, 17~20, 23, 37, 68~71, 78, 79, 82, 85, 87, 106, 107, 110~113, 118, 124, 126, 131~133, 136, **27:** 15, 16, 23~31, 41, 45, 46, 52, 72, 85~87, 90, 94, 97~99, **30:** 88, 89, 92, **31:** 29, **32:** 6, 30, 46, 61, **36:** 16, 17, 20~26, 30, 43~48, 51, 54~59, 63~69, 74, 76, 79~82, **37:** 21, 24, 33, 100~104, 117, 120, **38:** 7~12, 22, 56, **39:** 10~13, 68, 72, **42:** 26, 27, **44:** 30, **45:** 21, 103~106, 113, **46:** 56~59, 108, 110

마리우스(Gaius Marius) **3:** 33, **17:** 1, **45:** 2

마실리아(Massilia) **18:** 22

마요르카(Mallorca) **14:** 13, **16:** 67

마우레타니아(Mauretania) **14:** 99 **42:** 89, **46:** 5

마우솔로스(Mausolos) **37:** 18

마탈리스타(Matalista) **14:** 14, **16:** 67, 69

마틸데(Matilde) **3:** 29

막시미누스(Gaius Julius Verus Maximinus) **17:** 2

막시밀리안 1세(Maximilian I) **26:** 35

만드리카르도(Mandricardo) **14:** 30, 34, 41, 48, 59, 115, **18:** 29, **23:** 38, 71, 88, 90, 94, **24:** 35, 58, 95~98, 106, **26:** 73, 75, 78, 91, 98~106, 109~113, 116, 118, 124, 126, 131, **27:** 15, 30, 40~46, 53~56, 59, 62, 64, 68, 76, 80, 102, 105~109, 112, 118, **30:** 17~19, 29, 31, 45, 52~56, 59, 60, 64~67, 73~75, 86, **31:** 47, **32:** 29, **36:** 81, **38:** 56, 67, **41:** 91, **44:** 77

만토(Manto) **42:** 86, **43:** 74, 97, 106, 116, 127

만토바(Mantova) **33:** 32, 45, **40:** 31, **42:** 69, **43:** 97, 145, **46:** 10, 11

만프레디(Manfredi) **33:** 20

말라가(Malaga) **14:** 12, **30:** 9

말라지지(Malagigi) **11:** 4, **25:** 72, 74, **26:** 26, 38, 48, 53, 54, 68, 72, 74, 127, 128, 136, **27:** 2, 4, **30:** 87, 91, 94, **31:** 12, 35, 79, 86, 92, **32:** 49, **33:** 85, 86, **38:** 21, 75, **42:** 30~34, 38, 41, 65, **43:** 55, 57

말라테스타(Malatesta) 가문 **46:** 5

말레아스(Maleas)곶 **20:** 100

맘브리노(Mambrino) **1:** 28, **18:** 151, **20:** 6, **38:** 79

'머나먼 섬들' **6:** 34

메넬라오스(Menelaus) **11:** 70, **46:** 82

메데아(Medea) **3:** 52, **20:** 42, **21:** 56

메도로(Medoro) **18:** 165~167, 170~173, 178~180, 183, 186, 190, **19:** 2, 4, 5, 10, 12~16, 19, 22~25, 33, 36, 37, **23:** 102~104, 107, 108, 116, 119, 129, 130, **29:** 63, **30:** 16, **42:** 39

메디아(Media) **1:** 5, **26:** 51, **40:** 39

메르쿠리우스(Mercurius) **15:** 57, **37:** 17, **46:** 85

메를리노(Merlino) **3:** 9~14, 20, 64, **7:** 37, 38, **11:** 4, **13:** 61, 66, **22:** 72, **26:** 30, 39, 48, **32:** 24, 25, **33:** 4, 7~11, 30, 48

메시나(Messina) **36:** 70

메젠티우스(Mezentius) **17:** 2

메카(Mecca) **15:** 95

메타우로(Metauto)강 **43:** 149

멜라(Mella)강 **17:** 3

멜리사(Melissa) **7:** 66, 75, 77, 79, **8:** 14~17, **10:** 64, 65, 108, **13:** 54, 55, 74, 76, **22:** 27, **32:** 25, **38:** 73, **39:** 4, 7, **42:** 26, **43:** 24, 28~31, 34~36, 39, 45, 47, **45:** 117, **46:** 19~22, 27, 46, 48, 76, 78, 84, 98

멤피스(Memphis) **15:** 61

모나코(Monaco) **39:** 23

모노단테(Monodante) **19:** 38, **31:** 59, **35:** 33, 53, **39:** 40, 62, **41:** 91, 98, **43:** 151

모데나(Modena) **3:** 39, **33:** 38

모라비아(Moravia) **22:** 6

모란도(Morando) **21:** 36, 38, 40

모레아(Morea) **20:** 100

모르가나(Morgana) **6:** 38, 45, **19:** 38, **43:** 28

모젤(Moselle)강 **44:** 78

몬그라나(Mongrana) **36:** 75, **38:** 20, **44:** 29, **46:** 67

몽마르트르(Montmartre) **18:** 185

몽토방(Montauban) **1:** 12, 18, **5:** 79, **18:** 99, 150, **23:** 14, 17, 20~24, 27, **25:** 46, **26:** 89, 90, **30:** 76, 77, 85, 89, 92, 95, **31:** 24~27, 54~57, 90, 108, **32:** 14, 16, **43:** 199, **44:** 6, **45:** 67

몽페랑(Monferrand) **32:** 50

몽펠리에(Montpellier) **2:** 63, **28:** 94

무사(Mousa) 여신 **37:** 8, 14, **46:** 3, 17

무함마드(Muhammad) **12:** 59, **18:** 55, **25:** 44, **33:** 101, **38:** 18, 86, **40:** 13, **41:** 39, **43:** 193

미네르바(Minerva) **11:** 75, **37:** 27, **42:** 89

미노스(Minos) **20:** 24, **26:** 129

미카엘 대천사 **14:** 75, 78, 96, **15:** 48, **18:** 26, **27:** 36, 38, 100

미케네(Mycenae) **5:** 5

민초(Mincio)강 **13:** 59, **37:** 8, **43:** 70

밀라노(Milano) **3:** 26, **33:** 44

밀로네(Milone) **31:** 107, **41:** 40

■

바르(Var)강 **2:** 64

바르디노(Bardino) **39:** 40, 43, 62, **43:** 168

바르바리아(Barbaria) **18:** 157, **42:** 20, **45:** 71

바르셀로나(Barcelona) **16:** 60, **19:** 41, **31:** 103, **32:** 4

바스토(Vasto) **15:** 28, **26:** 52, **33:** 24, 47, 53, **37:** 13, **46:** 8

바스티아(Bastia) **3:** 54, **42:** 4, **43:** 146

바욘(Bayonne) **25:** 74, 75

바이아르도(Baiardo) **1**: 12, 32, 73, 75, **2**: 8, 19, 23, **4**: 53, 68, 69, **5**: 82, **9**: 60, **16**: 43, 84, **18**: 146, **23**: 26, **31**: 14, 19, 53, 90, 91, 95, 100, 106, **33**: 78, 83~90, 94, 95, **38**: 74, **41**: 28, 29, 69, 70, 97, **42**: 43, 67

바이에른(Bayern) **22**: 6, **33**: 19

바젤(Basel) **42**: 45, 68

바쿠스(Bacchus) **28**: 92, **35**: 21

바티칸(Vatican) **46**: 90

박트라(Bactra) **38**: 57

발라스트로(Balastro) **14**: 22, **16**: 83, **18**: 45, 46

발레아레스(Baleares)제도 **33**: 98

발렌시아(Valencia) **7**: 55, **19**: 41, **28**: 52, 54, 58, 91, **39**: 74

발롬브로사(Vallombrosa) **22**: 36, **23**: 17, 19, 21, 25, **25**: 84

발루간테(Balugante) **14**: 12, 107, **18**: 42, **31**: 81

발리베르초(Baliverzo) **14**: 24, **15**: 6, **16**: 75, **40**: 73

발리사르다(Balisarda) **7**: 76, **26**: 21, 106, 118, 126, **27**: 72, **30**: 51, 55, 58, **38**: 75, **41**: 26, 70, 75, 77, 83, **42**: 9, **44**: 17, 87, **45**: 68, **46**: 119

밤비라고(Bambirago) **15**: 6, **16**: 75, 81

베네치아(Venezia) **3**: 52, **27**: 137, **33**: 2, 31, 38, **36**: 3, **43**: 54, **46**: 97

베누스(Venus) **1**: 52, **11**: 70, **15**: 56, **18**: 139, **23**: 6, **35**: 21, **37**: 17, **43**: 58, **46**: 85

베드로 **22**: 2, **26**: 32, **33**: 55, **34**: 58, **43**: 178, **46**: 90

베로나(Verona) **3**: 31, **42**: 69

베르길리우스(Vergilius) **3**: 56, **35**: 26, 28, **42**: 86

베르톨라지(Bertolagi) **25**: 74, 94, **26**: 12, 13, **41**: 61, **44**: 7, **46**: 68

베를린지에로(Berlingiero) **15**: 8, **16**: 17, **17**: 16, **18**: 8, 44

베릭(Berwick) **4**: 53, **8**: 25

베수비오(Vesuvio)화산 **5**: 18

베아트리체(Beatrice) **2**: 31, **13**: 62, **23**: 24, **40**: 80, **42**: 91, **44**: 37, 44, 71, **45**: 21

베오그라드(Beograd) **44**: 78, 80, 95, 98, **45**: 14, 47, **46**: 50, 61

베이루트(Beirut) **18**: 74

베자이아(Bejaïa) **33**: 99

벤티볼리오(Bentivoglio) 가문 **33**: 39, **46**: 7

보헤미아(Bohemia) **22**: 6, **28**: 15

볼로냐(Bologna) **13**: 73, **33**: 37, 39, **42**: 88, **46**: 13

부오보(Buovo) **25**: 72, **26**: 13, 19, **31**: 102, **36**: 72, **44**: 7

부치파르(Bucifar) **39**: 21, 22, **40**: 35

불카누스(Vulcanus) **2**: 8, **3**: 51, **12**: 2, **15**: 56, **26**: 100, **37**: 27, **40**: 44, **41**: 88, **45**: 73, **46**: 116

브라다만테(Bradamante) **1**: 70, **2**: 30, 33, 63, 74, **3**: 5, 9, 16, 20, 23, 60, 66, **4**: 13, 40, **7**: 33, 38, 39, 45~48, 69, **10**: 72, 97, 108, **11**: 2, 19, **13**: 75, 80, **14**:

17, 19, **20:** 102, 111, 112, **22:** 20, 31~34, 36, 42, 63, 71, 73, 97, **23:** 4, 5, 10, 15, 16, 27, 43, **24:** 55, **25:** 9, 20, 24, 39, 42, 45, 53, **26:** 2, 56, **30:** 76, 78, 81, 84~87, 94, **31:** 6, **32:** 2, 10, 35, 47, 59, 62, 68, 72, 74, 79, 81, 95, 101, 109, 110, **33:** 25, 59, 61, 65, 69, 77, **35:** 39, 41, 47, 49, 52, 53, 59, 61~64, 67~70, 78, 79, **36:** 9, 17, 22, 23, 38, 42, 44, 51, 53, 66, 68, 79~82, **37:** 24, 28~30, 33, 34, 100, 101, 113, **38:** 1, 3, 6~8, **39:** 12, 67, 72, **40:** 80, **41:** 49, 61, 102, **42:** 24, 28, **44:** 11, 30, 37, 39, 48, 58, 68, 70, 75, **45:** 21, 22, 25, 26, 40, 53, 54, 60, 63, 66, 67, 70, 71, 74, 77, 81, 82, 88, 90, 95, 102~111, 114, **46:** 20, 35~37, 52, 54, 57, 63~65, 72, 73, 98~102, 110, 113, 125, 125

브라바(Brava) **6:** 34, **18:** 99, **27:** 11, 12, **30:** 91

브란디마르테(Brandimarte) **8:** 86, 88, **12:** 11, **22:** 20, **24:** 54, 55, 73, **27:** 33, **29:** 43, 49, **31:** 46, 47, 60, 62~67, 72, 73, 77, **35:** 73, **38:** 55, **39:** 30, 33, 38~44, 47~50, 59, 62, 63, **40:** 21~24, 28, 30, 58, **41:** 25, 29, 31, 33, 36, 37, 42, 68, 71~73, 78~85, 91~93, 99, 101, **42:** 8, 12, 15, 18, **43:** 152~157, 160, 163, 165, 174, 176, **44:** 27

브란차르도(Branzardo) **38:** 35, 44, **39:** 19, 21~24, **40:** 15, 35

브레시아(Brescia) **14:** 9, 39

브루넬로(Brunello) **3:** 69, 70, 75, 76, **4:** 2, 9, 10, 12~15, **10:** 108, **11:** 3, 5, **14:** 19, 21, **18:** 109, **19:** 18, **27:** 72, 86~90, 94, 97, 98, **32:** 7~9, 33, **41:** 26, 27

브루투스(Brutus) **37:** 19

브르타뉴(Bretagne) **9:** 6, 8, 16, 60, **10:** 92, 113, **13:** 72

브릴리아도로(Brigliadoro) **8:** 84, **9:** 60, **11:** 80, **12:** 6, 8, 55, 89, **23:** 26, 115, 116, **24:** 49, 56, 115, **26:** 125, 132, **30:** 55, 56, 75, **31:** 44, **40:** 8, 57, **41:** 91

비레노(Bireno) **9:** 25, 33, 38, 39, 44, 46, 52~55, 58, 63, 81, 84~88, **10:** 2, 4, 10, 11, 15, 17, 20, 22, 27, **11:** 63, 64, 72, 76, 79

비비아노(Viviano) **25:** 72, 74, **26:** 26, 38, 54, 68, 72~74, 119, 120, 129, 136, **30:** 87, 91, 94, **31:** 12, 35, 51, 55, 108, **38:** 21

비스카야(Vizcaya) **9:** 23, 38, 39, **13:** 11, **24:** 16, 19, 25, 97

비스콘티(Visconti) 가문 **13:** 63, **33:** 21

비제르테(Bizerte) **18:** 158, **33:** 99, **38:** 25, 39, **39:** 21, 22, 42, 64, 65, 77, **40:** 9~15, 36, 51, 55, **41:** 24, **43:** 153, **44:** 19, 33

비토리아 콜론나(Vittoria Colonna) **37:** 18, 19

ㅅ

사군토(Sagunto) **14**: 16

사라고사(Zaragoza) **14**: 15, **25**: 49

사르데냐(Sardegna) **39**: 28, **44**: 24

사르마티아(Sarmatia) **10**: 71

사르차(Sarza) **14**: 25, 108, 113~116, **18**: 28, 29

사모스(Samos)섬 **40**: 1

사바(Sava)강 **44**: 79

사제왕 요한 **33**: 106

사크리판테(Sacripante) **1**: 45, 57, 60~63, 68, 69, 76, 79, **2**: 10, 31, **4**: 40, 44, **8**: 63, **12**: 11, 2~28, 35, 37, 66, **19**: 18, **27**: 7, 14, 30, 49, 69, 70, 73, 75~85, 113, 116, **28**: 86, **30**: 40

산소네토(Sansonetto) **15**: 95, 98, **18**: 97, 100, 103, 108, 114, 119, 120, 123, 127, 132, 134, **19**: 59, **20**: 83, 87, 93, 95, **22**: 52, 64, 66, 69, 81, **31**: 29, 41, 51, 55, 77, 85, **35**: 53, **38**: 21, 58, **39**: 30, 33, 47, 49, 51, **40**: 10, 14, 20, **41**: 34, 35, **43**: 154, 156

산테르노(Santerno)강 **3**: 53, **43**: 145

살라모네(Salamone) **15**: 8, **18**: 10, 155

삼손(Samson) **14**: 45, **34**: 63

생말로(Saint Malo) **9**: 15

생베르나르(Saint Bernard)고개 **33**: 13

생제르맹(Saint Germain) **18**: 38

샤를 8세(Charles VII) **33**: 24, 30, 34

성 드니 **27**: 30

성 요한 **16**: 13, **22**: 2, **27**: 30, **34**: 58, **38**: 24, 26

세나포(Senapo) **33**: 102, 103, 106, 119, 123, **38**: 26, 27, **40**: 47, **44**: 19, 21

세르펜티노(Serpentino) **14**: 13, 107, **16**: 82, **18**: 42, **27**: 80, **35**: 66~68, **36**: 11

세리카나(Sericana) **1**: 55, **2**: 45, 48, **10**: 71, **27**: 53, 54, 63, **30**: 18, 74, **31**: 101, **33**: 95, **40**: 46, **41**: 28, **42**: 67

세벤(Cévennes)산맥 **27**: 101

세비야(Sevilla) **14**: 12, **27**: 51, **32**: 85, **33**: 97

세우타(Ceuta) **14**: 22, 113, **18**: 48

센(Seine)강 **14**: 108, **18**: 21, 159, **27**: 32, 101, **31**: 37, 85

셀레우키아(Seleukeia) **17**: 87, 100~103

셸란(Sjælland) **9**: 23, 61, 82, 87, 94, **10**: 15, **11**: 79

소리다노(Soridano) **14**: 22, 113, **16**: 75, 81

소브리노(Sobrino) **14**: 24, 108, **16**: 41, 53, 77, 83, **18**: 40, 159, 160, **27**: 99, **30**: 27, **31**: 82, **38**: 37, 48, 49, 65, **39**: 3, 16, 66, **40**: 9, 36, 37, 53, 54, 56, **41**: 68, 71~78, 81, 86~90, **42**: 16, 18, **43**: 192~194, 198, **44**: 26, 27, 53, **46**: 60

손(Saône)강 **20**: 106, **27**: 101, 127, **28**: 87, **44**: 28

술라(Lucius Cornelius Sulla) **3**: 33, **17**: 1

스키티아(Scythia) **8**: 15, 62, **10**: 71, **15**: 12, **36**: 8, **38**: 12

스토르딜라노(Stordilan) **14**: 13, 55, 114, **18**: 157, **23**: 94, **24**: 110, **26**: 129, **27**:

50, 51, 102, **30:** 31
스틱스(styx)강 **2:** 42, **31:** 79, 96, **45:** 17, **46:** 9
스포르차(Sforza) 가문 **13:** 63, **33:** 44
스폴레토(Spoleto) 공작령 **3:** 32
시나이(Sinai)산 **19:** 48
시돈(Sidon) **17:** 93, **37:** 5
시빌라(Sibylla) **7:** 73, **19:** 66, **20:** 120
시에나(Siena) **26:** 48
시지스몬도 곤차가(Sigismondo Gonzaga) **26:** 49
시칠리아(Sicilia) **3:** 39, **5:** 18, **13:** 73, **20:** 100, **36:** 70, **42:** 68, **43:** 182, **44:** 27
신성로마제국 **16:** 85, **38:** 74
실론(Ceylon)섬 **15:** 17

ㅇ

아가멤논(Agamemnon) **35:** 27
아골란테(Agolante) **2:** 32, **12:** 43, **17:** 14, **36:** 72, 74
아그라만테(Agramante) **1:** 1, 6, **2:** 32, **3:** 66, 69~71, **4:** 30, **7:** 33, **11:** 5, **12:** 70, 72, **13:** 81, **14:** 10, 11, 17~21, 25, 28, 30, 66, 98, 99, 105, 107, **15:** 6, **16:** 17~19, 28, 75~77, 83, 84, **18:** 26, 40, 158, 159, **24:** 110, **25:** 2, 81, 82, 90, **26:** 68, 85, 87, 96, 107, 113, 114, **27:** 10, 14, 17, 33, 40, 44, 52, 68, 69, 81, 82, 87, 94, 99, 102, 103, 109, 116, 126, **28:** 91, **30:** 19, 20, 23, 27, 29, 38, 45, 70, 74, 88, **31:** 51, 80, 81, 84, 88, **32:** 3~8, **33:** 77, **35:** 32, 59, 66, 79, **36:** 72, 76~80, 83, **38:** 5, 7, 17, 18, 35~37, 41, 81, 83, 85, 87, **39:** 6, 8, 15~17, 20, 66~70, 73~79, 82, **40:** 5, 7, 9, 35, 36, 43, 44, 47, 51, 53, 56, 59, 62~69, 73, **41:** 36, 37, 45, 68, 72, 80, 87, 91, 98, 99, **42:** 8, 10, 68, **43:** 151, 153
아그리스몬테(Agrismonte) **25:** 71, **26:** 55, 90, **30:** 76, 91
아그리젠토(Agrigento) **43:** 166, 167
아그리카네(Agricane) **1:** 80, **8:** 43, 62, **14:** 30, 42, 58, 63, **17:** 62, **18:** 31, **19:** 32, **23:** 79, **24:** 104, **27:** 3, 6, 49, **30:** 70, **31:** 44
아그리칼테(Agricalte) **14:** 22, **16:** 81, **40:** 73
아나톨리아(Anatolia) **22:** 6
아다(Adda)강 **17:** 3, **37:** 92
아도니오(Adonio) **43:** 71, 74, 78~80, 95, 106, 108, 110, 114, 116, 139
아드리아(Adriatic)해 **3:** 40, **4:** 11, **33:** 35
아디제(Adige)강 **41:** 63
아라곤(Aragón) **13:** 68, **14:** 5, **15:** 23, 25, **16:** 60, **27:** 51, **33:** 97
아라비아(Arabia)해 **15:** 11
아라크네(Arachne) **7:** 23
아르갈리아(Argalia) **1:** 29, **8:** 17, 42, **12:** 31, **15:** 41, **45:** 65
아르고(Argo)호 **15:** 21, **37:** 36
아르고스(Argos) **5:** 5, **7:** 14, **14:** 107
아르덴(Ardennes) **1:** 78, **22:** 7, **42:** 45

아르반테(Arbantes) **9:** 25, 32, 35, 62

아르자(Argia) **43:** 87, 106, 113, 123, 124, 131, 132, 140, 141, 144

아르제오(Argeo) **21:** 14, 17~19, 24~27, 33, 36, 40, 45, 48~50, 58

아르젠타(Argenta) **3:** 41, **43:** 145

아르칠라(Arzilla) **14:** 23, **15:** 6, **25:** 32, **33:** 98

아를(Arles) **27:** 101, **31:** 83, 88, **33:** 19, **35:** 32, 57, 59, **37:** 122, **38:** 7, 75, **39:** 72

아리오단테(Argalia) **5:** 18, 20, 27, 29, 32, 36, 39, 40, 43, 46, 50, 55, 57, 60, **6:** 3~5, 9, 14, **16:** 55, 59, 64, 65, 78, **18:** 56, 155

아모네(Amone) **1:** 12, 77, 21, **2:** 31, 64, **3:** 13, 75, **7:** 45, **8:** 28, **13:** 44, **16:** 45, **20:** 6, 65, **22:** 34, **23:** 39, **26:** 13, **30:** 94, **31:** 15, 31, **32:** 51, 98, 107, **33:** 68, **36:** 17~22, 47, 66, **44:** 11~14, 36, 37, 44, 52, 57, 71, 73, 75, **45:** 21~24, 28, 106~108, 111, 113, **46:** 35, 64

아모르(Amor) **1:** 56, **2:** 1, 40, 57, **5:** 7, 74, **7:** 12, **8:** 48, **9:** 1, 13, 86, **10:** 97, **11:** 55, 65, 78, **12:** 73, **13:** 6, 18, 20, 26, **14:** 52, 59, 60, **15:** 103, **16:** 2, **17:** 62, 72, 116, **19:** 19, 33, **23:** 103, 119, 121, 127, 128, **24:** 38, 39, 114, **25:** 32, 35, 50, 52, 54, **26:** 70, **28:** 23, 97, **29:** 25, **31:** 1, **32:** 20, 92, 93, **34:** 32, **35:** 56, **36:** 38, **38:** 4, **42:** 1, **43:** 13, 34, 58, 81, 104, **44:** 39, 43, 61, 62, 65, 66, **45:** 32

아베르누스(Avernus), 아베르누스호수 **14:** 82, **19:** 84, **33:** 4

아볼리오(Avolio) **15:** 8, **16:** 17, **17:** 16, **18:** 8

아비노(Avino) **15:** 8, **16:** 17, **17:** 16, **18:** 8

아비뇽(Avignon) **28:** 91

아서(Arthur) 왕 **4:** 52, **26:** 39, **33:** 8, 9

아스완(Aswan) **29:** 59

아스톨포(Astolfo, 잉글랜드 공작) **6:** 33, 54, **7:** 17, 27, **8:** 17, 18, **10:** 64~66, **11:** 4, **15:** 10, 11, 37, 48, 53~55, 59~66, 75, 79~82, 85~88, 91, 92, 97, **18:** 70, 73, 96, 97, 100~103, 108, 114, 118, 120~123, 132, **19:** 43, 56, 59, 61, **20:** 65~67, 83, 87, 93, 96, 97, **22:** 4, 7, 10, 12, 14, 18~20, 23, 26, **23:** 9~16, **24:** 55, **32:** 48, 75, **33:** 16, 96, 103, 113, 114, 117~128, **34:** 3~6, 9, 52, 54, 57, 60, 61, 69, 71, 72, 76, 84~89, **35:** 3, 17, 30, 31, **38:** 23~29, 31~35, **39:** 19, 20, 23, 24, 33, 36, 38, 42, 45~57, 64, 79, 80, **40:** 9~11, 14~17, 35, 48, **41:** 34, 35, **43:** 154, 156, **44:** 18~26, **45:** 65, 66, **46:** 110

아스티아낙스(Astyanax) **1:** 30, **36:** 70

아스프로몬테(Aspromonte) **12:** 43, **17:** 14, **27:** 54

아시리아(Assyria) **34:** 76, **37:** 5

아우구스투스(Augustus) **3:** 18, 56, **15:** 24, 26, **35:** 22, 26, **46:** 83

아우렐리우스(Marcus Aurelius) **15:** 26

아우로라(Aurora) **1:** 7, **10:** 20, **11:** 32, **12:** 68, **15:** 57, **18:** 103, **23:** 52, **30:** 44, **34:** 61, **37:** 86, **38:** 76, **40:** 14

아이게우스(Aegeus) **46:** 59

아이네아스(Aeneas) **19:** 35, **35:** 25, **36:** 6

아이소포스(Aisopos) **43:** 135

아이올로스(Aeolus) **45:** 112

아칸서스(acanthus) **25:** 69

아케론(Acheron)강 **46:** 140

아퀴타니아(Aquitania) **10:** 66

아퀼란테(Aquilante, 검정) **15:** 67, 70, 75, 92, 104, 105, **18:** 70~81, 84~87, 90~93, 116, 118, 120, 124, **19:** 43, 59, 106, **20:** 83, 104, **22:** 52, 78, 80, 85, **30:** 40, **31:** 37, 51, **38:** 21

아키텐(Aquitaine) **14:** 3

아킬레스(Achilles) **26:** 81, 95, **29:** 19, **31:** 56, **33:** 28, **35:** 25, **37:** 20, **42:** 2

아테네(Athenae) **36:** 53, **37:** 13, **40:** 1

아톨(Atholl) **10:** 85, **18:** 51

아틀라스(Atlas)산맥 **33:** 100, **38:** 31, 23

아틀란테(Atlante) **4:** 30, 37, 38, 45, **6:** 67, 76, **7:** 43, 51, 52, 56, 66, 67, **8:** 10, **12:** 21, 22, 25, 26, 29, 33, **13:** 49, 74, **14:** 19, **20:** 112, **22:** 18, 31, 67, 81, **23:** 13, **24:** 54, 55, **27:** 14, **36:** 64, 72, **38:** 26, **46:** 99

아틸라(Attila) **17:** 3, **43:** 32

아펜니노(Appennino)산맥 **3:** 37, **4:** 11, **14:** 99, **33:** 9, 35, **39:** 14, **43:** 125, 149

아펠레스(Apelles) **28:** 4, **33:** 1, **46:** 84

아폴로(Apollo) **27:** 102, **37:** 12, 17, **42:** 89, **45:** 20, 78, **46:** 3

아폴로도로스(Apollodoros) **33:** 1

아헨(Aachen) **22:** 7

악타이온(Actaeon) **11:** 58

안나바(Annaba) **33:** 99

안달루시아(Andalucía) **18:** 157

안드레아 도리아(Andrea Doria) **15:** 30, 31, 34, **26:** 51, 33: 57

안드로니카(Andronica) **10:** 52, **15:** 11, 18, 19, 36

안드로포노(Andropono) **14:** 124, **18:** 177

안셀모 2세(Anselmo II) **2:** 58, **22:** 47, **23:** 4, 45, 50, 57, **46:** 67

안셀모(Anselmo, 만토바 재판관) **43:** 72, 87, 107, 114, 116, 136, 137, 141

안젤리카(Angelica) **1:** 5, 11, 15, 21, 27, 32, 45~48, 65, 71, 78, 79, **2:** 2, 17, **8:** 2, 29, 34, 45, 61, 67, **9:** 14, **10:** 92, 109, **11:** 2, 10, **12:** 3, 6, 10, 15, 16, 20, 23, 35~37, 50, 51, 56, 57, 61~66, 85, 86, **19:** 17~20, 24, 27, 33, 36, **23:** 103, 108, 119, 120, 130, **27:** 8, 9, 58, 60, 64, 65, 67, 72, **30:** 16, 17, 91, **42:** 29, 30, 34~40, 61, 67

안타이오스(Antaios) **9:** 77, **18:** 24, **23:** 85

안탈리아(Antalya) **17:** 65, **19:** 46

안토니우스(Antonius) **3:** 33, **15:** 33

안트베르펜(Antwerpen) **9:** 17

안티오키아(Antiochia) **15:** 102, 105, **16:** 5, **17:** 71, 86, 124, **18:** 71~76, 85

알가체라(Algazera) **38:** 35, **39:** 19, 23, **40:** 35

알다(Alda) **3**: 27, **13**: 73, 59

알도브란디노(Aldobrandino) **3**: 35, 40

알디지에로(Aldigiero) **25**: 71, 79, 94, **26**: 3, 5, 9, 68, 76, 136, 137, **31**: 35, 55

알라르도(Alardo) **23**: 22, **30**: 94, **31**: 10, 35, 51, 55

알레산드라(Alessandra) **20**: 37, 39, 42, 46, 57, 58

알레산드리아(Alessandria) **33**: 21, 22

알레포(Aleppo) **18**: 77

알렉산드레타(Alexandretta)만 **18**: 74, **19**: 54

알렉산드로스(Alexandros) **7**: 59, **9**: 74, **26**: 47, **37**: 20

알렉산드리아(Alexandria) **10**: 37

알메리아(Almería) **14**: 16, **16**: 67

알모니오(Almonio) **13**: 22, **24**: 19, 20, 28, 29, 43~46

알몬테(Almonte) **1**: 28, 30, 91, **14**: 43, 108, **17**: 14, **18**: 47, 49, 52, 147, 167, 186, **19**: 12, **20**: 5, **24**: 49, **27**: 65, **32**: 5, **36**: 72, 77, **38**: 5, **40**: 57

알바라키에(Alvaracchie) **14**: 27, **16**: 81

알베르타초(Albertazzo) **3**: 26, 29

알베르토(Alberto) **3**: 26, 40, **40**: 4, **41**: 67

알브라카(Albracca) **1**: 75, 80, **11**: 3, **27**: 72, 73, **38**: 20

알제(Alger) **14**: 25, **16**: 27, **17**: 11, **24**: 97, 102, **26**: 67, 93, 116, 127, 133, **33**: 99, **39**: 39, **46**: 102

알체스테(Alceste) **34**: 20, 22~25, 28, 33~35, 41

알치나(Acina) **6**: 35, 38, 41, 43, 45~49, 52, 57, 58, **7**: 9, 18, 25, 26, 30, 44~47, 50, 52, 57, 59, 64, 69, 70, 74, 75, 80, **8**: 10, 13, 17, **10**: 39, 48, 51~54, 57, 108, **12**: 21, **13**: 46, **15**: 10, 11, 37, **22**: 24

알치르도(Alzirdo, 틀렘센의 왕) **12**: 69, 73~75, **14**: 29, **23**: 71, **38**: 49

알타리파(Altaripa) **2**: 58, **22**: 47, **23**: 3, 4, 44, 57

알폰소 1세(Alfonso I) **3**: 50, 51, 58~60, **14**: 2, **40**: 41, **42**: 3, **46**: 95

알폰소 다발로스(Alfonso d'Avalos, 바스토Vasto의 후작) **15**: 29, **26**: 52, **33**: 47

알폰소 다발로스(Alfonso d'Avalos, 페스카라Pescara의 후작) **33**: 33

알폰소 데스테(Alfonso d'Este) **3**: 50, 51, **13**: 68, **14**: 2, **33**: 40, **40**: 41, **41**: 67, **42**: 3, **43**: 59, **46**: 95

알프스(Alps)산맥 **14**: 6, **24**: 54, **26**: 44, **27**: 101, **33**: 7, 9, 14, 24, 35, 41, **41**: 2, **42**: 69, **43**: 71

암프리소스(Amphrysos)강 **42**: 88

앙글란테(Anglante) **1**: 57, **2**: 24, **8**: 63, **9**: 68, **12**: 5, 49, 66, 75, **23**: 65, 72, **27**: 11, 12, 55, **31**: 61, **40**: 56, **41**: 36, **42**: 7, 10, 68, **43**: 151, **45**: 107

앙코나(Ancona) **3**: 31, 37, **42**: 91

에게(Aegean)해 **20**: 100

에그모르트(Aigues-Mortes) **2**: 63, **27**: 128, **28**: 92, **39**: 24

에드워드(Edward, 슈르즈베리 백작) **10**:

82, 83, **16:** 30, 85, **18:** 10, 18
에르난 코르테스(Hernán Cortés) **15:** 27
에르모니데(Ermonide) **21:** 5, 10, 67
에르콜레 데스테 1세(Ercole d'Este I) **1:** 3, **3:** 46, 49, 62, **13:** 71, **26:** 51, **41:** 67, **42:** 84, **43:** 59, **46:** 87
에르콜레 데스테 2세(Ercole d'Este II) **3:** 58, **13:** 71, **26:** 51, **37:** 13, **43:** 59
에리트레아(Eritrea) **15:** 12, **17:** 21, **43:** 35
에리필라(Erifilla) **6:** 78, **7:** 2, 7
에부다(Ebuda)섬 **8:** 51, **9:** 11, 12, **11:** 28, 55, 60
에첼리노 다 로마노(Ezzelino da Romano) **3:** 32, 33, **17:** 3
에코(echo) **10:** 49, **27:** 117
에테아르코(Etearco) **16:** 65
에트나(Etna)화산 **12:** 1
에트루리아(Etruria) **18:** 65, **43:** 149
에티오피아(Ethiopia)강 **15:** 58
엘레오노라(Eleonora) **13:** 69, **42:** 86, **43:** 148, **46:** 87
엘레우시스(Eleusis) **12:** 3
엘리야(Eliyah) **14:** 88, **34:** 59, 68, **38:** 23
엘바니오(Ebanio) **20:** 36, 39, 40, 45, 54, 55, 60
예루살렘(Jerusalem) **17:** 18, **18:** 70, 134, **21:** 36, **28:** 15, **33:** 105
오도리코(Odorico) **13:** 11~13, 17, 22~26, 29, **24:** 16~19, 23, 25, 28, 33, 39~45, 84
오랑(Oran) **14:** 17, 108, **16:** 41, 47, **32:** 5, **33:** 99
오레스테스(Orestes) **21:** 57
오론테스(Orontes)강 **18:** 75
오론테아(Orontea) **20:** 28, 35~38, 47, 49, 57
오르코(Orco) **17:** 29, 37~43, 48~50, 53~59, 62~67, **18:** 140
오르페우스(Orpheus) **42:** 83
오를란도(Orlando) **1:** 2, 5~8, 28~31, 55, **2:** 17, 18, **6:** 33, **8:** 68, 71, 73, 77~80, 87, 90, **9:** 1, 4, 7~10, 14, 19~21, 57, 58, 62, 66, 69~72, 77, 79, 83, 85, 92, **11:** 4, 21, 29, 30, 35~38, 44~47, 50, 51, 54~56, 59~63, 76, 80~82, **12:** 3, 8, 10, 13, 15~20, 24~29, 31, 35, 37~39~45, 50, 51, 54, 60, 62, 64, 67~69, 73, 80, 83~87, 89, 92, 93, **13:** 2, 35, 37~43, **14:** 33, 35, 43, **15:** 95, **18:** 97, 147, 149, **19:** 18, 31, 39, **23:** 53~71, 75~80, 85~88, 95, 96, 99~101, 104~107, 110, 116, 121, 128, 129, **24:** 1, 4, 9~11, 15, 46~51, 55~59, 73, 74, **25:** 15, **26:** 105, **27:** 8~12, 33, 54~58, 72, **29:** 39~74, **30:** 4~8, 11~16, 20, 75, **31:** 42, 45~48, 62~65, 105, **33:** 72, **34:** 62~67, 83, 87, **35:** 1, 9, 53, 73, **38:** 47, 54~57, 62, 65, 68, **39:** 30, 44~57, 61~65, **40:** 9, 10, 14, 17, 21, 27, 28, 34, 49, 52~55, 58~60, **41:** 24~30, 38, 41, 43~45, 68~70, 72~78, 82~85, 93~100, 102, **42:** 6,

8~15, 18, 19, 23, 68, 69, **43:** 152, 154, 164~169, 175, 179, 181~184, 188, 190, 194~197, **44:** 11, 14, 17, 26, 29, 35, 46, 47, 53, **45:** 14, 111, **46:** 60, 68, 108, 109

오리질레(Orrigille) **15:** 101, **16:** 4~7, 16, **17:** 17, 109, 114~116, 127, **18:** 71, 72, 76, 80, 81, 86, 92, 93

오릴로(Orrilo) **15:** 66~69, 71, 74, 78~83, 85, 89, 90, **18:** 122

오베르토(Oberto) **11:** 59, 60, 72, 74, 80, **14:** 125

오비초 1세(Obizzo I) **3:** 32, 38, 40, **41:** 67

오스티아(Ostia) **43:** 149

오지에르(Ogier) **15:** 8, **17:** 16, **18:** 8, 155, **27:** 32, **38:** 79, **39:** 23, **40:** 78, **44:** 20

오토네(Otone, 나모 공작의 아들) **15:** 8, **16:** 17, **17:** 16, **18:** 8

오토네(Otone, 잉글랜드 왕) **6:** 33, **8:** 27, 28, **18:** 127, **22:** 8, **39:** 34, **40:** 27

올리비에로(Oliviero) **15:** 67, 72, **17:** 16, 96, **18:** 8, 127, 155, **20:** 92, **27:** 32, **31:** 29, 37, 55, **35:** 53, **38:** 58, **39:** 18, 33, 38, 46~53, **40:** 17, 21, 27, 35, **41:** 25, 29, 30, 32, 36, 68, 71, 72, 80, 82, 87~90, **42:** 16, 18, **43:** 151, 152, 179, 186~192, 194, 197, **44:** 11, 26, 29, 35, 53, **46:** 60, 108, 110

올리오(Oglio)강 **37:** 12

올림피아(Olimpia) **9:** 84, **10:** 1, 2, 12, 13, 17~20, 23, 26, **11:** 54, 55, 67, 74, 76, 78, 80

올버니(Albany) 공작 **5:** 7, 81, **10:** 86

요콘도(Iocondo) **28:** 7, 12~14, 17, 18, 30, 31, 35, 39~42, 45, 47, 65~67, 71

우르비노(Urbino) **26:** 49, **33:** 2, **43:** 147, 148, **46:** 10

우베르토(Uberto) **3:** 25, **18:** 47

운자르도(Ungiardo) **44:** 102, **45:** 7, 8, 10, 49, **46:** 50

울라니아(Ullania) **33:** 68, 70, 74, **37:** 28, 29, 33, 34, 37, 112, 121

울리에노(Ulieno) **14:** 127, **24:** 112, **26:** 117, 131

울릭세스(Ulixes) **13:** 60, **33:** 28, **36:** 70

움브리아(Umbria) **3:** 32, 35, **43:** 149

유피테르(Jupiter) **2:** 8, **7:** 20, **9:** 78, **14:** 7, **23:** 6, **30:** 48, **44:** 85, **46:** 85

이데(Ida)산 **11:** 70, **26:** 100, **41:** 63, **43:** 23

이롤도(Iroldo) **4:** 40, **22:** 20

이마보(Imavo)산맥 **10:** 71

이베리아(Iberia) **34:** 39

이사벨라(Isabella) **13:** 4, 43, 59, 68, **18:** 40, **20:** 134~137, 140, 143, **23:** 54, 63, 67, 69, 97, **24:** 16~20, 28, 46, 47, 50, 53, 67, 72, 76, 80, 85, 89, **28:** 96, 98, **29:** 3, 8, 10, 19, 20, 23, 29, 31, **30:** 17, **35:** 41, **37:** 8, **41:** 67, **42:** 84, **43:** 148

이사우로(Isauro)강 **3:** 37, **42:** 89

이솔리에로(Isoliero) **14:** 11, 20, 107, **16:**

54, 55, **27:** 80, **30:** 40

이스라엘(Israel) **15:** 39

이스키아(Ischia)섬 **33:** 25, 28, 29, 48

이아손(Iason) **34:** 14, **37:** 36

이카로스(Icaros) **27:** 32

이팔카(Ippalca) **23:** 29~32, 35~38, **26:** 55, 62, 63, 66, 67, 88~90, **30:** 76, 80, 81, 84~87, **31:** 7

이포그리포(Ippogrifo) **4:** 18, 42, 45, **6:** 18, 23, 26, 57, 58, **7:** 40, 78, **10:** 69, 106, **11:** 14, **22:** 26, 28, **23:** 9, 27, **33:** 96, 124, 126, **34:** 52, 60, **38:** 29, **44:** 23, 25

이폴리토 데스테 1세(Ippolito d'Este I) **1:** 3, **3:** 50, 56, 58, 60, **7:** 62, **13:** 68, **35:** 8, **36:** 2, **41:** 67, **46:** 88, 99

인더스(Indus)강 **3:** 17, **7:** 36, **13:** 63, **18:** 177, **42:** 89

인수브리(Insubri) **3:** 26, **13:** 63

'잃어버린 섬' **32:** 51, 52, 55, 78, **37:** 28

ㅈ · ㅊ

잔프란체스코 발레리오(Gianfrancesco Valerio) **27:** 137, **28:** 78, **46:** 16

제노바(Genova) **33:** 37

제르바(Djerba)섬 **18:** 46, 49, **33:** 99

제욱시스(Zeuxis) **11:** 71, **28:** 4, **33:** 1

조로아스터(Zoroaster) **31:** 5

지네브라(Ginevra) **4:** 60, 64, **5:** 8, 10, 12, 15, 16, 22~28, 33, 43, 46~49, 57~59, 62, 75, 77, 80, 81, 85, 87, 91, **6:** 4, 6, 8

지브롤터(Gibraltar) **16:** 37, **46:** 18

지스몬다(Ghismonda) **15:** 72, **31:** 37

체르비노(Zerbino) **5:** 69, **10:** 83, 84, **13:** 6~9, 12, 14, 18~22, 27, 31, **16:** 40, 41, 51, 59~64, 78, 79, **18:** 45, 155, 188, **19:** 6, 10~13, **20:** 117~131, 134~139, 142~144, **21:** 3~8, 11, 68~72, **23:** 39, 43, 45, 48~55, 59, 62~64, 67~69, 72, 92, 97, 99, **24:** 14~16, 19, 28, 29, 34~37, 41, 43, 46~50, 52, 57, 60~63, 66~74, 77, 80, 83, 85, 90, **26:** 8, **28:** 96, **29:** 26, 30

체사레 보르자(Cesare Borgia) **33:** 37

첼라노(Celano) **3:** 36, **13:** 73

추마라(Zumara) **14:** 27, **18:** 47, 48

치르카시아(Circassia) 왕 **1:** 45 **2:** 5, 6, 22, 33, 62, **12:** 27, 28, 39, 41, 51, 55, 56, **19:** 31, **27:** 69, **30:** 40, **35:** 54

치모스코(Cimosco) **9:** 42, 67, 70, 74, **11:** 21

칠란드로(Cilandro) **37:** 46, 48

칠리안테(Ziliante) **19:** 38, 62

ㅋ

카나리아(Canaria)제도 **14:** 22, **18:** 48

카디스(Cádiz) **14:** 12, **33:** 98

카레나(Carena)산 **7:** 67, **12:** 21, **33:** 100, **36:** 62, **41:** 26

카론(Charon) **36:** 65, **42:** 9

카롤루스 마그누스(Carolus Magnus) **1:** 1, 5, 8, 47, **2:** 24~27, 31, 37, **3:** 66, **7:** 33, **8:** 22, 23, 27, 70, 72, 74, 87, **10:** 68, 74, 88, **14:** 99, 103, 106, **15:** 8, 97, **16:** 17~19, 85, 88, 89, **17:** 6, 8, 14, **18:** 8, 13, 37, 38, 41, 97, 155, 161, 163, 169, 174, 180, 181, **23:** 23, 98, **24:** 27, 54, **25:** 5, 7, 90, **26:** 87, 91, 96, 137, **27:** 4, 7, 13, 14, 17, 22, 29, 31, 33, 40, **30:** 30, 38, 95, **31:** 39, 58, 59, 83, 89, **32:** 6, 49, 52, 54, 57~60, **33:** 16, 77, **34:** 56, **35:** 32, 52, **36:** 28, 71, 79, 82, **37:** 31, **38:** 7, 10, 11, 18, 22, 23, 36, 40, 47, 48, 57, 60, 64, 65, 67, 79~84, 87, **39:** 8, 17, 35, 47, 63, **40:** 62, 64, 72, **41:** 41, 49, 64, 65, **42:** 43, 59, 67, **44:** 8, 11, 27~31, 68, 69, 73, **45:** 14, 22, 62, 63, 81, 82, 96, 99, 103, 110, 111, 114, 117, **46:** 49, 51, 53, 56, 58~61, 69, 73, 99~104, 107, 109

카를 5세(Karl V) **15:** 23, 32, 36, **26:** 35

카밀라(Camilla) **20:** 1, **25:** 32

카산드라(Kassandra) **46:** 80, 93

카스티야(Castilla) **2:** 63, **12:** 4, **14:** 12, 5, **16:** 59, **27:** 51, 55, **33:** 97

카이로(Cairo) **15:** 61, 63, 65, 90, **33:** 106

카이사르(Caesar) **26:** 47, **33:** 28, **46:** 6

카타이(Catai) **1:** 54, **8:** 43, 72, **10:** 71, **18:** 101, **19:** 17, 37, **23:** 102, **38:** 9

카탈루냐(Cataluña) **3:** 47, **13:** 73, **14:** 11, **42:** 32

카파도키아(Cappadocia) **34:** 36

칼라미도르(Calamidor) **16:** 60, 63

칼라브룬(Calabrun) **16:** 60

칼라브리아(Calabria) **3:** 47, **33:** 23, **36:** 71

칼레(Calais) **2:** 27, **8:** 27, **22:** 7

칼레도니아(Caledonia) **4:** 51

칼리고란테(Caligorante) **15:** 51, 58

칼리굴라(Caligula) **3:** 33, **17:** 1

캄비세스(Cambyses) **38:** 43

캄피돌리오(Campidoglio) **3:** 35

케레스(Ceres) **12:** 1, **28:** 92

켄타우로스(Centauros) **6:** 61, 62

코레보(Corebo) **13:** 24~26, **24:** 19, 21~25, 43~46

코레조(Correggio) **42:** 92, **46:** 3

코르도바(Córdoba) **14:** 12, **33:** 97, **42:** 4

코르시카(Corsica) **39:** 28, **44:** 24

코스카(Cosc) **14:** 23, 113

코스탄차(Costanza) **31:** 31

코알레(Coalle) **33:** 101

콘살보 페란테(Consalvo Ferrante) **26:** 53, **33:** 35

콘스탄츠(Konstanz) **37:** 91, **42:** 69

콘스탄티노스(Constantinos) **44:** 12, 36, 53, 79, 84, 86, 102, **45:** 5, 7, 10, 11, 15, 18, 47, 61, 98, **46:** 22, 70, 71, 77, 79, 84

콘스탄티노폴리스(Konstantinopolis) **15:** 102, **17:** 75, **46:** 78

콘스탄티누스(Constantinus) **17:** 78, **34:** 80, **36:** 71, **46:** 83, 84

콘스탄티우스(Constantius) **36:** 71

콘월(Cornwall) **18:** 52

쿠마이(Cumae) **7:** 73, **19:** 66

크라수스(Marcus Licinius Crassus) **38:** 1

크레모나(Cremona) **46:** 13

크레타(Creta) **20:** 14~19, 23, **33:** 29

크로이소스(Kroisos) **38:** 1

크세르크세스 1세(Xerxes I) **20:** 73

클라린도(Clarindo) **14:** 24, 113, **40:** 73

클레르몽(Clermont) **32:** 50

클레오파트라(Cleopatra) **7:** 20, **46:** 83

클로디오네(Clodione) **32:** 83~93

클로리다노(Cloridano) **18:** 165, 166, 168~173, 176, 182, 189, 190, **19:** 3, 8, 14, 25~28

클로타르 3세(Clothar III) **33:** 14, 15

클리타임네스트라(Clytaemnestra) **20:** 13

키레나이카(Cyrenaica) **33:** 100

키아라몬테(Chiaramonte) **2:** 5, 67, **16:** 29, **20:** 5, **23:** 4, 57, **25:** 71, **26:** 3, 9, **31:** 55, 110, **36:** 75, **38:** 20, **40:** 61, **41:** 77, **43:** 67, **44:** 29, 47, **46:** 67

키케로(Cicero) **46:** 95

키크누스(Cycnus) **29:** 19

키클롭스(Cyclops) **36:** 9, **43:** 185

키프로스(Kypros) **17:** 26, 66, **18:** 74, 136, 137, **19:** 48, **20:** 100, **43:** 58

킨사이(Quinsai) **10:** 71

킨토스(kinthos)산 **37:** 8

킬리키아(Cilicia) **34:** 18, 35

ㅌ

타나크로(Tanacro) **37:** 46, 51, 53, 57~59, 65, 75, 89

타라고나(Tarragona) **29:** 51, 57, **33:** 97

타란토(Taranto) **20:** 21

타로(Taro)강 **13:** 60, **17:** 3

타르수스(Tarsus) **18:** 74

탕헤르(Tánger)왕국 **27:** 87

테베(Thebae) **5:** 5, **17:** 2, **19:** 12, **33:** 29

테베레(Tevere)강 **14:** 38, **29:** 33, **34:** 39, **46:** 84

테살리아(Thessalia) **15:** 33, **30:** 48

테세우스(Theseus) **34:** 14

테오도라(Teodora) **45:** 15, 19, 89, **46:** 50

템스(Thames)강 **8:** 26, **10:** 73, **22:** 7

토미리스(Tomyris) **37:** 5

토스카나(Toscana) **46:** 10

톨레도(Toledo) **14:** 14

톨로메타(Tolometa) **18:** 165, **33:** 99

투르(Tours) **14:** 125

투르피노(Turpino) **13:** 40, **18:** 10, 155, 175, **23:** 38, 62, **24:** 44, **26:** 23, **28:** 2, **29:** 56, **30:** 49, **31:** 79, **33:** 85, **34:** 86, **38:** 10, 23, **40:** 81, **44:** 23

툴루즈(Toulouse) **14:** 125, **29:** 50

튀니스(Tunis) **33:** 99

트라시메노(Trasimeno) **17:** 3, **26:** 47

트라야누스(Trajanus) **15:** 26

트라키아(Thracia) **22:** 6, **34:** 16, 35, 39, **46:** 77

트레비아(Trebbia) **17:** 3, **26:** 47

트로이아(Troea) **3:** 17, **5:** 18, **14:** 31, 43,

20: 10, **26:** 81, 99, 100, **35:** 27, **36:** 70, **38:** 78, **41:** 63, 64, **43:** 32, **44:** 56, 77, **45:** 73, **46:** 82

트로이아노(Troiano) **1:** 1, **8:** 69, **12:** 31, **14:** 65, **17:** 14, **24:** 112, **25:** 5, **26:** 86, **27:** 67, 89, **30:** 83, **36:** 25, 77, **39:** 5, **40:** 57

트리비간테(Trivigante) **12:** 59, **38:** 18

트리스탄(Tristan) **4:** 52, **32:** 65, 84~93

트리폴리(Tripoli) **9:** 5, **18:** 74, 134, **19:** 46, **33:** 99

틀렘센(Tlemcen) **12:** 69, 73, **14:** 28, **23:** 73, **33:** 101

티레(Tyre) **18:** 74, **37:** 5

티레니아(Tyrrhenian)해 **4:** 11, **20:** 100

티베리우스(Tiberius) **43:** 58, **43:** 75, **46:** 83

티치노(Ticino)강 **33:** 13, **37:** 92

티토노스(Tithonos) **8:** 86, **11:** 32, **32:** 13, **38:** 76, **40:** 14

티폰(Typhon) **16:** 23, **26:** 52, **33:** 24

티피스(Tiphys) **13:** 61, **15:** 21

ㅍ

파도바(Padova) **16:** 27, **36:** 4

파로(Faro) **33:** 27, **36:** 71

파루란테(Farurante) **14:** 21, **16:** 75, **40:** 73

파르나소스(Parnassos) **29:** 29, **37:** 8, **42:** 91

파르마(Parma) **3:** 29, 43, **27:** 47

파리(Paris) **8:** 27, 68, 69, 75, **12:** 61, 68~71, **14:** 26, 65~68, 96, 98, 104, 105, 126, **16:** 19, 26, 28, 30, 34, 35, 85, **18:** 163, 185, **23:** 73, **24:** 55, 74, **25:** 2, **26:** 136, 137, **27:** 9~12, 30, 33, 47, 101, 128, **29:** 43, **30:** 45, 91, 95, **31:** 12, 37, 46, 49, 59, **32:** 14, 49, **35:** 32, **40:** 46, **42:** 43, **44:** 32, **45:** 61, 95, **46:** 48, 51, 75, 78, 112

파비아(Pavia) **28:** 9, 28, **33:** 46, 54, 50

파시파에(Pasiphae) **25:** 36, 37

파엔차(Faenza) **3:** 40, **14:** 9

파우스토(Fausto) **28:** 7, 8, 25, 28

파트로클로스(Patroklos) **42:** 2

판노니아(Pannonia) **46:** 136

팔라스(Pallas) **3:** 66, **46:** 13

팔란토(Falanto) **20:** 14~19, 25, **31:** 58

팔레리나(Falerina) **25:** 15, **41:** 26, 74

팔레스티나(Palestina) **15:** 93, **18:** 70, 96

팔시로네(Falsirone) **14:** 12, 107, **18:** 42, **27:** 49, **31:** 81

페넬로페(Penelope) **13:** 60, **35:** 27

페데리코 곤차가(Federico Gonzaga) **26:** 49, **33:** 46

페라라 공작 **26:** 49, **33:** 38, **42:** 88

페라라(Ferrara) **42:** 84, **43:** 53, **46:** 10, 94

페라우(Ferrau) **1:** 14, 23, 26, **2:** 22, **12:** 11, 25, 28~31, 37~42, 46, 48~51, 54, 55, 59, 62, 66, **14:** 15, 20, 107, **16:** 71, 73, **18:** 42, **19:** 32, **24:** 55, **25:** 75, **27:** 31, 49, 69, 80, **35:** 75~79, **36:** 11~13

페르시아(Persia)만 **15:** 11

페스(Fès) **14:** 22, **16:** 76, 77, **33:** 99

페스카라(Pescara) **33:** 33, 49, **37:** 20

페스카라 후작 **15:** 28, **33:** 53

포(Po)강 **3:** 41, 53, **15:** 2, **33:** 17, 22, 35, **35:** 6, **40:** 2, **42:** 69, **43:** 32, 53

포룸 로마눔(Forum Romanum) **43:** 174

포메라니아(Pomerania) **10:** 71

포이닉스(Phoenix) **15:** 39, **27:** 136, **36:** 17

포이부스(Phoebus) **3:** 2, 3, 34, **8:** 38, **10:** 60, **12:** 68, **25:** 44, **26:** 50

폰토스(Pontos) **20:** 5

폴리네소(Polinesso) **5:** 21, 36, 42, 50, 72, 85~88, **6:** 2, 11, 15

폼페이우스(Pompeius) **15:** 31, **40:** 47

퐁티외(Ponthieu) **3:** 24, **7:** 38, **23:** 3, **31:** 109, **41:** 66

푸리아(Furia) **21:** 57, **32:** 18

푸스베르타(Fusberta) **2:** 10, **16:** 49, 82

풀리아(Puglia) **3:** 47, **7:** 4~6, **15:** 34, **20:** 21, **33:** 23, 35

풀리아노(Puliano) **14:** 22, 108, **16:** 44

프라실도(Prasildo) **4:** 40, **22:** 20

프란체스코 스포르차(Francesco Sforza) **26:** 51, **33:** 45

프랑수아 1세(François I) **26:** 35, 43

프로방스(Provence) **7:** 49, **9:** 6, **13:** 45, **14:** 125, **24:** 92, **27:** 127, **28:** 96, **35:** 32, 33, **38:** 36, **39:** 24, 64, **44:** 24, 25

프로스페로 콜론나(Prospero Colonna) **15:** 28, **33:** 49

프로크네(Procne) **3:** 52, **21:** 56, **39:** 31, **45:** 39

프로테우스(Proteus) **8:** 51~58, **11:** 44~47

프로테우스(Proteus) 왕 **46:** 82, 83

프론탈라테(Frontalatte) **27:** 71, **35:** 54

프론티노(Frontino) **4:** 46, 48, **23:** 27, 31, **26:** 55, 58, 59, 65, 67, 89, 92, 96~98, 103, 119, 123, 132, **27:** 70, 72, 113, 127, **30:** 76, 77, **35:** 61, 63, **37:** 97, **41:** 25, 79, 80, 91, **44:** 16, 17, 77, 85, 101, **45:** 61, 66, 67, 85, 86, 92, **46:** 46

프루시오네(Prusione) **14:** 27, **15:** 7, **16:** 75, 81

프리기아(Phrygia) **11:** 70, **41:** 63

프리슬란트(Friesland) **9:** 25, 26, 82, 83, **10:** 16, 30, **11:** 79, **14:** 34, **18:** 180

프리슬란트 왕 **9:** 27, 32, 35, 39~44, 54, 59, 66, 71, 79, 83, **10:** 10

프톨레마이오스(Ptolemaios) 왕 **46:** 83

플랑드르(Flandre) **9:** 38, 43, 48, 60, **10:** 30, **14:** 123, **22:** 7, **26:** 27, **28:** 48

피나도로(Pinadoro) **14:** 21, 22, **18:** 45, 46

피나벨로(Pinabello) **2:** 58, 66, 74~76, **3:** 4, **20:** 111~115, **22:** 47~52, 59, 65, 71, 74, 95~97, **23:** 2, 3, 18, 38, 40, 45, 93, **31:** 29, **41:** 61, **46:** 68

피레네(Pyrénées)산맥 **1:** 5, **4:** 7, 11, **22:** 81, **24:** 54, **28:** 91, **29:** 50, **33:** 96

피렌체(Firenze) **3:** 35, **11:** 75, **26:** 45, 48

피암메타(Fiammetta) **28:** 57, 64, 65, 68,

69, 74

피에라몬테(Fieramonte, 요크의 공작) **16**: 67, 69,

피에라몬테(Fieramonte, 프랑크족의 왕) **32**: 83, **33**: 8~11, 48

피에트로 벰보(Pietro Bembo) **42**: 86, **46**: 15

피오르디스피나(Fiordispina) **25**: 27, 40, 45, 46, 49, 52, 53, 83

피오르딜리지(Fiordaligi) **8**: 88, **24**: 53~56, 73, 74, **29**: 44, 49, **31**: 47, 59, 61, 62, 73, 105, **35**: 35, 41, 57, 62, 63, **39**: 39, 42, 44, **41**: 31, 34, **43**: 154, 155, 160, 174, 182

피카르디(Picardie) **9**: 6, **14**: 3, 75, **16**: 30

피타고라스(Pythagoras) **14**: 88

피핀 3세(Pipin III) **14**: 107, **30**: 28, **31**: 77, **33**: 16, 17, **36**: 71, **38**: 10, 37, **40**: 39, **42**: 42, **44**: 12

핀도스(Pindhos)산맥 **29**: 29

필란드로(Filandro) **21**: 26, 32~35, 45, 48, 50~55

필리스티아(Philistia)인 **14**: 45, **34**: 63

한니발(Hannibal) **18**: 24, **26**: 47, **40**: 41

헤라(Hera) **34**: 39

헤르무스(Hermus)강 **17**: 78

헤르쿨레스(Hercules) **6**: 17, **9**: 56, **15**: 22, **16**: 37, **17**: 113, **20**: 36, **23**: 85, **27**: 51, **32**: 11, **33**: 29, 98, **34**: 39, **45**: 78

헤르쿨레스의 기둥 **4**: 61, **38**: 12, **41**: 38

헤스페리데스(Hesperides) **1**: 7, **43**: 58

헤스페리데스의 정원 **37**: 6

헤쿠바(Hecuba) **7**: 73, **10**: 34

헥토르(Hector) **14**: 31, 43, **18**: 64, **19**: 66, **23**: 78, **24**: 60, 104, 105, **26**: 19, 99, 103, **27**: 49, 68, **30**: 19, 41, 55, **35**: 25, **36**: 6, 56, 70, **37**: 5, **38**: 78, **41**: 88, **44**: 16, 77, **45**: 73, **46**: 80, 81, 116

헨리 8세(Henri VIII) **10**: 82, 83, **16**: 67, **26**: 35

헬레네(Helene) **11**: 70, **44**: 56, **46**: 83

헬리콘(helicon) **29**: 29, **42**: 91

호메로스(Homeros) **35**: 27

홍해(Red Sea) **11**: 43, **13**: 63, **33**: 102

훈(Hun)족 **17**: 2, **33**: 19

흑해(Black Sea) **20**: 6, **31**: 31, **44**: 79

히르카니아(Hyrcania) **10**: 71, **16**: 23, **34**: 36

히베르니아(Hibernia) **9**: 11, 92

히폴리테(Hippolyte) **25**: 32, **27**: 52

힐라리온(Hilarion) **8**: 45

하드리아노폴리스(Hadrianopolis) **46**: 70

하드리아누스(Hadrianus) **29**: 33, **33**: 16

하르팔리케(Harpalyce) **20**: 1, **37**: 5

하르피이아(Harpyia) **33**: 108, 115, 119, 123~126, **34**: 1, 4, 46, **38**: 27

하와(Hawwāh) **11**: 22, **33**: 110

지은이 루도비코 아리오스토(Ludovico Ariosto, 1474~1533)

르네상스 문학의 거장이며 기사문학의 완성자로 평가받는 이탈리아 작가이다. 데스테 가문에서 이폴리토 추기경의 비서로 봉사하며 다수의 희곡과 서정시를 남겼고 10년이 넘는 작업 끝에 1516년 《광란의 오를란도》 초판을 출간하였다. 그 후로도 언어와 문체의 보완 작업을 지속하여 1532년 총 46곡, 3만 8,736행이라는 압도적인 분량의 최종 결정판을 완성하였다. 볼테르가 《일리아스》, 《오디세이아》, 《돈키호테》를 합친 것과 맞먹는 작품이라 평가한 《광란의 오를란도》는 전통적인 영웅 서사시의 계보를 충실하게 따르는 데 그치지 않고, 르네상스 시기 인간의 자유롭고 다채로운 개성을 가감 없이 표현함으로써, 중세에서 근대로의 전환기적 변화상을 성공적으로 융합하였다는 평가를 받는다. 출간 당시 라틴어, 영어, 프랑스어, 에스파냐어, 독일어로 번역될 정도로 전 유럽의 베스트셀러가 되었고, 근대적 문학 시장을 본격적으로 열었던 기념비적 걸작이다. 서양 문명에서 가장 영향력 있는 작품 중 하나로 세르반테스, 셰익스피어, 버지니아 울프, 보르헤스, 이탈로 칼비노, 스티븐 킹 등 시대를 초월하여 위대한 작가들에게 영감의 원천이 되어 왔다.

옮긴이 김운찬

국내 이탈리아 문학 및 고전 번역에 있어 단연 으뜸으로 평가받는 대표 주자이다. 한국외국어대학교 이탈리아어과와 동 대학원을 졸업하였고, 이탈리아 볼로냐대학교에서 움베르토 에코의 지도로 화두(話頭)에 대한 기호학적 분석으로 박사 학위를 취득하였다. 1991년부터 2022년까지 대구가톨릭대학교 교수로 일하였고 지금은 명예교수이다. 국내 이탈리아어 번역의 어려운 환경에서도 30년 넘게 꾸준히 번역을 이어오며, 50여 권이 넘는 작품을 옮겼다. 대표적으로 단테의 《신곡》, 《향연》, 마키아벨리의 《군주론》, 에코의 《논문 잘 쓰는 방법》, 《문학 강의》를 비롯하여, 페트라르카의 《칸초니에레》, 타소의 《해방된 예루살렘》, 파베세의 《달과 불》, 바사니의 《문 뒤에서》, 레비의 《멍키스패너》, 칼비노의 《우주 만화》, 마그리스의 《작은 우주들》 등을 번역하면서 르네상스 시기부터 현대에 이르기까지 이탈리아 문학의 방대하고 다채로운 세계를 원전 완역으로 활발히 소개해 왔다. 지은 책으로 《현대 기호학과 문화 분석》, 《신곡 읽기의 즐거움》, 《움베르토 에코》가 있다.

광란의 오를란도 2

1판 1쇄 발행일 2025년 5월 12일

옮긴이 김운찬

발행인 김학원
발행처 (주)휴머니스트출판그룹
출판등록 제313-2007-000007호(2007년 1월 5일)
주소 (03991) 서울시 마포구 동교로23길 76(연남동)
전화 02-335-4422 **팩스** 02-334-3427
저자·독자 서비스 humanist@humanistbooks.com
홈페이지 www.humanistbooks.com
유튜브 youtube.com/user/humanistma
페이스북 facebook.com/hmcv2001 **인스타그램** @humanist_insta

편집주간 황서현 **편집** 박나영 강창훈 **디자인** 김태형
조판 홍영사 **용지** 화인페이퍼 **인쇄** 정민문화사 **제본** 제이엠플러스

ⓒ 김운찬, 2025

ISBN 979-11-7087-316-7 04880
ISBN 979-11-7087-314-3 04880 (세트)

- 이 책은 저작권법에 따라 보호받는 저작물이므로 무단 전재와 무단 복제를 금합니다.
- 이 책의 전부 또는 일부를 이용하려면 반드시 저자와 (주)휴머니스트출판그룹의 동의를 받아야 합니다.